AF538813

दिव्य गर्भ संस्कार विज्ञान

(दिव्यगुण संपन्न देवशिशु से देव समाज की प्रतिष्ठा के परम लक्ष्य को समर्पित)

विशेष मंत्र

गर्भाधान के समय बोला जाने वाला श्लोक

ऊँ अहिरसि, आयुरसि सर्वतः प्रतिष्ठासि।
धाता त्वा दधातु विधाता त्वा दधातु ब्रह्मवर्चसा भव इति॥
ब्रह्मा बृहस्पतिर्विष्णुः सोमः सूर्यस्तथाश्विनौ।
भगोथ मित्रावरुणौ वीरं ददतु मे सुतम्॥

(अर्थात् हे आने वाली आत्मा! भगवान तुम्हें ब्रह्मज्ञान के तेज से पूर्ण बनाकर भेजें। हे समग्र ब्रह्मांड के देवों हमें वीर तथा सर्वगुण संपन्न संतान की प्राप्ति कराएँ।)

श्लोक यदि समझ में न आए अथवा बोलते न बने, तो अपने आराध्य (देवी–देवता) से मन ही मन श्रेष्ठ संतान के लिए गद्‌गद्‌ भाव से प्रार्थना कीजिए।

नोट : बृहदारण्यक उपनिषद् (6/4/1–28) में गर्भाधान का विस्तृत विवरण दिया गया है, उसे एक बार अवश्य पढ़िए।

दिव्य गर्भ संस्कार विज्ञान मंत्र

हम ब्रह्माण्ड में सर्वाधिक भाग्यशाली हैं, प्रसन्न हैं तथा नारायण को धन्यवाद देते हैं कि हमें स्वस्थ संस्कारयुक्त, सुदृढ़, संकल्पवान, सौभाग्यवान, धनवान, बलवान, शक्तिमान, विद्वान, निर्भय, निर्दोष, आनंदमय, तेजस्वी, ओजस्वी, तपस्वी, यशस्वी, मनस्वी, दीर्घायु तथा दिव्यातिदिव्य देवदुर्लभ संतान (कृष्णकृति, रामरूप, सीतामय, राधास्वरूप) प्राप्त है।

(यह दिव्यगर्भ संस्कार मंत्र प्रतिदिन रात्रि में सोने से पूर्व 11 बार बोलें।)

संतान गोपाल मंत्र

ऊँ देवकीसुत गोविंद वासुदेव जगत्पते।
देहि मे तनयं कृष्ण त्वामहं शरणं गतः॥

पूर्णात् सुंदरमुखादरविंद नेत्रात् कृष्णात् परम किमपि तत्वमहं न जाने।

(यह दोनों मंत्र प्रातःकाल 9 बार अवश्य उच्चारित करें।)

दिव्य गर्भ संस्कार विज्ञान

(दिव्यगुण संपन्न देवशिशु से देव समाज की प्रतिष्ठा के परम लक्ष्य को समर्पित)

गर्भस्थ शिशु को ब्रह्माण्डीय शक्ति से जोड़ने और गर्भ में ही ईश्वरीय आशीर्वाद प्रदान करने की अद्‌भुत विधि है 'दिव्य गर्भ संस्कार विज्ञान'

आपके गर्भस्थ शिशु के लिए अमूल्य उपहार...
दिव्य गर्भ संस्कार करे स्वस्थ, समृद्ध, सुदृढ़ एवं
दिव्यातिदिव्य देवदुर्लभ संतान का सपना साकार...

डॉ. उषा राजेंद्र पैंसिया

प्र प्रभात प्रकाशन

वर्तमान समय बहुत विपरीत है। ऐसा हम सब कहते हैं। स्वास्थ्य की हानि, संस्कारों की हानि, अज्ञान का वर्चस्व, विपरीत व्यवस्थाओं एवं आचरण की प्रतिष्ठा, सुख और सुरक्षा का अभाव आदि का सार्वत्रिक अनुभव हम कर रहे हैं। व्यक्तिगत रूप से हम मानसिक अस्वस्थता का भी शिकार बन रहे हैं। तनाव, उत्तेजना, चिंता, भय आदि का शिकार बन रहे हैं। पारिवारिक और सामाजिक संबंधों में भी अविश्वास, अश्रद्धा, असुरक्षा, असंस्कारिता से ग्रसित हो रहे हैं। धन और सुविधा होने पर भी सुख नहीं है। इसका कारण यह है कि हमने घर को उपेक्षित कर दिया है। घर धर्म, संस्कृति, संस्कार और समृद्धि का केंद्र है, परंतु हम इसे भूल गए हैं। हमें घर में नहीं बाहर रहना अधिक अच्छा लगता है। विकास के सारे मार्ग हमें घर से बाहर ले जाते हैं। हमें लगता है कि शिक्षा में विकास है, इसलिए हम अधिक से अधिक शिक्षा प्राप्त करने के लिए विद्यालयों, महाविद्यालयों और विश्वविद्यालयों में जाते हैं। हमें लगता है कि विकास धनप्राप्ति में है, इसलिए हम अर्थार्जन के नए-नए ढंग अपनाते हैं और अधिक धनप्राप्ति के लिए अधिक अर्थार्जन करते हैं और उस के लिए अधिक बुद्धि, शक्ति और समय लगाते हैं। हमें लगता है कि विकास आधुनिक बनने में है और आधुनिक बनने के लिए पश्चिम जैसा बनना होता हैं। इसलिए हम पश्चिम के आचार और विचार अपनाने लगते हैं। वास्तव में यह दिशाभूल है। हमें यदि पुनः सुख, समृद्धि, चिरंजीविता, संस्कारिता, श्रेष्ठता प्राप्त करनी है तो पुनर्विचार करना होगा। हमें समझना होगा कि यह सब प्राप्त करने के लिए हमें घर को पुनः प्रतिष्ठित करना होगा।

प्रकाशक • **प्रभात प्रकाशन प्रा. लि.**
4/19 आसफ अली रोड,
नई दिल्ली-110002

प्रथम संस्करण • 2023
द्वितीय संस्करण • 2025
मूल्य • चौदह सौ पचास रुपए
मुद्रक • ग्राफिक वर्ल्ड, नई दिल्ली

DIVYA GARBHA SANSKAR VIGYAN *by* Dr. Usha Rajender Pensiya ₹1450.00
Published by Prabhat Prakashan Pvt. Ltd., 4/19 Asaf Ali Road, New Delhi-110002
E-mail : prabhatbooks@gmail.com ISBN 978-81-961590-3-0

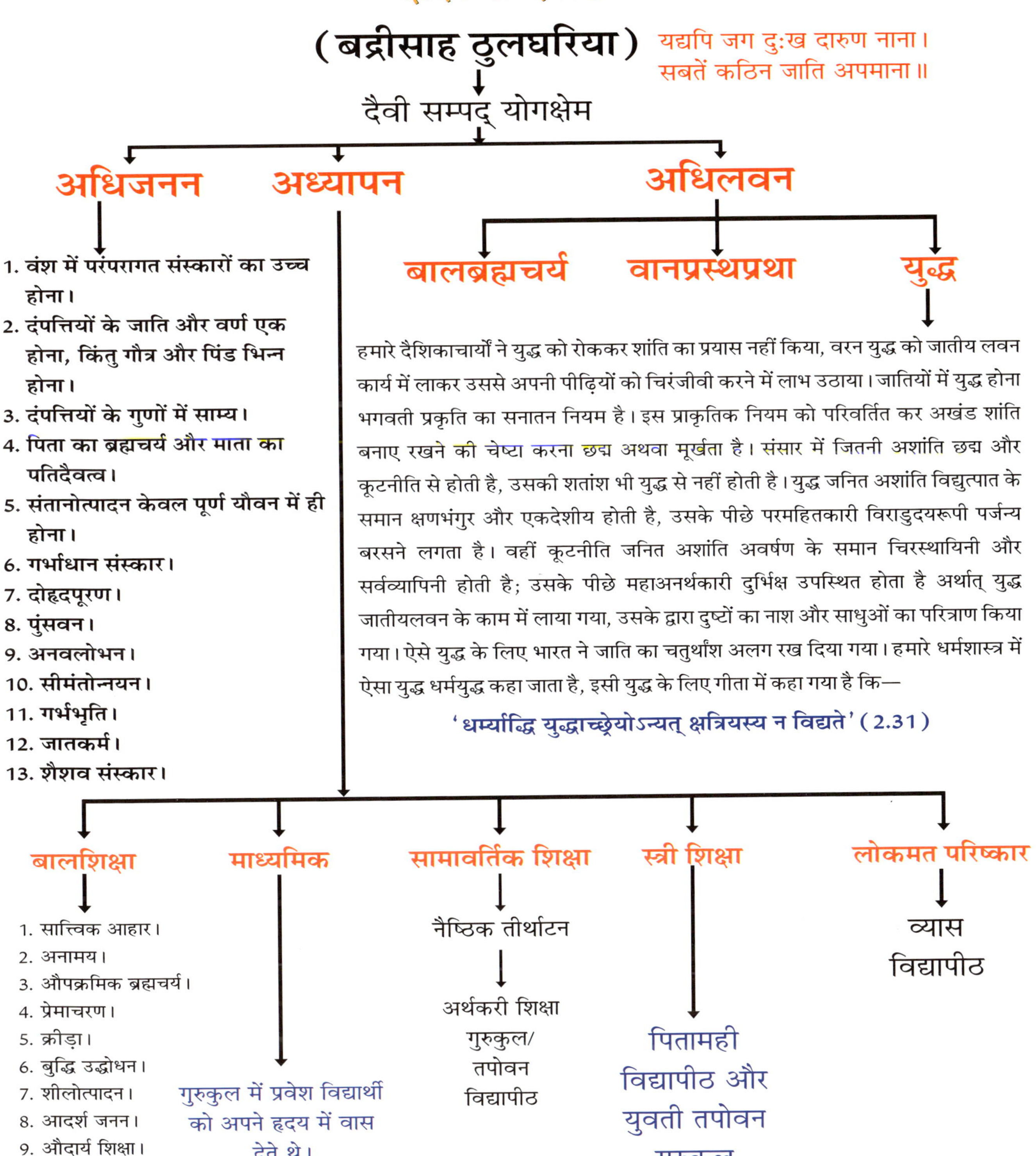

नोट: श्री बद्रीहसाह ठुलघरिया द्वारा रचित दैशिक शास्त्र (खंड 2, 3, 4), बाल शिक्षा शैली, माध्यमिक शिक्षा शैली, समावर्तिक शिक्षण शैली, देशभक्ति से दोनों लोक, रहस्य प्रकाश तथा यवन दैशिक शास्त्र पुस्तकों की खोज में सहायता करें। यदि कोई जानकारी हो तो कृपया हमारे नंबर 7830266668 पर संपर्क करें।

एकात्म विज्ञान (कैसे आरंभ होता है जीवन?)

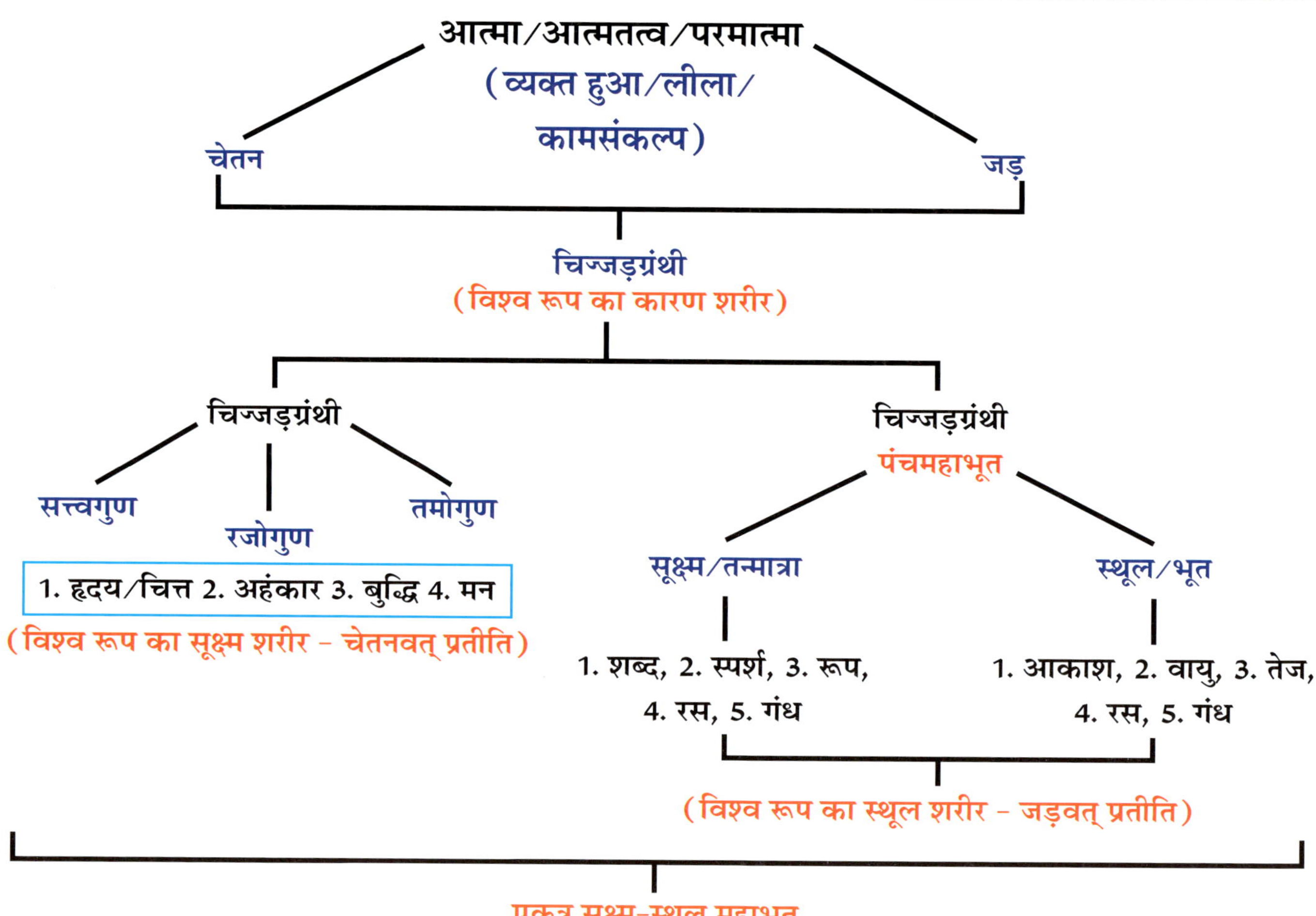

एकत्र सूक्ष्म-स्थूल महाभूत

{मनुष्य-प्राणी-वनस्पति-पंचमहाभूत}

- सूक्ष्म स्थूल शरीर में पंच ज्ञानेंद्रियाँ—
  1. श्रवण, 2. स्पर्श, 3. दर्शन, 4. रसना, 5. घ्राण
- स्थूल शरीर और सूक्ष्म शरीर को जोड़नेवाला तत्त्व-प्राण
- सूक्ष्म शरीर और कारण शरीर को जोड़नेवाला तत्त्व-हृदय

आत्मा के नाम
1. परमात्मा
2. परब्रह्म
3. ब्रह्म
4. पुरुषोत्तम
5. ईश्वर
6. जगदीश
7. भगवान।

चेतन के नाम
1. पुरुष
2. अक्षरपुरुष
3. जीव
4. पराप्रकृति
5. जीवन।

जड़ के नाम
1. प्रकृति
2. क्षरपुरुष
3. माया
4. अपराप्रकृति
5. जगत्।

आत्मा तथा उसके विश्व रूप का स्वभाव

आत्मा	– सत्य (सत्), ज्ञान, अनंतता
चेतन (पुरुष)	– कूटस्थ (निर्गुण, निराकार)
जड़ (प्रकृति)	– क्षर (परिवर्तनशील, सगुण, साकार)
हृदय	– प्रेम, आनंद, स्वतंत्रता, सौंदर्य, अभय
चित्त	– संस्कारों का ग्रहण एवं संग्रह करना
अहंकार	– ज्ञाता, कर्ता, भोक्ता भाव
बुद्धि	– विवेक, विज्ञान
मन	– चंचलता, आसक्ति, उत्तेजना
प्राण	– ऊर्जा, शक्ति
ज्ञानेंद्रियाँ	– विषयों की ओर खींचना
कर्मेंद्रियाँ	– क्रियाशीलता
महाभूत	– होना
आकाश	– ध्वनि
वायु	– स्पर्श
तेज	– रूप, रंग
जल	– रस, स्वाद
पृथ्वी	– गंध

आत्मविज्ञान तथा अन्य विज्ञानों का अंगागी संबंध

आत्मविज्ञान (सर्व विज्ञानों का अंगी)

अंतःकारण विज्ञान

1. अनुभूति विज्ञान – हृदय
2. संस्कार विज्ञान – चित्त
3. अहंकार विज्ञान – अहंकार
4. विज्ञान – बुद्धि
5. मनोविज्ञान – मन

भूत विज्ञान

1. आकाश विज्ञान – ध्वनि/शब्द विज्ञान
2. वायु विज्ञान – स्पर्श विज्ञान
3. तेज विज्ञान – अग्नि विज्ञान
4. जल विज्ञान – रस विज्ञान
5. पृथ्वी विज्ञान – गंध विज्ञान

विश्लेषण

कर्मेंद्रियों की क्रिया और ज्ञानेंद्रियों के अनुभवों को मन विचार में रूपांतरित करता है। विचारों पर संश्लेषण विश्लेषण और कार्यकारणभाव की प्रक्रिया कर बुद्धि निश्चय करती है। विज्ञान के साथ अहंकार का कर्ताभाव जुड़ता है। चित्त में उसके संस्कार बनते हैं। संस्कारों का रूपांतरण अनुभूति में होता है। तब ज्ञान होता है। यही विज्ञान से ज्ञान होने की प्रक्रिया है।

इस प्रकार अंगी और अंग के भाव से जुड़े विज्ञानों की शृंखला को आगे बढ़ाया जा सकता है।

सभी गर्भवती बेटियों, बहनों और माताओं को स्वस्थ, संस्कारयुक्त, सुदृढ़, संकल्पवान, सौभाग्यवान, धनवान, बलवान, शक्तिमान, विद्वान्, निर्भय, निर्दोष, आनंदमय, दीर्घायु तथा दिव्यातिदिव्य देवदुर्लभ संतान प्राप्ति हेतु मंगलकामनाएँ, शुभकामनाएँ, शुभ आशीष।

दिव्य गर्भ संस्कार विज्ञान

यदि आपने केवल नाम भी सुन लिया है तो यह आपके शिशु के लिए शुभ संकेत है…
आइए इससे जुड़कर गर्भस्थ शिशु को आशीर्वाद दें और आगामी संपूर्ण जीवन को उज्ज्वल बनाएँ…

आयु की अवस्था एवं करण

क्रम	अवस्था	आयु	आश्रम	सक्रिय करण	शक्ति
	१	२	३	४	५
१	गर्भावस्था	गर्भधान से जन्म तक	–	चित्त	संस्कार
२	शिशु अवस्था	जन्म से पाँच वर्ष	–	चित्त	संस्कार
३	बाल अवस्था	६ से १२ वर्ष	ब्रह्मचर्याश्रम	कर्मेन्द्रिय, ज्ञानेन्द्रिय, मन का भावनापक्ष	क्रिया, अनुभव, भावना
४	किशोरावस्था	१३ से १५ वर्ष	ब्रह्मचर्याश्रम	मन का विचार पक्ष, बुद्धि का निरीक्षण, परीक्षण, तर्क पक्ष	विचार, कुछ मात्रा में विवेक
५	तरूणावस्था	१६ से १९ वर्ष	ब्रह्मचर्याश्रम	बुद्धि(निरीक्षण, परीक्षण, साम्यभेद, तुलना, तर्क, अनुमान, संश्लेषण, विश्लेषण, समग्रता में आकलन)	विवेक
६	पूर्व युवावस्था	२० वर्ष से विवाह तक	ब्रह्मचर्याश्रम	सभी बहिःकरण और अन्तःकरण	विवेक, दायित्वबोध
७	उत्तर युवावस्था	विवाह से ३५ वर्ष तक	गृहस्थाश्रम	सभी करण किन्तु विशेष रूप से बुद्धि	विवेक और दायित्वबोध, कर्तृत्वभाव
८	पूर्व प्रौढ़ावस्था	३५ से ५० वर्ष तक	गृहस्थाश्रम	सभी करण विशेष रूप से अन्तःकरण	चिन्तन, दायित्वबोध, कर्तृत्वभाव
९	उत्तर प्रौढ़ावस्था	५० से ६० वर्ष तक	वानप्रस्थाश्रम	सभी करण	विवेक, दायित्वबोध
१०	पूर्व वृद्धावस्था	६० से ७५ वर्ष तक	वानप्रस्थाश्रम	सभी करण	विवेक, ज्ञाताभाव
११	उत्तर वृद्धावस्था	७५ से मृत्यु तक	संन्यासाश्रम (यह अनिवार्य नहीं है, संन्यास नहीं लिया तो वानप्रस्थाश्रम)	सभी करण	विवेक, ज्ञाताभाव

PDF हेतु स्कैन करें

क्रम	शिक्षा का स्वरूप	शिक्षा देने वाले	क्या करें	क्या न करें
	६	७	८	९
१	माता का आहार, विहार, संगीत, क्रियाकलाप	माता	संस्कारक्षम वातावरण का निर्माण, गर्भ की सुरक्षा	चिन्ता, क्रोध, शोक आदि
२	आसपास के लोग तथा वातावरण से संस्कार ग्रहण करना, सीखने का अखण्ड पुरूषार्थ, अनुकरण	माता–पिता तथा घर के अन्य लोग, सहयोगी	लालन करें, सम्मान दें, गीत, खेल, कहानी, अन्य क्रियाकलाप	औपचारिक शिक्षा उपदेश, दण्ड न दें, विद्यालय न भेजे
३	क्रिया आधारित, प्रेरणा आधारित, अनुभव आधारित	घर में माता–पिता, विद्यालय में शिक्षक	संस्कारक्षम वातावरण, क्रियाकलाप, अनुभव और प्रेरणा	केवल लिखने–पढ़ने की शिक्षा
४	निरीक्षण और प्रयोग, संवाद, वार्तालाप, पठन, लेखन	घर में माता–पिता, विद्यालय में शिक्षक	संयम, परिश्रम, घर के अनेक काम, साधक–बाधक विचार	अक्रिय मनोरंजन, विजातीय मैत्री, अनुचित आहार–विहार
५	चिन्तन करना, समझना, निर्णय करना, अपना मत बनाना	घर में माता–पिता, विद्यालय में शिक्षक, अन्य वरिष्ठजन	स्वतंत्र बुद्धि से विचार करने दें, मित्रतापूर्वक व्यवहार करें	यान्त्रिक रूप से न पढ़ें, गैर जिम्मेदार न बनें
६	व्यक्तिगत और सामाजिक जीवन में दायित्व समझना, स्वतंत्र बुद्धि से निर्णय करना	घर में माता–पिता, विद्यालय में शिक्षक, ग्रन्थालय, अनुभवी लोग	कठोर ब्रह्मचर्य का पालन, दायित्व को स्वीकार	विलास, उच्छृंखलता
७	गृहस्थधर्म का पालन, शिक्षितों से संवाद, प्रत्यक्ष अनुभव से सीखना	माता–पिता, ग्रन्थ, समाज के वरिष्ठ लोग, स्वजन और मित्र	१. समर्थ सन्तान को जन्म देना, २. अर्थार्जन करना, ३. गृहस्थधर्म का पालन करना	१. असंस्कारी, अशिष्ट आचरण २. दायित्व का त्याग
८	कुलधर्म, समाजधर्म का पालन, दान, यज्ञ, सेवा, स्वाध्याय, विद्वानों और सन्तों का उपदेश	ग्रन्थ, विद्वान, सन्त, स्नेही, स्वजन, अनुभव	१. जो करें, समझ कर विवेकपूर्वक करें, २. सन्तानों को संस्कारयुक्त शिक्षा दें, ३. चरित्र का रक्षण करें	१. अविवेक और असंयम, २. अशिष्ट व्यवहार, ३. अनैतिक अर्थार्जन, ४. अधार्मिक आचरण
९	१. कुलधर्म, समाजधर्म का चिन्तन और व्यवहार, २. नई पीढ़ी को इन सबका हस्तान्तरण	अनुभव, ग्रन्थ, सन्तजन, विद्वज्जन, स्वजन	१. क्रमशः आसक्ति कम करें, २. सन्तानों को दायित्व सौंप दें, ३. समाजसेवा हेतु सिद्धता प्राप्त करें	१. विलास, २. अशिष्ट और अविचारी व्यवहार, ३. नई पीढ़ी से स्पर्धा और तुलना
१०	१.मनो व्यापारों का अवलोकन, २. जगत् के व्यवहारों का अवलोकन	समाज, शास्त्रग्रन्थ, विद्वज्जन, सन्तजन	१. समाज सेवा, २. दायित्वों का हस्तान्तरण, ३. नई पीढ़ी का मार्गदर्शन, ४. अधिकारों का त्याग, ५. कथा श्रवण, ६. तीर्थयात्रा	१. अर्थार्जन, २. भोगविलास, ३. दायित्वों का त्याग, ४. अधर्मयुक्त आचरण
११	१. चिन्तन, २. अनुसन्धान, ३. मार्गदर्शन	शास्त्रग्रन्थ, सन्तजन, विद्वज्जन, जगत्	१. यात्रा, २. आसक्ति का त्याग, ३. अपेक्षाओं का त्याग, ४. उदारता, ५. क्षमाशीलता, ६. सत्य और धर्म के प्रति निष्ठा, ७. संयम, ८. तप, ९. ईश्वर प्रणिधान	१. अस्वास्थ्यकर और असंस्कृत आचरण, २. परिवार और समाज के व्यवहारों में हस्तक्षेप, ३. बचकाना व्यवहार

समर्पण

अखिल ब्रह्माण्डनायक, परात्पर ब्रह्म,
हृदय सम्राट, प्राणाधार, प्राणेश्वर,
रास रासेश्वर, राधारमण, राधामाधव,
गोवर्धन गिरधारी, बांके बिहारी, लीला पुरुषोत्तम,
भक्त वत्सल भगवान सुदर्शन चक्रधारी
योगेश्वर कृष्ण कन्हैया लाल
एवं
माताजी श्रीमती सुमित्रा देवी
पिताजी श्री अशरफी चंद पैंसिया को

राष्ट्रजीवन में किया समर्पित निज जीवन का अंश

पाठकों से आह्वान

'दिव्य गर्भ संस्कार विज्ञान हमारी' वैदिक संस्कृति के संस्कारों का प्राण है, किंतु काल के कुचक्र और षड्यंत्रों द्वारा विश्व की प्राचीनतम एवं सर्वाधिक वैज्ञानिक शिक्षा एवं चिकित्सा पद्धति क्रमशः **गुरुकुल एवं आयुर्वेद** को भुला दिया तथा पुरातन कहकर झुठला दिया गया। वर्तमान में जैसे-जैसे विज्ञान ने प्रगति की, वैसे-वैसे वैज्ञानिकों की रुचि हमारे प्राचीन सनातनी संस्कारों, परंपराओं एवं ज्ञान में बढ़ती गई। इसी ज्ञान का आधारभूत तत्त्व है, **'गर्भ-संस्कार'**। इस संसार का प्रत्येक राष्ट्र भविष्य के लिए अच्छे नागरिक, अच्छा समाज और अच्छा नेतृत्व प्राप्त करना चाहता है, जिसका उद्गम वैदिक संस्कार व्यवस्था से होता है। 'गर्भ-संस्कार विज्ञान' एक ऐसी कुंजी है, जिससे बालक में रूप, गुण, बल, बुद्धि, विद्या इत्यादि को वैज्ञानिक ढंग से प्रत्यारोपित कर सकते हैं। वर्तमान में हमारी सरकार का मुख्य उद्देश्य **मातृ मृत्युदर तथा शिशु मृत्युदर को कम करना** है। इसके अतिरिक्त गर्भिणी का पोषण, शिशु स्वास्थ्य, भ्रूण हत्या निषेध, अच्छी शिक्षा एवं संस्कार इत्यादि उद्देश्य सरकार प्राप्त करना चाहती है। किंतु इसका रास्ता परंपरागत भारतीय शिक्षा व्यवस्था एवं गर्भ-संस्कार से होकर जाता है। गर्भ-संस्कार के इस **दिव्य ग्रंथ** का जब हम अक्षरशः अनुसरण करते हैं तो गर्भावस्था और माता-शिशु का प्रत्येक क्षण एक माइलस्टोन बन जाता है, जिससे **स्मार्ट मदर-चिल्ड्रन** का आगमन होता है। संस्कारों तथा **सम्यक्** गर्भाधान के बिना आधुनिक युग में स्मार्ट बनाने की अवधारणा अधूरी है।

गर्भ संस्कार गर्भ में शिशु को माँ द्वारा

जीवन जीने की कला का प्रशिक्षण है, जो एक मनोवैज्ञानिक तथा आध्यात्मिक प्रक्रिया है। किसी भी आधुनिक साधन के बिना केवल अपनी आंतरिक दिव्य शक्ति से भारतीय ऋषि परंपरा और हिंदू संस्कृति पूरे विश्व में अनेक अवतारों, ऋषियों, संतों, महापुरुषों, सद्गृहस्थों आदि का प्राकट्य इस वैदिक कालीन गर्भ-संस्कार के अद्भुत ज्ञान द्वारा कर सकती है। यदि गर्भिणी आहार-विहार, विचार-भाव आदि पर थोड़ा-सा भी ध्यान दे, तो पूरे विश्व में क्रांति की जा सकती है। भारतीय संस्कृति और संस्कार युगों-युगों से मनुष्य जाति को श्रेष्ठ जीवन जीने के लिए मार्गदर्शन दे रहे हैं, किंतु यह संस्कार कुछ दशकों के कालखंड में मुरझा गए हैं। यदि गर्भ-संस्कार को पुनः पुष्पित-पल्लवित करना है तो सभी पाठकगणों और समस्त भारतीय भाइयों-बहनों को एक अभियान के रूप में कार्य करना होगा, ताकि हम समन्वित पुरुषार्थ के द्वारा 'शास्त्र ऋण' से उऋण हो सकें।

'बच्चा होने वाला है', यह समाचार सुनकर दंपति, उनका परिवार तथा परिजन हर्ष एवं उल्लास से झूम उठते हैं; किंतु जब बच्चा बड़ा होता है तो वह हर्ष और उल्लास लुप्त हो जाता है, क्योंकि गर्भावस्था में हम पूरा ध्यान नहीं देते। **यदि केवल एक सूचना भारत और विश्व के जन-जन तक पहुँचाई जाए कि प्रत्येक मनुष्य 80 प्रतिशत गर्भ में सीखता है, 10 प्रतिशत 2 से 5 वर्ष की आयु में सीखता है और शेष 10 प्रतिशत सीखने की प्रक्रिया आजीवन चलती रहती है,** तो गर्भ-संस्कार को विश्व के प्रत्येक रिलीजन, मजहब, पंथ और विचारों के लोग हाथो-हाथ लेंगे। इसीलिए गर्भ विज्ञान की सही और शास्त्रीय जानकारी, गर्भदात्री महिला की संपूर्ण जीवन-शैली, संतान के विषय में उत्सुकता, गर्भिणी के प्रति पति और परिवार का दायित्व इत्यादि बिंदुओं को सरल, साधारण एवं प्रभावशाली ढंग से इस पुस्तक में निरूपित करने का प्रयास किया गया है। **यह पुस्तक न केवल नवविवाहित दंपति अपितु युवा, वृद्ध, किशोर, विद्यालयों, महाविद्यालयों, चिकित्सालयों, पुस्तकालयों इत्यादि के लिए अत्यंत उपयोगी है।** आज जब एकल परिवार बढ़ रहे हैं तथा गर्भवती के मन में अनगिनत शंकाओं और प्रश्नों का समाधान ही दिखाई नहीं दे रहा है तो ऐसे कठिन समय में यह पुस्तक एक अनुभवी सखी-सहेली और मार्गदर्शक बनने में सहायक सिद्ध होगी। इस तरह 'दिव्य गर्भ संस्कार विज्ञान' पुस्तक के माध्यम से तकनीकी, विज्ञान और शास्त्र ज्ञान के आधार पर अपना हम भाग्य स्वयं लिख सकते हैं।

यह पुस्तक नहीं, एक रहस्यमयी विषय है, जिसमें एक सर्वसाधारण रहस्य छिपा हुआ है। आप माने या न माने, किंतु इसे पढ़ने के बाद अवश्य अनुभव करेंगे कि यह पुस्तक प्रत्येक युवक-युवती को विवाह से पूर्व गहनता से पढ़नी चाहिए, ताकि उनके जीवन का आरंभ ही **गर्भ क्रांति मिशन** से हो। इस अमूल्य और गागर में सागर पुस्तक को अपने जीवन, कर्म और आचरण में उतारने पर आज के युग में श्रीराम, श्रीकृष्ण, अभिमन्यु, प्रह्लाद, नचिकेता, प्रताप, शिवाजी, विवेकानंद जैसी विभूतियाँ परमपिता परमात्मा से प्राप्त कर सकते हैं, ऐसा हमें अटूट विश्वास है।

॥ ॐ ॥ राम-राम, राधे-राधे, हरे कृष्णा ॥ ॐ ॥

आभार प्रदर्शन

उन ऋषि-मुनियों, महर्षि और मनीषियों के प्रति, जिनके ग्रंथों का इस पुस्तक में प्रयोग किया गया है। उनके प्रति कृतज्ञता तथा भावनाओं की अभिव्यक्ति के लिए शब्द असमर्थ एवं लेखनी अशक्त है। पुनरुत्थान विद्यापीठ की माननीया इंदुमति ताईजी और श्री विपुल भाई को भी आभार, क्योंकि भारतीय शिक्षा पद्धति और गर्भ-संस्कार का अतुल्य मार्गदर्शन और सहयोग मिला। आपणो एजूकेशनल एंड वेलफेयर ट्रस्ट द्वारा संपादित इस पुस्तक के लेखन में विविध व्यक्तियों से जो सहयोग मिला, उसके लिए आभार। अभिमन्यु गर्भ-संस्कार के माध्यम से पूरे विश्व में गर्भ-संस्कार का ज्ञान प्रचारित करने और हमें सहयोग देने के लिए श्री मनोज बुबजी का धन्यवाद। माता-पिताजी, गुरुवर श्री प्रवीण भाटिया (भाटिया आश्रम), बड़े भाई डॉ. इंद्रेशजी गोयल, डॉ. हुकम चंद, छोटे भाई श्री चंद्र प्रकाश पैंसिया, कविता, अमिता, श्री महावीर, श्री इंद्रदेव गोदारा, श्री पवन कुमार, वंशिका, टीकाश्रीजी, सात्विक, मुकुल, दिव्यांशु, प्रियांशु आदि का पितृवत् वात्सल्य, सतत् प्रोत्साहन, धार्मिक मार्गदर्शन एवं विषयों का सुस्पष्ट स्पष्टीकरण का ही सुपरिणाम यह पुस्तक है। प्रत्यक्ष-परोक्ष रूप से जुड़े हुए सभी मित्रों, स्वजनों, परिजनों आदि का भी बहुत-बहुत आभार, क्योंकि उनके वात्सल्य एवं प्रोत्साहन के बिना यह संभव नहीं है। टंकण के लिए श्री सुमित सिंह एवं श्री पुष्पेंद्र सिंह का धन्यवाद। प्रूफरीडिंग के लिए लेखिका श्रीमती रचना भोला 'यामिनी' जी का धन्यवाद। पुस्तक की सुसज्जा तथा प्रकाशन के लिए प्रकाशक का आभार-धन्यवाद।

अंत में सर्वशक्तिमान भगवान् सुदर्शन चक्रधारी योगेश्वर कृष्ण कन्हैया लाल तथा सालासर बालाजी महाराज के चरणकमलों में वंदना है, जीवन की त्रुटियों के लिए क्षमायाचनार्थ एवं भावी जीवन में कुछ कर सकने के लिए आशीषार्थ।

क्षमायाचना

भाषा एवं विषय दोनों के ज्ञानाभाव में पुस्तक-लेखन का प्रयास हास्यास्पद-सा ही है, फिर भी साहस किया है पुस्तक-लेखन के दुरूह मार्ग पर प्रथम पग रखने का, इस आशा, आकांक्षा एवं विश्वास के साथ कि विद्वतजन अपनी रचनात्मक आलोचनाओं द्वारा भविष्य में विषय के स्पष्टीकरण में सहायता एवं प्रोत्साहन देंगे, पुनः कुछ कार्य कर सकने का। इस क्षेत्र की अनुभवहीनता पुस्तक के मुद्रण में आई हुई त्रुटियों एवं शैलीवैभिन्य का कारण है। इन सभी कमियों के लिए करबद्ध क्षमायाचना है।

नोट : प्रस्तुत ग्रंथ में संस्कृत श्लोकों में दो पदों के मध्य कोमा/अल्प विराम दिया हुआ है जो व्याकरणीय दृष्टि से त्रुटि है किंतु उच्चारण और अध्ययन की दृष्टि से सुविधाजनक है।

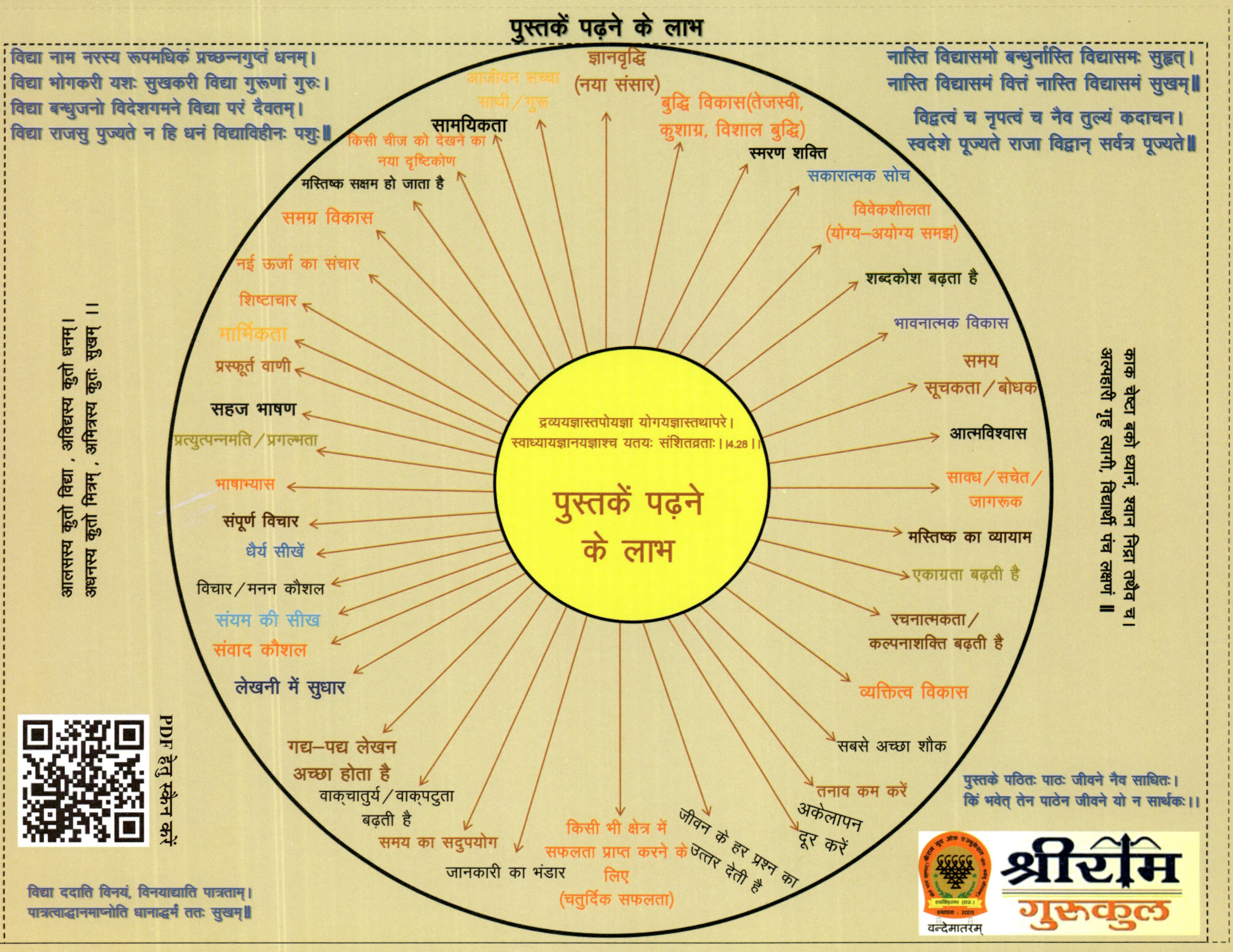

पुस्तकें पढ़ने के लाभ
विद्या नाम नरस्य रूपमधिकं प्रच्छन्नगुप्तं धनम्।
विद्या भोगकरी यशः सुखकरी विद्या गुरूणां गुरुः।
विद्या बन्धुजनो विदेशगमने विद्या परं दैवतम्।
विद्या राजसु पुज्यते न हि धनं विद्याविहीनः पशुः॥
नास्ति विद्यासमो बन्धुर्नास्ति विद्यासमः सुहृत्।
नास्ति विद्यासमं वित्तं नास्ति विद्यासमं सुखम्॥
विद्वत्वं च नृपत्वं च नैव तुल्यं कदाचन।
स्वदेशे पूज्यते राजा विद्वान् सर्वत्र पूज्यते॥
आलसस्य कुतो विद्या, अविद्यस्य कुतो धनम्।
अधनस्य कुतो मित्रम्, अमित्रस्य कुतः सुखम्॥
काक चेष्टा बको ध्यानं, श्वान निद्रा तथैव च।
अल्पहारी गृह त्यागी, विद्यार्थी पंच लक्षणं॥
पुस्तकें पढ़ने के लाभ
द्रव्ययज्ञास्तपोयज्ञा योगयज्ञास्तथापरे।
स्वाध्यायज्ञानयज्ञाश्च यतयः संशितव्रताः।।4.28।।
ज्ञानवृद्धि (नया संसार)
बुद्धि विकास(तेजस्वी, कुशाग्र, विशाल बुद्धि)
स्मरण शक्ति
सकारात्मक सोच
विवेकशीलता (योग्य–अयोग्य समझ)
शब्दकोश बढ़ता है
भावनात्मक विकास
समय सूचकता / बोधक
आत्मविश्वास
सावध / सचेत / जागरूक
मस्तिष्क का व्यायाम
एकाग्रता बढ़ती है
रचनात्मकता / कल्पनाशक्ति बढ़ती है
व्यक्तित्व विकास
सबसे अच्छा शौक
तनाव कम करें
अकेलापन दूर करें
जीवन के हर प्रश्न का उत्तर देती है
किसी भी क्षेत्र में सफलता प्राप्त करने के लिए (चतुर्दिक सफलता)
जानकारी का भंडार
समय का सदुपयोग
वाक्चातुर्य / वाक्पटुता बढ़ती है
गद्य–पद्य लेखन अच्छा होता है
लेखनी में सुधार
संवाद कौशल
संयम की सीख
विचार / मनन कौशल
धैर्य सीखें
संपूर्ण विचार
भाषाभ्यास
प्रत्युत्पन्नमति / प्रगल्भता
सहज भाषण
प्रस्फूर्त वाणी
मार्मिकता
शिष्टाचार
नई ऊर्जा का संचार
समग्र विकास
मस्तिष्क सक्षम हो जाता है
किसी चीज को देखने का नया दृष्टिकोण
सामयिकता
आजीवन सच्चा साथी / गुरु
PDF हेतु स्कैन करें
विद्या ददाति विनयं, विनयाद्याति पात्रताम्।
पात्रत्वाद्धनमाप्नोति धानाद्धर्मं ततः सुखम्॥
पुस्तके पठितः पाठः जीवने नैव साधितः।
किं भवेत् तेन पाठेन जीवने यो न सार्थकः।।
श्रीरॉम गुरुकुल
वन्देमातरम्

समग्र विकास अभ्यासक्रम (५ से १४ वर्ष)

लालयेत् पंच वर्षाणि दश वर्षाणि ताडयेत्।
प्राप्ते षोडशे वर्षे पुत्रं मित्रं समाचरेत्।।

श्रवण, पठन, गायन और कंठस्थीकरण।
उर्ध्वगामी हो रही, ऊर्जा की हर किरण।।

विश्वगुरू भारत
↓
चक्रवर्ती राष्ट्र भारत
↓
सोने की चिड़िया भारत
(इंडिया ?)

घर में विद्यालय की तरह और विद्यालय में घर की तरह शिक्षा।

भारतीय ज्ञान पाठावली

क्रम	श्रेणी	ग्रंथ संख्या	किनके लिए
१.	अंकुर	११	५ और ६ वर्ष के छात्र
२.	पल्लव	१३	७ और ८ वर्ष के छात्र
३.	तीर्थ	१५	९ और १० वर्ष के छात्र
४.	प्रसाद	१७	११ और १२ वर्ष के छात्र
५.	धृति	१९	१३, १४, १५ वर्ष के छात्र
६.	धारणा	२१	१६ और १७ वर्ष के छात्र
७.	मेधा	२३	१८, १९, २० वर्ष के छात्र
८	प्रज्ञा	२५	प्रबुद्धजन, विद्वज्जन
९	चिति	२७	शैक्षिक शोधकर्ता
१०.	परिधि	२९	सर्व जिज्ञासुजन

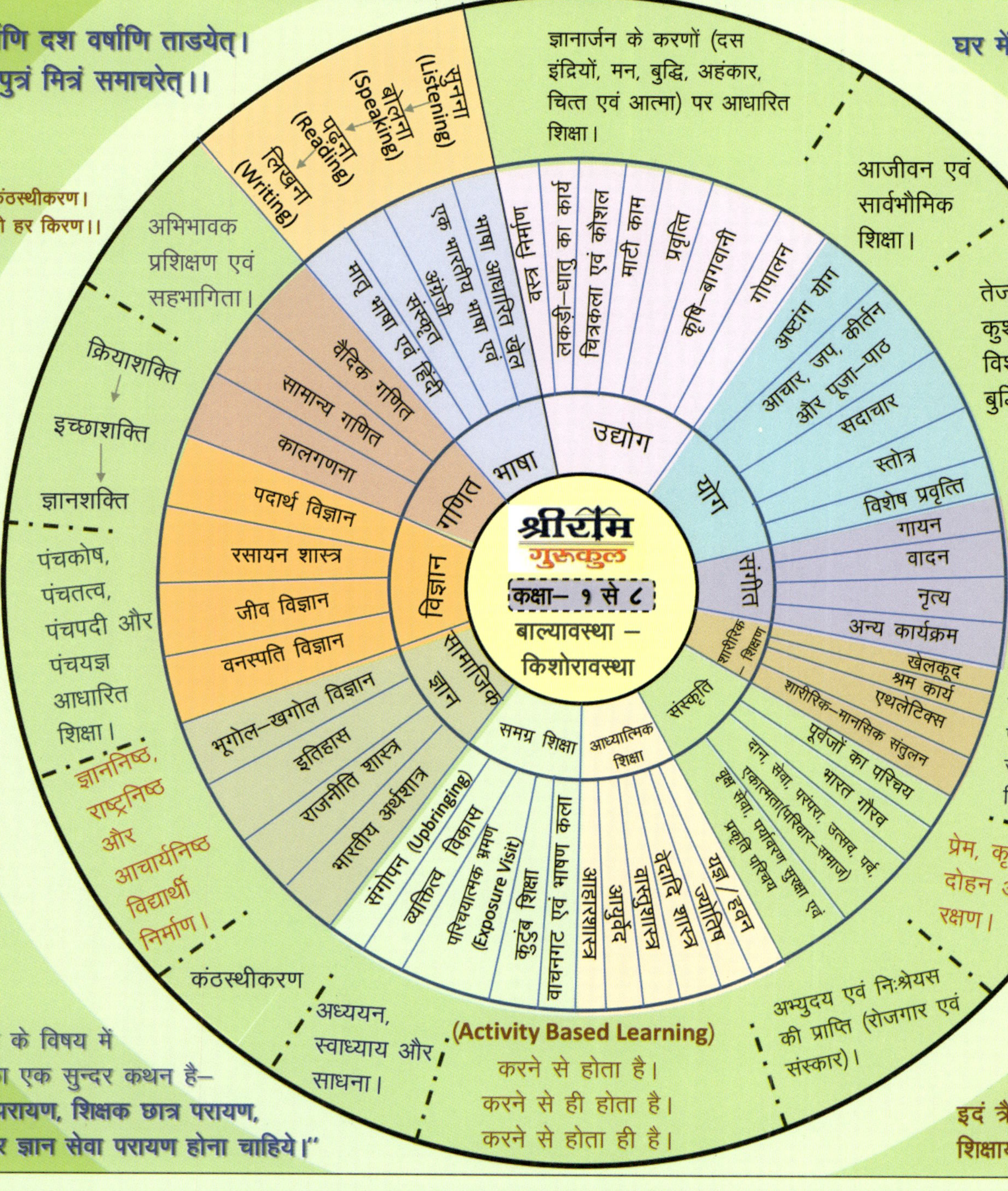

श्रीराम गुरुकुल

कक्षा– १ से ८

बाल्यावस्था – किशोरावस्था

भाषा: भाषा आधारित खेल, एक भारतीय भाषा एवं अंग्रेजी, संस्कृत, मातृ भाषा एवं हिंदी

गणित: वैदिक गणित, सामान्य गणित, कालगणना

विज्ञान: पदार्थ विज्ञान, रसायन शास्त्र, जीव विज्ञान, वनस्पति विज्ञान

सामाजिक ज्ञान: भूगोल–खगोल विज्ञान, इतिहास, राजनीति शास्त्र, भारतीय अर्थशास्त्र

समग्र शिक्षा: संगोपन (Upbringing), व्यक्तित्व विकास, परिचयात्मक भ्रमण (Exposure Visit), कुटुंब शिक्षा, वाचनागार एवं भाषण कला

आध्यात्मिक शिक्षा: आहारशास्त्र, आयुर्वेद, वास्तुशास्त्र, वेदादि शास्त्र, ज्योतिष, यज्ञ / हवन

संस्कृति: दान, सेवा, परंपरा, उत्सव, पर्व, एकात्मता(परिवार–समाज), वृक्ष सेवा, पर्यावरण सुरक्षा एवं प्रकृति परिचय, भारत गौरव, पूर्वजों का परिचय

शारीरिक – शिक्षण: शारीरिक–मानसिक संतुलन, एथलेटिक्स, श्रम कार्य, खेलकूद

संगीत: गायन, वादन, नृत्य, अन्य कार्यक्रम

योग: अष्टांग योग, आचार, जप, कीर्तन और पूजा–पाठ, सदाचार, स्तोत्र, विशेष प्रवृत्ति

उद्योग: वस्त्र निर्माण, लकड़ी–धातु का कार्य, चित्रकला एवं कौशल, माटी काम, प्रवृत्ति, कृषि–बागवानी, गोपालन

सुनना (Listening) → बोलना (Speaking) → पढ़ना (Reading) → लिखना (Writing)

ज्ञानार्जन के करणों (दस इंद्रियाँ, मन, बुद्धि, अहंकार, चित्त एवं आत्मा) पर आधारित शिक्षा।

आजीवन एवं सार्वभौमिक शिक्षा।

तेजस्वी, कुशाग्र और विशाल बुद्धि।

व्यष्टि, समष्टि, सृष्टि एवं परमेष्टि में एकात्म, आत्मीय, चक्रीय, परस्पर पूरक एवं परस्परावलंबन पर आधारित संबंधों की शिक्षा।

प्रेम, कृतज्ञता, दोहन और रक्षण।

अभ्युदय एवं निःश्रेयस की प्राप्ति (रोजगार एवं संस्कार)।

(Activity Based Learning)
करने से होता है।
करने से ही होता है।
करने से होता ही है।

अध्ययन, स्वाध्याय और साधना।

कंठस्थीकरण

ज्ञाननिष्ठ, राष्ट्रनिष्ठ और आचार्यनिष्ठ विद्यार्थी निर्माण।

पंचकोष, पंचतत्व, पंचपदी और पंचयज्ञ आधारित शिक्षा।

क्रियाशक्ति
↓
इच्छाशक्ति
↓
ज्ञानशक्ति

अभिभावक प्रशिक्षण एवं सहभागिता।

PDF हेतु स्कैन करें

स्वायत्त शिक्षा व्यवस्था के विषय में आचार्य विनोबा भावे का एक सुन्दर कथन है–
"छात्र शिक्षक परायण, शिक्षक छात्र परायण,
दोनों ज्ञान परायण और ज्ञान सेवा परायण होना चाहिये।"

इदं त्रैलोक्यविख्यातं विश्वकल्याणकारकम्।
शिक्षायाः ज्ञानयज्ञार्थे नैमिषारण्यमुत्तमम्।।

अनुक्रम

1

अथ प्रथमोऽध्यायः

गर्भ-संस्कार का रहस्य

''यथा राष्ट्रसमुत्थानं प्रजा सा वीर्यवत्तमा।
सर्वे स्वकर्मदक्षाश्च उत्कर्षोऽस्ति समन्नतः ॥''

जिस प्रजा द्वारा राष्ट्र का समोत्थान हो, वह प्रजा सर्वोत्तम तेजस्वी है और जहाँ सभी लोग अपने-अपने कर्म में कुशल हों, वहाँ समग्र प्रकार से उत्कर्ष होता है। इसी कारण से अच्छे दांपत्य की महिमा कही गई है। त्याग और तपस्या पर आधारित उज्ज्वल गृहस्थ आश्रम चारों आश्रमों का आधार है। स्त्री अपना स्वत्व पुरुष में विलीन कर दे और पुरुष स्वयं को अर्द्धनारीश्वर माने, यह गृहस्थ आश्रम का आदर्श है। इसलिए पार्वती-शंकर न केवल उत्तम अनुकरणीय गृहस्थ हैं, अपितु जगत के माता-पिता के रूप में वंदित हैं। **प्रकृति-पुरुष** का यह रूप धर्मोन्मुख, सायुज्य, उत्तम सृजन दे सकता है। सृष्टि के सुचारू संचालन के लिए महर्षि कहते हैं—

'प्रजातन्तुं मा व्यवच्छेत्सीः'

प्रजातंतु को तोड़ना नहीं है अर्थात् उत्तम संतति के लिए **आदर्श, संयमी, शुद्ध और जाग्रत माता-पिता प्रथम आवश्यकता है।**

श्रेष्ठ तपश्चर्या से श्रेष्ठ संतान

शास्त्रों के अनुसार, **ऋषि अगस्त्य तथा लोपामुद्रा** ने भी गर्भाधान करने से पूर्व तपश्चर्या द्वारा श्रेष्ठ क्षमता प्राप्त की थी। इसके पश्चात् शारीरिक एवं मानसिक शुद्धिकरण करके, विकार रहित हो, प्रार्थना करके गर्भाधान की प्रक्रिया में वह तल्लीन हुए थे। ऋग्वेद के एक सूत्र में वर्णन किया गया है कि उग्र तपस्वी ऋषि अगस्त्य ने संतानोत्पत्ति की शक्ति तथा तपस्या का पोषण किया था। देवताओं का सच्चा आशीर्वाद प्राप्त करके, उन्होंने श्रेष्ठ संतान को जन्म दिया, जिसका नाम था, '**दृढ़ास्यु**'। जो वैदिकालीन महान् कवि थे।

भारतीय सनातन परंपरा के चार पुरुषार्थों में 'काम' तीसरा पुरुषार्थ है। **काम को साध्य या सिद्ध** करना तथा उस पर विजय प्राप्त करना ही काम पुरुषार्थ है। आज तथाकथित विपरीत बुद्धि वाले आधुनिक ज्ञान-विज्ञान के ज्ञाताओं ने भारतीय सनातन ज्ञान-विज्ञान के सभी क्षेत्रों को अत्यंत विकृत कर दिया है। इनमें सर्वाधिक विकृत क्षेत्र है, **'काम-पुरुषार्थ'**। भारत में इसे 'गर्भ-संस्कार विज्ञान, अधिजनन शास्त्र, गर्भ कल्याणक' इत्यादि के नाम से जाना जाता है। आज या तो लोग मूल ग्रंथ पढ़ते ही नहीं या पढ़ते भी हैं तो केवल एक हल्दी की गाँठ लेकर पंसारी बन जाते हैं अर्थात् आधा-अधूरा अध्ययन कर मनगढ़ंत अर्थ निकालते हैं। **वात्स्यायन** का **कामसूत्र** तथा आयुर्वेद के **चरक संहिता, सुश्रुत संहिता, अष्टांगहृदय (वाग्भट), भाव प्रकाश (आचार्य भाव मिश्र)** आदि ग्रंथों में गर्भ संस्कार एक स्थापित शास्त्र है, किंतु विपरीत बुद्धि या विरुद्ध विचारधारा के लोग इस विषय पर चिंतन करने की अपेक्षा केवल विकृत काम **क्रीड़ाओं** या पश्चिमी भौतिकता का अंधानुकरण करते हैं। प्रत्येक विश्व का मनुष्य जब तक गर्भ-संस्कार के रहस्यों को और इसके विज्ञान को नहीं जानेगा, तब तक मनुष्यों को **शांति, स्वतंत्रता, धर्मसंगत व्यवस्था, आजीविका, श्रेष्ठ राज्य, श्रेष्ठ समाज, श्रेष्ठ परिवार और श्रेष्ठ पौरुषवान संतान** की प्राप्ति नहीं हो सकती। आज विज्ञान ने यह सिद्ध कर दिया है कि किसी भी व्यक्ति के निर्माण में **'80 प्रतिशत भूमिका गर्भ के समय'** निश्चित हो जाती है, वहीं 'जन्म से 5 वर्ष तक 10 प्रतिशत बच्चे का निर्माण' होता है तथा **'शेष 10 प्रतिशत निर्माण'** की प्रक्रिया आजीवन गतिमान रहती है।

'पूर्वजन्म के संस्कार' बच्चे के जन्म के साथ ही कर्मफल भोगने के लिए प्रारब्ध के रूप में प्रकट होते हैं। इसी तरह माता और पिता के रज व वीर्य के माध्यम से **'माता की 5 पीढ़ियों और पिता की 14 पीढ़ियों के पूर्वजों के संस्कार'**

भी बच्चे को प्राप्त होते हैं। इसके साथ-साथ माता-पिता के संपूर्ण चरित्र, आचरण, व्यवहार, कर्म आदि के संस्कार भी बच्चे को प्राप्त होते हैं, जिन्हें **'कुल के संस्कार'** कहते हैं। इसी तरह जिस संस्कृति में जन्म लेते हैं, उस **'संस्कृति के संस्कार'** तथा जिस **'निर्मित संस्कार वातावरण'** में बच्चा बड़ा होता है, उसका प्रभाव भी बच्चे पर पड़ता है। इस तरह **पाँच प्रकार** के संस्कारों में **सबसे प्रभावी व बलवान संस्कार गर्भ संस्कार** के होते हैं। दूसरे स्थान पर **पूर्वजन्म के संस्कार,** तीसरे क्रम पर **आंनुवाशिक,** चौथे क्रम पर **संस्कृति** व पाँचवें क्रम पर **निर्मित वातावरण** के संस्कार प्रभावित होते हैं। यही गर्भ-संस्कार का रहस्य है, जो भारतीय संस्कृति की मानव कल्याण की महान् परंपरा के साथ-साथ सर्वाधिक महत्वपूर्ण देन भी है। आइए, गर्भ-संस्कार के रहस्यमयी महासागर को जानें, जहाँ ऐतिहासिक, आध्यात्मिक एवं आधुनिक वैज्ञानिक प्रमाणों, कथाओं और वास्तविकताओं को विस्तार से देखते हैं।

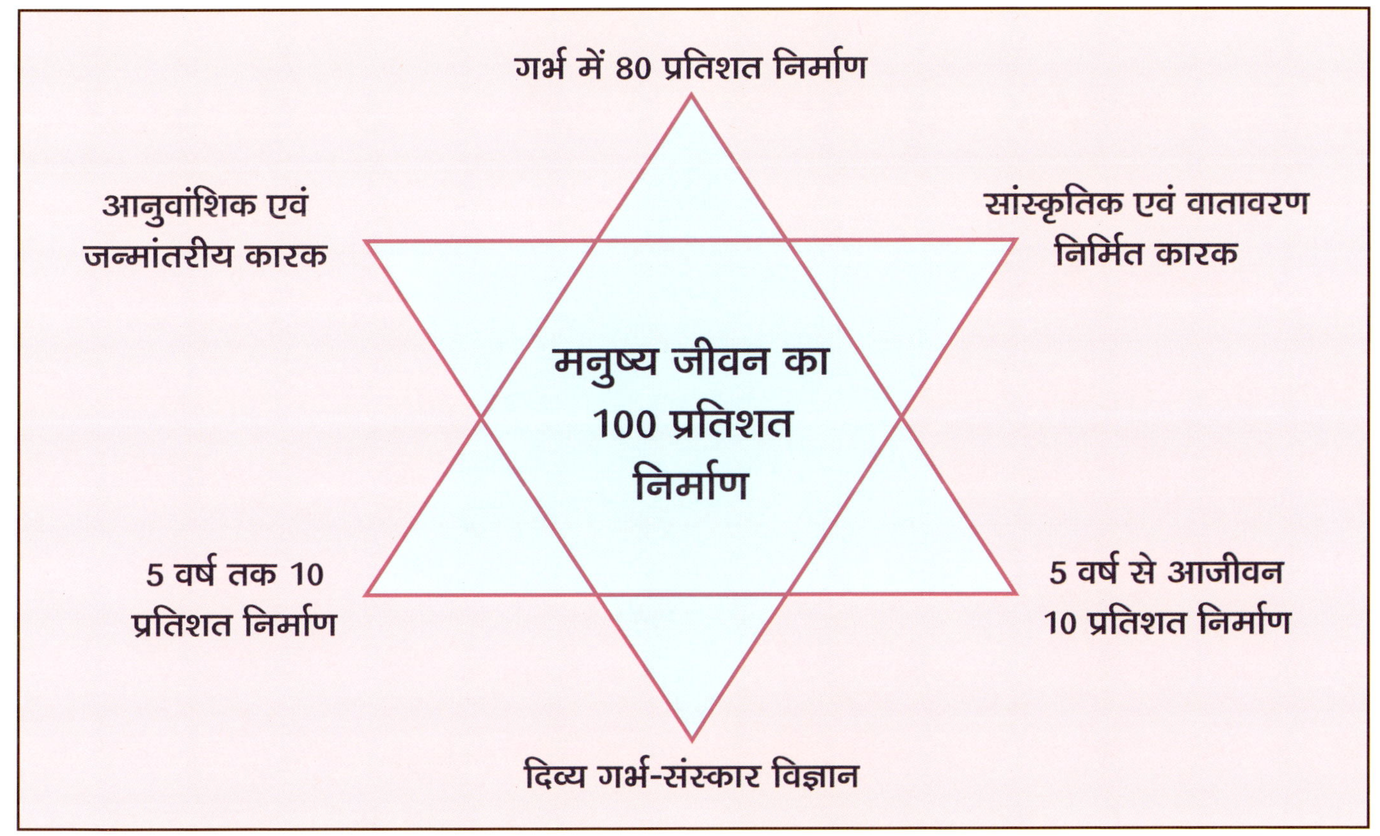

गर्भ संस्कार : एक अद्भुत रहस्य

यदि हम **'किसान द्वारा अनाज उत्पन्न करने की प्रक्रिया',** की उपमा को देखें तो गुणवत्ता में एक जैसी जमीन, जल, सिंचाई, प्रकाश, वातावरण आदि होने पर भी अनाज के उत्पादन और उत्पादकता में अंतर क्यों होता है ?

इसका कारण है कि श्रेष्ठ एवं आदर्श किसान उत्पादन एवं उत्पादकता के प्रत्येक तत्व या परिबल का रहस्य एवं महत्त्व अच्छी तरह जान चुका होता है। वहीं अन्य किसान इसे जानना नहीं चाहते। जिस प्रकार श्रेष्ठ एवं आदर्श किसान अपने बुद्धि, परिश्रम, कृषि संस्कार, आयोजन, देश-काल-परिस्थिति-वस्तु से संबंधित रणनीति आदि के कुशल संयोजन से श्रेष्ठ फसल प्राप्त करता है, उसी प्रकार श्रेष्ठ एवं दिव्य माता-पिता गर्भ-संस्कार के ज्ञान, विज्ञान और प्रयोग से **'दिव्य देव दुर्लभ संतान'** को जन्म देते हैं।

'मनुस्मृति' में कहा गया है, **'स्त्री जमीन (क्षेत्र) जैसी है। पुरुष बीज जैसा है।'** किसी स्थान पर **बीज उत्तम** होता है, तो किसी स्थान पर **योनिरूपी** क्षेत्र; परंतु जहाँ पर बीज और क्षेत्र दोनों उत्तम होते हैं, वहाँ उत्तम संतानें जन्म लेती हैं।

'**सुश्रुत संहिता**' में कहा गया, '**जिस प्रकार ऋतु, क्षेत्र, जल तथा बीज** के संयोग से निश्चित समय पर अंकुर फूटते हैं, उसी प्रकार से माँ के गर्भ से जन्म होता है।'

आपको जंगल में जहाँ-तहाँ उगे हुए वृक्षों को देखना पसंद है या बगीचे में व्यवस्थित ढंग से विकसित किए गए वृक्षों को ?

यदि अपने **जीवनरूपी बगीचे को सजाना हो,** तो किसान अथवा माली की इस उपमा को ठीक ढंग से समझकर उसे जीवन में उतारना होगा।

विलक्षण जन्म घटनाएँ

महाभारत, रामायण आदि ग्रंथों के साथ-साथ आधुनिक विज्ञान ने यह सिद्ध कर दिया है कि, '**गर्भावस्था ही शिशु की प्रथम पाठशाला होती है।**'

''**जिस प्रकार मिट्टी का घड़ा बनाते समय या नव-निर्माण के समय जो चित्र एक बार रेखांकित कर दिया जाता है, उसे कभी भी मिटाया या परिवर्तित नहीं जा सकता है, उसी प्रकार गर्भ से प्राप्त संस्कार तथा संकल्प भी मनुष्य के जीवन से कभी मिटाए नहीं जा सकते हैं।**''

सुप्रसिद्ध पराक्रमी अभिमन्यु का चरित्र

'श्रीमद्भगवद्गीता' के प्रथम अध्याय के छठे श्लोक में भी अभिमन्यु के चरित्र को महारथी (योद्धा अर्थात् जो एक से अधिक अक्षौहिणी सेना का नायक महारथी कहलाता था या दस हजार रथों का एक साथ संचालन करने वाला भी महारथी कहलाता था) कहा गया है।

देवताओं ने चंद्रमा से कहा था कि पृथ्वी पर आसुरी भाव फैलाने के लिए कलियुग दुर्योधन के रूप में और उसके सौ भाई पुलस्त्य के वंश में उत्पन्न राक्षसों के अंश से उत्पन्न हुए हैं। अत: देवता भी मनुष्य के रूप में अवतीर्ण हैं और हो रहे हैं, ऐसी स्थिति में आप पृथ्वी पर स्वयं या अपने पुत्र को मनुष्य के रूप में उत्पन्न करें। चंद्रमा के पुत्र का नाम वर्चा था। चंद्रमा अपने पुत्र को बहुत प्यार करते थे। उन्होंने कहा, ''विश्व के हित के लिए अपने पुत्र वर्चा को हम पृथ्वी पर भेज रहे हैं, किंतु हमें यह अत्यंत प्यारा है। इसे देखे बिना हमारा मन नहीं लगता। इसलिए सोलह वर्ष से अधिक यह पृथ्वी पर न रहने पाए। सोलह वर्ष में फिर वर्चा के रूप में हमारे पास आ जाए।'' यही वर्चा अर्जुन की प्रिय पत्नी सुभद्रा से अभिमन्यु के रूप में उत्पन्न हुआ था। अभिमन्यु का अर्थ है—**अभि (निर्भय) और मन्यु (क्रोधी)।**

सुभद्रा का रूप-लावण्य इतना आकर्षक था कि उसे देखते ही अर्जुन मोहित हो गए। कृष्ण तो चाहते ही थे कि वे अपनी बहन सुभद्रा का विवाह अर्जुन से करें। अत: उन्होंने अर्जुन को राय दी, ''तुम सुभद्रा को लेकर चले जाओ, यह क्षत्रियों के लिए शोभादायक विवाह है।'' अंत तक भगवान् श्रीकृष्ण ने सुभद्रा का अर्जुन के साथ विवाह में पूर्ण सहयोग

दिया। सुभद्रा अर्जुन के साथ हस्तिनापुर चली गई। वहाँ वह गर्भवती भी हो गई। अर्जुन चाहते थे कि सुभद्रा के गर्भ में जो शिशु आया है, वह उनकी तरह ही महान् पराक्रमी बने। युद्ध में अनेक व्यूह बनाए जाते हैं, जिसमें चक्रव्यूह के भेदन की सब विधियाँ श्रीकृष्ण ने सुभद्रा को बता दीं, किंतु भवितव्यता से सुभद्रा को बीच में ही नींद आ गई और वह चक्रव्यूह से निकलने की विधि न सुन सकी, क्योंकि गर्भावस्था में जो माँ करती है, उसी का अनुकरण शिशु करता है।

स्वयं अभिमन्यु ने युधिष्ठिर से कहा था—हम चक्रव्यूह का भेदन तो जानते हैं, किंतु निकलने का मार्ग हमको नहीं पता है। यही कारण है कि सोलहवें वर्ष में अभिमन्यु को पृथ्वी छोड़कर फिर चंद्रलोक में अपने पिता के पास जाना पड़ा। चक्रव्यूह के भेदन में अभिमन्यु ने जो पराक्रम दिखलाया, वह इतिहास के पन्नों में अमिट बना हुआ है।

इस तरह गर्भावस्था में चक्रव्यूह-भेदन की सीखी हुई अभिमन्यु की इस संस्कार-कथा से हमें प्रेरणा मिलती है कि गर्भावस्था में प्राप्त ज्ञान शिशु के जीवन में भी संस्कारित रहता है। हम लोग भी किसी जीव के गर्भ में आ जाने पर पूर्ण सचेत रहकर उस पर अच्छे-से-अच्छा संस्कार डालें। संसार में आने के बाद जीवन एक चक्रव्यूह की तरह है। इस चक्रव्यूह का भेदन कर शिशु उच्चस्तर का जीवन जिए एवं अपने माता-पिता, कुल, धर्म एवं राष्ट्र का नाम ऊँचा करे। गर्भवती को ऐसी ही जीवन-शैली को स्वीकार करना चाहिए।

गर्भावस्था में देवर्षि नारद द्वारा भक्त प्रह्लाद को उपदेश

देवर्षि नारदजी को प्रजापति दक्ष के शाप से निरंतर चलना पड़ता था। इसलिए नारदजी प्रत्येक क्षण, चाहे पृथ्वी हो, चाहे आकाश हो, चाहे पाताल हो—सर्वत्र भ्रमण करते हुए, भगवान् का गुणकीर्तन करते हुए पृथ्वी से देवलोक की ओर जा रहे थे। उस समय हिरण्यकश्यप का बोलबाला था। उसका अत्याचार बढ़ा हुआ था। उसके आदेश से देवलोक खाली हो गया था। अत: देवता मनुष्य बनकर पृथ्वी पर विचरण किया करते थे। हिरण्यकश्यप (हिरण्यकशिपु) ने दैत्यों से कहा, ''तुम लोग पृथ्वी पर जाओ और वहाँ जो लोग तपस्या, यज्ञ, स्वाध्याय, व्रत और दानादि शुभकर्म कर रहे हों, उन सबको मार डालो।''

दैत्य तो स्वभाव से ही लोगों को कष्ट देकर सुखी होते हैं। हिरण्यकश्यप की आज्ञा पाकर दैत्य लोग पृथ्वी पर आकर बड़े उत्साह से यह खोजा करते थे कि कहीं कोई भगवान् का नाम तो नहीं ले रहा है ? उसी समय उन्होंने नारदजी को पकड़ लिया और पूछा, ''क्या कह रहे हो ?'' नारदजी हिरण्यकशिपु की प्रत्येक गतिविधियों से परिचित थे। इसलिए उन्होंने गोल-मोल शब्दों में कहा, ''**जो सबका ईश्वर है, उसका गुणगान कर रहा हूँ।**'' दैत्यों ने समझा, सबका ईश्वर तो हमारा ही स्वामी है। अत: उन्होंने उन्हें छोड़ दिया।

अब नारदजी ने विचार किया कि हिरण्यकशिपु अपनी तपस्या के बल पर प्रत्येक लोकपालों को वश में करके विधाता का पद लेना चाहता है। वह ऐसा विधान बनाना चाहता है, जो शास्त्र के बिल्कुल उलटा हो। वह तो अपनी तपस्या से पाप-पुण्यादि के नियमों को ही पलट देना चाहता है। वह तो यह चाहता है कि पुण्य करने वालों को नरक मिले और पाप करने वालों को स्वर्ग।

यह विचार कर नारदजी बहुत चिंतित हुए और सोचने लगे कि विषम परिस्थिति से कैसे रक्षा हो ? उनके मन में विचार आया कि हिरण्यकशिपु तो विधाता के विधान को परिवर्तित करने के लिए तपस्या करने चला गया है और उसकी पत्नी **कयाधू गर्भवती है।** अत: गर्भस्थ शिशु पर ऐसा संस्कार डालें कि वह नारायण का भक्त हो जाए।

देवर्षि नारद इस अवसर की प्रतीक्षा में थे कि कयाधू से कैसे भेंट हो ? इसी बीच उन्होंने अपनी ऋतंभरा प्रज्ञा से देख लिया कि सारे देवता बहुत तैयारी के साथ हिरण्यकशिपु के नगर में प्रवेश कर गए हैं और सभी दैत्य तथा दैत्यों के सेनापति भी जान बचाकर भाग निकले हैं, घर में कोई नहीं बचा। देवराज इंद्र ने कयाधू को भी पकड़ लिया। तब नारदजी ने अच्छा अवसर देखा और वहाँ पहुँच गए। उन्होंने देवराज से कहा, **'यह पतिव्रता है, साध्वी परनारी का तिरस्कार पाप है। कयाधू को छोड़ दें।'**

देवता अंतर्यामी होते हैं। देवराज इंद्र ने देखा कि कयाधू के गर्भ में हिरण्यकशिपु का बीज है, यह भी हिरण्यकशिपु ही होगा। हिरण्यकशिपु ने तीनों लोकों में हाहाकार मचा रखा है, इसका बच्चा भी वही करेगा। इंद्र ने नारदजी से कहा, ''कयाधू से हमारा कोई वैर नहीं है। यह प्रसव पर्यंत हमारे पास रहे। इसे हम तब छोड़ेंगे, जब इसके बच्चे को मार डालेंगे।'' इस पर देवर्षि नारदजी बोले, ''इसके गर्भ से महाभागवत उत्पन्न होने वाला है। आप इसे छोड़ दें। इसका गर्भस्थ शिशु भगवान् का साक्षात् परमप्रेमी भक्त और सेवक, अत्यंत बली और निष्पाप महात्मा है।''

नारदजी की आज्ञा को इंद्र ने सिर झुकाकर स्वीकार किया और कयाधू की परिक्रमा की, क्योंकि उसके गर्भ में महाभागवत था।

देवर्षि नारदजी के इस क्रियाकलाप से कयाधू उनकी ऋणी हो गई और उनके पैरों पर गिर पड़ी। देवर्षि नारदजी तो यह चाहते ही थे। उन्होंने कहा, ''**पुत्री! 'तुम चिंता न करो, हमारे आश्रम में सुख से तब तक रहो, जब तक तुम्हारे पति तपस्या से वापस न आ जाएँ। मेरे आश्रम में तुम्हें कोई भी देवता परेशान नहीं करेंगे।**''

इसके बाद देवर्षि नारद ने सबसे पहले अपने जीवन की घटना कयाधू को सुनाई कि भगवान् कितने उदार और कृपालु हैं। इसके बाद अपने अन्य भाइयों की घटनाएँ सुनाईं कि कैसे उन्होंने भगवान् को देखा और फिर उनका कितना अच्छा अभ्युदय हुआ।

कयाधू भी अन्य लोगों की तरह अपने पति को ही ईश्वर समझती थी, किंतु वह भी ईश्वर को मानने लग गई और नारदजी ने यह तर्क दिया था कि ईश्वर वह होता है, जो सृष्टि, स्थिति और संहार करता है। हिरण्यकशिपु ने सृष्टि नहीं की है, वह तो सृष्टि से उत्पन्न हुआ है। नारदजी की शिक्षा से गर्भस्थ शिशु महाभागवत, बनकर उत्पन्न हुआ, जिसका नाम '**प्रह्लाद**' था। बचपन से ही वे ईश्वर को छोड़कर और किसी की चर्चा करते ही नहीं थे।

हिरण्यकशिपु तपस्या से जब वापस लौटा तो नारदजी ने कयाधु को वापस भेज दिया। पुत्र को देखकर हिरण्यकशिपु बड़ा प्रसन्न था। उसने सोचा—इसे कहाँ पढ़ाया जाए ? फिर उसने **शुक्राचार्य के पुत्र शण्डामर्क को नियुक्त** किया। हिरण्यकशिपु ने शण्डामर्क के गुरुकुल में प्रह्लाद को भेज दिया। प्रह्लाद प्रतिक्षण ईश्वर का चिंतन करते थे, किंतु गुरु के सम्मान के लिए जो अर्थनीति आदि की बात वे बताते थे, याद कर उन्हें सुना देते थे। जब गुरु कहीं बाहर जाते तो प्रह्लाद जी असुर बालकों को, जो उनके सहपाठी थे, परमात्मा की बातें बताते। दैत्य बालकों ने कहा, ''हमारे जो गुरुदेव हैं, वे ही तुम्हारे भी हैं, गुरुजी ने तो ऐसी बातें बताई नहीं, फिर तुम यह सब कहाँ से सीख गए ? कैसे जान गए ? जैसे हम माता के गर्भ से उत्पन्न होकर पढ़ने सीधे यहाँ आए हैं, वैसे ही तुम भी सीधे यहाँ आए हो, फिर तुमने यह सब कहाँ से सीखा ?''

प्रह्लाद ने कहा, ''**मित्रों! हमने यह सब देवर्षि नारदजी के मुख से सुना, उन्हीं का उपदेश हम सुना रहे हैं।**'' असुर बालक बोले, ''**तुम्हें नारद कहाँ मिले और कैसे तुम्हें यह**

उपदेश मिला ?'' तब प्रह्लाद ने सारी घटना सुना दी कि किस तरह उनकी माँ को देवराज इंद्र बलपूर्वक ले जा रहे थे और किस तरह नारदजी ने उन्हें छुड़ाकर अपने आश्रम में रखा और किस तरह गर्भावस्था में उपदेश दिया। वही उपदेश उन्होंने सुना। लेकिन उनकी माता का पहला संस्कार इतना दृढ़ हो चुका था कि नारदजी की बातें उन्हें याद नहीं रहीं, भूल गई, किंतु मेरे पास कोई संस्कार था नहीं, उनके उपदेश से मुझमें संस्कार प्रतिष्ठित हुआ और वही संस्कार हम तुम सभी को सुना रहे हैं। देवर्षि नारदजी ने एक ही वचन, एक ही उपदेश, कयाधू और गर्भस्थ शिशु को सिखाया था, किंतु उसके प्रभाव दो हुए। गर्भस्थ शिशु को तो उपदेश ने महाभागवत बनाया, किंतु उन्हीं शब्दों ने कयाधू को प्रह्लाद नहीं बनाया, क्योंकि उसका संस्कार पहले से ही अनीश्वरवादी था।

अतः हमें इस कहानी से सीख मिलती है कि जन्मोपरांत संस्कारों से अत्यधिक प्रबलता गर्भावस्था से मिलने वाले संस्कारों में होती है।

जीजाबाई

इसी संदर्भ में छत्रपति शिवाजी महाराज का उदाहरण भी हम ले सकते हैं। जब शिवाजी की माँ जिजाऊ गर्भवती थीं, उस समय चारों ओर मुगलों का अत्याचार छाया हुआ था। धर्म को भ्रष्ट किया जा रहा था। उस समय जिजाऊ बार-बार सोचती थीं कि कोई तो आए, जो अपने **पराक्रम एवं पुरुषार्थ** से इस अत्याचार को रोके, धर्म को बचाए। उनकी भावनाएँ उस समय शौर्य से भरी हुई थीं। उस समय उनकी सारी भावनाओं से युक्त होकर ही जन्मोपरांत शिवाजी महाराज ने अपनी माता से प्राप्त संस्कारों के अनुरूप **हिंदवी स्वराज** की स्थापना की थी।

इस तरह भारत का इतिहास गर्भस्थ संस्कारों से युक्त महापुरुषों से भरा पड़ा है। क्यों न वर्तमान में हम इतिहास को नए स्वरूप में दोहराएँ? ऐसी अद्वितीय आत्माओं को ब्रह्मांड से बुलाएँ, गर्भस्थ संतान को, ऐसे ही दिव्य संस्कार प्रदान करें, जो हमारे सौभाग्य से इस जगत् में धर्म एवं शांति की स्थापना कर सके। जो

हमारे परिवार, कुल एवं धर्म के साथ-साथ विश्व कल्याण में अपनी अहम भूमिका निभाए। ऐसा हो सकता है...सहजता से...और यह एक स्त्री कर सकती है...अपने नौ माह के संकल्पित जीवन द्वारा...निवेशित जीवन द्वारा।

गर्भ में ही युद्धनीति में निपुणता

क्या आप जानते हैं कि यूरोप के सभी सम्राटों-राजाओं को अपने नाम मात्र से थरथर कँपा देने वाले **नेपोलियन बोनापार्ट** को युद्ध का प्रशिक्षण किस विद्यालय में और किसने दिया था? वह विद्यालय कोई और नहीं, बल्कि उसकी माँ का गर्भाशय था!

नेपोलियन के जन्म के पूर्व उसकी माँ को अपने पति के साथ किसी युद्ध में जाना पड़ा था। युद्ध के मैदान में उसे अपने पति के साथ बहुत समय तक घोड़े पर व्यतीत करना पड़ा था। इसलिए उसे हमेशा सतर्क और सावधान रहने की आदत पड़ गई थी। युद्ध में होने वाले कष्ट तथा भय आदि उसके लिए सामान्य बन गए थे। उसको युद्ध के मैदान में अब **भय, त्रास और कष्ट के स्थान पर आनंद आने लगा।**

यही सब कारण थे कि बाद में जब नेपोलियन का

जन्म हुआ तो उसके अंदर **असाधारण निर्भयता, युद्ध-कौशल, उच्चस्तर की व्यूह रचना आदि श्रेष्ठ गुण देखने को मिले।**

क्या अपनी प्रतिकूल परिस्थिति में ऐसी ही कोई सकारात्मक धारणा आप भी रखते हैं?

नेपोलियन के विषय में एक उक्ति प्रचलित है—

'करना है यदि देश को, गौरवयुक्त महान्।
अच्छा होगा हर माता को, दे दो ऊँचा ज्ञान॥'

करुणा के विचार से करुणामूर्ति भगवान् बुद्ध का जन्म

भगवान् बुद्ध की माता बहुत ही दयालु थीं। उन दिनों उनकी प्रजा अत्याचार से पीड़ित तथा दासता के भार से दबी हुई थी। प्रजा के दु:ख को दूर करने का **प्रबल विचार उनके मन में सदैव रहता था।** उनके रोम-रोम में, यहाँ तक कि **अंतर्मन** में भी यही विचार व्याप्त था। परिणाम यह हुआ कि भगवान् बुद्ध का जन्म हुआ, जिन्होंने असंख्य लोगों को सुखी करने के लिए गृहस्थ-आश्रम का त्याग कर दिया।

क्या आपने कभी अपने हृदय में ऐसी करुणा की अनुभूति की है?

रानी शकुंतला ने दिया ऐसा गर्भ-संस्कार

महर्षि कण्व के आश्रम में विकसित हुई **महर्षि विश्वामित्र की पुत्री शकुंतला,** अध्ययन तथा आश्रम की व्यवस्था में सदैव आगे रहती थीं। एक दिन **राजा दुष्यंत शिकार के लिए** निकले और आश्रम में आ पहुँचे। शकुंतला और राजा दुष्यंत का प्रथम बार मिलन हुआ और दोनों के बीच प्रेम हो गया। इसके पश्चात् दोनों ने गंधर्व विवाह कर लिया। फिर राजा दुष्यंत अपने राज्य में वापस चले गए और वहाँ आश्रम में शकुंतला को पता चला कि वह **गर्भवती हो गई हैं।**

परिणाम यह हुआ कि कण्व ऋषि ने शकुंतला को अपने शिष्यों के साथ राजा दुष्यंत के पास भेज दिया। राजा दुष्यंत स्वयं को दिए गए एक शाप के परिणामस्वरूप शकुंतला को पहचान नहीं पाए। इसलिए उन्होंने शकुंतला को स्वीकार करने से मना कर दिया। शकुंतला ने **घबराए बिना परिस्थिति का साहस** के साथ सामना किया। वह पहले की भाँति पुन: आश्रम में रहने लगीं। उन्होंने अपना पूरा ध्यान अपने गर्भ में विकसित हो रहे बच्चे पर लगाना शुरू कर दिया। उन्होंने अपने बच्चे को इतना **योग्य और गुणसंपन्न** बनाया कि वह **सिंह के बच्चे के साथ खेलता था।** बड़ा होकर वही बालक **चक्रवर्ती सम्राट् राजा भरत के नाम से प्रसिद्ध हुआ।** उसी के नाम पर हमारे राष्ट्र का नाम '**भारत**' पड़ा।

अपनी विकट मानसिक स्थिति में प्रसन्न रहने का आपने कोई उपाय सोचा है क्या?

यथा दृष्टि तथा सृष्टि अर्थात् जैसा दृष्टिकोण, वैसा संसार

लेबन नामक एक व्यक्ति ने जेकोब नामक एक व्यक्ति को भेड़-बकरियाँ चराने के लिए नौकर के रूप में रखा था। जेकोब अपने स्वामी के साथ इस शर्त पर भेड़-बकरियाँ चराने के लिए तैयार हुआ कि यदि भेड़-बकरियाँ चितकबरे हुए तो मेरे, अन्यथा स्वामी के होंगे।

उसके पश्चात् जेकोब भेड़-बकरियाँ को चारागाह में चराने लगा। वहाँ पर उसने काली छालवाले पेड़ की लकड़ियाँ काटीं और उसकी छाल इस प्रकार से उतारी, जिससे लकड़ी में काले-सफेद चकत्ते बन जाएँ। उन लकड़ियों से उसने एक बाड़ा (घेरा) बनाया और उसमें पानी पीने का छोटा-सा हौज बनाया। अब उसे जब भी पता चलता कि कोई भेड़ या बकरी गर्भवती है, तो सबसे पहले वह देखता कि कैसी भेड़ या बकरी है? यदि भेड़ या बकरी स्वस्थ रहती, तो उसे वह अपने विशेष बाड़े के अंदर रखता और यदि भेड़ या बकरी दुर्बल रहती, तो उसे बाड़े से बाहर रखता था। विशेष बाड़े में रखी गई भेड़ या बकरी जब भी पानी पीती, तो उसकी दृष्टि चकत्ते वाली लकड़ियों पर अवश्य पड़ती थी।

इस प्रक्रिया के परिणामस्वरूप भेड़ या बकरियों के मन में लकड़ियों का रंग और उनकी रूपरेखा सदैव अंकित हो जाती थी। उसका परिणाम यह होता था कि उन स्वस्थ भेड़ों या बकरियों के जब भेड़ या बकरी जन्म लेते, तो उसका रंग चकत्तेदार लकड़ियों जैसा ही होता था। इस प्रकार से स्वस्थ भेड़ या बकरी जेकोब के हिस्से में आते थे और दुर्बल तथा सामान्य भेड़ या बकरी उसके स्वामी लेबन के हिस्से में आते। लेबन को पहले इसका ज्ञान न था। इसे वह अपना भाग्य समझता था, लेकिन बार-बार ऐसा होने से उसने इस विषय में जाँच की, तो उसे यह रहस्य समझ में आया कि देखने का मन एवं शरीर पर गहरा प्रभाव पड़ता है। इस घटना के बाद लेबन ने अपनी पुत्री का विवाह चतुर जेकोब के साथ किया।

क्या आपने जिस प्रकार की संतान का स्वप्न देखा है, अपने आसपास का वातावरण वैसा ही बनाया है?

बालक में बहरापन कैसे आ गया?

लॉस एंजल्स के प्री-नेटल म्यूजिक थेरेपिस्ट गिसली व्हीटवेल के पास एक महिला आई थी। वह महिला जिस समय सगर्भा थी और उसका सातवाँ महीना चल रहा था, उसी समय एक दिन वह प्राणी संग्रहालय देखने गई थी। वहाँ पर एक सिंह, दूसरे सिंह को देखकर बड़ी जोरों से दहाड़ने लगा। अचानक सिंह की दहाड़ सुनकर वह महिला घबरा गई। गर्भ में पड़ा शिशु भी घबराकर पाँव झटकने लगा। वर्षों के बाद जब वह बच्चा बड़ा हुआ, तो उसकी माँ की समझ में आया कि उसकी संतान बहरेपन की समस्या से ग्रस्त है।

क्या आप गर्भावस्था में उपयुक्त स्थलों पर भ्रमण के लिए जाती हैं तथा अपनी विकृत भावनाओं के प्रति जागरूक हैं?

गर्भस्थ बालक पर विकिरण का दुष्प्रभाव

फ्रांस में एक महिला ऊर्जा विभाग में नौकरी करती थी। गर्भावस्था में भी वह अपनी ड्यूटी करती रही। अपने पूरे गर्भकाल के समय वह परमाणु ऊर्जा के आसपास ही रही। चिकित्सकों को इस बात की विशेष रुचि थी कि उसकी आने वाली संतान पर उसका क्या प्रभाव पड़ता है?

जन्म लेते ही बच्चे को टेबल पर लेटा दिया गया और देखा गया, तो बालक पूर्णतः स्वस्थ था। उसके शरीर पर किसी भी प्रकार का दाग अथवा अन्य कोई असामान्य चिह्न नहीं पाए गए। वह देखकर सभी लोग बहुत प्रसन्न हुए। इसी समय एक अन्य घटना घटित हुई, जिससे पूरा स्टाफ आश्चर्य में पड़ गया। उक्त बालक के आसपास के लोहे के कुछ यंत्र धीरे-धीरे बच्चे की तरफ आकर्षित होने लगे। उस बालक में चुंबकीय शक्ति उत्पन्न हो गई थी, जिसके कारण उसे एक विचित्र-से जीवन की भेंट मिली।

आप ऐसे किसी अत्यंत दूषित एवं भयावह प्रभाव के संपर्क में तो नहीं हैं न?

कसाई के दृश्यों से क्रूरता के संस्कार

कुछ वर्षों पूर्व बोस्टन (अमेरिका) में जेसी पोमेरोय नामक एक 15 वर्ष के लड़के ने अन्य कई लड़कों की बड़ी

क्रूरतापूर्वक हत्या कर दी। इस कारण पूरे शहर में हाहाकार मच गया था। कोर्ट में केस चलते समय उसकी माँ ने बताया कि उसका पति कसाई का धंधा करता था। जब-जब उसका पति पशुओं का वध करता था, उस समय, वह महिला अत्यंत ही रुचि के साथ वह क्रूर दृश्य देखा करती थी। उसी का परिणाम था कि वह लड़का इतना क्रूर बन गया।

आपका मन इस प्रकार के किसी हिंसक दृश्यों में रुचि तो नहीं रखता अथवा टेलीविजन में आप हिंसक फिल्में तो नहीं देखतीं ? प्रयास करें कि गर्भकाल में टीवी न देखें और देखें तो केवल आध्यात्मिक ही।

बालक बना नाट्यकार

चार्ली चेप्लिन की माँ हैना चैप्लिन प्रसिद्ध अभिनेत्री थी। वह श्रेष्ठ गायिका और नर्तकी भी थी। 16 वर्ष की आयु से ही वह इंग्लैंड में भिन्न-भिन्न प्रकार का स्टेज शो किया करती थीं। माता के यह सभी गुण उसके पुत्र में गर्भ से ही सहज रूप में आ चुके थे। आगे चलकर चार्ली चेप्लिन विश्व का श्रेष्ठ हास्य कलाकार बन गया। हैना चेप्लिन का दूसरा पुत्र सिडनी चेप्लिन भी एक अच्छा अभिनेता बना। माता के हृदय की सभी कलाएँ गर्भ-संस्कार द्वारा संतान को भेंट में मिलती हैं।

क्या आप गर्भ से ही संतान को कला सिखाने के प्रति जागरूक हैं ?

सनातनी नारी सशक्तिकरण का प्रतीक स्त्रैयुष संस्कार

ऋषियों-मुनियों ने स्त्री-पुरुष के बीच कभी भी भेदभाव नहीं रखा। श्रेष्ठ पुत्र की प्राप्ति के लिए जिस प्रकार पुंसवन संस्कार कराया जाता था, उसी प्रकार से श्रेष्ठ पुत्री के लिए 'स्त्रैयुष संस्कार' कराया जाता था। राजा द्रुपद को पुत्री की कामना थी। उन्होंने अपनी गर्भवती रानी का 'स्त्रैयुष संस्कार' कराया था। उसी के परिणामस्वरूप सती द्रौपदी का जन्म हुआ।

मद्र देश के राजा अश्वपति को एक दिव्य संतान-प्राप्ति की इच्छा थी। उन्होंने ब्रह्मचर्य का पालन करके 18 वर्ष तक सावित्री देवी की उपासना की। उन्होंने अनेक यज्ञ भी किए। उसके फलस्वरूप सती सावित्री का जन्म हुआ।

आपकी संतान को गर्भ में ही मनोवांछित संस्कार मिले, क्या आपने इसके लिए पूर्व तैयारी की है ?

माँ गर्भ में बच्चे की भाषा भी निर्धारित करती है!

पेरिस शहर की ओडिली नामक एक बालिका 4 वर्ष की आयु होने पर भी बोलती नहीं थी। उसके आसपास कोई कुछ भी बोलता, तो वह सुनने में भी ध्यान न देती थी। भाषा विशेषज्ञ ऑल्फ्रेड टोमाटीस ने उसे देखा, तो वह विशेष प्रयत्न करने लगे। उसका परिणाम यह हुआ कि वह बालिका केवल एक महीने के परिश्रम के बाद ठीक से सुनने और बोलने लगी।

उस बालिका के माता-पिता को बड़ा आश्चर्य हुआ। डॉक्टर ने उसकी माता को कारण बतलाते हुए कहा कि आपकी केस हिस्ट्री के अनुसार ओडिली जिस समय गर्भ में थी, उस समय आप एक ब्रिटिश इंपोर्ट-एक्सपोर्ट कंपनी में काम करते थे। जहाँ आपको आठ घंटे अंग्रेजी में बोलना-लिखना पड़ता था। ओडिली पर उसका गहरा प्रभाव पड़ा। अब उसे केवल फ्रेंच भाषा ही सुनने को मिलती है। इसलिए 4 वर्ष तक वह परेशानी में थी।

क्या आप अपनी संतान को गर्भ में ही विभिन्न भाषाएँ सिखाने के लिए जागरूक हैं ? **क्या आप अपनी संतान को गर्भ में ही देववाणी संस्कृत भाषा सिखा रही हैं ?**

दिव्य गर्भ-संस्कार से शूरवीरता

पंजाब के सिख गुरु तेगबहादुर की माता जब गर्भवती थीं, उसी समय गुरु गोविंद सिंह ने आत्मबलिदान किया था। तेगबहादुर की माता ने अपने गर्भ में पल रहे ऐसे पुत्र प्राप्ति की इच्छा की थी, जो विधर्मियों के अत्याचार का सामना कर सके। गर्भावस्था के समय वह लगातार वीररस की कहानियाँ पढ़ती रहती थीं, उसके फलस्वरूप गुरु तेगबहादुर जैसा शूरवीर पुत्र का जन्म हुआ।

क्या आप गर्भ में ही बालक में शूरवीरता, पराक्रम और बहादुरी का सिंचन करना चाहती हैं ?

गर्भ में ही अष्टावक्र ज्ञानी क्यों बने ?

उद्दालक ऋषि की सुपुत्री सुजाता का विवाह, उनके शिष्य कहोड ऋषि के साथ हुआ था। जिस समय सुजाता गर्भवती थीं, कहोड ऋषि अध्ययन कर रहे थे। उस समय गर्भस्थ संतान ने उदर में से कहा कि 'आप वेद का अमुक पाठ त्रुटिपूर्ण करते हो ?' यह सुनकर कहोड ऋषि ने क्रोधित होकर उसे शाप दिया कि, ''तुम मेरी त्रुटियाँ देखते हो, तो तुम्हारे शरीर के आठ अंग त्रुटिपूर्ण होंगे।''

परिणामस्वरूप जन्म से बच्चे के आठ अंग दिव्यांग थे, जिसके कारण उसका नाम 'अष्टावक्र' रखा गया। माता के गर्भ में ही अष्टावक्र ऋषि को ज्ञान प्राप्त हो गया था। इस कारण वे महाज्ञानी हुए और उद्दालक ऋषि के सबसे प्रिय शिष्य बने।

क्या आप संतान को ज्ञान पहुँचाने के लिए कोई अध्ययन कर रहे हैं ?

अन्य विलक्षण जन्म घटनाएँ (महाभारत के पृष्ठों से)

प्राचीन साहित्य में जनन की सामान्य प्रक्रियाओं से परे, असामान्य विधि से, विशेष विधि से मनुष्यों के जन्म की, उत्पत्ति की अनेक घटनाओं का उल्लेख एवं वर्णन उपलब्ध होता है। इनके संबंध में गहनता से, सूक्ष्म दृष्टि से एवं स्वस्थ मानसिकता के साथ विचार करने की आवश्यकता है।

महाभारत में भीष्म, धृतराष्ट्र, पांडु, विदुर, कौरव, पांडवों एवं कुरूवंश के लगभग सभी महान् व्यक्तियों का जन्म असाधारण विधि से हुआ। द्रौपदी, धृष्टद्युम्न, जरासंध, शिशुपाल इत्यादि का जन्म भी सामान्य प्रकार का नहीं है। कार्तिकेय का जन्म अत्यंत साधारण प्रकार से हुआ है। यहाँ इन जन्म घटनाओं के संक्षिप्त उल्लेख के उपरांत अंत में दी गई टिप्पणी सर्वाधिक महत्त्वपूर्ण एवं विचारणीय है।

भीष्म का जन्म

''मैं जह्वु की पुत्री गंगा हूँ। देवताओं का कार्य सिद्ध करने के लिए यहाँ तुम्हारे साथ रहती हूँ। तुम्हारे आठ पुत्र महातेजस्वी वसु देवता हैं। वशिष्ठ मुनि के शाप के कारण वे मनुष्य योनि में आए थे। यहाँ पृथ्वी पर आपके अतिरिक्त कोई राजा नहीं है जो इन वसुओं का जनक हो सके और मेरे अतिरिक्त कोई अन्य स्त्री नहीं है, जो उनको गर्भ में धारण कर सके। इसलिए इन वसुओं की जननी होने के लिए मैं मानव शरीर धारण करके यहाँ आई थी। हे राजा, आठ वसुओं को जन्म देकर आपने अक्षर लोक जीत लिया है।'' (महाभारत, आदिपर्व)

धृतराष्ट्र और पांडु का जन्म

व्यासजी ने कहा, ''माँ, यदि मुझे समय के नियम को छोड़कर अपने भाई के लिए बहुत जल्दी पुत्र देना है तो उन देवियों के लिए आवश्यक है कि वे मेरे असुंदर रूप से भयभीत न हों, यदि कौसल्या (अंबिका) मेरे गंध, रूप, वेश

और शरीर को सह लेगी तो वह आज ही अपने गर्भ में सुंदर बालक को प्राप्त कर सकती है। कौसल्या शुद्ध वस्त्र और श्रृंगार धारण कर शैय्या पर मिलन की प्रतीक्षा करे।'' ऐसा कहकर मुनि अंतर्धान हो गए। उसके बाद सत्यवती ने एकांत में अपनी पुत्रवधू के पास जाकर कहा, ''कौसल्या, मैं तुम्हें धर्मसंगत बात बता रही हूँ। मेरे भाग्य का नाश होने के कारण भरत वंश का उच्छेद हो रहा है। इससे मुझे व्यथित और पितृकुल को पीड़ित देखकर भीष्म ने एक सम्मति दी है। उस सम्मति की सार्थकता तुम्हारे अधीन है। देवी, नष्ट हो रहे भरतवंश का फिर से उद्धार करो। तुम देवराज इंद्र जैसे तेजस्वी पुत्र को जन्म दो। वही महान् राज्यभार को वहन करेगा।'' कौसल्या धर्म का आचरण करने वाली स्त्री थी। धर्म को समक्ष रखकर सत्यवती ने उसे इस कार्य के लिए तैयार किया।

कौसल्या प्रतीक्षा करती हुई बैठी-बैठी मन में ही भीष्म और कुरू वंशियों का चिंतन करने लगी। उस समय सत्यवादी महर्षि व्यास 'नियोग' के लिए वहाँ आए। उस समय महल में अनेक दीपक जल रहे थे। व्यासजी का रंग काला था, जटा बिखरी हुई थी, दाढ़ी मूँछें बढ़ी हुई थीं। आँखें चमक रही थीं, यह सब देखकर कौसल्या ने भय से आँखें बंद कर लीं। माता की आज्ञा के कारण व्यासजी ने समागम तो किया, परंतु काशीराज की कन्या ठीक प्रकार से उन्हें देख भी न सकी। उसके बाद व्यासजी को सत्यवती ने पूछा, बेटा, क्या अंबिका के गर्भ से गुणवान बेटा पैदा होगा?'' व्यासजी ने कहा, ''हे माता, दस हजार हाथियों के बलवाला, विद्वान्, भाग्यवान, महापराक्रमी और बुद्धिमान पुत्र पैदा होगा। उसे भी सौ पुत्र होंगे, परंतु माता की त्रुटि के कारण बालक अंधा पैदा होगा।'' माता ने कहा, कुरूवंश का राजा अंधा हो, यह उचित नहीं, इसलिए कुरूवंश के लिए संरक्षक और पितृवंश बढ़ाने के लिए दूसरा बेटा दें। उचित समय पर अंबिका ने अंधे पुत्र को जन्म दिया। उसके बाद माता ने दूसरी पुत्रवधू अंबालिका को गर्भाधान के लिए तैयार किया। महर्षि व्यास ने उसको नियोग द्वारा गर्भाधान करवाया। परंतु वह व्यासजी को देखकर बहुत कांतिहीन और पांडुवर्ण (हल्के पीले रंग का) की हो गई। इसलिए व्यासजी ने उसे कहा, ''तू मुझे देखकर पांडुवर्ण की हो गई है, इसलिए तेरा पुत्र भी पांडुवर्ण का होगा और उसका नाम भी पांडु ही रहेगा।''

इस प्रकार धृतराष्ट्र और पांडु का जन्म हुआ।

कौरवों के जन्म की अद्‌भुत कहानी

जनमेजय ने पूछा, ''हे द्विजश्रेष्ठ, गांधारी ने सौ पुत्रों को किस तरह जन्म दिया? उन्हें जन्म देने में कितना समय लगा? उनकी आयु कितनी थी?''

वैशंपायन ने कहा, ''राजन, एक बार महर्षि व्यास भूख और परिश्रम से खिन्न होकर धृतराष्ट्र के घर आए। गांधारी ने उनका उत्तम प्रकार से आदर सत्कार किया। उससे व्यासजी ने गांधारी को वरदान देने का निश्चय किया। गांधारी ने अपने पति जैसे सौ पुत्रों की इच्छा प्रकट की। कुछ समय पश्चात् गांधारी ने गर्भ धारण किया। दो वर्ष तक गांधारी ने गर्भ धारण करके रखा, परंतु उससे बालक का जन्म नहीं हुआ।''

उस समय उसने सुना कि कुंती ने सूर्य के समान तेजस्वी

पुत्र को जन्म दिया है। उससे इसे बहुत दु:ख हुआ और वह मूर्च्छित हो गई। मूर्च्छा से जगने के बाद दु:ख के कारण उसने अपने गर्भ पर आघात किया। आघात के कारण उसके गर्भ से एक मांसपिंड बाहर आया। यह मांसपिंड लोहे जैसा कठोर था। दो वर्ष तक गर्भ में रखने के बाद भी माँसपिंड को इतना कठोर देखकर उसने उसे फेंकने का विचार किया। यह जानते

ही महर्षि व्यास तुरंत वहाँ आ पहुँचे। गांधारी ने उनसे कहा, ''कुंती ने तेजस्वी पुत्र को जन्म दिया है। यह जानने के बाद दु:ख से आघात करके मैंने इस गर्भ को गिरा दिया है। आपने तो मुझे 100 पुत्रों का वरदान दिया था। 100 पुत्रों के बदले यह माँसपिंड जन्मा है !''

व्यासजी ने कहा, ''यह सब मेरे आशीर्वाद से ही हो रहा है। मैं उपहास में भी असत्य नहीं बोलता, इसलिए वरदान भी असत्य नहीं हो सकता। तुम जल्दी से सौ घड़ों को तैयार करो। उन्हें घी से भर दो। उन घड़ों को अतिशय गुप्त स्थान पर रखने की व्यवस्था करो। इस मांसपिंड पर ठंडे जल का छिड़काव करो।''

इसके बाद उस मांसपिंड पर ठंडे जल का छिड़काव करते ही उसके सौ टुकड़े हो गए और अँगूठे जितने सौ गर्भ बन गए। उसके बाद व्यासजी ने दो वर्षों तक उन घड़ों को ढके हुए गुप्त स्थान पर रखने को कहा। गांधारी ने वैसा ही किया। दो वर्ष के बाद जिस क्रम में गर्भ को घड़ों में रखा गया था, उसी क्रम से सौ पुत्रों का जन्म हुआ। इन सौ पुत्रों में दुर्योधन सबसे बड़ा था।

कैसे हुआ जरासंध का जन्म ?

मगध देश में बृहदरथ नाम का अत्यंत प्रसिद्ध और बलवान राजा था। वह रूपवान, धनवान् और महापराक्रमी भी था। उसकी दो रानियाँ थीं, दोनों जुड़वाँ बहनें थीं। राजा ने उन दोनों के समक्ष प्रतिज्ञा की थी कि मैं दोनों के साथ समान व्यवहार करूँगा, किसी भी प्रकार का अंतर नहीं रखूँगा।

राजा का यौवन काल बीत जाने के पश्चात् भी उनकी कोई भी संतान नहीं थी। एक बार सुनने में आया कि परम उदार चंडकौशिक ऋषि तपस्या पूर्ण करके संयोगवश इस ओर आए हैं और एक वृक्ष के नीचे बैठे हैं। राजा अपनी दोनों पत्नियों को लेकर ऋषि के समक्ष उपस्थित हुआ और दु:ख व्यक्त किया कि उनका कोई पुत्र नहीं है। ऐसा सुनकर ऋषि के मन में अनुकंपा जागी। वे आँखे बंद करके ध्यानस्थ हुए। उस समय उनकी गोद में एक आम्रफल गिरा। उन्होंने उस फल को अभिमंत्रित किया और पुत्र की प्राप्ति हेतु राजा को दिया। राजा ने उस फल को अपनी रानियों को दे दिया। दोनों रानियों ने फल के दो भाग किए और एक-एक भाग दोनों ने खा लिया।

दोनों रानियाँ गर्भवती हुईं और यथासमय दोनों ने पुत्र को जन्म दिया। परंतु दोनों ने पुत्र के आधे-आधे अंग को जन्म दिया। दोनों भाग में एक आँख, एक हाथ, एक पैर, आधा मुँह, आधा पेट आदि थे।

यह देखकर दोनों रानियाँ भय से थर-थर काँपने लगीं। उन्होंने अत्यंत उद्वेग से दोनों आधे अंगों वाले बालक को फेंक दिया। उन टुकड़ों को 'जरा' नाम की एक मांसभक्षी राक्षसी ने उठा लिया। टुकड़ों को उठाकर ले जाने में सहायता रहेगी, उस उद्देश्य से जरा ने दोनों टुकड़ों को जोड़ दिया। परंतु वे टुकड़े जैसे ही जुड़े, वैसे ही तुरंत शरीरधारी एक सुंदर कुमार बन गया। उस कुमार का शरीर वज्र जैसा कठोर था। वह जोर-जोर से रोने लगा। उसे रोता सुनकर रानियाँ और राजा

वहाँ आ पहुँचे। जरा ने उस कुमार को राजा को सौंप दिया। वही मगध सम्राट् जरासंध था।

आइए जानें- शिशुपाल की उत्पत्ति

चेदिराज दमघोष के कुल में जब शिशुपाल का जन्म हुआ, तब उसके तीन आँखें और चार हाथ थे। जन्म लेते ही रोने के स्थान पर वह गधे की तरह रेंकने लगा। यह सब देखकर उसके माता-पिता और सगे संबंधी भयभीत हो गए। उसकी विकराल आकृति देखकर उन्होंने उसका त्याग करने का विचार किया। उसी समय आकाशवाणी हुई, 'राजन! यह तुम्हारा पुत्र श्रीसंपन्न और महाबली है। उससे भयभीत होने की आवश्यकता नहीं, आप इसका शांतचित्त से पालन करो। इसकी मृत्यु का समय अभी आया नहीं है। उसकी मृत्यु का कारण बनने वाले का जन्म अन्यत्र हो चुका है। यह सुनकर माता ने पूछा, 'मेरे पुत्र को मारने वाला कौन होगा?' फिर से आकाशवाणी हुई, 'उसे जो व्यक्ति गोद में लेगा, तब उसके अतिरिक्त दो हाथ गिर पड़ेंगे और उसका तीसरा नेत्र लुप्त हो जाएगा, वही उसकी मृत्यु का कारण भी होगा।'

उसके बाद श्रीकृष्ण और बलराम अपनी मौसी श्रुतश्रवा को मिलने के लिए और पुत्रजन्म की बधाई देने के लिए उसके घर गए। तब श्रुतश्रवा ने स्वयं ही शिशुपाल को गोद में दिया। श्रीकृष्ण के गोद में लेते ही शिशुपाल के दो हाथ और एक आँख लुप्त हो गए और वह एक साधारण बालक बन गया।

विलक्षण रीति से धृष्टद्युम्न और द्रोपदी का जन्म

राजा द्रुपद एक श्रेष्ठ पुत्र की कामना रखते थे। उनका चित्त शोक से व्याकुल रहता था। द्रोण का बदला लेने की इच्छा से वे रात-दिन निराशा में रहते थे। द्रोणाचार्य के प्रभाव, विनय, शिक्षण और चरित्र का विचार करते हुए केवल क्षात्रबल से परास्त करने का कोई उपाय उन्हें नहीं सूझ रहा था। इसलिए उपाय ढूँढ़ने के लिए वे गंगा और यमुना के किनारे ब्राह्मणों की बस्ती में जा पहुँचे। परंतु वहाँ उन्हें विधिपूर्वक ब्रह्मचर्य का पालन करके वेद-वेदांग का शिक्षण प्राप्त किया हो, ऐसे ब्राह्मण नहीं मिले। बहुत खोज के बाद उन्हें याज और उपयाज नाम के दो श्रेष्ठ और पवित्र ब्राह्मण मिले। उनके समक्ष राजा द्रुपद ने अपनी इच्छा प्रकट की और कहा, ''द्रोणाचार्य में ब्रह्मतेज के साथ-साथ क्षात्रतेज भी है। आप ब्रह्मतेज में उनसे श्रेष्ठ हैं। मैं मात्र क्षात्रतेज से ही उन्हें परास्त नहीं कर सकता हूँ, इसलिए मैं आपके ब्रह्मतेज की शरण में आया हूँ। मैं एक ऐसा पुत्र चाहता हूँ, जो युद्ध में दुर्जेय हो और द्रोणाचार्य का विघातक हो। आपको मैं एक अरब गौएँ दक्षिणा में दूँगा।''

याज ने यह प्रस्ताव स्वीकार करके उपयाज को भी यज्ञ करने के लिए साथ में लिया। दोनों ने मिलकर यज्ञ किया और यज्ञ के अंत में द्रुपद की रानी को पास बुलाकर कहा, ''महारानी, मेरे पास से यह हविष्य शीघ्र ग्रहण करो। आपको एक पुत्र और एक कन्या की प्राप्ति होगी। ये दोनों अपने पिता के कुल की वृद्धि करेंगे।''

उस समय रानी ने कहा, ''महाराज, मेरे मुँह में अभी तांबूल का रंग लगा हुआ है। मैंने सुंगधित अंगराग धारण किए हुए हैं। मुँह धोने से पहले और स्नान करने से पहले मैं इस हविष्य को स्पर्श भी नहीं कर सकती। इसलिए थोड़ी प्रतीक्षा करो।'' परंतु याज ने प्रतीक्षा किए बिना हविष्य को अग्नि में झोंक दिया। तत्क्षण अग्नि से एक सुंदर देव जैसा तेजस्वी कुमार प्रकट हुआ। कुमार तेजस्वी अंग कांति वाला और कवच धारण किए हुए था। उसके बाद तुरंत अग्नि से एक सुंदर कन्या प्रकट हुई। वह परम सुंदरी थी। पृथ्वी पर उसके जैसी सुंदर और कोई नहीं थी।

उन दोनों संतानों को देखकर अत्यंत प्रसन्न हो रही द्रुपद की पत्नी ने महर्षि याज से प्रार्थना की कि ये दोनों कुमार और कन्या मेरे अतिरिक्त किसी और को माता न मानें, महर्षि याज ने 'तथास्तु' कहा।

इस प्रकार महाराज द्रुपद को धृष्टद्युम्न और कृष्णा, यह दो जुड़वाँ संतानें प्राप्त हुईं।

कार्तिकेय के जन्म की कथा

भगवान् शिव और देवी पार्वती का विवाह हुआ। उसके बाद वे हिमालय में आनंदपूर्वक रहते थे। तब एक बार सभी देवता उनके पास आकर कहने लगे, ''आप और माता पार्वती

अत्यंत तेजस्वी और तपस्वी हैं। आपके संयोग से जो पुत्र होगा, वह इतना तेजस्वी और तपस्वी होगा कि तीनों लोकों में कोई भी उसके तेज से बच नहीं पाएगा। सभी देवता उससे परास्त हो जाएँगे। इसलिए कृपा करके आप माता पार्वती के साथ मिलकर पुत्र उत्पन्न मत करना। आप वीर्य को अपने में ही समाने की कृपा करें।'' यह सुनकर भगवान् शिव ने तो अपने वीर्य उर्ध्वगामी बना दिया, परंतु माता पार्वती 'देवों ने मुझे संतानहीन बना दिया' ऐसा विचार करके अति क्रोधित हो गईं। उन्होंने समस्त देवों को संतानहीन होने का शाप दे दिया। सभी देवता यह शाप पाकर संतानहीन हो गए, परंतु उस समय वहाँ अग्नि देवता नहीं थे। इसलिए उन्हें वह शाप नहीं लगा।

उस समय भगवान् शिव ने अपना वीर्य रोक तो लिया, परंतु कुछ बूँदें पृथ्वी पर गिर गईं। वह वीर्यरूपी तेज अग्नि में पड़ा और स्वत: ही पुरुष के रूप में व्यक्त होने लगा। उस समय तारक नाम के असुर का त्रास बहुत बढ़ गया था और सभी देवता उससे त्रस्त हो गए थे। असुर ने उनकी सारी संपत्ति छीन ली थी। इसलिए सभी देवता ब्रह्माजी के पास गए और तारकासुर के वध का उपाय पूछने लगे। ब्रह्माजी ने उनसे कहा कि भगवती उमा के शाप के कारण अन्य कोई देवता के संतान तो नहीं होगी, परंतु अग्नि देव के संतान होगी, जो तारकासुर का वध कर सकेगी। सभी देव अग्निदेव के पास गए और पुत्र को जन्म देकर देवताओं की रक्षा करने के लिए प्रार्थना करने लगे। अग्निदेव ने उनकी बात मान्य की। अग्निदेव गंगाजी के पास गए। गंगाजी ने अग्निदेव में स्थित भगवान शिव के वीर्य को गर्भ में धारण किया। परंतु गंगाजी से उस तेजस्वी वीर्य की गरमी सहन नहीं हो रही थी। उसी समय कोई एक असुर वहाँ आया और उसने भयानक गर्जना की। उससे गंगाजी बहुत भयभीत होकर मूर्च्छित हो गईं और अग्निदेव से कहने लगीं कि ''मैं इस गर्भ को धारण करके नहीं रह सकती। इसलिए मैं इसका त्याग करूँगी।''

अग्निदेव ने उन्हें बहुत समझाया, फिर भी गंगाजी नहीं मानीं और उस गर्भ को मेरू पर्वत के शिखर के ऊपर छोड़ दिया। मेरू पर्वत के ऊपर वह गर्भ बढ़ने लगा और वहीं अग्नि जैसे तेजस्वी पुत्र का जन्म हुआ। वहीं पर वह शरभ नाम के घास के वनों में बड़ा होने लगा। उसी समय कृत्तिकाओं ने उसे देखा और उसे अपना बेटा मानकर दूध पिलाकर पालन-पोषण करके बड़ा किया। कृत्तिकाओं के कारण उसका नाम 'कार्तिकेय' पड़ा। कार्तिकेय बड़ा होकर देवों का सेनापति बना और उसने तारकासुर का वध किया।

सोचें, समझें और विचार करें

यहाँ जिन वृत्तांतों का वर्णन किया गया है। वे सभी असाधारण जन्म के हैं। यह सब पढ़कर मन में कैसे-कैसे विचार आने की संभावना है ?

1. यदि हम महाभारत के प्रति श्रद्धा की दृष्टि रखते हैं तो इन सभी घटनाओं को चमत्कार मानकर उसके प्रति अहोभाव से देखेंगे।
2. हम पढ़े-लिखे हैं, बुद्धिमान हैं तो महाभारत की कथा को मानेंगे तो सही, परंतु ऐसी कथाओं को कभी

कल्पना, कभी अतिशयोक्ति, तो कभी रूपक मानकर स्वीकार कर लेंगे अथवा उस पर ध्यान नहीं देंगे।

3. यदि हम तथाकथित आधुनिक पढ़े लिखे, वैज्ञानिक दृष्टिकोण वाले हैं तो इसे बकवास समझकर उसकी उपेक्षा और तिरस्कार करेंगे। इस बकवास के कारण महाभारत जैसे ग्रंथ को इतिहास ग्रंथ के रूप में हम मान्यता नहीं देंगे।

4. सत्यकाम-जाबाली की कथा पर भी शोध करें, जो आधुनिक वैज्ञानिकों के लिए उलझन उत्पन्न करती है।

परंतु इस तरह से भी विचार कर सकते हैं क्या ?

1. यदि आज टेस्ट ट्यूब बेबी का जन्म होता है तो उस समय में यही विद्या अभी से भी ज्यादा उन्नत अवस्था में नहीं थी ? अन्यथा घड़े से अगस्त्य और कौरवों का जन्म कैसे हो सकता है ?

2. दो वर्ष तक पेट में गर्भ रहे, क्या ऐसा वास्तविक रूप में नहीं हो सकता है ?

3. गर्भाशय के बाहर भी गर्भ की वृद्धि हो सकती है। ऐसी पद्धति उस समय अस्तित्व में नहीं हो सकती क्या ?

4. एक ही पिंड में से अनेक गर्भों को विकसित करने का विज्ञान भी उस काल में अस्तित्व में नहीं होगा क्या ?

5. निश्चित उद्देश्य मन में रखकर उसके अनुरूप संतान की उत्पत्ति करने की विद्या भी सभी को विदित नहीं होगी क्या ? और इस विद्या में कुशल ऐसे विशेषज्ञ लोग भी होंगे क्या ?

6. अग्नि, घी, सुवर्ण आदि का उल्लेख गर्भस्थापन में और गर्भ विकास के लिए किया गया है। इसके बारे में क्या आज अज्ञान नहीं है क्या ?

आज हमारी स्थिति ऐसी हो गई है कि जो हम नहीं जानते उसके बारे में ऐसा लगता है कि ऐसा कुछ होता ही नहीं। आज का पश्चिमी विज्ञान (तकनीकी ज्ञान) जो नहीं कर सकता, वैसा कुछ होता है तो उसे या तो चमत्कार मान लेते हैं अथवा कल्पना मान लेते हैं। परंतु ऐसी अनेक बातें हो सकती हैं, जिनकी वर्तमान आधुनिक विज्ञान के विशेषज्ञों को भी कोई जानकारी नहीं है। ऐसा मानने की हमारी इच्छा ही नहीं होती।

आज जो सिद्ध नहीं हो सकता, वह हो ही नहीं सकता, ऐसा मानना वैज्ञानिक (तार्किक) नहीं, इसकी बजाए इन घटनाओं के उल्लेख से ऐसा कैसे हो सकता है ? इसका शोध करना ही वैज्ञानिक दृष्टिकोण है।

यहाँ तो महाभारत से कुछ ही उदाहरण दिए गए हैं। महाभारत में एवं अन्य ग्रंथों में ऐसे अनेक उदाहरण दिए गए हैं, जिनमें जन्म असाधारण प्रकार से हुआ हो, ऐसा वर्णन आता है। ऐसी घटनाओं के वर्णन के पीछे प्रकृति के विशेष गुणधर्मों, उद्देश्यों, रहस्यों को अभिव्यक्त किया जाए तो हमें पूरी प्रामाणिकता के साथ और तर्कपूर्ण प्रत्यक्षीकरण के साथ जाँचने, परखने, खोजने आदि का प्रयास करना चाहिए।

हमारे स्त्रीरोग विशेषज्ञ (गायनेकोलाजिस्ट) वैद्य, प्रसूति विशेषज्ञ आदि इन घटनाओं से स्वयं के प्रयोगों, पद्धतियों एवं अनुसंधानों के लिए प्रेरणा और मार्गदर्शन ले सकते हैं।

ऐसा अवश्य होगा, इसकी आशा एवं अपेक्षा रखनी चाहिए, ताकि विज्ञान की एक नई शाखा बने तथा चमत्कार से वास्तविक धरातल की यात्रा संभव हो।

ऐसे अनेक प्राचीन और आधुनिक उदाहरण प्राप्य हैं।

परंतु ऐसे सभी उदाहरणों में सनातन गर्भ संस्कार का ज्ञान सुई के पीछे चलते धागे की भाँति चला आ रहा है।

आप भी ऐसा उदाहरण बन सकते हैं तथा बना सकते हैं।

विश्वास कीजिए, आप भी यदि तीव्र संकल्प तथा उचित पुरुषार्थ करें, तो इच्छित संतान को जन्म दे सकते हैं। अपनी संतान को श्रेष्ठ एवं विश्वविख्यात बनाना आपके ही हाथ में है। यह अवसर हाथ से मत जाने दीजिए। **गर्भावस्था में थोड़ा-सा भी आलस्य और लापरवाही न करें। संसार में जिसे 'पीढ़ीगत सूझ-बूझ और दूरदर्शिता' कहते हैं, वह गर्भ संस्कार ही है।**

आप अपनी आनेवाली संतान की कल्पना एक प्रोडक्ट (हालाँकि वह वृक्ष का फल, धरोहर आदि है) के रूप में भी कर सकती हैं। जिस प्रकार एक कंपनी श्रेष्ठ उत्पाद प्राप्त करने के लिए अनेक प्रकार की छोटी-बड़ी बातों का ध्यान रखती है, उसी प्रकार से आप भी गर्भ संस्कार की मुख्य बातों में ध्यान और सावधानी रखकर, अपनी इच्छित श्रेष्ठ संतान प्राप्त कर सकते हैं।

जहाँ चाह, वहाँ राह

स्त्री जीवन को चार विभागों में विभक्त करते है—(1) पुत्री (2) पत्नी (3) माता तथा (4) भक्त के रूप में। इन चारों में सबसे महत्त्वपूर्ण चरण है—मातृत्व। माता एक अनन्य शक्ति है, परम तेज है, इसीलिए भगवान् ने सृष्टि के सृजन का कार्य विशेष रूप से माता को सौंपा है।

विश्व की सभी माताएँ यदि दृढ़ निश्चय कर लें, तो चुटकीभर में विश्व को 'नंदनवन' बना दें। हे माता! हे जगत् जननी! तुम अपने सामर्थ्य को पहचानो। तुम भले ही स्वयं को सामान्य समझो, परंतु तुम्हारे गर्भ में एक असाधारण सृजन हो रहा है और उस सृजन की नींव है—गर्भावस्था। यदि तू चाह ले तो तेरा यह सृजन समग्र विश्व में क्रांति उत्पन्न कर देगा, क्योंकि मस्तिष्क का 80% विकास गर्भावस्था में होता है।

जननी जने तो ऐसा जने, के दाता के शूर,
नहीं तो रीजे बांझड़ी, मत ना गवा जे नूर।

2

अथ द्वितीयोऽध्यायः

गर्भाधान की पूर्व तैयारी

"हमने इंजीनियर और अध्यापक बनाने के लिए अनेक महाविद्यालय एवं विश्वविद्यालय खोल रखे हैं, किंतु माता-पिता बनाने का विश्वविद्यालय अथवा महाविद्यालय कई गुणा अधिक महत्त्वपूर्ण है, जो कहीं नहीं है। यह अत्यंत ही दुर्भाग्यपूर्ण है।"

—जे. कृष्णमूर्ति

गर्भाधान के 9 माह, 9 दिन तथा उसके पूर्व एवं पश्चात् के 3-3 माह यदि माता-पिता पूर्ण सचेत होकर अपना सर्वस्व समर्पण शिशु के लिए कर दें तो विश्व की सर्वश्रेष्ठ, चमत्कारी तथा अद्‌भुत संतानें आज भी पाई जा सकती हैं। वे इस संसार के भाग्य को परिवर्तित कर सतयुग के आगमन में तथा कलयुग के निराकरण में अपनी महत्त्वपूर्ण भूमिका निभा सकती हैं। एक ऐसी पीढ़ी, जिसे आप **'सुपर ह्यूमन'** भी कह सकते हैं। आप फिर से भारत के इतिहास को गौरवान्वित करने वाले एक नहीं, अनेक महामानवों को धरती पर आमंत्रित कर सकते हैं। **गर्भ-संस्कार में 'नए विश्व और नए भारत के निर्माण का असीमित सामर्थ्य है।'**

हम ही हैं बालगढ़न के शिल्पकार, चित्रकार, मूर्तिकार

मूर्तिकार के मन में, चित्रकार के हृदय में, किसी शिल्पकार के मस्तिष्क में जितना सुंदर, स्पष्ट चित्र-चरित्र-मूर्ति-शिल्प होगा तथा उसे गढ़ने का समय, विवेक, धैर्य,

अनुभव होगा, उतनी ही सुंदर मूरत बनेगी, चित्र बनेगा तथा शिल्प सृजित होगा। एक बार एक व्यक्ति ने शिल्पकार से पूछा कि **'आप मूर्तियाँ कैसे बनाते हो?'** तो उसने कहा कि **'मूर्ति तो पत्थर में पहले से है, हम तो छैनी-हथौड़े से केवल मूर्ति बाहर निकालते हैं।'**

अब हम सोचें कि हमें कौन-सा चित्र अच्छा लगेगा? अनुभव, धैर्य से बना सुंदर एवं स्पष्ट चित्र या शीघ्रता, अज्ञान से कैनवास पर बना अस्पष्ट चित्र।

शिकागो शहर के विख्यात शिक्षक फ्रांसिस पारकर से एक महिला ने प्रश्न पूछा, **"मैं अपने बच्चे को महान् बनाना चाहती हूँ, उसकी शुरुआत कब से करूँ?"** पारकर ने प्रतिप्रश्न किया, "आपका बच्चा जन्म कब लेगा?" महिला ने कहा, "वह तो 5 वर्ष का हो चुका है।" यह सुनते ही पारकर ने कहा, "बहन, आप प्रश्न पूछकर समय नष्ट न करें और अपने बालक के पास जाएँ, क्योंकि आपने पहले ही 5 वर्ष का विलंब कर दिया है।"

यदि यही प्रश्न कोई अरस्तू से करता तो अरस्तू निश्चित रूप से कहता कि आपने 5 वर्ष और 9 माह विलंब कर दिया। क्योंकि अरस्तू 2400 वर्ष पूर्व युजेनिक (सुप्रजनन विज्ञान) के विषय में जानते थे। यही प्रश्न यदि वैदिक ऋषि-मुनियों से होता तो उत्तर और भी गहरा होता, क्योंकि हमारी वैदिक संस्कृति सहस्रों वर्षों से कहती आ रही है कि कुल तथा पूर्वजन्म के संस्कार भी पीढ़ी-दर-पीढ़ी उतरते रहते हैं। यह आवश्यक है कि जब माता-पिता बनने की इच्छा उत्पन्न हो (गर्भाधान से कम-से-कम 3 से 6 माह पूर्व) तभी से आनेवाली संतान को आमंत्रित करने एवं संस्कार देने की

प्रक्रिया शुरू कर देनी चाहिए।

इस तरह श्रेष्ठ संतान की कल्पना के बाद ही गर्भाधान की तैयारी करनी चाहिए।

विवाह और गर्भधारण के लिए सही आयु

बाल्यावस्था (18 वर्ष तक) में शरीर की धातुओं का विकास होता नहीं है। शरीर कोमल और क्लेश सहन करने में असमर्थ होने और अपूर्ण बलयुक्त होने से इस अवस्था में संतानोत्पत्ति उचित नहीं है।

मध्यमावस्था (18 से 60 वर्ष तक) में बल, वीर्य, पौरुष, पराक्रम, ग्रहण, धारण, स्मरण, वचन और विज्ञान की शक्ति पूर्ण रूप में आ जाती है। सभी धातु पर्याप्त मात्रा में रहते हैं। बल और सत्व योग्य रूप में उपस्थित होते हैं। धातुओं के गुणों में क्षय नहीं होता, इसलिए उत्तम संतान उत्पन्न हो सकती है।

वृद्धावस्था (60 वर्ष तक) में शरीर की धातु का क्षय हो जाता है। वायु का प्राधान्य रहता है। स्त्री शरीर में रजस्राव और प्रजनन क्रिया की अवधि समाप्त होने के कारण इस अवस्था में संतानोत्पत्ति की इच्छा रखने से शरीर का नाश हो जाता है।

पुराने समय में विवाह की आयु आजकल से बहुत कम होती थी, जिसके कारण स्वाभाविक ही गर्भधारण की आयु भी कम होती थी। अधिकतर लड़कियों की माहवारी शुरू होने से पहले ही उनका विवाह कर दिया जाता था। माहवारी शुरू होने के बाद उसको पति के घर भेजा जाता था। सामान्यत: पर 14-15 वर्ष की आयु में ही गर्भधारण हो जाता था, लेकिन इतनी कम आयु में शरीर गर्भधारण और प्रसव आदि के लिए सक्षम न होने के कारण अकाल प्रसव अथवा प्रसव के बाद अन्य कई समस्याओं के कारण स्त्री अशक्त और दुर्बल हो जाती थी। फिर परिवार नियोजन के साधन उपलब्ध न होने के कारण और उनका उतना प्रचार-प्रसार न होने के कारण लगातार 8-10 प्रसव होते थे। इनमें स्त्री के शरीर को अत्यधिक कष्ट होता था। वर्तमान में विवाह के लिए लड़की की आयु 18 वर्ष एवं लड़के की आयु 21 वर्ष निश्चित की गई है।

जीवनसाथी का चयन

विवाह के लिए पुरुष, स्त्री का अथवा स्त्री, पुरुष का चयन किस आधार पर करते हैं? सुंदरता, संपत्ति, विवेक आदि। क्या यह चयन करने के सही मापदंड हैं? इस संबंध में अनुभवी लोगों का कहना है कि **उत्तम संतान की प्राप्ति के लिए प्रथम मापदंड होना चाहिए-संस्कार और व्यक्ति का जीवन के प्रति दृष्टिकोण।** अन्यथा हमको, हमारे परिवार को, भावी पीढ़ी को भी और संपूर्ण राष्ट्र को ऐसा दु:ख भोगना पड़ता है, जिसे न सह सकें, न किसी को कह सकें।

एक अनुभव के अनुसार, व्यक्ति के समग्र जीवन पर पड़ने वाले प्रभाव में से **80% वंशानुगत कारण (गर्भ-संस्कार), 10-15% उसके परिवेश का तथा 5-10% विविध कारण** होते हैं।

'मनुस्मृति' कहती है*

महान्त्यपि समृद्धानि गोऽजाविधनधान्यत:।
स्त्रीसम्बन्धे दशैतानि कुलानि परिवर्जयेत्॥
हीनक्रियं निष्पुरुषं निश्छन्दो रोमशार्शनम्।
क्षय्यामयाव्यपस्मारिश्वित्रिकुष्ठिकुलानि च॥

(भावार्थ : धन-धान्य और संपत्ति-वैभव से अति समृद्ध हो, परंतु यदि संस्कारहीन, पुरुषत्वहीन, वेदाध्ययन रहित तथा भयंकर रोगग्रस्त कुल में कभी भी वैवाहिक संबंध न स्थापित करो।)

एक ही गोत्र (सगोत्र) में विवाह हमारे यहाँ पहले से ही निषिद्ध माना गया है। कई रोग, विशेष रूप से गुणसूत्रानुसार आगे की पीढ़ी में जाने वाले रोग (Genetic Disorder),

विकृति आदि निकट रिश्ते में शादी करने से अधिक दिखाई देते हैं। ऐसा सही और शास्त्रीय निरीक्षण होने के कारण सगोत्र विवाह शास्त्रीय दृष्टिकोण से उचित नहीं है।

इसके लिए आवश्यक है कि भिन्न कुल, गोत्र के लड़के-लड़कियों का विवाह हो तो दोनों ही स्वस्थ, युवा, निरोगी, रूप, शील व गुणवान होने चाहिए। शास्त्रों में कहा गया है कि यदि इन सारे गुणों के साथ ही दोनों की आयु भी बिल्कुल सही हो तो जन्म लेने वाली संतान भी स्वस्थ, निरोगी, सुंदर एवं बुद्धिमान होगी।

विवाह करने या तय करने से पहले एवं गर्भधारण होने से पहले उपर्युक्त सभी बातों पर चिंतन किया जाए तो अवश्य ही उत्तम संतान उत्पन्न होगी।

यदि सभी विवाहित दंपति ऐसा चिंतन करेंगे तो आने वाली पीढ़ी सुसंस्कारी और बुद्धिमान होगी, जो कि देश की समस्त उन्नति में सहायक होगी, ऐसी हमारी आशा है।

विवाह संस्कार के लिए रामबाण टिप्स

1. विवाह विधि, भारतीय सनानत **वैदिक रीति (विवाह संस्कार) से होनी चाहिए** तथा किसी योग्य और ज्ञानी ब्राह्मण से प्रत्येक विधि का रहस्य समझना चाहिए। यह संस्कार स्थूल विधि के अतिरिक्त एक अद्‍भुत विज्ञान भी है।
2. तथाकथित आधुनिकता में **व्यर्थ का व्यय करके, कुसंस्कारयुक्त** (मांस, मदिरा, फूहड़, नृत्य-संगीत आदि के आयोजन द्वारा) विवाह-उत्सव न मनाएँ।
3. सहस्रों वर्ष पूर्व भगवान् श्रीराम तथा माँ सीता का विवाह जिस वैदिक विभावना एवं विधियों से हुआ था, उसे आज भी परंपरागत रूप से सुरक्षित रखा गया है।
4. **विद्वानों का कहना है कि विश्व के किसी भी रिलीजन, मजहब, पंथ अथवा संप्रदाय की वैवाहिक विधि में इतनी गहराई नहीं है। अतः जो लोग श्रेष्ठ संतान-प्राप्ति की इच्छा रखते हैं, उन्हें तथाकथित आधुनिकता को एक किनारे रखकर, वैदिक विवाह-विधि (सनातन धर्म) का सम्मान करना चाहिए।**
5. हिंदू विवाह विधि मात्र देह का मिलन नहीं है, अपितु मन और आत्मा का मिलन भी है। जन्म-जनमांतर का संबंध तथा मोक्ष की ओर गतिशीलता है।
6. जब संबंधियों, मित्रों, परिवारों के मध्य मधुर संगीत, सुरम्य वातावरण, आनंद-उल्लास आदि होता है तो इससे न केवल नवदंपति में व्यक्तिगत सहयोग, प्रेम, घनिष्ठता में वृद्धि होती है, अपितु वह नई सृष्टि सृजन के साथ-साथ संसार एवं समाज की सेवा की ओर भी उन्मुख होते हैं।
7. **काम एक पुरुषार्थ है।** दांपत्य जीवन भोगप्रधान नहीं, **कर्तव्यप्रधान** एवं **धर्मप्रधान** होना चाहिए। विवाह की पहली अनिवार्यता है कि पति-पत्नी दोनों के हृदय में एक-दूसरे के प्रति प्रेम हो।
8. **शास्त्रों में स्त्री को पुरुष की 'अर्धांगिनी' अर्थात् 'आधा अंग' कहा गया है।** आज के काम-वासना के अंधे युग में भारतीय सनातन वैवाहिक विधि और विभावना, हमारे पूर्वज ऋषियों का ऐसा बौद्धिक दीप है, जिसे प्रज्वलित कर पति-पत्नी **रजोगुण से सत्त्वगुण की ओर जा सकते हैं। इसलिए दंपति को 'काम' भी एक यज्ञ के समान वैदिक विधि लगता है।** यह भावना दोनों को आनंद से भर देती है। यह जीवन सार भी है।

नोट—विवाह की तैयारी करते समय सौंदर्य प्रसाधन, पुरोहित आदि के साथ-साथ विवाहपूर्व वैद्यकीय सलाह लेने से भविष्य में उत्पन्न होने वाली शारीरिक, मानसिक और भावनिक समस्याओं का समय रहते समाधान हो सकता है। सात फेरों से शुरू होने वाली यह मंगलमय यात्रा दोनों परिवारों के लिए आनंददायी हो जाएगी। मेरा तो मानना है कि विवाह तय हो जाने पर **''मेरे मन की शांति के लिए मैं सभी जाँच करवाकर अपनी वैद्यकीय कुंडली तैयार रखूँगा''** यह संकल्पना कार्यान्वित करनी चाहिए।

विदेशियों ने भी समझा वैवाहिक विधि का गूढ़ रहस्य—

ब्रिटिश **एनी बेसेंट** एक विदुषी महिला थीं। विदेशी

होते हुए भी उन्हें भारतीय संस्कृति का गहरा अध्ययन तथा भारत से प्रेम था। भारत की आध्यात्मिक शक्ति से प्रभावित होकर उन्होंने '**थियोसोफिकल सोसायटी**' की स्थापना की थी। वैदिक विवाह-विधि के विषय में उन्होंने लिखा है कि '**विश्व के किसी भी देश में, संसार की किसी भी जाति में, जगत् के किसी भी रिलीजन, मजहब, पंथ आदि (क्योंकि धर्म शब्द केवल सनातन धर्म के लिए**

प्रयुक्त होता है। सनातन धर्म के लिए ऑक्सफोर्ड शब्दकोश में भी Dharma **शब्द है, न कि रिलीजन) में विवाह का महत्त्व इतना गहरा और पवित्र नहीं, जितना प्राचीन हिंदू ग्रंथों में लिखा गया है।**'

आश्चर्य की बात यह है कि हिंदू धर्म की सारी विधियों की स्थापना, ऋषियों ने बहुत वर्षों पहले की थी, जो आज भी उतनी ही प्रासंगिक हैं और उनमें गहरा रहस्य भी है।

क्या मैं गर्भधारण के लिए तैयार हूँ?

जीवन की इतनी बड़ी घटना और उसकी ओर देखने का हमारा दोषपूर्ण दृष्टिकोण! आजकल 10वीं और 12वीं की परीक्षाओं के लिए कितनी तैयारी की जाती है? वर्षभर तैयारी और तनाव। पर यहाँ तो परिवार में एक नवजात आने वाला होता है, जिसके लिए कोई कुछ तैयारी नहीं करता और वह भी परिवार नियोजन के इतने सारे साधन उपलब्ध होने के उपरांत भी? क्यों हैं हम इतने असावधान? इतनी दिव्य अलौकिक घटना को लेकर इतना तुच्छ व्यवहार क्यों?

जब तक बच्चा नहीं चाहिए, तब तक परिवार नियोजन के साधनों का प्रयोग करें। गर्भधारण से 3 माह पहले सतर्कतापूर्वक तैयार रहें। अन्य प्रकरणों में की गई चर्चानुसार शारीरिक, मानसिक, आध्यात्मिक स्तर पर सचेत रहें। गर्भ ठहरना सुनिश्चित हो जाने से हमारी तैयारी समाप्त नहीं होती, अपितु सही यात्रा तो अब शुरू होती है। शारीरिक दृष्टि से मातृत्व मिलना पर्याप्त नहीं होता, मानसिक रूप से भी उसके स्वागत की तैयारी होनी चाहिए। हर व्यवहार में सतर्कता होनी चाहिए। पेट में पल रहे बच्चे को प्राथमिकता दी जानी चाहिए। कॅरियर, शिक्षा, पारिवारिक समस्या आदि को रोका जा सकता है, सँभाला जा सकता है, परंतु गर्भस्थ बच्चे के यह दिन वापस नहीं आते। पूरे संसार में एक ही व्यक्ति उस बच्चे को सँभाल सकता है और वह है उसकी माँ। नन्हा-सा जीव पूरी तरह अपनी माँ पर निर्भर करती है। पहला बच्चा होने पर उसकी ओर दूसरा भी कोई ध्यान दे सकता है, किंतु पेट में पल रहे बच्चे का ध्यान सिर्फ माँ ही रख सकती है। इस बात को समझना आवश्यक है। इसका अर्थ यह नहीं है कि नौकरी या शिक्षा अधूरी छोड़कर घर में बैठ जाएँ! लेकिन विचारपूर्वक व्यवहार करते हुए बच्चे को वरीयता दी जाए तो कई सारी त्रुटिपूर्ण बातों को टाला जा सकता है।

पीड़ा की ओर देखने का दृष्टिकोण अलग होना चाहिए। हर बात के लिए दवाई क्यों चाहिए? यों ही घूमना, नाटक, सिनेमा देखना, पिकनिक मनाना इनकी क्या कोई आवश्यकता है? जनसंपर्क से संक्रामक रोग हो सकते हैं। काम से जितना आवश्यक हो, उतना ही बाहर जाएँ, अन्यथा घर पर शिशु संवाद से संस्कार दें। लगातार खड़े रहने से और बैठने से गर्भाशय पर तनाव पड़ सकता है, जो गुरुत्वाकर्षण से संबंधित हो सकता है।

शरीर में हो रहे परिवर्तन को सहजता से स्वीकार करें, नकारात्मक विचारों को मस्तिष्क से निकाल बाहर करें। निरंतर यही सोचती रहे कि मुझे और मेरे गर्भ को कोई समस्या

नहीं होगी और मैं एक सुदृढ़, स्वस्थ बच्चे को जन्म देने वाली हूँ। अच्छे चरित्रों का पठन करें। नामस्मरण से, जाप से अपने मन की शक्ति बढ़ती है और उनके स्पंदन बच्चे तक पहुँचते हैं। अब मेडिकल साईन्स ऑरा थ्योरी (AURA THEORY) द्वारा इस बात का शोध करने में लगा हुआ है कि सकारात्मक विचारों के कारण हमारे शरीर के बाहर का वलय उत्कृष्ट रहता है।

रिलॅक्सेशन, विजुलाइजेशन यानी मानसिक चित्रण की जानकारी प्राप्त करें। बाल, त्वचा, आँखें, नाक, दाँत, जीभ और गला इन सबका स्वास्थ्य सँभालने के लिए सही उपाय करती रहें।

एक बार तीन-साढ़े तीन महीने समाप्त हो जाएँ, तब समझ लें कि बड़ी परीक्षा उत्तीर्ण कर ली है। अब गर्भ गर्भाशय में अच्छे से चिपक जाता है। प्लॅसेंटा तैयार हो गया है। गर्भ अब शीघ्र गति से बढ़ने वाला है। शरीर के आकार में परिवर्तन होने वाला है। पेट में और डेढ़-दो महीने बाद नन्हीं-सी जान का अस्तित्व अनुभूत होने वाला है। इन सबकी कल्पना करें। पूरा ध्यान, सारी ऊर्जा उस बच्चे पर केंद्रित करने के लिए नित्य आँखें बंद करके बीस मिनट तक बच्चे से बात करें, संवाद करें।

स्वप्न देखिए—गर्भावस्था का स्वप्न लें, आनंद लें।

मातृत्व की इच्छा, प्रत्येक नारी की श्रेष्ठ मनोकामना है। कहते हैं कि 'मातृत्व जैसा संसार में अन्य कोई सिंहासन नहीं।'

इसलिए एक माता के रूप में गर्भावस्था का आनंद लें तथा भावी संतान के लिए सतत उच्च स्वप्न देखें 'जैसा स्वप्न होगा, वैसी संतान होगी।'

गर्भाधान के पूर्व माता की तपस्या तथा प्रार्थना का फल

माता भुवनेश्वरी की इच्छा थी कि वे भगवान् शिव की भूमि काशी में तपस्या करें, किंतु वे काशी से बहुत दूर थीं, अत: उन्होंने काशी में निवास करने वाली अपनी **बुआजी** को कहलवाया कि वह प्रतिदिन शिवजी की प्रार्थना करके, उन्हें **अर्घ्य** चढ़ाया करें। दूसरी ओर घर में रहकर वह **स्वयं व्रत**

रखने लगीं और एक वर्ष के पश्चात्, भगवान् के आशीर्वाद से उन्हें पुत्र की प्राप्ति हुई।

इसी समय एक रात उन्हें स्वप्न में दिखाई दिया कि शिवजी बालक का रूप धारण करके, उनके घर पुत्र के रूप में जन्म लेंगे। कुछ ही समय बाद **भुवनेश्वरी देवी ने पुत्र को जन्म दिया।** जिसका नाम **नरेंद्र** रखा गया। यही नरेंद्र, **'स्वामी विवेकानंद'** के रूप में विश्वभर में प्रसिद्ध हुए।

क्या आपने ऐसे किसी स्वप्न अथवा प्रार्थना के विषय में कभी सोचा है?

शुकदेवजी जैसी श्रेष्ठ आत्मा का अवतरण कैसे हो?

पौराणिक कथा के अनुसार—**महर्षि व्यास ने 18 पुराणों की रचना करने के पश्चात् विश्व के महानतम महाकाव्य 'महाभारत' की भी रचना की।** फिर भी उन्हें कहीं कुछ अधूरा-सा लगता था। उनके मन में **व्यग्रता** रहती थी।

एक दिन उन्होंने देवर्षि नारद से अपने मन की व्यथा व्यक्त करते हुए पूछा, "देवर्षि! इतने ग्रंथों की रचना करने पर भी मुझे मानसिक शांति क्यों नहीं मिलती?"

नारदजी ने उसका उपाय बताते हुए कहा, "अब आप केवल भगवान् के स्वरूप का ही निरूपण करके ग्रंथ की रचना कीजिए। उससे आपके मन को शांति मिलेगी।" **यह**

सुनकर व्यासजी ने कहा, ''महाभारत लिखते समय तो गणेशजी ने लिखने वाले की भूमिका निभाई थी। उनके जैसा लिखने वाला अब कहाँ मिलेगा?'' नारदजी ने उसका भी उपाय बतलाते हुए कहा, 'आप किसी उत्तम गुणों से संपन्न अपने अनुकूल स्त्री के साथ रहिए। जब वह गर्भवती हो, तो **गर्भस्थ शिशु को भागवत की कथा सुनाइए।** गर्भ में रहकर वह इतना ज्ञानी होगा कि जन्म लेकर बाहर आने पर वह आपको भागवत सुनाएगा और उससे आपको शांति मिलेगी।'

नारदजी का आशीर्वाद फलीभूत हुआ, व्यासजी ने **घृताचि नाम की अपने अनुकूल तथा गुणसंपन्न युवती की तलाश की। उनके गर्भ से शुकदेवजी का जन्म हुआ।** परिणाम यह हुआ कि व्यासजी को शांति मिली और संसार को '**भागवत ग्रंथ**' मिला।

यहाँ पर यह बात उल्लेखनीय है कि नारदजी ने उत्तम गुणों से संपन्न अपने अनुकूल स्त्री को पसंद करने का परामर्श दिया था। उत्तम गर्भ के लिए माता-पिता का भी उत्तम होना आवश्यक है, तभी इस धरा पर उत्तम आत्मा का अवतरण होता है। कहते हैं कि **शुकदेवजी पूर्वजन्म में शिवजी के गण पुष्पदंत थे।**

माँ जीजाबाई भगवान् शिव और माता भवानी से निरंतर प्रार्थना करती रहीं कि उसे एक पराक्रमी शूरवीर पुत्र की प्राप्ति हो। इसके परिणामस्वरूप **शिवाजी को पराक्रम तथा शूरवीरता माँ के गर्भ में ही प्राप्त हो गए थे।** युवावस्था में प्रवेश करते ही शिवाजी ने औरंगजेब के शासन का अंत करके **हिंदू राज्य की स्थापना की।** यह सब **माँ जीजाबाई द्वारा गर्भ में सुनी हुई श्रीमद्भगवद्गीता, श्रीमद्भागवत, रामायण एवं महाभारत की गाथाओं तथा जीजाबाई द्वारा देखे हुए स्वप्नों का प्रताप था।**

राजा दशरथ ने संतान प्राप्ति के लिए संयम के साथ **अश्वमेध तथा पुत्रेष्टि** यज्ञ किया था, जिसके फलस्वरूप भगवान् श्रीरामचंद्र का अवतरण हुआ था।

राजा दिलीप एवं रानी सुदक्षिणा ने महर्षि वशिष्ठ के आश्रम में **गाय का दूध पीकर कठोर तप किया था। इससे उनके घर बुद्धिमान तथा पराक्रमी पुत्र 'रघु' का जन्म हुआ था।**

भगवान् **श्रीकृष्ण तथा रुक्मिणी ने बद्रिकाश्रम में 12 वर्ष तक मात्र बेर खाकर घोर तप किया, जिसके फलस्वरूप प्रद्युम्न जैसे कुशल एवं पराक्रमी पुत्र** का जन्म हुआ था।

क्या आज का मनुष्य ऐसी कोई पूर्व तैयारी करता है? वह अपने पूर्वजों की परंपरा को भूल गया है या उसे श्रेष्ठ संतान की इच्छा ही नहीं है?

भारत के बाहर भी गर्भ संस्कार के गीत होते हैं

अफ्रीका में रहने वाली डागरा नामक आदिवासी जाति के लोगों में बालक के **प्रथम जन्मदिन की गिनती,** जिस दिन बालक का जन्म होता है, उस दिन से नहीं, **जिस दिन माता ने गर्भधारण किया, उस दिन से भी नहीं,** जिस दिन माता को बच्चे को जन्म देने की इच्छा हो, उस दिन से की जाती है। जिस दिन स्त्री के मन में माता बनने की इच्छा स्वत: जाग्रत् होती है, उस दिन वह स्त्री घर से दूर किसी शांत वातावरण में पेड़ के नीचे बैठकर, अपने मन में बालगीत बनाने का प्रयास करती है। उस गीत में उसे कैसा **बालक चाहिए, उसका वर्णन किया जाता है।** गीत की रचना समाप्त होने के बाद ही, वह स्त्री वहाँ से उठकर घर वापस आती है।

इसके पश्चात् वह स्त्री अपना **बालगीत अपने जीवनसाथी को सुनाती और सिखाती है।** बाद में जब वे (पति-पत्नी) संतान प्राप्ति के लिए प्रयत्न करते हैं, तो तन, मन और आत्मा से बालगीत गाकर बच्चे को गर्भाशय में आने का निमंत्रण देते हैं। स्त्री जब गर्भावस्था में होती है, तो बालक को वही गीत गाकर प्रेम, आनंद और सांत्वना की भावनाओं से उसे भिगो देती है। प्रसूति के समय वह गीत दाई तथा गाँव की बुजुर्ग महिलाओं को सिखाया जाता है। इसके बाद प्रसूति की घड़ी में उसी गीत द्वारा बालक का शुभागमन कराया जाता है।

बालक जब बड़ा हो जाता है और खेलते-खेलते गिर पड़ता है, तो उसे वह गीत सुनाया जाता है। उसके जीवन में आने वाले सुख और दु:ख के समय भी यही गीत गाया जाता है। अंत में उसकी मृत्यु के समय इसी गीत द्वारा उसे **अंतिम विदाई दी जाती है।** कैसा अद्‌भुत विचार है!

क्या आपने ऐसे किसी गीत की रचना की है?

उत्तम संतान की प्राप्ति हेतु ज्योतिष उपाय

माता की कुंडली में लग्न, सूर्य एवं चंद्र किस नक्षत्र में हैं, वह जान लें, क्योंकि लग्न जिस नक्षत्र पर हो, उस नक्षत्र पर अथवा उस नक्षत्र से सप्तम, चतुर्दश एवं इक्कीसवें

नक्षत्र पर, चंद्र जिस नक्षत्र पर हो, उस नक्षत्र पर एवं उससे चौदहवें नक्षत्र पर तथा सूर्य जिस नक्षत्र पर हो, वह एवं उससे चौदहवें नक्षत्र पर, चंद्र जब गौचर में प्रवेश करता है, तब स्पष्टत: गर्भाधान मुहूर्त बनता है अथवा एक दिन पहले या एक दिन बाद में बनता है। इस योग के अतिरिक्त गर्भाधान नहीं हो सकता है।

इस मुहूर्त के समय माता की शारीरिक स्थिति भी गर्भाधान के अनुकूल होनी चाहिए। माता हमेशा गर्भाधान हेतु योग्य नहीं होती। रजस्वला होने के आठ दिन बाद, मात्र बारह दिन माता गर्भाधान के लिए योग्य होती है। इन बारह दिनों में उपर्युक्त वर्णित नक्षत्र योग वाले तीन दिनों में ही गर्भाधान संभव होता है। अत: मात्र इन तीन दिन में ब्रह्मचर्य का पालन किया जाए तो स्वत: ही संतति नियमन हो जाता है।

अनेक परीक्षणों द्वारा विद्वानों ने सिद्ध किया है कि माता की कुंडली (जन्मकुंडली) के उपर्युक्त नक्षत्रों के योगादि से ही संतान की जन्मकुंडली का लग्न नक्षत्र होता है। माता की जन्मकुंडली के लग्न, सूर्य एवं चंद्र के नक्षत्र का संतान की जन्मकुंडली के लग्न, सूर्य एवं चंद्र के नक्षत्र के साथ यह नियमबद्ध, अटल एवं घनिष्ठ संबंध होता है।

इस प्रकार माता की जन्मकुंडली उपलब्ध न हो तो भी उसकी एक संतान की जन्मकुंडली द्वारा भी गर्भाधान की योग्य, मुहूर्त संबंधी जानकारी पाई जा सकती है।

यदि दोनों में से एक भी जन्मकुंडली न मिले, तब बारह दिन संयम पालन करने से गर्भाधान से बचा जा सकता है।

शुभ संतान प्राप्ति का शास्त्रीय उपाय

वर्तमान समय की विडंबना यह है कि समाज में घर-घर में ऐसी संतान पैदा हो रही हैं, जो परिवार, समाज, राष्ट्र में अशांति, चिंता, संताप फैला रही हैं। भला ऐसा क्यों ? इससे बचने का कोई उपाय है ?

हम ध्यान में नहीं रखते हैं। वास्तव में इस समस्या का मूल संतानोत्पत्ति के साथ जुड़ा हुआ है। **विवाह, गर्भाधान, खानपान, शिक्षा एवं संस्कार ये पाँचों तत्व जहाँ दूषित हैं,** वहाँ श्रेष्ठ संतान की कामना कैसे की जा सकती है ? अतः इसका सीधा उपाय है, विवाह शास्त्रीय पद्धति से हो। गर्भाधान शुभ संयोगों में हो। खानपान-आहार-विहार शुद्ध हो। शिक्षा एवं संस्कार भी उत्तम और शुभ हो।

शुभ विवाह के लक्षण ये हैं—

असपिण्डा च या मातुरसगोत्रा च या पितुः।
सा प्रशस्ता द्विजातीनां दारकर्मणि मैथुने॥
सवर्णाग्रे द्विजातीनां प्रशस्ता दाकर्मणि।
अनिन्दितैः स्त्रीविवाहैरनिन्द्या भवति प्रजा।
निन्दितैर्निन्दिता नृणां तस्मान्निद्यान् विवर्जयेत्।

माता-पिता के समान पिंड एवं गोत्रवाली न हो, ऐसी कन्या द्विजाति के लिए श्रेष्ठ है। स्वयं के वर्णवाली कन्या श्रेष्ठ मानी जाती है। ऐसी शास्त्रीय पद्धति से पसंद की हुई कन्या के साथ विवाह से अनिंदित संतानोत्पत्ति होती है।

शुभ गर्भाधान—

याद्दशेन हि भावेन योनौ शुक्रं समर्पयेत्।
ताद्दशेन हि भावेन सन्तानं सम्भवेदिति॥

(जिस भाव से स्त्री-पुरुष का समागम होता है, उसी भाव से युक्त संतान जन्म लेती है।)

शुभ समय में गर्भाधान—

अमावास्यामष्टमीं च पौर्णमासीं चतुर्दशीम्।
ब्रह्मचारी भवेन्नित्यमप्यृतौ स्नातको द्विजः॥

शिक्षित (स्नातक) एवं संस्कारी पुरुषों को अमावस्या, अष्टमी, पूर्णिमा एवं चतुर्दशी के दिनों में तथा स्त्री रजस्वला है, तब ब्रह्मचारी रहना चाहिए।

शुभ खान-पान : जन्म से पहले माता-पिता का एवं जन्म के बाद संतान का खान-पान, आहार-विहार शुद्ध एवं सात्विक होगा, तभी संतान का चरित्र उत्तम होगा। तामसी आहार से तमोगुण प्रबल होकर दुःखदायी बनता है।

शुभ शिक्षा एवं संस्कार : सदाचारी, नैतिक, धर्मयुक्त एवं उच्च नूतन अभिमान, तकनीकी, विज्ञान सम्मत शिक्षा व्यवस्था होनी चाहिए, जिसमें महापुरुषों की जीवनी मार्गदर्शक हो। ठीक वैसे ही उच्च संस्कारों का आरोपण भी आवश्यक है।

वर्तमान में इन पाँचों तथ्यों का उलटा स्वरूप दिखाई दे रहा है। इससे संतानों में विकृतियाँ परिलक्षित होती है। यदि उपर्युक्त पाँचों परिस्थितियों का समुचित संयोग बिठाया जाए तो निस्संदेह महान् संतानोत्पत्ति पा सकते हैं।

3

अथ तृतीयोऽध्यायः

आयुर्वेदिक गर्भ संस्कार एक दिव्य कर्म

प्राचीन धर्मशास्त्रों के अनुसार, **जीवात्मा पर संस्कार करने से ज्यादा आवश्यक** है, गर्भ में पधारने के लिए उत्कृष्ट जीवात्मा का आह्वान करना। जैसे बबूल का बीज बोने से उसमें बढ़िया आम नहीं मिलेगा, चाहे जितने **सुसंस्कार उस पर** किए जाएँ। अच्छे आम के लिए आम का बीज ही चाहिए और बाद में **उस पर प्रयास भी किए** जाने चाहिए। एक ही माँ के दो बच्चे एक जैसे संस्कार होने पर भी अलग-अलग होते हैं, क्योंकि **जीव गर्भ में प्रवेश करते समय अपना कारण शरीर भी ले आता है।** इसलिए जिस गर्भ के लिए जीव का आह्वान करना हो, वह आत्मा जितनी सुसंस्कारित होगी, उतना ही अच्छा होता है। पति-पत्नी को चाहिए कि सुसंस्कारित आत्मा के आह्वान के लिए अपने पास योग्य क्षमता और पात्रता का निर्माण करें क्योंकि **सज्जन ही सज्जन के प्रति आकर्षित होता है।** यदि चिंता में **डूबकर आह्वान किया जाए तो चिंता में परेशान आत्मा को ही आह्वान पहुँचेगा।** पति-पत्नी की विचारधारा भी **सकारात्मक और उत्कृष्ट** होनी चाहिए।

प्राचीन काल में गर्भ ज्ञान

गर्भ में शिशु पर किए हुए संस्कार को 'गर्भ-संस्कार' कहा जाता है। पुराने समय में गर्भ-संस्कार को बहुत महत्त्व दिया जाता था। गर्भ-संस्कार में बड़ी-सी विधि का आयोजन किया जाता था। नक्षत्र, ग्रहमान, दिन, दशा आदि का अभ्यास करके होम-हवन और उसी तरह स्त्री-पुरुष के मन और शरीर की शुद्धि की जाती थी। इन सब विधि को पार करके, जो शिशु जन्म लेता था, वह अद्भुत, अलौकिक, तीक्ष्ण बुद्धिवाला होता था। जिस तरह अच्छा फल पाने के लिए अच्छे बीज की, भूमि, खाद और पानी की आवश्यकता होती है, वैसे ही अच्छी संतति पाने के लिए भी योग्य स्त्रीबीज-पुरुषबीज को पोषक आहार और अनुकूल वातावरण की आवश्यकता होती है। इसलिए आयुर्वेदिक शास्त्र ने एक शास्त्र का निर्माण किया है, जिसे हम 'गर्भ-संस्कार शास्त्र' कहते हैं। गर्भधारण से पहले कैसे तैयारी करें? पति-पत्नी अपने स्वास्थ्य का ध्यान कैसे रखें? योग्य गर्भधारणा कैसे करें? गर्भ का आह्वान कैसे करें? क्या न खाएँ? शरीर और मन की गर्भधारण हेतु तैयारी कैसे करें? और गर्भधारण रहने के बाद 280 दिनों तक गर्भस्थ माँ और शिशु का ध्यान कैसे रखें?

वेदों में लिखा गया है कि एक शिशु अपने पिछले जन्म के कर्म के आधार पर ही जन्म लेता है। जैसे उसका कर्म है, वैसे उसका जन्म रहेगा। **शिशु अपनी माँ को स्वयं चुनता**

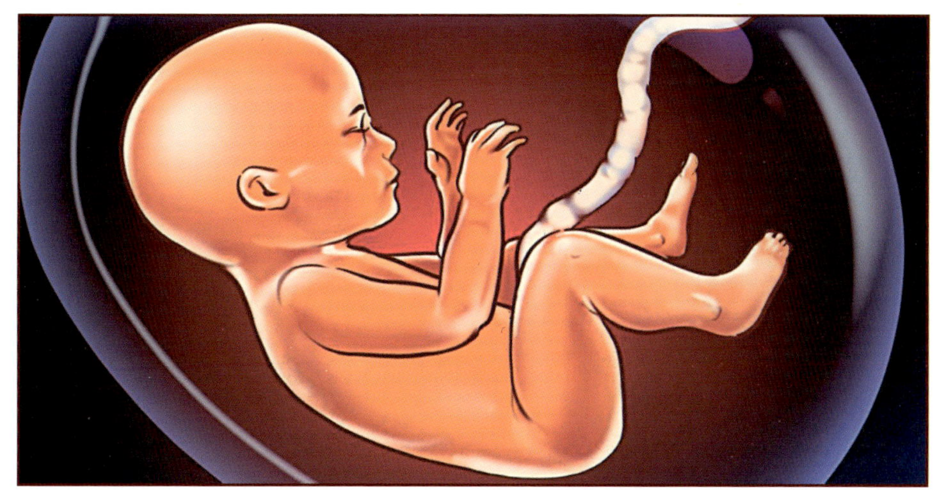

प्रतिदिन रात को स्त्री के शरीर से नमक उतारा जाता था, ताकि कोई भी नकारात्मक ऊर्जा शरीर पर न आए। वैसे ही पुरुषों को भी कुछ प्रक्रिया से निकलना पड़ता था। 3 महीने तक उन्हें पत्नी से दूर रखा जाता, ताकि वीर्य का नाश न हो। उत्तम वीर्य बनने के लिए पुरुषों के शरीर की शुद्धि की जाती थी। उन्हें भी आयुर्वेदिक काढ़ा दिया जाता था, ताकि वीर्य अच्छा बने। महान् पुरुषों के चरित्र का पाठ किया जाता था, ताकि पुरुष की बुद्धि में एक महान् आत्मा को जन्म देने की चेतना जागे। मादक पदार्थ जैसे—मदिरा, मांसाहार आदि से भी दूर रखा जाता था। 3 महीने तक इस प्रक्रिया का पालन किया जाता था। 90 दिन की इस कालावधि में एक उत्तम स्त्री बीज और पुरुष बीज की निर्मिति होती। स्त्री-पुरुष की शारीरिक शुद्धि होने के बाद होम-हवन की प्रक्रिया की जाती थी। जिस जगह दंपति रहते थे, उस वातावरण को शुद्ध किया जाता। होम-हवन से वातावरण के जंतु, छोटे कीड़े, जो शरीर के लिए हानिकारक होते थे, हवन की आग और धुएँ से नष्ट हो जाते थे। होम-हवन की विधि के लिए आयुर्वेदिक जड़ी-बूटी का प्रयोग किया जाता। नक्षत्र, दिन, ग्रहमान आदि देखकर कुछ तिथि निकाली जाती, उसी तिथि में स्त्री-पुरुष के मिलन का योग निकाला जाता। अगर गर्भ रह गया तो उत्तम, नहीं तो अगली तिथि में नियोजन किया जाता। मनुष्य का शरीर नष्ट होता है, पर उसकी आत्मा अमर रहती है। **यह आत्मा तीन प्रकार का रहता है—निकृष्ट, सामान्य और उत्कृष्ट। जैसा आत्मा रहता है, वैसे ही वह अपना गर्भ चुनता है। निकृष्ट आत्मा हमेशा निकृष्ट गर्भ चुनता है। उत्कृष्ट आत्मा त्रुटि से भी निकृष्ट कोख में जन्म नहीं लेता। सामान्यतः, सामान्य आत्मा मरने के बाद 7 से 13 दिन में गर्भ चुन लेता है।** मगर उत्कृष्ट आत्मा को गर्भ चुनने में कई वर्ष लग जाते हैं। **उत्कृष्ट आत्मा अपने माता-पिता का स्वयं चुनाव करता है। उत्कृष्ट बालक पाने के लिए हमें उत्कृष्ट माता-पिता भी बनना पड़ता है।** इसलिए

है। उसके शरीर का पोषण माँ के रक्त से ही होता है। उसका मन माँ से जुड़ा रहता है। माँ कैसे बोलती है, क्या खाती है, क्या सुनती है ? इन सब का परिणाम गर्भ में बच्चे पर होता है। **माता-पिता के गुण-अवगुण, पिछले जन्म के कर्म और अभी के गर्भ-संस्कार से एक बच्चे का जन्म होता है।** पुराने समय में जो गर्भ संस्कार किया जाता था, आजकल इतनी कठिन विधि संभव नहीं है। इसलिए कम समय में भी पूर्ण गर्भ संस्कार दिया जा सकता है।

गर्भ संस्कार एक बहुत बड़ा विषय है। पूरे 12 महीने का संस्कार इसमें दिया गया है। पुराने समय में माता-पिता को गर्भ-संस्कार में एक तप से गुजरना पड़ता था, तभी महान् आत्मा का जन्म होता था, जैसे—राम, कृष्ण, बुद्ध आदि। पति-पत्नी को 3 महीने तक एक-दूसरे से अलग रखा जाता था। स्त्री के शरीर की शुद्धि की जाती थी। इसमें बहुत से काढ़े देकर शरीर से गर्भधारण के लिए अनावश्यक पदार्थ निकाले जाते थे। काढ़े के लिए आयुर्वेदिक दवाई का प्रयोग किया जाता था। वर्ष में एक बार विशिष्ट कालावधि में जंगल से दवाई तोड़ी जाती थी, क्योंकि इस काल में दवाई में विशिष्ट गुण पाए जाते हैं। आयुर्वेदिक तेल से मालिश की जाती थी, शरीर पर आयुर्वेदिक लेप लगाया जाता और गाय के शुद्ध दूध से नहलाया जाता था। 3 महीने में पोषक आहार जिसमें फल, सब्जी, आयुर्वेदिक दवाएँ, अधिक पानी आदि का समावेश रहता था। उसी प्रकार बाहर के लोगों से मिलना बंद कर देते थे, ताकि किसी प्रकार के नकारात्मक विचार मन में न आएँ।

गर्भ-संस्कार में गर्भ रहने से पहले ही शरीर पर संस्कार की प्रक्रिया की जाती है। **अपना गर्भ इतना उत्कृष्ट बनाया जाता है कि निकृष्ट आत्मा उसमें प्रवेश ही न करे और सामान्य आत्मा अगर आए भी तो उसे उत्कृष्ट बनाने के लिए गर्भ-संस्कार की प्रक्रिया करें। गर्भ-संस्कार एक शास्त्र है।** इस शास्त्र को विज्ञान ने भी मान्यता दी है और यह प्रमाणित किया है कि अगर गर्भ में रहते हुए शिशु पर संस्कार किए जाएँ तो यह शिशु आजीवन संस्कारित रहता है; जैसे—मिट्टी के घड़े को गीला रहने तक ही आकार दिया जाता है। वैसे ही शिशु जब गर्भ में रहता है, तभी से उसे हमें संस्कारित करना आवश्यक है, ताकि भविष्य में अद्‌भुत, अलौकिक, तीक्ष्ण बुद्धिवाला शिशु जन्म ले सके।

आयुर्वेद में गर्भधारण पूर्व तैयारी

आयुर्वेद भी गर्भधारण से पूर्व पूरी तैयारी पर जोर देता है, बल्कि इतना ही नहीं, यदि कोई शारीरिक समस्या या रुग्णता हो, तो पहले उसकी संपूर्ण चिकित्सा करें और पूरी तरह स्वस्थ होने के बाद ही गर्भधारण करें, ऐसा अनुरोध किया जाता है।

शरीर और विशेष रूप से प्रजनन अंग पूर्णतया स्वस्थ हों, इसके लिए गर्भधारण से पहले पंचकर्म के द्वारा शरीर शुद्धि कर लेने से निर्मित होने वाला शिशु स्वस्थ जन्म लेता है।

वमन (मतली द्वारा शरीर की शुद्धि, विशेष रूप से कफ दोष की), **विरेचन** (रेचक द्वारा शरीर की शुद्धि, विशेष रूप से पित्त दोष की) **और वस्ती** (गुदाद्वार से तेल, काढ़ा। इनका एनिमा विशेष रूप से वात दोष की शुद्धि के लिए)। कम-से-कम यह तीन क्रियाएँ तो करनी ही चाहिए, जिसके कारण वात-पित्त-कफ, ये तीन दोष समान अवस्था में आते हैं और गर्भधारण के समय शरीर की स्थिति उत्तम रहती है।

ये शुद्धि क्रियाएँ पति और पत्नी दोनों को करनी चाहिए। इससे शुक्र और आर्तव (रजस्राव) अर्थात् पुरुष और स्त्री बीज दोनों ही अच्छी श्रेणी के निर्मित होते हैं। इसके अतिरिक्त गर्भाशय भी शुद्ध होता है, जहाँ पर गर्भ नौ माह तक रहने वाला और बढ़ने वाला है।

इसके अतिरिक्त, निपुण वैद्य से चर्चा करके आवश्यक हो तो नस्य और रक्तमोक्षण आदि शुद्धि क्रियाएँ करनी चाहिए।

आहार में क्या और किस रूप में लें, इसके बारे में भी आयुर्वेद ने मार्गदर्शन किया है—

1. पुरुष अपने खाने में दूध और उड़द का समावेश करें, क्योंकि दूध शरीर में शुक्र धातु का तुरंत निर्माण करता है, ऐसा उसका गुण-धर्म है। उड़द दलहन भी लसीला एवं बलवर्धक होता है। यह शुक्र धातु की मात्रा बढ़ाने में उपयुक्त होता है।
2. माताओं/बहनों/बेटियों को अपने खाने में उड़द और तेल की मात्रा बढ़ानी चाहिए। तेल तिल का होना चाहिए। उड़द के बड़े, तिल के तेल में तलकर यदा-कदा खाने में कोई समस्या नहीं है।

गर्भधारण के लिए सही काल कैसे पहचानें?

आयुर्वेद के अनुसार कौन-से काल में स्त्री और पुरुष में संबंध बनने से गर्भधारण होता है, यह हमने देखा। लेकिन आधुनिक काल में विज्ञान में हुई उन्नति के हर क्षेत्र में लाभ उठाए जा रहे हैं। इनमें स्वास्थ क्षेत्र भी शामिल है। कुछ विशेष कंपन संख्या की ध्वनि लहर, शरीर पर विशेष यंत्र घुमाकर छोड़ें तो शरीर के अंदर के अंगों की छवि दिख सकती है। यह खोज होते ही सब जगह पराश्रव्य चित्रण अर्थात् USG (Ultrasonography) अस्तित्व में आई। सोनोग्राफी के माध्यम से गर्भाशय और स्त्रीबीज का बार-बार निरीक्षण किया गया और इससे कुछ ठोस निष्कर्ष सामने आए—

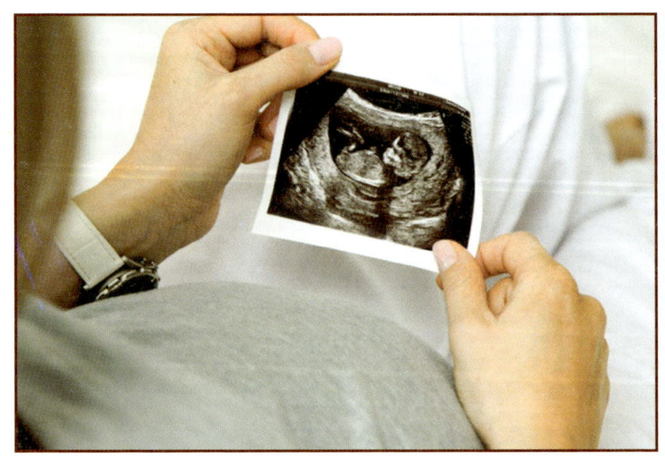

1. माहवारी आने के बाद तुरंत चौथे या पाँचवे दिन गर्भाशय के अंदर का स्तर अत्यधिक बढ़ने लगता है और धीरे-धीरे इसकी मोटाई बढ़ती जाती है। माहवारी के पंद्रह दिन के लगभग यही मोटाई 10 से 12 एम.एम. हो जाती है तथा आगे वैसे ही स्थिर रहती है।
2. स्त्रीबीज निर्माण करने वाले दो बीजांड कोषों में से दोनों में से किसी भी एक कोष से हर माह में एक स्त्रीबीज का निर्माण होता है।
3. एक माह में बाईं ओर से हुआ तो दूसरे माह में दाईं तरफ से होता है। यदि दोनों ही ओर से एक-एक अंडा निर्मित हुआ तो जुड़वाँ बच्चों के जन्म की संभावना होती है।
4. स्त्रीबीज जिस कोष से निर्मित होता है, उस विशेष कोष का आकार निश्चित सीमा तक बढ़ता है और फिर कोष का ऊपरी आवरण अपने-आप ही टूटकर अंडा बाहर निकलता है।
5. जिस नारी की माहवारी आने की कालावधि बराबर 28 से 30 दिनों की है, उसमें स्त्रीबीज निर्माण होने की प्रक्रिया 14वें या 15वें दिन में घटती है।
6. स्त्रीबीज निर्माण होने के बाद चौबीस घंटे तक जीवित रहता है। इस समय या उससे एक दिन पहले भी यदि समागम हुआ हो तो इस काल में गर्भधारण की संभावना सबसे ज्यादा होती है। जो पति-पत्नी गर्भधारण की इच्छा रखते हों, उन्हें चाहिए कि इस काल में समागम करें।
7. जिन स्त्रियों की माहवारी अनियमित है अर्थात् बहुत जल्दी 12 से 21 दिन में आती है या देर से 35-40 दिन के बाद आती है तो उन स्त्रियों में स्त्रीबीज निर्माण होने का काल बदल जाता है। ऐसे समय को विश्वास से कालावधि कह नहीं सकते। ऐसे दंपतियों को संतान नहीं चाहिए तो उन्हें ज्यादा सावधानी बरतनी पड़ती है।

ये सब लक्षण सीधे सोनोग्राफी में निरीक्षण करने के बाद लिखे गए हैं, लेकिन एक गर्भवती महिला को स्वयं भी कुछ लक्षण अनुभूत होते हैं, जिससे स्त्रीबीज निर्माण होने का अनुमान लगाया जा सकता है—

1. कुछ स्त्रियों को गर्भ में थोड़ा-सा भारीपन अनुभूत होता है।
2. कुछ स्त्रियों को गर्भ में बाईं या दाईं ओर 3-4 घंटे अचानक पीड़ा होती है, जो बाद में अपने आप ठीक हो जाती है।
3. हमेशा योनि से जाने वाले सफेद पानी की मात्रा थोड़ी बढ़ती है।
4. **माहवारी का स्राव रुकने के बाद प्रतिदिन सुबह उठने से पहले जिह्वा के नीचे थर्मामीटर रखकर तापमान देखा जाए तो जिस दिन स्त्रीबीज का निर्माण (Ovulation) होता है, उस समय शरीर का तापमान 1 अंश बढ़ा हुआ दिखाई देता है।**

इसके कारण पुरुष और स्त्रीबीज अच्छी श्रेणी का निर्मित होकर गर्भधारण की संभावना बढ़ती है।

गर्भधारण के लिए केवल इन शारीरिक लक्षणों का होना ही पर्याप्त नहीं है, मानसिक भाव भी उतना ही महत्त्व रखते हैं। स्त्री और पुरुष दोनों एक-दूसरे से प्रेम करने वाले, स्नेहपूर्वक और प्रसन्नता से सहवास करने वाले होने चाहिए। जिस समय समागम होने वाला है, तब वे प्रसन्न और उल्लसित हों। मुख्य बात यह है कि मानसिक रूप से शांत हों और किसी तरह का तनाव न हो। इससे दोनों के शरीर के सारे दोष, गर्भोत्पादन के लिए आवश्यक भाव समान स्थिति में रहते हैं और गर्भधारण की प्रक्रिया आसानी से हो सकती है।

यदि गर्भधारण हो गया है, तब अपने आप ही माहवारी नहीं आएगी और यदि माहवारी आई तो इसका अर्थ है, गर्भ नहीं ठहरा। पुनः आठवें दिन से शारीरिक संबंध रखने में कोई समस्या नहीं।

स्त्री की माहवारी आने के बाद सामान्यतः 4 दिन तक शारीरिक संबंध नहीं बनाने चाहिए और यहीं से आगे के 10 से 12 दिन की कालावधि गर्भधारण के लिए सही होती है। इस कालावधि में स्त्रीबीज तैयार होता है। इसलिए स्त्रीबीज निर्माण होने के बाद यदि समागम होगा, तो ही गर्भधारण होगा।

शास्त्रों में ऐसा कहा गया है कि जब केवल गर्भधारण की इच्छा से ही समागम किया जाए, तो वह इस कालावधि में ही करना चाहिए और उसके बाद महीने के बाकी बचे दिनों में ऐसा न करें।

सुश्रुताचार्यजी ने धान की उत्पत्ति और गर्भ की उत्पत्ति में समानता बताई है। वे कहते हैं कि जिस तरह धान के निर्माण के लिए उचित ऋतु, अच्छा खेत, उचित मात्रा में पानी और सबसे महत्त्वपूर्ण अच्छी श्रेणी के बीज की आवश्यकता होती है, उसी तरह गर्भ निर्माण के लिए भी इन सभी की आवश्यकता होती है। 'ऋतु' इसका अर्थ है, माहवारी की उचित कालावधि, जब गर्भधारण हो सकता है। 'क्षेत्र' का अर्थ गर्भाशय, 'अंबु' का अर्थ रसरक्त आदि की उचित आपूर्ति, जिससे गर्भ का पोषण होता है और 'बीज' का अर्थ स्त्री और पुरुष बीज। जब ये सब उत्तम उपाय से मिलेंगे, तब गर्भधारण बिना किसी रुकावट के सहजता से होता है।'

चरकाचार्य कहते हैं—जिस तरह दही में दूध मिलाने के बाद दूध अपना मूल रूप, गुण-धर्म बदलकर दही बनता है, उसी तरह शुक्र का स्त्रीबीज से मिलन होने के बाद शुक्र अपना रंग, रूप बदलकर गर्भरूप में परिवर्तित होता है। यही सूक्ष्म रूप का गर्भ यथाकाल में पूरी देह में परिवर्तित होता है।

- पहले गर्भाधान विधि करने के पीछे भूमिका यही रहती थी। घर में होम-हवन करके वायुमंडल **शुद्ध करवाना, मंत्रोच्चार से शब्दब्रह्म जगाना, स्थान, समय और भावनाओं की शुद्धता विशेष उद्देश्य से करने की परंपरा थी।** इसमें **पिछड़ापन नहीं** था, बल्कि **सुसंस्कारों की भावना एवं वैज्ञानिकता उसमें कार्यरत थी।**
- उसके बाद पुरुष **औषधियों से सिद्ध घृत और दूध का और स्त्री तैल और उड़द** का सेवन करे।

आयुर्वेदिक समागम विधि

नोट : यह सामान्य जानकारी के लिए है। जितना पालन हो सके, उतना करें।

- **पूर्वकर्म :** स्त्री-पुरुष दोनों को स्नेहन स्वेदन करना चाहिए।
- उसके बाद **वमन, विरेचन आदि पंचकर्म** द्वारा शरीर की शुद्धि करके क्रमशः प्राकृतिक अवस्था में आहारादि लेना।
- उसके बाद **आस्थापन और अनुवासन वस्ति प्रयोग** करना।

- **गर्भाधान से 3 दिन पहले ज्यादा तामस भोजन, नकारात्मक स्थान, व्यक्ति, बातें आदि से बचने की सलाह दी जाती थी।**
- **गर्भाधान के दिन सफेद कद्दू का रस दिया जाता था।** (यह प्रकृति का सबसे ज्यादा **पॉजिटिव एनर्जी** से भरा फल माना जाता है।)
- शाम को रमणीय बगीचे की सैर, फिर **सुगंधी स्नान** किया जाता था।
- स्नान के पश्चात **इष्ट देवता, कुलदेवता का स्मरण व प्रार्थना करके उन्हें सुसंस्कारित आत्मा को भेजने हेतु अनुरोध किया जाता था।**
- स्वच्छ, सुंदर, सुगंधित एवं सुशोभित शयनकक्ष में समागम होने से पूर्व आह्वान किए जाने वाले **आत्मा के स्वागत में श्लोक, स्तोत्र पठन किया जाता था** और उसके **बाद ही समागम** होता था।
- शरीर में हर्ष तथा मैथुन की इच्छा हो, तब प्रिय गंध से युक्त सुखकारी शय्या बिछाकर मनोनुकूल हितकारी वार्तालाप करना।
- पुरुष समागम के समय शय्या पर पहले दायाँ पैर रखे।

- स्त्री समागम के समय पहले बाँया पैर रखे।
- **मन, काया, वाणी से तादात्म्य होने पर पति-पत्नी तल्लीन हो जाते थे और सर्वगुणसंपन्न बच्चे को जन्म देते थे।**
- गर्भधारण होने की अपेक्षा से जब समागम होता है, तब सब दोष प्राकृत स्थिति में रहें। इसलिए स्त्री को सीधा सोकर ही शुक्र ग्रहण करना चाहिए।
- स्त्री और पुरुष दोनों ही समागम के समय प्रसन्न होने चाहिए। बिल्कुल खाली पेट अथवा एकदम से भरा पेट नहीं होना चाहिए। मन शांत व आनंदमग्न हो। उद्वेग, शोक, क्रोध, मत्सर (द्वेष) जैसी भावनाएँ मन में नहीं होनी चाहिए।
- उसके बाद समागम के समय मंत्र का पाठ करना।
- **गर्भाधान में मंत्र पाठ—हे गर्भ, तुम सूर्य के समान तेजस्वी, तुम दीर्घायुष्य वाले, सर्व स्थान में प्रतिष्ठा प्राप्त करने वाले, सर्व के पोषक ईश्वर, तुम्हें धारण करे, विधाता तुम्हें धारण करे, रक्षण करे, तुम ब्रह्म समान तेज युक्त बनो। ब्रह्मा, बृहस्पति, विष्णु, सोम, सूर्य, अश्विनीकुमार और वरूण मुझे वीर पुत्र प्रदान करें।**
- यह मंत्रोच्चार करके स्त्री-पुरुष को समागम करना चाहिए।
- मैथुन के बाद **शीतोदक का पान** करना।
- एक बार गर्भाधान के लिए समागम करने के बाद दूसरी बार पुनः ऋतुस्राव के बाद गर्भप्राप्ति के लिए सहवास करना।
- लेकिन गर्भधारण हो गया हो तो गर्भाशय के द्वार में धक्का लगने से गर्भ पतन की संभावना रहती है। **अतः गर्भाधान के उपरांत सहवास पूर्णतः निषिद्ध है। इस नियम का अक्षरशः पालन करना चाहिए।**

उक्त दंपति का यह भी कहना है कि **पति-पत्नी के कर्मों का और नए जीव के कर्मों का कुछ पूर्व संयोग रहता है।** इसलिए **उसी प्रकार की आत्मा पास** आ जाती है। गर्भ की मानसिक अवस्था **संभोग के समय की माता-पिता की मानसिक स्थिति** पर निर्भर करती है। इसीलिए गर्भधारणा सोच-समझकर होनी चाहिए।

कुछ वर्ष पहले तक इस प्रकार की विवेचना को **निरर्थक** माना जाता था। परंतु पिछले 10-15 वर्षों में समाज की मानसिकता बदल रही है। चिकित्सा शास्त्र ही वैज्ञानिक है और बाकी सब व्यर्थ है—ऐसा न सोचते हुए अब शास्त्रों की सार्थक बातों को अपनाया जा रहा है, परंतु हमारे पास उनका पूरा ज्ञान नहीं होता।

अगर उनके आचरण से कोई पीड़ा न होती हो **तो उन शास्त्रों पर पूरी तरह निर्भर न करते हुए उनकी अच्छी बातें आधारस्वरूप लेने में, स्वीकार करने में कोई समस्या नहीं है।** यदि परिणाम **अच्छे हों तो थोड़ा-सा सहिष्णु बनने के लिए आज हर कोई तैयार** दिखता है। यह शुभ संकेत है।

हर कोई चाहता है कि उसका कुल, गाँव, राष्ट्र बलवान हो तो केवल आर्थिक उन्नति से यह प्राप्त नहीं हो सकता। इसके लिए **उत्कृष्ट संतति निर्माण से नई पीढ़ी को दृढ़ करना होगा।** कम-से-कम **माता-पिता बनने के इच्छुक हर पति-पत्नी को मन में यह भावना जाग्रत** करनी होगी कि उन्हें **एक स्वस्थ, मानसिक और आध्यात्मिक दृष्टि से बलशाली बच्चे** को जन्म देना है।

गर्भ की इच्छा से किए जाने वाले समागम में कुछ नियम—

- गर्भवती स्त्री प्रथम दिन से ही आनंदित एवं पवित्र रहे।
- गुरु एवं सज्जनों की सेवा, पूजा के लिए तत्पर रहें, जिनके आशीर्वाद से माता-बालक दोनों का कल्याण होता है।
- श्वेत वस्त्र धारण करने चाहिए, जिससे मानसिक शांति मिलती है।
- जठराग्नि प्रदीप्त करने वाले, हृदय को भाने वाले, स्निग्ध, लघु, मीठे, सात्विक तरल पदार्थ भोजन में लें।
- गर्भवती नियमित उपासना करे, जिसमें 'ॐ' कार पाठ, गायत्री मंत्र, संतानगोपालमंत्रादि पाठ नियमित करने से विशेष लाभ प्राप्त होता है।

- महापुरुषों का जीवन चिंतन, वाचन, श्रवण करें। रामायण, महाभारत, चाणक्य जैसे धारावाहिक या ग्रंथों का पठन करें। दूरदर्शन से योग्य दूरी पर बैठकर ही दूरदर्शन देखें। यदि न देखें तो अति उत्तम।
- पति-पत्नी एकांत में मिलें, तब वासनात्मक मनोभाव न रखें। महान् उद्देश्य की पूर्ति हेतु ईश्वर प्रार्थना एवं चिंतन करें। इसका प्रभाव बालक के मानस पर पड़ता है।
- घर में बुजुर्गों द्वारा आस्तिकता एवं धार्मिकता का वातावरण बना रहे, उसका ध्यान रहे।
- गर्भस्थ शिशु ईश्वर का प्रतिनिधि है, ऐसा मानकर उसके लिए समुचित व्यवस्था बनाएँ एवं स्वागत की तैयारी करें।
- यज्ञीय जीवन भारतीय संस्कृति की महान् उपलब्धि है। जीवन का प्रत्येक क्षण एक आहुति है। जिस प्रकार यज्ञ में पोषक तत्त्व, सात्विक पदार्थ, क्षीर की आहुतियाँ दी जाती हैं, ठीक उसी प्रकार गर्भिणी हमेशा दूध जैसे शुद्ध, क्लेशरहित भावों का संचार करे।
- जिस प्रकार दूध में घी सन्निहित है, उसी प्रकार अपने आचरण, चिंतन, व्यवहार में स्नेह भाव भरा हो। घर में सभी सदस्य परमार्थपरक वातावरण बनाए रखें। गर्भस्थ जीव की अपेक्षा होती है कि उसे विकास के लिए योग्य वातावरण मिले।
- गर्भिणी को चाहिए कि वह अपने कर्तव्य, आहार-विहार, चिंतन आदि का ध्यान रखे। वह उत्तम साहित्य का पठन-मनन करे।
- धैर्यपूर्वक गर्भ को श्रेष्ठ संस्कार देने के प्रयास करें। प्रसन्न रहें, ईर्ष्या, क्रोध, द्वेष आदि विकारों से बचे रहें।
- पति और परिवारजन ध्यान रखें कि गर्भ पर अभाव, कुसंस्कार या विकृतियों की छाया न पड़े।

- गर्भिणी की उचित आकांक्षाएँ पूरी करना चाहिए। उसे कौन-सा भोजन पसंद है, इतना पूछना मात्र पर्याप्त नहीं, परिवारजन उसके साथ शालीन और सौम्य व्यवहार करे। उसकी इच्छाओं-अनिच्छाओं का भी पूरा ध्यान रहे।
- गर्भिणी अधिक परिश्रम न करे। पर्वतीय प्रदेश, उबड़-खाबड़ भूमि में यात्रा न करें।
- रात्रि जागरण न करें। दिन में अधिक न सोएँ। संभव हो तो दिन में बिल्कुल न सोएँ।
- उकड़ू न बैठे। मल-मूत्र-क्षुधा-तृषा, नींद जैसे आवेगों को न रोकें।
- गर्भिणी को चाहिए कि आँखों को अप्रिय लगने वाले पदार्थ, घटना न देखें। अप्रिय वचन, गीत आदि न सुनें। दुर्गंधयुक्त पदार्थ न सूँघें।
- उजड़े हुए घर में निवास न करें। वहाँ गर्भिणी को अकेले न भेजें।
- ऊँचे स्वर में बातें न करें। क्रोध न करें। हिंसा, व्यभिचार, द्वेषयुक्त धारावाहिक, फिल्में न देखे। आँख, कान आदि इंद्रियों को समस्या हो, ऐसा काम न करें।
- सख्त आसन, बिस्तर पर न सोए। अधिक मात्रा में घूमना-फिरना भी नहीं चाहिए।
- मैथुन न करें।
- बासी, रूखा, बहुत ठंडा या बहुत गरम भोज्य पदार्थ ग्रहण न करें।
- भूखी न रहें। उपवास (लंबे) न करें।
- बहुत ज्यादा भी न खायें।
- अतिशय तीखे, खारे, खट्टे, पाचन में भारी, दाहजनक, मसालेदार बाजारु पदार्थ न खाएँ। घर में बनाया हुआ सात्विक आहार ही लें।

इन बातों का ध्यान न रखा जाए तो गर्भिणी स्त्री के शरीर पर दोषों का आघात-प्रत्याघात होता है एवं स्त्री का जो अंग पीड़ा का अनुभव करता है, शिशु का भी वही अंग कष्ट पाता है। भविष्य में शिशु के स्वास्थ्य पर इसका प्रभाव पड़ता है। गर्भिणी स्त्री की इच्छाओं की अवहेलना नहीं करनी चाहिए, अन्यथा बालक दबी हुई इच्छाओं की वृत्ति के साथ जन्म लेगा।

आयुर्वेद में गर्भिणी स्त्री की दिनचर्या, आहार-विहार, योग, संगीत आदि से युक्त विधान द्वारा उत्तम संतान प्राप्त करने की योजना बताई गई है।

शिशु की पदचाप

विवाहित जीवन की बहुत महत्त्वपूर्ण और आनंददायी घटना अर्थात् शिशु की आहट होना। जब माहवारी आनी बंद हो जाए तो उसे पहली सीढ़ी माना जा सकता है। गर्भाशय के अंदर का स्तर, जो हर मास माहवारी में रक्तस्त्राव के द्वारा शरीर से बाहर निकाला जाता है, वही अब शिशु का घर होता है। उस स्तर की मोटाई बढ़ती है और शिशु के लिए जैसे गद्दी तैयार होती है। शिशु कोख में बढ़ने लगता है।

महत्त्वपूर्ण सूचना

प्रस्तुत ग्रंथ में जहाँ भी आहार, औषध या विधि के लिए दूध, घी या तेल के सेवन का उल्लेख है, वहाँ अगर कोई स्पष्ट उल्लेख नहीं किया गया है तो मात्र गाय का ही दूध या घी लेना है और तेल तिल का ही लेना है।

मधु और घी सम प्रमाण कभी भी नहीं लिया जा सकता

जातकर्म सहित विविध संस्कारों में मधु और घी का मिश्रण संस्कारकर्म के प्रमुख द्रव्य के रूप में उपयोग में लेना है। संस्कार-कर्म के रूप में नवजात शिशु को चटाने के लिए और गर्भावस्था में माता के लिए आहार द्रव्य के रूप में उपयोग में लिया जाता है।

मधु और घी अगर सम प्रमाण में मिश्रित किया जाता है तो वह विष में परिणत हो जाता है। ऐसा मिश्रण खाने से शरीर में विष का प्रकोप होता है। कभी-कभी वह प्राणहारक भी बन सकता है।

ऐसा न हो, इसलिए मधु और घी विषम मात्रा में ही मिश्रित कर उसका उपयोग करना चाहिए। **मधु से दुगुना घी या घी से आधा मधु, ऐसी मात्रा में लेकर ही उसे मिश्रित करना चाहिए।**

ऐसा करने से उसका कोई विपरीत प्रभाव न होकर, गुणों में वृद्धि होती है। विविध संस्कार-कर्म के समय घी दो भाग और मधु एक भाग अर्थात् घी से आधा मधु लेकर मिश्रित करने की सामान्य प्रणाली देखी जाती है।

अगर त्रुटि से दोनों समान मात्रा में लिये जाए और शरीर पर उसका विषैला असर दिखे तो ऐसे व्यक्ति को तुरंत अधिक मात्रा में घी ही पिलाना चाहिए। यह उपाय वयस्कों के लिए ही है, नवजात शिशु के लिए नहीं है। **फिर भी आयुर्वेदाचार्य से परामर्श अवश्य लें।**

मात्र जातकर्म संस्कार के समय शिशु को मधु और घी का जो मिश्रण चटाना है, वह सममात्रा में लेना है, विषम मात्रा में नहीं लेना है (यहाँ विषैले प्रभाव का प्रश्न नहीं है) ऐसा शास्त्रों का विधान है। यह बात विशेष रूप से ध्यान में रखें।

श्रेष्ठ समय एवं श्रेष्ठ ऋतु के लिए कुछ टिप्स

1. आयुर्वेद के अनुसार सूर्योदय, संध्याकाल तथा दिन का समय समागम के लिए उचित नहीं। हेमंत और शिशिर ऋतु संतान प्राप्ति के लिए गर्भाधान का उचित समय है।
2. इसके अतिरिक्त अमावस्या, पूर्णिमा, अष्टमी, चतुर्दशी, ग्रहण, अधिक मास, श्राद्ध, संक्रातिकाल (दो तिथियों के बीच का समय), सूर्य का एक राशि में से दूसरी राशि में प्रवेश का समय आदि का समय गर्भाधान के लिए निषिद्ध माना गया है।
3. अष्टमी तथा चतुर्दशी के दिन चंद्रमा का प्रभाव स्त्री पर अधिक पड़ने के कारण रज तथा वीर्य में विषमता आ जाती है। इसके परिणामस्वरूप आने वाली संतान के स्वास्थ्य पर बुरा प्रभाव पड़ता है।
4. एक मत के अनुसार, श्रेष्ठ ऋतु में रात को 9 से 11 अथवा भोर में 4 से 6 बजे के बीच दोनों का स्वस्थ शरीर और मन हो, तब का समय गर्भाधान के लिए अधिक उपयुक्त है।
5. जिस स्त्री का ऋतुदर्शन **26 दिन** पर होता हो, उसके लिए **रजोदर्शनकाल के 5 दिन पश्चात् के 3 दिन छोड़कर** 7 दिवस तक गर्भाधान का श्रेष्ठ समय है। जिस स्त्री को 28 दिन पर मासिक आता है, उसके लिए रजोदर्शनकाल के **5 दिनों बाद के 5 दिन** छोड़कर बाद के **7 दिनों तक गर्भाधान** का श्रेष्ठ समय है। जिस स्त्री को **30 दिन पर** मासिक आता हो, उसके लिए रजोदर्शनकाल के 5 दिन बाद 7 दिन छोड़कर बाद के 7 दिनों तक गर्भाधान का श्रेष्ठ समय है।

4

अथ चतुर्थोऽध्यायः

गर्भावस्था
सौ वर्षों की तैयारी मात्र एक वर्ष में

भारतीय संस्कृति और संस्कार युगों-युगों से मनुष्य जाति को श्रेष्ठ जीवन जीने के लिए मार्गदर्शन देते आ रहे हैं। अब तो पुरातत्वविद, वैज्ञानिक, देश-विदेश के खोजकर्त्ता आदि को भी परिस्थितियों, प्रमाणों, अवशेषों के आधार पर यह स्वीकार करना पड़ रहा है कि भारतीय संस्कृति '**हमारा समयबद्ध भव्य इतिहास है—कोई कपोल-कल्पना नहीं।**' प्रत्येक भारतीय इसका उत्तराधिकारी होने पर गर्व अनुभव करता है। पिछले कुछ दशकों का कालखंड मानसिक दासता तथा देश-विदेश के षड्यंत्रों के फलस्वरूप ऐसा रहा, जिसमें हमारी संस्कृति को कष्ट पहुँचाने के साथ-साथ उसकी भव्यता को भी नष्ट करने का प्रयास किया गया।

वर्तमान में उसी दिव्य-भव्य-संस्कृति-संस्कार-संस्कारिता की शक्ति नवपल्लवित हो रही है, जिसका एक अंग है, '**गर्भविद्या**'। यह लोकोपयोगी, समाजोपयोगी, राष्ट्रोपयोगी, विश्वोपयोगी, जीवनोपयोगी विद्या है, जो श्रेष्ठ शरीर, मन, बुद्धि और आत्मा से परिपूर्ण संतानों की प्राप्ति का चिंतन, मनन और विशद मार्गदर्शन देती है, जिसके माध्यम से हम परम कृपालु परमात्मा के आशीर्वाद से मेधावी मनुष्य

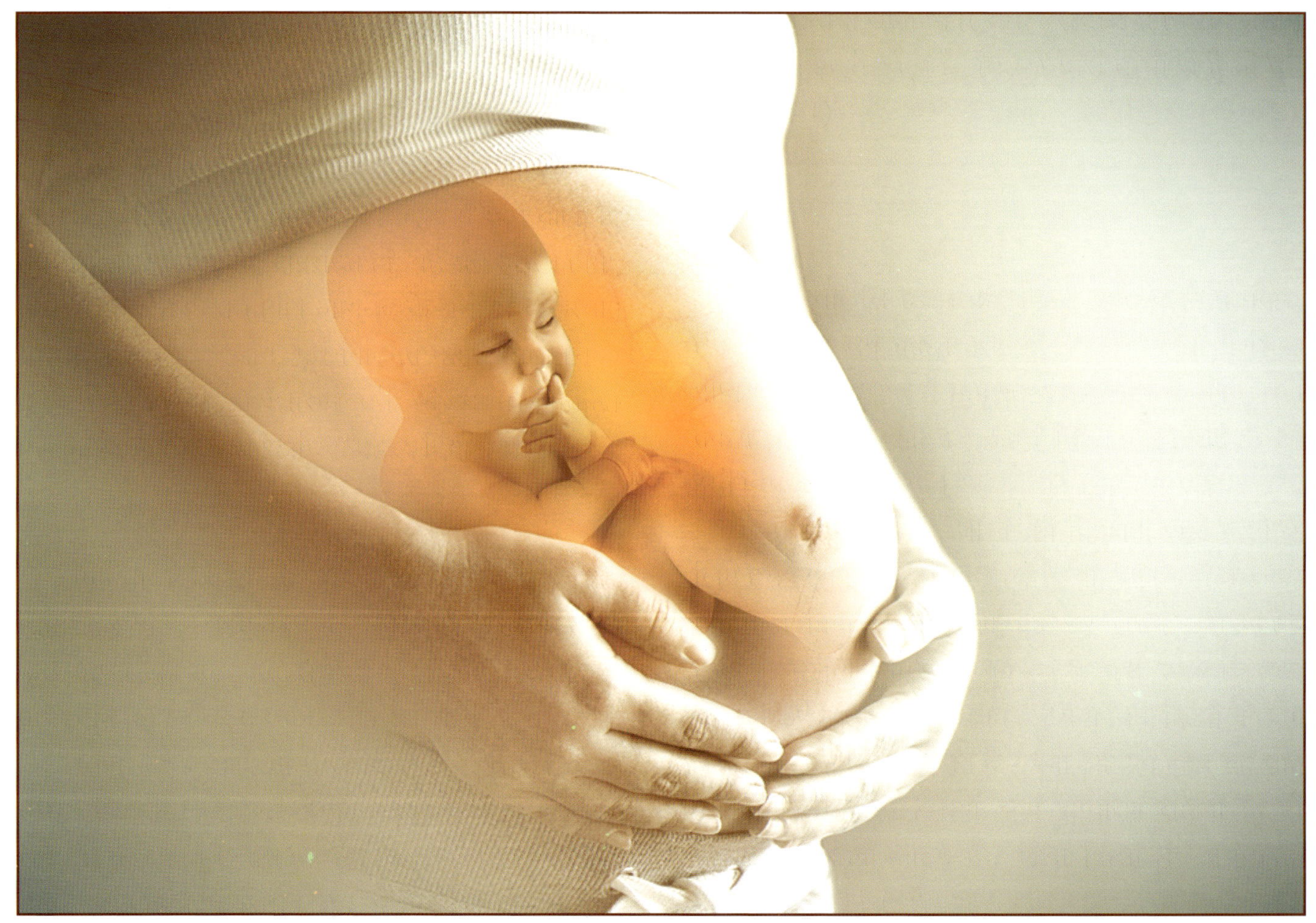

शक्ति का सृजन कर सकें। भारतीय संस्कृति और मानव जाति का यह पुनरूत्थान एक वर्ष की प्रयत्नशीलता से किया जा सकता है।

जन्म के बाद बच्चे को 100 वर्ष तक श्रेष्ठ माता-पिता, श्रेष्ठ परिवारों, अच्छा वातावरण-उत्कृष्ट अध्यापकों, उत्तम कोटि के विद्यालयों-विश्वविद्यालयों, श्रेष्ठ धर्मग्रंथों-शास्त्रों अथवा उच्च स्तरीय व्याख्यानों आदि के मध्य रखने की अपेक्षा यदि हम 3 माह गर्भपूर्व तथा 9 माह गर्भावस्था में

उसमें गर्भ विद्या एवं गर्भ-संस्कारों का बीजारोपण करें तो वह अधिक अच्छा परिणाम लाती है। यह अकाट्य परम सत्य भी है। **आप घर पर एक प्रयोग करें। जब वृक्ष छोटा हो, तब उसकी छाल पर राम-कृष्ण या रावण-कंस अंकित करें। जैसे-जैसे वह वृक्ष बड़ा होगा, वैसे-वैसे वह नाम भी बड़ा होता जाएगा। इस प्रकार बचपन की छाप कभी नहीं मिटती।** यदि आप अपनी संतानों को 100 वर्ष तक सुखी, सफल और सार्थक देखना चाहते हैं तो गर्भावस्था का 1 वर्ष पूरी तरह से उनमें निवेश करें। बबूल के पेड़ पर आम की कलम लगाकर हम सरलता से आम का फल ले सकते हैं। यह भाग्य पर मनुष्य की, माँ की और हमारे पुरुषार्थ की विजय है। इसलिए सबकुछ भाग्य के भरोसे नहीं छोड़ना चाहिए।

गर्भ की स्थापना-एक जटिल प्रक्रिया

हमने देखा कि केवल स्त्रीबीज और पुरुषबीज का मिलन हुआ अर्थात् गर्भधारण हुआ, यह अवधारणा आयुर्वेद को स्वीकार नहीं। जब तक शरीर, इंद्रियाँ, मन और आत्मा ये सब एक नहीं होते, तब तक उसे जीवन की संज्ञा नहीं मिल सकती। फिर गर्भ की स्थापना होने के लिए ऐसे कौन-कौन से भाव होते हैं और गर्भ की स्थापना कैसे होती है? यह समझाते हुए आचार्यों ने संहिता ग्रंथों में जो कहा है, आइए हम उसे सरल भाषा में समझाते हैं।

गर्भ की उत्पत्ति के लिए आवश्यक भाव—

- **दोषरहित शुक्र**—पितृज (पिता की ओर से आने वाले) भाव।
- **दोषरहित आर्तव (स्त्रीबीज)**—योनि, गर्भाशय, मातृज (माता की ओर से आने वाले) भाव।
- **आत्मज**—आत्मा और मन का संयुक्त प्रवेश होने पर आने वाले भाव।
- **सत्वज**—आत्मा और मन का संयुक्त प्रवेश होने पर आने वाले भाव।
- **सात्म्यज**—गर्भधारण होने के बाद माता जो शिशु के लिए हितकर होने वाला आहार लेती है, उससे निर्मित होने वाले भाव।
- **रसज**—गर्भ की वृद्धि के लिए आवश्यक आहार का सेवन करने से शरीर में निर्माण होने वाले भाव।

इसमें समझ लेने वाली महत्त्वपूर्ण बात यह है कि यह सब छह भाव उचित प्रकार से, उचित समय पर संयुक्त होने से ही गर्भधारण हो सकता है, अन्यथा नहीं।

अगर केवल माता-पिता ही गर्भ का कारण माने गए तो सही नहीं, क्योंकि हर दंपति संतान प्राप्ति की कामना मन में रखकर समागम करते हैं, लेकिन सबको ही संतान का सुख

प्राप्त नहीं होता। अगर यही दोनों कारण होते तो संसार में कोई भी दंपति संतानहीन नहीं होते। केवल आत्मा भी गर्भ की स्थापना का कारण नहीं बन सकती, क्योंकि आत्मा निर्विकार है। एक आत्मा से दूसरी आत्मा की स्थापना नहीं हो सकती। निराकार आत्मा से साकार अथवा रूप संपन्न गर्भ की उत्पत्ति नहीं हो सकती।

केवल सात्म्यज (एकरूप या प्रकृति के अनुकूल) आहार के सेवन से भी गर्भ की स्थापना नहीं हो सकती, क्योंकि केवल हितकर, पोषक, सर्वसमावेशक, षड्स आहार सेवन करने वालों को ही संतान प्राप्ति हुई है, ऐसा नहीं दिखाई देता। हमेशा बासी खाना खाने वाली, पोषण के अनुसार से परिपूर्ण आहार न लेने वाली नारियों को भी संतान होती है, इसलिए यह भी सही नहीं।

गर्भ केवल रसज हो, यह भी संभव नहीं, क्योंकि जग में ऐसा कोई भी नहीं, जिसके शरीर में रस धातु निर्माण नहीं होता। आहार में से विभिन्न तरह के रसों का सेवन स्वयं ही होता है। इसलिए जग में कोई निस्संतान नहीं रहेगा, लेकिन कम श्रेणी के अथवा उत्तम श्रेणी के रसों का सेवन करने वाले, दोनों ही तरह के लोग, संतानयुक्त अथवा संतानहीन दिखते हैं।

गर्भ की स्थापना के लिए केवल मन भी कारण नहीं हो सकता क्योंकि मन का प्रवेश कोई परलोक से नहीं होता। पूर्वजन्म की कोई स्मृति भी बलवान है, ऐसा देखने को नहीं मिलता। इसलिए ऊपर दिया हुआ कोई भी एक भाव गर्भ स्थापना का कारण नहीं हो सकता।

जब इन सब भावों का अर्थ आत्मा, मन, स्त्री और पुरुष बीज, सात्म्य और रस, इनका उचित काल में, उचित समय पर मिलन होता है, तब गर्भ की स्थापना होती है। इसलिए भाष्य करते हुए ग्रंथों में **रथ की स्थापना का उदाहरण** दिया गया है। जिस प्रकार रथ तैयार करने के लिए भिन्न वस्तुओं का संग्रह करना पड़ता है और उचित प्रकार से सारे हिस्से जोड़ने के बाद रथ का निर्माण होता है, उसी तरह गर्भ स्थापना की प्रक्रिया को भी माना जा सकता है।

जिस समय गर्भ की स्थापना होती है, उस समय उसके शरीर में छह अंशों के अनुसार, भिन्न-भिन्न भावों की अथवा शरीर के अंशों की स्थापना होती है। यह आयुर्वेद का एक महत्त्वपूर्ण सिद्धांत है और इसे समझना बहुत आवश्यक है। इसे समझे बिना आप बाँझपन अथवा संतान न होने के कारणों को पूर्णत: नहीं समझ सकते।

समागम का उद्देश्य

मनुष्य को मात्र दैहिक आकर्षण के वश में ही नहीं होना चाहिए। वैसा स्वच्छंद विहार तो पशु भी करते हैं। कामवृत्ति को विवाह के माध्यम से नियंत्रित करना, संस्कृति का प्रथम चरण है।

श्रेष्ठ मानव के निर्माण हेतु विवाह व्यवस्था मूल आधार है। **श्रेष्ठ दांपत्य जीवन इसी मूल में से प्रकट होता वृक्ष है तथा श्रेष्ठ संतान उस वृक्ष का फल है।**

एक दंपति विवाह होने के लंबे समय बाद तक संतान सुख से वंचित था। जाँच की गई, परंतु उनकी सारी रिपोर्ट्स नॉर्मल थीं। चिकित्सक को भी समझ में नहीं आता था कि ऐसा क्यों हो रहा है ? अधिक पूछताछ करने पर पता चला कि पत्नी किसी पूर्वग्रह से ग्रस्त थी, जिसके कारण वह समागम को गंदी प्रक्रिया मानती थी।

डॉक्टर ने उसे समझाया कि ईश्वर द्वारा रची गई सृष्टि का यही क्रम है। गंदी चीज तो व्यभिचार है। इसके पश्चात् उस महिला के मन से पूर्वग्रह दूर हुआ और उसे श्रेष्ठ संतान की प्राप्ति हुई।

श्रीमद्भगवद्गीता में भगवान् कृष्ण अपनी विभूतियों का परिचय देते हुए 10वें अध्याय विभूति योग में कहते हैं कि मैं शास्त्रोक्त रीति से संतान की उत्पत्ति के हेतु कामदेव हूँ—

आयुधानामहं वज्र, धेनूनामस्मि कामधुक्।
प्रजनश्चास्मि कन्दर्पः, सर्पाणामस्मि वासुकिः ॥

—10.28

इस तरह सनातन भारतीय संस्कृति में धर्म, अर्थ, काम एवं मोक्ष में से 'काम' में निहित पवित्रता, ईश्वरीय शक्ति और ऊर्जा को सृष्टि एवं जीवन निर्माण माना गया है। **जब भी कोई व्यक्ति अपने जीवन साथी के पास जाएँ तो मंदिर या पवित्र स्थल में जाने जैसी पवित्रता का भाव रखें।**

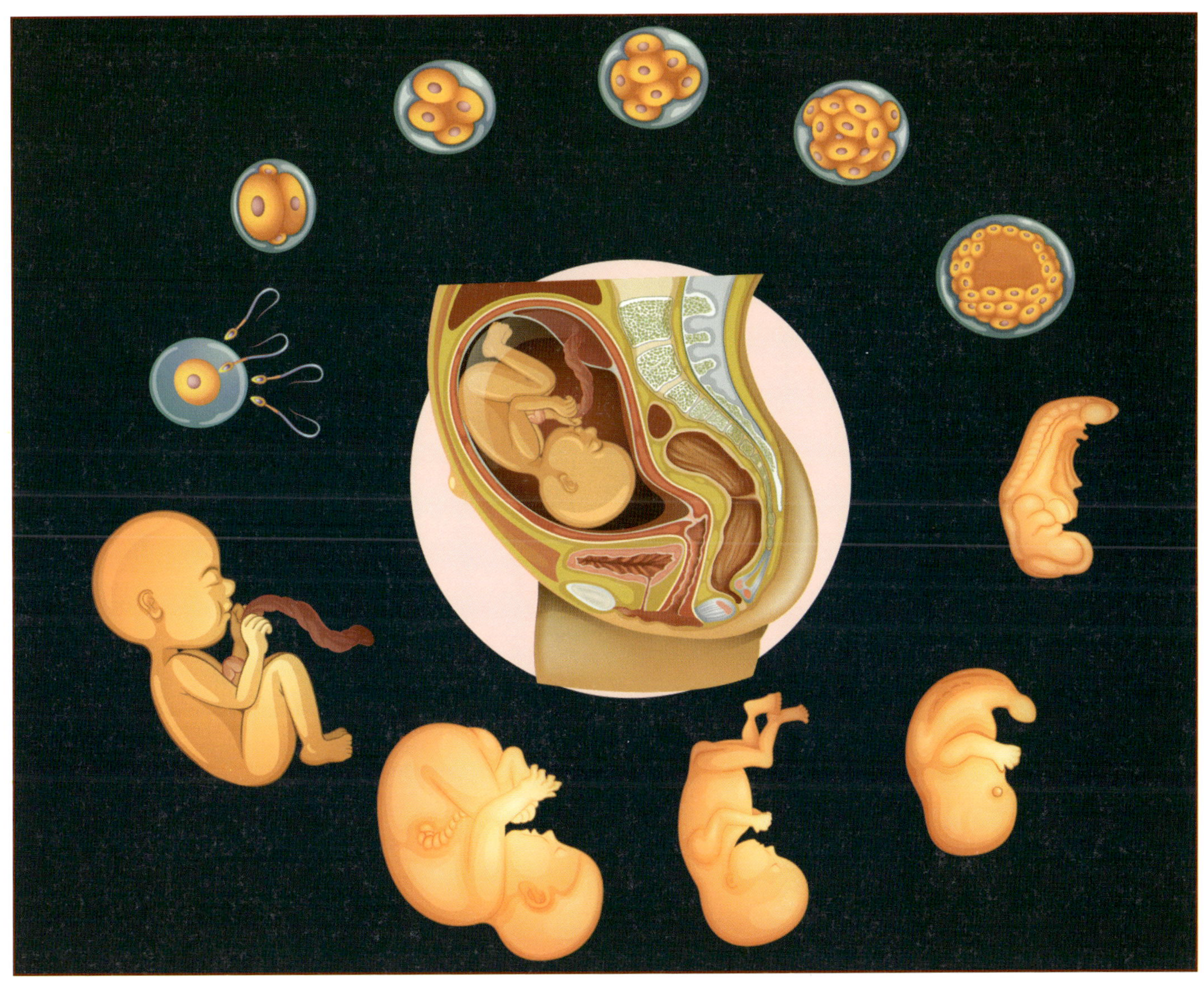

इससे दिव्य आत्मीयता की अनुभूति होगी तथा श्रेष्ठ संतान की प्राप्ति भी होगी। इसी के विपरीत, यदि मस्ती एवं मनोरंजन के रूप में काम को स्वीकार करेंगे तो उसमें निहित पवित्रता नष्ट हो जाती है और ऐसा पाप तो असंयम एवं व्यभिचार भी है।

एक छोटी-सी भूल—20 लाख निम्न कोटि की संतानें

एक शोध का निष्कर्ष है कि गर्भ-संस्कार से अनभिज्ञ माता-पिता की परंपरा में यदि निरंतर संतानोत्पत्ति करते हैं तो 500 वर्ष के पश्चात् उस परंपरा में लगभग 20 लाख निम्न कोटि की संतानें उत्पन्न होती हैं जिनका दोष 500 वर्ष पूर्व के माता-पिता पर भी आता है।

- क्या आपने इस बात पर गहराई से विचार किया?
- कहीं आप भी इस परंपरा के भागीदार तो नहीं?
- अपने क्षणिक आनंद (9 माह) के लिए आप संसार पर भार तो नहीं?
- क्या आपकी निम्न कोटि की प्रजा से परिवार और संसार सुखी रहेंगे?
- क्या आपकी संतान स्वयं सुखी रहेगी?

बच्चा बार-बार क्रोधित होता है, हठ करता है, रोता है, बात नहीं मानता आदि-आदि। ऐसा होने पर माता-पिता

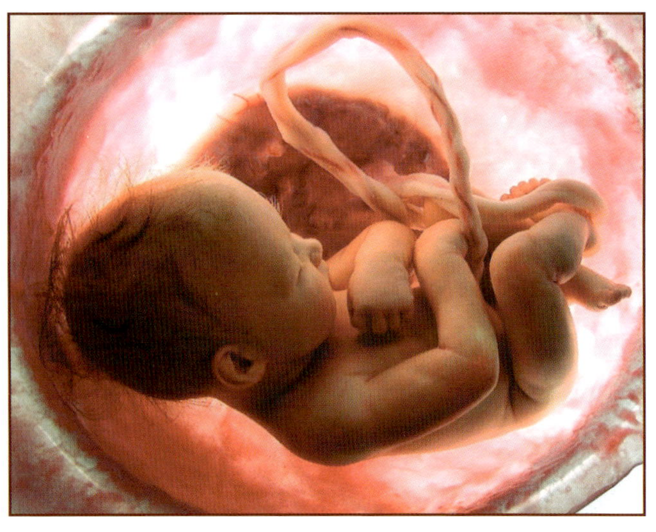

बच्चे को दोषी ठहराते रहते हैं। किंतु क्या आपने स्वयं पर विचार किया कि गर्भाधान पूर्व व गर्भाधान के समय आपका स्वभाव, संस्कार, व्यवहार, सजगता कैसी थी? क्या उस समय जैसी आपके काम और व्यवसाय के प्रति रुचि व सजगता थी, वैसी रुचि और सजगता अपने बच्चों के विकास के लिए रखी? क्या हम अपना दायित्व स्वीकार करते हैं?

उत्तम संतान प्राप्त करने के लिए उत्तम श्रेणी के दोषरहित शुक्र (पुरुषबीज) और शोणित (स्त्रीबीज) की आवश्यकता होती है। उसके साथ नौ मास गर्भ गर्भाशय में रहने वाला है, तब गर्भाशय भी विकृति, दोषरहित हो, यह सब अच्छा होगा, तभी 'सुप्रजा' निर्मित होगी। आयुर्वेद के ग्रंथों में अकस्मात् गर्भधारण होने की बजाय, पूर्व निश्चित करके, सारा चिंतन करने के बाद में **'गर्भधारण की योजना (Planned Pregnancy)'** करने को अधिक महत्त्व दिया गया है।

यदि निर्बल संतान महापाप, तो पापी कौन?

एक बार **ऋषि वशिष्ठ** अपनी पत्नी **अरुंधती** के साथ विहार कर रहे थे। वहाँ अरुंधती ने एक सुंदर सरोवर में खिले कुछ पुष्पों को तोड़कर सरोवर के किनारे रख दिया, तत्पश्चात् वह सरोवर में स्नान करने चली गईं।

स्नान करके आईं, तो देखा कि फूल लुप्त थे। इधर-उधर दृष्टि दौड़ाकर देखा तो आते-जाते कोई दिखा नहीं। जब अरुंधती को विश्वास हो गया कि पुष्प चुराए गए हैं तो उन्होंने शाप दिया कि जिसने पुष्प चुराएँ हों, उसे **उतना पाप लगे, जो माता को व्यभिचार करने पर लगता है और निर्बल संतान को जन्म देने से लगता है।**

अब आप स्वयं विचार कीजिए। **हमारे पूर्वजों ने 'निर्बल संतान उत्पन्न करना' एक पाप माना है।** जबकि हमारी सोच यह है कि संतान निर्बल हो अथवा स्वस्थ और तेजस्वी, सबकुछ भाग्य के अधीन है। उसमें माता-पिता का क्या दोष? परंतु ऐसा नहीं है, यदि निर्बल संतान केवल भाग्य का खेल होता, तो उसे पाप में क्यों गिना गया है?

इसका रहस्य यह है कि ऋषियों को ज्ञान था कि माता-पिता यदि उचित सावधानी रखें, **16 संस्कारों का अनुसरण करें, समागम से लेकर प्रसूति तक यदि सभी नियमों का पालन करें, तो निर्बल संतान के जन्म का कोई प्रश्न ही नहीं।** यह ज्ञान प्राचीनकाल के लोगों को अच्छी तरह पता था। यही कारण था कि विवाह संस्कार के समय वर-कन्या को यह कहानी सुनाकर **'अरुंधतीतारा'** का दर्शन कराया जाता था। **(यदि दुर्संयोग से निर्बल संतान है तो वह ईश्वरीय देन है, किंतु हमारी कमी से है तो वह महापाप है।)**

क्या हम माता-पिता की भूमिका निभाने के योग्य हैं?

तीस-चालीस हजार की नौकरी प्राप्त करने के लिए, हमने 20-25 वर्ष तक विद्यालयों-महाविद्यालयों में शिक्षा प्राप्त की। अपने क्षेत्र में निपुणता प्राप्त करने के लिए, वर्षों तक हमने निरंतर कठिन पुरुषार्थ किया। दिन-रात केवल इसी विषय में सोचते रहे। अब थोड़ा विचार करिए...

कुछ पैसों के लिए, थोड़ी-सी निपुणता प्राप्त करने के लिए हमने इतना **कठिन पुरुषार्थ** किया, परंतु सही मायने में एक माता-पिता बनने के लिए, एक नए जीवन के सृजन हेतु हमने कितनी शिक्षा प्राप्त की? **हमें गर्भ संस्कार तथा बाल-विकास** का कितना ज्ञान है? क्या बिना किसी योग्यता के माता-पिता बनना उचित है? क्या आपका हृदय यह बात स्वीकार नहीं करता? क्या आप साधारण संतानों के ही माता-पिता बनना चाहते हैं? बिना किसी पूर्व तैयारी के पालना बाँधना उचित है क्या?

मनुष्य क्यों नहीं सोचता ?

मनुष्य को जो चाहिए, उसे वह प्राप्त करता है। कोई मनुष्य धोती, घड़ी, बाइक, कार या फिर एक सुई खरीदने से पूर्व भी उसके बारे में विचार करता है और निश्चिंत होने के बाद ही उसे क्रय करता है—

परंतु जीवन के आगामी 60-70 वर्षों की तैयारी में वह अंधा बन जाता है। उसे जहाँ अच्छा लगता है, वहीं विवाह कर लेता है। **आवेश के वश में होकर पशुओं की भाँति वासना की तृप्ति करता है** और इस अज्ञानतापूर्ण प्रवृत्ति से किस प्रकार के बच्चे जन्म लेंगे, इसका वह विचार ही नहीं करता।

सोचें, चूक किसकी है ?

आटा, गुड़, तेल, मसाला आदि गुणवत्ता वाले हों, फिर भी **भोजन स्वादिष्ट न हो** तो उसमें भूल किसकी है ? वस्तु की अथवा भोजन पकानेवाले की ?

रंग, कैनवास, ब्रश आदि सबकुछ अच्छे हों, फिर भी **चित्र सुंदर और आकर्षक** न बना, तो उसमें चूक किसकी हैं ? **रंगों की अथवा चित्रकार** की ?

बस, इसी आधार पर कहा जा सकता है कि संतान भी यदि अच्छी न हो, तो उसका उत्तरदायित्व मुख्यत: माता-पिता का ही कहा जाएगा।

निम्न स्तर की संतान के लिए भगवान् अथवा भाग्य को दोष देना मूर्खता और अज्ञान है। इन **कठोर शब्दों** को पढ़कर घबराइए नहीं, यही सत्य है, परंतु इन कठोर शब्दों द्वारा जिसकी **प्रेरणा** दी जा रही है, वह गर्भ संस्कार **अत्यंत ही सरल और सहज** है। सभी माता-पिता (इनमें किसी धर्म, मजहब, रिलीजन, पंथ, जाति और शिक्षा का भेद नहीं) इसे सीख सकते हैं। प्रस्तुत पुस्तक इस रहस्य को सिखलाने के लिए **वेद-वाणी** के समान है।

दुर्बल नींव पर भव्य महल नहीं खड़ा किया जा सकता

इस संसार में सभी मनुष्य दुर्बल, **कुसंस्कारी तथा मूर्ख** हैं, यहाँ यह कहने का तात्पर्य बिलकुल ही नहीं, लेकिन प्रश्न यह उठता है कि आज के युग में **पराक्रमी, शूरवीर, बुद्धिमान** तथा संस्कारी मनुष्यों की संख्या इतनी कम क्यों है ? इसका कारण है, **गर्भ संस्कार के ज्ञान से अज्ञानता।**

गर्भ में अथवा उसके पूर्व ही, शारीरिक-मानसिक शक्ति, **सद्‌गुण अथवा दुर्गुण** का जो बीज बो दिया गया, उसके बाद किसी **व्यायामशाला, विद्यालय, विश्वविद्यालय** आदि में प्रवेश करके अथवा **प्रभावशाली प्रवचनों** का आयोजन करके बालक को महान् बनाने का प्रयत्न किया गया, तो आप ही सोचें कि इससे क्या लाभ होगा? यह तो वही बात हुई कि **जीर्ण-शीर्ण हो चुकी, दुर्बल नींव पर** भव्य इमारत खड़ी करने का प्रयत्न किया जा रहा है।

निकृष्ट संतान क्यों जन्म लेती है?

कौशल्या के यहाँ राम तथा **कैकसी** के यहाँ रावण का जन्म हो, इसके पीछे भी कोई कारण है। **प्रकृति इतनी अंधी तो है नहीं, प्रकृति का एक निश्चित नियम है।** जिस प्रकार से **कड़वी लौकी अथवा ककड़ी** होने के पीछे भी कारण है, उसी प्रकार से उत्कृष्ट अथवा निकृष्ट संतान होने के पीछे भी कारण है और वह कारण है, गर्भ संस्कार का ज्ञान या अज्ञान।

जाने-अनजाने में महापुरुषों के माता-पिता गर्भ संस्कार के ज्ञान को जानते थे और उसे जीवन में उतारते रहे थे। कारण बिना कोई कार्य संभव ही नहीं, यही **सनातन सत्य** है।

अमेरिका में **कपास और इजरायल की खेती** उत्तम किस्म की होती है, तो क्या वहीं पर अच्छी जमीन है? वहीं पर **सूर्य और पानी** है? नहीं···वैसा तो यहाँ पर भी है, परंतु भिन्नता है, तो किसान में अज्ञानी किसान सब-कुछ होते हुए भी इच्छित फसल नहीं ले सकता। यही बात संतान प्राप्ति के विषय में भी लागू होती है।

1. **'प्रार्थना के फलस्वरूप जन्मा हुआ बच्चा, परमात्मा की अनुपम भेट है। वह बड़ा होकर राम और कृष्ण जैसा बनता है।** उसके पीछे **प्रार्थना की** शक्ति छिपी रहती है।'
2. 'आप भले ही सैकड़ों विद्यालयों में अध्ययन कर लें, लाखों पुस्तकें पढ़ लें, विश्व के सभी विद्वानों से संपर्क रखें, परंतु आप यदि उचित संस्कार के साथ जन्म लेते हैं, तो आगे वर्णित किए गए मुद्‌दों की अपेक्षा आपका स्तर ऊँचा ही होगा। हिंदू शास्त्रों में कहा गया है **कि जन्म के पूर्व देने योग्य संस्कारों पर ध्यान दीजिए।'**
3. 'जो बच्चे लापरवाही और उपेक्षा से इस संसार में जन्म लेते हैं, उनसे हम कैसी आशा रख सकते हैं? आपके बच्चे यदि बिना प्रार्थना के आ जाते हों, तो वे मानव-जाति के लिए एक अभिशाप हैं।'

—स्वामी विवेकानंद

4. 'एक बालक को जन्म देना अर्थात् ईश्वर की मूर्ति का निर्माण करना।'

—पूज्य साने गुरुजी

5. 'माता चाहे जो खाए-पीए, जहाँ चाहे वहाँ घूमे-फिरे, फिल्म-सीरियल आदि जो चाहे सो देखे, बाद में उसके विचार कैसे अच्छे हो सकते हैं? और उसके घर अच्छी संतान का जन्म कैसे हो सकता है? सुधार बीज में होता है, वृक्ष में नहीं'।
6. 'संतान के गढ़न में जो भूमिका माता निभा सकती है, वैसी कोई नहीं निभा सकता। आहार-विहार तथा विचार में यदि संयम हो, तभी श्रेष्ठ संतान का जन्म होगा।'

—पूज्य प्रमुख स्वामी महाराज

यह थी अपनी परंपरा

शिशु के जन्म के पश्चात् जब तक माता बच्चे को स्तनपान कराना नियमित रखती है, तब तक दंपति विषयभोगों से दूर रहते थे और प्रथम संतान के जन्म के बाद चार वर्ष तक दोनों पक्ष संयम का पालन करते थे। इससे दो संतानों के बीच सामान्यत: पाँच वर्ष का अंतर अपने आप सुनिश्चित हो जाता था। यह आज परिवार नियोजन के माध्यम से बहुत प्रचार-प्रसार करके भी बड़ी कठिनता से लागू हो पा रहा है, जबकि भारतीय परंपरा में यह सामान्य था।

मानव मस्तिष्क का विकास क्रम

गर्भावस्था को इतना अधिक महत्त्व क्यों दिया जाता है? इसका उत्तर पाने के लिए आपको मूल तक जाना पड़ेगा। उसके पहले निम्नलिखित आँकड़ों के आधार पर मानव मस्तिष्क के स्थूल से विकास क्रम को समझिए—

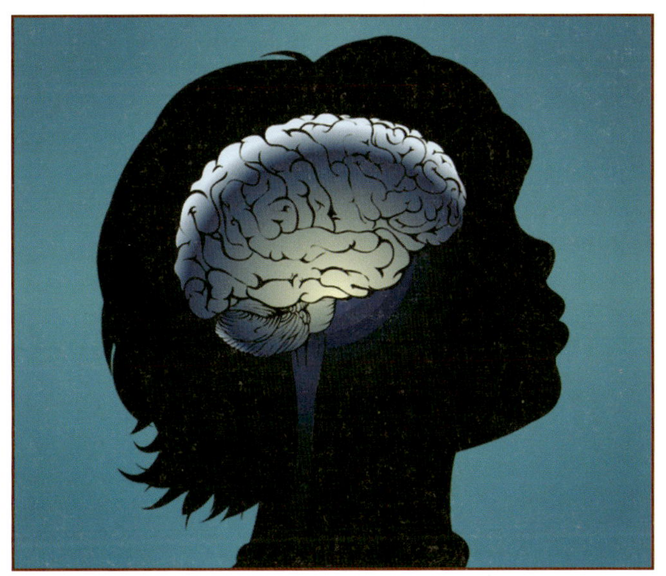

गर्भावस्था के दौरान : 80% विकास
प्रथम 2.5 से 5 वर्ष में : 10% विकास
शेष समग्र जीवन तक : 10% विकास

इस पर गंभीरतापूर्वक सोचिए''

- मस्तिष्क ही मनुष्य की उन्नति का प्रथम आधार है। गर्भावस्था के समय मस्तिष्क का विकास (कोषों का निर्माण) 80% हो जाता है। इन कोषों-कनेक्शनों के सृजन के समय उनको जितनी भी शिक्षा मिले, वह सीधे फलदायी बनती है।
- वैज्ञानिकों का कहना है कि **गर्भ में एक मिनट में 2.5 लाख न्यूरोंस का निर्माण होता है।** अत: इस अवस्था के समय जितनी ही सावधानी, रखी जाए, उतना ही संतान का विकास होता है और जितनी असावधानी, उतना विनाश।
- **स्वामी विवेकानंद** ने कहा था कि ''हमारा भूतकाल शक्तिशाली पुरुषों का था, परंतु भविष्य आध्यात्मिक नारियों का होगा''।
- **(www.childhealth-explanation.com** (लेख— Brain Growth)

प्राचीन शास्त्रों में गर्भ धारण से 6 माह पूर्व बीज शुद्धि, श्रेष्ठ समय, श्रेष्ठ मनोदशा एवं भाव तथा अच्छे उद्देश्यों आदि को ध्यान में रखकर गर्भाधान की प्रक्रिया आरंभ करने के निर्देश है। प्राचीन आयुर्वेदिक ग्रंथों में भी यह प्रमाण मिलते है कि वैदिक महर्षि-मुनि, सात्विक राजा-महाराजा, शास्त्रों का अनुसरण करने वाले सभी लोग गर्भ संस्कार की पूरी प्रक्रिया का पालन करते थे। इसके फलस्वरूप ऋषिकुल, गुरुकुल, राजघरानों, समाज व राष्ट्र आदि में प्राय: श्रेष्ठ, बलवान, दीर्घायु, सुंदर, स्वस्थ माता-पिता को संतुष्टि प्रदान करने वाली, समाज के लिए हितकारी, राष्ट्र के लिए चिंतन करने वाली, विश्व का नेतृत्व करने वाली आदि गुणों से युक्त संतान का जन्म होता है। इसलिए लगभग सभी शास्त्रों में यह उल्लेख है कि श्रेष्ठ संतान की प्राप्ति हेतु उचित ऋतु एवं उचित समय की प्रतीक्षा करनी चाहिए।

तथाकथित आधुनिक युग में इन बातों को कोई महत्त्व नहीं देता तथा पति-पत्नी के मध्य संयम का अभाव है। इसलिए निम्न स्तर की संतान जन्म ले रही हैं। एक ही कुल में गर्भ संस्कार के नियमों का पालन करने एवं न करने से क्या परिणाम होता है, इसका उदाहरण शास्त्रों में है।

श्रेष्ठ संतान के लिए श्रेष्ठ समय आवश्यक

कश्यप ऋषि की अदिति और दिति नाम की दो पत्नियाँ थीं। अदिति की वृत्ति आध्यात्मिक तथा धर्मपरायण थीं, जबकि दिति भोग-विलासी प्रकृति की थीं। एक संध्या को दिति पूर्ण श्रृंगार के साथ सज-धजकर कश्यप ऋषि के पास आईं और कामसुख की इच्छा प्रकट की। कश्यप ऋषि ने उनकी कामवासना को देखकर समझाना चाहा। उन्होंने कहा, 'यह समय उचित नहीं है। संध्याकाल में सूर्य और चंद्रमा दोनों का प्रकाश क्षीण हो जाता है। सूर्य, आत्मा एवं जीवन-तत्व का कारक है तथा चंद्रमा मन का कारक है। इस प्रकार संध्याकाल में मन तथा जीवन-तत्व, दोनों क्षीण हो जाते हैं। ऐसे समय में समागम नहीं करना चाहिए।'

इतना समझाने के बाद भी दिति पर कोई प्रभाव नहीं पड़ा, जिसका भयानक परिणाम यह हुआ कि दिति के गर्भ से हिरण्याक्ष तथा हिरण्यकशिपु नामक दो असुरों का जन्म हुआ। इसके विपरीत, अदिति के गर्भ से देवों का जन्म हुआ। असुर अथवा राक्षस की कोई जाति नहीं होती। यह तो व्यक्ति के गुण होते हैं।

'श्रीमद्‌भगवत्‌गीता' में छब्बीस दैवीय गुण (दैवीय प्रवृत्ति के लक्षण) बताए गए हैं—

अभयं सत्वसंशुद्धिर्ज्ञानयोगव्यवस्थितिः।
दानं दमश्च यज्ञश्च स्वाध्यायस्तप आर्जवम्॥ 16.1॥
अहिंसा सत्यमक्रोधस्त्यागः शान्तिरपैशुनम्।
दया भूतेष्वलोलुप्त्वं मार्दवं ह्रीरचापलम्॥ 16.2॥
तेजः क्षमा धृतिः शौचमद्रोहो नातिमानिता।
भवन्ति सम्पदं दैवीमभिजातस्य भारत॥ 16.3॥

व्याख्या : श्रीभगवान् कहते हैं—निडरता (भय मुक्त), शुद्ध सात्विक वृत्ति, ज्ञान और योग में दृढ़भाव अथवा आस्था, दान, दम (इंद्रियों का निग्रह), यज्ञ, स्वाध्याय, तप, सरलता, अहिंसा, सत्य, अक्रोध (क्रोध शून्यता), अहंकार का त्याग, शांति, अपैशुन अर्थात् चुगली न करना, सभी प्राणियों पर दयाभाव, लालच न करना, कोमलता, लज्जा (बुरे कार्यों के प्रति), चंचलता का अभाव, तेजस्विता, क्षमाशीलता, धैर्य, शुद्धता का भाव अथवा पवित्रता, विद्रोह अथवा विश्वासघात न करना, अभिमान अर्थात् घमंड न करना—हे भारत! (अर्जुन) ये सभी गुण दैवीय- संपदा (संपत्ति अथवा पूँजी) के साथ पैदा हुए पुरुषों में पाए जाते हैं अर्थात् ये सभी गुण दैवीय प्रवृत्ति के पुरुषों में पाए जाते हैं।

इसी तरह आसुरी संपदा के गुण निम्नांकित हैं—1. दंभ, 2. दर्प (घमंड), 3. अभिमान, 4. क्रोध, 5. निष्ठुरता या कड़ाई और, 6. अज्ञान—यह छह दुर्गुण आसुरी संपदा के हैं। इस तरह दैवी संपत्ति के उलटे लक्षण सब आसुरी संपत्ति के हैं।

श्रेष्ठ संतान के लिए श्रेष्ठ मनोदशा भी है आवश्यक

'श्रीमद्‌भगवद्‌गीता' में सात्विक विचारों का अत्यधिक महत्त्व बताया गया है अर्थात् पति व पत्नी के हृदय में जब

श्रेष्ठ मनोदशा, शुद्ध प्रेम और सात्विकता हो, तो देखिए कि दो आत्माओं के मिलन पर कैसा चमत्कार होगा !

माँ नौ माह में जितना माँ आनंदमय जीवन व्यतीत करेगी तो आने वाले शिशु का सौ वर्षों का जीवन आनंदमय हो जाएगा। कई बार स्त्री अपने आस-पास या परिवार के लोगों के लिए जाने-अनजाने में नकारात्मक भाव उत्पन्न करती है तो आने वाले शिशु के जीवन में अपने आप्तजन के लिए वहीं नकारात्मकता एवं दूरियाँ आ जाती हैं। इसलिए प्रेम, आदर, सहयोग आदि का भाव ही गर्भदात्री स्त्री के मन-हृदय में होना चाहिए।

प्रसंग-1

रामायण में कहा गया है कि रावण का जन्म ब्राह्मण कुल में हुआ। उनके पिता ऋषि विश्वश्रवा और माता कैकसी थी। दादा श्री महर्षि पुलत्स्य थे। किंतु दूसरी पत्नी होने के कारण कैकसी के मन में ईर्ष्या, द्वेष एवं हीन प्रवृत्ति के विचार थे। आरंभ में पहले और दूसरे गर्भाधान के दौरान माता के इन राक्षसी विचारों के परिणामस्वरूप ही रावण और कुंभकरण का जन्म हुआ। तीसरी बार विश्वश्रवा महर्षि ने अपनी तपश्चर्या की शक्ति जाग्रत् की तथा इसी तप तथा मनोबल से विभीषण जैसी संस्कारी, तपस्वी और न्यायप्रिय संतान का जन्म हुआ।

प्रसंग-2 : बालक ध्रुव के भक्ति के अनुपम संस्कार

कई युगों पहले महाराज **स्वयम्भु मनु** हुए थे। उन्हें उनकी **पत्नी महारानी शतरूपा** से दो पुत्र हुए—**प्रियव्रत तथा उत्तानपाद।** महाराज उत्तानपाद की **सुरुचि एवं सुनीति नामक दो पत्नियाँ** थीं। उनमें से महारानी **सुरुचि के पुत्र का नाम उत्तम** एवं **सुनीति के पुत्र का नाम ध्रुव** था।

एक दिन राजा उत्तानपाद महारानी सुरुचि के पुत्र कुमार उत्तम को अपनी **गोद में बैठाकर प्रेम प्रकट** कर रहे थे, तभी कुमार **ध्रुव ने भी अपने पिता से उनकी गोद में बैठने की इच्छा प्रकट की।** इस पर महारानी सुरुचि ने **ईर्ष्यापूर्वक** ध्रुव को डाँटते हुए कहा, '**तुम राजा उत्तानपाद के पुत्र होते हुए भी राजसिंहासन पर बैठने के अधिकारी नहीं हो, क्योंकि तुम मेरी कोख से उत्पन्न नहीं हुए हो। अतः यदि तुम्हें राज्य की इच्छा है** तो तुम्हें **भगवान् नारायण** की

उपासना करके उनसे प्राप्त **वर के द्वारा मेरे गर्भ से जन्म** लेना पड़ेगा।'

अपनी **विमाता के दुर्वचनों** को सुनकर कुमार ध्रुव रोते हुए अपनी माता के पास गए एवं उनसे लिपटकर उन्हें सारी बातें कह सुनाईं। तब सुनीति ने कहा, 'वत्स ! महारानी सुरुचि ने उचित ही कहा है कि यदि तुम राजसिंहासन पर बैठना चाहते हो तो द्वेषभावना का त्याग कर **भगवान् नारायण की आराधना** करो।'

बेटा ! तुम्हारे **पितामह एवं प्रपितामह (महाराज मनु तथा श्री ब्रह्माजी)** ने भगवान् नारायण की आराधना से ही **श्रेष्ठ पद** प्राप्त किया है। अतः तुम्हें भी उन्हीं **श्रीहरि का आश्रय** ग्रहण करना चाहिए। उन्हीं का आश्रय लेने से तुम्हारी सभी इच्छाएँ पूर्ण होंगी।' माता सुनीति के **यथार्थ एवं हितकारी** वचनों को सुनकर **ध्रुवजी तपस्या** हेतु नगर से बाहर निकल पड़े।

इधर देवर्षि **नारदजी** ध्रुव के पास जाकर उनकी **परीक्षा लेने हेतु बोले, 'वत्स!** तुम्हारी आयु अभी तपस्या करने लायक नहीं है। अतः वृद्ध होने पर **परमार्थ की सिद्धि के लिए तप करना।** मनुष्य को सुख-दुःख जो भी प्राप्त हो, उसे विधाता का त्रिधान समझकर उसी में संतुष्ट रहना चाहिए।

ऐसा करने पर वह इस मोहग्रस्त संसार से सुखपूर्वक पार हो जाता है।' यह सुनकर ध्रुव बोले, 'भगवन्! आपने सुख-दु:ख से विगलित लोगों के लिए एक बहुत अच्छा उपाय कहा है, किंतु मैं क्षत्रिय हूँ। अत: किसी से कुछ माँगना मेरा स्वभाव नहीं है। मेरी विमाता ने मेरे हृदय को अपने कटु वचन से विदीर्ण कर दिया है। अब मैं उस पद को पाना चाहता हूँ, जो त्रैलोक्य में सबसे श्रेष्ठ है।'

देवर्षि नारदजी ने प्रसन्न होकर उन्हें '**ॐ नमो भगवते वासुदेवाय**' यह **द्वादशाक्षर**—मंत्र प्रदान किया। सदुपदेश ध्रुव ने परम **पवित्र तपस्थली मधुवन** में पहुँचकर **यमुना** में स्नान किया एवं एकाग्रचित हो श्रीमन्नारायण की उपासना प्रारंभ की। कुछ ही मास में उन्होंने नारायण को प्रसन्न कर लिया। उसके फलस्वरूप उन्होंने **छत्तीस हजार वर्षों तक धर्मपूर्वक पृथ्वी का पालन** करके **सदेह ही** भगवान् नारायण के परमधाम को प्राप्त कर लिया।

माता-पिता से केवल शरीर ही प्राप्त नहीं होता, मन भी प्राप्त होता है और संस्कार भी प्राप्त होते हैं। जैसा आचार-विचार, प्रवृत्ति-अभ्यास, आस्था तथा आदतें माता-पिता की होती हैं, प्राय: वैसा ही स्वभाव और आदतें संतान में भी देखी जाती हैं। उसे 'आनुवंशिक-संस्कार' कहा जाता है। योद्धा का बेटा योद्धा हो सकता है, **भजनानंदी** माँ-बाप के संस्कार उनकी संतान पर वैसे ही होते हैं। **हिरण्यकशिपु-प्रह्लाद** जैसे विपरीत उदाहरण भी देखे जाते हैं, परंतु प्रह्लाद को भक्ति के संस्कार माता **कयाधू** से और कयाधू को नारद से मिले। इस प्रकार संस्कारों का एक और महत्त्वपूर्ण स्त्रोत हमारे समक्ष माँ के रूप में स्पष्ट हो जाता है।

जब शिशु माँ के गर्भ में आता है, तभी से माँ अपने सत्संकल्पों से शिशु के संस्कारों की रचना करने लग जाती है।

मनोवैज्ञानिकों का सामाजिक समायोजन माँ के इस संकल्प के आगे **कुछ बौना-सा प्रतीत** होता है। इस कारण भी कि मनौवैज्ञानिक जीव का मौलिक स्वरूप उसकी **प्रवृत्तियों में देखते हैं।** प्रवृत्ति को **प्राणी** का मूलरूप बतलाते हैं, जबकि **भारत की मेधा और समाधि सूक्ष्म अनुभूति** कहती है कि जीवात्मा **शुद्ध-बुद्ध चैतन्य है। जो दोष हैं, वे तो मायाजन्य है, जिसे वह सच मान रहा है।**

प्रसंग-3 : रानी मदालसा से सीखें गर्भ संस्कार का अद्‌भुत रहस्य

इस तथ्य को हम इस पौराणिक कथा के माध्यम से अधिक स्पष्ट रूप में समझ सकते हैं। काशी के महाराज **कुवलयाश्व/ऋतुध्वज का जब विवाह** हुआ तो उनकी पत्नी **मदालसा** ने एक शर्त रख दी कि मैं जो भी करूँ, आप मुझे टोकना मत। राजा ने शर्त मान ली। कालांतर में महारानी को बेटा हुआ। रानी का पुत्र रो रहा था, तब उसे चुप कराने के लिए माँ लोरी गा रही है, ''रे तात, तू रो रहा है। पुत्र! कौन-सा

अभाव है, दैन्य प्रकट कर रहा है, दु:ख मान रहा है ? तू सपने को सच समझ रहा है। जिसे तू जागना समझता है, वह तो मोह की निद्रा है। मोह की नींद से जागेगा तो तू अपने को पहचान लेगा कि **तू तो पूर्ण है, तू तो शुद्ध-बुद्ध है, तू निरंजन है, निर्विकार है। तू माया से भिन्न है, मायिक नहीं है। तू पंच तत्वों से निर्मित देह नहीं है, यह नाम तो काल्पनिक है।** इसलिए हे वत्स! चुप रह और इन बातों पर विचार कर।''

लोरी गा-गा करके ही माँ ने संस्कार दे दिए। यही भाव उसके गर्भावस्था में भी संचित थे। **संस्कार क्या है ? माँ का संकल्प है,** जिसे वह बालक के **अंतर्मन में प्रतिष्ठित करती है।** बालक के संस्कार बन गए। जब वह बड़ा हुआ तो आत्मतत्व का साक्षात्कार पाने के लिए राजमहल छोड़कर चल दिया। मदालसा का दूसरा बेटा हुआ, फिर तीसरा बेटा हुआ। माता मदालसा की लोरियों और संस्कारों के बल पर दूसरा और तीसरा पुत्र भी वन में चले गए।

मदालसा ने तीनों पुत्रों को आत्म साक्षात्कार का संस्कार दिया। महाराज कुवलयाश्व विचलित हो गए, चौथे पुत्र के समय हाथ जोड़कर महारानी के सामने खड़े हो गए, ''**कल्याणी!** मुझे तुम्हारी शर्त याद है। परंतु प्रिय! मुझे अपने राज्य की चिंता सता रही है। यदि चौथा पुत्र भी विरक्त हो गया, तब इसका क्या होगा ?'' मदालसा ने पति की चिंता समझी और मंद-मंद हँस दी। माँ ने गर्भावस्था में भाव बदले। चौथे पुत्र के लिए लोरी गाती, ''वत्स क्यों रोता है संसार में जो कुछ है, तेरा ही तो है, तू राजा है, इस सबका स्वामी है। तुझे क्या कमी है ?' मदालसा लोरी गाती— 'वत्स! रोना नहीं, राज्य करते हुए **सुहृदों को प्रसन्न रखना, साधुओं की रक्षा करना, यज्ञों का संपादन करना,** दुष्टों का दमन करना तथा **गो-ब्राह्मणों की रक्षा** के लिए **प्राणों और उत्सर्ग करने** की आवश्यकता हो तो प्राणों का भी मोह मत करना।''

प्रत्येक माँ के अपने बालक के संबंध में कुछ संकल्प होते हैं, इसमें कोई संदेह नहीं कि माँ के इन संकल्पों के द्वारा गर्भस्थ शिशु बनते हैं। **प्रह्लाद का भक्ति-संस्कार माँ के गर्भ में हुआ था एवं अभिमन्यु का शौर्य-संस्कार भी माँ के गर्भ में हुआ था। कंस के भय से सतायी हुई माँ देवकी ने अपने गर्भ में 'परित्राणाय साधूनां विनाशाय च दूष्कृताम्' के संकल्प को देखा था।**

सत्य है, माता यदि निश्चय कर ले, तो वह इच्छानुरूप संतान उत्पन्न कर सकती है।

एक पुरानी उक्ति कही जाती है, जिसमें बताया गया है कि **आयु, कर्म, धन, विद्या और मृत्यु**—यह **पाँच चीजें गर्भ में** ही रच जाती हैं।

इस विचार से गर्भ में रचे गए संस्कारों को **जीवन का निर्णायक** माना गया है। गर्भिणी माँ का **संकल्प इतना महिमामय** है।

पुराणों में ऐसे अनेक उदाहरण हैं, जिनसे प्रमाणित होता है कि माँ संस्कार के रूप में जीवन की **आधारशिला को प्रतिष्ठित** करती है। **ध्रुव की माँ सुनीति** ने छोटे से बालक को कितना **प्रबल संस्कार** दिया था। **जीजा बाई** का नाम इतिहास में इसीलिए प्रसिद्ध है कि उसने छत्रपति शिवाजी में ऐसे **संस्कार** रचे थे।

प्रसंग-4 : स्विट्जरलैंड में एक शोध का निष्कर्ष

बेजोला नामक एक शोधकर्ता ने सन् 1900 में शराबी, मूर्ख एवं दुष्ट लोगों पर शोध किया, क्योंकि स्विटजरलैंड के उस गाँव के अधिकांश व्यक्ति ऐसे ही थे। शोध में यह निष्कर्ष निकला कि स्विस कार्निवल और विंटर उत्सव के समय गर्भाधान होने के कारण ही ऐसी संतानों ने जन्म लिया।

माता-पिता मदिरा के नशे में चूर होकर गर्भाधान करें तो बालक स्वस्थ और बुद्धिमान कैसे जन्म ले सकते हैं ? समागम के समय युगल की मनोदशा का प्रभाव संतानों के स्वभाव पर निश्चित पड़ता है।

प्रसंग-5 : माता की तनावयुक्त मन:स्थिति का गर्भ पर प्रभाव

हम जानते हैं और स्वीकार भी करते हैं कि गर्भिणी स्त्री की मन:स्थिति का गर्भ पर प्रभाव पड़ता है। यह परीक्षणों द्वारा भी सिद्ध हो चुका है। ऐसे अनेक परीक्षण और उनके अनेक प्रमाण हैं।

कैलिफोर्निया यूनिवर्सिटी के **पथिक वधवा** नामक शोधकर्ता ने 156 गर्भिणी स्त्रियों पर यह परीक्षण किया। उन्होंने सर्वप्रथम गर्भिणियों को एक प्रश्नावली दी। उस

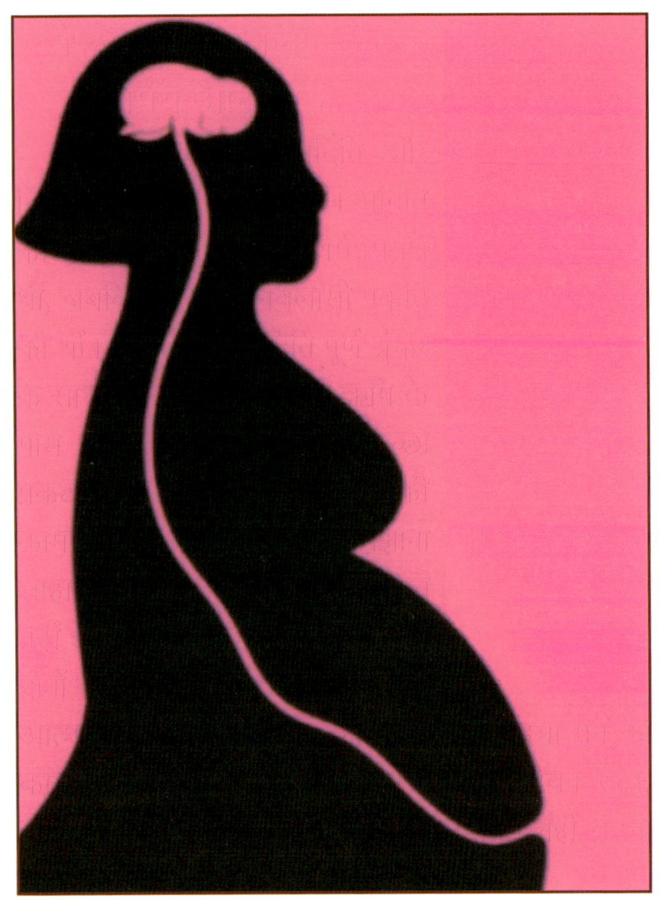

प्रश्नावली से जाँचा गया कि इन स्त्रियों को तनाव है, या नहीं, और यदि है तो कितना है ? इसके साथ ही उन्होंने इन स्त्रियों के रक्त के नमूने लिये। उनमें उन्होंने तनाव दर्शाने वाले हार्मोस की जाँच की। जिनके रक्त में हार्मोस का जिस प्रकार का अनुपात उपस्थित था, वही अनुपात प्रश्नावलियों के उत्तरों में भी दिखता था। दोनों बराबर मेल खा रहे थे। उन उत्तरों में उनकी भावात्मक चिंता स्पष्ट दिखाई देती थी। इन स्त्रियों के दो विभाग किए गए। एक विभाग तनावयुक्त स्त्रियों का था और दूसरा विभाग तनावमुक्त स्त्रियों का था।

जो स्त्री तनावयुक्त थीं, उनके तनाव का कारण यह था कि उन्हें बच्चा नहीं चाहिए था। साथ ही उन्हें परिवारजन की ओर से किसी प्रकार का स्नेह या सहयोग नहीं मिलता था। जो स्त्रियाँ बच्चा चाहती थीं और जिन्हें परिवार की ओर से स्नेह और सुरक्षा मिलती थी, वे सभी स्त्रियाँ तनावमुक्त थीं।

उसके बाद शोधकर्ता ने गर्भ में स्थित बालक पर हल्के से आघात किया। जो स्त्रियाँ तनावग्रस्त थीं, उनके गर्भ के हृदय की धड़कन बहुत बढ़ गई और उन्हें फिर से स्वाभाविक स्थिति में आने में बहुत देर लगी। जो स्त्रियाँ तनावमुक्त थीं, उनके गर्भ के हृदय की धड़कन तो बढ़ गई, किंतु कुछ ही क्षणों में वे पूर्ववत् हो गईं।

इस परिणाम से यह सिद्ध होता है कि गर्भावस्था के समय माता की मानसिक स्थिति का गर्भ पर भी प्रभाव पड़ता है। जन्म होने के बाद भी यह स्वभाव ऐसा ही रहता है।

इसलिए परिवार में सबको इसका विशेष ध्यान रखना चाहिए कि गर्भिणी की मन:स्थिति अच्छी रहे।

श्रेष्ठ मनोदशा के लिए टिप्स

1. संसार में प्रत्येक व्यक्ति में कुछ-न-कुछ अच्छाई एवं बुराई दोनों होती हैं। अत: गर्भवती इस तरह से प्रशिक्षित हो जाए कि उसका दृष्टिकोण हमेशा प्रत्येक व्यक्ति में अच्छाई देखे और बुराई को अनदेखा कर दे। इस प्रकार भावी जीवन में शिशु का दृष्टिकोण सकारात्मक होता है।
2. गर्भाधान की प्रक्रिया के समय सदा महान् एवं उच्च चरित्रवान व्यक्तियों को अपनी दृष्टि में रखें तथा उन्हीं में अपनी दृष्टि, मनोवृत्ति एवं भावों को स्थिर कर दें।
3. ईश्वर से निरंतर प्रार्थना करें, 'हे प्रभु! मेरे गर्भ में **दिव्यातिदिव्य देवदुर्लभ श्रेष्ठ आत्मा** के अवतरण का संयोग उत्पन्न करें, जिससे वह श्रेष्ठ संतान इस संसार का कल्याण कर सके।'
4. गर्भाधान पूर्व ही तथा समागम के समय श्रेष्ठ संतान का चिंतन करते रहें, क्योंकि **आकाश में अनंत आत्माएँ जन्म लेने को उत्सुक रहती हैं किंतु माता-पिता के विचारों, मनोदशा एवं भाव के अनुरूप ही आत्मा गर्भ में प्रवेश करती है।** यह सच है कि माता-पिता की मनोदशा की मनोदशा ही बालक के भाग्य का निर्धारण करती है।'

दृष्टिकोण में परिवर्तन कैसे करें

अपने घर के व्यक्तियों से शुरुआत करें। स्त्री अपने **ससुराल एवं मायके** के लोगों से यह शुरुआत कर सकती

है। सर्वप्रथम आँखे बंद करें और अपने पति को **मन ही मन याद** करें। उनकी **पाँच बातें** जो आपको अच्छी लगती हैं **उनको कहें।** आप मन-ही-मन अपने पति की प्रशंसा कर रही हो, पर ध्यान रखना। यह पति आपके **गर्भस्थ शिशु का पिता** है। शिशु के मन में इस समय **पिता के प्रति आदर सम्मान का संस्कार** होने के साथ-साथ उनके **5 अच्छे गुणों का संस्कार** भी हो जाता है। इसी तरह दूसरे दिन **अपनी सास** के साथ यानी शिशु की **दादी** के साथ यही क्रिया करें। ध्यान रखें इसके लिए उनका सामने उपस्थित होना आवश्यक नहीं है। यह क्रिया आप केवल अपने मन-ही-मन उनको सम्मुख याद करके कर रही हैं **जैसे आप प्रत्यक्ष ही बात कर रही हों** ऐसे ही ससुराल एवं मायके के प्रत्येक व्यक्ति पर यही प्रयोग करें। जैसे आपने घर के कुल 10 लोगों पर यह प्रयोग किया तो उनके **50 अच्छे गुणों का संस्कार** आपने शिशु पर कर दिया एवं साथ-साथ उनमें एवं शिशु में आपने निकटता भी बना दी एवं स्नेह भर दिया। घर के व्यक्तियों के बाद परिजनों, पड़ोस व संत-ऋषि, देवी-देवताओं पर भी निरंतर प्रयोग करें।'

वाणी नियंत्रण व क्षमा संस्कार

वाणी का नियंत्रण भी एक **उत्तम संस्कार** है और उत्तम संस्कारों को जन्म देता है। इसीलिए **वाक् संयम को तप की संज्ञा** दी गई है। अत: संस्कार संपन्न होने के लिए इन गुणों को आत्मसात् करना चाहिए। प्रत्येक व्यक्ति, देश, काल एवं परिस्थिति में अपनी वाणी पर सकारात्मकता रखनी चाहिए। अपने परिवारजन, रिश्तेदारों के प्रति केवल प्रेम, आदर एवं सम्मान प्रकट होना चाहिए। इससे गर्भस्थ शिशु भी यही शिक्षा पा लेता है।

ऐसे ही क्षमा भी विशाल हृदय की एक उदात्त वृत्ति है, यह साधुता का प्रधान लक्षण है। ईर्ष्या, द्वेष, शत्रुत्व, क्रोध इन भावनाओं से मुक्त होने के लिए, इनसे जुड़े व्यक्तियों तथा स्थितियों को क्षमा कर दें। क्षमा कर देने से हमारे कई शारीरिक, मानसिक व सामाजिक कष्ट दूर हो जाते हैं। जनमानस से हमें केवल स्नेह व सम्मान की प्राप्ति भी होने लगती है। **उत्कर्ष व सुख के मार्ग** खुल जाते हैं और गर्भावस्था में इन्हीं स्वभाव गुणों का गर्भस्थ शिशु पर संस्कार हो जाता है। अत: उसका भावी जीवन सुखकर हो जाता है।

अर्द्धचेतन मन का चमत्कार

मन 24 घंटे अर्थात् दिन-रात कार्यरत रहता है। मानव जीवन में जाग्रत मन की भूमिका 10 प्रतिशत तथा **अर्द्धचेतन मन (सबकॉन्सीयस माइंड)** की भूमिका 90% होती है।

यदि बार-बार **श्रेष्ठ विचार मन में लाएँ,** तो समग्र शरीर पर उसका आश्चर्यजनक प्रभाव पड़ता है। **पूर्ण मनोवेग, तीव्र इच्छा और तन्मयता से यदि स्त्री बार-बार स्पष्ट रूप से सोचे कि उसे कैसी संतान चाहिए?** वह तन, मन, बुद्धि, हृदय तथा आत्मा से ऐसी ही हो, तो यह विचार निश्चित रूप से वास्तविकता बनता है। यदि अर्द्धचेतन मन को व्यवस्थित शिक्षा दी जाए, तो गुण सूत्र की रचना में भी परिवर्तन **(जीन-री राइटिंग/जिनेटिक म्युटेशन)** किया जा सकता है। इस चमत्कार को आधुनिक विज्ञान पूर्णत: स्वीकार करता है।

1. इस गर्भ क्रांति के अध्ययन के बाद आप एक माता के रूप में प्रतिदिन 2 घंटे का समय देंगी न ?
2. पिता के रूप में अपने गर्भस्थ बच्चे की देखभाल हेतु प्रतिदिन 20 मिनट का समय तो आप देंगे न ?
3. अभी निवेश किया जाने वाला समय अगले 100 वर्ष तक की (Return) शांति लाएगा। निर्णय आपके हाथ में है। इसमें त्रुटि न करना।

5

अथ पञ्चमोऽध्यायः

संतान माता-पिता का चयन करती है...

जीव मृत्यु के समय स्थूल देह त्याग देता है, परंतु सूक्ष्म शरीर को साथ लेकर जाता है। जन्म-जन्मांतर के संस्कारों का संचय सूक्ष्म शरीर में होने के कारण जीव इन संस्कारों को जन्मों की परंपरा में साथ लेकर घूमता है। नया जन्म लेते समय अपने संस्कारों के अनुरूप क्षेत्र जीव को मिलता है अथवा जीव उसे प्राप्त करता है। इस प्रकार संस्कारों के संचय द्वारा जीव के नए जन्म के माता-पिता निश्चित हो जाते हैं। जीव विशेष माता-पिता प्राप्त करने के लिए, विशेष प्रकार के संस्कारों का संचय करने के लिए स्वतंत्र होता है। इस प्रकार संतान ही अपने माता-पिता का चयन पूर्व के जन्म में ही निर्धारित कर देती है। जिस माता-पिता को श्रेष्ठ/उत्तम संतान की अपेक्षा है, उन्हें ऐसी संतान को जन्म देने की योग्यता प्राप्त करनी ही पड़ती है। इस विषय में बहुत ही विस्तार से सरल शब्दों में जानकारी दी गई है।

जब हम जीवन की बात करते हैं तो पुरुषार्थ की चर्चा करने पर भी अनेक बातों पर मनुष्य का वश नहीं होता। कहते हैं कि कोई बालक यह तय नहीं कर सकता कि वह कैसे माता-पिता के घर जन्म लेगा ?

प्रथम दृष्टि में यह बात ठीक लगती है, तर्कपूर्ण लगती है। कैसे कपड़े या खिलौने पसंद करें ? यह तो बालक के बस की बात है। क्या पढ़ना ? यह तो अपने आप निश्चित कर सकते हैं। कैसा जीवनसाथी पसंद करें ? यह भी स्वयं निश्चित कर सकते हैं। बच्चे चाहिए या नहीं चाहिए, कब चाहिए और कब नहीं चाहिए, यह भी निश्चित कर सकते हैं। कितने बच्चे चाहिए ? इसका भी निर्णय हो सकता है, परंतु कहाँ जन्म लेना, यह किसी के हाथ की बात नहीं है। माता-पिता का जन्म तो पहले हो चुका है और वे बालक को जन्म देने वाले हैं। अपने भी जन्म पूर्व की यह घटना अपने नियंत्रण में कैसे हो सकती है ?

इसलिए माता-पिता तो जैसे हैं, वैसे ही स्वीकार करने ही पड़ेंगे। कोई क्या कर सकता है ?

परंतु अपने शास्त्र, अपनी परंपरा और अपने इतिहास में प्राप्त उदाहरण बहुत ही स्पष्ट रूप से समझाते हैं कि माता-पिता प्राप्त होना केवल योगानुयोग नहीं है। उसके लिए केवल परिस्थिति उत्तरदायी नहीं है। जन्म लेने वाला बालक ही तय कर सकता है कि उसे कैसे माता-पिता के घर में जन्म लेना है। हमने इसी घटना परंपरा को सरलता से समझाने का प्रयास किया है।

जन्म-जन्मांतर और पुनर्जन्म

भारतीय जीवनदर्शन, जिसे हिंदू जीवनदर्शन कहते हैं, उसमें जन्म-जन्मांतर का सिद्धांत स्वीकार किया गया है। हम अन्य धर्म अथवा अन्य जीवनदर्शनों के साथ तुलना न करें, किंतु इतना तो स्वीकार करके चलें कि **जगत में ऐसे भी रिलिजन, मजहब, पंथ आदि (क्योंकि धर्म की परिभाषा में केवल सनातन हिंदू धर्म ही आता है। जैन, बौद्ध, सिख आदि भी सनातन के अभिन्न अंग हैं।) हैं; जो जन्म-जन्मांतर के सिद्धांत को मानते नहीं हैं।** वे मानते हैं कि मनुष्य का जीवन उसके वर्तमान जन्म के साथ पूर्ण हो जाता है, उसका पुनर्जन्म नहीं होता। सर्व सामान्य हिंदू जनता को कल्पना भी नहीं आती कि जगत् में ऐसा भी कोई सोचता होगा। **हिंदुओं के रक्त में तो पूर्वजन्म और पुनर्जन्म की बात घुली हुई है। इसलिए वे समग्र जीवन की रचना इसी सिद्धांत को स्वीकार करके ही करते हैं।** बात-बात में सामान्य हिंदू बोलता है…

पूर्वजन्म में पाँचों अँगुलियों से देवपूजन किया होगा, सो ऐसे पति मिले...

पूर्वजन्म के पुण्य का उदय हुआ, इसलिए उसका जन्म ऐसे माता-पिता के घर हुआ...

पिछले जन्म में किए हुए पापों का फल इस जन्म में भोग रहा हूँ...आदि... आदि...

एक के बाद एक जन्म होते ही रहते हैं। जन्म-मृत्यु का चक्र चलता ही रहता है। उसका अंत तो अनेक प्रकार की तपस्या से ही होता है। इस अंत होने को ही मोक्ष कहते हैं।

ऐसे अनेक जन्मों में भी जीवन एक ही रहता है, अखंड रहता है। अनेक जन्मों में व्यक्ति को शरीर तो भिन्न-भिन्न ही मिलते हैं। कभी मनुष्य का, तो कभी अन्य प्राणी का। इसके भी अनेक उदाहरण शास्त्र-ग्रंथों में भी मिलते हैं और लोकबोली में भी मिलते हैं।

उदाहरणार्थ **जड़भरत मुनि का पुनर्जन्म मृग के रूप में हुआ था। बलराम पूर्वजन्म में शेषनाग थे। ऐसे तो अनेक उदाहरण पुराणों में मिलते हैं। लोकव्यवहार में हम सुनते हैं—**

'इतना आलसी बनकर पड़ा रहेगा तो अगले जन्म में अजगर बनेगा…।'

'खाने का इतना लालची है, तो पूर्वजन्म में कुत्ता था क्या…?'

मानव के अथवा प्राणी के अनेक योनियों में एक के बाद एक जन्म होते ही रहते हैं। यह सभी जन्म जिसके होते हैं, वह जीव तो एक ही होता है। इसलिए जीवन भी निरंतर एक ही रहता है। **इस एक मूल सिद्धांत को स्वीकार करने के साथ अपने यहाँ पाप-पुण्य, स्वर्ग-नरक, बंधन-मोक्ष आदि का वर्णन किया गया है।** हम इस बारे में चर्चा करने के बजाय केवल यही स्वीकार करके आगे बढ़ेंगे कि पूर्वजन्म और पुनर्जन्म का सिद्धांत कार्य करता है।

कर्मफल और पुनर्जन्म

पुनर्जन्म कौन-सा होगा, कहाँ होगा, कैसा होगा, कितना आयुष्य होगा, यह सब किस आधार पर निश्चित होता है? क्या ये सभी अलग-अलग जन्म ऐसे ही हो जाते हैं? **नहीं, इस अखिल ब्रह्मांड में कुछ भी अव्यवस्थित नहीं होता। छोटी-से-छोटी घटना भी बिना नियम के नहीं होती।**

सबकुछ पूर्वनिश्चित ही होता है। फिर जीव के, मनुष्य के जन्म भी अनियोजित कैसे हो सकते हैं ? तो क्या भगवान् की इच्छानुसार है ? यदि भगवान् की इच्छानुसार होता है तो यह भगवान् कौन है ? वैसे तो हिंदू प्रजा को भगवान् के अस्तित्व में कोई शंका ही नहीं हो सकती। वे तो भगवान् हैं और वह सर्वशक्तिमान, सर्वज्ञ, सर्वव्यापी, अनादि, अनंत, जगन्नियंता हैं, इसको स्वीकार करके ही चलते हैं। हाँ, कभी-कभी ऐसे लोग निकल आते हैं जो कहते हैं कि 'मैं भगवान् को नहीं मानता' अथवा 'मैं पुनर्जन्म को नहीं मानता', लेकिन ऐसा कहनेवाले लोग कौन होते हैं ? इसकी यदि हम जाँच करें तो ज्ञात होगा कि ये लोग या तो मूढ़ होते हैं या तो अत्यंत अहंकारी होते हैं या तो जिसे विचार करना नहीं आता, ऐसे होते हैं अथवा वामपंथी/साम्यवादी होते हैं। परंतु इन लोगों के कारण ही विश्व नहीं चलता। ऐसे लोगों का प्रभाव समाज के सर्वसामान्य लोगों पर पड़ता ही नहीं या बहुत कम पड़ता है। सर्वसामान्य प्रजा तो भगवान् को मानती ही है।

लेकिन मूल प्रश्न यह है कि पुनर्जन्म मनुष्य का होगा या प्राणी का, धनिक के घर में होगा या निर्धन के, पुरुष का होगा या स्त्री का, यह सब क्या भगवान् निश्चित करते हैं ? यदि भगवान् निश्चित करते हैं तो उसके भी कोई नियम होंगे ? या फिर केवल उनकी इच्छानुसार ही होता होगा ?

शास्त्र कहते हैं कि पुनर्जन्म भगवान् की इच्छानुसार नहीं होता। यह पूर्णतया जीव के कर्मों के अधीन ही होता है। जीव को स्वतंत्रता दी गई है कि वह स्वयं निश्चित करे, उसका जन्म कहाँ और किस तरह होगा ?

यदि उसे मोक्ष चाहिए तो वह मुक्त होने के लिए भी स्वतंत्र है। उसे बंधन चाहिए तो वह वैसा करे। उसे स्वर्ग चाहिए तो भी मिलेगा और नरक चाहिए तो वह भी प्राप्त हो सकता है। पशु की योनि चाहिए तो वह भी मिलेगी और उत्तम मनुष्य की योनि चाहता है तो वह भी मिलेगी। **संक्षेप में जीव जो चाहता है, उसे वह सब प्राप्त करने की स्वतंत्रता दी गई है।**

किंतु शर्त इतनी है कि जो चाहिए, वह भी केवल इच्छा मात्र से प्राप्त नहीं होता। उसके लिए पात्रता प्राप्त करनी पड़ती है और यह स्वाभाविक है। चिकित्सक बनना है तो चिकित्सकीय विद्या पढ़नी पड़ती है। धन चाहते हैं तो

धनार्जन का प्रयास करना पड़ता है। तात्पर्य यह है कि जन्म जिस प्रकार का चाहिए, उस प्रकार से जो-जो आवश्यक है, वह सब करना पड़ता है, कुछ भी नि:शुल्क/व्यर्थ में नहीं मिलता।

यही पुरुषार्थ या प्रयत्न है। उसे कहते हैं कर्म और कर्म करने से जो मिलता है, उसे कहते हैं कर्मफल। कर्मफल अर्थात् कर्म का फल, कर्म का परिणाम। यह भी स्वाभाविक है। जैसा अध्ययन किया है, वैसा परीक्षा का परिणाम मिलता है। जैसा अन्न खाते हैं, वैसी ही डकारें आती हैं। अच्छा कर्म किया है तो अच्छा फल मिलता है और बुरा कर्म किया है तो बुरा फल मिलता है।

यह कर्म और कर्म का फल भी नियम से ही चलता है। कुछ भी अव्यवस्थित नहीं होता। कर्म और कर्म के फल के बीच में कहीं पर भी, किसी का भी हस्तक्षेप नहीं होता। वहाँ किसी की पहचान भी नहीं चलती, घूस भी नहीं चलती। कपट, भय, लालच कुछ भी नहीं चलता। **कर्म और कर्मफल का नियम निष्पक्ष होता है। उसके बीच में भगवान् भी नहीं आते।**

इस कर्म और कर्मफल के नियमानुसार ही जन्म और पुनर्जन्म होता है, उसमें किसी प्रकार का अपवाद नहीं होता।

वर्तमान शिक्षा के परिणामस्वरूप जो लोग जीवन के विषय में कुछ भी नहीं सोच पाते। वे अपने अज्ञान, अल्पज्ञान, विपरीत ज्ञान, अनुत्तरदायी भाव, हीनता बोध (Inferiority Complex), बुद्धि विभ्रम, मानसिक परतंत्रता, भारतीयता के साहस के अभाव के कारण यह सब जानते नहीं, परिणामस्वरूप वे अपने आचार-विचार भी व्यवस्थित नहीं रख सकते। उसका परिणाम भी उनको भुगतना ही पड़ता है। उन परिणामों का फल तो दु:ख ही होता है, परंतु उन्हें यह समझ नहीं आता कि उनके दु:ख का मूल क्या है ? दूसरे, अज्ञान का दूसरा परिणाम मूढ़ता होता है, जिसके कारण उनको सच्चा सुख क्या है और दु:ख क्या है, उसकी समझ नहीं होती। परंतु जो आस्थावान है और भगवान् को स्वीकार कर चलता है, वह कर्म और कर्मफल के सिद्धांत को भी स्वीकार करता है। इसलिए इस प्रकार की लोकोक्तियाँ सुनने को मिलती हैं—

'जैसी करनी वैसी भरनी'

'जैसा बोओ, वैसा पाओ'

'बबूल बोएँ तो आम कहाँ से खाएँ...'

अब कौन से कर्म का कैसा फल मिलता है, उसकी चर्चा न करके, कर्मानुसार हमें यह जन्म मिला हुआ है और कर्मानुसार ही अगला जन्म भी मिलेगा, इस सिद्धांत को स्वीकार कर आगे बढ़ते हैं।'

मृत्यु के बाद दूसरा जन्म कैसे होता है ?

जन्म होता है तो कभी-न-कभी मृत्यु भी होती ही है।

मृत्यु के बाद यह कर्म और कर्म का फल कहाँ रहता है? शरीर का या तो अंतिम संस्कार कर दिया जाता है अथवा भूमिगत किया जाता है। भूमिगत हुआ शरीर भी अंत में तो नष्ट ही हो जाता है तो फिर दूसरा जन्म होगा कहाँ से?

यह एक बड़ी समस्या है और तनिक माथापच्ची किए बिना उसका हल नहीं समझ में आता। सर्वसामान्य लोग इस पहेली को सुलझाने के चक्कर में पड़ते ही नहीं, वे तो कर्मफल और पुनर्जन्म के सिद्धांत को स्वीकार कर 'अच्छे बनो, अच्छा करो' को ही मानते हैं अथवा निकृष्ट कर्म करने पर नरक की शिक्षा भुगतने को तैयार रहते हैं।

परंतु जिनको जिज्ञासा है कि यह कैसे होता है, तो उन्हें यह समझने का प्रयत्न अवश्य करना चाहिए।

मानव की मृत्यु होती है, तब क्या होता है? यह समझने के लिए मानव का शरीर क्या है और किससे बना हुआ है? यह जानने की आवश्यकता है। इस शरीर के तीन प्रकार हैं—

1. **स्थूल शरीर**
2. **सूक्ष्म शरीर**
3. **कारण शरीर**

पृथ्वी, जल, तेज, वायु और आकाश (पंचमहाभूत) से बना हुआ शरीर **स्थूल शरीर** कहा जाता है। इसको स्थूल शरीर इसलिए कहा जाता है, क्योंकि इसका आकार होता है। उसे देखा जाता है, उसे छू सकते हैं, सूँघ सकते हैं आदि...

सूक्ष्म शरीर पाँच कार्मेंद्रियाँ, पाँच ज्ञानेंद्रियाँ, पाँच तंमात्राएँ, मन, अहंकार और महत् से बना हुआ होता है। यह शरीर सूक्ष्म इसलिए होता है कि उसे कोई निश्चित आकार नहीं होता। उसे स्पर्श नहीं कर सकते। वह जिस स्थूल शरीर के आश्रय में रहता है। उसके जैसा आकार धारण करता है।

कारण शरीर अर्थात् प्रकृति। उसे कारण शरीर इसलिए कहते हैं कि उससे ही स्थूल शरीर और सूक्ष्म शरीर बनता है।

जब मृत्यु होती है, तब कुछ और नहीं होता, केवल स्थूल शरीर और सूक्ष्म शरीर एक-दूसरे से अलग होते हैं। अलग होने के बाद स्थूल शरीर को मृतदेह कहते हैं। मृतदेह को जब हम जलाते हैं तब उसके महाभूत अलग होकर सृष्टि के महाभूतों से मिल जाते हैं। परंतु सूक्ष्म शरीर का हम कुछ नहीं कर सकते। उसका विघटन भी नहीं होता। उसका समुच्चय सूक्ष्म शरीररूप से नए स्थूल शरीर का निर्माण करने लगता है। जब जन्म होता है, तब क्या होता है? जीव सूक्ष्म शरीर द्वारा आहार ग्रहण करके नए स्थूल शरीर की रचना करता है।

एक जन्म में से दूसरे जन्म में जाना अर्थात् सूक्ष्म शरीर का एक स्थूल शरीर को छोड़कर दूसरे स्थूल शरीर का निर्माण करना। इस प्रकार स्थूल शरीर बदलता है, तो भी सूक्ष्म शरीर नहीं बदलता। जीव वही का वही रहता है, उसके अनेक जन्म होते हैं।

जन्म, पुनर्जन्म और कर्म का संबंध

इस जन्म में किए हुए कर्म और उसके फल दूसरे जन्म में साथ में कैसे जाते हैं? कर्म तो हमारा स्थूल शरीर करता है। हाथ काम करते हैं, मुख खाता है, पैर चलते हैं, पेट पाचन करता है। ये सब कर्म तो स्थूल शरीर के हैं। स्थूल शरीर को जलाने से कर्म क्यों नहीं जलते?

इसे थोड़ा समझें

कर्म मात्र स्थूल शरीर से नहीं होते। सही अर्थ में कर्म स्थूल शरीर करता ही नहीं है। कर्म भी सूक्ष्म शरीर ही करता है।

यह किस प्रकार होता है?

स्थूल शरीर तो यंत्र है। यंत्र की तरह ही वह निश्चल है। निश्चल यंत्र कभी स्वयं नहीं चलता। उसे चलाना पड़ता है। उसी प्रकार अपना स्थूल शरीर भी स्वयं काम नहीं कर सकता। इसे चलाने वाला सूक्ष्म शरीर ही है।

सूक्ष्म शरीर किस प्रकार स्थूल शरीर को चलाता है? उसके विस्तार में अभी हम नहीं जाएँगे। **केवल दो शरीर और सूक्ष्म शरीर की स्थूल शरीर के संचालन की शक्ति के सिद्धांत को स्वीकार कर आगे चलते हैं।**

सूक्ष्म शरीर ही यदि स्थूल शरीर का संचालन करता हो तो स्वाभाविक रूप से ही सभी कर्म भी सूक्ष्म शरीर ही करता है।

अत: कर्मों के फल भी सूक्ष्म शरीर में रहते हैं। सूक्ष्म शरीर अनेक जन्मों में वहीं रहता है। इसलिए कर्म भी उसके साथ ही रहते हैं।

फल भोगते-भोगते नए कर्म होते हैं, जिससे नए फल मिलते हैं। कर्म करना भी नहीं रुकता और फल भोगना भी नहीं रुकता। फल भोगना भी एक कर्म ही बन जाता है।

सूक्ष्म शरीर ही कर्म करता है और उसका फल भोगता है, किंतु वह स्थूल शरीर के आश्रय में होता है तभी, स्थूल शरीर के माध्यम से ही वह कर्म करता है। इसलिए जब तक कर्म और उसके फलों की परंपरा पूर्ण नहीं होती, तब तक सूक्ष्म शरीर को एक के बाद एक स्थूल शरीर धारण करने ही पड़ते हैं अर्थात् नए-नए जन्म लेने ही पड़ते हैं।

जब तक यह सभी कर्म व्यक्ति और उनके फल भोग न ले, तब तक सूक्ष्म शरीर में संस्कार बनकर जमा रहते हैं। संस्कार एकत्र होते ही रहते हैं। **इसलिए सूक्ष्म शरीर ही संस्कारों का पुंज है। उसे 'संस्कार शरीर' भी कह सकते हैं।**

इस प्रकार सूक्ष्म शरीर अर्थात् संस्कार शरीर नए स्थूल शरीर की खोज में रहता है।

कर्म और उसके फल की परंपरा चला करती है। जीव करता है कर्म और भोगता है फल। कर्म के अनुसार ही फल अच्छा भी होता है और बुरा भी होता है, सुहाता है या नहीं भी सुहाता है। जीव के विषय में ऐसा होता है कि कर्म तो अच्छे लगते हैं, किंतु उनका फल उसे अच्छा नहीं लगता। फल तो अच्छा लगता है, किंतु कर्म अच्छा नहीं लगता। उदाहरणार्थ स्वादिष्ट किंतु दूषित अन्न खाना अच्छा लगता है, लेकिन परिणामस्वरूप रोग होता है, वह अच्छा नहीं लगता। परीक्षा में उत्तीर्ण होना पसंद है, किंतु उसके लिए अध्ययन करना पसंद नहीं। **अच्छी संतान तो चाहिए, किंतु उसके लिए तपस्या करना पसंद नहीं। लेकिन यह बात कभी संभव नहीं, कर्म करें, तभी फल मिलता है।** कर्म करें तो फल मिलता ही है। इन दोनों को अलग नहीं कर सकते।

सूक्ष्म शरीर अपने योग्य स्थूल शरीर ढूँढ़ता है

सूक्ष्म शरीर अपने योग्य नया स्थूल शरीर ढूँढ़ता है। अपने योग्य अथवा स्वयं जिसके योग्य है ऐसा। स्वयं के योग्य अर्थात् कैसा? योग्यता कैसे निश्चित होती है? **योग्यता संस्कारों के आधार पर निश्चित होती है। इस प्रकार संस्कार उसके कर्मों का ही रूपांतर है। यदि उत्तम कार्य किए हैं तो संस्कार भी उत्तम होते हैं। अधम कर्म किए हैं तो उनके संस्कार भी अधम होते हैं।**

संस्कार उत्तम होते हैं, तब उसे स्थूल शरीर उत्तम मिलता है। संस्कार अधम होते हैं, तब स्थूल शरीर अधम मिलता है।

कैसा शरीर मिलेगा? उसका आधार उसके स्वयं के कर्म पर ही होता है।

यह स्थूल शरीर उसे कहाँ मिलेगा ? कैसे मिलेगा ?

माता-पिता और संतान के संबंध का यही मूल रहस्य है।

सूक्ष्म शरीर को स्थूल शरीर मिलता है, पुरुष के वीर्य और स्त्री के रज से। कब मिलता है ?

कर्म के अनुसार मनुष्य की योनि भी मिल सकती है और पशु की योनि भी मिल सकती है। **मृत्यु के समय मन जिसमें लगा हुआ होता है, उसके अनुसार योनि मिलती है। जड़भरत मुनि का मन मृगी के बच्चे में लगा हुआ था तो उन्हें मृगी की योनि प्राप्त हुई, यह उदाहरण प्रसिद्ध है।**

पुरुष का वीर्य और स्त्री का रज दोनों मिलकर सूक्ष्म शरीर के लिए स्थूल शरीर बनाते हैं। **सूक्ष्म शरीर, पुरुष और स्त्री के वीर्य और रज से बने हुए स्थूल शरीर को स्वीकार करता है अथवा उसमें प्रवेश करता है। इसे गर्भाधान कहा जाता है। जिस पुरुष और स्त्री के वीर्य और रज से बने हुए स्थूल शरीर को सूक्ष्म शरीर स्वीकार करता है, वही उसके माता-पिता कहे जाते हैं।**

पुरुष और स्त्री के वीर्य और रज में क्या-क्या होता है ? उसमें पुरुष और स्त्री के स्थूल और सूक्ष्म शरीरों का सारतत्व होता है तथा मात्र एक ही पुरुष और स्त्री के नहीं **अपितु पुरुष की चौदह पीढ़ियों और स्त्री की पाँच पीढ़ियों तक के, पिताओं और माताओं के स्थूल और सूक्ष्म शरीरों का सारतत्व होता है।** (पिता की चौदह और माता की पाँच पीढ़ियाँ मिलकर कुल कितने पुरुषों के वीर्य और कुल कितनी माताओं के रज का समुच्चय होता है, उसकी गिनती करना संभव है, किंतु यहाँ आवश्यक नहीं) स्थूल शरीर की गुणवत्ता इस प्रकार कुल, वंश, गोत्र, पुरुष और स्त्री के व्यक्तिगत कर्म, कर्मफल, योनि की शुद्धता आदि पर आधारित होती है।

सूक्ष्म शरीर वाला जीव अपने संस्कार के अनुसार इस स्थूल शरीर का चयन करता है। कर्म और कर्मफल के नियमानुसार यह इच्छा उसके लिए भी ऐच्छिक नहीं होती। उसे उसी स्थूल शरीर का चयन करना पड़ता है।

स्थूल शरीर की इच्छा होने पर भी यदि अपने योग्य नहीं है तो ऐसा सूक्ष्म शरीर उसके पास नहीं आता।

सूक्ष्म शरीर अर्थात् बालक के रूप में जन्म लेने वाला जीव और स्थूल शरीर अर्थात् बालक को जन्म देने वाला माता-पिता का वीर्यरजात्मक अंश।

इस प्रकार सिद्ध होता है कि बालक ही माता-पिता का चयन करता है। माता-पिता बालक का चयन नहीं करते।

माता-पिता के हाथ में क्या है ?

श्रीमद् भगवद्गीता में भगवान् कहते हैं-

शुचीनां श्रीमतां गेहे योगभ्रष्टोऽभिजायते।

पवित्र और श्री से शोभित माता-पिता के घर योगभ्रष्ट व्यक्ति का जन्म होता है। योगभ्रष्ट अर्थात् योग की साधना करते समय यदि भटक जाता है और पुनः साधना आरंभ करने से पूर्व मृत्यु को प्राप्त हो जाता है अथवा साधना आरंभ की है, परंतु साधना पूर्ण होने से पहले आयुष्य पूर्ण हो गया हो, ऐसा जीव। यह जीव दूसरे जन्म में वैसे माता-पिता ही ढूँढ़ेगा और प्राप्त करेगा, जहाँ उसकी पूर्वजन्म की साधना

आगे बढ़ाना संभव हो।

यह नियम ही है। उत्तम चाहिए तो स्वयं उसके योग्य बनकर उसे अपने यहाँ आने का निमंत्रण देना पड़ेगा। योग्यता प्राप्त होते ही उत्तम आत्मा स्वयं आएगी।

श्रीकृष्ण को जन्म लेना था, उन्होंने वासुदेव और देवकी का चयन किया। **कार्तिकेय की समाज को आवश्यकता थी।** देवों ने उमामहेश्वर से प्रार्थना की। कार्तिकेय उनके यहाँ आए। जब तक उमामहेश्वर का विवाह नहीं हुआ, तब तक कार्तिकेय ने प्रतिक्षा की और कहीं जन्म नहीं लिया, क्योंकि अन्य कहीं पर उनके योग्य स्थूल शरीर नहीं था।

राजा दिलीप और रानी सुदक्षिणा ने तपश्चर्या की, तभी रघु जैसे पराक्रमी और दानवीर पुत्र ने उनके यहाँ जन्म लिया।

ऐसे तो अनेक उदाहरण पुराणों में, इतिहास में और वर्तमान में मिलते हैं। **ये सभी एक ही बात कहते हैं—अच्छी संतान चाहिए, तो ऐसी योग्यता प्राप्त करो कि अच्छी संतान तुम्हारा चयन करे।**

विशेष

कभी उत्साह से अथवा कभी लोकाचार से बच्चों से संबंधित निम्नलिखित घटनाएँ संस्कारों के रूप में मनाई जाती हैं—

1. दोलारोहण (प्रथम पालने में सुलाना) 2. दुग्धपान (माता के स्तन के सिवा अन्य दूध पहली बार पिलाना) 3. भूम्युपवेशन (पहली बार भूमि पर बिठाना) 4. वर्षवर्धन (पहला जन्मदिन) उत्सव और 5. विद्यांरभ (अक्षर परिचय) विद्यांरभ संस्कार यज्ञोपवीत के बाद होने वाले वेदांरभ से भिन्न है।

मधुमास तो प्राचीन विचार है...

प्राचीनकाल में नवदंपति के शयनकक्ष को सजाया जाता तथा इष्टदेव, गणेशजी आदि की पूजा की जाती थी। उन छह महीनों में केवल सज्जन व्यक्ति को ही घर में प्रवेश की अनुमति दी जाती थी। वातावरण को पवित्र रखने हेतु श्लोक, मंत्र तथा प्रार्थना का सस्वर उच्चारण होता था। नवदंपति उपवन, नदी-तालाब आदि स्थलों पर घूमने के लिए जाते हैं।

महाभारत काल में राजा पांडु दिग्विजय बाद कुंती और माद्री के साथ सुरम्य वन में रहे थे, यह इस विषय का एक उत्कृष्ट उदाहरण है।

अत: मधुमास (हनीमून) सदियों पूर्व दिया गया हमारी संस्कृति का ही एक विचार है। दिव्यातिदिव्य देवदुर्लभ संतति की प्राप्ति के लिए दिव्य परिवेश का विचार हमारे पूर्वजों के पास पहले से ही था।

6

अथ षष्ठोऽध्यायः

गर्भयात्रा बने तीर्थयात्रा
वेदोक्त गर्भ संस्कार

सनातन अथवा हिंदू धर्म की संस्कृति संस्कारों पर ही आधारित है। हमारे ऋषि-मुनियों ने मानव जीवन को पवित्र एवं मर्यादित बनाने के लिए संस्कारों का आविष्कार किया। धार्मिक ही नहीं, वैज्ञानिक दृष्टि से भी इन संस्कारों का हमारे जीवन में विशेष महत्त्व है। भारतीय संस्कृति की महानता में इन संस्कारों का महती योगदान है।

प्राचीन काल में हमारा प्रत्येक कार्य संस्कार से आरंभ होता था। उस समय संस्कारों की संख्या भी लगभग चालीस थी। जैसे-जैसे समय परिवर्तित होता गया तथा व्यस्तता बढ़ती गई तो कुछ संस्कार स्वत: विलुप्त हो गए। इस प्रकार समयानुसार संशोधित होकर संस्कारों की संख्या निर्धारित होती गई। **'गौतम स्मृति'** में **चालीस संस्कारों** का उल्लेख है। **महर्षि अंगिरा** ने इनका अंतर्भाव **पच्चीस संस्कारों** में किया। **'व्यास स्मृति'** में **सोलह संस्कारों** का वर्णन हुआ है। हमारे धर्मशास्त्रों में भी **मुख्य रूप से सोलह संस्कारों** की व्याख्या की गई है। ये निम्नानुसार हैं—

1. **गर्भाधान संस्कार (ऋतु शांति)**
2. **पुंसवन संस्कार**
3. **सीमंतोन्नयन संस्कार**
4. **जातकर्म संस्कार (जन्मविधि)**
5. **नामकरण संस्कार**
6. **निष्क्रमण संस्कार (घर के बाहर ले जाना)**
7. **अन्नप्राशन संस्कार**
8. **मुंडन/चूड़ाकर्म संस्कार (चौलकर्म, चोटी रखना)**
9. **विद्यारंभ संस्कार**
10. **कर्णवेध संस्कार**
11. **यज्ञोपवीत संस्कार**
12. **वेदारंभ संस्कार**
13. **केशांत संस्कार (गोदानव्रत संस्कार)**
14. **समावर्तन संस्कार**
15. **विवाह संस्कार**
16. **अंत्येष्टि संस्कार/श्राद्ध संस्कार।**

भारतीय संस्कृति और संस्कार

मानव कल्याण की महान् परंपराओं में जो कोई आयोजन और परंपराएँ हैं, उसमें सर्वाधिक महत्त्वपूर्ण है संस्कारों और पर्वों की परंपरा। **संस्कार और धर्मानुष्ठान द्वारा व्यक्ति और परिवार को तथा पर्वों और उत्सवों द्वारा समाज को प्रशिक्षित किया जाता है।** इन परंपराओं को जब भी हम उत्तम प्रकार से जानने का प्रयास करते हैं, तब ध्यान में आता है कि उनका उद्देश्य **गृहस्थ जीवन,** पारिवारिक जीवन और सामाजिक जीवन को कल्याणकारी बनाने के लिए समाज को सुरक्षित करना है।

जब शिशु गर्भ में प्रवेश करता है, उसके बाद जीवनयापन की विभिन्न परिस्थितियों से होते हुए शरीर को त्याग करने के समय तक विभिन्न समय पर संस्कारों के आयोजन करने का धर्मशास्त्रों में विधान है। इन संस्कारों का व्यक्ति की अंतश्चेतना पर विशेष प्रभाव पड़ता है। संस्कार विषयक विशिष्ट प्रयत्नों के लिए विशिष्ट शक्तिसंपन्न वेदमंत्रों का पाठ किया जाता है। उनकी अपनी विशिष्ट क्षमता होती है। इन मंत्रों की रचना इस प्रकार होती है कि उसका विधिवत् सस्वर उच्चारण करने से वह आकाशतत्त्व में एक विशिष्ट शक्तिप्रवाह की तरंगें उत्पन्न करता है। मंत्र का जो उद्देश्य होता हैं, उस प्रकार की ही तरंगों का प्रभाव मानव जीवन पर पड़ता है। वेद मंत्रों का कौन से प्रयोजन के लिए प्रयोग हो, उसका निर्धारण गृह्यसूत्रों (वैदिक पद्धति की पुस्तकें, जिनमें विभिन्न संस्कारों का वर्णन है) में और कर्मकांड के लिए निर्मित ग्रंथों में किया गया है। यज्ञ के विधि-विधान से मंत्र की शक्ति भी बढ़ती है। जिस प्रकार विद्युत्, भाप, पानी, अणु, रसायन आदि पदार्थों का अपना विज्ञान है, उसी प्रकार मंत्रों और यज्ञ के कर्मकांडों का भी अपना विज्ञान है। उसका सही अर्थ में प्रयोग करने से असाधारण प्रभाव उत्पन्न होता है।

हम संस्कार प्रक्रिया को दो भागों में विभाजित कर सकते हैं। एक उसका वैज्ञानिक अर्थात् शास्त्रीय स्वरूप है, जो मंत्रोच्चारण, यज्ञानुष्ठान और कर्मकांड के स्वरूप में प्रयुक्त है। दूसरा स्वरूप मंत्रों की व्याख्या, अर्थ और विधि-विधानों के रहस्यरूप में प्रस्तुत होता है। संस्कारों में प्रयुक्त कर्मकांड के प्रत्येक छोटे-बड़े मंत्र का विशेष रहस्य, महत्त्व और कर्म है। आज संस्कारयुक्त संस्कृति की आवश्यकता का अनुभव तो विश्व में सर्वत्र हो रहा है। **इटली में मेंडले नाम** के विद्वान् ने तो संस्कार शास्त्र पर आधारित शास्त्र की नींव रखी, जिसको उसने **'युजिनिक्स'** ऐसा नाम दिया। इंग्लैंड के विद्वान् सर **फ्रांसिस गार्लन** ने अपनी अधिकांश संपत्ति इस विषय में अनुसंधान करने के लिए **लंदन यूनिवर्सिटी** को दे दी। इस क्षेत्र में अनुसंधान करने वाले विद्वानों का कहना है कि **संतानों को सुसंस्कृत और शालीन बनाने के लिए प्रत्यक्ष उपदेश और प्रशिक्षण से भी संस्कारों की भूमिका अधिक अर्थपूर्ण है।**

वर्तमान में मनोवैज्ञानिकों का ध्यान धार्मिक संस्कारों की ओर आकर्षित हुआ है। **'युजिनिक्स'** के क्षेत्र में अनुसंधानरत शोधकों ने **विश्वभर में प्रचलित सभी धर्मसंप्रदायों में किए जाने वाले संस्कारों का गहन अध्ययन किया।** उसके फलस्वरूप यह स्वीकृत हुआ कि हिंदू धर्म के संस्कारों की पृष्ठभूमि अत्यंत बुद्धियुक्त है और उसमें व्यक्तित्व के समग्र विकास की पूर्ण संभावना है।

संस्कार केवल कर्मकांड नहीं है, वह श्रेष्ठ मानव निर्माण का सशक्त माध्यम है। उसका मानवीय चेतना से गहन संबंध है। उसके माध्यम से **शारीरिक, मानसिक और आत्मिक परिष्कार** किया जा सकता है। उसके अनुष्ठान से व्यक्ति में दैवी गुणों का आविर्भाव होता है।

आज हम अज्ञान और अल्पज्ञान के कारण **संस्कार शास्त्र और संस्कार प्रक्रिया की उपेक्षा** करते हैं। परंतु उससे हम जीवन की अनेक मूल्यवान् बातों से वंचित रहते हैं। इसलिए पहले तो **अपने शास्त्रों पर श्रद्धा रखें** और तदुपरांत शास्त्र का स्वरूप जानकर आग्रहपूर्वक प्रयोग करके **संस्कारों की पुनःप्रतिष्ठा** करें। हमारा यह परम कर्तव्य भी है। संस्कारों का महत्त्व निम्नांकित बिंदुओं के अंतर्गत देखने का प्रयास करेंगे—

1. **सोलह संस्कारों का आधारभूत तत्त्वज्ञान एवं विज्ञान :** पूर्वकाल के ऋषियों ने मानवजाति की उन्नति के लिए प्रत्येक मनुष्य को प्रधानता दी है। उसे संस्कारित कर पूर्ण उन्नत करने पर ही उसे इस मनुष्य जीवन का लाभ होगा। वह हर प्रकार से संपन्न होकर अपना जीवन सामर्थ्यपूर्वक एवं आनंदपूर्वक व्यतीत करेगा तथा समाज को उन्नत बनाने के लिए भी सहायता करेगा। समाज सुदृढ़ होन से राष्ट्र सामर्थ्यवान होगा। यह प्रक्रिया निरंतर चलती रहने पर सामर्थ्यवान राष्ट्र का समाज अपने प्रत्येक नागरिक को सबल बनने में सहायता करेगा। यह चक्र निरंतर चलता रहे, इस हेतु ऋषियों ने सोलह संस्कारों की रचना की। इसमें जन्म से मृत्यु तक के सोलह संस्कार उस विशिष्ट आयु एवं परिस्थितिनुसार दिए गए हैं।

2. **पोषण, संवर्धन एवं रक्षा करनेवाले सोलह संस्कारों का विध्वंस, (परित्याग) अर्थात् संस्कारहीनता :** 'गर्भाधान' प्रथम एवं 'अंत्येष्टि' अंतिम संस्कार है। इन दोनों संस्कारों में जीव परतंत्र है। यहाँ परंपरा हमारी रक्षा, पोषण एवं संवर्धन करती है। हमें ऐश्वर्यवान बनाती है। आज अंत्येष्टि संस्कार होता तो है, किंतु नाम मात्र के लिए। श्राद्ध-(पितृ) पक्ष की उपेक्षा की जाती है। हमारी दो पीढ़ियों का जन्म बिना गर्भाधान संस्कार के हुआ। इस कारण जिन्हें इसका ज्ञान है, वे प्रायश्चितपूर्वक संस्कार करें। हमारा पोषण, संवर्धन एवं रक्षा करने वाली ऐश्वर्यशाली परंपराओं का विध्वंस अर्थात् जिस डाल पर हम बैठे हैं, उसी को काटने के समान है। हम कब जाग्रत होंगे ?

3. **जीवन सुखमय बनाने हेतु संस्कार आवश्यक :** खान के कोयले पर संस्कार अंकित करने पर ही वह प्रकाशमान हीरा बनता है। उस हीरे पर यदि और संस्कार करें, उसे तराशकर अधिकाधिक फलकित करें, तो वह 'कोहिनूर' बन जाएगा। इसी प्रकार हिंदू धर्म में सोलह संस्कार मानवीय जीवन के अनेक पक्षों को उजागर करते हैं। संस्कार, मृत्युपरांत के जीवन को सुखमय बनाने के लिए हैं। इन संस्कारों के पालन से अपने और दूसरों के जीवन को सुखी बनाएँ।

4. **मनोवैज्ञानिक दृष्टिकोण से महत्त्व :** संस्कार मन के स्वरूप को एक विवक्षित (उद्‌देश्य पूर्ति हेतु आवश्यक) प्रकार का बनाने में सहायता करते हैं।

5. **भगवान् का नित्य विस्मरण न हो, इसके लिए संस्कार आवश्यक :** गर्भाशय में प्रवास के चार-पाँच मास के उपरांत हमें अपने दु:खों का तीव्रता से अनुभव होने लगता है। उस समय हमें पिछले सैकड़ों जन्मों का स्मरण हो आता है। हमें तीव्रता से यह बोध होता है कि "मानव जन्म की सार्थकता किसमें है, यह ज्ञान होते हुए भी पूर्वजन्मों में हमने ईश्वर प्राप्ति हेतु गंभीरतापूर्वक कुछ भी प्रयत्न नहीं किया और जन्म व्यर्थ गँवाया।" इसीलिए हम भगवान् से प्रार्थना करते रहते हैं, 'हे भगवन्, मुझे इस गर्भाशयरूपी दु:ख से मुक्ति दिलाइए। यदि आप मुझे इस नरक से बाहर निकालेंगे, तो मैं पुन: पिछले जन्मों की भाँति संसार के मायाजाल में नहीं उलझूँगा। आपकी भक्ति कर मानव जन्म को सार्थक करूँगा।' किंतु गर्भ की पीड़ा से मुक्त होते ही हम पुन: भगवान् को भूल जाते हैं। इसलिए कि हम सुखों में मग्न हो जाते हैं अर्थात् हम स्वयं को सुखी समझने लगते हैं। इससे यही सिद्ध होता है कि भगवान् की भक्ति न होने का एकमात्र कारण है **'संसार सुख' अथवा आनंद का लोप (दु:ख) होना।**

इसके लिए जन्म से ही संस्कार करने पड़ते हैं। अत: माता-पिता को, बालक का यज्ञोपवीत होने तक उसकी वृत्ति की ओर सावधानी से ध्यान देना पड़ता है। यज्ञोपवीत होने के उपरांत पुत्र 12 वर्ष गुरुगृह में रहकर वेदाध्ययन करने के साथ ही अन्य शास्त्राभ्यास तथा प्रवृत्ति व निवृत्ति लक्षणात्मक धर्म का यथार्थ ज्ञान प्राप्त कर विवाह करने अथवा न करने का (आजीवन ब्रह्मचारी रहने का) विचारपूर्वक निश्चय कर गुरुगृह से

घर लौटता है। वह गर्भवास में योग (साधना) द्वारा ज्ञान होने से और वैसे प्रत्यक्ष अनुभव के कारण वेद, ईश्वर और सद्गुरु के प्रति समान निष्ठा के साथ घर लौटता है। इस कारण प्रवृत्तिमार्ग (वैवाहिक) अथवा निवृत्तिमार्ग (संन्यास) में से किसी भी मार्ग का वह अनुसरण करे, मृत्यु तक उसे कभी तो आत्मलाभ होता ही है। यह इस धर्मशिक्षा का हेतु होता है। **प्रवृत्तिमार्गियों को निवृत्तिमार्गियों के योगक्षेम के प्रति निरंतर सचेतना रहती है और निवृत्तिमार्गियों को ईश्वर एवं सद्गुरु का अभिन्न स्वरूप मानकर वे सेवाभाव से उनके योगक्षेम में लगे रहते हैं।**

6. **वैदिक संस्कृति की महानता के प्रतीक :** पूर्वकाल के ऋषियों ने व्यक्ति को संस्कारित कर व्यक्ति का एवं व्यक्ति के माध्यम से संपूर्ण समाज का जीवन उन्नत एवं सुदृढ़ करने हेतु जन्म से मृत्यु तक विशिष्ट आयु एवं परिस्थिति के अनुसार 16 विधियों से युक्त संस्कारों की योजना बनाई। इन संस्कारों द्वारा जीव के विचारों में परिवर्तन किया जा सकता है। इससे उसका शरीर, मन एवं आत्मा इन तीनों की शुद्धि होती है। जिन जीवों पर ऐसे संस्कार नहीं होते, वे आतंकवादी, भ्रष्टाचारी एवं व्यभिचारी होते हैं। इस कारण वे स्वयं अपना तथा अन्य का भी जीवन दु:खी बनाते हैं।

संस्कारों का वैज्ञानिक दृष्टिकोण

वैज्ञानिक अर्थात् शास्त्रीय, वैज्ञानिक अर्थात् तर्कसंगत, बुद्धिगम्य। संस्कार का सामान्य अर्थ है पूर्ण करना, पुन:निर्माण करना, सुधारना, साफ करना, सुशोभित करना आदि। इसीलिए संस्कार की परिभाषा देते समय कहा है, **'गुणांतराधानं संस्कार:'** अर्थात् किसी वस्तु अथवा व्यक्ति में गुणों और योग्यताओं का आधान करना। **जैमिनि ऋषि** के अभिप्राय अनुसार, कोई वस्तु अथवा व्यक्ति को निश्चित कार्य के लिए योग्य बनाना होता है, तब उसे संस्कारित कर दिया जाता है।

''संस्कारो हि नाम संस्कार्यस्य गुणाधानेन वा स्याद् दोषापनयनेन वा।''

(ब्रह्मसूत्र शांकरभाष्य-1.1.4)

संस्कार की इस वैज्ञानिक संकल्पना के स्वरूप में यह विकसित भारतीय जीवन पद्धति की सर्वाधिक स्पृहणीय, सर्वस्वीकृत, अत्यंत महत्त्वपूर्ण आनुष्ठानिक प्रक्रिया है। संस्कार द्वारा वस्तु अथवा व्यक्ति को अधिक संस्कृत, परिमार्जित और उपयोगी बनाया जा सकता है अर्थात् संस्कार योग्यता निर्माण करते हैं। सभ्यता, संस्कृति और प्रजा के विकास के साथ-साथ ही भारत के मनीषियों ने मनुष्य जीवन को और अधिक क्षमतासंपन्न, संवेदनशील, भावप्रवण और उपयोगी बनाने के हेतु से ही संस्कारों को अनिवार्य माना है।

दोष मार्जन, अतिशयाधान (देशकाल परिस्थिति में अपेक्षित गुण प्रकट करने हेतु), हीनांगपूर्ति (कमी की पूर्ति) ये संस्कार के मुख्य तीन उद्देश्य माने गए हैं। संस्कार प्रक्रिया इन तीनों कार्यों को वैज्ञानिक अर्थात् तर्कसंगत रूप से करने की पद्धति है। उदाहरणार्थ मिट्टी के बरतन बनाने हों तो मिट्टी अच्छी जगह से ली जाती है, तत्पश्चात् उसे साफ करके, चूर्ण बनाकर भिगोया जाता है। भीगी मिट्टी को

रौंदकर नरम-मुलायम बनाया जाता है। उसके बाद ही वह पात्र बनाने के योग्य बनती है। ये सभी प्रक्रियाएँ **संस्कार प्रक्रिया** हैं। ये प्रक्रियाएँ नहीं होती हैं तो मिट्टी का पात्र अच्छा नहीं बनता। यही बात सभी वस्तुओं और व्यक्तियों पर लागू होती है। माता के पेट से मनुष्य प्राकृत स्वरूप में जन्म लेता है। विविध प्रकार के संस्कारों से उसे सुसंस्कृत बनाया जाता है।

बृहदारण्यक उपनिषद्, आयुर्वेद, तंत्रशास्त्र तथा अलग-अलग गृह्यसूत्रों में संस्कारों की व्याख्या, प्रयोग, पद्धति, उपयोगिता और परिणामों का निरूपण किया गया है। ये सभी संस्कार **कर्मकांड बहुल** होने के बाद भी मनोविज्ञान, शरीरविज्ञान, समाजशास्त्र, सामुद्रिकशास्त्र, ज्योतिष, भौतिक विज्ञान आदि द्वारा सम्मत हैं। उदाहरणार्थ गर्भाधान संस्कार की ही बात करें, यह संस्कार स्त्री और पुरुष से संबंधित है। अमरकोष के अनुसार स्त्री शब्द की व्युत्पत्ति है, ''**स्त्यायेतेः शुक्रशोणिते यस्यां सा स्त्री**'' अर्थात् ऐसा क्षेत्र (शरीर) जहाँ रजवीर्यरूप अंश की वृद्धि होती है, उसे स्त्री कहते हैं। गर्भाधान संस्कार क्षेत्र के दोषों को दूर करने वाली क्रिया है। उसके बारे में कहा गया है—

निषेकाद् वैजिकं चैनो गार्भिकं चापमृज्यते।
क्षेत्रसंस्कारसिद्धिश्च गर्भाधानफलं स्मृतम्॥

मनोविज्ञान और चिकित्साशास्त्र के अनुसार, स्त्री और पुरुष जिस भाव से समागम करते हैं, जैसा उनका आहार-विहार होता है, उसके अनुसार गर्भ बनता है। इसीलिए गर्भाधान से पूर्व उत्तम गर्भ के लिए प्रार्थना की जाती है। **पुंसवन और सीमंतोन्नयन** भी गर्भस्थ शिशु में इच्छित गुणों के आधान की दृष्टि से महत्त्वपूर्ण हैं। दो-तीन माह में गर्भ के लक्षण स्पष्ट होते हैं। इसलिए गर्भस्थ **शिशु की रक्षा के लिए 'अनवलोभन'** किया जाता है। **छठे और आठवें मास में सीमंतोन्नयन** द्वारा गर्भ की शुद्धि की जाती है। यह सब शरीरविज्ञान और मनोविज्ञान सम्मत होता है।

गर्भस्थ शिशु की चेतना और इच्छाएँ माता के माध्यम से व्यक्त होती हैं। गर्भ में मन और बुद्धि का अनुकरण होता है। **यह शिक्षाकाल है। शिक्षा भी माता के माध्यम से ही होती है।** माता जो कुछ भी सुनती है, विचार करती है, पसंद करती है, यह सभी शिशु को प्रभावित करता है, उसके चित्त पर अंकित होता है। इसी कारण से माता को अपनी चर्या व्यवस्थित रखने की सलाह दी जाती है। गर्भस्थ शिशु का यह काल **इस सीमा तक संस्कारक्षम होता है कि माता के माध्यम से उसके रंगसूत्र और जींस में भी परिवर्तन कर सकते हैं।**

जातकर्म संस्कार में सुवर्णशलाका से घी और मधु (शहद) चटाया जाता है। यह दोषनिवारण, शुद्धिकरण और पवित्रता के लिए उपयोगी है, ऐसा पदार्थ विज्ञान कहता है। शिशु मेधावी और दीर्घायु बने, इसलिए उसके कान में निम्नलिखित मंत्र बोला जाता है—

ॐ अग्निरायुष्मान्तस वनस्पतिभिरायुष्मान् तेन त्वायुषाऽऽयुष्मन्तं करोमि।

(पारस्कर गृह्यसूत्र 1/26/6)

यह और अन्य आठ मंत्र बोलकर शिशु के अंगों का स्पर्श किया जाता है। ये दोनों क्रियाएँ स्पर्शविज्ञान और ध्वनिविज्ञान सम्मत हैं। नामकरण भी शिशु के तेज, उन्नति और उसकी योग्य वृत्तियों की अनुकूलता के लिए होता है। **उसका आधार अंकशास्त्र, ज्योतिषशास्त्र और मनोविज्ञान है।** निष्क्रमण, अन्नप्राशन, चूड़ाकरण और कर्णवेध भी पदार्थविज्ञान और शरीरविज्ञान द्वारा प्रमाणित हैं। पंचमहाभूत और पर्यावरण की अनुकूलता, आहार-विहार की प्रासंगिकता, विकास और स्वास्थ्य आदि को ध्यान में रखकर ही इन संस्कारों की योजना की गई है।

यही बात उपनयन से अंत्येष्टि तक के सभी संस्कारों के लिए भी सत्य है। केवल संस्कार ही नहीं, आहार-विहार विषयक सभी परामर्श भी वैज्ञानिक हैं।

उदाहरणार्थ, 'मनुस्मृति' में कथन है, **'ब्रह्ममुहूर्ते बुध्येत'। सज्जनों को ब्रह्ममुहूर्त में जागना चाहिए। अपने शरीर की अंतःस्रावी ग्रंथियों में एक है पीनियल ग्रंथि। यह ग्रंथि पिट्युटरी ग्रंथि से भी अधिक महत्त्व रखती है। ब्रह्ममुहूर्त में इस ग्रंथि में मेलाटोनिन नामक रसायन बनता है। यह रसायण मानसिक शांति, वृद्धावस्था का नियंत्रण, दीर्घायुष, स्वास्थ्य, स्फूर्ति और प्रसन्नता में वृद्धि करता है। ब्रह्ममुहूर्त में जगने मात्र से इतने लाभ होते हैं, इसीलिए इसे संस्कारिता की निशानी माना जाता है।**

कनाडा के ऑर्केस्ट्रा के संचालक **बोरीस ब्रोट** की कहानी है। उनका हेमिल्टन फीलहार्मोनिक नामक ऑर्केस्ट्रा था। एक बार उनके संगीत अभ्यास में संगीत के कुछ नए अंश थे। उन्हें बिना नोटेशन देखे, पहले कभी न बजाए जाने पर भी

बोरीस ने बहुत अच्छी तरह से बजाया। उसे और शेष लोगों को भी आश्चर्य हुआ। उसने अपनी माँ से जाकर यह बात कही। जब माँ ने संगीत के उन **अंशों को सुना, तब सारी बात उनकी समझ में आ गई।** उसकी माँ भी **अच्छे साज बजाती थी** और गर्भवती होने के समय माँ ने उन अंशों को कई बार बजाया था।

अमेरिका की मियामी यूनिवर्सिटी में **हेन्नी टूबी** शिशुरोग विशेषज्ञ एंथ्रॉपॉलॉजी के अध्यापक थे। 1960 में उन्होंने अनेक **गर्भवती महिलाओं और गर्भस्थ बच्चों पर शोध** किया और यह परिणाम पाया कि बच्चा **गर्भ में 6 माह का होने पर सारी बातें सुन सकता है।** इतना ही नहीं, वह हर **बात का उत्तर भी देता रहता है।**

विशेषत: गूँजनेवाली ध्वनि (रेजोनेंट साउंड) के प्रति बच्चे की प्रतिक्रिया अधिक होती है। हमारे सभी मंत्रों में इन कँपनों को सम्मिलित किया जाता है **जैसे— ॐ, श्री आदि। इसलिए गर्भस्थ बच्चे को बीजाक्षर मंत्र का स्नान करवाने की प्रथा थी।** अब तो यह भी सिद्ध हो चुका है कि **गर्भ चौथे महीने से ही सुन सकता है तथा अंतिम तीन माह में उसकी श्रवण शक्ति अत्यधिक विकसित** हो चुकी होती है। **डेविड स्पेल्ट** ने एक बार बहुत ही सुंदर प्रयोग किया। उन्होंने गर्भवती महिलाओं से कहा कि एक **छोटी-सी कहानी उन्हें दिन में 5 बार** उस गर्भ को सुनानी होगी। उन्होंने अलग-अलग जाँच करवाई। तब पता चला कि गर्भ ध्यान लगाकर कहानी सुनते थे और **जन्म के बाद यही कहानी उन्हें पसंद आती है।**

कोई **गाना या भजन बार-बार गर्भस्थ बच्चे को सुनाया जाए तो वह शांत हो जाता है।** जन्म के बाद भी **जब बच्चा बहुत रोता है, कष्ट देता है, तब वह उसी गाने को सुनकर तुरंत शांत हो जाता है।** बहुत लोगों ने इसे अनुभव किया है।

गर्भावस्था में शिक्षा पर एक शोध

डॉ. इवास कहते हैं कि 20 सप्ताह का बच्चा सीख नहीं पाता है, ऐसा पहले लोग मानते थे, क्योंकि उस समय **ब्रेन कॉर्टेक्स न होने से वह सीख नहीं पाता है।** परंतु हमारे शोध में हमने 10 गर्भवती महिलाओं को **दो प्रकार के संगीत के टेप दिए।** एक थी वेल्श परिसर के लोकगीतों की और दूसरी थी **डेहोन शायर नामक ग्रामीण क्षेत्र के** संगीत की। अन्य 5 महिलाओं को यूँ ही शामिल किया गया था। उन्हें कोई टेप नहीं दिए थे। प्रथम 10 महिलाओं से कहा गया कि एक टेप गर्भ के 20 सप्ताह से लेकर 21 सप्ताह के अंत तक सात दिन सुनें, दूसरी ध्वनि भी इसी तरह से 31वें सप्ताह में सुनाई गई। वॉशिंग मशीन की ध्वनि से थोड़ी अधिक स्तर पर टेप की ध्वनि रखने का आदेश महिलाओं को दिया गया। **प्रसूति के बाद 2-3 सप्ताह पूर्ण हो जाने पर सभी बच्चों को वही संगीत** के टेप्स फिर से सुनाए गए और उनके **व्यवहार की वीडियो रिकॉर्डिंग** की गई।

प्रथम दो टेप के अतिरिक्त तीसरी टेप (जो पहले सुनवाई नहीं गई थी) भी बच्चों को सुनवाई गई और तीनों टेप **परिवर्तित कर करके आगे-पीछे क्रम में बच्चों को सुनवाई गईं।** बच्चों की प्रतिक्रियाओं को नोट करते समय **उनके हिलने-डुलने की गति** (विशेष रूप से पैर की गति) का विशेष अध्ययन करने पर पता चला कि **जो संगीत उनका जाना-पहचाना** है, उसे सुनते समय **हिलने-डुलने की गति कम** रहती है। प्रथम दो दल के बच्चों में हिलने-डुलने की गति बढ़ती गई। तथापि जिस तीसरे दल में **गर्भावस्था के समय कोई प्रयोग नहीं किया गया था,** उन बच्चों की गति टेप सुनते समय अत्यधिक बढ़ गई थी। जिनको **गर्भावस्था में टेप सुनाए गए थे,** उनके हिलने-डुलने में और **संगीत लहरों के प्रति शांति से प्रतिक्रिया व्यक्त करने में अत्यधिक अंतर था।** गर्भ में जिस संगीत को

उन्होंने 20वें सप्ताह में सुना था, उसके लिए उन्होंने 30वें सप्ताह में भी उत्तर दिया। इससे पहले भी यह बात स्पष्ट हुई थी कि जन्म के बाद भी बच्चा गर्भ में सुने हुए **संगीत के लिए अच्छी प्रतिक्रिया प्रकट** करता है, किंतु गर्भावस्था के आरंभिक चरण में भी बच्चे की प्रतिक्रिया प्राप्त होने का यह पहला अवसर है। डॉ. इवांस आगे कहते हैं कि **इस शोध से गर्भस्थ बच्चे** के विकास और चिकित्सा के संबंध में अत्यधिक लाभ होगा।

इस प्रकार संस्कार एक ओर जीवन जीने की कला सिखाते हैं अर्थात् व्यक्तित्व का निर्माण करते हैं तो दूसरी ओर शरीर, मन, बुद्धि और चेतना के स्तर पर नैतिकतापूर्ण संकल्पशील समाज को मानवहित की दृष्टि से प्रतिबद्ध बनाते हैं। अत: संस्कारों के प्रति अपनी निष्ठा बढ़ाने की आवश्यकता है।

संस्कार का मनोवैज्ञानिक दृष्टिकोण

महाप्रभु वल्लभाचार्य का कथन है, **'जीवा: स्वभावतो दुष्टा:'** अर्थात् जीव स्वभाव से ही दोषयुक्त होता है। गोस्वामी तुलसीदास इसी बात को स्पष्ट करते हुए कहते हैं, **'भूमि परत भा ढाबर पानी। हजु जीवहि माया पलटानी (पृथ्वी पर पड़ते ही पानी गंदला हो गया है, जैसे शुद्ध जीव से माया लिपट गई हो)।**

वैसे तो जीव परमात्मा का अंश होने के कारण शुद्ध, बुद्ध, चैतन्य है, किंतु इस सृष्टि में जन्म लेते ही माया के जाल में फँस जाता है। माया का यह जाल अनेक दोषों और अशुद्धियों से युक्त होता है। गोस्वामीजी इसे वर्षा के बिंदु के उदाहरण से समझाते हैं। वर्षा का बिंदु भूमि पर आता है, तब तो पूर्ण शुद्ध होता है, किंतु भूमि पर पड़ते ही दूषित हो जाता है। मनोविज्ञान और मानवशास्त्र इन दोषों को जीवन की मूल वृत्ति कहते हैं। अलग-अलग मनोवैज्ञानिकों की संकलित सूची के अनुसार काम, भूख, प्रजोत्पादन की इच्छा, मत्सर, युयुत्सा (युद्ध में जीतने की इच्छा) भय, अहंकार, लोभ, आलस्य आदि मनुष्य की मूल वृत्तियाँ हैं। आहार, निद्रा, भय और मैथुन की वृत्तियों के बारे में तो मनुष्य अन्य प्राणियों जैसा ही है, संभवत: प्राणियों से भी अधिक हिंसक, आक्रामक और विध्वंसक।

इतने दोषों से परिपूरित मनुष्य का भी साहित्य में श्रेष्ठत्वमूलक वर्णन क्यों होता है? मनुष्य योनि को दुर्लभ कहा जाता है। महाभारत में कहा गया है, **''नहि मानुषात् श्रेष्ठतरं हि किञ्चित्''** अर्थात् मनुष्य से बढ़कर कोई नहीं। इसके उत्तर में सुप्रसिद्ध नीति वाक्य है—**धर्मो हि तेषामधिको विशेष: धर्मेण हीना: पशुभि: समाना:** अर्थात् अन्य प्राणियों और मनुष्य में आहार, निद्रा, भय और मैथुन की बातों में समानता होने पर भी मनुष्य में विशेषता के रूप में धर्म है तथा धर्म का पालन मनुष्य ही कर सकता है।

संस्कार **धर्ममूलक जीवनचर्या** की विशेषता है। **महर्षि आश्वलायन** कहते हैं, **'संस्काररहिता ये तु तेषां जन्म निरर्थकम्'** अर्थात् जिसे संस्कार प्राप्त नहीं हो सकते, उसका जन्म निरर्थक है।

मनोवैज्ञानिक दृष्टि से विचार करें तो कह सकते हैं कि संस्कार मन में प्रस्थापित आदर्श हैं। यह आदर्श जीवन व्यवहार में नियामक और प्रेरक बनते हैं। इन्हीं आदर्शों के आधार पर ही मनुष्य व्यवहार करता है। चरित्र को यदि वृक्ष मानें तो संस्कार को उस वृक्ष का बीज माना जा सकता है। अवचेतन मन संस्कार नामक बीज का क्षेत्र है और अनुकूल वातावरण हवा, पानी और प्रकाश है।

उसका अर्थ यह हुआ कि अवचेतन मन में प्रतिष्ठित संकल्प ही संस्कार है।

अवचेतन मन के संकल्पों में अपरिमित संभावनाएँ हैं। यह संकल्प इतने शक्तिशाली होते हैं कि वे एक जन्म से दूसरे जन्म में भी गति करते हैं। **संस्कार मन का उदात्तिकरण करते हैं और कर्मशुद्धि, भावशुद्धि और विचारशुद्धि के द्वारा अभ्युदय और निःश्रेयस तक ले जाते हैं।**

शिशु जब अपनी माता की कोख में होता है, तब माता के संकल्पों का उस पर प्रभाव पड़ता है। प्रत्येक माता में अपने बालक के विषय में कोई-न-कोई संकल्प होता है। इन संकल्पों से ही बालक के गर्भावस्था के संस्कार बनते हैं। जैसे कि प्रह्लाद के भक्ति-संस्कार और अभिमन्यु के शौर्य संस्कार गर्भावस्था में माता के संकल्प के माध्यम से ही हुए थे।

एक प्राचीन उक्ति में कहा गया है कि **आयुष्य, कर्म, धन, विद्या और मृत्यु, ये पाँच बातें** गर्भ में ही निश्चित हो जाती हैं—

आयुः कर्म च वित्तं च विद्या निधनमेव च।
पञ्चैतान्यपि सृज्यन्ते गर्भस्थस्यैव देहिनः॥

इसीलिए गर्भावस्था के संस्कार जीवन में निर्णायक होते हैं, ऐसा कहा गया है।

संस्कार आरोपित नहीं किए जा सकते। **लेनिन** ने सोचा था कि कोई व्यक्ति का अथवा व्यक्ति समूह का ब्रेनवॉश करके चरित्र निर्माण किया जा सकता है। **यदि यह बात सच होती तो ब्रेनवॉश करके प्रवर्तित किया हुआ साम्यवाद इतनी कम अवधि में नष्ट नहीं हो जाता।** संस्कार तर्क-वितर्क करके जबरदस्ती से दिए नहीं जा सकते। संस्कारों का आचरण ही आचरण को प्रेरित करता है। **डॉ. संपूर्णानंद** ने लिखा है कि समाज और राज्य का यह दायित्व है कि **सत्संकल्प, सदाशयता और सदाचार** की वृद्धि हो, ऐसा अनुकूल वातावरण और व्यवस्था निर्माण करें।

संस्कार मानव-मानव के बीच में और मनुष्य और प्रकृति के बीच में भावात्मक संबंध बनाने में महत्त्वपूर्ण भूमिका निभाते हैं। अपने स्वजन, समाज, राष्ट्र, प्राणी आदि के लिए त्याग करने की प्रेरणा संस्कारों के कारण ही मिलती है। एक सैनिक को युद्ध लड़ने की प्रेरणा वेतन के कारण नहीं, अपितु उसके चित्त में स्थित संस्कारों के कारण ही मिलती है। कला-कौशल, ज्ञान-विज्ञान आदि क्षेत्र में श्रेष्ठ बनने की प्रेरणा भी संस्कारों में ही स्थित है। अज्ञान, अभाव और अन्याय के विरुद्ध संघर्ष करने की प्रेरणा, ब्राह्मणत्व को सदैव स्मरण में रखने की प्रेरणा आदि यज्ञोपवीत संस्कार में ही है।

एक प्रकार से देखें तो संस्कारों को धार्मिक, आध्यात्मिक, सामाजिक, व्यावसायिक तथा सौंदर्यात्मक ऐसे विविध प्रकार से हम वर्गीकृत कर सकते हैं। दया, करुणा, शांति, अहिंसा, सत्य, धर्म, पापभीरुता, सहिष्णुता, समानता, साहस, साधना, श्रम, संतोष, विनय, स्वाध्याय, अभय, आत्मसम्मान, अतिथि सत्कार, इंद्रियनिग्रह, वैराग्य, धैर्य, क्षमा, अस्तेय, अक्रोध, परदुःखकातरता, वीरता, प्रेम आदि सभी संस्कारजनक गुण हैं। विद्या, काव्य, कलाकौशल आदि अतिशयाधानरूपी संस्कारों की श्रेणी में आते हैं। इस प्रकार मनोविकास में संस्कारों की भूमिका अत्यंत महत्त्वपूर्ण है।'

संस्कारों का नैतिक दृष्टिकोण

आनेवाले कल को सुंदर आज में परिवर्तित करने के लिए संस्कारों का दिशादर्शन उपयोगी है। आत्यंतिक कल्याण की प्राप्ति मानव जीवन का अभीष्ट है। कल्याण की संकल्पना का ही दूसरा नाम संस्कार है।

यह संस्कार एक में से अनेक की ओर गतिरूप है। यदि जीवन संस्कारशून्य हो जाए तो अनेक में से एक बनने की प्रक्रिया या तो रुक जाएगी अथवा उसका गौरव नष्ट हो जाएगा। मनुष्य ब्रह्म की अभिव्यक्ति है। ब्रह्मतेज को संस्कारों के माध्यम से ही मानवदेह में प्रतिष्ठापित करके जीवन को प्रकाशित किया जा सकता है। कहा जाता है—**मनुर्भव जनय दैव्यं जनम्** अर्थात् मनुष्य बन और अपने अंदर दिव्य जन्म प्राप्त कर। **दिव्यता ही देवत्व है और देवत्व चराचर सृष्टि का अवलंबन है।**

आर्य संस्कृति में संस्कारों का महत्त्व सर्वोपरि है। यह मात्र कल्पना या दंतकथा नहीं है। यह सत्य और यथार्थता की नींव पर खड़ा भवन है। यह ऐसा दिव्य भवन है जहाँ से आदर्श प्रकट होता है। यह आदर्श मानवदेह में संग्रहित होकर शीलरूप से आचरण में व्यक्त होता है। संस्कारों का यह नैतिक स्वरूप है, जो विश्व में भारत की अपनी विशेषता है।

भारत के सिवा अन्य किसी भी देश में गर्भाधान अथवा विवाह को संस्कारों की श्रेणी में नहीं रखा जाता है। भारत के अतिरिक्त हर जगह यह मात्र देहधर्म और जैविक आवश्यकता मानी जाती है। स्त्री और पुरुष के संबंधों का स्वरूप मात्र दैहिक अथवा जैविक नहीं होता, वह दैहिक से लेकर आत्मिक तक व्याप्त होता है। भारत में विवाह और गर्भाधान जैसी जैविक क्रियाओं का भी संस्कारों के माध्यम से उर्ध्वीकरण हुआ है। संस्कारों से होने वाला आत्मानुशासन शील की अभिवृद्धि करता है। मनुष्य समाज में शील का अत्यंत महत्त्वपूर्ण स्थान है। शील के विषय में कहा गया है—शीलं सर्वस्य भूषणम् अर्थात् शील ही सभी का आभूषण है। इसी तरह लाल बहादुर शास्त्री राष्ट्रीय प्रशासनिक अकादमी, मसूरी का भी ध्येय वाक्य है—**शीलं परमं भूषणम् (Character is the highest virtue)**।

भर्तृहरि शील की प्रशंसा करते हुए कहते हैं—

वह्निस्तस्य जलायते जलनिधिः कुल्यायते तत्क्षणा
न्मेरुः स्वल्पशिलायते मृगपतिः सद्यः कुरङ्गायते।
व्यालो माल्यगुणायते विषरसः पीयूषवर्षायते
यस्याङ्गेऽखिललोकवल्लभतमं शीलं समुन्मीलितम्॥

अर्थात् जिसके शरीर में समस्त विश्व में अत्यंत प्रिय ऐसा शील प्रतिष्ठित है, उसके लिए अग्नि जल समान, समुद्र नहर समान, सुमेरु शिला समान, सिंह मृग समान, सर्प पुष्पमाला समान तथा विष अमृत की वर्षा करने वाला होता है।

ऐसा शील संस्कारों का परिणाम है। भारतभूमि में इसीलिए संस्कारों की अत्यंत प्रतिष्ठा मानी गई है।

गर्भ संस्कार का आध्यात्मिक दृष्टिकोण

एक बार **विनोबाजी अपने मित्र के खास अनुरोध पर उसके द्वारा बनाए गए** मेटर्निटी होम को देखने गए। पहले तो वे जाने के लिए उत्सुक नहीं थे, लेकिन दोस्त का मन रखने के लिए प्रसूति गृह देखने चले गए। वहाँ किसी पालने के पास वे रुक गए और देखते रह गए। उन्होंने बच्चे की माता से कहा कि, ''**देवी, कितना बड़ा कार्य है आपका।** हमारे जैसी हजारों **भूदान क्रांतियों से भी महान् कार्य है आपका।**'' सारा विश्व **ब्रह्मांडीय ऊर्जा** से भरा पड़ा है। पर हम उसे देख नहीं पाते। इलेक्ट्रिक प्लग के अंदर भी करंट है। क्या हम उसे देख सकते हैं? लेकिन लोहे का एक टुकड़ा अंदर डालिए, तब पता चलेगा करेंट की शक्ति कितनी है? **वही बात चैतन्य की है। चैतन्य शक्ति का छोटा-सा आविष्कार तुम्हारे पास आया है।**''

''**ईश्वर का अंश तुम्हारे पेट में पल रहा है। साक्षात् यशोदा का कान्हा तुम्हारे गर्भ में स्थापित हुआ है। इस विश्व का सम्राट तुम्हारे पेट से जन्म लेने वाला है।** कितनी भाग्यशाली हो तुम लड़कियाँ? साक्षात् जीवन की शिक्षा देने वाला **अंकुर तुममें बढ़ रहा है।** मुझे माता का **वह रूप बड़ा महान्, तेजस्वी दिख रहा है।** कितना बड़ा वरदान मिला है तुम्हें? **लौकिक अर्थ में गर्भवती होने पर मिलने वाला आनंद सभी को प्राप्त होता है। लेकिन वह आनंद रूढ़ियों में, परंपरागत विचारों में और सामाजिक बंधनों में जकड़ा हुआ है।** परंतु आज तुम्हें एक ऐसी अनुभूति को अनुभव करना है, जो पहले कभी नहीं हुई। तुम क्या करोगी? **एक बच्चे का निर्माण करके उसे जन्म दोगी। जो परिवर्तन तुम्हारे पेट में हो रहा है, वह इस जगत् का महान् आश्चर्य है।** संसार के सारे कंप्यूटर और विज्ञान लाख प्रयास

कर लें, पर जो उन्हें नहीं आता, ऐसा **कार्य तुम करने जा रही हो। तुम देवत्व का अंश अपने पास पाल रही हो।''**

नई पीढ़ी अत्यधिक चिंतनशील है। उत्कृष्ट बच्चे के लिए इनका प्रयास प्रशंसा योग्य है। उसके लिए वह कुछ भी करने को तैयार है। अब उसे **गर्भावस्था में बच्चे पर उत्तम संस्कार करने की आवश्यकता अनुभूत हो रही है। केवल मार्गदर्शन का अभाव है। चिकित्सा सलाह से रक्त की जाँच, भार, बी पी, सोनोग्राफी आदि की जा सकती हैं। परंतु घर में बुजुर्गों की कमी और गुरुजनों का अभाव नई पीढ़ी को इस बारे में शिक्षा नहीं दे सकता। यह आवश्यक है कि भावी माताओं को अत्यल्प समय में मार्गदर्शन मिल सके, क्योंकि उन्हीं से नए भारत की स्थापना संभव है।**

''मैं देख रहा हूँ कि तुम्हारे बच्चे भारत का भविष्य बनाने वाले हैं। ऐसा भारत पूरे विश्व पर राज करेगा। तुम्हें ऐसी संतान को जन्म देना है जो प्राणिमात्र से सच्चे हृदय से प्यार करे। तुम्हारे जीवन का यह उल्लेखनीय बिंदु है। चैतन्य का आविष्कार उदयोन्मुख है। तुम्हें ईश्वर का चैतन्य समझकर ही बच्चे का पालन करना है। तुम क्या सोच रही हो? यही ना कि मेरा बेटा उच्च शिक्षा प्राप्त करेगा। डॉक्टर, इंजीनियर, पायलट या ऐसा ही कोई बनेगा। तुम्हें चाहिए कि तुम उससे भी आगे की सोचो। तुम्हारा बच्चा इन सब शक्तियों से परिपूर्ण है। उसमें देवकी-यशोदा-कौशल्या मैया के पेट में जन्म लेने वाले का सामर्थ्य है। सभी शक्तियाँ, कला, सौंदर्य और आनंद उसमें है। इसी बात का चिंतन करो, 'मेरा बच्चा चैतन्य, आनंद व ज्ञान का पिंड है।'

विश्व में अनेक शक्तियाँ हैं। जैसे **उद्धार शक्ति, संहार शक्ति इत्यादि**। परंतु विश्व की सर्वश्रेष्ठ शक्ति क्या है, पता है? **वह है बीजशक्ति**। देखिए तो, एक छोटा-सा बीज बोने से धीरे-धीरे पेड़ पनपता है। **उसमें फूल आता है, फल लगता है, फल में फिर बीज होता है**। उस बीज से फिर अनगिनत पेड़ पैदा हो सकते हैं और वे भी **उन्हीं गुणों से भरपूर, जो पहले बीज में थे**। कितनी बड़ी दिव्य शक्ति है—यह बीजशक्ति। यही बीजशक्ति तुममें मातृत्व शक्ति बनकर आई है।

केवल मातृत्व ही नहीं, पूर्णाकारी मातृत्व पनपने दो। **समाज का असंतुलन संतुलित करने का सामर्थ्य स्त्रीशक्ति में ही है**। जो माता अपने **बच्चे का बाह्य रूप ही देखती है और उसी को सजाने** में लग जाती है, वह **तो दाई ही हुई न?** परंतु जो **बाह्य के साथ-साथ अंतरंग भी सजाती है, वही सच्ची माता है। वही पूर्णाकारी मातृत्व है। बाह्य रंगी मातृत्व बच्चे के एक जन्म का कल्याण करता है, किंतु अंतरंग की साज-सज्जा उसके कई जन्मों का कल्याण कर देती है।''**

आँखों पर तेज प्रकाश आने पर जैसे दृष्टि दुर्बल पड़ जाती है और आँखों को कुछ चीजें बिल्कुल दिखाई ही नहीं देती, **उसी तरह आज की विज्ञान की ज्ञान रोशनी की तीव्रता से मानव की आँखें चुँधिया गई हैं**। इसलिए **मानव जीवन के महत्त्वपूर्ण अंश, बातें उसके ध्यान से उतर गई हैं**। मानवीय **जीवन दो अंगों** से सजाया जाता है—एक **भौतिक पक्ष और दूसरा आध्यात्मिक पक्ष।**

आज जीवन की सारी बातें इस **भौतिक पक्ष पर केंद्रित हो गई हैं और आध्यात्मिक पक्ष कहीं** धुँधला-सा पड़ गया है।

आम जीवन की तरह इस गर्भावस्था को व्यतीत न करें। आपको पूरे नौ माह तक **पेट में पल रहे चैतन्य की महापूजा करनी है**। आपको एक **दिव्य आनंद के नशे का अनुभव करना है**। उत्तम और सर्वोत्कृष्ट बातें **अपने बच्चे में आए, इसके लिए आपको प्रयास करना है**। इतना प्रेम आपके हृदय में पनपना चाहिए कि **उस प्रेम में बच्चा दिन-रात लीन** रहे। उसके भी हृदय में प्रेम पनपना चाहिए, ताकि वह भी पूरे विश्व से प्रेम करना सीखे।

भविष्य की माताओ, मुझे पता है कि **आपके पास ज्यादा समय नहीं है**। आपको अपना **कॅरियर बनाना है,** लेकिन **माता बनने का कॅरियर भी महत्त्वपूर्ण है**। आपके मन की विचारधारा की **दिशा आप तय कर सकती हैं। हमेशा सकारात्मक रहें, प्रसन्न रहें। संतों के चरित्र पढ़ें।** भगवान् की **प्रार्थना करती रहें।**

सचमुच सभी युवतियाँ (और उनकी माएँ भी) **एकाग्रचित्त से उपदेश ग्रहण कर रही थीं 'एक नई दृष्टि**

हमें आज मिली है। हमने आज तक गर्भावस्था को इस दृष्टि से देखा ही नहीं था। बहुत अच्छा लग रहा है। हम कुछ **महान् कार्य करने जा रही हैं,** ऐसा विश्वास और आनंद मन में पनप रहा है। सच कहें तो इस प्रकार **बताने वाले आज कोई है ही नहीं**' गर्भधारणा के बाद अनेक बातों को याद रखना पड़ता है। **आहार, दिनचर्या-रात्रिचर्या, आदतें, विचारधारा, मानसिक परिवर्तन, परिस्थिति आदि सभी का गर्भ पर प्रभाव पड़ता है।** जन्म के बाद दिए जाने वाले संस्कारों की तुलना में गर्भ में किए गए संस्कार ज्यादा प्रभावकारी होते हैं और जो विज्ञान द्वारा सिद्ध किया जा चुका है। **अभिमन्यु** की कथा की ओर रखा गया दृष्टिकोण अब परिवर्तन करने की आवश्यकता है। जैन शास्त्र के **रानी मदालसा** की कहानी यही बात दोहराती है।

जीजामाता ने इच्छा की थी कि **मुस्लिमों को नष्ट कर सकने वाला और हिंदवी स्वराज्य की स्थापना कर सकने वाला बेटा मुझे चाहिए।** शायद उनके **मन की तीव्र संवेदनाएँ गर्भस्थ शिवाजी राजा पर असर करती रहीं और गर्भावस्था में ही बच्चे के मन में पक्की हो गईं।**

रामायण में उल्लेख है कि **कौशल्या रानी को गर्भावस्था में इच्छा होती रही कि धनुष-बाण लेकर युद्ध करें। जंगलों में जाकर राक्षसों का नाश करें।**

भगवान् महावीर जब गर्भावस्था में माँ के पेट में थे, तभी उन्हें मति, श्रुति, अवधि ज्ञान की प्राप्ति हो गई थी और इसी गर्भ के संयोग से त्रिशला माता ने जैन शास्त्रों के कठिन शब्दों और तत्त्वों का अर्थ समझ लिया था, जो गर्भावस्था से पहले उन्हें कठिन लग रहा था।

आज नई पीढ़ी के सामने सभी भौतिक सुख हाथ जोड़कर खड़े हैं। परंतु समाज में नीति मूल्यों का ह्रास अत्यधिक हुआ है। इसलिए आज की माँ को अधिक परिश्रम करना पड़ेगा। अपना कॅरियर सँभालते हुए, उपलब्ध कम समय में ही गणित का अभ्यास करके यह कार्य करना होगा। इसीलिए गर्भावस्था की यह अवधि बहुत ही महत्त्वपूर्ण है। उसका लाभ उठाना चाहिए। हिंदू धर्म में गर्भधारणा के लिए गर्भाधानसूक्त और गर्भदृढ़ीकरसूक्त बताए गए हैं। जैन शास्त्र के तीसरे, पाँचवें सातवें और नौवें माह में विशेष गर्भ-संस्कार बताए गए हैं, जिसमें गर्भस्थ बच्चे के संपूर्ण कल्याण का आशय शामिल है।

बलशाली भारत बने, विश्व में शोभा दे, इस हेतु शुरू से ही गर्भ संस्कार करना योग्य है।

1. गर्भाधान संस्कार

हर एक व्यक्ति की इच्छा होती है कि उसकी संतान उत्तम गुणों से युक्त, संस्कारी, शक्तिशाली, स्वस्थ एवं दीर्घजीवी बने। अत: बालक के जन्म के बाद वे विशेष ध्यान देते हैं। बालक महान् बने, इसके लिए मात्र जन्म के पश्चात ध्यान दिया जाए, यह पर्याप्त नहीं है। गर्भाधान एवं गर्भाधान से पूर्व यह चिंतन-मनन एवं क्रिया-प्रक्रियाएँ प्रारंभ हो जाती हैं।

उद्देश्य

1. भागवत के आठवें स्कंध में 'पयोव्रत' का उल्लेख है। उसका तात्पर्य यह है कि शिशु को जन्म देने की दृष्टि से संयमित जीवन, सात्विक आहार एवं भोग विमुक्त विचार इन सूत्रों का निर्वाह करने वाले दंपतियों के घर में तेजस्वी संतति जन्म लेती है। अदिति ने यह पयोव्रत किया था। इसलिए उसके घर में वामन अवतार हुआ। स्त्री ही राष्ट्र की जननी है। वह इस विषय में अधिक जाग्रत रहे, इस हेतु गर्भाधान संस्कार है।

2. बीज एवं गर्भ से संबंधित दोष नष्ट करना एवं क्षेत्र (गर्भाशय) शुद्ध करना। शारीरिक एवं मानसिक कष्टों में से कुल मिलाकर 2% कष्ट बीज गर्भ दोषों के कारण होते हैं। उनमें से आधे कष्ट शारीरिक एवं आधे मानसिक स्वरूप के होते हैं।
3. इस संस्कार द्वारा उत्पन्न पुत्र में ब्रह्मविद्या प्राप्त करने की क्षमता होती है।
4. **''गार्भैर्होमैर्जातकर्मचौडमौञ्जीनिबन्धनैः।**
बैजिक गार्भिकं चैनं द्विजानामपमृज्यते॥''

—मनुस्मृति, अध्याय 2, श्लोक 27

अर्थः गर्भाधान, जातकर्म, चूड़ाकर्म एवं जनेऊ बंधन संस्कार के कारण द्विजों के बैजिक (बीज के कारण उत्पन्न) एवं गार्भिक (गर्भावस्था से उत्पन्न) दोषों का परिमार्जन होता है।

गर्भाधान संस्कार न करने से क्या रति सुख प्राप्त नहीं होगा अथवा संतति नहीं होगी ? संतति होगी, परंतु वह अत्यंत हीन, रुग्ण एवं निकृष्ट होगी।

मुहूर्त : यह संस्कार विवाह के पश्चात् प्रथम रजोदर्शन के समय से लेकर (माहवारी के प्रथम दिन से) प्रथम सोलह रात्रि में (ऋतुकाल में) करते हैं। उनमें प्रथम चार, ग्यारहवीं तथा तेरहवीं रात छोड़कर शेष दस रातें इस संस्कार के उचित समझी जाती हैं। ऐसा कहते हैं कि जिसे पुत्र की कामना है, उसे (4-6-8-10-12-14-16 इन) सम दिनों में और कन्या की कामना करने वाले को (5-7-9-13) विषम रात्रि में स्त्री संभोग करना चाहिए। गर्भाधान संस्कार के लिए चतुर्थी, षष्ठी, अष्टमी, चतुर्दशी, अमावस्या एवं पूर्णिमा की तिथियाँ वर्ज्य करनी चाहिए। शेष किसी भी तिथि पर और सोमवार, बृहस्पति (गुरुवार), शुक्रवार के दिन, श्रवण, रोहिणी, हस्त, अनुराधा, स्वाति, रेवती, तीनों उत्तरा, शततार का नक्षत्रों पर उत्तम चंद्रबल देखकर गर्भाधान विधि करें। प्रकृति के प्रत्येक पहलू में कालानुसार परिवर्तन होते रहते हैं। मात्र ब्रह्म स्थिर होता है। इस नियमानुसार स्त्रीबीज फलित होना, पुत्र अथवा कन्या होना इत्यादि बातें भी कालानुसार परिवर्तित होती रहती हैं। इस नियमानुसार निश्चित किया गया है कि कौन-सी तिथि, दिन एवं नक्षत्र, पुत्र अथवा कन्या होने हेतु पूरक होते हैं।

विधि

1. **अश्वगंधा अथवा दूर्वा रससेवन :** पति स्त्री के पीछे खड़े रहकर मंत्र पढ़कर पत्नी की दाईं नासिका में अश्वगंधा अथवा दूर्वा का रस डालें। रस के पेट में पहुँचने के उपरांत स्त्री आचमन करे। दाईं नासिका पिंगला नाड़ी की होती है। अधिकांश कार्य यशस्वी होने हेतु पिंगला नाड़ी का कार्यरत होना पूरक सिद्ध होता है। अश्वगंधा अथवा दूर्वा के रस से यह नाड़ी कार्यरत होती है।
2. **प्रजापति पूजन :** गर्भाधान एवं विवाह संस्कार के प्रमुख देवता प्रजापति हैं। कलश पर इस देवता की स्वर्ण प्रतिमा की कलश पर स्थापना कर, अष्टदिक्पाल एवं नवग्रह साहित षोडषोपचार पूजन करते हैं। (पाठभेदः इस संस्कार में देवता स्थापना नहीं होती।)
3. **गोदभराई :** सूर्यस्तवन पश्चात पाँच सुहागिनों द्वारा गर्भवती स्त्री की गोद फलों से भरवाएँ तथा पति के हाथों में नागवल्ली के दो पत्तों पर नारियल रखकर दें, तत्पश्चात स्त्री एवं उसका पति, देवता तथा पिता को प्रणाम कर भोजन करें। सूर्य तेज तत्त्व का प्रतीक है।

अत: गर्भ तेजस्वी होने हेतु सूर्यस्तवन करते हैं (स्त्री) शरीर के श्रोणी प्रदेश में गर्भाशय होता है। गोदभराई की प्रथा गर्भधारणा हेतु भी है, हालाँकि इसे सामान्यत: 7वें माह की गर्भिणी को करवाया जाता है।

4. **संभोग :** (पूर्व में पेज संख्या 47 पर दी गई आयुर्वेदिक समागम विधि का पालन करें।)

अशुभ काल में यदि रजोदर्शन हो तो गर्भाधान से पूर्व करने योग्य शांति

रजोदर्शन यदि अशुभ काल में हो, तो वह बड़ा दोष होता है। इस दोषनिवारण हेतु 'ऋतुशांति' नामक विधि करनी पड़ती है। (इस विधि को 'भुवनेश्वरी शांति' कहते हैं।) अशुभ नक्षत्र आगे दिए अनुसार हैं—भरणी, कृत्तिका, आर्द्रा, आश्लेषा, मघा, पूर्वा, पूर्वाषाढ़ा, पूर्वाभाद्रपद, विशाखा एवं ज्येष्ठा। अशुभ योग इस प्रकार से हैं—विष्कंभ, गंड, अतीगंड, शूल, व्याघात, वज्र, परीघ, व्यतीपात, वैधृती एवं भद्रा। इसी प्रकार से आगे दी गई कालावधि भी अशुभ मानी गई है- ग्रहणकाल, मध्यरात्र, संधिकाल, अपरह्नकाल एवं निद्राकाल। गर्भाधान से पूर्व करने योग्य शांति की संक्षिप्त रूप से विधि इस प्रकार है—प्रथम भुवनेश्वरी शांति का संकल्प करें। श्री गणपतिपूजन, वरुणपूजन, पुण्याहवाचन, मातृकापूजन एवं नांदीश्राद्ध करें। तदुपरांत पंचगव्यमेलन कर स्थल की शुद्धि करें। तीन कलश एक पंक्ति में रखकर मध्यभाग में रखे कलश पर श्री भुवनेश्वरी देवी, इस मुख्य देवी की प्रतिमा स्थापित करें एवं उनकी (षोड्षोपचार सोलह उपचारों से) पूजा करें। श्री भुवनेश्वरी देवी के दाहिनी ओर के कलश पर इंद्राणी एवं बाईं ओर के कलश पर इंद्र देवता की स्थापना कर उनका पूजन करें। तत्पश्चात यज्ञकुंड में अग्नि की स्थापना करें। तत्पश्चात, इंद्राणी देवता के निकट नवग्रहमंडल स्थापित कर उनकी पूजा करें। पश्चात यज्ञकुंड के निकट बैठकर आगे दिए अनुसार अन्वाधान (आहुतियों की संख्या निश्चित करना) करें। नवग्रहों के लिए क्रमानुसार मदार, पलाश, खैर, अपामार्ग, पीपल, गूलर, शमी, दूब एवं दर्भ, इन समिधाओं से तथा चरु एवं आज्य से 28 बार मंत्रों से हवन करें। इसी प्रकार भुवनेश्वरी के लिए दूब, तिल मिश्रित गेहूँ, पायस एवं घी से 1008 बार मंत्रों से हवन करें। तत्पश्चात इंद्र एवं इंद्राणी, प्रत्येक के लिए 108 बार हवन करें। यह संभव न हो, तो श्री भुवनेश्वरी देवी के लिए 108 अथवा 28 तथा इंद्र-इंद्राणी के लिए 28 अथवा 8 बार हवन करें। इस समय प्रयुक्त किया गया पायस होम पर (हवन पर) ही बनाया हुआ हो, घर में बनाया न हो। तदुपरांत स्विष्टकृत् इत्यादि होमकर्म कर बलिदान, यजमान अभिषेक, विभूतिग्रहण एवं श्रेयोदान करें।

गर्भाधान संस्कार प्रत्येक गर्भधारणा में पुन: करने की आवश्यकता नहीं होती।

महर्षि सुश्रुत ने 'सुश्रुतसंहिता' में लिखा है कि योग्य विधिपूर्वक गर्भधारण करने से बलवान, सौंदर्यवान, दीर्घायु, पिता को उऋण करने वाला, सुख देने वाला, सत्पुत्र उत्पन्न होता है। इस विधि का प्रारंभ गृहस्थाश्रम प्रवेश से होता है। यजुर्वेद में स्पष्ट कहा गया है कि जिस व्यक्ति में (1) शारीरिक पराक्रम, (2) मन में प्रसन्नता, (3) बुद्धि में गंभीरता एवं (4) हृदय में विशालता होती है, वही व्यक्ति गृहस्थाश्रम में प्रवेश का अधिकारी है। गुणविहीन दंपति का बालक श्रेष्ठ कहाँ से होगा? 'मनुस्मृति' में कहा गया है—जिस प्रकार सभी प्राणी वायु के आधार पर जीवित हैं, उसी प्रकार सभी आश्रम गृहस्थाश्रम पर अवलंबित हैं।

आयुर्वेद एवं आध्यात्मिक साहित्य के अनुसार विवाह विषयासक्ति के लिए नहीं, किंतु चतुर्पुरुषार्थ सिद्धि के लिए है। अत: बुद्धिमान, गुणसंपन्न, नवदंपति को योजनापूर्वक संस्कारित होकर उत्तम संतान उत्पन्न करनी चाहिए।

शुक्रशोणिती संयोगे तु खलु गर्भ उच्यते।

शुक्र एवं शोणित (स्त्रीबीज) का संयोग होने पर भी जीव का स्थापन नहीं होता है तो गर्भ ठहरता नहीं, अत: समागम के पश्चात भी हर बार गर्भाधान होता नहीं है। महर्षि अग्निवेश ने गर्भ की सुंदर परिभाषा दी है, ''पुरुष वीर्य किसी दोष से दूषित न हो, स्त्री की योनि, आर्तव, गर्भाशय भी दूषित न हो। वह स्त्री ऋतुकाल में हो तब मैथुन रूपी समागम द्वारा शुक्र शोणित (शुक्र एवं स्त्रीबीज) का संयुक्त रूप से गर्भाशय में मिलन हो एवं उनकी मन की गति से प्रेरित होकर, जब उसमें जीव संचार होता है, तब गर्भ की उत्पत्ति होती है।''

'अष्टांगहृदय' में महर्षि वाग्भट्ट ने भी गर्भ की परिभाषा देते हुए लिखा है, ''स्वयं के कर्म एवं क्लेश से प्रेरित होकर जीव शुद्ध वीर्य एवं आर्तव में युक्तिपूर्वक मिलकर गर्भ के रूप में प्रकट होता है।'' अत: शुक्र एवं रज (आर्तव) आदि शुद्ध न हों तो उन्हें शुद्ध करने का औषधोपचार करना चाहिए। प्रथमत: स्त्री-पुरुष की आंतरिक शुद्धि, पंचकर्मादि द्वारा एवं योग, ध्यान द्वारा मानसिक शुद्धि प्रदान कर, प्रसन्न चित्त से समागम किया जाए तो उत्तम गर्भस्थापन की संभावनाएँ बढ़ जाती हैं। दिव्यात्मा हमेशा श्रेष्ठ एवं स्वस्थ स्त्री-पुरुष के घर जन्म पाने हेतु तत्पर होती है।

वर्तमान समय में गर्भाधान से पूर्व पंचकर्मादि से शारीरिक शुद्धि नहीं की जाती है। यही कारण है कि बच्चों में आनुवांशिक रोगों का प्राधान्य दिखाई देता है।

वर्तमान चिकित्साशास्त्र भी स्वीकार करता है कि मधुमेह, स्थूलता, चर्मरोग, मानसिक रोग, मसा आदि कई रोग अनुवांशिकता से प्राप्त होती हैं। बच्चों को उत्तराधिकार में रोग नहीं देने हैं तो नवदंपति को प्रथम पंचकर्म से शरीर शुद्धि करवानी चाहिए। साथ ही योग द्वारा मानसिक शुद्धि भी आवश्यक है। यदि दंपति मानसिक रूप से माता-पिता बनने के लिए तैयार नहीं हैं, तब भले ही शारीरिक रूप से सक्षम हों, तो भी उन्हें गर्भाधान नहीं करना चाहिए।

2. पुंसवन संस्कार

हिंदू जीवन पद्धति में प्रतिष्ठित सोलह संस्कारों में पुंसवन संस्कार अत्यंत महत्त्वपूर्ण माना जाता हैं। आयुर्वेदशास्त्र के अनुसार गर्भाधान के बाद दूसरे महीने में गर्भ की जाति निश्चित होती है। उस समय पुत्र की प्राप्ति के लिए पुंसवन संस्कार करने का विधान किया गया है।

पुंसवन शब्द की व्युत्पत्ति 'पुंस्य अवन:' है। पुंस्य अर्थात् पुरुषार्थ, अवन: अर्थात् अवनी/भूमि पर अवतरित होने की अवस्था।

यह उस युग का विधान है, जब पुत्र और पुत्री को लेकर आज के जैसी समस्या निर्मित नहीं हुई थी। संपूर्ण समाज व्यवस्था परिवार को इकाई मानकर बनाई गई थी। पत्नी-पति की अर्धांगिनी मानी जाती थी, सहधर्मचारिणी मानी जाती थी, गृहिणी मानी जाती थी, गृहस्वामिनी मानी जाती थी। ये सब सम्मानीय पद थे। फिर भी व्यावहारिक बाहरी व्यवस्थाओं का सारा संदर्भ पुरुष का ही रहता था। इसलिए स्त्री ही ससुराल जाती थी, स्त्री का ही कुल, गोत्र आदि परिवर्तित हो जाता था। वह पति के कुल में समा जाती थी। पुत्र से ही वंश परंपरा आगे बढ़ती थी। इन स्थितियों को लेकर आज के जैसी गुत्थी नहीं बनी थी। कन्या अप्रिय और अवांछित भी नहीं लगती थी। इसके विपरीत, आज कई बार स्त्रियों को गौण मानकर उनका अनादर होता है। उनको पुरुषों से नीची माना जाता है, उनका शोषण किया जाता है। उस समय ऐसा नहीं होता था। स्त्रियों के मन में भी इस स्थिति को लेकर असंतोष नहीं था। उस समय गर्भपात को ही महान् पाप माना जाता था। इसलिए स्त्री भ्रूण हत्या की समस्या ही नहीं थी।

स्त्रीभ्रूण हत्या एक महान् पाप माना जाता है, इसमें कोई संदेह नहीं, परंतु इसके नाम पर पुंसवन संस्कार को भी निषिद्ध अथवा प्रतिबंधित मानने की कोई आवश्यकता नहीं है। आवश्यकता के अनुसार पुत्र या पुत्री की इच्छा या योजना गर्भाधान के पूर्व की जा सकती है; **हाँ गर्भ की जाति निश्चित करने के लिए कोई परीक्षण का निषेध ही होना चाहिए।**

उस संदर्भ में वेदोक्त पुंसवन संस्कार का मूल्यांकन करना चाहिए। उसमें युगानुकूल परिवर्तन भी कर सकते हैं।

पुन्नाम्नो नरकात् त्रायते इति पुत्र: पुत्री वा।

'पुं' नाम के नरक से बचाने वाली संतान पुत्र कहलाती है, जिसका स्त्रीलिंग पुत्री होता है। इसलिए इस एक संदर्भ को अर्थात् पुत्रप्राप्ति के संदर्भ को एक ओर रखें और पुंसवन में ही स्त्रीसवन का यदि समावेश कर लें, जैसे अंग्रेजी में He includes She की व्यवस्था होती है, उसी प्रकार से पुंसवन संस्कार के अन्य लाभ नकारने की आवश्यकता नहीं रहेगी।

गर्भ के शुद्धिकरण के लिए गर्भस्थ जीव को तेज तत्त्व की प्राप्ति हो, गर्भ का शारीरिक विकास अनुकूलतापूर्वक हो, इसलिए पुंसवन संस्कार गर्भाधान से दूसरे, तीसरे या चौथे महीने में करने का विविध शास्त्रों में विधान है, किंतु हमेशा

दूसरे माह में ही करें। भागवत के छठे स्कंध के 36-39वें अध्याय में उल्लेख है कि महर्षि कश्यप की आज्ञा से दिति ने इंद्र के वध की क्षमता रखने वाले पुत्र की इच्छा से एक वर्ष तक चलने वाला ऐसा पुंसवन नाम का व्रत किया था।

पुमान् सूयते यस्मात् इति पुंसवनम्।

पुमान् यानी वीर्यवान संतति जिस संस्कार से उत्पन्न होती है, उसे 'पुंसवन' कहते हैं।

व्यवहार एवं आयुर्वेद में इच्छित लिंग संतान प्राप्ति के लिए यह संस्कार किया जाता है, ऐसा वर्णन है। जन्म लेने वाला शिशु लड़का चाहिए या लड़की, इसलिए भी यह संस्कार करते हैं, **किंतु वेदों में यह संस्कार सभी के लिए करना चाहिए और तेजस्वी, गुणवान संतान की प्राप्ति के लिए ही करना चाहिए, ऐसा वर्णित है।**

आयुर्वेद के अनुसार, गर्भधारण होने के दो माह बाद गर्भ का लिंग सुनिश्चित होता है अर्थात् माहवारी बंद होने के बाद एक या डेढ़ माह में पता चल जाता है कि शिशु लड़का है या लड़की। यानी उससे पहले शिशु का लिंग परिवर्तन हो सकता है।

अव्यक्तः प्रथमे मासि सप्ताहांत् कलली भवेत्।
गर्भः पुंसवानान्यय पूर्व व्यक्ते प्रयोजयेत्॥

अर्थ—प्रथम मास का गर्भ अव्यक्त लिंग होता है। दूसरे माह में धीरे-धीरे लिंग व्यक्त होने लगता है। अतः पुंसवन संस्कार गर्भ का लिंग व्यक्त होने से पहले करना चाहिए।

पुंसवन संस्कार करने के बाद गर्भ स्थिर हो जाता है, गर्भपात नहीं होता।

अस्यां मम भार्यायामुत्पत्स्यमाण सर्वगर्भाणां बैजिक गार्भिक दोष परिहार पुरूपता ज्ञानोदय प्रतिरोधी परिहार द्वारा पुसंवन संस्कार करिष्ये।

(संकल्प का अर्थ है कि जिस उद्देश्य से यह संस्कार किया जाता है, वह व्यक्त करें।) अर्थ—मेरी पत्नी (के स्थान) में निर्माण होने वाले सभी गर्भ के बीज एवं गर्भ संबंधी दोषों का निवारण होकर पौरुष, ज्ञान का उदय (पौरुष का अर्थ यहाँ ज्ञान, पराक्रम, शौर्य आदि गुणों का विकास) होने में जो भी बाधाएँ आती हैं, नष्ट हो जाने के लिए पुंसवन संस्कार करते हैं।

अनवलोभन संस्कार

अनवलोभन का अर्थ है पतन। अनवलोभन का अर्थ पतन न होना। गर्भ का पतन न हो, इसलिए जो संस्कार किया जाता है, उसे 'अनवलोभन संस्कार' कहते हैं। माँ के पेट में गर्भ के बढ़ते समय गर्भपात न हो, इसलिए बहुत सावधानी रखनी पड़ती है। उकड़ू न बैठना, क्या खाना है, क्या नहीं खाना? आदि, शरीर में पीड़ा, किसी की शापवाणी, अपशब्द या घरेलू तनाव आदि से भी गर्भपात न हो, इसलिए अनवलोभन संस्कार किया जाता है और यह बहुत महत्त्वपूर्ण है। मानवी शक्तियों से परे बीजदोष (Genetic Problems) होने के बाद भी अकस्मात गर्भपात न होना, गर्भ बलवान होना और पूरे दिन होने के बाद ही शिशु का जन्म होना, ये सब अनवलोधन संस्कार से साध्य होता है।

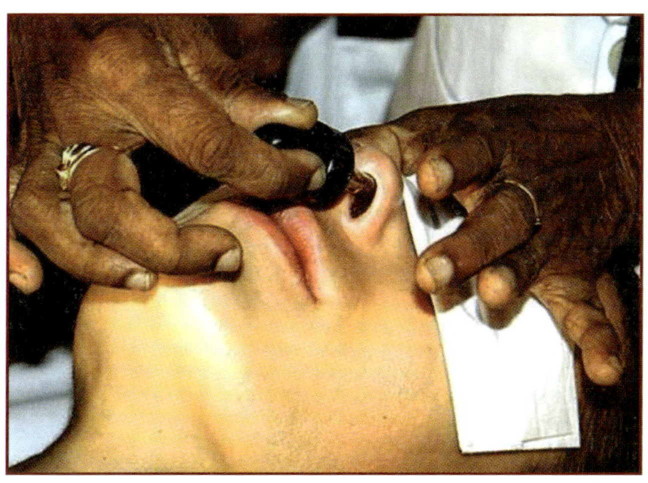

इस संस्कार के समय स्त्री के दाहिने नाकपूड़ी में (नाक का दाहिना छिद्र) कुछ विशेष औषधियों का रस डालने की महत्त्वपूर्ण विधि होती है। यह रस नाक में डालने के बाद व गले से निगलकर पेट में पहुँचाना बहुत महत्त्वपूर्ण है। दूर्वा वनस्पति शीत गुणों से भरपूर होने के कारण रक्त की उष्णता को कम करती है। दूर्वा के इसी महत्त्वपूर्ण गुण का उपयोग यहाँ होता है। नाक की श्लेष्मल त्वचा पर डाली गई औषधि का उपयोग गर्भाशय में होने वाली अंत:स्थ त्वचा पर सीधा होता है। जहाँ गर्भ होता है, वहाँ का विष (Toxin) नष्ट करके और उष्णता कम करके गर्भ को होने वाला संकट दूर किया जाता है। यह अनवलोभन संस्कार का कार्य होता है।

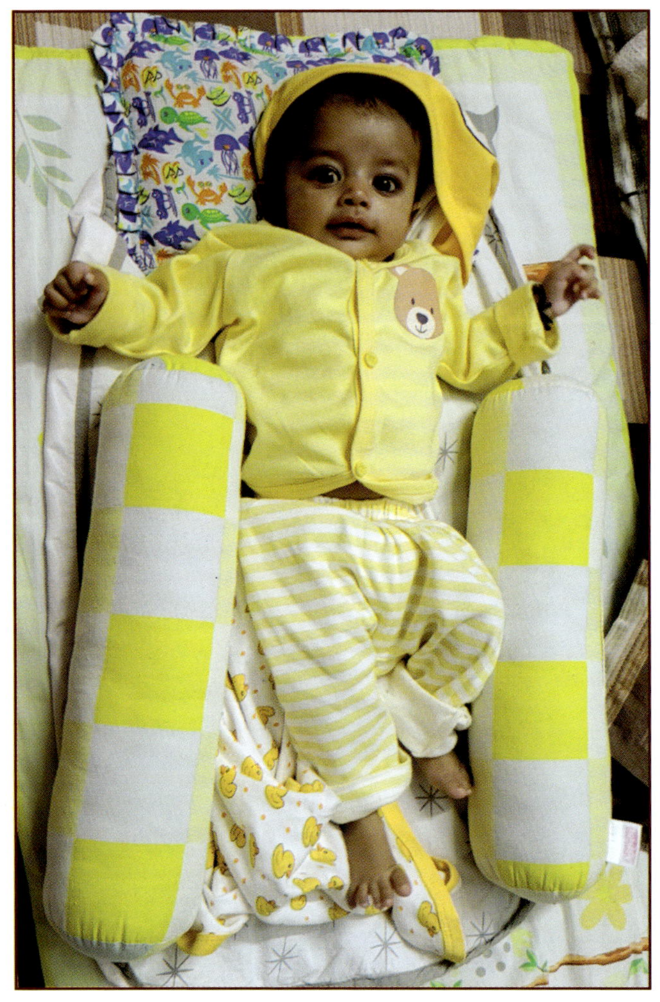

इस समय 'प्रजावदाख्य सूक्त' व 'जीवपुत्राख्य सूक्त' इन दो मंत्रों का उच्चारण करने को कहा गया है। इसके साथ ही अनवलोभन नाम का संस्कार पुंसवन संस्कार के अंतर्गत भी किया जाता है। इसके बाद ब्राह्मण भोजन करवाएँ। यह उपर्युक्त अनवलोभन संस्कार की ही सूक्ष्म विधि है—

1. **ॐ आतेभर्गोयोनिमुपैतु पुमान्बाणइवेषुधिं।**

अर्थ—जैसे तीर तरकश में जाता है, वैसे ही वीर्यवान तेजस्वी गर्भ तुम्हारी उपस्थाओं में जाए। शीघ्र ही उत्तम गुणयुक्त बीजों से नैसर्गिक विधि से एवं सहज गर्भ रहे। (Early, natural & spontaneous conception from good quality sperm & ovum)

2. **आवीरो जायतां पुत्रस्ते दशमास्यः**

अर्थ—तुम्हें दस माह का वीर्यवान शिशु प्राप्त हो। गर्भावस्था के नौ महीने पूरे करके, उत्तम गुण एवं स्वास्थ्यकर व तेजस्वी शिशु प्राप्त करें। (Completion of full term of pregnancy & giving birth to a healthy & courageous baby.)

3. **करोमि ते प्राजापत्यम् आगर्भो योनिमेतु ते।**
अनूनः पूर्णो जायतामश्लोणोपिशाचधीतः॥

अर्थ—इस गर्भ में कोई कमी न रहते हुए शिशु स्वस्थ, निरोगी और पूरा हो। शिशु दिव्यांग न हो। उसे भूत-पिशाच न खाएँ। गर्भ रहने के बाद पूरे दिन तक रहे (नौ मास)। उसके बाद यही सारी आशंकाएँ आज चिकित्सा विज्ञानी भी व्यक्त करते हैं कि शिशु दिव्यांग न पैदा हो। कहीं ऐसा न हो कि (Congenital abnormalities) सिर न हो, पेट में छेद हो, मज्जारज्जू पूरा न हो, हृदय में कोई छेद हो, होंठ और ऊपरी तालु में छेद रहे, ग्यारह उँगली होना, किडनी तथा मस्तिष्क आदि महत्त्वपूर्ण अंगों में कुछ समस्या हो आदि। क्योंकि ऐसी विकृतियों के साथ जन्म लेने वाले शिशु को देखने के बाद ही पता चलता है कि सुदृढ़ बालक का पैदा होना कितना महत्त्वपूर्ण है। इस बात का महत्त्व और इसकी चिकित्सा के प्रति जागरूकता हमारे प्राचीन वैद्यकशास्त्रों में कितनी विकसित थी।

इन सारे विषयों की इतनी गहन जानकारी ऐसे ही अचानक और मात्र कल्पना ही नहीं हो सकती। हम क्या कर सकते हैं और हम जो कर रहे हैं, उससे हमें क्या मिलने वाला है ? इस बारे में बिना पूरे ज्ञान तथा गहरे अनुभव के इतना कुछ दिशा-निर्देश देना असंभव है। इन संस्कारों के अध्ययन से पता चलता है कि प्राचीनकाल से ही आयुर्वेदीय शास्त्र मानव स्वास्थ्य के हर क्षेत्र में कितना विकसित था।

4. **पुमांस्ते पुत्रो नारी तं पुमाननु जायते**
तानि भद्राणि बीजान्यषाजनयंतु ते॥
यानि भद्राणि बीजान्वृषभा जनयंतिनः।
तैस्त्वं पुत्रान्विदस्व सा प्रसूर्धेनुकाभव॥

अर्थ—हे नारी! तुम्हें पुमान रूपी पुत्र प्राप्त हो। नारी हो तो उसके बाद पुत्र हो। जो उत्तमोत्तम बीज बैल हमारे लिए खेतों में उत्पन्न करते हैं, वैसे उत्तमोत्तम बीज तुम्हें भी प्राप्त हों; जैसे गौमाता उत्तम पुत्र को जन्म देती है, वैसे तुम भी उन बीजों से उत्तम संतान प्राप्त करो।

इस मंत्र में बीजों द्वारा गुणसूत्र (Genes, Chromosomes) प्राप्त होने की बात को सिद्ध किया गया है। xy व xx इस गुणसूत्र के कारण पुलिंग या स्त्रीलिंग की संतान पैदा होती है। यह तो शास्त्रों ने भी सिद्ध किया है। मंत्र के एक चरण में कहा गया है कि तुम्हें पुत्र प्राप्ति हो और दूसरे चरण में यह कि अगर कन्या है तो उसके बाद पुत्र प्राप्त हो।

समाज का संतुलन न बिगड़े, इसलिए नर एवं नारी दोनों प्रकार की संतान का जन्म हो, यह आवश्यक है। अगर नारी है तो उसका गर्भ न निकालें और उसके बाद पुत्र का जन्म हो। हर परिवार में लड़का और लड़की दोनों का होना आवश्यक है। इससे समाज का संतुलन बना रहता है।

हृदयालंभन विधि (उप संस्कार)

इस संस्कार के बाद 'हृदयालंभन' नाम की एक छोटी विधि होती है। इसमें पति अपनी स्त्री के हृदय को अपने हाथ से स्पर्श करके एक मंत्र का उच्चारण करता है। इसका अर्थ है (हे सुंदर नारी! तुम्हारी कोख में जो गर्भ है, उसे मैं जानता हूँ और ईश्वर से प्रार्थना करता हूँ कि तुम्हें कभी भी संतान के कारण दु:ख न पहुँचे। तुम्हारे गर्भकाल का पूरा दायित्व मेरा है।)

गर्भ का पालन माँ के पेट में होता है, फिर भी गर्भ के साथ-साथ माँ का दायित्व उसके पति का भी होता है। इस श्लोक में यही कहा गया है। यह छोटी किंतु महत्त्वपूर्ण विधि है और इससे पता चलता है कि उस समय का समाज सामाजिक भावनाओं के प्रति कितना जाग्रत था। पति के इस वचन से स्त्री के मन पर, हृदय पर अच्छा प्रभाव पड़ता है। इसलिए स्त्री के हृदय को स्पर्श करने को कहा गया है।

3. सीमंतोन्नयन संस्कार

गर्भ का तीसरा संस्कार सीमंतोन्नयन है। सीमंत का अर्थ है—केश शृंगार। सीमंत का उन्नयन अर्थात् सिर के बाल में सेंथा बनाना या बाल ऊपर से पीछे की ओर करना। इससे सहस्त्रार चक्र से अच्छी तरंगें शरीर में आकर सुयोग्य गर्भवृद्धि में सहायक होती हैं। पति अपनी गर्भवती स्त्री के बाल को ऊपर की ओर सँवार कर उसमें माँग भरता है, उसे 'सीमंतोन्नयन' कहते हैं।

सीमंतोन्नयन संस्कार का धार्मिक प्रयोजन माता का ऐश्वर्य (सौभाग्य) तथा आने वाले बालक के लिए दीर्घायुष की प्राप्ति है। इस संस्कार का दूसरा प्रयोजन गर्भवती स्त्री की इच्छाओं की पूर्ति करना और उसको यथासंभव आनंदित और उल्लासित रखना भी है। इस कार्य के प्रचलन के लिए हिंदुओं का मनोविज्ञान विषयक ज्ञान प्रेरणास्त्रोत है। गर्भ के पाँच महीने में शिशु के मानस निर्माण का आरंभ हो जाता है। गर्भिणी स्त्री की हर एक गतिविधि का प्रभाव गर्भस्थ बच्चे पर स्पष्ट रूप से पड़ता है। राका (पूर्णिमा की रात्रि), सुयेशा (सुडौल अवयवों वाली) इत्यादि शब्द द्वारा पति उसको संबोधन करे और स्वयं पति द्वारा उसके बालों को सजाना इत्यादि द्वारा प्रतीकात्मक रूप से इस तथ्य पर बल दिया जाता है कि पति अच्छे से ध्यान रखे।

सीमंतोन्नयन संस्कार का एकमात्र प्राक् सूत्र उल्लेख मंत्र ब्राह्मण में मिलता है। 'जिस प्रकार प्रजापति महान् ऐश्वर्य (सौभाग्य) के लिए अदिति की सीमा निश्चित करता है, उस प्रकार संतति के दीर्घायु के लिए मैं उसके बाल सँवारता हूँ।' इस मंत्र में **'सीमानं नयति और तेनाहमस्यै सीमानं ददामि'**, इस प्रकार बोलकर संस्कारविधि में माँग भरने का (बाल सँवारने का) उल्लेख किया गया है और उटुंबर वृक्ष तथा बहुप्रजा स्त्री की उपमा का उल्लेख है। 'यह वृक्ष उर्वर है, उसी प्रकार यह भी फलवती हो इत्यादि।' 'गृह्यसूत्र' में इस संस्कार का विस्तृत वर्णन किया गया है।

सीमंतोन्नयन विधि—पूर्व दिशा में मुख करके बैठी पत्नी के हाथ को स्पर्श करके पति विशिष्ट मंत्रों की आठ बार आहुति देता है। बाद में पत्नी के पीछे खड़े रहकर, पूर्व दिशा की ओर अपना मुख करके पति को कच्चे उंबर फलों को गोद (इनदबी) में लेना है। उसमें फलों की संख्या सम मात्रा में होनी चाहिए जैसे 4, 6, 8 इत्यादि। यह गोंद और शल्लकी नाम की वनस्पति के काँटे और दर्भ के तीन अंकुर इन तीनों को एक साथ बाँधकर और उसकी मुली से अपनी पत्नी की माँग से लेकर मस्तक तक गायत्री मंत्र का पठन करके उसके बाल बनाने हैं। उसके बाद गोधूम यानी कि गेहूँ और उँबर की माला गले में डालकर वीणा लेकर गायन करने वाले ब्राह्मणों

से गाना गवाना है। उसके बाद विशिष्ट मंत्रों का उच्चारण हो। विशेषत: जल के संबंध से जुड़े हुए गीत गाने चाहिए। अंत में हवन को समाप्त करके सब लोगों को भोजन कराना है।

इस संस्कार के पीछे का विज्ञान क्या कहता है—

सबसे पहले हवन करने को कहा गया है। हवन के लिए मंत्र से संस्कारित किए गए घी का उपयोग करने को कहा गया है। इस मंत्र से संस्कारित किया गया शुद्ध घी (घृत) हवन की अग्नि में डालने से जो धुआँ निकलता है, वह स्त्री अपनी नाक से साँस द्वारा अपने शरीर में ले लेती है।

जिस मंत्र की आहुति दी जाती है, उसका अर्थ है—

हे ईश्वर! हमें उत्तम बुद्धि वाले, गुणदायी पुत्र का लाभ हो। पूजनीय देवता, परमात्मा हमारी स्तुति व प्रार्थना सुनो, हमें उत्तम मति (बुद्धि) दो, हमारे गर्भ को प्राणयुक्त बनाओ। हमारी पूजा सफल करो और हमें महान्, विद्वान, संपत्तिमान, वीर शिशु प्राप्त होने दो। हे देवता! जिस प्रसाद से सौंदर्य, सुबुद्धि और धन आप श्रेष्ठ लोगों को देते हो, वह प्रसाद-प्राशन करने का सौभाग्य हमें मिले। ईश्वर की कृपा से हमारी संतान सुखी, सुंदर और शोभादायी हो।

पति, पत्नी की माँग से लेकर पूरे सिर के बाल अच्छी तरह से बनाए। "ॐ भूर्भुव: स्व:" का पूरा गायत्री मंत्र कहे। सीमंतोन्नयन संस्कार का प्रमुख उद्देश्य गर्भ की मानसिक शक्ति बढ़ाना, बुद्धि विकसित करना और शिशु के मन पर अच्छे संस्कार निर्मित करना है। इसमें उँबर, शाल्मलि आदि वनस्पतियों का उपयोग करने से इसका प्रभाव औषधीय गुणों से भर जाता है।

संस्कार का योग्य समय

स्मृतियों के अनुसार यह संस्कार छठे, सातवें या आठवें मास में भी हो सकता है। **गृह्यसूत्रों के अनुसार सीमंतोन्नयन क्षेत्रज संस्कार है, इसलिए केवल एक ही बार प्रथम गर्भाधान के समय होना चाहिए।**

सीमंतोन्नयन द्वारा एक बार पवित्र हो जाने के बाद स्त्री से उत्पन्न प्रत्येक संतान अपने आप पवित्र हो जाती है। उससे भावी माता के मन पर आने वाले शिशु की रक्षा के भाव या अमंगलकारी शक्तियों से उसकी रक्षा एक ही बार पूर्ण रूप से

निश्चित की जाती है। सीमंतोन्नयन संस्कार आज भी बहुत प्रचलित है और उत्साह के साथ किया जाता है। उसका मुख्य प्रयोजन गर्भिणी तथा गर्भ में स्थित शिशु को मनोवैज्ञानिक सुरक्षा प्रदान करने का है। गर्भिणी को अपनी स्थिति के बारे में, स्वास्थ्य के बारे में बहुत व्याकुलता रहने की संभावना है। इस समय में उसे पति की ओर से सँभाल, सुरक्षा, ऊष्मा, प्रेम और लाड़ मिलता है तो वह शारीरिक और मानसिक रूप से आश्वस्त और प्रसन्न रहती है। इसके साथ ही गर्भ में स्थित शिशु को भी इस बात का विश्वास हो जाता है कि जिस प्रकार माता का रक्षण हो रहा है, उसी प्रकार से उसका भी संपूर्ण रक्षण, स्वागत और लाड़-प्यार उसके पिता द्वारा होगा। जन्म से पूर्व ही ऐसा विश्वास बच्चे के मानसिक और बौद्धिक विकास के लिए बहुत बड़ी संपत्ति बनता है। सीमंतोन्नयन का संस्कार इस विश्वास के प्रतीक रूप किया जाता है।

इस संस्कार का सामाजिक मूल्य भी बहुत है। सामान्य प्रचलित भाषा में इसे सीमंत कहते हैं। इस अवसर पर बहुत बड़ा उत्सव मनाया जाता है। स्नेही स्वजनों को निमंत्रित

किया जाता है। गर्भिणी स्त्री का शृंगार किया जाता है। उसे फूलों के झूले पर झुलाया जाता है। लोग गीत गाकर उसे प्रसन्न करते हैं। उसे आशीर्वाद और शुभेच्छाएँ दी जाती हैं। मिष्टान्न भोजन भी किया जाता है।

सामान्यत: सीमंत के बाद गर्भिणी मायके जाती है। प्रथम प्रसूति हो, तब तो विशेष रूप से परंपरा है। इसके दो उद्देश्य हैं, एक तो पति से दूर रहना और दूसरा माता की सँभाल में, निगरानी में रहना। पति से शारीरिक रूप से दूर रहकर उसके स्मरण के साथ अपना पूरा ध्यान बालक पर केंद्रित करना, मानसिक रूप से भी अत्यंत आवश्यक है और मायके में सर्व प्रकार की निश्चिंतता के साथ रहने में भी अवर्णनीय सुख है।

पंच संधयः शिरसि विभक्ताः सीमान्ताः नाम
तत्राछाते भयचेष्टानाशैः मरणम्।

—सुश्रुत संहिता

गोद भराई उत्सव या Baby Shower

भारत में, वैदिक युग से गर्भावस्था की रस्म का पालन किया जाता रहा है। एक कार्यक्रम, जिसे सीमंत कहा जाता है, जो छठवें या आठवें महीने में आयोजित किया जाता है। होने वाली माँ को सूखे मेवे, मिठाइयाँ और अन्य उपहारों से नहलाया जाता है, जो बच्चे के विकास में सहायता करते हैं। बच्चे के कानों को हर्षित करने के लिए एक संगीत कार्यक्रम, अनुष्ठान का मुख्य आकर्षण है। यह सामान्य ज्ञान था कि बच्चे के कान गर्भ के भीतर काम करना शुरू कर देंगे। यह अनुष्ठान एक स्वस्थ बच्चे और माँ के साथ-साथ एक आनंदित प्रसव और मातृत्व के लिए प्रार्थना करता है।

जब कोई नारी गर्भवती होती है तो नए अतिथि के स्वागत की तैयारी में पूरा परिवार जुट जाता है। बच्चे के जन्म से पहले कुछ पारंपरिक रस्में भी निभाई जाती हैं, जिनमें से एक है-गोद भराई।

गोद भराई क्या है?

गोद भराई को अंग्रेजी में बेबी शॉवर 'Baby Shower' कहा जाता है। गोद भराई का अर्थ है 'गोद को प्रचुरता से भरना'। यह एक पारंपरिक रस्म है, जिसमें आने वाले बच्चे और गर्भवती को ढेरों आशीर्वाद दिए जाते हैं तथा दोनों के अच्छे स्वास्थ्य की कामना की जाती है। भारत के हर क्षेत्र में

इस रस्म को अलग-अलग नाम दिए गए हैं। केरल में 'सीमंथाम', बंगाल में 'शाद', तो तमिलनाडु में इसे 'वलकप्पू' कहा जाता है।

गोद भराई कब की जाती है?

कुछ परिवारों में गोद भराई की रस्म गर्भावस्था के सातवें महीने में की जाती है। माना जाता है कि इस माह में माँ और गर्भ में पल रहा शिशु पूरी तरह से सुरक्षित होता है। हालाँकि गोद भराई कब की जाती है, यह इस बात पर भी निर्भर करता है कि गर्भवती महिला किस क्षेत्र-समुदाय से है। हर समुदाय के लोग अलग-अलग महीने में इस रस्म को निभाते हैं। कुछ समुदाय में गर्भावस्था के आठवें महीने में इस रस्म का आयोजन किया जाता है। वहीं, कुछ परिवारों में गोद भराई की रस्म होती ही नहीं है। इसकी जगह शिशु के जन्म के बाद ही पूजा या कोई और रस्म निभाई जाती है।

गोद भराई कैसे की जाती है?

देश के हर क्षेत्र में गोद भराई करने का तरीका अलग-अलग हो सकता है, लेकिन उद्देश्य बच्चे और माँ को आशीर्वाद देना होता है। इस समय गर्भवती को उपहार भी दिए जाते हैं। हालाँकि यह उपहार केवल गर्भवती के लिए ही होते हैं। होने वाले बच्चे के लिए उपहार उसके जन्म के बाद ही दिए जाते हैं। कुछ परिवारों में इस अवसर पर घर की बड़ी-बुजुर्ग महिलाएँ विशेष तेल से गर्भवती का अभिषेक करती हैं। इसके बाद गर्भवती महिला को साड़ी पहनाकर फूलों से सजाया जाता है।

इस समारोह से पहले एक पूजा भी की जाती है। इस पूरे समारोह में केवल महिलाएँ ही शामिल होती हैं। इस कार्यक्रम में गर्भवती को बहुत अच्छे से तैयार किया जाता है। हाथों में चूड़ियाँ और अन्य आभूषणों से सजी गर्भवती महिला अत्यंत सुंदर लगती है। समारोह में शामिल होने के लिए स्त्रियों को आमंत्रित किया जाता है। नाच-गाना, हँसी-ठिठोली अन्य रीति-रिवाज आदि सभी गोद भराई का हिस्सा होते हैं।

इस समय कुछ खेल भी खेले जाते हैं, जैसे-गर्भवती के पेट का आकार देखकर अनुमान लगाना कि होने वाली संतान लड़की होगी या लड़का? हालाँकि, यह सब केवल उपहास का हिस्सा होता है। इसका कोई वैज्ञानिक आधार नहीं है।

गोद भराई रस्म का महत्त्व

- सबसे पहला कारण तो यह है कि इस रस्म से होने वाले बच्चे के अच्छे स्वास्थ्य की कामना की जाती है। ऐसी मान्यता है कि इस विशेष पूजा से गर्भ का दोष समाप्त हो जाता है।
- इस समय गर्भवती को उपहार के रूप में बहुत से वसा युक्त पदार्थ, फल और सूखे मेवे दिए जाते हैं, जो अत्यधिक पौष्टिक होते हैं। इन्हें खाने से गर्भवती और बच्चे का स्वास्थ्य बना रहता है।
- ऐसा माना जाता है कि गर्भावस्था के समय चिकनाई युक्त खाद्य पदार्थ खाने से डिलीवरी होने में आसानी होती है।

7

अथ सप्तमोऽध्यायः

गर्भ क्रांति

सगर्भा की भक्तिमयी दिनचर्या तथा गर्भ संवाद से संस्कार

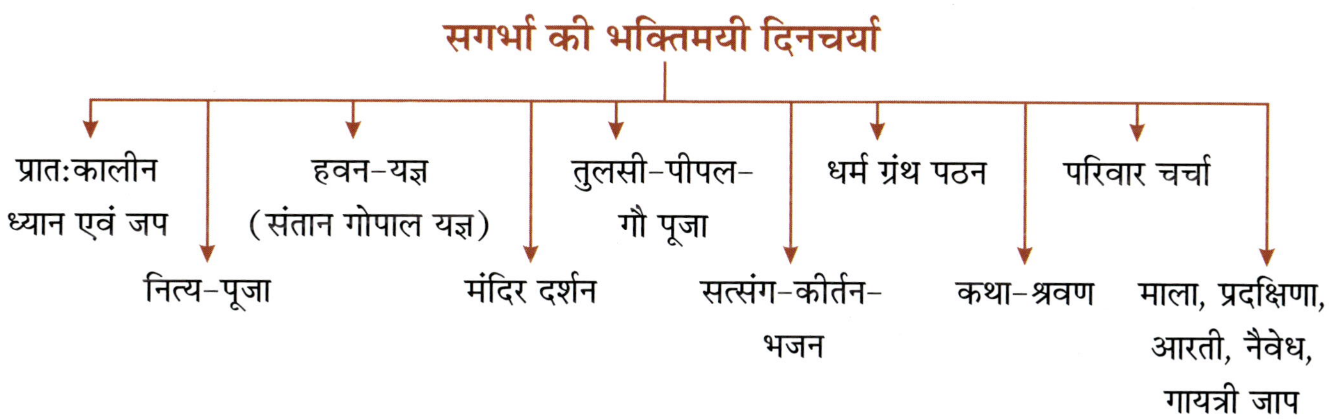

गर्भिणी का आनंदोत्सव-कल्पना विहार

हे नाथ! हे मेरे नाथ! मैं आपकी कृतज्ञ हूँ। मैं केवल भगवान् का अंश हूँ और भगवान् मेरे अपने हैं। साक्षात् ईश्वर ने मुझे नवसृजन के लिए चुना है। इसलिए हे प्रभु! आपका बहुत-बहुत आभार।

मुझे पता है कि आप स्वयं मेरी कोख में आएँगे और आप ही मेरी तथा गर्भ की रक्षा कर रहे हैं। आपके कारण

प्रसव की प्राकृतिक पीड़ा मेरे लिए आनंदोत्सव है। आपकी कृपा से तथा इस दिव्यातिदिव्य देवदुर्लभ गर्भ के कारण मेरा जीवन और संसार भक्तिमयी हो गया है। आपके आशीर्वाद से यह दिव्य संतान संसार में क्रांति का सृजन करके मानव से महामानव, पुरुष से महापुरुष, क्षुद्र से विराट्, अणु से प्रभु बनकर दिव्य अवतार बनेगी। ऐसी सद्गुण युक्त, धर्मयुक्त और अनंत संभावनाओं से युक्त संतान से मेरे जीवनरूपी उपवन को हरा-भरा करने तथा कलरव से युक्त करने के लिए आपका आभार, धन्यवाद। ''मैं आपकी कृत-कृतज्ञ हूँ।''

जिस घर में सगर्भा रहती हो, वहाँ धूप, दीप, पूजा, नैवेद्य, यज्ञ, हवन आदि होना चाहिए। वह घर मच्छर आदि के उपद्रव-शोर से रहित होना चाहिए। सर्वत्र सात्विक वातावरण होना चाहिए। पवित्र रहना चाहिए। भिक्षा देनी चाहिए।

(अपने गृहकार्य की अनुकूलता के अनुसार उपर्युक्त विधियों में से जो संभव हो, उतना अवश्य करें।)

गर्भावस्था में भक्तिमय जीवन बनाने के उपाय

प्रतिदिन उठते ही नित्य कर्म से निवृत्ति के उपरांत बिस्तर पर बैठे-बैठे ही निम्नांकित ध्वनियाँ एवं मंत्र अवश्य सुनें—

1. पाञ्चजन्य शंख की ध्वनि 5 बार।
2. पाँच बार ॐ की ध्वनि।
3. दो मिनट बाँसुरी की ध्वनि।
4. पाँच बार गायत्री मंत्र की ध्वनि।
5. एक बार स्वस्तिवाचन मंत्र।
6. तीन बार पूर्णाहूति मंत्र (ऊँ पूर्णमिद:…)।

नोट—

1. उपर्युक्त को आँख बंद करके सुनें तथा चिंतन भी करें तो पूरे दिन मन प्रफुल्लित और प्रसन्न रहता है। यह आपको सरलता से यू-ट्यूब पर मिल जाएगा।
2. घर की रसोई, भोजन कक्ष, लॉबी, अपने कार्यालय, मंदिर इत्यादि स्थानों में गायत्री मंत्र या हरे-कृष्ण महामंत्र का मधुर स्वर में जाप चलता रहे और उसे नियमित रूप से बजाएँ।
3. प्रतिदिन अनिवार्यत: गायत्री मंत्र की 1 या 2 माला सस्वर उच्चारण के साथ पंडित श्रीराम शर्मा आचार्य (गायत्री-परिवार) के स्वर में सुनें। यह गर्भस्थ शिशु में चमत्कारी प्रभाव उत्पन्न करता है।
4. नित्य-पूजा, यज्ञ-हवन आदि से संबंधित सामग्री विस्तार से दी हुई है, उसका प्रतिदिन अध्ययन करें तथा धीरे-धीरे जब सबकुछ याद हो जाएगा तो अपने कंठ, हृदय, जिह्वा, आचरण, व्यवहार आदि में अपनाएँ।
5. दिन में 2-3 बार श्रद्धानुसार भगवान् की माला और मंत्रलेखन एकाग्रतापूर्वक अवश्य करें।
6. प्रतिदिन संध्याकाल में पति को, चाहे जितनी भी व्यस्तता हो, परंतु समय निकालकर पत्नी के साथ मंदिर जाना चाहिए। इसके अतिरिक्त पति-पत्नी दोनों को चाहिए कि साथ-साथ धार्मिक पुस्तकों का पठन करें।
7. पति-पत्नी को चाहिए कि वे ऐसी बातें करें, जिससे शांति और आनंद की अनुभूति हो।
8. यदि संभव हो तो मंदिर के गुंबद के नीचे अथवा प्रांगण में बैठकर गर्भस्थ संतान से इस तरह बात करें, जैसे कि वह मंदिर की ध्वनि को सुन रहा हो!

गर्भकालीन दशा में भक्ति तथा प्रार्थना

भक्ति तथा प्रार्थना ऐसे दो शक्तिशाली साधन हैं, जो असंभव को संभव बनाने की क्षमता रखते हैं। भक्ति तथा समर्पण के द्वारा गर्भवती महिला मन में एक प्रकार की शांति, सुख, निडरता प्राप्त कर लेती है। मन में किसी भी प्रकार की नकारात्मक भावना का निर्माण नहीं हो पाता है। माता का व्यक्तित्व दैवी गुणों से भरा रहता है। इसका सीधा प्रभाव

गर्भस्थ बालक के व्यक्तित्व निर्धारण पर होता है। निरंतर मानसिक प्रार्थनामय जीवन जीने से मन में तनाव प्रभाव नहीं डाल सकता है। मन की गहराई में दैवी गुणयुक्त संतान का एक प्रतिरूप स्पष्ट रूप में निर्मित होना शुरू हो जाता है।

धर्मरहित जीवन-संस्कार विहीन जीवन

आधुनिक विचारधारा के पोषक कुछ लोगों का कहना है कि 'बालक को बचपन से ही भजन, भक्ति और सत्संग के मार्ग पर नहीं मोड़ना चाहिए', परंतु सत्य यह है कि ऐसा कहने वाले 'भक्त' की व्याख्या ठीक ढंग से समझे ही नहीं। संतान यदि भगवान् में श्रद्धा रखेगी, तो सुख-दु:ख में स्थिर रहकर जीवन का संतुलन स्थापित करने में सफल होगी। संसार की किसी भी विकट परिस्थिति में सुख-शांतिपूर्वक अपना मन स्थिर रखकर वह जीवन जीना सीखेगी।

यदि सत्संग नहीं होगा, तब तक ऐसा विवेक, स्थिरता और आनंद कौन प्रदान करेगा? अत: भारतीय तथा वैश्विक इतिहास से सद्प्रेरणा लेकर प्रत्येक माता-पिता को सत्संग की पूर्ण महिमा समझनी चाहिए तथा संतान में गर्भावस्था से ही धार्मिक संस्कारों का अभिसिंचन करना चाहिए।

धर्मग्रंथों का पठन, श्रवण, मनन व चिंतन

व्यक्ति शक्तिमान, रूपवान, बुद्धिमान और धनवान बन गया है, परंतु सुखी-आनंदित और संतोषी न बन सका तो सबकुछ व्यर्थ है।

मानव जीवन की फलश्रुति पूर्णकाम (मोक्ष) होने में है और वह धर्मग्रंथों के पठन, चिंतन तथा आध्यात्मिक आचरण से उत्पन्न होती है। अत: संतान को गर्भ में ही धार्मिक संस्कार देना अत्यंत आवश्यक कार्य है।

परंतु हिंदू संस्कृति के उत्तराधिकारी के रूप में हमें सीता, सावित्री, मैत्रेयी, गार्गी, अभिमन्यु, भरत, आरूणि, उपमन्यु, प्रह्लाद, रानी मदालसा, श्रीराम, श्रीकृष्ण, अर्जुन, अष्टावक्र जैसे पात्रों की जानकारी यदि न हो तो वास्तव में अत्यंत ही लज्जाजनक कहा जाएगा।

शोध प्रमाणित कर चुके हैं कि सगर्भावस्था में जैसा पढ़ेंगे, वैसे ही भावमन संतान जन्म लेती है। अत: आध्यात्मिक, अच्छी और श्रेष्ठ पुस्तकों का पठन आज के युग की आवश्यकता है। आज लोग अपने आंतरिक विकास के लिए जो कुछ व्यय करते हैं, वैसा भूतकाल में कभी नहीं होता था।

व्यक्तित्व विकास संबंधी सेमिनार तथा मैनेजमेंट विशेषज्ञों का आज के युग में बोलबाला है। यदि संतान में ऐसे गुणों का निरूपण करना हो तो गर्भावस्था में श्रेष्ठत्तम पुस्तकों का अध्ययन-पठन-चिंतन आवश्यक है।

सुधरी हुई संतान चाहिए''

बहुत से माता-पिता का कहना है कि 'मेरी संतान में धार्मिक संस्कार नहीं हैं। आप इसे सुधारिए।' लेकिन थोड़ा विचार कीजिए, जिस समय धार्मिक संस्कार का बीजारोपण करना था, उस समय आप क्या कर रहे थे ? संतान के जन्म लेने के बाद यह सबकुछ करना अत्यंत ही कठिन हो जाता है। गर्भावस्था में ही, शास्त्र, ग्रंथ श्रवण तथा भजन-कीर्तन, सत्संग के संस्कार प्राप्त हुए हों, तो निश्चित रूप से संतान कर्मयोगी तथा परम भक्त के रूप में जन्म लेती है।

प्रार्थना पर शास्त्रोक्ति

प्रार्थना के बिना जन्मी संतानें भगवान् द्वारा शापित होती हैं। संतान के जन्म लेने से पहले प्रार्थना-आहार-विहार, मंत्रजाप, पवित्र विचारों का अमृतपान आदि गर्भ के अनिवार्य संस्कार हैं।

प्रार्थना के विषय में एक विदेशी शोध

दक्षिण कोरिया की कुछ महिलाओं पर प्रार्थना के प्रभाव का एक प्रयोग किया गया। वह शोध कोलम्बिया यूनिवर्सिटी द्वारा किया गया। उक्त प्रयोग के अंतर्गत प्रयोगशाला में मिलन कराने के बाद शुक्रकोश तथा अंडकोश का गर्भाशय में आरोपण (विट्रो फर्टिलाइजेशन) किया गया।

उक्त प्रयोग के समय कुछ महिलाओं को प्रार्थना करने का निर्देश दिया गया, परंतु कुछ महिलाओं को यह सूचना ही नहीं दी गई। इस प्रयोग का परिणाम यह हुआ कि प्रार्थना करने वाली महिलाओं में गर्भ धारण करने की संभावना, प्रार्थना न करने वाली महिलाओं की अपेक्षा दुगुनी हो गई थी।

आज के युग में विदेश में भी 'प्रेगनेंसी प्रेयर' नामक अनेक पुस्तकें सुलभ हैं, हालाँकि वह हिंदुओं के अनुकूल नहीं हैं।

प्रार्थना से जन्मी संतान महान् होती है

स्वामी विवेकानंद ने कहा था, ''माता पूजनीय है, क्योंकि स्वयं को पवित्र बनाने के लिए वह भाँति-भाँति का व्रत रखती है। इस बात को समझती है कि वह जिस संतान को जन्म देने वाली है, वह परमात्मा का प्रतीक है। पति-पत्नी की प्रार्थना प्रचंड शक्ति से परिपूर्ण आत्मा को इस संसार में लाती है। यह (गर्भाधान तथा गर्भावस्था के समय की गई प्रार्थना) कोई उपहास-आमोद-प्रमोद की बात नहीं है। **क्या यह गर्भाधान मात्र इंद्रियों की तृप्ति है ? अथवा शरीर का पशुवत् भोग है ? इसके उत्तर में एक सच्चा हिंदू कहेगा, 'नहीं, सहस्त्र बार नहीं।'**

'प्रार्थना के बिना आ पहुँची संतानें रक्तपिपासु, आग लगाने वाली, दुर्व्यसनी, महादुष्टों जैसी होती हैं। प्रार्थना के फलस्वरूप जन्म लेने वाली संतान परमात्मा की सच्ची भेंट हैं। वह बड़ी होकर श्रीराम और श्रीकृष्ण जैसी बन सकती हैं, क्योंकि उसके पीछे प्रार्थना की शक्ति छिपी है।

गर्भिणी हेतु जाप

मन की असीम शांति के लिए प्रत्येक व्यक्ति अपने-अपने स्तर और बुद्धिनुसार प्रयत्न करता है। कोई ध्यान करता है, कोई पूजा-अर्चना, कोई पढ़ाई तो कोई जाप या नामस्मरण करता है।

इन सभी में वैसे देखा जाए तो जाप करना या नामस्मरण करना सबसे आसान तरीका है। जाप करना अर्थात् बार-बार उच्चारण करना। कुछ लोग गुरुमंत्र समझकर किसी विशेष नाम का जाप करते हैं। कई लोग अपने प्रिय भगवान् का या देवी-देवताओं के नाम का जाप करते हैं। उदाहरणस्वरूप गायत्री मंत्र, महामृत्युंज्य मंत्र, हरे कृष्ण महामंत्र (हरे कृष्ण हरे कृष्ण कृष्ण कृष्ण हरे हरे, हरे राम हरे राम राम राम हरे हरे), 'श्रीराम जयराम जय जय राम', 'ॐ नमः शिवाय' आदि चिर-परिचित हैं।

जाप के बारे में कोई भी विशिष्ट शर्त न रखते हुए अपने ढंग से जाप करने में कोई समस्या नहीं है। कुछ जाप के लिए एक विशिष्ट संख्या होने से ही सिद्ध होता है कि उसका फल उस संख्या को पूरा करने के बाद ही मिलेगा। फिर भी एक ही जगह, एक ही समय और एक ही संख्या तय करके जाप करना अधिक आसान होता है।

जाप, मालाओं के मोती या हाथों की उँगलियों पर गिनकर किया जाता है। यह व्यक्ति की अपनी इच्छा पर निर्भर करता है। माला एक सुविधा है, एक साधन है। एक बार जाप शुरू करने और उसका नियमित पालन करने से जाप खत्म होने के बाद भी वह हमारे मन में बहुत देर तक रहता है तथा इसका लाभ अधिक मिलता है। मन शांत रहता है, मन में बुरे विचार नहीं आते।

बच्चे के जन्म के बाद भी आपके द्वारा नियमित किए गए जाप का उत्तम प्रभाव दिखाई देता है। जो जाप माँ गर्भावस्था में करती है, उस जाप को जन्म के बाद शिशु भी पहचान लेता है। बच्चा रोता हो और माँ अगर उसे शांत करने के लिए उस जाप का उच्चारण करें तो बच्चा तुरंत शांत हो जाता है। उसके मन पर उस जाप का प्रभाव होता है।

बच्चे के मन पर उत्तम संस्कार करने के लिए जाप के लाभदायक और प्रभावी मार्ग का अनुसरण करें। गर्भावस्था में निरंतर जाप करते रहने से अपने आप ही श्वसन की गति नियंत्रित रहती है। रक्तसंचार भी अच्छा रहता है। मन एकाग्र होता है। प्रसव के समय भी जाप का बहुत लाभ होता है। प्रसव के लिए चिकित्सालय ले जाते समय कुछ महिलाएँ मन-ही-मन में जाप करती रहती हैं। इससे उनके मन की चंचलता, मन का भटकना कम होती है।

इन सबका लाभ उठाने के लिए हर गर्भवती स्त्री को जाप करना चाहिए।

अब मंत्र-जाप का चमत्कार देखिए...

गुजरात की एक बहन को मंत्रजाप का आश्चर्यजनक लाभ हुआ था। वह बहन भगवान श्रीराम की भक्त थी। मंत्रलेखन तथा मंत्र स्मरण के समय वह बहन सगर्भावस्था में थी। जब उसकी संतान का जन्म हुआ, तो उसे एक आश्चर्य का अनुभव हुआ। बच्चा जब रोता था, तो माता द्वारा 'राम-राम' शब्द 4-5 बार कहते ही वह चुप हो जाता था।

उस बालक को उत्पात करने से रोकने के लिए मात्र 'राम' शब्द का उच्चारण ही पर्याप्त होता था। वास्तव में गर्भावस्था में की गई देखभाल चमत्कार का सृजन करती है।

संगीत की रंगत

मानवजाति का इतिहास देखने पर पता चलता है कि सर्वप्रथम संगीत का जन्म हुआ है और उसके पश्चात भाषा का। संभवतः इसीलिए जब हम संगीत सुनते हैं, तो हमारे भावनात्मक तंत्र पर उसका अत्यधिक प्रभाव पड़ता है। जब हम प्रेरक अथवा प्रोत्साहन भरे गीतों को सुनते हैं, तो हमारे अंदर एक विशेष प्रकार के आनंद और स्फूर्ति का संचार होने लगता है।

एक संगीत प्रेमी युगल की सत्य घटना

अर्जेंटीना देश की एक सत्य घटना है। वहाँ के एक विख्यात म्यूजिक थेरेपिस्ट गेब्रियल फेड्रिको तथा उनकी पत्नी नतालिया, दोनों को संगीत में बड़ी रुचि थी। जिस समय नतालिया गर्भावस्था में थी, उस समय उसे एक विशेष प्रयोजन से, धीमा और मधुर संगीत सुनाया जाता था। प्रातः उठते समय और रात में सोते समय विशेष रुचिकर गीत

सुनाए जाते थे। जब शिशु का जन्म हुआ और निकोलस नामक वह शिशु धीरे-धीरे एक महीने का हो गया। गर्भ में सुने हुए संगीत की धुन जब भी बजती, निकोलस आँखे खोल देता तथा उस संगीत के बजते ही वह हाथ-पैर हिलाने लगता था। विशेष बात तो यह थी कि बालक निकोलस किसी अन्य संगीत पर ऐसी प्रतिक्रिया नहीं देता था। सगर्भावस्था में उसे सुनाए गए संगीत पर ही वह प्रतिक्रिया थी।

अब आइए, अपने देश के महान् कलाकारों की बात करें। हरिप्रसाद चौरसिया (बाँसुरी), शिवकुमार शर्मा (संतूर), बिरजू महाराज आदि के पुत्र-पुत्रियाँ भी संगीत में निपुण हैं, क्योंकि इसका आधार सगर्भावस्था में प्राप्त हुआ संगीत है। इन सभी दृष्टांतों में संगीत का स्पष्ट प्रभाव परिलक्षित होता है।

सत्संग संस्कार

हीयते हि मतिस्तात् हीनैः सह समागमात्।
समैश्च समतामेति विशिष्टैश्च विशिष्टताम्॥

—हितोपदेश

"हीन लोगों की संगति से मनुष्य की बुद्धि भी हीन हो जाती है। श्रेष्ठ लोगों की संगति से बुद्धि भी श्रेष्ठ ही होती है।" इसलिए केवल सत्संग को ही प्राधान्य देना चाहिए। गर्भवती के कानों पर आने वाला हर शब्द, हर एक अच्छा एवं बुरा शब्द गर्भज्ञान को अच्छा या बुरा बनाता रहता है। कहा गया है कि कुसंग से सती की भी मति भ्रष्ट हो जाती है तो सुकोमल गर्भ की बुद्धि भ्रष्ट हो जाए तो इसमें क्या आश्चर्य है?

सत्संगति बुद्धि की जड़ता को हरती है, वाणी में सत्य का संचार करती है, सम्मान की वृद्धि करती है, पापों को दूर करती है, चित्त को प्रसन्न करती है और दसों दिशाओं में कीर्ति को फैलाती है। गर्भवती के नौ माह के सत्संग से शिशु का भविष्य उज्ज्वल बन जाता है।

सत्संग

जिस परिवार में पति-पत्नी एवं अन्य सदस्य सत्संग करते हैं, वह घर मंदिर ही बन जाता है। पति-पत्नी का संबंध सर्वाधिक निकट होने के कारण एक-दूसरे के विचारों का मेल अन्य किसी संबंध की तुलना में अधिक अच्छे से कर सकते हैं। माता के मन में सुसंतान के लिए विचार, भावना, स्नेह, आकांक्षा का चेतन मन में चलते रहना लाभकारक होता है, लेकिन अगर उन सभी विचार, भावना और आकांक्षा को अर्धचेतन मन में होते हुए अचेतन मन की गहराई में उतार दिया जाता है, तब उसके फलीभूत होने की संभावना बहुत ही बढ़ जाती है। प्रबल इच्छाशक्ति के साथ जब बार-बार किसी विचार को मन में घोंटा जाए, तब धीरे-धीरे उसका प्रवेश अचेतन मन में हो जाता है। विशेष रूप में व्यक्ति जाग्रत अवस्था से निद्रित अवस्था में आता है, तब इन दोनों अवस्थाओं के बीच में एक ऐसी अवस्था आती है जिसको अर्धजाग्रत अवस्था कहा जाता है। इसमें यदि व्यक्ति को कोई सूचना दी जाए तो वह सीधा अचेतन मन की गहराई में जाकर

परिपक्व होती है। इसलिए पति-पत्नी निद्रा में जाने से पहले ऐसी बातें करें, संकल्प करें, कल्पना करें, चर्चा करें, जो उनके आकांक्षित संतान के अनुरूप हो। उसमें पति की भूमिका बहुत ही महत्त्वपूर्ण होती है, क्योंकि पत्नी की अर्द्धजाग्रत अवस्था में अगर पति शक्तिशाली सकारात्मक सूचनाएँ पत्नी को दे सकता है तो चमत्कार होना भी असंभव नहीं है। गर्भवती स्त्री के अचेतन मन में दिया गया सकारात्मक सूचन रातभर स्वप्न के द्वारा उसके मन में चलता रहता है, जो बहुत ही लाभकारी होता है।

शिशु संवाद से संस्कार

माँ के मन से शिशु के अंतर्मन तक ममता के मार्ग से चलने वाली एक अमृतमय गर्भ-संस्कार की प्रक्रिया है, ''शिशु संवाद'' ''माँ...मैं सुन रहा हूँ...माँ...।''

कहते हैं कि किसी प्रार्थना को 21 दिन तक करने से वह अपने आप जीवन में उतरने लगती है। यदि हम निरंतर शिशु से एकरूप होकर आँखें बंद करके श्रवण करते हैं तो वह प्रभावशाली होती है। संगीतमय प्रार्थना से हमारा अंतर्मन और शिशु का अंतर्मन एक हो जाता है। एक पुरानी कहावत है कि, ''आयु, कर्म, धन, विद्या और मृत्यु'' यह पाँच बातें गर्भ में ही रच जाती हैं। इसलिए गर्भ का समय मानव जीवन का निर्णायक समय होता है। इसलिए सगर्भा की संकल्प शक्ति से उत्पन्न संस्कार विश्व में सर्वाधिक सामर्थ्यवान और शक्तिशाली संस्कार है।

पॉजिटिव प्रोग्रामिंग/सकारात्मक सूचना का प्रभाव

कुम्हार जब मिट्टी को चाक पर चढ़ाता है, तो गीली मिट्टी को वह जैसा आकार देना चाहता है, वैसा दे सकता है। एक बार यदि मिट्टी सूख जाए, तो उसे दूसरा कोई भी आकार नहीं दिया जा सकता। उसी प्रकार से गर्भस्थ शिशु को आप जैसे चाहें, वैसे गुण दे सकते हैं। संतान जब गर्भ से बाहर आ जाती है, तो बाद में उसमें कुछ सुधार करना असंभव-सा हो जाता है, आप केवल उसे बाहर से सजा-सँवार सकते हैं।

'गर्भ-संस्कार' विषय पर शोध करनेवाले **फ्रेंच**

वैज्ञानिक अल्फ्रेड टोमेटिस का कहना है कि कान केवल सुनने का ही साधन नहीं है, बल्कि गर्भस्थ शिशु के मस्तिष्क के विकास हेतु ऊर्जा का एक श्रेष्ठ स्त्रोत भी है। गर्भस्थ शिशु में सर्वाधिक किसी इंद्रिय का विकास हुआ हो तो वह कर्णेंद्रिय है। अतः सगर्भावस्था में गर्भस्थ शिशु को सुनाई पड़ने वाली ध्वनि का अत्यधिक महत्त्व है।

माता अथवा पिता द्वारा गर्भस्थ शिशु के साथ होने वाले स्नेहपूर्ण वार्तालाप, उनमें सुरक्षा की भावना उत्पन्न करता है। इस प्रक्रिया को '**पॉजिटिव प्रोग्रामिंग**' कहते हैं।

सकारात्मक सूचना सिंचन का आश्चर्यजनक प्रभाव

नेपोलियन हिल नामक एक अमेरिकन लेखक ने 'थिंक एंड ग्रो रिच' नामक एक पुस्तक लिखी। इस पुस्तक में लेखक ने अपने जीवन से संबंधित एक आश्चर्यजनक घटना का उल्लेख किया है। नेपोलियन हिल की पत्नी सगर्भा थी, तब चिकित्सक ने उसकी 'सोनोग्राफी' करके घोषित किया कि आपके यहाँ बिना कर्णेंद्रिय की संतान जन्म लेगी और वो कभी सुन नहीं सकेगी।

नेपोलियन हिल ने इस बात को चुनौती के रूप में

स्वीकार कर लिया। उन्होंने गर्भस्थ शिशु को सकारात्मक सूचनाएँ देना प्रारंभ किया। इस प्रक्रिया के दौरान वह अपनी पत्नी के पेट पर हाथ फेरते और कहते कि 'बेटा, इस संसार में आकर तुम अच्छी तरह सुन सकोगे। तुम्हारे कान पूर्णत: स्वस्थ हैं और सुनने में सक्षम हैं।' गर्भावस्था एवं जन्म के बाद, निरंतर इस प्रकार की सकारात्मक सूचनाएँ देते रहने के परिणामस्वरूप उनका शिशु 100 प्रतिशत सुनने लगा।

गर्भ संस्कार के विषय में निरंतर 20 वर्ष तक गहरा शोध करने वाले **डॉ. थॉमस वर्नी** लिखते हैं कि सन् 1975 में मित्रों के साथ मैं घूमने निकला था। उस समय कुछ दिन के लिए एक कमरा किराए पर लिया। एक दिन मैंने देखा कि हेलन नाम की सगर्भा मकान की स्वामिनी प्रतिदिन रात के एकांत में बैठकर लोरी गाया करती थी। इस विषय में मुझे संदेह था कि क्या इसका प्रभाव गर्भस्थ बालक पर पड़ सकता है ?'

परंतु जब हेलन के पुत्र का जन्म हुआ, तो उसने कहा, 'प्रेम से भरी हुई उस लोरी का बालक पर अत्यधिक प्रभाव पड़ा है। बालक चाहे जितना भी रोता हो, जब मैं लोरी गाना शुरू करती हूँ, वह तुरंत ही शांत हो जाता है।'

उस दिन से हेलन से संबंधित उस घटना ने मुझे गर्भ संस्कार विषय पर गहन शोध करने की प्रेरणा प्रदान की।

गर्भ संवाद हेतु कुछ सकारात्मक सूचनाएँ

भाग-1
गर्भ संवाद
(कुल संस्कार)
(100 से अधिक गर्भ संवाद सुनने के लिए QR Code स्कैन करें।)

हे दिव्यातिदिव्य देवदुर्लभ आत्मा!
सनातन भारत राष्ट्र का उद्धार तुम्हारे हाथों से होना है।
इसलिए सभी तुम्हारे स्वागत के लिए तत्पर हैं।

भाग-2

गर्भ संवाद
(गर्भ संवाद)
(100 से अधिक गर्भ संवाद सुनने के लिए QR Code स्कैन करें।)

तुम हम सबके लिए
परम प्रिय हो।

तुम श्रेष्ठ बौद्धिक चिंतक,
भारत की सांस्कृतिक धरोहर
और कर्मनिष्ठ व्यक्तित्व हो।

तुम अध्ययन, पठन,
पाठन, शास्त्रार्थ इत्यादि में
अद्‌भुत व्यक्तित्व हो।

प्रिय दिव्य आत्मन तुम
साक्षात् ईश्वरीय अवतार हो।

तुम आज्ञाकारी हो तथा
माता-पिता एवं अपने राष्ट्र का
नाम संसार में प्रसिद्ध कर रहे हो।

हे श्रेष्ठ एवं महान आत्मा
तुम्हारा जीवन सद्‌गुणों
से ओतप्रोत है।

नोट : उपर्युक्त गर्भ संवाद से संबंधित वाक्य तथा स्वयं के द्वारा निर्मित वाक्य प्रतिदिन शांत मन से, धीरे से आँख बंद करके, गर्भ पर कोमल हाथों का स्पर्श करते हुए कहें। इसमें यह बात विशेष रूप से ध्यान रखनी है कि प्रत्येक वाक्य वर्तमान काल में होना चाहिए।

यह **पॉजीटिव प्रोग्रामिंग** माता-पिता दोनों करें। माता-पिता में से कोई एक बच्चे का पक्ष लेते हुए शतरंज आदि खेल भी खेल सकते हैं, ताकि बच्चे को अनुभूति हो कि वह स्वयं भी इसमें सहभागी है।

एक नन्हा-सा बाल कंप्यूटर"

सन् 1804 अमेरिका में जनमा झेरा कॉलबोर्न नामक 6 वर्ष का एक बालक अपनी अनोखी योग्यता के लिए प्रसिद्ध हो गया था। उसकी असाधारण बुद्धि से प्रत्येक व्यक्ति आश्चर्य में पड़ जाता था। इसका कारण यह था कि इतना छोटा-सा बालक पाँच अंकों की संख्या की गणना, जोड़-घटाव और गुणा कुछ ही सेकिंड में हल कर लेता था।

एक बार **हॉवर्ड विश्वविद्यालय के प्रोफेसर्स** ने उसका परीक्षण करते हुए प्रश्न पूछा, '6,61,015 दिनों के कितने घंटे होते है ?' उसने तुरंत ही उसका सही उत्तर दिया, '1,58,64,360'। प्रोफेसर्स ने दूसरा प्रश्न पूछा, '11 वर्ष के कितने सेकिंड होते हैं ?' उस बालक ने क्षण मात्र में इसका उत्तर दिया—34,68,96,000। इसी प्रकार के कई प्रश्नों के उत्तर उसने तत्काल दिए थे। इतना ही नहीं, कई बार तो उसने केलक्युलेटर को भी पीछे छोड़ दिया था।

सबसे बड़ा आश्चर्य यह था कि उस बालक ने गणित के विषय में किसी भी प्रकार का प्रशिक्षण नहीं लिया था। जिस समय वह माता के गर्भ में था, उस समय उसकी माँ कपड़े के व्यवसाय से जुड़ी हुई थीं उनको बड़े-बड़े गट्ठरों में से कपड़े को काटकर उसके छोटे-छोटे टुकड़ों की गिनती करना पड़ती थी। एक-एक इंच की गणना में उसको ध्यान देना पड़ता था। इस कारण गर्भावस्था में उन्हें अधिक मानसिक परिश्रम करना पड़ता था। इसका प्रभाव बालक पर पड़ा, जिसके कारण उसकी मानसिक और अंकगणित संबंधित क्षमता बहुत अधिक बढ़ गई थी।

श्रेष्ठ बौद्धिक क्षमता की संतति की प्राप्ति कैसे हो ?

भारत में गर्भ-संस्कार की वैज्ञानिकता सहस्त्रों वर्ष

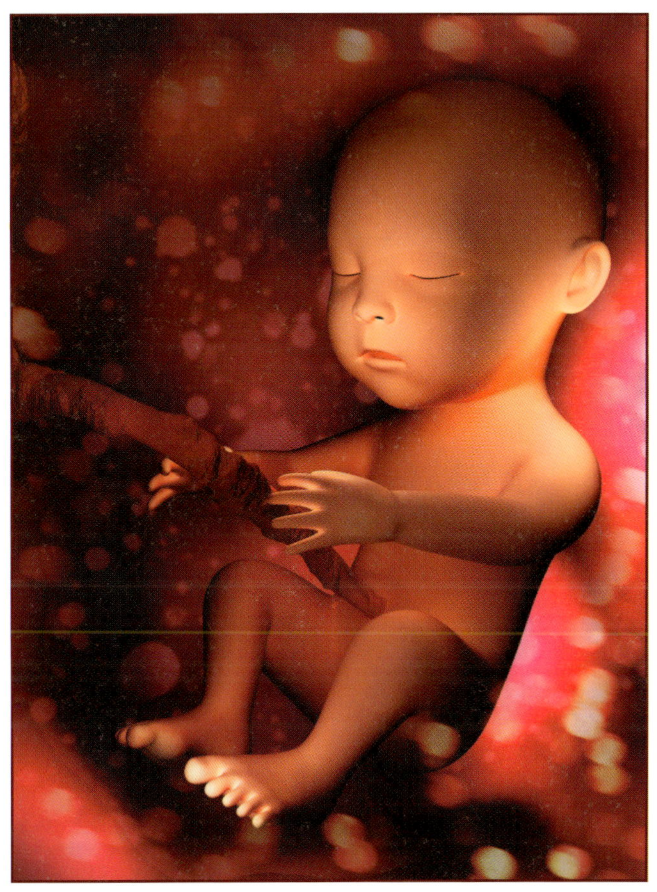

पुरानी है। यह वैदिक ज्ञान का भी अभिन्न अंग है। पश्चिमी देशों में 19वीं सदी के बाद **'सुपर चाइल्ड'** की अवधारणा पहुँची है, जबकि भारत में तो यह आम जनमानस में और लोक प्रचलित है। गर्भावस्था में ही विभिन्नता के प्रश्न, पहेलियाँ, खेल, शास्त्रार्थ इत्यादि करने से बच्चे में बौद्धिकता अपने आप विकसित हो जाती है। भारत में विभिन्न उत्सवों, कार्यक्रमों, संस्कारों आदि में इन सबका थोड़ा बहुत अंश शामिल रहता ही है।

यथा यथा हि पुरुषो नित्यं शास्त्रमवेक्षते।
तथा तथा विजानाति कर्त्तव्यमथ रोचते॥

"जैसे-जैसे मानव नित्य नियम से शास्त्रों का अध्ययन करता रहेगा, वैसे-वैसे उसे कर्त्तव्य बोध तथा अच्छे-बुरे की समझ की भी इच्छा उत्पन्न होगी। सद्ग्रंथ अध्ययन, शिशु-संग सीधा संवाद होता है तथा इससे शिशु का चित्त प्रसन्न, पवित्र, उदात्त, तेजस्वी, तपस्वी, यशस्वी, मनस्वी और ओजस्वी बनता है।"

इच्छेतां यादृशं पुत्रं तद्रुपचरितांश्च तौ।
चिन्तयेतां जनपदांस्तदाऽऽचारपरिच्छदौ॥

"जैसी संतान हमें चाहिए, वैसा नित्य आचरण हम रखें तथा चिंतन भी उसके अनुकूल हो। इससे निश्चित ही मनोवांछित संतान की प्राप्ति हमें होती है।" जिस तरह से बच्चा माता-पिता के रंग-रूप के अनुसार होता है, उसी तरह से बच्चे का अंत:करण भी माता-पिता के वट वृक्ष रूपी अंत:करण की दृढ़ छाया होता है। भारत राष्ट्र में अनेक उदाहरण है जिसमें माता-पिता के स्तुत्य प्रयत्नों तथा पुरुषार्थ से माता-पिता ने संतान के ब्रह्मदेव की भूमिका निभाई है।

न बीभत्सं किञ्चिदीक्षेन्न रौद्रां शृणुयात्कथाम्॥

—पद्मपुराण

सगर्भा कोई भी अश्लील, अमंगल, भयानक दृश्य या मूर्ति या चित्र कभी न देखे तथा भयप्रद भूत-प्रेतों की कहानियाँ न सुनें और न सुनाए।

सगर्भा की साधना सूर्यादय से पूर्व तो प्रारंभ होनी ही चाहिए क्योंकि इस समय मन सर्वाधिक शांत तथा भाव सर्वाधिक प्रबल होते हैं। इस समय के ध्यान से माता-पिता अपने अंत: चक्षुओं के माध्यम से गर्भस्थ शिशु को देख सकते हैं। यदि यह साधना ब्रह्म मूहूर्त (सुबह 3 बजकर 40 मिनट या सूर्योदय से 2.5 घड़ी पूर्व। एक घड़ी में 24 मिनट होते हैं।) में हो तो लाभ कई गुना हो जाता है। ब्रह्म मूहुर्त में प्रतिदिन उठ न पाएँ तो कम-से-कम 7 दिन में एक बार या 15 दिन में एक बार **एकादशी के दिन अवश्य उठकर साधना** करनी चाहिए। इससे सहस्त्रार-चक्र में एक दिव्य ज्योति, दिव्य आलोक, दिव्य शक्ति और दिव्य ज्ञान की वृष्टि विश्वनियंता परमेश्वर द्वारा हमारे चारों ओर होती है। रात्रि में दूरदर्शन, समाचार चैनल, समाचार-पत्र आदि बिल्कुल न देखें तथा 10 से 10.30 बजे के बीच में अवश्य सो जाएँ? प्रात:काल उठते ही दर्पण में अपनी छवि देखकर मुसकराएँ।

सभी से अभिवादन भारतीय अध्यात्मिक परंपरा के अनुरूप करें, जैसे—राम-राम, राधे-राधे, हरे कृष्ण, नमस्ते आदि।

गर्भिणी में कला-सृजन

सृजन किसी भी बच्चे का स्वाभाविक गुण होता है। इससे बच्चों में न केवल एकाग्रता आती है, अपितु आनंदित स्वभाव का भी जन्म होता है। चित्रकला, पेंटिग, मेंहदी, हस्तशिल्प, मिट्टीकला (क्ले) इत्यादि से बच्चों की बौद्धिक एवं रचनात्मक क्षमता बढ़ती है।

स्वामी विवेकानंद ने कहा है, 'सफलता के लिए आवश्यक है—30 प्रतिशत पुरुषार्थ और 70 प्रतिशत एकाग्रता।'

ऑस्ट्रेलिया के एक दंपति को 4 संतानें थीं। वे चारों भिन्न क्षेत्रों के विशेषज्ञ थे। उसका मूलभूत कारण यह था कि परिस्थितिवश संतानों के जन्म के समय पिता को 4 व्यवसाय परिवर्तित करने पड़े थे। आर्थिक संकट में सहायता हेतु उनके प्रत्येक व्यवसाय में उनकी पत्नी हरसंभव साथ निभाती रही। उसका परिणाम यह हुआ कि उसकी चारों संतानें अलग-अलग क्षेत्रों में विशेषज्ञ बन गई।

अब पछताय क्या होत, जब चिड़िया चुग गई खेत...

एक स्त्री किसी विख्यात मनोचिकित्सक के पास गई। उसकी एक विचित्र समस्या थी—उसके नन्हे-से पुत्र से घर के सभी सदस्य तंग आ चुके थे। उसे किस प्रकार से नियंत्रित किया जाए, यह किसी की समझ में नहीं आता था। बच्चे की अति चंचल प्रकृति के कारण वह स्त्री अपने किसी मित्र, सगे-संबंधी अथवा कहीं बाहर जाने की उपेक्षा करती रहती थी। इससे वह सदैव तनाव अनुभूत करती रहती थी।

चिकित्सक ने परामर्श देते हुए पूछा, 'सगर्भावस्था में आपकी क्या प्रवृत्तियाँ थीं ?'

स्त्री ने कहा, 'कुछ विशेष नहीं, मेरा पहला बच्चा था, इसलिए मुझे एक घबराहट रहा करती थी। इसलिए उस समय मन में जो भी आता, वह करने लगती थी। जो कुछ भी मिल जाए, शुरू करती, फिर अधूरा छोड़ देती। किसी भी प्रवृत्ति में मैं एकाग्र नहीं हो सकती थी। ऐसे समय में अधिकतर मैं दूरदर्शन पर वॉर मूवी देखा करती थी।' चिकित्सक ने कहा, 'बहन! तुम, अब मेरे पास आई हो? तुम्हें तो पहले ही मेरे पास आना चाहिए था। गर्भावस्था के समय आपको एकाग्रता रखना अनिवार्य था। आपको ऐसा कार्य करना चाहिए था, जिसमें एकाग्रता बनी रहे, चाहे वह आपको पसंद आता या नहीं। जिस प्रकार दवाई यदि पसंद न हो, तो भी लेनी पड़ती है, उसी प्रकार से कुछ प्रवृत्तियाँ पसंद न हों, तो भी करनी पड़ती हैं, अन्यथा बाद में ऐसा विपरीत परिणाम भुगतना ही पड़ता है।'

(अपवाद : जन्म के बाद भी प्राणायाम, कॉन्संट्रेशन तकनीक, ध्यान, योग, मंत्र-जप आदि द्वारा बच्चे में एकाग्रता उत्पन्न की जा सकती है, परंतु इसमें अत्यधिक परिश्रम करना पड़ता है और गर्भावस्था जैसी एकाग्रता तो विकसित हो ही नहीं सकती है।)

सगर्भा के लिए साहित्य

गर्भावस्था के समय धार्मिक, आध्यात्मिक एवं सात्विक साहित्य का पठन-पाठन अद्‌भुत सुपरिणाम देता है। इससे न केवल नकारात्मकता एवं तनाव दूर होता है, अपितु अच्छी मनोभावना का निर्माण होता है तथा मातृत्व में परमानंद की अनुभूति होती है। सगर्भा को पढ़ने के लिए कुछ सुझाव दिए जा रहे हैं—

- श्रीमद्‌भागवत (श्रील प्रभुपादजी)।
- श्रीमद्‌भगवद्‌गीता (साधक संजीवनी श्री रामसुखदास जी महाराज)
- श्री रामचरितमानस (सुंदरकांड का सप्ताह में कम से कम एक दिन पाठ अवश्य करें) का नियमित पाठ।
- वाल्मीकि रामायण (यदि समय हो तो)।
- ब्रज के भक्त, ब्रज के संत।
- वसीयत और विरासत (पं. श्रीराम शर्मा आचार्य)।
- महासमर, तोड़ो कारा तोड़ो (नरेंद्र कोहली)।
- स्वामी विवेकानंद, महाराणा प्रताप, शिवाजी आदि से संबंधित पुस्तकें।
- चैतन्य चरित्रामृत (श्रील प्रभुपाद)
- श्रीमद्‌भागवत-रसामृत (डोंगरेजी महाराज)
- श्रीरामरक्षास्तोत्रम् प्रतिदिन पढ़ें।
- विद्यार्थी गीता तथा नित्य पूजा एवं चर्या - डॉ. उषा राजेन्द्र पैंसिया
- अपनी रुचि के अनुसार भी कुछ साहित्य का चयन करें।

नोट : आजकल ऑनलाइन गीता, भागवत्, रामचरितमानस, सुंदरकांड आदि की इस्कॉन, अक्षय पात्र,

आपणो ट्रस्ट के गर्भ-संस्कार केंद्र आनंदघन विद्यापीठ आदि में नियमित कक्षाएँ एवं कथाएँ होती हैं, उनमें अनिवार्यतः प्रतिभाग करें।

सभी माता-बहनों से अनुरोध है कि कभी भी एक संतान के पक्ष में न रहें, एकल संतान पारिवारिक संतुलन के लिए न केवल घातक है, अपितु धार्मिक, सामाजिक अपराध जैसा है। इसी से भरा-पूरा परिवार चहल-पहल से युक्त रहता है। दो-तीन संस्कारयुक्त संतानों से परिवार व राष्ट्र दोनों का भला होता है।

संतान का स्वागत

सृष्टि की निरंतरता में आत्माओं का आवागमन लगा रहता है। इसी से सृष्टि-चक्र गतिमान रहता है तथा जगत् पिता नारायण की कृपा से स्त्री को जगत् जननी बनने का सौभाग्य प्राप्त होता है। इसलिए प्रतिदिन बच्चे का प्रेमपूर्वक स्वागत सत्कार करें। बच्चे को प्रतिदिन **ऑटोसजेशन और विजुलाइजेशन मोड में यह कहें कि "मेरी नॉर्मल डिलीवरी (सामान्य प्रसव)** द्वारा अत्यंत स्वस्थ बच्चे का जन्म हो चुका है। बच्चा हृष्ट-पुष्ट तथा स्वस्थ है। मैं अत्यंत उमंग, उत्साह और आनंद से बाल-गोपाल को स्तनपान करा रही हूँ।"

महावीर स्वामी जब अपनी माता त्रिशला के गर्भ में थे, तो उनकी सामान्य गतिविधियों के कारण माता को पीड़ा हुई और पीड़ा के कारण उनके मुँह से कराहने की ध्वनि निकली। गर्भस्थ शिशु (महावीर स्वामी) को यह जानकारी मिलते ही वह शांत हो गए। गर्भ में पुत्र का हिलना-डुलना बंद हो जाने से माता को एक नई चिंता सताने लगी कि बच्चा कहीं मृत तो नहीं हो गया? 'मेरे बच्चे को क्या हुआ होगा?' परिणामस्वरूप महावीर स्वामी ने गतिविधियाँ पुनः शुरू कर दीं।

चिदानंद रूपः शिवोऽहम् शिवोऽहम्-निर्वाण-षट्कम्

जब आदि गुरु शंकराचार्य जी (बाल शंकर) की अपने गुरु भगवान् गोविंदपाद से प्रथम भेंट हुई तो उनके गुरु ने बालक शंकर से उनका परिचय माँगा। बालक शंकर ने अपना परिचय किस रूप में दिया? यह जानना ही एक सुखद अनुभूति बन जाता है। यह परिचय 'निर्वाण-षटकम्' के नाम से प्रसिद्ध हुआ।

मनो बुद्धयहंकार चित्तानि नाहं
न च श्रोत्र जिव्हे न च घ्राण नेत्रे।
न च व्योम भूमिर्न तेजो न वायुः
चिदानन्द रूपः शिवोऽहं शिवोऽहम्॥ 1॥

मैं मन, बुद्धि, अहंकार और स्मृति नहीं हूँ। न मैं कान, जिव्हा, नाक और आँख हूँ। न मैं आकाश, भूमि, तेज और वायु ही हूँ। मैं चैतन्य रूप हूँ, आनंद हूँ, शिव हूँ, शिव हूँ…।

न च प्राणसंज्ञो न वै पञ्चवायुः
न वा सप्तधातुः न वा पञ्चकोशः।
न वाक्पाणिपादौ न चोपस्थ पायु
चिदानन्दरूपः शिवोऽहं शिवोऽहम्॥ 2॥

न मैं मुख्य प्राण हूँ और न ही मैं पंच प्राणों (प्राण, उदान, अपान, व्यान, समान) में कोई हूँ। न मैं सप्त धातुओं (त्वचा, मांस, मेद, रक्त, पेशी, अस्थि, मज्जा) में कोई हूँ और न पंच कोशों (अन्नमय, मनोमय, प्राणमय, विज्ञानमय, आनंदमय) में से कोई हूँ। न मैं वाणी, हाथ, पैर हूँ और न मैं जननेंद्रिय या गुदा हूँ। मैं चैतन्य रूप हूँ, आनंद हूँ, शिव हूँ, शिव हूँ…।

न मे द्वेषरागौ न मे लोभ मोहौ
मदो नैव मे नैव मात्सर्य भावः।
न धर्मो न चार्थो न कामो न मोक्षः
चिदानंदरूपः शिवोऽहम् शिवोऽहम्॥ 3॥

न मुझमें राग और द्वेष है। न ही लोभ और मोह है। न ही मुझमें मद है न ही ईर्ष्या की भावना है। न मुझमें धर्म, अर्थ, काम और मोक्ष ही है। मैं चैतन्य रूप हूँ, आनंद हूँ, शिव हूँ, शिव हूँ…।

न पुण्यं न पापं न सौख्यं न दुःखम्
न मंत्रो न तीर्थं न वेदा न यज्ञाः।
अहम् भोजनं नैव भोज्यं न भोक्ता
चिदानंद रूपः शिवोऽहं शिवोऽहम्॥ 4॥

न मैं पुण्य हूँ, न पाप, न सुख और न दुःख हूँ। न मंत्र, न तीर्थ, न वेद और न यज्ञ हूँ, मैं न भोजन हूँ, न खाया जाने वाला हूँ और न खाने वाला हूँ। मैं चैतन्य रूप हूँ, आनंद हूँ, शिव हूँ, शिव हूँ…।

न मे मृत्यु शङ्का न मे जातिभेदः
पिता नैव मे नैव माता न जन्म।
न बन्धूः न मित्रं गुरुः नैव शिष्यः
चिदानन्द रूपः शिवोऽहं शिवोऽहम्॥ 5॥

न मुझे मृत्यु का भय है, न मुझमें जाति का कोई भेद है। न मेरा कोई पिता ही है, न कोई माता ही है। न मेरा जन्म हुआ है, न मेरा कोई भाई है। न कोई मित्र, न कोई गुरु ही है और न ही कोई शिष्य है। मैं चैतन्य रूप हूँ, आनंद हूँ, शिव हूँ, शिव हूँ…।

अहम् निर्विकल्पो निराकार रूपो
विभुत्वाच्च सर्वत्र सर्वेन्द्रियाणाम्।
सदा मे समत्वं न मुक्तिः न बंधः
(न चासंगतं नैव मुक्तिर्न मेयः)
चिदानंद रूपः शिवोऽहं शिवोऽहम्॥ 6॥

मैं समस्त संदेहों से परे, बिना किसी आकार वाला, सर्वगत, सर्वव्यापक, सभी इंद्रियों को व्याप्त करके स्थित हूँ। मैं सदैव समता में स्थित हूँ। न मुझमें मुक्ति है और न बंधन है। (न मुझे किसी में आसक्ति है, न ही मैं उससे मुक्त हूँ।) मैं चैतन्य रूप हूँ, आनंद हूँ, शिव हूँ, शिव हूँ…।

इति श्रीमद् जगद्गुरु शंकराचार्य विरचितं निर्वाण-षटकम संपूर्ण

वही आत्मा सच्चिदानंद मैं हूँ
शिवोऽहं शिवोऽहं शिवोऽहं शिवोऽहं।
अखिल विश्व का जो परमात्मा है।
सभी प्राणियों का वही आत्मा है।
वही आत्मा सच्चिदानंद मैं हूँ।
शिवोऽहं शिवोऽहं शिवोऽहं शिवोऽहं।
अमर आत्मा है मरणशील काया।
सभी प्राणियों के जो भीतर समाया।

वही आत्मा सच्चिदानंद मैं हूँ।
शिवोऽहं शिवोऽहं शिवोऽहं शिवोऽहं।
न शस्त्र काटे न अग्नि जलावे।
बुझावे न पानी न मृत्यु हटावे।
वही आत्मा सच्चिदानंद मैं हूँ
शिवोऽहं शिवोऽहं शिवोऽहं शिवोऽहं।
है तारों सितारों में आभास जिसका।
है सूरज और चंदा में आलोक जिसका।
वही आत्मा सच्चिदानंद मैं हूँ
शिवोऽहं शिवोऽहं शिवोऽहं शिवोऽहं।
अजर और अमर जिसको वेदों ने गाया।
वही ज्ञान अर्जुन को हरि ने सुनाया।
वही आत्मा सच्चिदानंद मैं हूँ।
शिवोऽहं शिवोऽहं शिवोऽहं शिवोऽहं।

॥ हरि ॐ तत्सत् ॥

YouTube

के माध्यम से गीत, मंत्र, भजन आदि सुनने के लिए QR Code स्कैन करें।

गीत : मैं उस भारत से आता हूँ

गीत : सद्गुणों की साधना में, ध्येय-ज्योति नित जले

गीत : गीता गीत, जीवन गीत

गीत : रामजन्म प्रार्थना

गीत : हम बदलेंगे, युग बदलेगा

संहिता पाठ : तस्य ते पवित्रपते
(गर्भवती स्त्री को प्रतिदिन सुनना चाहिए)

गीत : शुभजन्मदिनं तुभ्यम्
('Happy B'Day to you' की तरह गाएँ)

गीत : तुम्हें जन्मदिन की बधाई-बधाई

श्री संतान गोपाल स्तोत्र

पुराण कहते हैं कि संतान की आकांक्षा रखने वाले माता-पिता को इस संतान 'गोपाल स्तोत्र का पाठ करना चाहिए।

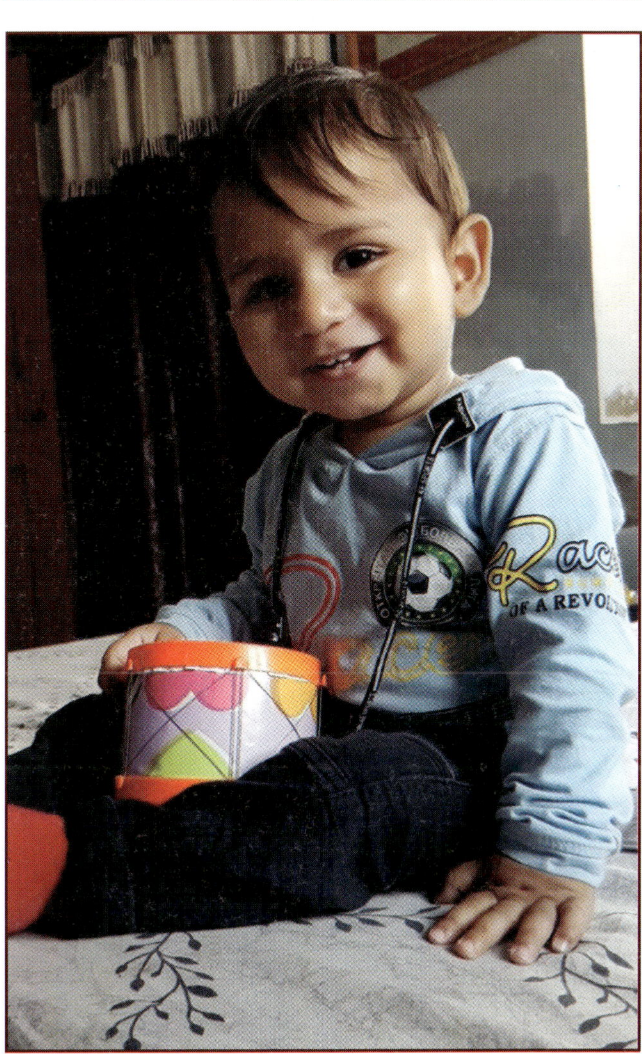

दिव्य देव ऋषि गीत

यह अपने आराध्य देव हैं, यह अपने आराध्य देव हैं—2

YouTube के माध्यम से गीत को सुनने के लिए QR Code स्कैन करें।

रिद्धि सिद्धि मेधा के दाता, श्री गणेश, माँ पितृ पुजारी,
गीता उद्घोषक योगेश्वर, रसमय कृष्ण सुदर्शन धारी,
मर्यादा पुरुषोत्तम हैं श्री राम, शिरोमणि भक्ति के हनुमत,
गायत्री हैं वेद की माता, दुर्गा महाशक्ति अधिकारी,
यह अपने आराध्य देव हैं, यह अपने आराध्य देव हैं ॥ 1 ॥

जनहित आयुर्वेद ऋषि, धनवंतरि जी का ही प्रदेय है,
परशुराम का मात-पिता, के लिए समर्पण अनुपमेय है,
श्री विश्वकर्मा नायक हैं, धरा पे स्थापत्य कला के,
महावीर-गौतम दोनों हैं, मार्ग अहिंसा के सुविचारी,
यह अपने आराध्य देव हैं, यह अपने आराध्य देव हैं ॥ 2 ॥

ॐ तत्सत्।
सत्यं वद धर्म चर।

प्रातः स्मरणीय — नित्य वंदनीय

हमारे आराध्य देव

कृष्णं वन्दे जगद्गुरुम्।
श्रीकृष्णार्पणमस्तु।

भारत माता | श्रीगणेश | सुदर्शनचक्रधारी योगेश्वर श्रीकृष्ण प्राकट्य-3142 ई0पू0। श्रीमद्भगवद्गीता का प्राकट्य-3057 ई0पू0। | मर्यादापुरूषोत्तम श्रीराम | भक्तशिरोमणि श्रीरामदूतं | वेदमाता गायत्री | ज्ञान-विद्या की देवी आदि पराशक्ति माँ सरस्वती | माँ दुर्गा/भगवती | भगवान परशुराम | आयुर्वेद प्रवर्तक भगवान धन्वंतरि | श्री विश्वकर्मा देव | भगवान महावीर 599 ई0पू0-527 ई0पू0 | सिद्धार्थ, गौतम बुद्ध 563 ई0पू0-483 ई0पू0

।। श्री सीताराम राधाकृष्ण स्वरूप — दिव्यातिदिव्य देव दुर्लभ मानव हेतु।।

आ नो भद्राः क्रतवो यन्तु।
कृण्वन्तो विश्वमार्यम्।

सनातन राष्ट्रऋषि

कर्म में कृष्ण, भाव से राम,
सर्वस्व माँ भारती के नाम।

- सप्त ऋषि
- आदि कवि महर्षि वाल्मीकि
- हठयोग प्रणेता — महायोगी गोरखनाथ, प्रथम शताब्दी ईसा पूर्व
- महान आचार्य — चाणक्य/विष्णुगुप्त, 376 ई0पू0 – 283 ई0पू0
- धर्मचक्रप्रवर्तक, अद्वैत वेदान्त प्रणेता — आदिशङ्कराचार्य, 788 ईसा – 820 ईसा
- संत झूलेलाल — प्रादुर्भाव संवत् 1007 चैत्र शुक्ल द्वितीया
- भक्तिकालीन रहस्यवादी कवि और संत — कबीर साहेब जी, 1440 – 1518
- महान पर्यावरणविद — गुरू जम्भेश्वर, 1451 – 1536
- गौड़ीय संप्रदाय प्रवर्तक, वैष्णव भक्ति संत — श्रीमन्महाप्रभु चैतन्य देव, 14 फरवरी, 1486 – 1534
- महान हिन्दी संत कवि — गोस्वामी तुलसीदास, 1532 – 31 जुलाई, 1623
- आर्य समाज संस्थापक — स्वामी दयानंद सरस्वती, 12 फरवरी, 1824 – 30 अक्टूबर, 1883
- क्रियायोगी, सद्गृहस्थ — श्यामाचरण लाहिड़ी महाशय, 30 सितम्बर, 1828 – 26 अगस्त, 1895
- कठोर साधक-सिद्ध — रामकृष्ण परमहंस, 18 फरवरी, 1836 – 16 अगस्त, 1886
- महान क्रियायोगी एवं प्रखर ज्योतिषी — श्री युक्तेश्वर गिरि, 10 मई, 1855 – 09 मार्च, 1936
- भारतीय संस्कृति के वैश्विक उद्घोषक — स्वामी विवेकानन्द, 12 जनवरी, 1863 – 04 जुलाई, 1902,
- क्रिया योगी आध्यात्मिक गुरू — परमहंस योगानन्द, 5 जनवरी, 1893 – 7 मार्च, 1952
- अभयचरणारविंद — भक्तिवेदांत स्वामी प्रभुपाद, 01 सितम्बर, 1896 – 14 नवम्बर 1977
- अष्टांग योग पारंगत सिद्ध योगी — देवरहा बाबा, देवरिया, 19 मई, 1990
- हनुमान भक्त — महाराज जी, नीम करौली/नीब करौरी बाबा, 1900 – 11 सितम्बर, 1973
- युगऋषि वेदमूर्ति — पं. श्रीराम शर्मा आचार्य, 20 सितंबर, 1911 – 02 जून, 1990
- सकल जगत में खालसा पंथ गाजे, जगे धर्म हिंदू सकल भंड भाजे।। — दस गुरू साहिबान, गुरू नानक जी, 15 अप्रैल, 1469 – 22 सितम्बर, 1539
- चंद्रदेव पुत्र — परमवीर अभिमन्यु
- देवानांप्रिय चकवर्ती — सम्राट अशोक मौर्य, 304 ई0पू0 – 232 ई0पू0
- अंतिम मुकुटधारी जैन मुनी — सम्राट चन्द्रगुप्त मौर्य, 345 ई0पू0 – 298 ई0पू0
- देशभक्त हिंदू योद्धा — सम्राट पृथ्वीराज चौहान, 1149 – 1192
- आत्मगौरव, स्वाभिमान के प्रतीक — सम्राट कृष्णदेव राय, 17 जनवरी, 1471 – 17 अक्टूबर, 1529
- हिन्दुआ सूर्य — महाराणा प्रताप, 9 मई, 1540 – 19 जनवरी, 1597
- कुशल रणनीतिकार, समर विद्या नवाचारी — छत्रपति शिवाजी महाराज, 19 फरवरी, 1630 – 3 अप्रैल, 1680
- स्वाधीनता की नारी चेतना शक्ति — रानी चेन्नम्मा, 23 अक्टूबर, 1778 – 21 फरवरी, 1829
- स्वाधीनता संघर्ष के अग्रदूत — मंगल पांडे, 19 जुलाई, 1827 – 8 अप्रैल, 1857
- मणिकर्णिका, वीरांगना — रानी लक्ष्मीबाई, 19 नवम्बर, 1828 – 18 जून, 1858
- स्वतंत्रता सेनानी, लोकमान्य — बाल गंगाधर तिलक, 23 जुलाई, 1856 – 1 अगस्त, 1920
- काशी हिंदू विवि. संस्थापक महामना — मदन मोहन मालवीय, 25 दिसम्बर, 1861 – 12 नवम्बर, 1946
- पंजाब केसरी — लाला लाजपत राय, 28 जनवरी, 1865 – 17 नवमबर, 1928
- भारत रत्न, एकता की मूर्ति, लौह पुरुष — सरदार वल्लभ भाई पटेल, 31 अक्टूबर, 1875 – 15 दिसम्बर, 1950
- महान क्राँतिकारी — विनायक दामोदर सावरकर, 28 मई, 1883 – 26 फरवरी, 1966
- राष्ट्रीय स्वयंसेवक संघ संस्थापक — डॉ केशव राव बलीराम हेडगेवार, 1 अप्रैल,1889 – 21 जून,1940
- बहुविज्ञ, संविधान के जनक, भारत रत्न — भीमराव रामजी आम्बेडकर, 14 अप्रैल, 1891 – 6 दिसम्बर, 1956
- भारत रत्न, नेता जी — सुभाष चन्द्र बोस, 23 जनवरी, 1897 – 18 अगस्त, 1945
- प्रखर देशभक्त बलिदानी — चन्द्रशेखर आजाद, 23 जुलाई, 1906 – 27 फरवरी, 1931
- महान क्राँतिकारी — शहीद सरदार भगत सिंह, 27 सितम्बर, 1907 – 23 मार्च, 1931

"जब तक तुम्हारी रानी की नसों में रक्त की एक भी बूँद है, कित्तूर को कोई नहीं ले सकता।"

ॐ त्र्यम्बकं यजामहे सुगन्धिं पुष्टिवर्धनम्।
उर्वारुकमिव बन्धनान्मृत्योर्मुक्षीय मामृतात।।

ॐ पूर्णमदःपूर्णमिदं पूर्णात् पूर्णमुदच्यते। पूर्णस्य पूर्णमादाय पूर्णमेवावशिष्यते।।
यत्र योगेश्वरः कृष्णो यत्र पार्थो धनुर्धरः। तत्र श्रीर्विजयो भूतिर्ध्रुवा नीतिर्मतिर्मम।।18.78।

हरे कृष्ण हरे कृष्ण, कृष्ण कृष्ण हरे हरे।
हरे राम हरे राम, राम राम हरे हरे ।।

© दिव्य भारत-उत्तिष्ठ भारत

गीतार्थी-श्रीरामदूतं
(आपणो एजुकेशनल एंड सोशल वेलफेयर ट्रस्ट,श्री करणपुर,श्री गंगानगर)

महर्षि वाल्मीकि आदि कवि, रामायण के हैं रचयिता,
योगी गोरखनाथ महा हठयोगी योग के सिद्ध विजेता,
विष्णुगुप्त चाणक्य नीति, निर्धारक चंद्रगुप्त के प्रेरक,
आदि शंकराचार्य हुए, अद्वैत भक्ति वेदांत प्रणेता,
ये ही सनातन राष्ट्र ऋषि हैं, ये ही सनातन राष्ट्र ऋषि हैं ॥ 3 ॥

झूलेलाल हैं सिंधी संत, कबीर रहस्यवादी कवि नायक,
हैं विश्नोई संप्रदाय के, गुरु जंभेश्वर ही संस्थापक,
महाप्रभु चैतन्य हुए, गौड़ीय पंथ के महाप्रवर्तक,
महाकवि तुलसीदास की रामायण सच्ची है जन कल्याणक,
ये ही सनातन राष्ट्र ऋषि हैं, ये ही सनातन राष्ट्र ऋषि हैं ॥ 4 ॥

ऋषिवर दयानंदजी ने था, आर्यसमाज किया स्थापित,
श्यामाचरण लाहिड़ीजी थे, क्रिया योग को पूर्ण समर्पित,
रामकृष्णजी परमहंस थे, आध्यात्मिक गुरु और विचारक,
गुरु नानक संग 10 गुरुओं ने, सिक्ख पंथ को किया प्रकाशक,
ये ही सनातन राष्ट्र ऋषि हैं, ये ही सनातन राष्ट्र ऋषि हैं ॥ 5 ॥

प्रखर ज्योतिषी युक्तेश्वर, गिरी क्रिया योग के अनुपम साधक,
भारतीय संस्कृति के विवेकानंद, बने वैश्विक उद्घोषक,
आध्यात्मिक गुरु परमहंस थे, योगानंद मनुज हितकारी,
प्रभूपाद स्वामी श्री कृष्ण, भक्ति के बने विराट नियोजक,
ये ही हमारे राष्ट्र ऋषि हैं, ये ही हमारे राष्ट्र ऋषि हैं ॥ 6 ॥

देवराहा बाबा जी थे, अष्टांग योग में अति पारंगत,
नीमकरोरी बाबा जैसे, स्वयं मिले हनुमत की संगत,
वेदमूर्ति पंडित श्रीराम थे, युग ऋषि गायत्री आराधक,
यज्ञ संस्कृति स्थापित करने को लिया जिन्होंने था व्रत,
ये ही हमारे राष्ट्र ऋषि हैं, ये ही हमारे राष्ट्र ऋषि हैं ॥ 7 ॥

परमवीर अभिमन्यु जिनका, शौर्य था अद्भुत विस्मयकारी,
धर्मचक्र के बने प्रवर्तक, थे अशोक महान् सुविचारी,
पृथ्वीराज चौहान थे हिंदू, शूरवीर सुत भारत माँ के,
चंद्रगुप्त मौर्य थे अंतिम, जैन पंथ के मुकुटधारी
यह सब सच्चे राष्ट्र रत्न हैं, यह सब भारत माँ के रत्न हैं ॥ 8 ॥

कृष्णदेव थे कीर्तिमान, राजा सर्वाधिक विजयनगर के,
महाराणा प्रताप थे जैसे, हिंदुआ सूरज प्रथम प्रहर के,
माँ और मातृभूमि ऊपर है, स्वर्ग से भी यह सत्य जिन्होंने
वे हैं राष्ट्र रत्न जननायक, योद्धा शूरवीर समर के,
ये भारतकुल के भूषण हैं, ये जीवनकुल के भूषण हैं ॥ 9 ॥

युद्ध नीति के सक्षम साधक, वीर शिवाजी हुए छत्रपति,
रानी चेनम्मा नारी की, प्रखर चेतना की तन्मय गति,
स्वतंत्रता संघर्ष के अग्रज, सेनानी थे मंगल पांडे,
मणिकर्णिका लक्ष्मीबाई, हर ली जिसने वैरी की मति,
यह सब सच्चे राष्ट्र रत्न हैं, ये ही हमारे राष्ट्र रत्न हैं ॥ 10 ॥

लोकमान्य थे तिलक बाल, गंगाधर प्रखर राष्ट्र के चिंतक,
काशी हिंदू विश्वविद्यालय, के थे मदन मोहन जी प्रेरक,
थे पंजाब केसरी लाला, लाजपत राय वीर विचारक,
लौह पुरुष थे बल्लभ भाई, पटेल कूटनीति के साधक,
यह सब राष्ट्र रत्न हैं सच्चे, यह सब राष्ट्र रत्न हैं सच्चे ॥ 11 ॥

कहलाए स्वातंत्र्य वीर, सावरकर काला पानी जाकर,
बाबासाहेब भीमराव, कहलाए संविधान को रचकर,
डॉ. हेडगेवार ने राष्ट्र सेवा, हित संघ किया स्थापित,
नेताजी सुभाष गरजे, आजाद हिंद की फौज बनाकर,
यह सब राष्ट्र रत्न हैं सच्चे, यह सब राष्ट्र रत्न हैं सच्चे ॥ 12 ॥

भगत सिंह सुखदेव राजगुरु, सूली चढ़कर भी मुस्काए,
फतेह जुझार अजीत जोरावर, ने भी धर्म हित प्राण गवाए,
पकड़ न पाई थी आजाद को, जीवित सेना अंग्रेजों की,
सूली चढ़ते 'रंग दे बसंती', बिस्मिल ने थे बोल सुनाए,
यह सब सच्चे राष्ट्र रत्न हैं, यह सब भारत माँ के रत्न हैं ॥ 13 ॥

ये ही हमारे आराध्य देव हैं, ये ही हमारे राष्ट्र ऋषि हैं।
ये ही भारत माँ के रत्न हैं, यह सब भारत माँ के रत्न हैं।

नोट : प्रत्येक गर्भवती स्त्री को इन सभी देवों–महापुरुषों का चित्र देखते हुए और उनका भाव ध्यान करते हुए प्रतिदिन अनिवार्यत: यह गीत गाना है।

हमारी दिनचर्या का आरंभ

॥ श्री गणेशाय नमः ॥

श्रीमातापितृभ्यां नमः ॥

श्री गुरुभ्यो नमः ॥

नित्य प्रातः स्मरणीय श्लोक

॥ परिवार संस्कार-बाल संस्कार ॥

(स्वयं तथा अपने बच्चों की नित्य दैनंदिनी में शामिल करके संस्कार दें)

प्रात:काल जागते ही यदि दायाँ नासिका स्वर (सूर्य स्वर) चल रहा है तो 'ॐ सूर्याय नमः' बोलकर अपना दायाँ पैर पहले धरती माँ पर रखें। यदि बायाँ नासिका स्वर(चंद्र स्वर) चल रहा हो तो 'ॐ चंद्रमसे नमः' बोलकर अपना बायाँ पैर धरती माँ पर रखें, सुषुम्ना स्वर चल रहा हो तो दायाँ-बायाँ पैर रखते हुए 'ॐ सूर्याय नमः' तथा 'ॐ चंद्रमसे नमः' का उच्चार करके, धरती माँ पर पैर रखें (सर्वान् श्लोकान् सस्वरं गायत)।

प्रातः कर-दर्शनम्

कराग्रे वसते लक्ष्मी, करमध्ये सरस्वती।
करमूले तु गोविन्दः, प्रभाते कर दर्शनम्॥

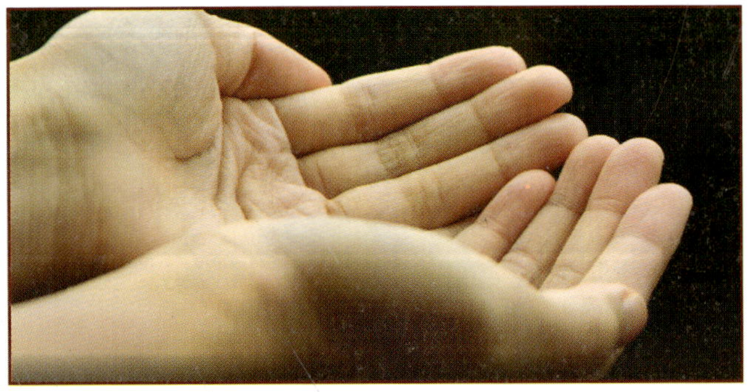

पृथ्वी क्षमा प्रार्थना

समुद्रवसने देवी, पर्वतस्तनमण्डले।
विष्णुपत्नी नमस्तुभ्यं, पादस्पर्शं क्षमस्व मे॥

त्रिदेवों के साथ नवग्रह स्मरण

ब्रह्मा मुरारीस्त्रिपुरान्तकारी, भानुः शशी भूमिसुतो बुधश्च।
गुरुश्च शुक्रः शनिराहु केतवः, कुर्वन्तु सर्वे मम सुप्रभातम्॥
(सर्वे ग्रहाः शांतिकरा भवन्तु)

एकश्लोकी रामायण

आदौ राम तपोवनादि, गमनं हत्वा मृगं काञ्चनम्।
वैदेही हरणं जटायुमरणं, सुग्रीव संभाषणम्।
बाली निर्दलनं समुद्र तरणं, लंकापुरी दाहनम्।
पश्चाद् रावण कुम्भकर्ण हननम् एतद्धि रामायणम्॥

एकश्लोकी भागवत्

आदौ देवकीदेवि गर्भजननं गोपीगृहे वर्द्धनम्।
मायापूतन जीविताप हरणं गोवर्धनोद्धारणम्॥
कंसच्छेदन कौरवादि हननं कुंतीसुतोंपालनम्।
एतद् भागवतम् पुराणकथनं श्रीकृष्णलीलामृतम्॥

चतुःश्लोकी भागवत्

अहमेवासमेवाग्रे, नान्यद् यत् सद सत् परम्।
पश्चादहं यदेतच्च, योऽवशिष्येत् सोऽस्म्यहम्॥ 1॥
ऋतेऽर्थं यत् प्रतीयेत्, न प्रतीयेत् चात्मनि।
तद्विद्या-दात्मनो मायां, यथाऽऽभासो यथा तमः॥ 2॥
यथा महान्ति भूतानि, भूतेषूच्चावचेष्वनु।
प्रविष्टान्य प्रविष्टानि, तथा तेषु न तेष्वहम्॥ 3॥
एतावदेव जिज्ञास्यं, तत्त्व-जिज्ञासुनाऽऽत्मनः।
अन्वय व्यतिरेकाभ्यां, यत् स्यात् सर्वत्र सर्वदा॥ 4॥

"विष्णुः एकादशी गीता, तुलसी विप्र धेनवः।
असारे दुर्ग संसारे, षट्पदी मुक्तिदायिनी॥"
(गरुड़ पुराण)

पूर्णेन्दु सुंदरमुखादरविंद नेत्रात्।
कृष्णात् परं किमपि तत्त्वमहं न जाने।

- हनुमान चालीसा, नित्य पूजा तथा हवन-यज्ञ आदि सनातन धर्म की प्राथमिक पाठशाला है।
- श्रीरामचरितमानस-रामायण सनातन धर्म की उच्च माध्यमिक कक्षा की तरह है।
- श्रीमद्भगवद्गीता-सनातन धर्म की स्नातक (ग्रेज्युएशन) है।
- श्रीमद्भागवत महापुराण-सनातन धर्म की परास्नातक (पोस्ट ग्रेज्युएशन) है।
- नाम जप और माला पीएचडी है।

जीवनचर्या में भक्ति योग का प्रभाव अर्थात् भक्ति की शक्ति:

भोजन + भक्ति = प्रसादम्
जल + भक्ति = अमृत
यात्रा + भक्ति = तीर्थ
संगीत + भक्ति = कीर्तन
घर + भक्ति = मंदिर
कर्म + भक्ति = सेवा
जीवन + भक्ति = भक्त/संत
निराहार + भक्ति = व्रत/उपवास
त्याग + भक्ति = आनंद
विद्यालय + भक्ति = गुरुकुल

भोजन से ऊर्जा मिलती है।
नींद में ऊर्जा संग्रहीत होती है।
जागरण में व्यय होती है।
प्राणायाम से जागती है।
धारणा से केंद्रित होती है।
ध्यान से ऊपर चढ़ती है।
भय से सिकुड़ती है।
वासना में नीचे गिरती है।
प्रेम में विस्तृत होती है।
समाधि में विराट के साथ एक होती है।
सर्वव्यापक में विलीन होती है।
यह ऊर्जा का पूरा विज्ञान है।

गीतार्थी भाईजी-श्रीरामदूतं

टिप्पणी : इसकी प्रतिलिपि (फोटोकॉपी) अपने शयन कक्ष में लगाएँ तथा अपने परिजनों-मित्रों को भी बाँटें।

स्नान करने के नियम की PDF डाउनलोड करने के लिए QR Code स्कैन करें।

(इसकी प्रतिलिपि (फोटोकॉपी) अपने स्नानघर (बाथरूम) में अवश्य लगाएँ तथा अपने परिजनों-मित्रों को अवश्य बाँटें।)

1. दीप दर्शन

शुभंकरोतिकल्याणम्, आरोग्यमसुखसम्पदा।
शत्रुबुद्धिविनाशाय दीप ज्योतिर्नमोऽस्तुते॥
दीपज्योति परब्रह्म, दीप ज्योतिर्जनार्दनः।
दीपो हरतु में पापं, दीप ज्योतिर्नमोऽस्तुते॥
आत्मज्योतिः प्रदीप्ताय, ब्रह्म ज्योतिर्नमोऽस्तुते।
ब्रह्म ज्योति प्रदीप्ताय, गुरुर्ज्योतिर्नमोऽस्तुते॥

2. गुरु वंदना

गुरुर्ब्रह्मा गुरुर्विष्णुः गुरुर्देवो महेश्वरः।
गुरु साक्षात् पर ब्रह्म, तस्मै श्री गुरवे नमः॥
ॐ अज्ञान तिमिरान्धस्य ज्ञानाञ्जन शलाकया।
चक्षुरुन्मीलितं येन तस्मै श्री गुरवे नमः॥
ध्यान मूलं गुरुर्मूर्ति, पूजा मूलं गुरु पदम्।
मंत्र मूलं गुरुर्वाक्यं, मोक्ष मूलं गुरुकृपाम्॥

"Attitude of gratitude raises your altitude."

सदाशिवसमारम्भां शङ्कराचार्यमध्यमाम्।
अस्मदाचार्य पर्यन्तां वन्दे गुरु परंपराम्॥

''हिरण्यगर्भा धारभधाम शेषव्यासादि मध्यमाम्।
स्वामी श्रीरामपादान्तं, वन्दे गुरु परम्पराम्॥'

3. श्री गणेश वंदना (गायत्री)

(ॐ गं गणपतये नमः)

ॐ वक्रतुण्ड महाकाय सूर्यकोटि समप्रभः।
निर्विघ्नं कुरु मे देव, सर्व कार्येषु सर्वदा॥
एकदंताय विद्महे, वक्रतुण्डाय धीमहि,
तन्नो दंती प्रचोदयात्॥
महाकर्णाय विद्महे, वक्रतुण्डाय धीमहि,
तन्नो दंती प्रचोदयात्॥
गजाननाय विद्महे, वक्रतुण्डाय धीमहि,
तन्नो दंती प्रचोदयात्॥

गणपति स्तुति

सुमुखश्चैकदन्तश्च कपिलो गजकर्णकः।
लम्बोदरश्च विकटो विघ्ननाशो विनायकः॥
धूम्रकेतुर्गणाध्यक्षो भालचन्द्रो गजाननः।
द्वादशैतानि नामानि यः पठेच्छृणुयादपि॥
विद्यारम्भे विवाहे च प्रवेशे निर्गमे तथा।
सङ्ग्रामे संकटे चैव विघ्नस्तस्य न जायते॥
शुक्लाम्बरधरं देवं शशिवर्णं चतुर्भुजम्।
प्रसन्नवदनं ध्यायेत् सर्वविघ्नोपशान्तये॥
अभीप्सितार्थसिद्ध्यर्थं पूजितो यः सुरासुरैः।

सर्वविघ्नहरस्तस्मै गणाधिपतये नमः ॥
सर्वमंङ्गलमाङ्गल्ये ! शिवे ! सर्वार्थसाधिके ।
शरण्ये त्र्यम्बके ! गौरि नारायणि नमोऽस्तु ते ॥
सर्वदा सर्वकार्येषु नास्ति तेषाममङ्गलम् ।
येषां हृदिस्थो भगवान् मङ्गलायतनं हरिः ॥
तदेव लग्नं सुदिनं तदेव ताराबलं चन्द्रबलं तदेव ।
विद्याबलं देवबलं तदेव लक्ष्मीपते तेऽङ्घ्रियुगं स्परामि ॥
लाभस्तेषां जयस्तेषां कुतस्तेषां पराजयः ।
येषामिन्दीवरश्यामो हृदयस्थो जनार्दनः ॥
यत्र योगेश्वरः कृष्णो यत्र पार्थो धनुर्धरः ।
तत्र श्रीर्विजयो भूतिर्ध्रुवा नीतिर्मतिर्मम ॥
अनन्याश्चिन्तयन्तो मां ये जनाः पर्युपासते ।
तेषां नित्याभियुक्तानां योगक्षेमं वहाम्यहम् ॥
स्मृतेः सकलकल्याणं भाजनं यत्र जायते ।
पुरुषं तमजं नित्यं व्रजामि शरणं हरिम् ॥
सर्वेष्वारम्भकार्येषु त्रयस्त्रिभुवनेश्वराः ।
देवा दिशन्तु नः सिद्धिं ब्रह्मशानजनार्दनाः ॥
विश्वेशं माधवं ढुण्ढिं दण्डपाणिं च भैरवम् ।
वन्दे काशीं गुहां गङ्गां भवानीं मणिकर्णिकाम् ॥
वक्रतुण्ड महाकाय कोटिसूर्यसमप्रभ ।
निर्विघ्नं कुरु मे देव सर्वकार्येषु सर्वदा ॥

4. सूर्य पूजा/अर्घ्य

प्रत्येक मंत्र के साथ एक परिक्रमा भी करें।
इस तरह तीन परिक्रमाएँ करें—
नमः सूर्याय नित्याय रवयेऽर्काय भानवे।
भास्कराय मतङ्गाय मार्तण्डाय विवस्वते ॥
(ॐ घृणि सूर्याय नमः)

ॐ ऐं ह्री सूर्यदेव सहस्त्रांशो तेजो राशि जगत्पते।
अनुकम्पय मां भक्त्या गृहणार्घ्य दिवाकरः ॥
(ॐ घृणि सूर्याय नमः)

ॐ सूर्याय नमः, ॐ आदित्याय नमः,
ॐ नमो भास्कराय नमः ।

(ॐ घृणि सूर्याय नमः)
ॐ अर्घ्य समर्पयामि ॥

सूर्य भगवान् के 21 नामों का भी उच्चारण करें—

1. विकर्तन (यानी विपत्तियों को नष्ट करने वाले) 2. विवस्वान (यानी प्रकाश रूप) 3. मार्तंड 4. भास्कर 5. रवि 6. लोकप्रकाशक 7. श्रीमान 8. लोक चक्षु 9. गृहेश्वर 10. लोक साक्षी 11. त्रिलोकेश 12. कर्ता 13. हर्ता 14. तमिस्त्रहा (यानी अंधकार को नष्ट करने वाले) 15. तपन 16. तापन 17. शुचि (यानी पवित्रतम) 18 सप्ताश्ववाहन 19. गभस्तिहस्त (यानी किरणें, जिनके हाथ स्वरूप हैं) 20. ब्रह्मा 21. सर्वदेवनमस्कृत।

5. गायत्री मंत्र

ॐ भूर्भुवः स्वः तत्सवितुर्वरेण्यं भर्गोदेवस्य धीमहि धियोयोनः प्रचोदयात्।

(दिन में किसी भी समय 108 बार उच्चारण अवश्य करना है तथा पूजा के समय तीन बार मौन या सस्वर उच्चारण अवश्य करें।)

॥ ॐ सरस्वत्यै नमः ॥

परीक्षा में सफलता हेतु

(बच्चों के लिए विशेष)—

जेहि पर कृपा करहिं जनु जानी।

कबि उर अजिर नचावहिं बानी॥

परीक्षा में सफलता हेतु मंत्र—

ॐ नमो भगवती सरस्वती, वाग्वादिनी ब्रह्माणी।

ब्रह्मरूपिणी बुद्धिवर्द्धिनी, मम विद्या देहि-देहि स्वाहा॥

विद्या प्राप्ति हेतु

गुरु गृह गए पढ़न रघुराई, अल्पकाल विद्या सब पाई।

पढ़ाई में मन लगाने का मंत्र—

ॐ प्रणो देवी सरस्वती वाजेभिर्वाजिनीवती।

धीनामवित्र्यवतु, गणेशाय नमः सरस्वत्यै नमः श्री गुरुभ्यो नमः

हरिः ओम्।। ॐ शान्तिः, शान्तिः, शान्तिः।

6. सरस्वती वंदना

(द्वादश नाम स्त्रोत)

या कुन्देन्दुतुषारहारधवला, या शुभ्रवस्त्रावृत्ता।

या वीणावरदंडमण्डितकरा, या श्वेतपद्मासना॥

या ब्रह्माच्युतशंकरप्रभृतिभिः, देवैः सदा वन्दिता।

सा मां पातु सरस्वती भगवती, निःशेषजाड्यापहा॥ 1॥

शुक्लां ब्रह्मविचार सार परमाम्, आद्यां जगद्व्यापिनीम्।

वीणापुस्तकधारिणीं भयदां, जाड्यान्धकारापहाम्॥

हस्ते स्फाटिकमालिकां विदधतीं, पद्मासने संस्थिताम्।

वन्दे तां परमेश्वरीं भगवतीं, बुद्धिप्रदां शारदाम्॥ 2॥

प्रथमं भारती नाम, द्वितीयं च सरस्वती।

तृतीयं शारदा देवी, चतुर्थ हंसवाहिनी।

पंचमं जगती ख्याता, षष्ठं वागीश्वरी तथा।

सप्तमं कुमुदी प्रोक्ता, अष्टमं ब्रह्मचारिणी।

नवमं बुद्धिदात्री च, दशमं वरदायिनी।

एकादशं चंद्रकांति, द्वादशं भुवनेश्वरी।

द्वादशैतानि नामानि, त्रिसंध्य यः पठेन्नरः।

जिह्वाग्रे वसते नित्यं, ब्रह्म रूपा सरस्वती।

7. दुर्गा माँ

ऐं ह्रीं क्लीं चामुण्डायै विच्चे।

ॐ दुं दुर्गाय नमः

सर्व मंगल मांगल्यं, शिवे सर्वार्थ साधिके।

शरण्ये त्रयम्बिके गौरी, नारायणी नमोऽस्तुते॥

माँ दुर्गा द्वात्रिंश (32) नाम माला स्तोत्रम

ॐ दुर्गा, दुर्गातिशमनी, दुर्गापद्विनिवारिणी।
दुर्गमच्छेदनी, दुर्ग साधिनी, दुर्गनाशिनी॥
दुर्गतोद्धारिणी, दुर्गनिहन्त्री, दुर्गमापहा।
दुर्गमज्ञानदा, दुर्गदैत्यलोकदवानला।
दुर्गमा, दुर्गमालोका, दुर्गमात्मस्वरुपिणी।
दुर्गमार्गप्रदा, दुर्गम विद्या, दुर्गमाश्रिता।
दुर्गमज्ञान संस्थाना, दुर्गमध्यान भासिनी।
दुर्गमोहा, दुर्गमगा, दुर्गमार्थस्वरुपिणी।
दुर्गमासुर संहन्त्रि, दुर्गमायुध धारिणी।
दुर्गमांगी, दुर्गमता, दुर्गम्या, दुर्गमेश्वरी।
दुर्गभीमा, दुर्गभामा, दुर्गभा, दुर्गद्धारिणी॥
नामावलिमीमां यस्तु दुर्गाया मम मानवः।
पठेत् सर्वभयान्मुक्तो भविष्यति न संशयः॥

8. विष्णु स्तुति
(ॐ नमो नारायणाय)

शांताकारं भुजग शयनं पद्मनाभं सुरेशम्
विश्वाधारं गगन सदृशं मेघवर्णं शुभाङ्गम्।
लक्ष्मीकान्तं कमलनयनं योगिभिर्ध्यानगम्यम्।
वन्दे विष्णुं भवभय हरणं सर्वलोकैकनाथम्॥

9. शिव वंदना (शिव पंचाक्षर स्तोत्र)

नागेंद्रहाराय त्रिलोचनाय, भस्मांगरागाय महेश्वराय।
नित्याय शुद्धाय दिगंबराय,
तस्मै 'न' काराय नमः शिवाय॥ 1॥
मन्दाकिनी सलिल चंदन चर्चिताय,
नंदीश्वर प्रमथनाथ महेश्वराय।
मन्दारपुष्प बहुपुष्प सुपूजिताय,
तस्मै 'म' काराय नमः शिवाय॥ 2॥
शिवाय गौरीवदनाब्जवृन्द,
सूर्याय दक्षाध्वर नाशकाय।
श्रीनीलकण्ठाय वृषध्वजाय,
तस्मै 'शि' काराय नमः शिवाय॥ 3॥
वसिष्ठ कुम्भोद्भवगौतमार्य,
मुनीन्द्रदेवार्चित शेखराय।
चंद्रार्क वैश्वानरलोचनाय,
तस्मै 'व' काराय नमः शिवाय॥ 4॥

यक्षस्वरूपाय जटाधराय,
पिनाकहस्ताय सनातनाय।
दिव्याय देवाय दिगम्बराय,
तस्मै 'य' काराय नमः शिवाय॥ 5॥
पञ्चाक्षरमिदं पुण्यं यः पठेच्छिवसन्निधौ।
शिवलोकमवाप्नोति शिवेन सह मोदते॥

महामृत्युंज्य मंत्र

ॐ त्र्यम्बकं यजामहे सुगन्धिं पुष्टिवर्धनम्।
उर्वारुकमिव बन्धनान् मृत्योर्मुक्षीय माऽमृतात्॥

10. महावीर वंदना

ॐ हं हनुमते नमः।
ॐ हनुमते रूद्रात्मकाय हुं फट्।
मनोजवं मारुततुल्यवेगं,
जितेन्द्रियं बुद्धिमतां वरिष्ठम्।
वातात्मजं वानरयूथमुख्यं,
श्रीरामदूतं शरणं प्रपद्ये।

श्रीहनुमान जी द्वादश नाम स्तोत्र :

हनुमानञ्जनीसूनुर्वायुपुत्रो महाबलः।
रामेष्टः फाल्गुनसखः पिङ्गाक्षोऽमितविक्रमः॥

उदधिक्रमणश्चैव सीताशोकविनाशनः।
लक्ष्मणप्राणदाता च दशग्रीवस्य दर्पहा॥
द्वादशैतानि नामानि कपीन्द्रस्य महात्मनः।
स्वापकाले प्रबोधे च यात्राकाले च यः पठेत्॥
तस्य सर्वभयं नास्ति सर्वत्र विजयी भवेत्।
राजद्वारे गह्वरे च भयं नास्ति कदाचन॥

श्रीराम वंदना

लोकाभिरामं रणरंगधीरं राजीवनेत्रं रघुवंशनाथम्।
कारुण्यरुपं करुणाकरं तं श्रीरामचंद्रं शरणं प्रपद्ये॥

श्री राम स्तुति

श्री राम चंद्र कृपालु भजुमन हरण भव भय दारुणम्।
नवकंज लोचन कंज मुखकर कंज पद कञ्जारुणम्॥
कंदर्प अगणित अमित छवि नव नील नीरज सुंदरम्।
पटपीत मानहुँ तड़ित रुचि शुचि, नौमि जनक सुतावरम्॥
भज दीन बंधु दिनेश दानव दैत्य वंश निकन्दनम्।
रघुनंद आनंद कंद कौशल चंद दशरथ नंदनम्॥
सिर मुकुट कुण्डल तिलक चारु उदारू अंग विभूषणम्।
आजानु भुज शर चाप धर संग्राम जित खर-दूषणम्॥

इति वदति तुलसीदास शंकर शेष मुनि मन रञ्जनम्।
मम हृदय कंज निवास कुरु कामादि खलदल गंजनम्॥

छंद

मनु जाहिं राचेऊ मिलिहि सो बरु सहज सुंदर साँवरो।
करुना निधान सुजान सीलु सनेहु जानत रावरो॥
एही भाँति गौरि असीस सुनि सिय सहित हिय हरषीं अली।
तुलसी भवानिहि पूजि पुनि-पुनि मुदित मन मंदिर चली॥

॥ सोरठा ॥

जानि गौरि अनुकूल सिय हिय हरषु न जाइ कहि।
मंजुल मंगल मूल बाम अंग फरकन लगे।

श्रीकृष्ण स्तुति

कस्तूरी तिलकं ललाट पटले, वक्ष: स्थले कौस्तुभम्।
नासाग्रे वरमौक्तिकं करतले, वेणु: करे कंकणम्॥
सर्वांगे हरि चंदनं सुललितं, कंठे च मुक्तावली।
गोपस्त्री परिवेष्टितो विजयते, गोपाल चूड़ामणि:॥
मूकं करोति वाचालं पंगुं लंघयते गिरिम्।
यत्कृपा तमहं वन्दे परमानंद माधवम्॥

16 माला जाप प्रतिदिन करने चाहिए
(किंतु 1 माला प्रतिदिन अवश्य करें)—

हरे कृष्ण महामंत्र
(इससे पूर्व पंचतत्व मंत्र अवश्य बोलें)

(जय) श्रीकृष्ण चैतन्य प्रभुनित्यानंद
श्री अद्वैतगदाधर श्रीवासादिगौरभक्तवृंद॥
हरे कृष्ण हरे कृष्ण कृष्ण कृष्ण हरे हरे,
हरे राम हरे राम राम राम हरे हरे॥

द्वादशाक्षर मंत्र
ॐ नमो भगवते वासुदेवाय॥

शांति पाठ

ॐ द्यौ: शान्तिरन्तरिक्ष (गुँ) शान्ति:,
पृथ्वी शान्तिराप: शान्तिरोषधय: शान्ति:।
वनस्पतय: शान्तिर्विश्वे देवा: शान्तिर्ब्रह्म शांति:,
सर्व(गुँ) शान्ति:, शान्तिरेव शान्ति:, सा मा शान्तिरेधि॥
॥ ॐ शान्ति: शान्ति: शान्ति: ॥

YouTube
के माध्यम से 'जय हनुमान' कविता सुनने के लिए QR Code स्कैन करें।

वसुदेव-सुतं(न्) देवं (ङ्), कंस-चाणूर-मर्दनम्।
देवकी-परमा-नंदं (ङ्), कृष्णं(म्) वन्दे जगद्गुरुम्॥

॥ गीता जीवन गीत बने ॥
गीता पढ़ें, पढ़ाएँ, जीवन में लाएँ॥
सुभाषितानि गीता-अध्याय-12 : भक्ति योग
(इस अध्याय को नित्य पूजा में प्रतिदिन पढ़ना/सुनना चाहिए)

YouTube
के माध्यम से 'भक्ति योग' सुनने के लिए QR Code स्कैन करें।

कर्पूर गौरं करुणावतारं, संसार सारं भुजगेन्द्र हारम्।
सदा वसंतं हृदयारविन्दे, भवं भवानी सहितं नमामि॥

सर्वे भवन्तु सुखिनः, सर्वे संतु निरामयाः।
सर्वे भद्राणि पश्यन्तु, मा कश्चिद् दुःख भाग्भवेत्॥

त्वमेव माता च पिता त्वमेव, त्वमेव बंधुश्च सखा त्वमेव॥
त्वमेव विद्या द्रविणं त्वमेव, त्वमेव सर्वं मम देवदेव॥

'वसुधैव कुटुम्बकम्' सनातन धर्म का मूल संस्कार तथा विचारधारा है जो महा उपनिषद् सहित कई ग्रंथों में लिपिबद्ध है। यह वाक्य भारतीय संसद के प्रवेश कक्ष पर भी अंकित है।

'अयं निजः परो वेति गणना लघुचेतसाम्।
उदारचरितानां तु वसुधैव कुटुम्बकम्॥'
(महोपनिषद्, अध्याय 4 श्लोक 79)

अर्थ : यह अपना (बंधु है) और यह अपना (बंधु नहीं) है। इस तरह की गणना छोटे चित्तवाले लोग करते हैं। उदार हृदयवाले लोगों की तो (संपूर्ण) धरती ही परिवार है।

'तुलसी साथी विपत्ति के, विद्या विनय विवेक।
साहस सुकृति सुसत्यव्रत, राम भरोसे एक॥'

अर्थ : तुलसीदासजी कहते हैं कि विपत्ति के समय आपको ये सात गुण बचाएँगे—1. आपका ज्ञान या शिक्षा, 2. आपकी विनम्रता, 3. आपकी बुद्धि, 4. आपके भीतर का साहस, 5. आपके अच्छे कर्म, 6. सच बोलने की आदत, 7. ईश्वर में विश्वास।

सुनहु भरत भावी प्रबल, बिलख कहेउ मुनिनाथ।
हानि-लाभ, जीवन-मरण, यश-अपयश विधि हाथ।

मेरे नाथ! मैं आपको भूलूँ नहीं।
मेरे नाथ! मैं आप से दूर ना रहूँ, आप मुझसे दूर न रहें।
मेरे नाथ! आप अपनी कृपा सदा, सब पर बनाए रखें।

जय घोष

गणपति गजानंद महाराज की जय,
अंबे मातु की जय,
भूत भावन शंकर भगवान् की जय,
मर्यादा पुरुषोत्तम सियावर रामचंद्र की जय,
अत्यंत बलवंत हनुमंत लाल की जय,
सुदर्शन चक्रधारी योगेश्वर लीला पुरुषोत्तम
कृष्ण कन्हैया लाल की जय,
लक्ष्मीनारायण भगवान् की जय,
सत्यनारायण भगवान् की जय,
गुरु गोविंद देव की जय,
अपने-अपने माता-पिता की जय,
सब संतन की जय, सब भक्तन की जय,
आज के आनंद की जय,
धर्म की जय हो, अधर्म का विनाश हो,
प्राणियों में सद्भावना हो, विश्व का कल्याण हो,
सत्य सनातन वैदिक हिंदू धर्म की जय हो,
गौ माता की जय हो, गौ हत्या बंद हो,
भारत अखंड हो,
अयोध्या-वृंदावन-काशी धाम की जय हो,
नमः पार्वती पतये,
हर-हर महादेव शंभो-काशी विश्वनाथ गंगे,
जय माई की-चिंता काए की,
पीतांबरा मैय्या की जय,
श्री स्वामी महाराज की जय,
श्री राधा वृंदावन चंद्रोदय धाम की जय,
श्री गौर नीताय की जय,
अभयचरणारविंद भक्तिवेदांत श्रील प्रभुपाद की जय,
गायत्री परिवार की जय,
देवराहा बाबा की जय,
श्रीमद्भगवद्गीता की जय,
श्रीमद्भागवतम् की जय,
भारत माता की जय।

क्षमा प्रार्थना मंत्र

ॐ आवाहनं न जानामि, नैव जानामि पूजनम्।
विसर्जनं न जानामि, क्षमस्व परमेश्वर॥ 1॥
मंत्रहीनं क्रियाहीनं, भक्तिहीनं सुरेश्वर।
यत्पूजितं मया देव! परिपूर्णं तदस्तु मे॥ 2॥
यदक्षरपदभ्रष्टं, मात्राहीनं च यद् भवेत्।
तत्सर्वं क्षम्यतां देवा! प्रसीद परमेश्वर॥ 3॥
यस्य स्मृत्या च नामोक्त्या, तपोयज्ञक्रियादिषु।
न्यूनं संपूर्णतां याति, सद्यो वन्दे तमच्युतम्॥ 4॥
प्रमादात्कुर्वतां कर्म, प्रच्यवेताध्वरेषु यत्।
स्मरणादेव तद्विष्णोः, संपूर्णं स्यादितिश्रुतिः॥ 5॥

हिन्दवः सोदराः सर्वे, न हिन्दूः पतितो भवेत्।
मम दीक्षा हिन्दू रक्षा, मम मंत्रः समानता॥

(सब हिंदू भाई हैं, कोई भी हिंदू पतित नहीं हैं, हिंदुओं की रक्षा मेरी दीक्षा है और समानता ही मेरा मंत्र है।)

जीवन पुष्प चढ़ा चरणों में, माँगें मातृभूमि से यह वर।
तेरा वैभव अमर रहे माँ, हम दिन चार रहें ना रहें॥

ॐ शम् शुक्राय नमः

यानि कानि च पापानि, जन्मान्तर कृतानि च।
तानि सर्वाणि नश्यन्ति, प्रदक्षिणा पदे-पदे॥

ॐ श्री गणेशाय नमः

संक्षिप्त यज्ञ-हवन विधि

सर्वप्रथम नित्यकर्म से निवृत्त होकर स्नान करने के उपरांत पृथ्वी माता का ध्यान करते हुए पूजन के लिए आसन पर बैठें और आसन को पवित्र करने के लिए मंत्र पढ़ें और जलपात्र से आचमनी लेकर अपने हाथ धोएं तथा पवित्र आसन पर जल छोड़ें—

आसन मंत्र :

ॐ पृथ्वी त्वया धृता लोका, देवी त्वं विष्णुना धृता।
त्वं च धारय मां देवी, पवित्रं कुरू चासनम्॥

इसके बाद हाथ में जल लेकर अपने ऊपर तथा समस्त पूजन सामग्री पर जल छोड़ें और यह मंत्र पढ़ें—

पवित्री मंत्र :

ॐ अपवित्रः पवित्रो वा, सर्वावस्थांगतोऽपिवा।
यः स्मरेत् पुण्डरीकाक्षं, स बाह्याभ्यन्तरः शुचिः॥

इसके बाद तीन बार आचमन करें और यह मंत्र पढ़ें—

1. **ॐ केशवाय नमः**
2. **ॐ माधवाय नमः**
3. **ॐ नारायणाय नमः**
4. **ॐ ऋषिकेशाय नमः** (यह कहकर हाथ धो लें)।
5. **ॐ गोविन्दाय नमः** (यह कहकर होठों को पोंछे तथा हस्तम्प्रक्षाल्य करें)।

'इसके उपरांत चोटी में गाँठ/हाथ लगाएँ और यह मंत्र पढ़ें—

शिखा मंत्र :

ॐ चिद्रूपिणि महामाये दिव्य तेजः समन्विते।
तिष्ठ देवि शिखामध्ये तेजोवृद्धिं कुरुष्व मे॥

इसके बाद पूजन पात्र से अलग रोली-चंदन-अक्षत लेकर स्वयं के और हवन कुंड के तिलक लगाते हुए यह स्वस्ति वाचन पढ़ें तथा हाथ में अक्षत-पुष्प लेकर गौरी-गणेश सहित समस्त देव-देवताओं का ध्यान करें—

सूक्ष्म स्वस्ति मंत्र :

ॐ स्वस्ति न इंद्रो वृद्धश्रवाः।

स्वस्ति न पूषा(खा) विश्ववेदाः।
स्वस्ति नस्ताक्ष्र्यो अरिष्टनेमिः।
स्वस्ति नो बृहस्पतिर्दधातु॥
ॐ शांतिः शांतिः शांतिः॥

सर्व देवी-देवता मंत्र :

विनायकं गुरुं भानुं, ब्रह्मा विष्णु महेश्वरान्।
सरस्वती प्रणम्यादौ, धर्म कामार्थ सिद्धये॥

सर्वोपचारार्थे गंधाक्षत पुष्पाणि समर्पयामि...
(अक्षत-पुष्प, गौरी-गणेश के पास छोड़ दें)

(इसके उपरांत हाथ में जल और अक्षत लेकर संकल्प करें)

अद्य इह (अमुक) गोत्रोत्पन्नः (अमुक) नामनः (अमुक) कार्य करिष्ये।

(इसके बाद गौरी-गणेश के पास संकल्प छोड़ दें)
(संक्षिप्त यज्ञ-हवन में इसकी आवश्यक्ता नहीं है।)

अंत में दीपक/अग्नि प्रज्वलित करें—

शुभंकरोतिकल्याणम्, आरोग्यम्सुखसंपदा।
शत्रुबुद्धिविनाशाय, दीप ज्योतिर्नमोऽस्तुते॥
दीपज्योतिर्परब्रह्म, दीप ज्योतिर्जनार्दनः।
दीपो हरतु मे पापं, दीप ज्योतिर्नमोऽस्तुते॥

ॐ अग्नि देवताभ्यो नमः

तदोपरांत अपनी स्वेच्छानुसार मंत्रों द्वारा यज्ञ-हवन आदि करें।

श्रीकृष्ण कृपा

गीता यज्ञ प्रेरणा

'गौसेवा और गीता पाठ, नित्य नियम से मंत्र जाप, करते रहो जब तक है श्वास।'

'गीता यज्ञ प्रेरणा' की PDF डाउनलोड करने के लिए QR Code स्कैन करें।

॥ हरि ॐ तत्सत्॥

यज्ञ प्रारंभ करने पर (शांत विनम्र भाव से हाथ जोड़कर स्तुति प्रार्थना करें) 'स्वाहा' के साथ आहूति भी डाल सकते हैं।

अग्नि प्रगट करते हुए

यदादित्य-गतं(न्) तेजो, जगद्-भासयतेऽखिलम्।
यच्चंद्र-मसि यच्चाग्नौ, तत्तेजो विद्धि मामकम्॥ 15/12॥

वक्रतुण्ड महाकाय सूर्यकोटि समप्रभः।
निर्विघ्नं कुरु मे देव सर्वकार्येषु सर्वदा॥

स्वस्ति प्रजाभ्यः(फ्) परिपाल-यन्तां(न्),
न्याय्येण मार्गेण महीं(म्) महीशाः।
गोब्राह्मणेभ्यः शुभमस्तु नित्यं(म्),
लोका समस्ताः(स्) सुखिनो भवन्तु॥

मूकं(ङ्) करोति वाचालं(म्), पंङ्गु लङ्घयते गिरिम्।
यत्कृपा तमहं(म्) वन्दे, परमानंद माधवम्॥

प्रपन्न-पारिजाताय, तोत्र-वेत्रैक-पाणये।
ज्ञान-मुद्राय कृष्णाय, गीतामृत दुहे नमः॥

गुरुर्ब्रह्मा गुरुर्विष्णुः गुरुर्देवो महेश्वरः।
गुरुः साक्षात् परब्रह्म तस्मै श्रीगुरवे नमः॥

कृष्णाय वासुदेवाय, हरये परमात्मने।
प्रणत क्लेश नाशाय, गोविन्दाय नमो नमः॥

त्वमेव माता च पिता त्वमेव।
त्वमेव बन्धुश्च सखा त्वमेव।
त्वमेव विद्या द्रविणम् त्वमेव।
त्वमेव सर्वम् मम देव देव॥

यज्ञ भाव के 18 गीता श्लोक/मंत्र

योगस्थ:(ख्) कुरु कर्माणि,
सङ्गं(न्) त्यक्तवा धनञ्जय।
सिद्ध्य-सिद्ध्यो:(स्) समो भूत्वा,
समत्वं(म्) योग उच्यते ॥ 2/48 ॥

यज्ञार्थात्-कर्मणोऽन्यत्र,
लोकोऽयं(ङ्) कर्म-बन्धन:।
तदर्थं(ङ्) कर्म कौन्तेय,
मुक्त-सङ्ग:(स्) समाचर ॥ 3/9 ॥

सह-यज्ञा:(फ्) प्रजा:(स्) सृष्ट्वा,
पुरोवाच प्रजापति:।
अनेन प्रस-विष्यध्वम्,
एष वोऽस्त्विष्ट-कामधुक् ॥ 3/10 ॥

देवान्-भाव-यतानेन,
ते देवा भावयन्तु व:।
परस्परं(म्) भावयन्त:(श्),
श्रेय:(फ्) परम-वाप्स्यथ ॥ 3/11 ॥

इष्टान्-भोगान्हि वो देवा,
दास्यन्ते यज्ञ-भाविता:।
तैर्-दत्तान-प्रदायैभ्यो,
यो भुङ्क्ते स्तेन एव स: ॥ 3/12 ॥

यज्ञ-शिष्टाशिन:(स्) संतो,
मुच्यन्ते सर्व-किल्बिषै:।
भुञ्जते ते त्वघं(म्) पापा,
ये पचन्-त्यात्म-कारणात् ॥ 3/13 ॥

अन्नाद्-भवन्ति भूतानि,
पर्जन्या-दन्न-संभव:।
यज्ञाद्-भवति पर्जन्यो,
यज्ञ:(ख्) कर्म-समुद्भव: ॥ 3/14 ॥

कर्म ब्रह्मोद्-भवं(म्) विद्धि,
ब्रह्माक्षर-समुद्-भवम्।
तस्मात्-सर्वगतं(म्) ब्रह्म,
नित्यं(म्) यज्ञे प्रतिष्ठितम् ॥ 3/15 ॥

ब्रह्मार्पणं(म्) ब्रह्म हवि:(र्),
ब्रह्माग्नौ ब्रह्मणा हुतम्।
ब्रह्मैव तेन गन्तव्यं(म्),
ब्रह्म-कर्म-समाधिना ॥ 4/24 ॥

द्रव्य-यज्ञास्-तपो-यज्ञा,
योग-यज्ञास्-तथापरे।
स्वाध्याय-ज्ञान-यज्ञाश्-च,
यतय:(स्) संशित-व्रता: ॥ 4/28 ॥

अपाने जुह्वति प्राणं(म्),
प्राणेऽपानं(न्) तथापरे।
प्राणापान-गती रूद्ध्वा,
प्राणायाम-परायणाः ॥ 4/29 ॥

अपरे नियता-हाराः(फ्),
प्राणान् प्राणेषु जुह्वति।
सर्वेऽप्येते यज्ञ-विदो,
यज्ञ-क्षपित-कल्मषाः ॥ 4/30 ॥

यज्ञ-शिष्टामृत-भुजो,
यान्ति ब्रह्म सनातनम्।
नायं(म्) लोकोऽस्त्य-यज्ञस्य,
कुतोऽन्यः(ख्) कुरु-सत्तम ॥ 4/31 ॥

एवं(म्) बहुविधा यज्ञा,
वितता ब्रह्मणो मुखे।
कर्मजान्-विद्धि तान्-सर्वान्,
एवं(ञ्) ज्ञात्वा विमोक्ष्यसे ॥ 4/32 ॥

अहं(ङ्) क्रतु-रहं(म्) यज्ञः(स्),
स्वधा-हम-हमौषधम्।
मंत्रोऽहम-हमेवाज्यम्,
अहमग्नि-रहं(म्) हुतम् ॥ 9/16 ॥

अफला-काङ्क्षिभिर्-यज्ञो,
विधि-दृष्टो य इज्यते।
यष्टव्य-मेवेति मनः(स्),
समाधाय स सात्विकः ॥ 17/11 ॥

ॐ तत्-सदिति निर्देशो,
ब्रह्मणस्-त्रिविधः(स्) स्मृतः।
ब्राह्मणास्-तेन वेदाश्-च,
यज्ञाश्-च विहिताः(फ्) पुरा ॥ 17/23 ॥

यज्ञ-दान-तपः-कर्म,
न त्याज्यं(ङ्) कार्यमेव तत्।
यज्ञो दानं(न्) तपश्-चैव,
पावनानि मनीषिणाम् ॥ 18/5 ॥

अष्टादश श्लोकी गीता पाठ

धर्मक्षेत्रे कुरुक्षेत्रे, समवेता युयुत्सवः।
मामकाः(फ्) पाण्डवाश्-चैव, किम-कुर्वत सञ्जय ॥ 1/1 ॥

कर्मण्ये-वाधिका-रस्ते, मा फलेषु कदाचन।
मा कर्म-फल-हेतुर्-भूर्, मा ते सङ्गोऽस्त्व कर्मणि ॥ 2/47 ॥

कर्मणैव हि संसिद्धिम्, आस्थिता जन-कादयः।
लोक-सङ्ग्रह-मेवापि, सम्पश्यन्-कर्तु-मर्हसि ॥ 3/20 ॥

एवं(ञ्) ज्ञात्वा कृतं(ङ्) कर्म,
पूर्वै-रपि मुमुक्षुभिः।
कुरु कर्मैव तस्मात्-त्वं(म्),
पूर्वैः(फ्) पूर्वतरं(ङ्) कृतम् ॥ 4/15 ॥

ब्रह्मण्या-धाय कर्माणि, सङ्गं(न्) त्यक्त्वा करोति यः।
लिप्यते न स पापेन, पद्म-पत्र-मिवाम्भसा ॥ 5/10 ॥

आत्मौ-पम्येन सर्वत्र, समं(म्) पश्यति योऽर्जुन।
सुखं(म्) वा यदि वा दुःखं(म्), सः योगी परमो मतः ॥ 6/32 ॥

मत्तः(फ्) परतरं(न्) नान्यत्, किञ्चि-दस्ति धनञ्जय।
मयि सर्वमिदं(म्) प्रोतं(म्), सूत्रे मणि-गणा इव ॥ 7/7 ॥

तस्मात् सर्वेषु कालेषु, माम-नुस्मर युध्य च।
मय्यर्पित-मनो-बुद्धिः(र्), मामे-वैष्यस्य-संशयम् ॥ 8/7 ॥

मयाऽध्यक्षेण प्रकृतिः(स्), सूयते सचराचरम्।
हेतु-नानेन कौन्तेय, जग-द्वि-परिवर्तते ॥ 9/10 ॥

महर्षय:(स्) सप्त पूर्वे,
चत्वारो मनवस्-तथा।
मद्-भावा मानसा जाता,
येषां(म्) लोक इमा:(फ्) प्रजा: ॥ 10/6 ॥

दिवि सूर्य-सहस्रस्य,
भवेद्-युग-पदुत्थिता।
यदि भा:(स्) सदृशी सा स्याद्,
भासस्-तस्य महात्मन: ॥ 11/12 ॥

सन्नि-यम्येन्द्रिय-ग्रामं(म्), सर्वत्र सम-बुद्धय: ।
ते प्राप्नु-वन्ति मामेव, सर्व-भूत-हिते रता: ॥ 12/4 ॥

बहिरन्तश्-च भूतानाम्, अचरं(ञ्) चरमेव च ।
सूक्ष्मत्वा-त्तद-विज्ञेयं(न्),
दूरस्थं(ञ्) चान्तिके च तत् ॥ 13/15 ॥

कर्मण:(स्) सुकृतस्याहु:(स्),
सात्त्विकं(न्) निर्मलं(म्) फलम्।
रज-सस्तु फलं(न्) दु:खम्,
अज्ञानं(न्) तमस:(फ्) फलम् ॥ 14/16 ॥

शरीरं(म्) यद-वाप्नोति, यच्चा-प्युत्क्राम-तीश्वर: ।
गृही-त्वैतानि संयाति, वायुर्-गंधा-निवाशयात् ॥ 15/8 ॥

दैवी सम्पद्-विमोक्षाय, निबन्धा-यासुरी मता।
मा शुच:(स्) सम्पदं(न्) दैवीम्,
अभि-जातोऽसि पाण्डव ॥ 16/5 ॥

सद्-भावे साधु-भावे च, सदित्ये-तत्-प्रयुज्यते।
प्रशस्ते कर्मणि तथा, सच्छब्द:(फ्) पार्थ युज्यते ॥ 17/26 ॥

यत्र योगेश्वर:(ख्) कृष्णो, यत्र पार्थो धनुर्धर: ।
तत्र श्रीर्-विजयो भूतिर्, ध्रुवा नीतिर्-मतिर्-मम ॥ 18/78 ॥

24 बार गायत्री मंत्र आहुति

ॐ भूर्भुव: स्व: तत्सवितुर्वरेण्यम्,
भर्गो देवस्य धीमहि धियो यो न: प्रचोदयात्।
इदं गायत्र्यै इदं न मम॥

12 बार महामृत्युंजय मंत्र आहुति

ॐ त्र्यम्बकं यजामहे सुगन्धिं पुष्टिवर्धनम्।
उर्वारुकमिव बन्धनान् मृत्योर्मुक्षीय माऽमृतात्।
इदं महामृत्युंजयाय इदं न मम॥

9 बार 'ॐ नमो भगवते वासुदेवाय' मंत्र आहुति

कल्याण मंत्र

ॐ सर्वे भवन्तु सुखिन: सर्वे संतु निरामया: ।
सर्वे भद्राणि पश्यन्तु मा कश्चित् दु:ख भाग्भवेत्॥

पूर्णाहुति मंत्र

ॐ पूर्णमद: पूर्णमिदं पूर्णात् पूर्णमदुच्यते।
पूर्णस्य पूर्णमादाय पूर्णमेवावशिष्यते॥

जयघोष

गीता-गायत्री माता की जय।
यज्ञ भगवान् की जय, वेद भगवान् की जय।
भारतीय संस्कृति की जय, भारत माता की जय।
एक बनेंगे-नेक बनेंगे, हम बदलेंगे-युग बदलेगा,
हम सुधरेंगे-युग सुधरेगा।
ज्ञान यज्ञ की लाल मशाल- सदा जलेगी-सदा जलेगी।
ज्ञान यज्ञ की ज्योति जलाने-हम घर-घर में जाएँगे।
नया सवेरा नया उजाला-इस धरती पर लाएँगे।
नया समाज बनाएँगे-नया जमाना लाएँगे।
जन्म जहाँ पर-हमने पाया, अन्न जहाँ का-हमने खाया।
वस्त्र जहाँ के-हमने पहने, ज्ञान जहाँ से-हमने पाया।
वह है प्यारा-देश हमारा।
देश की रक्षा कौन करेगा-हम करेंगे, हम करेंगे।
युग निर्माण कैसे होगा-व्यक्ति के निर्माण से।
माँ का मस्तक ऊँचा होगा-त्याग और बलिदान से।
नित्य सूर्य का ध्यान करेंगे-अपनी प्रतिभा प्रखर करेंगे।
मानव मात्र-एक समान। नर और नारी-एक समान।
जाति वंश सब-एक समान।
नारी का सम्मान जहाँ है, संस्कृति का उत्थान वहाँ है।
जागेगी भाई जागेगी, नारी शक्ति जागेगी।
विचार क्रांति अभियान, सफल हो, सफल हो, सफल हो।
हमारी युग निर्माण योजना, सफल हो, सफल हो, सफल हो।
हमारा युग निर्माण सत्संकल्प-पूर्ण हो, पूर्ण हो, पूर्ण हो।
इक्कीसवीं सदी, उज्ज्वल भविष्य।
वन्दे-वेद मातरम्, वन्दे-गौ मातरम्, वन्दे मातरम्।

उठने पर बोलें—ॐ शम् शक्राय नमः

आसन पर खड़े होकर परिक्रमा करते हुए यह मंत्र बोलें—

यानि कानि च पापानि, जनमान्तर कृतानि च।
तानि सर्वाणि नश्यन्ति, प्रदक्षिणा पदे पदे॥

गीता यज्ञ करें करवाएँ, भय-भ्रम-शोक सब दूर भगाएँ

साभार : **गायत्री परिवार**

देव-दक्षिणा-श्रद्धांजलि॥

- चोरी, धोखाधड़ी, छल, अत्यालाय वृत्ति, अधर्म से अर्जित धन, निःशुल्क लेना, घूस आदि अनीति से दूर रहना, अनीति से उपार्जित धन का उपयोग न करना।
- मांसाहार तथा मारे हुए पशुओं के चमड़े का प्रयोग बंद करना।
- पशुबलि अथवा दूसरों को कष्ट पहुँचाकर अपना भला करने की प्रवृत्ति छोड़ना।
- विवाहों में दहेज लेने तथा आभूषण चढ़ाने का आग्रह न करना।
- विवाहों की धूमधाम में धन की और समय को नष्ट न करना। बाल विवाह एवं मृतक भोज का त्याग।
- नशे (तंबाकू, शराब, भाँग, गाँजा, अफीम आदि) का त्याग।
- गाली-गलौज एवं कटु भाषण का त्याग।
- जेवर, सौंदर्य-प्रसाधन और फैशनपरस्ती का त्याग।
- अन्न का अपव्यय और जूठन छोड़ने की आदत का त्याग।
- सात्विक आहार ही ग्रहण करना।
- जाति-पाँति के आधार पर ऊँच-नीच, छूत-छात न मानना।
- पर्दाप्रथा का त्याग, किसी को पर्दा करने के लिए बाध्य न करना। स्वयं पर्दा न करना।
- महिलाओं एवं लड़कियों के साथ पुरुषों और लड़कों की तुलना में भेदभाव या पक्षपात न करना।
- अश्लील चित्र, गंदे उपन्यास, गंदे सिनेमा एवं गंदे गीतों का त्याग।
- जुआ, लॉटरी, सट्टे, आडंबर एवं विलासिता से दूर रहना।

अपनाने योग्य सत्प्रवृत्तियाँ

- कम-से-कम दस मिनट नित्य नियमित गायत्री उपासना।
- घर में अपने से बड़ों का नियमित अभिवादन करना।
- छोटों के सम्मान का ध्यान रखना, उनसे तू करके न बोलना।
- अपने कर्त्तव्यों के प्रति जागरुक रहना तथा उनका पालन करना।
- परिश्रम का अभ्यास बनाए रहना, किसी काम को छोटा न समझना।
- नियमित स्वाध्याय, जीवन को सही दिशा देने वाला सत्साहित्य कम-से-कम आधा घंटे नित्य स्वयं पढ़ना या सुनना।
- भारतीय संस्कृति की प्रतीक शिखा एवं यज्ञोपवीत का महत्त्व समझना, उन्हें निष्ठापूर्वक धारण करना, दूसरों को प्रेरणा देना।
- सादगी का जीवन जीना, औसत भारतीय स्तर के रहन-सहन के अनुरूप विचार एवं अभ्यास बनाना। उसमें गौरव अनुभव करना।
- ज्ञानयज्ञ, सद्विचार के प्रसार के लिए कम-से-कम एक रुपया और एक घंटा समय प्रतिदिन बचाकर सही ढंग से व्यय करना।
- परिवार में सामूहिक उपासना, आरती आदि का क्रम चलाना।
- प्रातःकाल सूर्योदय पूर्व जगना चाहिए। जागते ही भगवान् का स्मरण करना चाहिए।
- अर्थार्जन करते समय छल-कपट, असत्य, अप्रामाणिकता, चोरी आदि का त्याग करना चाहिए। स्वयं के द्वारा अर्जित धन में अन्य का अधिकार है, यह समझना चाहिए।
- माता-पिता, भाई-भाभी, बहन-बहनोई, पत्नी-पुत्र आदि सभी का पालन-पोषण आदरपूर्वक करना चाहिए।
- अतिथि का सत्कार आदरपूर्वक करना चाहिए।
- यथाशक्ति दान करना चाहिए। पड़ोसी तथा ग्रामवासियों की सत्कारपूर्ण सेवा करनी चाहिए।
- सभी कार्य सुंदरता, स्वच्छता और शुभता से करने चाहिए।
- किसी का अपमान, तिरस्कार और अहित नहीं करना चाहिए।
- सभी कार्य नाटक के पात्र की तरह करने चाहिए। उन सभी कार्यों का आकर्षण न रखने पर भी अवश्य करने चाहिए और अच्छी तरह करने चाहिए।
- मन, वचन, कर्म से पवित्र, विनयशील और परोपकारी बनना चाहिए।
- विलासिता से बचना चाहिए। स्वयं के लिए व्यय कम करना चाहिए। धन बचाकर श्रेष्ठजनों की सेवा में लगाना चाहिए।
- स्वावलंबी बनना चाहिए। अपना भार दूसरे पर नहीं डालना चाहिए।
- अन्याय का, दूसरे के अधिकार का धन, घर में न आए, उसका पूर्ण ध्यान रखना चाहिए।
- जीवन का लक्ष्य भगवत् प्राप्ति है, भोग नहीं, ऐसा निश्चय करना चाहिए। उस निश्चय में से कभी नहीं डिगना चाहिए और सभी कार्य उस निश्चय की पूर्ति के लिए करने चाहिए।
- किसी भी घर में जहाँ स्त्रियाँ रहती हों, उस भाग में, बिना सूचना नहीं जाना चाहिए।
- भूलकर भी किसी को धक्का लग जाए अथवा पैर लग जाए, कष्ट हो जाए तो तुरंत ही क्षमा माँगनी चाहिए।
- सेवा करते समय 'इसका बदला मिलेगा' ऐसी आशा नहीं रखनी चाहिए। निष्काम भाव से सेवा करनी चाहिए।
- कहीं भी जाएँ और कोई मित्र अथवा स्नेही साथ में हो तो जो भी आदर सत्कार हो, उसको अकेले को नहीं स्वीकार करना चाहिए। ध्यान रखना चाहिए कि आपके मित्र या स्नेहीजन को भी वही आदर और मान मिले।

॥ ॐ श्रीपरमात्मने नमः ॥

अथ श्रीमद्भगवद्गीतामहात्म्यम्

गीताशास्त्रमिदं पुण्यं यः पठेत्प्रयतः पुमान्।
विष्णोः पदमवाप्नोति भयशोकादिवर्जितः ॥ 1 ॥

जो मनुष्य शुद्ध चित्त होकर प्रेमपूर्वक इस पवित्र गीता

शास्त्र का पाठ करता है, वह भय, शोक आदि से रहित होकर विष्णु धाम को प्राप्त कर लेता है।

गीताध्ययनशीलस्य प्राणायामपरस्य च।
नैव सन्ति हि पापानि पूर्वजन्मकृतानि च॥ 2॥

जो मनुष्य सदा गीता का पाठ करने वाला है तथा प्राणायाम में तत्पर रहता है, उसके इस जन्म में और पूर्व जन्म में किए हुए समस्त पाप निस्संदेह नष्ट हो जाते हैं॥2॥

मलनिर्मोचनं पुंसां जलस्नानं दिने दिने।
सकृद्गीताम्भसि स्नानं संसारमलनाशनम्॥ 3॥

जल में प्रतिदिन किया हुआ स्नान मनुष्य के केवल शारीरिक मल का नाश करता है, परंतु गीता ज्ञान रूपी जल में एक बार भी किया हुआ स्नान, संसार-मल को नष्ट करने वाला है॥3॥

गीता सुगीता कर्तव्या किमन्यैः शास्त्रविस्तरैः।
या स्वयं पद्मनाभस्य मुखपद्माद्विनिःसृता॥ 4॥

जो साक्षात् कमलनाभ भगवान् विष्णु के मुख कमल से प्रकट हुई है, उस गीता का ही भलीभाँति गान (अर्थसहित स्वाध्याय) करना चाहिए, अन्य शास्त्रों के विस्तार से क्या प्रयोजन है?॥4॥

भारतामृतसर्वस्वं विष्णोर्वक्त्राद्विनिःसृतम्।
गीतागङ्गोदकं पीत्वा पुनर्जन्म न विद्यते॥ 5॥

जो महाभारत का अमृतोपम सार है तथा जो भगवान् श्रीकृष्ण के मुख से प्रकट हुआ है, उस गीता रूपी गंगा जल को पी लेने पर पुनः इस संसार में जन्म नहीं लेना पड़ता॥5॥

सर्वोपनिषदो गावो दोग्धा गोपालनंदनः।
पार्थो वत्सः सुधीर्भोक्ता दुग्धं गीतामृतं महत्॥ 6॥

संपूर्ण उपनिषद् गौ के समान हैं, गोपालनंदन श्रीकृष्ण दुहने वाले हैं, अर्जुन बछड़ा है तथा महान् गीतामृत ही उस गौ का दुग्ध है और शुद्ध बुद्धिवाला श्रेष्ठ मनुष्य ही उसका भोक्ता है॥6॥

एकं शास्त्रं देवकीपुत्रगीतम्,
एको देवो देवकीपुत्र एव।
एको मंत्रस्तस्य नामानि यानि,
कर्माप्येकं तस्य देवस्य सेवा ॥ 7 ॥

देवकीनंदन भगवान् श्रीकृष्ण का कहा हुआ गीता शास्त्र ही एकमात्र उत्तम शास्त्र है, भगवान् देवकीनंदन ही एकमात्र मंत्र हैं और उन भगवान् की सेवा ही एकमात्र कर्त्तव्य कर्म है ॥7॥

सप्तश्लोकी गीता

ओमित्येकाक्षरं ब्रह्म व्याहरन्मामनुस्मरन्।
यः प्रयाति त्यजंदेह स याति परमां गतिम्॥ 8.13 ॥

भावार्थ : जो देह त्यागते समय मेरा स्मरण करता है और पवित्र अक्षर ॐ का उच्चारण करता है, वह परम गति को प्राप्त करेगा।

स्थाने हृषीकेश तव प्रकीर्त्या जगत्प्रहृष्यत्यनुरज्यते च।
रक्षांसि भीतानि दिशो द्रवन्ति सर्वे नमस्यन्ति च
सिद्धसंघाः ॥ 11.36 ॥

भावार्थ : हे हृषीकेश! यह उचित है कि आपके नाम, श्रवण और यश गान से संसार हर्षित होता है। असुरगण आपसे भयभीत होकर सभी दिशाओं की ओर भागते रहते हैं, और सिद्ध महात्माओं के समुदाय आपको नमस्कार करते हैं।

सर्वतःपाणिपादं तत्, सर्वतोऽक्षिशिरोमुखम्।
सर्वतःश्रुतिमल्लोके, सर्वमावृत्य तिष्ठति॥ 13.14 ॥

भावार्थ : भगवान् के हाथ, पाँव, नेत्र, सिर तथा मुख सर्वत्र हैं। उनके कान भी सभी ओर हैं क्योंकि वे ब्रह्मांड की प्रत्येक वस्तु में व्याप्त हैं।

कविं पुराणमनुशासितारम्,
अणोरणीयांसमनुस्मरेद्यः।
सर्वस्य धातारमचिन्त्यरूपम्,
आदित्यवर्णं तमसः परस्तान्॥ 8.9 ॥

भावार्थ : भगवान् सर्वज्ञ आदि पुरुष, नियंता, सूक्ष्म से सूक्ष्मतम, सबके पालक, अज्ञानता के सभी अंधकारों से परे और सूर्य से अधिक तेजवान हैं और अचिंतनीय दिव्य स्वरूप के स्वामी हैं।

ऊर्ध्वमूलमधःशाखम्, अश्वत्थं प्राहुरव्ययम्।
छन्दांसि यस्य पर्णानि, यस्तं वेद स वेदवित्॥ 15.1 ॥

भावार्थ : पुरुषोत्तम भगवान् ने कहा! ऐसा कहा गया है कि शाश्वत अश्वत्थ वृक्ष की जड़ें ऊपर की ओर तथा इसकी शाखाएँ नीचे की ओर होती हैं। इसके पत्ते वैदिक स्रोत हैं और जो इस वृक्ष के रहस्य को जान लेता है, उसे वेदों का ज्ञाता कहते हैं।

सर्वस्य चहं हृदि सन्निविष्टो मत्तः
स्मृतिर्ज्ञानमपोहनं च।
वेदैश्च सर्वैरहमेव वेद्यो
वेदान्तकृद्वेदविदेव चाहम्॥ 15.15 ॥

भावार्थ : मैं समस्त जीवों के हृदय में निवास करता हूँ और मुझसे ही स्मृति, ज्ञान और विस्मृति आती हैं। केवल मैं ही सभी वेदों द्वारा जानने योग्य हूँ, मैं वेदांत का रचयिता और वेदों का अर्थ जानने वाला हूँ।

मन्मना भव मद्‌भक्तो, मद्याजी मां नमस्कुरु।
मामेवैष्यसि युक्त्वैवम्, आत्मानं मत्परायणः ॥ 9.34 ॥

भावार्थ : सदैव मेरा चिंतन करो, मेरे भक्त बनो, मेरी पूजा करो। अपने मन और शरीर को मुझे समर्पित करने से तुम निश्चित रूप से मुझको प्राप्त करोगे।

इति श्रीमद्‌भगवद्‌गीतासूपनिषत्सु ब्रह्मविद्यायां
योगशास्त्रे
श्रीकृष्णार्जुनसंवादे सप्तश्लोकी गीता संपूर्ण।

गीता सार

- क्यों व्यर्थ चिंता करते हो ? किससे व्यर्थ डरते हो ? कौन तुम्हें मार सकता है ? आत्मा न पैदा होती है, न मरती है।

- जो हुआ, वह अच्छा हुआ, जो हो रहा है, वह अच्छा हो रहा है। जो होगा, वह भी अच्छा ही होगा। तुम भूत का पश्चाताप न करो। भविष्य की चिंता न करो। वर्तमान चल रहा है।
- तुम्हारा क्या गया, जो तुम रोते हो ? तुम क्या लाए थे, जो तुमने खो दिया ? तुमने क्या पैदा किया था, जो नाश हो गया ? न तुम कुछ लेकर आए, जो लिया, यहीं से लिया, जो दिया, यहीं से दिया। जो लिया, इसी (भगवान्) से लिया। जो दिया, इसी को दिया। खाली हाथ आए, खाली हाथ चले। जो आज तुम्हारा है, कल किसी और का था, परसों किसी और का होगा। तुम इसे अपना समझकर मग्न हो रहे हो। बस यह प्रसन्नता ही तुम्हारे दु:खों का कारण है।
- परिवर्तन ही संसार का नियम है। जिसे तुम मृत्यु समझते हो, वही तो जीवन है। एक क्षण में तुम करोड़ों के स्वामी बन जाते हो, दूसरे ही क्षण में तुम दरिद्र हो जाते हो। मेरा-तेरा, छोटा-बड़ा, अपना-पराया मन से मिटा दो, विचार से हटा दो, फिर सब तुम्हारा है, तुम सबके हो।
- न यह शरीर तुम्हारा है, न तुम शरीर के हो। यह अग्नि, जल, वायु, पृथ्वी, आकाश से बना है और इसी में मिल जाएगा। परंतु आत्मा स्थिर है, फिर तुम क्या हो ? तुम अपने आपको भगवान् के अर्पित करो। यह सबसे उत्तम सहारा है। जो इसके सहारे को जानता है, वह भय, चिंता शोक से सर्वदा मुक्त है।
- जो कुछ तू करता है, उसे भगवान् को अर्पण करता चल। इसी में तू सदा जीवन-मुक्त अनुभव करेगा।

ॐ ॥ भोजन मंत्र ॥ ॐ

अन्न ग्रहण करने से पहले, विचार मन में करना है,
किस हेतु से इस शरीर का, रक्षण पोषण करना है,
हे परमेश्वर एक प्रार्थना, नित्य तुम्हारे चरणों में,
लग जाए तन मन धन मेरा, मातृभूमि की सेवा में।

प्रथम यजुर्वेद का मंत्र है जो भोजन और ऊर्जा के बीच संबंध की वैज्ञानिक व्याख्या करता है। शरीर को भोजन और आत्मा को अच्छे विचारों की आवश्यकता होती है। भोजन मंत्र मुख्यत: चार मंत्रों का समूह है, जो मिलकर संपूर्ण भोजन मंत्र बनाते हैं ? किंतु व्यवहार में अंतिम दो ही उच्चारित किए जाते हैं। मेरा व्यक्तिगत अनुभव है कि जब भोजन मंत्र के पश्चात् भोजन किया जाता है तो आप भोजन के समस्त गुणों के समग्र रूप प्राप्त करते हैं। अत: भोजन से पूर्व भोजन मंत्र का पाठ अथवा प्रार्थना अवश्य करें। आइए जानते हैं इन मंत्रों के बारे में—

ॐ यन्तु नद्यौ वर्षन्तु पर्जन्या
सुपिप्पला ओषधयो भवन्तु,
अन्नवतां मोदनवतां मामिक्षवताम् एषां राजा भूयासम्।
ओदनं मुद्रवते परमेष्ठी वा एषः यदोदनः,
परमावैनं श्रियं गमयति।

—यजुर्वेद

अर्थ : हे ईश्वर! बादल (पर्जन्या) पानी बरसाते रहें और नदियाँ बहती (यंतु) रहें। औषधीय वृक्ष फलें-फूलें और सभी वृक्ष फलदायी हों। मुझे अन्न और दुग्ध उत्पादन करने वालों से लाभ प्राप्त हो। ऐसी धरती का मैं राजा बनूँ। हे ईश्वर! इस थाली (मुद्रवते) में रखा हुआ भोजन (ओदनं) आपके द्वारा प्रदत्त (यदोदन:) प्रसाद (परमेष्ठी) है। इस प्रसाद का सेवन मुझे स्वास्थ्य और समृद्धि (परमावैनं) की ऊँचाइयों (श्रियं) पर ले जाएगा। (मामिक्षवताम्=इच्छा के संदर्भ में)

ॐ मा भ्राता भ्रातरं द्विक्षन मा स्वसारमुतस्वसा,
सम्यंच सब्रता भूत्वा वाचं वदत भद्रया। (अथर्ववेद)

अर्थ : भाई भाई से न (मा/मत) लड़े, (द्विक्षन) बहनें (स्वसा) दयालु हों, सभी एक-दूसरे से संभाषण (सब्रता) करें और आपस में (सम्यंच) सत्य, सेवा एवं सहयोग की भावना पैदा करें।

ॐ ब्रह्मार्पणं ब्रह्महविः (र) ब्रह्माग्नौ ब्रह्मणाहुतम्,
ब्रह्मैव तेन गन्तव्यं ब्रह्मकर्म समाधिना।
(श्रीमद्भगवद्गीता)

अर्थ : हमारी हर सेवन योग्य वस्तु ब्रह्म है। भोजन स्वयं में ब्रह्म है। जठराग्नि या भूख की आग भी ब्रह्म है। हम भी ब्रह्म हैं और भोजन को खाने और पचाने की क्रिया ब्रह्मकर्म है। अंततः भोजन के परिणामस्वरूप हम ब्रह्म को प्राप्त करते हैं।

ॐ सहनाववतु सहनौभुनक्तु सहवीर्यं करवावहै,
तेजस्विना वधीतमस्तु मा विद्विषावहै।
ॐ शांतिः शांतिः शांतिः। (तैतरीय, कठोपनिषद)

अर्थ : हम एक-दूसरे की रक्षा करें। हम साथ-साथ भोजन करें। हम साथ-साथ कर्म करें। हम साथ-साथ उज्ज्वल और सफल भविष्य के लिए अध्ययन करें। हम एक-दूसरे से घृणा न करें।

हरे कृष्ण हरे कृष्ण कृष्ण कृष्ण हरे हरे,
हरे राम हरे राम राम राम हरे हरे।

ॐ द्यौ शांतिरन्तरिक्ष (गुँ) शांतिः,
पृथ्वी शांतिरापः, शांतिरोषधयः शांतिः।
वनस्पतयः शांतिर्विश्वेदेवाः, शांतिः ब्रह्मः शांतिः,
सर्व (गुँ) शांतिः, शांतिरेव शांतिः, सा मा शांतिरेधि।
ॐ विश्वानिदेव सवितुर्दुरितानि परासुव।
यद् भद्रं तन्न आ सुव। ॐ शांतिः, शांतिः, शांतिः।

सर्वारिष्टसुशांतिर्भवतु। (शांति पाठ)
'अन्नपूर्णा सुखी भवः'

भारत में भोजन करने के उपरांत खड़े होकर तीन बार 'अन्नपूर्णा सुखी भवः' कहने की परंपरा है, जिसमें एक अन्न उगाने वाले किसान, दूसरा भोजन पकाने वाले और तीसरा भोजन को परोसने वाले के प्रति कृतज्ञता एवं कल्याण का भाव होता है।

गीतार्थी भाईजी-श्रीरामदूतं

टिप्पणी : इसकी प्रतिलिपि (फोटोकॉपी) को डाइनिंग टेबल पर लगाएँ, बच्चों को सिखाएँ तथा अपने परिजनों-मित्रों को भी बाँटें।

गायत्री मंत्र

ॐ भू र्भुवः स्वः, तत्सवितुर्वरेण्यं
भर्गो देवस्य धीमहि, धियो योनः प्रचोदयात्॥

अर्थ : उस प्राणस्वरूप, दुःखनाशक, सुखस्वरूप, श्रेष्ठ, तेजस्वी, पापनाशक, देवस्वरूप परमात्मा को हम अंतःकरण में धारण करें। वह परमात्मा हमारी बुद्धि को सन्मार्ग में प्रेरित करें।

नोट : एम्स का शोध (1998 से 2003) कहता है कि इसके माध्यम से पुराने ऋषि-मुनि-आचार्यों ने ज्ञान प्राप्त किया, आर्य सर्वशक्तिमान हुए तथा अपनी बौद्धिक क्षमता का विस्तार सरलता से कर सकते हैं। यह ऋग्वेद के सर्वाधिक प्रभावशाली मंत्रों में से एक है। भारत सनातन राष्ट्र में विद्यार्थियों की बुद्धि की तीक्ष्णता के लिए गायत्री मंत्र का प्रतिदिन 108 बार पाठ करवाने की सदियों पुरानी परंपरा है। Prefrontal Cortex (मस्तिष्क का आगे का भाग) योजनाएँ बनाता है, समस्या समाधान करता है तथा जागरुक रखने का कार्य करता है। 'गाबा' केमिल्स, प्रसन्नता के हार्मोन और मस्तिष्क की सक्रियता अत्यधिक हो जाती है। मस्तिष्क शांत एवं जाग्रत रहता है। जर्मनी के हेंबर्ग विश्वविद्यालय के वैज्ञानिक इस पर शोध कर चुके हैं। **अमेरिकी वैज्ञानिक Dr. Howard Steingeril ने संसार**

के अनेक मंत्रों को एकत्र कर अपनी फिजीयोलॉजी लाइब्रेरी में जाँच की तो उनमें से गायत्री मंत्र से प्रति सैकेंड 1 लाख 10 सहस्त्र साउंड वेव उत्पन्न हुईं। शोध में गायत्री मंत्र सर्वाधिक सशक्त मंत्र के रूप में प्रमाणित हुआ। हमारी प्राचीन मान्यताओं पर संसार के सभी वैज्ञानिकों ने मोहर लगाई है।

गीतार्थी भाईजी-श्रीरामदूतं

टिप्पणी : इसकी प्रतिलिपि (फोटोकॉपी) बच्चों के अध्ययन कक्ष, शयन कक्ष, मंदिर, विद्यालयों आदि में लगाएँ तथा अपने परिजनों-मित्रों को भी बाँटें।

रात्रिचर्या

(यह दिनयर्चा का ही अंग है।)

- बुरे स्वप्नों से बचने के लिए सोते समय इस मंत्र का जाप करें—

रामस्कंदम हनुमन्तं वैनतेयं वृकोदरम्।
शयनयः स्मरेन्नित्यं दुःस्वपनम तस्य नाशयति॥

- भोजन सोने से दो घंटे पहले करें और भोजन करने के बाद कुछ दूर पैदल (Moon Walking) अवश्य चलें। वैसे सूर्यास्त के उपरांत भोजन निषिद्ध है। अतः धीरे-धीरे यही आदत डालें। संध्या में भोजन हल्का लें। अग्नि से पकी हुई वस्तुओं को कम-से-कम खाएँ। अच्छे से हाथ धोएँ, केवल टिशु से न पोंछें।
- **चाँदनी :** Sungazing के साथ-साथ Moonazing भी करें। पूर्णिमा के दिन तथा इससे दो दिन पहले एवं दो दिन बाद 30-30 मिनट अवश्य करें। उस समय सफेद कपड़े पहनें तो अच्छा रहेगा। इससे पित्त दोष नियंत्रित होता है।
- सोने से पूर्व देशी गाय का एक गिलास दूध अवश्य पीएँ (कभी-कभी थोड़ी हल्दी भी डाल लें)। किंतु 7 बजे के बाद जल के अतिरिक्त कुछ न लें।
- प्रतिदिन सोने से पूर्व 40-50 मिनट सत्संग/कीर्तन/भजन/गीता-भागवत-श्रीरामचरितमानस अध्ययन आदि अवश्य करें।
- प्रतिदिन अपनी डायरी लिखें।
- पैरों को गुनगुने पानी से धोकर सोएँ तथा गुनगुने नमक के पानी में भी सप्ताह में एक दिन अपने पैर 15 मिनट अवश्य रखें। पैरों के तलवों तथा उँगलियों पर नारियल तेल/देशी गाय के घी से मालिश भी करें।
- सोने से पूर्व अच्छे से मुँह धोएँ एवं ब्रश करें। त्रिफला पानी या घी से आँखें धोकर सोएँ तथा गुनगुने पानी से गरारे भी करें।
- हमेशा साफ-स्वच्छ बिस्तर पर सोएँ तथा केवल बाईं करवट लेकर सोएँ। यदि सीधे सोना हो तो आधे इंच का तकिया कमर के निचले हिस्से पर लगाकर सोएँ।
- इलैक्ट्रॉनिक गैजेट्स को कम-से-कम 5 फीट दूर रखें। यदि संभव हो तो शयनकक्ष के बाहर रखें।
- रात्रि में सोने से पूर्व नाभि में तेल की दो बूँद अवश्य लगाएँ तथा गाय के घी की दो-दो बूँदें नाक के नथुनों में लगाएँ।
- प्रतिदिन कम-से-कम 6-8 घंटे अवश्य सोएँ। सर्दियों में दिन में न सोएँ तथा गरमियों में दिन में भी पावर नैप ले सकते हैं। ''अर्ध रोग हरे निद्रा, सर्व रोग हरे क्षुधा।'' (गहरी पूर्ण नींद से रोगी का आधा रोग दूर हो जाता है तथा अच्छी भूख लगने से सारे रोग नष्ट हो जाते हैं।)
- सोते समय बिस्तर पर लेटे-लेटे आठ बार गायत्री मंत्र का तथा हरे कृष्ण महामंत्र का भी 8 बार जाप करें। 10 बजे तक सोने का प्रयास करें। सोते समय दोनों हथेली रगड़कर नेत्र एवं मुख से स्पर्श अवश्य करें।
- सुबह उठते ही पक्षियों को अनाज के दाने डालें। प्रतिदिन सुबह गाय को हरा चारा/रोटी अवश्य डालें तथा एक रोटी कुक्कुर को भी खिलाएँ।
- **सम दोष,सम अग्निश्च, समधातु मल क्रियाः।**
  प्रसन्न आत्मेन्द्रिय मनः, स्वास्थ्य इति अभिधियते॥

(त्रिदोष, जठराग्नि Digestive fire, Tissues, Excretion, Body, Mind, Soul सही है तो हम स्वस्थ हैं।)

गीतार्थी भाईजी-श्रीरामदूतं

टिप्पणी : इसकी एक प्रतिलिपि (फोटोकॉपी) अपने शयन कक्ष में अवश्य लगाएँ तथा बच्चों को भी समझाएँ। अपने परिजनों तथा मित्रों को भी बाँटें।

सनातन धर्म के पंच प्राण

(पाँच विशेषताएँ)

धर्म न अधुनातन होता है, न पुरातन। वह सनातन होता है, जिसका अर्थ है—शाश्वत अर्थात् सदा रहने वाला/ जिसका न आदि है, न अंत है। (जन्मना जायते शूद्रः कर्मणा द्विज उच्यते।)

'धारयति इति धर्मः' अर्थात् धर्म वह परम नियम है, जो सबको धारण करता है। धर्म उन जीवन मूल्यों का प्रतीक है, जिन्हें धारण किया जाता है तथा जिससे अभ्युदय हो अर्थात् सांसारिक सफलता मिले और जो श्रेयस्कर हो अर्थात् परमात्मा की प्राप्ति कराए, वह धर्म है। 'मनुस्मृति' में कहा गया है कि—

धृतिः क्षमा दमोऽस्तेयं, शौचमिन्द्रियनिग्रहः।
धीर्विद्या सत्यं अक्रोधो,दशकं धर्मलक्षणम्॥

अर्थ : धर्म के दस लक्षण हैं—धैर्य, क्षमा, संयम, चोरी न करना, स्वच्छता, इंद्रियों को वश में रखना, बुद्धि, विद्या, सत्य और क्रोध न करना (अक्रोध)।

1. सनातन धर्म के पंच प्राणों में प्रथम है—पंच यज्ञ।

अध्यापनं ब्रह्म यज्ञः पितृ यज्ञस्तु तर्पणम्।
होमोदैवो बलिर्भौतो नृयज्ञो अतिथि पूजनम्॥

(क) ब्रह्म यज्ञ—अर्थात् नित्य प्रति श्रेष्ठ ग्रंथों/ सद्ग्रंथों का स्वाध्याय तथा ब्रह्म मुहूर्त में जागरण (सनातन के पंच मूल ग्रंथ तथा अन्य उपयोगी ग्रंथ पढ़ें।)

(ख) देव यज्ञ—अर्थात् प्रकाशदात्री शक्तियों का अर्चन, पूजन, हवन, उपवास, उत्सव एवं तीर्थयात्रा। अवतारवाद तथा मूर्तिपूजा में विश्वास देवयज्ञ ही है। जीवों के कल्याण, भक्तों पर प्रेम-भक्तों की रक्षा तथा असुरों के विनाश के लिए भगवान् अवतार लेते हैं। नित्य प्रति मंदिर दर्शन, घर में पूजन-आरती, भोजन-नैवेद्य का भोग, तिलक-टीका और संध्या/रात्रि में घर तथा साप्ताहिक रूप से सत्संग-कीर्तन करना या शामिल होना भी देवयज्ञ है। (सनातन धर्म के पंच मूल मंत्रों का जप इसी के अंतर्गत आता है।)

(ग) पितृ यज्ञ—अर्थात् उठते ही माता-पिता को साष्टांग प्रणाम तथा परिवार के वरिष्ठ सदस्यों का सम्मान, तर्पण एवं श्राद्ध।

(घ) नृ यज्ञ/अतिथि यज्ञ—अर्थात् व्यावहारिक जीवन में आने वाले सभी व्यक्तियों, यथा-दिव्यांग, महिला, बच्चों, ऋषि, संन्यासी, चिकित्सक, गुरु (स गुरुम् एव अभिगच्छेत्।), धर्म व राष्ट्र रक्षक, विद्यार्थी, अतिथियों आदि के साथ सद्व्यवहार एवं अन्न-जलरूपी सेवा करना।

(ङ) बलिवैश्वदेव यज्ञ/भूत यज्ञ—अर्थात् प्रकृति के सभी घटकों, जीव-जंतुओं एवं पेड़-पौधों के लिए कुछ करने की भावना। भारतीय संस्कृति अर्पण, तर्पण और समर्पण की संस्कृति है।

2. दूसरा प्राण तत्व है : चार पुरुषार्थ/पुरुषार्थ चतुष्टय—'पुरुषैर्थ्यते इति पुरुषार्थः' अर्थात् पुरुष (विवेकशील मनुष्य)+अर्थ (लक्ष्य) अर्थात् विवेक संपन्न मनुष्यों के लक्ष्यों की प्राप्ति ही पुरुषार्थ है—(क) धर्म, (ख) अर्थ, (ग) काम, (घ) मोक्ष।

3. तीसरा है : आश्रम व्यवस्था—ब्रह्मचर्य, ग्रहस्थ, वानप्रस्थ और सन्यास आश्रम। इसमें सनातनी को दस कर्त्तव्यों का पालन करना होता है, जो हैं—सत्य, समर्पण, संध्या (त्रिकालसंध्या वंदन), स्वाध्याय, सेवा, संयम, सम्मान, संकल्प (मोक्ष की आकांक्षा), संस्कार तथा शास्त्रार्थ।

4. चतुर्थ प्राणतत्व है : संस्कारशीलता अर्थात् 16 संस्कार होते हैं तथा संस्कार शब्द का मूल अर्थ है—'शुद्धिकरण'। आज के मुख्य संस्कार हैं—गर्भ, नामकरण, उपनयन, पाणिग्रहण, अंत्येष्टि आदि।

5. पाँचवा है : कर्मसिद्धांत—इसी में पुनर्जन्म तथा आत्मवाद का रहस्य है। हम चार प्रकार से कर्म करते हैं—(क) विचारों के माध्यम से; जैसे किसी के बारे में कुछ सोचना। (ख) शब्दों के माध्यम से; जैसे किसी को कुछ कहना। (ग) क्रियाओं के माध्यम से; जो हम स्वयं करते

हैं। (घ) क्रियाओं के माध्यम से; जो हमारे निर्देश पर दूसरे करते हैं।

सनातन धर्म के पंच मूल ग्रंथ

ब्रह्म यज्ञ के अंतर्गत इनका स्वाध्याय विश्व के प्रत्येक मानव को करना चाहिए, क्योंकि यह मानव कल्याण के आधार हैं—

1. ऋग्वेद, यजुर्वेद, सामवेद एवं अथर्ववेद (इनकी संक्षिप्त व्याख्या पढ़ी जा सकती है), 2. श्रीमद्‌भगवद्‌गीता, 3. श्रीमद्‌भागवतम्, 4. श्रीरामचरितमानस तथा 5. ब्रह्मसूत्र-ईशावास्योपनिषद् (11 प्रमुख उपनिषदों की संक्षिप्त व्यख्या पढ़ी जा सकती है)।

सनातन धर्म के पंच मूल मंत्र

ॐ ब्रह्मनाद है।

1. गायत्री मंत्र,
2. महामृत्युंज्य मंत्र,
3. स्वस्तिवाचन/शांत मंत्र,
4. ॐ पूर्णमिदः (शांत/कल्याण मंत्र),
5. हरे कृष्ण महामंत्र।

हरे कृष्ण-हरे कृष्ण, कृष्ण-कृष्ण हरे-हरे।
हरे राम-हरे राम, राम-राम हरे-हरे॥
गीतार्थी भाईजी-श्रीरामदूतं

टिप्पणी : इसकी प्रतिलिपि (फोटोकॉपी) प्रत्येक सनातनी के मंदिर में हो, स्वयं भी सीखें एवं बच्चों को सिखाएँ तथा परिजनों-मित्रों को भी बाँटें।

पीपल, तुलसी और गाय पूजा

पीपल पूजन— श्रीमद्‌भगवद्‌गीता में श्रीकृष्ण ने पीपल को स्वयं का ही एक स्वरूप बताया है। इसी कारण से पीपल की पूजा से सभी समस्याएँ दूर हो सकती हैं तथा सुख, ऐश्वर्य भी प्राप्त हो सकते हैं। पीपल की पूजा से सभी ग्रहों के दोष दूर हो सकते हैं। यहाँ जानिए पीपल की पूजा की सामान्य विधि—

सुबह स्नान आदि करने के बाद साफ वस्त्र पहनें, पीपल की जड़ में गाय का दूध, तिल और चंदन मिला हुआ पवित्र जल अर्पित करें अथवा जल अर्पित करने के बाद जनेऊ, पुष्प व प्रसाद चढ़ाएँ, धूप-बत्ती व दीप जलाएँ आसन पर बैठकर या खड़े होकर ये मंत्र बोलें—

अश्वत्थः सर्ववृक्षाणां देवर्षीणां च नारदः।
गंधर्वाणां चित्ररथः सिद्धानां कपिलो मुनिः॥
—10.26

(संपूर्ण वृक्षों में पीपल, देवर्षियों में नारद, गंधर्वों में चित्ररथ और सिद्धों में कपिल मुनि मैं हूँ।)

मूलतो ब्रह्मरूपाय मध्यतो विष्णुरूपिणे।
अग्रतः शिवरूपाय वृक्षराजने ते नमः॥
(अश्वत्थाय नमो नमः)
आयुः प्रजां धनं धान्यं सौभाग्यं सर्वसम्पदम्।
देहि देव महावृक्ष त्वामहं शरणं गतः॥

तुलसी पूजन— धार्मिक पौराणिक ग्रंथों में तुलसी का बहुत महत्त्व माना गया है। घर/कार्यालय के प्रवेशद्वार पर तुलसी का पौधा समस्त नकारात्मकता को दूर कर सकारात्मक ऊर्जा देता है।

जहाँ तुलसी का प्रतिदिन दर्शन करना पापनाशक समझा जाता है, वहीं तुलसी पूजन करना मोक्षदायक माना गया है।

हिंदू धर्म में देव पूजा और श्राद्ध कर्म में तुलसी आवश्यक मानी गई है। तुलसी पत्र से पूजा करने से व्रत, यज्ञ, जप, होम, हवन आदि करने का पुण्य प्राप्त होता है।

तुलसी के पत्ते तोड़ने के 3 मंत्र :

1. ॐ सुभद्राय नमः
2. ॐ सुप्रभाय नमः
3. मातस्तुलसि गोविन्द हृदयानंद कारिणी।

नारायणस्य पूजार्थं चिनोमि त्वां नमोस्तुते॥

तुलसी को जल देते समय यह मंत्र बोलें—

घर में हरा-भरा तुलसी का पौधा परिवार की पवित्रता और समृद्धि का प्रतीक है। तुलसी पौधे को जल चढ़ाते हुए यह विशेष मंत्र बोला जाए तो समृद्धि का वरदान 1000 गुना बढ़ जाता है। रोग, शोक, व्याधि आदि से छुटकारा भी मिलता है।

महाप्रसाद जननी, सर्व सौभाग्यवर्धिनी,
आधि व्याधि हरा नित्यं, तुलसी त्वांनमोऽस्तुते॥

तुलसी स्तुति मंत्र

देवि त्वं निर्मिता पूर्वम्, अर्चितासि मुनीश्वरैः
नमो नमस्ते तुलसी पापं हर हरिप्रिये॥

तुलसी पूजन मंत्र

तुलसी श्रीर्महालक्ष्मीर्विद्याविद्या यशस्विनी।
धर्म्या धर्मानना देवी देवीदेवमनः प्रिया॥
लभते सुतरां भक्तिम्, अन्ते विष्णुपदं लभेत्।
तुलसी भूर्महालक्ष्मीः पद्मिनी श्रीहरिप्रिया॥

तुलसी नामाष्टक मंत्र

वृंदा वृंदावनी विश्वपूजिता विश्वपावनी।
पुष्पसारा नंदनी च तुलसी कृष्णजीवनी॥

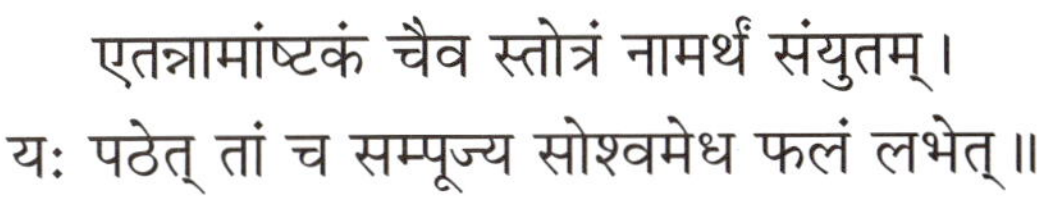
एतन्नामांष्टकं चैव स्तोत्रं नामर्थं संयुतम्।
यः पठेत् तां च सम्पूज्य सोश्वमेध फलं लभेत्॥

गौ माता (गावो विश्वस्य मातरः)

जीवन में आने वाली किसी भी तरह की विषम परिस्थितियों को टालने के लिए तथा नवग्रह दोष निवारण हेतु गाय माता की अराधना और सेवा करना लाभप्रद होता है। जो व्यक्ति गौ सेवा करता है तथा प्रतिदिन गाय को रोटी खिलाता है तो ग्रह उसके अनुकुल चलने लगते हैं।

गौ माता को ग्रास देते समय बोलें—

त्वं माता सर्वदेवानां त्वं च यज्ञस्य कारणम्।
त्वं तीर्थं सर्वतीर्थानां नमस्तेऽस्तु सदानघे॥
आयुधानामहं वज्रं धेनूनामस्मि कामधुक्।
प्रजनश्चास्मि कन्दर्पः सर्पाणामस्मि वासुकिः॥

—10.28

- **श्रीमद्भगवद्गीता में भगवान् कृष्ण ने कहा है—** आयुधों में वज्र और धेनुओं में कामधेनु मैं हूँ। संतान-उत्पत्ति का हेतु कामदेव मैं हूँ और सर्पों में वासुकि मैं हूँ।
- गुरु गोविंद सिंह कहते है, 'यही देहु आज्ञा तुरुक को खपाऊँ, गौ माता का दु:ख सदा मैं मिटाऊँ।
- स्कंद पुराण में कहा गया है, 'गौ सर्वदेवमयी और वेद सर्वगौमय है।'

- याज्ञवल्क्य कहते हैं—गाय के घी से हवन करने पर वातावरण की मलिनता खत्म हो जाती है।
- भगवान् कृष्ण ने श्रीमद्भगवद्गीता ग्रंथ में कहा है 'धेनुनामस्मि' मैं गायों में कामधेनु हूँ।
- स्वामी विवेकानंद ने कहा है, गाय की परिक्रमा करने से संपूर्ण ब्रह्मांड की परिक्रमा का पुण्यफल स्वतः ही मिल जाता है।

नित्य दान

नित्यकर्म में दान भी आता है। वेद ने आदेश दिया है कि दान बहुत ही श्रद्धा के साथ करना चाहिए। अपनी जैसी संपत्ति हो, उसके अनुसार दान करना चाहिए। देते समय अभिमान न हो, लज्जा से विनम्र होकर दान करें। भय मानकर दें। यह दान सुपात्र को करना चाहिए और प्रतिदिन करना चाहिए। यह आवश्यक नहीं है कि दान की मात्रा अधिक ही हो। शास्त्र का आदेश है कि यदि स्थिति विपन्न हो तो जो कुछ भोजन के लिए मिले, उसमें से आधा ग्रास ही दान कर दें। **महाभारत में कहा गया है कि यदि एक दिन भी दान के बिना बीत जाए, तो उस दिन इस तरह का शोक प्रकट करना चाहिए, जिस तरह लुटेरों से लुट जाने पर मनुष्य करता है या घर में किसी की मृत्यु हो गई है।** दाता पूर्व की ओर मुख करके दें और ग्रहीता उत्तर की ओर मुख करके ले। इससे दोनों का हित होता है। माता, पिता और गुरु को अपने पुण्य का भी दान किया जाता है।

ईशावास्यमिदं सर्वं यत्किञ्च जगत्यां जगत्।
तेन त्यक्तेन भुञ्जीथा मा गृधः कस्यस्विद्धनम्॥

अर्थात् : जड़-चेतन प्राणियों वाली यह समस्त सृष्टि परमात्मा से व्याप्त है। मनुष्य इसके पदार्थों का भोग आवश्यक्तानुसार करे, परंतु 'यह सब मेरा नहीं है', के भाव के साथ उनका संग्रह न करें। यह हमारे जीन में है। हमारे बुजुर्ग सिखाते हैं कि धन के तीन ही रास्ते हैं—भोग कर लो या दान कर दो, अन्यथा यह चोरी चला जाएगा। घनश्याम दास बिड़ला जैसे उद्योगपति ने दो धोती-कुरते में जीवन व्यतीत कर दिया। भारतीयता की सर्वोच्च विशेषताओं में से एक यह है कि यह शरीर नश्वर है। इस पर कम-से-कम व्यय करें। कंजूसी, भारतीयों का डी.एन.ए. नहीं है। केवल निजी जीवन में मितव्ययी और सार्वजनिक जीवन में व्यय-दान करें।

आजकल कंजूस पश्चिमी भौतिकता के अंधानुकरण से बने हैं, इसलिए उनका धन चोरी चला जाता है या आयकर विभाग ले जाता है। यदि यह धन दान किया होता तो संतोष-धन की प्राप्ति होती। भारतीय प्रकृति कंजूस हो ही नहीं सकती।

'यथा पिंडे तथा ब्रह्मांडे, यथा ब्रह्मांडे तथा पिंडे' अर्थात् जो-जो इस ब्रह्मांड में है, वही सब हमारे शरीर में है। प्रकृति में एक बीज लगाते हैं, उसमें से सैकड़ों फल आते हैं। एक आम की गुठली से सैकड़ों वर्ष तक लाखों आम खाते हैं। एक बाजरे के दाने से पूरी 300-400 बीज वाली बाली भर जाती है। जैसी प्रकृति, वैसे हम। पश्चिम में निश्चिंतता नहीं है, नास्तिकता है, भोग है। इसलिए वे एक दिन में 10 बार बैंक बैलेंस की बात करते हैं। हम भारतीय आज भी आश्वस्त हैं कि जो हमारे पास आज है, वह कल भी रहेगा, यदि दान करने की प्रक्रिया अपनाते रहे तो।

दधीचि अस्थि दान के लिए प्रसिद्ध हैं। व्रत्रासुर के वध के लिए दधीचि ने अस्थि दान कर दी थी, जो मनुष्यों के लिए उपदेश है। बृहदारण्यक-उपनिषद् में एक कथा आती है। प्रजापति ब्रह्माजी ने देवता, मनुष्य और असुर-इन तीनों को रचकर उन्हें 'द' अक्षर का उपदेश दिया। देवताओं के पास भोग-सामग्री की अधिकता होने के कारण उन्होंने 'द' का अर्थ 'दमन करो' समझा। मनुष्यों में संग्रह की प्रवृत्ति अधिक होने के कारण उन्होंने 'द' का अर्थ 'दान करो' समझा। असुरों में हिंसा (दूसरों को कष्ट देने) का भाव अधिक होने के कारण उन्होंने 'द' का अर्थ 'दया करो' समझा। इस प्रकार देवता, मनुष्यों और असुर-तीनों को दिए गए उपदेश का तात्पर्य दूसरों का हित करने में ही है। वर्षा के समय मेघ जो 'द द द...' की गर्जना करता है, वह आज भी ब्रह्माजी के उपदेश (दमन करो, दान करो, दया करो) के रूप से कर्तव्य-कर्मों की याद दिलाता है।

मनुष्यों को दान करना चाहिए। अक्षरदान, ज्ञानदान, अभयदान, सम्मान दान, शरीर दान, सेवादान आदि। ऋषि-मुनियों ने कहा कि हमने आपसे यह सीखा है, क्योंकि परमात्मा मूलभूत, सारभूत, अर्थभूत, आधारभूत, परमार्थी है। व्रत्रासुर के वध के लिए दधीचि ने अस्थियों का दान दिया और अमर हो गए। दान देने वाला व्यक्ति अमर हो जाता है, त्याग करने वाला व्यक्ति अमर हो जाता है। वही महान् होता है, जो देना जानता है। ऐसी वस्तु, जो दूसरे के हित में हो, उसे दें, आदर दीजिए, सम्मान दीजिए, वातावरण बनाइए, अच्छी बातें प्रसारित करें। भगवान् बुद्ध ने भी कहा है कि दान के साथ मन भी हो। इसलिए तन-मन-धन से परमार्थ का निर्माण करें।

ऋग्वेद के अनुसार जो अनाज खेतों में पैदा होता है, उसका बँटवारा तो देखिए[...]

- जमीन से चार अंगुल भूमि का,
- गेहूँ की बाली के नीचे का पशुओं का,
- पहली फसल की पहली बाली अग्नि की,
- बाली से गेहूँ अलग करने पर मुट्ठीभर दाना पंछियों का,
- गेहूँ का आटा बनाने पर मुट्ठीभर आटा चींटियों का,
- चुटकी भर गुथा आटा मछलियों का,
- फिर उस आटे की पहली रोटी गौमाता की,
- पहली थाली घर के बुजुर्गों की
- फिर हमारी थाली,
- अंतिम रोटी कुत्ते की,
- यह हमें सिखाती है, हमारी सनातन संस्कृति और...मुझे गर्व है कि मैं इस संस्कृति का वाहक हूँ।

मानस पूजा

शास्त्रों में पूजा को सहस्त्र गुणा अधिक महत्त्वपूर्ण बनाने के लिए एक उपाय बतलाया गया है। वह उपाय है, मानस पूजा। इसे पूजा से पहले करके फिर बाह्य वस्तुओं से पूजन करें।

कहते हैं कि मन:कल्पित यदि एक फूल भी चढ़ा दिया जाए तो करोड़ों बाहरी फूल चढ़ाने के बराबर होता है। इसी प्रकार मानस चंदन, धूप, दीप, नैवेद्य भी भगवान् को करोड़ गुणा अधिक संतोष दे सकेंगे। अत: मानस पूजा बहुत अपेक्षित है।

वस्तुत: भगवान् को किसी वस्तु की आवश्यकता नहीं, वे तो भाव के भूखे हैं। संसार में ऐसे दिव्य पदार्थ उपलब्ध नहीं हैं, जिनसे परमेश्वर की पूजा की जा सके। इसलिए

पुराणों में मानस पूजा का विशेष महत्त्व माना गया है। मानस पूजा में भक्त अपने इष्टदेव को मुक्तामणियों से मंडित कर स्वर्ण-सिंहासन पर विराजमान कराता है। स्वर्गलोक की मंदाकिनी गंगा के जल से अपने आराध्य को स्नान कराता है, कामधेनु गौ के दुग्ध से पंचामृत का निर्माण करता है। वस्त्राभूषण भी दिव्य अलौकिक होते हैं। पृथ्वीरूपी गंध का अनुलेपन करता है। अपने आराध्य के लिए कुबेर की पुष्पवाटिका से स्वर्णकमल पुष्पों का चयन करता है। यह भावना से वायुरूपी धूप, अग्निरूपी दीपक तथा अमृतरूपी नैवेद्य भगवान् को अर्पण करने की विधि है। इसके साथ ही त्रिलोक की संपूर्ण वस्तुएँ तथा सभी उपचार सच्चिदानंदघन प्रभु के चरणों में भावना से भक्त अर्पण करता है। यह है मानस पूजा का स्वरूप। इसकी एक संक्षिप्त विधि भी पुराणों में वर्णित है, जो अधोलिखित है—

1. ॐ लं पृथिव्यात्मकं गंधं परिकल्पयामि।

(प्रभो! मैं पृथ्वीरूप गंध (चंदन) आपको अर्पित करता हूँ।)

2. ॐ हं आकाशात्मकं पुष्पं परिकल्पयामि।

(प्रभो! मैं आकाशरूप पुष्प आपको अर्पित करता हूँ।)

3. ॐ यं वाय्वात्मकं धूपं परिकल्पयामि।

(प्रभो! मैं वायुदेव के रूप में धूप आपको अर्पित करता हूँ।)

4. ॐ रं वह्न्यात्मकं दीपं दर्शयामि।

(प्रभो! मैं अग्निदेव के रूप में दीपक आपको अर्पित प्रदान करता हूँ।)

5. ॐ वं अमृतात्मकं नैवेद्यं निवेदयामि।

(प्रभो! मैं अमृत के समान नैवेद्य आपको निवेदन करता हूँ।)

6. ॐ सौं सर्वात्मकं सर्वोपचारं समर्पयामि।

(प्रभो! मैं सर्वात्मा के रूप में संसार के सभी उपचारों को आपके चरणों में समर्पित करता हूँ।) इन मंत्रों से भावनापूर्वक मानस पूजा की जा सकती है।

मानस पूजा में आराधक का जितना समय लगता है, उतना भगवान् के संपर्क में और तब तक संसार से दूरी में व्यतीत होता है। अपने आराध्य देव के लिए बढ़िया-से-बढ़िया रत्नजड़ित आसन, सुगंध की बौछार करते दिव्य फूल की वह कल्पना करता है और उसका मन वहाँ से दौड़कर उन्हें जुटाता है। इस तरह मन को दौड़ने की और कल्पनाओं की उड़ान भरने की इस पद्धति में पूरी छूट मिल जाती है। इसके दौड़ने के लिए क्षेत्र भी बहुत विस्तृत है। इस दायरे में अनंत ब्रह्मांड ही नहीं, अपितु इसकी पहुँच के परे गोलोक, साकेतलोक, सदाशिवलोक भी आ जाते हैं। अपने आराध्य देव को आसन देना है, वस्त्र और आभूषण पहनाने हैं, चंदन लगाना है, मालाएँ पहनानी हैं, धूप-दीप दिखलाना है और नैवेद्य निवेदित करना है। इन्हें जुटाने के लिए उसे इंद्रलोक से ब्रह्मलोक तक दौड़ लगानी है। पहुँचे या न पहुँचे, किंतु अप्राकृतिक लोकों के चक्कर लगाने से भी वह नहीं चूकता, ताकि उत्तम साधन जुट जाएँ और भगवान् की अद्भुत सेवा हो जाए।

इतनी दौड़-धूप से लाई गई वस्तुओं को आराधक जब अपने भगवान् के सामने रखता है, तब उसे कितना संतोष मिलता होगा! उसका मन तो निहाल ही हो जाता होगा।

इस तरह पूजा-सामग्रियों के जुटाने में और भगवान् के लिए उनका उपयोग करने में साधक जितना भी समय लगा पाता है, उतना समय वह अंतर्जगत् में बिताता है। इस तरह मानस पूजा साधक को समाधि की ओर अग्रसर करती रहती है और उसके रसास्वाद का आभास भी कराती रहती है। जैसे कोई प्रेमी साधक कांता भाव से अपने इष्टदेव की मानसी सेवा कर रहा है। चाह रहा है कि अपने पूज्य प्रियतम को जूही, चमेली, चंपा-गुलाब और बेला की गुँथी हुई बढ़िया-से बढ़िया माला पहनाए। बाहरी पूजा में इसके लिए बहुत ही भाग-दौड़ करनी पड़ेगी। आर्थिक कठिनाई मुँह बाकर अलग खड़ी हो जाती है। तब तक भगवान् से बना यह मधुर संबंध भी टूट जाता है। पर मानस पूजा में यह अड़चन नहीं आती। मन की कोमल भावनाओं से उत्पन्न की गई वे वन मालाएँ तुरंत तैयार मिलती हैं। पहनाते समय पूज्य प्रियतम की सुरभित साँसों से जब इसकी सुगंध टकराती है, तब नस-नस में मादकता व्याप्त हो जाती है। पूज्य प्रियतम का स्पर्श पाकर वह उद्वेलित हो उठती है और साधक को समरस कर देती है। अब न आराधक है, न आराध्य है और न आराधना ही है। आगे की पूजा कौन करे? धन्य हैं वे, जिनकी पूजा इस तरह अधूरी रह जाती है। मानस पूजा से यह स्थिति शीघ्र आ सकती है।

(साभार : गीताप्रेस, गोरखपुर)

YouTube के माध्यम से 'श्री रामरक्षास्तोत्रम्' सुनने के लिए QR Code स्कैन करें।

YouTube के माध्यम से 'आदित्य हृदय स्तोत्र' सुनने के लिए QR Code स्कैन करें।

(प्रतिदिन प्रात:काल में पाठ करने से चमक उठेगा आपका भाग्य)

संस्कृत केवल भाषा ही नहीं, अपितु संस्कार, विज्ञान तथा संपूर्ण ब्रह्मांड की भाषाओं का प्राण भी है...

अधिकतर विद्वानों का कहना है कि ऋग्वेद कम-से-कम 10 सहस्र वर्ष प्राचीन है। इसलिए सनातन संस्कृति विश्व की प्राचीनतम जीवंत संस्कृति है। विश्व इतिहास कहता है कि जब यूरोप और अमेरिका जंगली अवस्था में जीता था, उससे सहस्त्रों वर्ष पूर्व भारतवर्ष के हमारे पूर्वज आर्य अत्यंत विकसित जीवन जीते थे। सिकंदर से लेकर मुस्लिम, मुगल और अंग्रेज आक्रमणकारियों ने हमारी संस्कृति के विनाश के लिए भरसक प्रयत्न किए, किंतु देववाणी संस्कृत की नींव पर टिकी हमारी संस्कृति इतनी सबल रही कि हमारी संस्कृति का सूर्य सहस्त्रों वर्षों से अपनी पूर्ण तेजस्विता के साथ प्रकाशित हो रहा है। इसका सर्वप्रमुख कारण है हमारी संस्कृति की अद्‌भुत पवित्रता, असीमित गहराई और इस संस्कृति के संरक्षक स्वयं परमात्मा का होना। चरित्र, आध्यात्मिकता, भगवान मनु के 10 धर्म, वैज्ञानिक अविष्कार इत्यादि हमारी संस्कृति की प्रगति के सुदृढ़ आधार रहे। भारतीय संस्कृति ने विश्व को पहला विश्वविद्यालय तक्षशिला विद्यापीठ भेंट में दी। इसमें 10,500 विद्यार्थी, 64 प्रकार की विद्याएँ, 500 विशेषज्ञ आचार्य इत्यादि थे। 1200 वर्षों तक यह विश्वविद्यालय विश्व का अद्वितीय विश्वविद्यालय रहा, जिसमें ग्रीस, रोम, मिश्र, इराक, ईरान, अरब देश, चीन, जापान, इंडोनेशिया आदि देशों से विद्यार्थी आकर संस्कृत में अध्ययन करते थे। इसी प्रकार 900 वर्षों तक अस्तित्व में रहे नालंदा विश्वविद्यालय में 300 से अधिक व्याख्यान कक्ष और 03 बड़े-बड़े पुस्तकालय थे तथा अंतरिक्ष अनुसंधान करने की प्रयोगशालाएँ थी। मैक्समूलर ने यहाँ तक कहा है कि **''जब तक मानव अपने इतिहास में रुचि लेता रहेगा तथा पुस्तकालय और संग्रहालयों में अपनी स्मृतियों को संजोए रखेगा, तब तक संसार की प्रथम भाषा संस्कृत रहेगी तथा मानव जाति का आदिग्रंथ ऋग्वेद ही होगा।'' हालाँकि मैक्समूलर ने भारतीय हिंदू शास्त्रों को विकृत भी किया है।**

संस्कृत केवल भाषा ही नहीं है, अपितु मनुष्य के संपूर्ण विकास की कुंजी भी है। संस्कृत सुसंस्कारित भाषा भी है तथा सर्वाधिक परिष्कृत भाषा भी है। इसीलिए इसका नाम 'संस्कृत, देवभाषा और अमृतवाणी' पड़ा। ब्रह्मांड के रहस्यों तथा मनुष्य के अंतर्मन के अनंत को जानने का सर्वश्रेष्ठ माध्यम संस्कृत भाषा है। संस्कृत भाषा के महत्त्व पर संदेह करना अपने अस्तित्व पर संदेह करना है, क्योंकि यह केवल भारत राष्ट्र की आधारशिला नहीं, अपितु संपूर्ण सृष्टि और मानवता का आधार है। विलियम जोंस ने स्वयं लिखा है कि 'संस्कृत भाषा की प्राचीनता जो भी हो, किंतु इसकी संरचना और वैज्ञानिकता अद्‌भुत है। यह ग्रीक भाषा से अधिक परिपूर्ण, लैटिन भाषा से अधिक समृद्ध और इन दोनों की अपेक्षा अधिक शुद्ध और मनोहारी है। इसके अतिरिक्त अन्य भाषाओं से तुलना करना ही क्या?' स्वतंत्रता के समय संविधान सभा के सदस्य इस दुविधा में थे कि राष्ट्रभाषा किसे बनाया जाए? जब यह समाचार दूसरे देशों में छपा तो वे देश एवं उनके राजदूत आश्चर्य में थे कि जिस देश में संस्कृत जैसी वैज्ञानिक भाषा हो, उस देश में राष्ट्रभाषा के लिए दुविधा होना संस्कृत के महत्त्व और इसकी अज्ञानता के विषय में बताता है। हम इसकी विशेषताओं को निम्नांकित बिंदुओं में रेखांकित कर सकते हैं—

1. देवभाषा : 'दानाद्वा दीपनाद्वा' अर्थात् जो देते हैं या जो प्रकाशवान हैं, वही देवता हैं। वेदों के माध्यम से मनुष्य की, सृष्टि की तथा दैवी शक्तियों का बोध कराया गया। वेदों में प्रकृति के संचालक और संचालन नियमों के स्वरूपों की स्तुति की गई, जिसे प्रत्येक मनुष्य को जानना चाहिए। देवों का स्वरूप बताने पर ही इसे देवभाषा तथा अमृतवाणी भी

कहते हैं। इसलिए संस्कृत हमारी आत्मा, हमारी अस्मिता और भारतीयता का प्रमाण है।

2. वैज्ञानिक तथा तार्किक क्षमता वर्धिका : संस्कृत का शाब्दिक अर्थ ही है, जो पूर्ण हो, शुद्ध हो और सुसंस्कृत करे। इस भाषा के शब्दों का उच्चारण मानव शरीर और मस्तिष्क में अति प्रभावशाली स्पंदन-कंपन उत्पन्न करता है। इसलिए ऋषि-मुनियों ने मंत्रों की रचना इस भाषा में की है।

3. मानव इतिहास में संस्कृत साहित्य सर्वाधिक समृद्ध और संपन्न है : संस्कृत भाषा में दर्शनशास्त्र, धर्मशास्त्र, विज्ञान, ललित कलाएँ, कामशास्त्र, संगीतशास्त्र, ज्योतिषशास्त्र, हस्त रेखा विज्ञान, खगोलशास्त्र, रसायनशास्त्र, गणित, युद्ध कला, कूटनीति, महाकाव्य, नाट्य शास्त्र आदि सभी विषयों पर मौलिक तथा विस्तृत ग्रंथ रचे गए हैं। संसार में ज्ञात कोई भी विषय संस्कृत से अनछुआ नहीं बचा।

4. पाणिनीकृत 'अष्टाध्यायी' की रचना 500 ई.पू. की गई थी। इसकी रचना से पूर्व लगभग 60 तरह के व्याकरण उपलब्ध थे। 'अष्टाध्यायी' विश्व की सर्वाधिक संक्षिप्त पूर्ण व्याकरण है। 'अष्टाध्यायी' में 8 अध्याय और 4 सहस्र सूत्र हैं जिसमें विस्तारित ज्ञान कंप्यूटर की कम्प्रैस्ड फाइल की तरह है। इसमें स्वरों और शब्द निर्माण का विस्तृत विश्लेषण है। इसका एक आश्चर्यजनक पक्ष यह भी है कि अष्टाध्यायी मूल रूप से मौखिक ग्रंथ था, जिसे श्रुति परंपरा द्वारा हस्तांतरित किया जाता था। पाणिनी के पश्चात् कात्यायन तथा पतंजलि (महाभाष्य के लेखक) जैसे—व्याकरण शास्त्रियों ने इसे पराकाष्ठा तक पहुँचाया। इसके समतुल्य व्याकरण पूरे विश्व में कोई दूसरा नहीं है। सामान्यतः यह माना जाता है कि तमिल संस्कृत से भी प्राचीन भाषा है। इसलिए तमिल को छोड़कर लगभग सभी भारतीय और लगभग सभी यूरोपीय भाषाओं की उत्पत्ति संस्कृत से हुई।

- विश्व की सभी भाषाओं में शब्द के एक या कुछ ही रूप होते हैं, जबकि संस्कृत में प्रत्येक शब्द के 27 रूप होते हैं।
- विश्व की लगभग सभी भाषाओं में एकवचन और बहुवचन होते हैं, जबकि संस्कृत में द्विवचन अतिरिक्त होता है। जर्मन और स्लाविक भाषा में पाया जाने वाला द्विवचन संस्कृत से ही लिया गया है। संस्कृत भाषा की सबसे महत्त्वपूर्ण विशेषता है 'संधि'। संस्कृत में जब दो अक्षर निकट आते हैं तो वहाँ संधि होने से स्वरूप और उच्चारण बदल जाता है।

5. अमेरिका संस्कृत को नासा की भाषा बनाने का प्रयास कर रहा है और अमेरिका ने कहा है कि कंप्यूटर प्रोग्रामिंग के लिए यह सर्वाधिक वैज्ञानिक भाषा है। इसलिए भविष्य में बोलने वाले कंप्यूटर केवल संस्कृत भाषा के कारण ही संभव होंगे और इसके बिना बनने वाले कंप्यूटर क्रैश हो जाएँगे।

6. संस्कृत की वैज्ञानिकता के पीछे एक कारण यह भी है कि संस्कृत भाषा का व्याकरण ध्वनि पर आधारित है, जिसमें प्रत्येक आकृति के लिए एक ही ध्वनि है अर्थात् आकृति (शब्द) से अधिक ध्वनि की महत्ता है। संस्कृत का यह गुण सीखने वालों के लिए इसे सरल बनाता है। संस्कृत में जैसे बोला जाता है, वैसे ही लिखा जाता है।

7. क्लेफ्ट पैलेट/लिप अर्थात् जिनके होंठ या जीभ में दरार होती है, उन्हें स्पष्ट बोलने में समस्या होती है। इसलिए स्पीच थेरेपी में बोलने की क्षमता बढ़ाने के लिए संस्कृत सर्वाधिक उपयोगी है। मुँह के किस हिस्से से (कंठ, दाँत, तालु, ओष्ठ) कौन-सी ध्वनि निकलेगी, यह पता चलने पर चिकित्सक को यह जानना सरल हो जाता है कि रोगी को कौन-सा शब्द बोलने में असुविधा होती है और उसे कैसी सर्जरी से दूर किया जा सकता है?

8. भविष्य में आर्टिफिशियल इंटेलिजेंस (AI) के विकास के लिए भी वैज्ञानिक भाषा संस्कृत है। AI तकनीक की सबसे बड़ी आलोचना यह है कि आज भी कृत्रिम बुद्धिवाले रोबोट (मशीन) के लिए सर्वाधिक उपयुक्त भाषा नहीं खोजी जा सकी। 1985 में नासा के वैज्ञानिक रिक ब्रिग्स ने 'आर्टिफिशियल इंटेलिजेंस' नामक एक लेख लिखा, जिसमें संस्कृत को AI के लिए सर्वाधिक उपयोगी प्राकृतिक भाषा बताया। रिक ब्रिग्स ने कहा कि संस्कृत में अनेकार्थी शब्द नहीं बनते और

शब्दों का क्रम परिवर्तित करने पर भी उनका अर्थ नहीं परिवर्तित होता, जो संस्कृत की सबसे बड़ी विशेषता है। संस्कृत भाषा एक यंत्र की तरह है, जिसका आप जैसे प्रयोग करना चाहें, वैसे कर सकते हैं। संस्कृत भाषा की रचना नहीं हुई, अपितु प्रकृति से खोज की गई है। मानव या ब्रह्मांड का अस्तित्व ध्वनि है तथा ध्वनि और आकृति में परस्पर संबंध होता है, जिसे सर्वाधिक वैज्ञानिक रूप से संस्कृत स्पष्ट करती है। आधुनिक विज्ञान भी कहता है कि पूरा अस्तित्व ऊर्जा की गूँज, कंपन या ध्वनि है। जब ध्वनि किसी आकृति से जुड़ जाती है तो हम उसे नाम या शब्द कहते हैं। कई बार संस्कृत को रटाया जाता है और शब्दों का बार-बार उच्चारण कराया जाता है, क्योंकि ध्वनि महत्त्वपूर्ण है, न कि शब्द और उनके अर्थ।

9. शोध से प्रमाणित हो चुका है कि संस्कृत प्रतिदिन पढ़ने से स्मरणशक्ति बढ़ती है। संस्कृत वाक्यों में शब्दों को किसी भी क्रम रखने पर अर्थ का अनर्थ नहीं होता है। संस्कृत भाषा से क्रमशः उँगलियाँ एवं जीभ लचीली बनती हैं। इसके अध्ययन करने वाले छात्रों को गणित, विज्ञान एवं अन्य भाषाएँ ग्रहण करने में सहायता मिलती है।

10. दीर्घकाल खंड के बाद भी असंख्य प्राकृतिक और मानवीय आपदाओं (विदेशी, मुगल एवं अंग्रेजी आक्रमण) को झेलते हुए आज भी संस्कृत की 3 करोड़ से अधिक पांडुलिपियाँ विद्यमान हैं, यह संख्या ग्रीक और लैटिन की पांडुलिपियों की सम्मिलित संख्या से 100 गुना अधिक है। स्मरण रहे कि यह संपदा प्रिंटिंग प्रेस के आविष्कार से पहले किसी भी संस्कृति द्वारा सृजित सबसे बड़ी सांस्कृतिक विरासत है। सभी स्थानीय, प्रांतीय एवं वैश्विक भाषाओं में संस्कृत के शब्द प्राप्त होते हैं, जो इसे वैश्विक भाषा के रूप में मान्यता देते हैं। संस्कृत भाषा के स्वरूप में समय-समय पर विविधता आई है, जैसे—ऋग्वेद की भाषा वैदिक संस्कृत है, जबकि रामायण से लौकिक संस्कृत का आरंभ दिखाई देता है।

11. वैज्ञानिक डीन ब्राउन का कहना है कि संस्कृत वैदिक काल में महान् चिंतकों, संन्यासियों, ऋषि-मुनियों आदि द्वारा प्रयोग की जाती थी। संस्कृत में ऐसे बहुत-से शब्द हैं जो आपकी मानसिक चेतना को दरशाते हैं। इसके अतिरिक्त मनोविज्ञान और आध्यात्मिक सुधार में भी संस्कृत का उपयोग होता है। अन्य भाषाओं में जहाँ भावनाएँ होती हैं, संस्कृत में वहीं चेतना होती है। हमें जो सबसे महत्त्वपूर्ण शब्द मिला है, वो है 'ॐ', जो अस्तित्व का स्वर है, आंतरिक चेतना है और वास्तव में यह ब्रह्मांड की ध्वनि है। संस्कृत के अनुसार मनुष्य के मूल में जो चेतना है, वह आत्मा है। यह आत्मा ब्रह्मांड से अलग नहीं है। इस तरह संस्कृत के द्वारा हम ब्रह्मांड को एवं स्वयं को पहचान सकते हैं। आज संस्कृत की स्थिति ऐसी हो गई है कि इसे भारतीय छोड़ रहे हैं और पश्चिमी सभ्यता इससे प्रेरणा ले रही है।

12. लोग कहते है कि संस्कृत से रोजगार नहीं मिलते, जबकि भारत के 120 विश्वविद्यालयों, विश्व के 40 से अधिक देशों, भारत के 16 संस्कृत विद्यालयों और 5 हजार से अधिक गुरुकुलों में संस्कृत वहाँ के आचार्य और विद्यार्थियों को रोजगार प्रदान कर रही है। आज भी ब्राह्मण संस्कृत भाषा में सिद्धहस्त होकर और ज्ञान प्राप्त करके कर्मकांडों के माध्यम से रोजगार प्राप्त करते हैं।

13. यदि सामाजिक समरसता, राष्ट्रीय भावना, नैतिक शिक्षा और मूल्य आधारित शिक्षा को बढ़ावा देना है तो इसका मार्ग संस्कृत भाषा से होकर जाता है। यह व्यष्टि से समष्टि, सृष्टि तथा परमेष्टि को जोड़ती है। इसकी प्रत्येक प्रार्थना में विश्व बंधुत्व की भावना व्याप्त है। जो विपुल ज्ञान भंडार संस्कृत में है, उसे देश की प्रगति और मानवता के कल्याण के लिए उपयोग में लाया जा सकता है। संस्कृत भाषा हमारी भारतीय भाषाओं को भी बहुत सशक्त करती है। भारत के संविधान के अनुच्छेद 251 में स्पष्टतः उल्लेख है कि 'हम भारतीय भाषाओं को सशक्त करेंगे तथा भारतीय भाषाओं के विकास और समृद्धि के लिए संस्कृत अहम भूमिका निभाएगी।' इस प्रकार संस्कृत भाषा और इसके समृद्ध साहित्य का महत्त्व सहज हो जाता है।

14. संस्कृत की यह विशेषता है कि इसके सिग्नल बनाकर जब अंतरिक्ष में भेजे जाते हैं तो यह फटते नहीं है, जबकि अन्य सभी भाषाओं के सिग्नल टूटने लगते हैं। नासा आरंभ में लैटिन और ग्रीक भाषा में जब सिग्नल भेजता तो वह

डिस्टर्ब हो जाते थे, किंतु जब संस्कृत में सिग्नल भेजे तो वे विशुद्ध रूप से वैसे ही सिग्नल बने रहे। इससे नासा आश्चर्यचकित रह गया और नासा ने बताया कि संस्कृत विशुद्ध रूप से ध्वनि है और ध्वनि तरंग का एक समूह है। इसलिए तरंग परिवर्तित नहीं होती, अपितु अपनी ऊर्जा से गति करती है।

15. अंग्रेजी वर्णमाला के क्रम को देखा जाए तो A से लेकर Z तक उसका कोई व्यवस्थित क्रम नहीं है जैसे—A के बाद B और C के बाद C क्यों आता है ? जबकि पाणिनी ने संस्कृत की पूरी वर्णमाला को 14 सूत्रों के माध्यम से पिरोया और सुव्यवस्थित किया है। हमारे ऋषि-मुनियों ने प्राचीन समय में ध्वनि को ध्यान से सुना, फिर उसे क्रमबद्ध किया, तब जाकर संस्कृत भाषा का विकास हुआ। ब्रह्मांड में सर्वत्र गति है, ग्रहों में गति है और पृथ्वी पर भी गति है। प्रत्येक गति से ध्वनि उत्पन्न होती है। इसी तरह मानव शरीर के विभिन्न अंगों जैसे कोशिकाओं, ऊत्तकों इत्यादि में भी गति, ध्वनि है और जब उसको आकृति (शब्दों) में पिरोया गया तो संस्कृत वैज्ञानिक भाषा बनी।

16. यूनेस्को ने भी संस्कृत को अमूर्त विरासत की श्रेणी में रखा है। संस्कृत में मंत्र सुनने से और बोलने से रक्त संचार व्यवस्थित हो जाता है। बी.पी. की समस्या समाप्त हो जाती है। कोलेस्ट्रॉल, डायबिटीज, अनेक रक्त विकार समाप्त हो जाते हैं तथा मनुष्य का पूरा शरीर एक लय में आ जाता है।

यूनेस्को ने 'इंटैजिबल कल्चरल हैरिटेज ऑफ ह्यूमैनिटी' की लिस्ट में संस्कृत में वैदिक चैटिंग (जाप) को शामिल करने का निर्णय लिया है। यूनेस्को ने यह माना है कि संस्कृत भाषा में वैदिक चैंटिंग का मनुष्य के मन-मस्तिष्क, शरीर और आत्मा पर गहन प्रभाव होता है।

संस्कृत में मंत्रोच्चार करने से स्वास्थ्य पर गहरा प्रभाव पड़ता है, क्योंकि उन अक्षरों के वायब्रेशन यानी कंपन से चक्र जाग्रत होते हैं, व्यक्ति ऊर्जावान अनुभव करता है तथा स्वास्थ्य अच्छा होता है।

नोट : संस्कृत भाषा में अल्प विराम (,), प्रश्नवाचक चिह्न (?) तथा अर्द्धविराम (;) नहीं होते हैं।

अंग्रेजों और अंग्रेजी भाषा के कुचक्र, षड्यंत्र एवं दुष्प्रचार के कारण संस्कृत को केवल कर्मकांड, मंदिर, ब्राह्मण और हिंदू धर्म की भाषा के रूप में सीमित करके जन-मानस को अंग्रेजी से दूर किया गया, जबकि संस्कृत भाषा का 5 प्रतिशत ही उपर्युक्त विषय हैं, शेष 95 प्रतिशत तो विज्ञान, दर्शन और तार्किक बौद्धिकता है। अंग्रेजों ने षड्यंत्र के तहत संस्कृत को क्लिष्ट भाषा के रूप में भी दुष्प्रचारित किया। इसलिए नई पीढ़ी संस्कृत से दूर होती जा रही है और उन्हें अपने पूर्वजों की उपलब्धियों का ज्ञान ही नहीं है। यह भारत के इतिहास और संस्कृति के साथ अन्याय है। बिना संस्कृत को जाने भारत के वास्तविक इतिहास को नहीं जाना जा सकता। इसीलिए भारत और यूरोप के अनेक इतिहासकार भारतीय इतिहास की त्रुटिपूर्ण एवं विपरीत व्याख्याएँ कर दीं। इसके साथ-साथ संस्कृत के ज्ञान की कमी के कारण भारतीय इतिहास और संस्कृति के ग्रंथों का प्रचलित अर्थ निकाल दिया, न कि वास्तविक अर्थ, भावार्थ और गूढ़ार्थ निकाला। वर्तमान में इसे न केवल विद्यालयों में अनिवार्यत: पढ़ाया जाना चाहिए, अपितु अभिभावक अपने बच्चों को घर पर भी संस्कृत पढ़ाने के लिए प्रेरित करें, तभी हम आर्यभट्ट, भाष्कराचार्य, सुश्रुत, चरक, नागार्जुन इत्यादि अनेक विद्वानों तथा हमारी समृद्ध संस्कृति के विषय में जान पाएँगे। जर्मन एयरलाइंस 'लुफ्तहंसा' और इंडोनेशिया की भाषा का नाम 'बहासा' संस्कृत से ही प्रेरित है।

डॉ. भीमराव अंबेडकर एवं संविधान सभा के अनेक सदस्यों ने संस्कृत को राष्ट्रभाषा बनाने का प्रयास किया और उसके लिए प्रस्ताव भी पेश किया, किंतु ब्रिटिश मानसिकता के कुछ लोगों के प्रभाव के कारण इसे राष्ट्रभाषा की पदवी नहीं दी जा सकी।

'एशियाटिक सोसाइटी' के संस्थापक विलियम जोंस ने लिखा कि, "जब वे लैटिन, ग्रीक, अंग्रेजी, फ्रेंच, जर्मन आदि भाषाओं पर विद्वता प्राप्त करके कोलकाता उच्च न्यायालय में न्यायाधीश बनकर आए और संस्कृत के बारे में सुना तो उन्होंने संस्कृत का अध्ययन करना आरंभ किया और उन्होंने कहा कि संस्कृत के सामने सारी भाषाएँ फीकी (बौनी) हैं।" उनके द्वारा संस्कृत भाषा के महत्त्व को

रेखांकित करने पर ही यूरोप के बहुत-से देशों में तथा जर्मनी के 14 विश्वविद्यालयों में संस्कृत भाषा के अलग से विभाग हैं। कनाडा, अमेरिका, ब्रिटेन, जर्मनी, फ्रांस आदि में कक्षा 1 से 8 तक संस्कृत को अनिवार्य भी किया गया है। यहाँ तक कि भारतीय भाषाओं की तकनीकी शब्दावली भी संस्कृत से ही व्युत्पन्न की जाती है।

प्राचीनता, अविच्छिन्नता, वैज्ञानिकता, व्यापकता, धार्मिक व सांस्कृतिक मूल्य तथा कलात्मक दृष्टि से ही नहीं, अपितु धर्म व दर्शन के विचारात्मक अध्ययन की दृष्टि से भी संस्कृत भाषा का अपना निजी महत्त्व है। संस्कृत एक भाषा नहीं है, अपितु संस्कृत एक विचार है, विज्ञान है, सृष्टि का प्राण है, एक संस्कृति है, एक संस्कार है, वसुधैव कुटुंबकम् की भावना है तथा यह भारत के राज्यों रूपी मोतियों को तथा विश्व को एकता के सूत्र में बाँधने वाली डोर है।

हमें सनातनी शास्त्रों का अध्ययन क्यों करना चाहिए?

"यह पथ सनातन है। समस्त देवता और मनुष्य इसी मार्ग से उत्पन्न हुए हैं तथा प्रगति की है। हे मनुष्यों! आप अपने उत्पन्न होने की आधाररूपा अपनी माता (अखंड भारत माता) को विनष्ट न करें।"

सनातन धर्म को हिंदू या वैदिक धर्म के नाम से भी जाना जाता है, जो एक समय में पूरे विश्व और भारतीय उपमहाद्वीप (बृहत्तर भारत) में व्याप्त था। यह शाश्वत अर्थात् हमेशा बना रहने वाला है। यह विरोधाभासी बात है कि पश्चिमी देश भारतीय सनातन संस्कृति को अपना रहे हैं, जबकि हम इससे दूर भाग रहे हैं तथा पश्चिम को गर्व की दृष्टि से देखते हैं। हम यहाँ विदेशियों की दृष्टि से देखेंगे कि सनातन धर्मग्रंथों का अध्ययन क्यों करना चाहिए!

1. स्टीव जॉब्स ने मृत्यु से पूर्व भारतीय धर्मग्रंथों की 500 पुस्तकें क्रय की और कहा कि मेरी मृत्यु के बाद जो शोक जताने आएँ, उन्हें इनकी प्रति दें, वे यह लिखकर गए और संसार के सभी बड़े एक्जीक्यूटिव्स को यह पुस्तकें दी गईं।
2. पश्चिमी के सभी 'प्रोग्रेसिव एलीट' के सबसे श्रद्धेय संत तमिलनाडू के रमण महर्षि तथा श्रील प्रभुपाद जी हैं, किंतु हम उन्हें नहीं पढ़ते हैं।
3. योगवशिष्ठ, जो सहस्त्रों वर्षों पूर्व लिखा गया, उस पर संसार के बड़े-बड़े विश्वविद्यालयों में शोध चल रहा है।
4. हिग्स बोसोन की खोज करने वाली सर्न प्रयोगशाला (स्वीट्जरलैंड) के मुख्य द्वार पर नटराज की मूर्ति लगी हुई है। यह सृजन-संहार के देवता हैं।
5. संसार के सभी बड़े खगोल वैज्ञानिक कहते हैं कि यदि ब्रह्मांड का रहस्य समझना है तो वह हिंदू धर्मग्रंथों से ही समझा जा सकता है।
6. अमेरिका, जर्मनी और कई देशों के विश्वविद्यालयों में भगवद्गीता पढ़ाई जा रही है।
7. हमारा ज्ञान, हमारी थाती, हमारी धरोहर को पश्चिम अपना रहा है। वहाँ के लोगों में सनातन धर्म को अपनाने की प्रवृत्ति बढ़ती जा रही है और हम विपरीत दिशा में जा रहे हैं। जो पश्चिम छोड़ चुका है या छोड़ रहा है, हम उसे अपना रहे हैं।
8. कुंभ मेला 12 वर्षों बाद इसलिए पड़ता है, क्योंकि बृहस्पति ग्रह 12 वर्षों में एक चक्र पूर्ण करके अपनी राशि में वापस आता है। सूर्य ग्रहण-चंद्र ग्रहण के बारे में नासा की वेधशाला बताती है, किंतु 1950 से पहले नासा नहीं था तथा 1966 से पहले आइंस्टीन का सापेक्षता का सिद्धांत किसी को भी नहीं पता था। 1916 में हब्बल ने ब्रह्मांड के विस्तार के विषय में बताया। 1900 में लाइट का फोटोन वाला सिद्धांत आया। 1642 में गेलीलियो को फाँसी दी गई, क्योंकि उसने बताया कि

पृथ्वी, सूर्य के चारों ओर परिक्रमा करती है। इस तरह आज से 400 वर्ष पहले किसी को ज्ञान ही नहीं था। वहीं हमारा पंचांग इसके बारे में सहस्त्रों वर्षों से बता रहा है। इसलिए पश्चिम की प्रयोगशालाओं में भारतीय पंचांग टाँगा जाता है, क्योंकि इस पर बने चित्रों आदि से ही 'पॉजीटिव एनर्जी का ऑरा' बन जाता है जबकि हमारे घरों से तथा बच्चों के अध्ययन से यह लुप्त हो रहा है।

भक्ति-भजन भी एक पाठ्यक्रम है। इसमें भी कक्षाएँ हैं। समय लगता है। साधक एक के बाद एक कक्षा चढ़ता जाता है, जैसे ग्रेजुएट करने में 20 वर्ष लगते हैं, वह भी फुल टाइम है वैसे ही भक्ति की, भजन की प्राप्ति में भी दिन, महीने, वर्ष और जन्म लगते हैं।

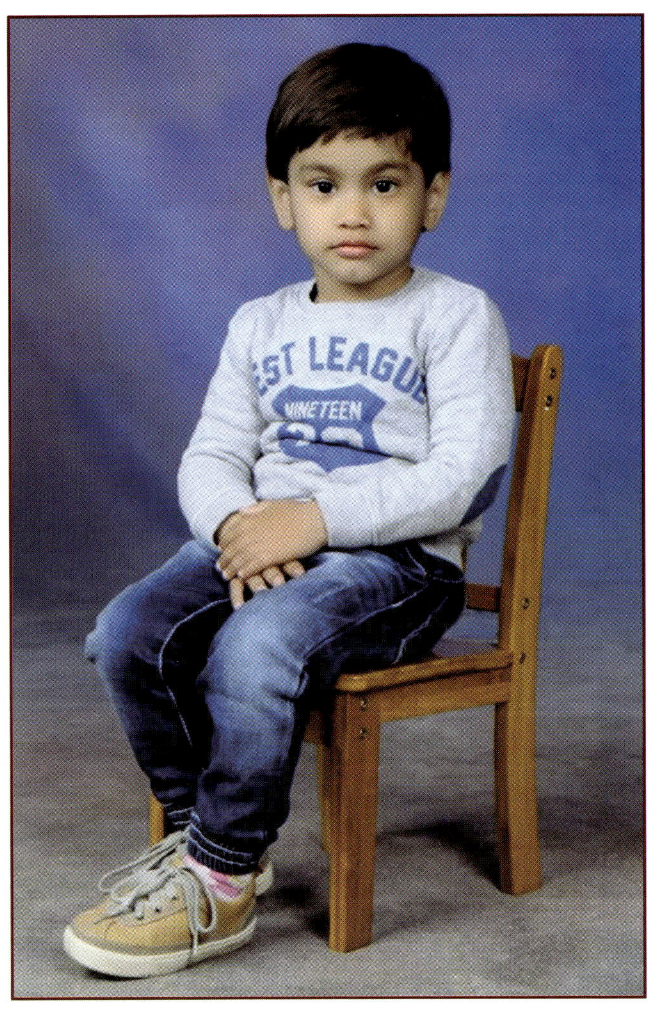

श्रीमद्भगवद्गीता एवं सनातन धर्म पर विचार

"श्रीमद्भगवद्गीता के स्पष्ट ज्ञान से मानव अस्तित्व के समस्त लक्ष्य-ध्येय पूरे हो जाते हैं। श्रीमद्भगवद्गीता वैदिक शास्त्रों के शिक्षण का प्रकट सार है।"

"भगवद्गीता किञ्चिदधीता गंगाजललवकणिका पीता। सकृदपि यस्य मुरारिसमर्चा तस्य यमः किम् कुरुते चर्चाम्॥

गेयं गीतानामसहस्रं ध्येयं श्रीपतिरूपमजस्त्रम्।"

—आदि शंकराचार्य

"मेरी यह अभिलाषा और जगदाधार जगदीश से यह प्रार्थना है कि मैं अपने जीवन में यह समाचार सुन लूँ की बड़े-से-बड़े और छोटे-से-छोटे तक प्रत्येक हिंदू संतान के घर में एक श्रीमद्भगवद्गीता की पोथी भगवान की मूर्ति के समान भक्ति और भावना के साथ रखी और पढ़ी जाती है।"

"हिंदू और हिंदुत्व ही एक दिन दुनिया पर राज करेगी, क्योंकि इसी में ज्ञान और बुद्धि का संयोजन है।"

—लियो टॉल्स्टॉय

"गीता और मेरा संबंध तर्क से परे है। मेरा शरीर माँ के दूध पर जितना पला है, उससे कहीं अधिक मेरे हृदय और बुद्धि का पोषण श्रीगीताजी के दूध पर हुआ है।"

—विनोबा भावे

"गीता में चार वर्णों की व्यवस्था वास्तव में सामाजिक शरीर के ठीक संचालन की एक व्यवस्था है। किसी प्रकार का भेदभाव गीता में नहीं। गीता का ज्ञान सबके लिए समान है।"

—डॉ. केशव बलिराम हेडगेवार

"मैं अनादि हूँ, अनन्त हूँ, अतः कौन ऐसा शत्रु है, जो मुझे मार सके। सावरकर ने जेल में लिखे सांत्वना काव्य में श्रीमद्भगवद्गीता से प्रेरित विचार व्यक्त किए थे।"

—वीर सावरकर

"हिंदुत्व का प्रभावीकरण फिर होने तक अनगिनत कितनी पीढ़ियाँ अत्याचार सहेंगी और जीवन कट जाएगा। तभी एक दिन पूरा संसार उसकी ओर आकर्षित हो जाएगा,

उसी दिन ही हम सब प्रसन्न होंगे और उसी दिन विश्व जीवंत होगा। उस दिन को नमस्कार हो''।

—हर्बर्ट वेल्स

''श्रीमद्‌भगवद्‌गीता में कर्मयोग, ज्ञानयोग एवं भक्तियोग की बहुत सुंदर ढंग से चर्चा हुई है।''

—डॉ. भीमराव अंबेडकर

''गीता उपनिषदों के उपवन से चुने हुए आध्यात्मिक सत्यों के सुंदर पुष्पों का एक गुच्छ है।''

—स्वामी विवेकानंदजी

''शक्ति के अभाव में विश्वास किसी काम का नहीं है। विश्वास और शक्ति, दोनों किसी महान् काम को करने के लिए अनिवार्य हैं, जो हमें गीता में मिलते हैं।''

—सरदार बल्लभ भाई पटेल

''आजाद किसी तरह श्रीमद्‌भगवद्‌गीता में अपनी रिवॉल्वर छिपाकर अंदर आ गए।''

—ऊधम सिंह कंबोज

''श्रीमद्‌भगवद्‌गीता हमारे धर्मग्रंथों में एक अत्यंत तेजस्वी और निर्मल हीरा है। संसार में दुखित मनुष्य को शांति देकर उसे निष्काम कर्त्तव्य के आचरण में लगाने वाली गीता के समान साहित्य समस्त संसार में नहीं मिल सकता।''

—लोकमान्य बालगंगाधर तिलक

''जिस दिन फाँसी, उस दिन भी गीता पाठ, यज्ञ, प्राणायाम तथा मृत्यु से भय नहीं, 'मृत्यु से पूर्व के हर पल को हँसकर जीना चाहता हूँ', यही मैंने गीता से सीखा है।''

—रामप्रसाद बिस्मिल

''आपने बलिदान के समय अपने हाथों में श्रीगीताजी को रखा था।''

—मदन लाल ढींगरा

''जो मनुष्य अपनी जीवनचर्या श्रीमद्‌भगवद्‌गीता के विचारों पर ढाल लेता है, वह इस संसार रूपी कुरूक्षेत्र का विजेता बन जाता है।''

—पं. श्रीपाद दामोदर सातवलेकर

''समूचे विश्व ज्ञान का तत्त्व गीता में है, जो गीता में नहीं है, वो कहीं नहीं''

—श्रीमाधवराव सदाशिवराव गोलवलकर (गुरुजी)

''गीता सर्वशास्त्रमयी है, सकल मानव जाति को गीता ही भलीभाँति धारण करनी चाहिए। गीता ज्ञान के पश्चात अन्य किसी ज्ञान की क्या आवश्यकता है ?''

—भाई श्रीहनुमान प्रसादजी पोद्‌दार

''काका कालेलकर कहते हैं, व्यक्तिगत मनोविज्ञान और सामाजिक मनोविज्ञान दोनों की चर्चा के लिए, गीता बेजोड़ है। यह देवत्व का मार्ग बताती है।''

—काका कालेलकर

''भारत की स्वतंत्रता श्रीगीताजी के बिना मुझे महत्त्वहीन लगती है।''

—कन्हैयालाल माणिकलाल मुंशी

''भगत सिंहजी श्रीगीताजी को अपने स्वतंत्रता संग्राम का प्रेरणास्त्रोत मानते थे। उनके द्वारा हस्ताक्षरित श्रीगीताजी उनके पैतृक ग्राम खटकर कलां के संग्राहलय में प्रदर्शित है।''

—भगत सिंह

''श्रीमद्भगवद्गीता तत्त्वत: मानव अस्तित्व की आध्यात्मिक आधारशिला है।''

—जवाहरलाल नेहरू

''1875 ई. के स्वतंत्रता संग्राम में अंग्रेजों के विरुद्ध युद्ध के अंतिम पड़ाव में आपने श्री गीताजी के श्लोकों का उच्चारण किया किया था।''

—रानी लक्ष्मी बाई

''गीता में अर्जुन की इस मानसिकता को श्रीकृष्ण ने परिवर्तित किया कि यदि हम इन प्रतिपक्षी को मारेंगे, तो हमें बुराई सताएगी। आततायी का वध बुराई नहीं, बुराइयों के अंत का ही मार्ग है।''

—गोपाल कृष्ण गोखले

''मेजर साहब श्रीगीताजी का प्रतिदिन पाठ करते थे तथा युद्ध के समय में भी श्रीगीताजी अपनी आगे की जेब में रखते थे।''

—मेजर सोमनाथ शर्मा

''आप गीता के अच्छे भक्त थे तथा 'गीता-संदेश' (The Message of Bhagwad Gita) नामक पुस्तक भी लिखी थी, जो कि इंडियन प्रेस (इलाहाबाद) से सन् 1908 में प्रकाशित हुई थी। लाठियों के प्रहार के समय भी गीता उनके भावों में थी।''

—लालालाजपत राय

''हम सभी को अभी या बाद में हिंदू धर्म स्वीकार करना ही होगा। यही वास्तविक धर्म है। मुझे कोई हिंदू कहे तो मुझे बुरा नहीं लगेगा, मैं इस सही बात को स्वीकार करता हूँ।''

—जोहान गीथ

''अंतिम समय आने पर महाराजा श्री रणजीत सिंह की इच्छानुसार पवित्र श्रीमद्भगवद्गीता उनके वक्षस्थल पर रखी गई।''

—महाराजा रणजीत सिंह

''छोटे मन से कोई बड़ा नहीं होता, टूटे मन से कोई खड़ा नहीं होता। इसीलिए तो भगवान् श्रीकृष्ण को शस्त्रों से सज्जित रथ पर चढ़े, कुरुक्षेत्र के मैदान पर खड़े अर्जुन को गीता सुनानी पड़ी।''

—अटल बिहारी वाजपेयी

''गीता का प्रारंभ धर्म शब्द से हुआ है। भारत वह देश है, जहाँ धर्म को अत्यंत महत्त्वपूर्ण माना जाता है। इसलिए गीता का प्रारंभ भी धर्म शब्द से है। महाभारत धर्म और अधर्म के बीच का ही युद्ध है। जहाँ धर्म है, वहीं विजय है।''

—स्वामी दयानंद सरस्वतीजी

''मेरे पास देने के लिए गीता से श्रेष्ठ कुछ नहीं है और संसार में प्राप्त करने के लिए इससे श्रेष्ठ अन्य कुछ भी नहीं है।''

—नरेंद्र मोदी

''श्रीमद्भगवद्गीता विश्व की सबसे सुंदर एवं महान् ज्ञान की दार्शनिक कृति है। सबसे सुंदर, संभवत: एकमात्र आध्यात्मिक संगीत, जो किसी भाषा में उपलब्ध है, वह है गीता।''

—विलहेम वॉन हम्बोल्ड

''प्रात:काल उठकर मैं अपने हृदय, मन एवं विवेक को गीता रूपी पवित्र गंगाजल से स्नान करवाता हूँ।''

—हेनरी डेविड थोरो

''श्रीमद्भगवद्गीता मानव जाति का एक शाश्वत शास्त्र है, जो प्रत्येक काल एवं प्रत्येक सभ्यता को नया संदेश देती है।''

—महर्षि अरविंद

''सारा विश्व एक दिन हिंदू धर्म स्वीकार कर लेगा।

अगर यह वास्तविक नाम स्वीकार नहीं भी कर सका, तो रूपक नाम से ही स्वीकार कर लेगी। पश्चिम एक दिन हिंदुत्व स्वीकार कर लेगा और हिंदू धर्म ही संसार में पढ़े-लिखे लोगों का धर्म होगा।''

—बरनार्ड शा

''जैसे भगवान् प्राणिमात्र के सुहृद् हैं (गीता 5/29), ऐसे ही उनकी वाणी गीता भी प्राणिमात्र की सुहृद् है।''

—स्वामी रामसुखदासजी

''गीता सत्य का पथनिर्देशन तथा भेदाभेद दूर कराने वाली, आनंददायिनी और विलक्षण कृति है।''

—दारा शिकोह

(शाहजहाँ के ज्येष्ठपुत्र)

''विश्व को यदि शांति सद्भाव चाहिए तो श्रीगीता के मार्ग पर चलना होगा।''

—डॉ. ए.पी.जे. अब्दुल कलाम

(नालंदा विश्वविद्यालय उद्बोधन में)

''मेरी अंतरिक्ष यात्रा के समय मेरे साथ में रखी श्रीगीता प्रतिक्षण मेरा उत्साह बढ़ाती थी। इसलिए मैं 175 दिन तक लगातार अंतरिक्ष में रहने का विश्व रिकॉर्ड बनाने में सक्षम हुई।''

—सुनीता विलियम्स

''मजहबी बैर को दूर करने की सबसे अच्छी पुस्तक श्रीमद्भगवद्गीता है।''

—अनवर जलाल पूरी

''हिंदुत्व ही यूरोप में शासक धर्म बन जाएगा, बल्कि यूरोप का प्रसिद्ध शहर हिंदू राजधानी बन जाएगा।''

—माइकल नास्त्रेदमस

''जलयान में बैठे थे, चक्रवात आने पर पूछा, यदि सब सामान फेंककर कुछ ही साथ रखने की बात आए तो क्या रखना चाहोगे?'निस्संदेह भगवद्गीता'।

—हेनरी मिलर

''गीता पढ़ने के पश्चात बर्लिन की गलियों में सिर पर 'गीता' रखकर निकले, 'मैंने सत्य को इस ग्रंथ में अनुभव किया है, आप भी कर सकते हैं।''

—शोपेन हावर

''जो विश्वास हम पर है और इस 'हम' से अच्छा कुछ भी संसार में है तो वह हिंदुत्व है। अगर हम अपना हृदय और मस्तिष्क इसके लिए खोलें तो उसमें हमारी ही भलाई होगी।''

—हस्टन स्मिथ

''मेरे जीवन में सबसे प्रभावशाली ग्रंथ श्रीमद्भगवद्गीता है।''

—थॉमस स्टर्स इलियट

''जीवन और जगत् में ऐसी कोई समस्या नहीं, जिसका समाधान गीता में नहीं है।''

—रॉल्फ वाल्डो इमसर्न

''संपूर्ण विश्व के साहित्य जगत् में श्रीमद्भगवद्गीता सबसे सुंदर कृति है।''

—हमेल ग्राफ कीमर लिंग

''मैंने हिंदुत्व को पढ़ा और जान लिया कि यह सारा संसार और सारी मानवता का धर्म बनने के लिए है। हिंदुत्व पूरे यूरोप में फैल जाएगा और यूरोप में हिंदुत्व के बड़े विचारक सामने आएँगे। एक दिन ऐसा आएगा कि हिंदू ही संसार की वास्तविक उत्तेजना होगा।''

—बर्टेंड रसेल

''श्रीमद्भगवद्गीता भारतीय जगत् का आध्यात्मिक पथ प्रदर्शक है।''

—ओक्टाविओ पाज

''जब मैं श्रीमद्भगवद्गीता को पढ़ता हूँ कि भगवान ने इस ब्रह्मांड को कैसे रचा, तो बाकी सबकुछ मिथ्या लगता है।''

''मैं समझता हूँ कि हिंदुओं ने अपनी बुद्धि और जागरुकता के माध्यम से वह किया, जो यहूदी न कर सके। हिंदुत्व में ही वह शक्ति है, जिससे शांति स्थापित हो सकती है।''

—अल्बर्ट आइंस्टीन

''आपके अनुसार स्वतंत्रता संग्राम में ब्रिटिश शासन के विरुद्ध दृढ़ता से खड़ा होने का सबसे बड़ी प्रेरक श्रीमद्भगवद्गीता हैं।''

—नेताजी सुभाष चंद्र बोस

8

अथ अष्टमोऽध्यायः

गर्भावस्था में योग, व्यायाम एवं गर्भस्थ शिशु का स्वास्थ्य

(मन, जाप, ध्यान)

योगशास्त्र का विषय मोक्ष पुरुषार्थ है। अष्टांगयोग का प्रथम अंग है यम। यम पाँच हैं—अहिंसा, सत्य, अस्तेय, ब्रह्मचर्य और अपरिग्रह। ये पाँच सार्वभौम महाव्रत हैं अर्थात् ब्रह्मचर्य भी एक महाव्रत है। परंतु अधिजननशास्त्र का मुख्य विषय है 'संतति उत्पन्न करना'। संतति मैथुन के बिना उत्पन्न नहीं हो सकती। मैथुनसेवन और ब्रह्मचर्य तो एक-दूसरे से सर्वथा विपरीत बातें हैं। अत: अधिजनन का योग के साथ संबंध कैसे हो सकता है ? ऐसा एक बहुत स्वाभाविक प्रश्न सबके मन में उठ सकता है।

परंतु योगाभ्यास से, योग के यम-नियम-आसन-प्राणायाम-ध्यान आदि अंगों के नित्य अभ्यास से अधिजनन अधिक अच्छी तरह से हो सकता है, मैथुन का भौतिक से आध्यात्मिक स्तर तक उन्नयन हो सकता है। इस स्तर पर मैथुन ब्रह्मचर्य से विपरीत नहीं है, अपितु वह भी ब्रह्मचर्य ही है। योगमय प्रजनन वास्तव में भारतीय जीवनदृष्टि की विशेषता है।

थोड़ा गहराई से चिंतन करने से अनुभूत होता है कि योग वास्तव में जीवन की विद्या है, जो मानव जीवन को उद्‌देश्यपूर्ण बनाता है। इतना ही नहीं, यह जीवन के सही लक्ष्य को प्राप्त करने का एक सुनियोजित विज्ञान है। भले ही विभिन्न योगशास्त्रों में साधकों के लिए 'एकांते मठिका मध्ये' रहकर लोकसंपर्क त्यागकर पूर्ण ब्रह्मचर्य के साथ साधना की बात कही गई है। फिर भी गृहस्थाश्रम में पत्नी के साथ रहकर पवित्र जीवन जीते हुए धर्म, अर्थ, काम और मोक्ष के संकलन के द्वारा आत्मतत्व को प्राप्त करने वाले अनेक ऋषियों तथा मुनियों का नाम शास्त्र में पाया जाता है। शास्त्र में पुत्रवान अथवा पुत्रवती होना पुण्य के फलस्वरूप स्वीकार

किया गया है तथा विशेष उपलब्धि माना गया है। इसलिए सामान्य जनन भले ही योग की परिधी में न भी आता हो, परंतु पुरुषार्थ के द्वारा सुशोभित पवित्र योगमय जीवन में अधिजनन का विशेष महत्त्व है। भले ही जनन और अधिजनन में प्रक्रियागत कोई भिन्नता न भी हो, परंतु इन दोनों में संकल्पनात्मक और भावगत भिन्नता स्पष्ट है। चार पुरुषार्थ में काम एक विशिष्ट पुरुषार्थ है और काम की पवित्रतम, महानतम और योगमय अभिव्यक्ति को ही 'अधिजनन' (गर्भ संस्कार) कहा जा सकता है।

अधिजनन का लक्ष्य जैसा ऊँचा है, व्याप्ति भी उतनी ही विशाल है। सामान्य रूप में वर-वधू के चयन से लेकर संतान जन्म के बाद शैशव अवस्था तक अधिजननशास्त्र की सुनियोजित प्रायोगिक विद्या के रूप में अधिजनन के प्रत्येक स्तर पर योग विशिष्ट योगदान दे सकता है।

मानव जीवन के सही लक्ष्य को समझें, जीवन भोगमय नहीं, योगमय बनाएँ

मानव जीवन का लक्ष्य केवल इंद्रियभोग नहीं, अपितु इससे अधिक है। भोग पशुदेह में भी संभव है, किंतु जीवन का सही लक्ष्य केवल मानव देह में ही पूर्ण हो सकता है। मानव निरंतर सुखी होने के लिए प्रवृत्तिशील रहता है, परंतु सुख के प्रति और सुख प्राप्ति के साधनों के प्रति उसका कुछ अपना विचार रहता है। प्रत्येक मानव की समझ परिवार, शिक्षा और वातावरण से निर्मित होती है और वह धीरे-धीरे अंतर्मन में दृढ़ हो जाती है। इस समझ के आधार पर व्यक्ति विचार भी करता है और व्यवहार भी। शांतचित्त होकर अपना जीवन तथा उसके सही लक्ष्य के प्रति गहराई से मनन करना चाहिए, सही सुख क्या है ? उसे जानकर और सही सुख प्राप्त करने का ठीक मार्ग चुनकर उस दिशा में ही कृतिशील बनना चाहिए। **यदि हम सब्जी की दुकान में कंप्यूटर ढूँढ़ रहे हैं तो वह कभी मिलने वाला नहीं है। अगर सुखी होने का कोई कारण है तो वह सच्चा सुख नहीं हो सकता है, क्योंकि कारण परिवर्तित होने से पल भर में सुख-दुःख में परिवर्तन हो जाता है। जीवन को सच में सुखमय बनाना है तो जीवन में पुरुषार्थ योग को अपनाना चाहिए।** यह गृहस्थ जीवन जीते हुए जीवन के उत्कर्ष और लक्ष्य को प्राप्त करने की एक संपूर्ण शैली है। पुरुषार्थ योग सहस्त्रों वर्षों से लाखों लोगों के ऊपर प्रयोग के द्वारा सिद्ध हो चुका है। जीवन में अर्थ और काम बहुत ही महत्त्वपूर्ण हैं, लेकिन तभी जब इन दोनों का धर्म और मोक्ष की सीमा में रहकर विवेक के साथ, उपभोग नहीं, उपयोग किया जाए। **जीवन में अगर अर्थ और काम में संयम नहीं होता है तो बाढ़ के पानी की तरह चारों ओर ध्वंस का तांडव चलाकर जीवन का विध्वंस कर देता है। लेकिन धर्म और मोक्ष ये दोनों नदी के दो किनारे जैसे होते हैं। अगर धर्म और मोक्ष के किनारे दृढ़ हैं तो अर्थ और काम रूपी पानी किनारों को तोड़कर ध्वंस का तांडव नहीं चला सकते हैं।** उल्टे वही पानी रचनात्मक तथा सृजनात्मक कामों में उपयोगी होकर जीवन को समृद्ध बनाता है। शांति तथा प्रसन्नता लाकर जीवन को परिपूर्ण बनाता है।

यम तथा नियम का महाव्रत समझकर पालन करें

यम और नियम का नाम सुनते ही मन में संदेह आता है, क्योंकि आधुनिक जटिल जीवन-शैली में यम तथा नियम असंभव लगते हैं। अगर थोड़ा गहराई से मनन किया जाए तो अनुभूत होता है कि इसके अतिरिक्त जीवन में शांति प्राप्त करने का दूसरा कोई मार्ग है ही नहीं। जीवन में यम और नियम के महत्त्व को हम इसलिए समझ नहीं पाते, क्योंकि हम निर्वीर्य, लालची, विवेक-बुद्धिहीन और प्रमादी बन चुके होते हैं। हमारे लिए श्रेय क्या है ? उसकी न हमें समझ है और न हम समझना चाहते हैं। केवल प्रेय प्राप्ति के लिए निर्बोध के समान कार्यों में लगे रहते हैं। हमारे लिए वास्तव में जो भी कार्य असंभव होने चाहिए थे, उन सभी को हम संभव बना चुके हैं। जैसा कि ईश्वर के द्वारा दी गई बुद्धि का सदुपयोग न करके, पशु के समान, निर्बुद्धि की तरह इंद्रिय उपभोग में लगे रहना और उसके बाद स्वयं को बुद्धिमान समझना। ईश्वर ने जो हाथ केवल सत्कर्म और सेवा के लिए दिए हैं, उसी हाथ से रिश्वत लेने से लेकर कोई भी दुष्कर्म आसानी से कर लेते हैं। जो मुख सत्य और प्रिय वचन तथा प्रभु के नाम जप के लिए मिला है, उसी मुख से कटु वचन अथवा निरर्थक चापलूसी करने का असंभव कार्य हमने संभव कर दिया है। फिर सुखमय जीवन का मूल आधार एवं ईश्वर का 'प्राकृतिक कानून' यम-नियम पालन करना हमारे लिए क्यों असंभव होता है ? दूसरे व्यक्ति यम-नियम का पालन करें, ऐसी अपेक्षा हमारे अंतर्मन में स्वाभाविक रूप में रहती है, परंतु हम स्वयं यम-नियम के पालन से विमुख रहते हैं। ध्यान रखना चाहिए कि कोई भी श्रेष्ठ वस्तु प्राप्त करने के लिए सर्वाधिक त्याग तथा सर्वश्रेष्ठ प्रयत्न करना पड़ता है। श्रेष्ठ दैवी संपदा युक्त संतान प्राप्ति करने के लिए यम-नियम के निरंतर पालन के द्वारा जीवन में अनुशासन तथा पवित्रता को प्राप्त करना ही पड़ता है।

यम-नियम में ब्रह्मचर्य का विशेष महत्त्व हैं। ब्रह्मचर्य का सामान्य अर्थ होता है, 'कामवासना को नियंत्रित करके मैथुनिक कार्य से विरत रहना तथा वीर्य का रक्षण करना।' यह

ब्रह्मचर्य का संकुचित अर्थ है। 'ब्रह्म' शब्द का अर्थ होता है, 'सत्य अथवा ईश्वर' और 'चर्य' शब्द का अर्थ होता है, 'आचरण करना' अर्थात् ईश्वर की दिशा में, सत्य की दिशा में, आचरण करना। ब्रह्मचर्य के पालन से ही माता-पिता के अंदर दिव्यगुण का संचय होता है। बुद्धि का विकास होने से योग्य-अयोग्य, नीति-अनीति को समझने के लिए विवेकबुद्धि जाग्रत होती है। ब्रह्मचर्य के पालन से व्यक्ति में दैवी तेज दिखाई देता है। आँखों में चमक दिखाई देती है। चेहरे पर ओजस प्रकाशवान होता है। ब्रह्मचर्य से ही शरीर हृष्टपुष्ट बनता है। मन प्रसन्न रहता है और नि:स्वार्थ भावना, क्षमा, साहस, धीरज जैसे गुणों का विकास होता है।

गृहस्थियों के लिए ब्रह्मचर्य का स्वरूप थोड़ा अलग है। शास्त्र में यह भी कहा गया है कि जो गृहस्थ केवल संतान के लिए ही मैथुन तथा ब्राह्मण, वैष्णव एवं दरिद्र के लिए लंघन, सेवा और लोक कल्याण के लिए ही कार्य करता है, वह गृहस्थ ब्रह्मचारी से भी श्रेष्ठ है। केवल दैहिक कामना चरितार्थ करने के लिए नहीं, परंतु संतान के लिए सहवास करना गृहस्थी के लिए ब्रह्मचर्य ही है। परिमित सहवास भी पति-पत्नी को देह और मन से निरोगी तथा आनंदमय रखता है। पति-पत्नी एक-दूसरे को कामभाव से नहीं, परंतु श्रद्धाभाव से, आत्मभाव से देखें, जिससे एक-दूसरे के प्रति शारीरिक आकर्षण नहीं, परंतु आंतरिक आकर्षण बढ़े। जिन माता-पिता को स्वस्थ, कामजयी, तेजस्वी, दैवी संपदा युक्त संतान प्राप्त करनी है, उनको इस प्रकार ऋषियों के द्वारा निर्देशित योगमय जीवन अपनाना चाहिए।

आदर्श संतान की संकल्पना तथा प्रार्थना

योगविद्या के अनुसार मन शरीर से सूक्ष्म भी है और शक्तिशाली भी। इसलिए व्यक्ति के मन के ऊपर किए गए प्रयोग अथवा संस्कार का बहुत ही गहरा प्रभाव उस व्यक्ति के व्यक्तित्व तथा उसकी आने वाली संतान पर दिखाई देता है। माता-पिता, विशेष रूप से माता मन-ही-मन अपनी आने वाली संतान की एक संकल्पना अपने मन में निर्माण करना शुरू करें। माता-पिता को जिस प्रकार गुण संपन्न संतान की आकांक्षा है, उसी प्रकार गुण के स्त्रोत स्वरूप कोई देव-देवी का चयन करें। भक्तियोग के अनुसार अगर उनमें भक्ति तथा समर्पण कर सकते हैं तो आकांक्षा पूर्ति की संभावना बढ़ जाती है। इस प्रकार अपने आराध्य भगवान का अर्चन, मनन, वंदन, स्मरण इत्यादि करने से माता-पिता के व्यक्तित्व में भी उन सभी दैवी गुणों का विकास होता रहता है। आकांक्षित संतान कैसी होगी, उसका एक चित्र अर्द्धचेतन मन में दृढ़ होता जाता है। मन चमत्कार शक्ति का भंडार है। आधुनिक मनोविज्ञान ने भी स्वीकार किया है कि मन में निरंतर नियमित रूप में जो सूचना दी जाती है, वह फलवती होती है। संकल्प तथा संस्कारशून्य दंपत्ति में मैथुन क्रिया का लक्ष्य केवल कामना चरितार्थ करना होता है, जिसमें देहसुख उत्पाद एवं संतान उपोत्पाद होती है। दूसरी ओर संस्कारी, संयमी दंपत्ति में मैथुन क्रिया का उत्पाद सुसंतान होती है और उपोत्पाद के रूप में संतोष प्राप्त होता है, जिसको अधिजनन की सार्थकता कहा जा सकता है। प्रार्थना के द्वारा ही अधिजनन संभव होता है और इसलिए केवल गर्भाधान पूर्व में ही नहीं, परंतु जब तक बालक कम-से-कम पाँच साल का न हो जाए, तब तक संतान के उत्थान के लिए निरंतर प्रार्थना करते रहना चाहिए। यह सर्वदा संभव नहीं है कि पति-पत्नी दोनों ही शरीर, प्राण, मन तथा बुद्धि से संपूर्ण रूप में मर्यादा शून्य होंगे, किंतु पति-पत्नी की भावनाओं के साथ हृदय की गहराई से की गई प्रार्थना निरंतर करते रहने से माता-पिता की मर्यादा संतान में वाहित होती है।

शवासन के द्वारा गर्भस्थ शिशु के साथ संपर्क बनाएँ

शवासन एक ऐसा चमत्कारपूर्ण शक्तिशाली अभ्यास है, जो केवल गर्भावस्था में ही नहीं, अपितु सदा-सर्वदा के लिए बहुत ही लाभकारक है। गर्भवती

महिला दिन में कम-से-कम दो बार आधा घंटा शवासन का अभ्यास करेगी तो शरीर तामसिक प्रभाव से मुक्त, शिथिल, तनावमुक्त तथा मन शांत, संतुलित एवं संतोषी रहता है। शवासन की प्रक्रिया में पहले शरीर को अच्छी तरह से शिथिल करने के बाद फिर श्वास की गति को मंद और लयबद्ध कर लेने से मन अपने आप शांत होने लगता है। इस स्थिति में मन को अपनी इच्छा के अनुरूप किसी भी स्थान पर एकाग्र किया जा सकता है। शवासन की इस स्थिति में आने के बाद गर्भवती को अपने गर्भस्थ संतान के ऊपर एकाग्र होकर अपनी संपूर्ण चेतना बालक के ऊपर केंद्रित करनी चाहिए। कुछ दिन इस प्रकार चेतना का केंद्रीकरण करने के बाद धीरे-धीरे गर्भस्थ संतान एक वास्तविक स्वरूप लेकर माता के अंतर्मन में दिखाई देता है, तब माता को परम ममता के साथ, वात्सल्य के साथ, स्नेह के साथ, जो भी सूचना देना चाहते हैं, वह दे सकते हैं। माता का भावात्मक जुड़ाव जितना गहरा होता है, गर्भस्थ संतान की प्रतिक्रिया उतनी ही ज्यादा होती है। इसके द्वारा माँ गर्भस्थ संतान को नैतिक गुण, सामाजिक व्यवहार, बौद्धिक परिपक्वता की अद्‌भुत शिक्षा दे सकती है। इसके अतिरिक्त गर्भवती स्वयं को भी स्वसूचना देकर अपना मनोदैहिक स्वास्थ्य बनाए रख सकती है तथा गर्भावस्था के तनाव को प्रभावशाली रूप से नियंत्रित कर सकती है।

गर्भाधान में योग

समाज में नारी के अनेक रूप विद्यमान हैं। मानवजाति के लिए नारी का त्याग, बलिदान, धीरज, सहनशीलता, स्नेह एवं श्रद्धा अनमोल भेंट के समान है। नारी की आँखों में करुणा एवं आनंद का दर्शन होता है। उसकी मधुर वाणी जीवन के लिए अमृत स्त्रोत जैसी है। उसके मधुर हास्य में संसार की समस्त निराशा एवं कड़वाहट दूर करने की अद्‌भुत शक्ति छिपी है। पत्नी के रूप में नारी पति की अर्धांगिनी तथा सहधर्मिणी है। विद्या, वैभव, वीरता, ममता, करुणा इत्यादि गुणों से परिपूर्ण स्त्री का जब संस्कारी, सदाचारी और चरित्रवान पति के साथ मिलन होता है तब अधिजनन का आधार प्रस्तुत होता है। **नारी का सर्वोत्तम रूप उसका मातृरूप है। उससे ही उसका व्यक्तित्व परिपूर्ण बनता है। संतान को जन्म देना कोई शारीरिक मनोरंजन का परिणाम नहीं, अपितु एक महानतम दायित्व है। पूरा दिन प्रार्थननामय, ध्यानमय, प्रेममय, भक्तिमय और आनंदमय होकर बिताना चाहिए। अपने इष्टदेवता का पूजन, अर्चन, वंदन, स्मरण तथा प्रार्थना के द्वारा मन को प्रफुल्लित रखना चाहिए। विशेष रूप में मन में उठने वाले काम विचार का दमन कर मन को शांत करने के लिए गौमुखासन में बैठकर प्राणायम का प्रयोग किया जा सकता है। इसके अतिरिक्त 'ॐ' का उच्चारण करने से मस्तिष्क शांत होता है तथा मन में संतोष प्राप्त होता है, जिससे शरीर और मन में एक प्रकार का सामजंस्य बना रहता है।** समागम के पहले विशेष प्रार्थना करनी चाहिए, जिसमें अपनी इच्छा के अनुरूप सबल, मानसिक रूप में संतुलित, बौद्धिक रूप में परिपक्व, भावनात्मक रूप में संकलित और दैवीगुण युक्त संतान की संकल्पना के साथ, भगवान के पास समागम की अनुमति लेनी चाहिए। शास्त्र में गर्भाधान के लिए अत्यंत शक्तिशाली मंत्रों का उल्लेख किया गया है। उन मंत्रों का अर्थ सहित भावना के साथ निरंतर जप अत्यंत प्रभावशाली होता है। इसके पश्चात प्रसन्न चित्त होकर पति-पत्नी एक-दूसरे के प्रति प्रेम तथा श्रद्धा भाव से मौन होकर समागम करें। पति-पत्नी की नाड़ी अनुकूल नहीं हो तो कुछ समय पहले से ही प्राणायाम करके अथवा योगशास्त्र द्वारा निर्देशित नाड़ी परिवर्तन कौशल का उपयोग करके अनुकूल नाड़ी में श्वास लाया जा सकता है। समागम के बाद पति-पत्नी एक शैया में शयन नहीं करें तथा आचमन करके पुनः ईश्वर की प्रार्थना करें एवं जिस दिव्य संतान के लिए इतने दीर्घ समय से प्रार्थना, संयम, मनन कर रहे थे, उसका आज ईश्वर कृपा से अवतरण हुआ, ऐसी भावनाओं के साथ विश्राम करें। मिलन के समय मन आनंद से परिपूर्ण, चिंता से मुक्त तथा एक-दूसरे के प्रति श्रद्धायुक्त प्रेम से एकाकार तथा देवशिशु के अवतरण के रोमांच से अभिभूत हो तो समागम दैवी माना जा सकता है। ध्यान से मन का विक्षेप दूर होता है, चित्त एकाग्र होता है तथा आंतरिक

अलौकिक आनंद, जिसे 'अध्यात्म प्रसाद' कहते हैं, उसकी प्राप्ति होती है।

गर्भकालीन तनाव एवं योग

वैज्ञानिक खोज से जाना गया है कि तनाव के कारण गर्भवती महिला के शरीर में कुछ विशेष हार्मोन की मात्रा बढ़ जाने से प्लेसेंटा में रक्त पहुँचना कम हो जाता है, जिससे गर्भस्थ शिशु को उचित मात्रा में पोषणतत्व तथा प्राणवायु नहीं मिलती है, जिससे बच्चे के विकास की प्रक्रिया प्रभावित होती है।

योग सर्वांगीण स्वास्थ्य प्राप्त करने की एक सुव्यवस्थित पद्धति होने के कारण गर्भवती महिला के द्वारा किया गया योग का अभ्यास माता तथा गर्भस्थ संतान के ऊपर सकारात्मक प्रभाव डालता है। योग अभ्यास द्वारा गर्भवती महिला के तनाव का नियंत्रण होता है।

गर्भकालीन विविध अवस्थाओं में योग का उपयोग

आधुनिक चिकित्सा विज्ञान ने गर्भकालीन अवस्था को तीन भागों में विभाजित किया है। पहले तीन मास में प्रथम तिमाही, चार से लेकर छह महीने तक द्वितीय तिमाही एवं सात महीने से लेकर नौ महीने तक तृतीय तिमाही कहते हैं। गर्भधारण के क्षण से लेकर प्रसव होने तक शिशु का विकास एवं वृद्धि विशेष रूप में महत्त्वपूर्ण होता है, क्योंकि इस समय में माता की कोख में जो बीज बो दिया गया, उसका अस्तित्व कुछ सीमा तक अलग होने के बाद भी माता के अस्तित्व के साथ गहराई से जुड़ा रहता है। माता का शरीर, मन, आचार, विचार, व्यवहार सबकुछ गहराई से गर्भस्थ संतान को प्रभावित करता है **अर्थात् माता के हाथ में ही भावी संतान के विकास की चाबी रहती है।**

प्रथम तिमाही में योग का अभ्यास

योगशास्त्र में वर्णित वमनधौती का प्रयोग करके उलटी होने की समस्या को अच्छी तरह नियंत्रित किया जा सकता है। नियमित रूप में प्रात:काल हलके गरम पानी में थोड़ा-सा नमक मिलाकर पी लेने के बाद वमन क्रिया कर लेने से वात, पित्त, कफ दोष का शमन हो जाता है एवं उलटी के संवेदन के ऊपर नियंत्रण प्राप्त हो जाने से दिन में कभी भी उलटी हो जाने की प्रक्रिया बंद हो जाती है। योग अभ्यास में कुछ शिथिलीकरण के आसन, यौगिक श्वसनक्रिया, शोधनक्रिया, प्राणायाम, ध्यान तथा शवासन का अभ्यास बहुत ही लाभकारक रहता है। इस समय दिन में कम-से-कम तीन बार आधे-आधे घंटे का शवासन विशेष महत्त्व रखता है। इसके अतिरिक्त कुछ विशेष आसन और मुद्रा के अभ्यास द्वारा गर्भवती महिला के श्रोणि प्रदेश को दृढ़ और बच्चे के विकास के लिए उपयोगी बनाया जा सकता है।

चेतावनी : विशेष जोर देकर किसी भी आसन अथवा यौगिक क्रिया, जिसमें पेट के ऊपर दबाव बढ़ जाए तथा बलपूर्वक आगे-पीछे झुकने की क्रिया नहीं करनी चाहिए। इसके अलावा कपालभाति का अभ्यास भी इस समय में निषिद्ध है। उसके उपयोग से इन शुरुआत के महीनों में गर्भपात हो जाने का भय रहता है।

द्वितीय तिमाही में योग

इस समय गर्भवती महिला को समझदारी के साथ आने वाली सभी समस्याओं को स्वाभाविक रूप में, सकारात्मक

मनोबल के साथ स्वीकार करके जीवन को योगमय बना लेना चाहिए। केवल कुछ आसन का अभ्यास ही नहीं, अपितु एक प्रकार की मानसिक प्रशांति, संतोष तथा आनंदमय जीवन जीने का कौशल अपनाना चाहिए। शवासन और ध्यान के अभ्यास के द्वारा शारीरिक स्वस्थता, मानसिक संतुलन बनाए रखने में सहायता मिलती है। इस समय पेट का आकार एवं भार बढ़ जाने से जिस आसन के अभ्यास से पेट पर दबाव आता है, उन आसनों को अभ्यास बंद करके उनके स्थान पर प्राणायाम का अभ्यास बढ़ा देना चाहिए। नियमित रूप में आराध्य भगवान् की पूजा, गर्भस्थ शिशु के वृद्धि और विकास के लिए प्रार्थना भी माता को उद्वेग शून्य रखती है।

तृतीय तिमाही में योग

गर्भावस्था के इन अंतिम तीन मास में सभी समस्याओं को नियंत्रित करने के लिए कुछ अनुकूल योग अभ्यास निरंतर करते रहना चाहिए। इस समय आसन का अभ्यास लगभग बंद करके, चुने हुए दो-तीन आसन सावधानी से और कुशलता के साथ कर सकते हैं। बद्धकोणासन के अभ्यास से गर्भाशय का मुख खुल जाने से प्रसव सरलता से हो जाता है। शवासन का प्रयोग इस समय बहुत ही लाभदायी होता है। पेट का भार बढ़ जाने से अगर पीठ पर लेटकर शवासन करना अनुकूल नहीं होता है तो बाल्यासन की स्थिति में शरीर तथा मन को स्वस्थ रखा जा सकता है। इस दौरान योग अभ्यास का उसी प्रकार से उपयोग किया जाए, जिससे गर्भवती मन और शरीर से एक सुखद प्रसव के लिए व्यवस्थित रूप में तैयार होती जाए। दिन में कम-से-कम दो बार पंद्रह मिनट के ध्यान का अभ्यास भी करना चाहिए।

गर्भावस्था के सरल व्यायाम

गर्भवती को कुछ हल्के-फुल्के व्यायामों को अपनी

दिनचर्या का एक अभिन्न अंग बना लेना चाहिए जैसे—पैदल चलना, टहलना। आजकल तो शहरों में बहुत-से स्थानों पर जॉगिंग ट्रैक या पार्क बने हैं, वहाँ आप जॉगिंग या चहलकदमी के लिए जा सकते हैं। सुबह का समय टहलने के लिए सबसे अच्छा है, क्योंकि इस समय हवा शुद्ध व ताजी रहती है तथा सुबह वातावरण में ओजोन वायु का प्रभाव सबसे ज्यादा रहता है। अगर सुबह जाना नहीं हो सके तो शाम को भी टहला जा सकता है, लेकिन शाम की हवा इतनी शुद्ध, और स्वच्छ नहीं रहती।

चलने से पैर, पिंडली, जाँघ, कमर आदि सब अंगों का व्यायाम हो जाता हैं। आयुर्वेदानुसार कमर के नीचे वाले सभी अंगों पर नियंत्रण अपान वायु के कक्ष में आता है। अपान वायु जितनी नियंत्रित होगी, उतना ही कार्यसक्षम रहकर सहज प्रसव में सहायता करता है तथा सिजेरियन डिलीवरी से बचाता है। इसलिए यह व्यायाम नियमित करें। चलने की गति ज्यादा तेज या ज्यादा धीमी न रखें, अकसर देखा गया है कि महिलाएँ समूह बनाकर सुबह या शाम को टहलने निकलती हैं, परंतु बातचीत और गपशप में वे अपनी गति का ध्यान नहीं रखतीं, इसलिए इसका कोई लाभ भी नहीं होता। कम-से-कम आधा से पौना घंटे घूमना और सप्ताह में छह दिन चलना स्वास्थ्य के लिए अच्छा है। इसे नियम बना लें।

आगे चलकर छठे या सातवें महीने में पैरों पर सूजन आने के बाद स्वयं ही टहलना बंद न करें, बल्कि व्यायाम जारी रखने या बंद करने के लिए डॉक्टर की सलाह अवश्य लें।

योगासन करने से पहले और बाद में दीर्घ श्वसन करें। गर्भवती स्त्रियों में जैसे-जैसे पेट का आकार बढ़ता है, वैसे-वैसे पेट के स्नायु का उपयोग श्वसन क्रिया में कम हो जाता है। सिर्फ छाती के स्नायु का प्रयोग करके श्वसन होता है। इसलिए बीच-बीच में कभी एक ही साँस जोर से निकाली जाती है। दीर्घ श्वसन की आदत नियमित रूप से डालने से कोई समस्या नहीं होती, बल्कि इसका उपयोग प्रसव के समय पर होता है। सुबह उठते ही दीर्घ श्वसन करना अच्छा है।

दीर्घ श्वसन का अर्थ है अधिक-लंबी साँस देर तक लें और अधिक देर तक छोड़ें। साँस लेते समय सावधानी से जितनी हवा शरीर में ले सकते हैं, उतनी लें और धीरे-धीरे छोड़ें। ऐसा करते समय ध्यान रखें कि किसी भी अंग को किसी भी प्रकार का कोई झटका न लगे। साँस लेते समय मुँह खुला न रखें, नाक से साँस लें और नाक से ही छोड़ें। शुरू-शुरू में केवल दीर्घ श्वसन की आदत डालें और बाद में प्राणायाम शुरू करें।

सुबह कुछ पेय लेने के बाद ही यह क्रियाएँ करें। खाली पेट भी सुबह जल्दी प्राणायाम कर सकते हैं। प्राणायाम कितनी देर तक करें, इसका कोई नियम नहीं है। शुरू-शुरू में 5-10 मिनट तक ही प्राणायाम करें, बाद में यह समय 15-20 मिनट से लेकर आधा घंटा भी कर सकते हैं।

ॐ कारश्चाथ शब्दश्च द्वौवतौ ब्रह्मणः पूरा।
कंठ भित्वा विनिर्यातौ तेन मांगालिकौ उभौ॥

प्राचीन शास्त्रों के अनुसार ॐकार ब्रह्मदेव के कंठ से निकला हुआ पहला शब्द है। इसलिए इसे बहुत पवित्र माना जाता है और इसका एक अलग ही महत्त्व है। वर्तमान समय में विज्ञान के अनुसार भी ॐकार के उच्चारण से जो कंपन उत्पन्न होता है, उससे शरीर के विविध अवयवों पर आश्चर्यजनक प्रभाव दिखाई देते हैं। मन का तनाव कम होता है, मस्तिष्क को चेतना मिलती है, चेतना संस्था को उत्तेजना

मिलती है। ॐकार का जाप नियमित रूप से करने से गर्भ के मस्तिष्क और स्मरणशक्ति पर अच्छे संस्कार होते हैं। दिनभर में ॐकार का जाप कम-से-कम 108 बार करें।

सिंहमुद्रा—जमीन पर सुखासन में बैठकर आँखें बंद करें। जीभ बाहर निकालकर ठुड्डी नीचे की ओर झुकाते जाएँ; उसे अंत में छाती से चिपकाएँ और उस स्थिति में 3 लंबी साँसें लें साँस मुँह से लेकर मुँह से ही छोड़ें।

ब्रह्ममुद्रा—जमीन पर पैर मोड़कर अथवा वज्रासन में बैठें। हाथ दोनों घुटनों पर रखें, गरदन पीछे ले जाकर छत की ओर देखें तथा जीभ तालु को चिपकाकर 3 साँसे लें, फिर गरदन सीधी करते हुए दाहिनी ओर ज्यादा-से-ज्यादा मुड़कर पीछे की ओर देखें, फिर से 3 साँसें लें, फिर गरदन सीधी करते हुए बाईं ओर ज्यादा-से-ज्यादा गरदन से मुड़कर 3 साँसें लेकर धीरे-धीरे गरदन सीधी रखें।

वृक्षासन

पेड़ की शाखाएँ जिस प्रकार पेड़ के मुख्य तने से निकलती हैं, उसी प्रकार इस आसन में हाथों की स्थिति रहती है। इसीलिए इसे 'वृक्षासन' कहते हैं। इस आसन में पहले एकदम सीधे खड़े हो जाएँ, फिर एक टाँग घुटने से मोड़कर एक पैर की एड़ी को दूसरी टाँग की जाँघ के पास रखनी है। इसके बाद दोनों हाथ सामने लंबे रखें, फिर एक-दूसरे से मिलाकर धीरे-धीरे सिर के ऊपर ले जाएँ।

कुछ सेकंड तक इसी स्थिति में रहें, इसके बाद दोनों हाथ वापस नीचे ले आएँ और अंत में पैर भी अपनी-अपनी पहली स्थिति में ले आएँ। उसी प्रकार दूसरे पैर द्वारा भी यही क्रिया दोहराएँ।

लाभ—इस आसन से पैर, पीठ के स्नायु सबल होते हैं और साँसें नियंत्रित होती हैं।

अर्धचक्रासन

इस आसन में शरीर की स्थिति आधे गोलाकार जैसी होती है, इसलिए इसे अर्धचक्रासन कहते हैं। सर्वप्रथम अपने दोनों पैरों को जोड़कर खड़े रहें। दोनों हाथ ढीले छोड़ दें, फिर एक हाथ जाँघ से चिपकाकर रखें और दूसरा हाथ सीधा ऊपर उठाकर कान से लगाकर सीधा खड़ा रखें। जाँघ के पास रखा हाथ धीरे-धीरे नीचे ले जाएँ और उस दिशा से जितना झुक सकते हैं, उतना झुकें। ऐसा करते समय कान के पास रखा हाथ न हिलाएँ, उसे वैसे ही रखें। धीरे-धीरे पूर्व स्थिति में आकर दूसरी दिशा से भी यही क्रिया दोहराएँ।

लाभ—रीढ़ की हड्डी ज्यादा शक्तिशाली और लचीली बनती है। हाथ, पैर, पीठ, जाँघ के स्नायु भी शक्तिशाली होते हैं।

ताड़ासन

'ताड़' पेड़ों की एक प्रजाति का नाम है, जो एकदम सीधा बढ़ता है। इसी विशेषता के कारण इस आसन को ताड़ासन नाम दिया है। इसमें दोनों पैर एक-दूसरे से मिलाकर एकदम सीधे खड़े रहें। गरदन बिलकुल सीधी रखें, कुछ देर इसी स्थिति में रहें, फिर दोनों हाथ सामने की ओर सीधे रखें, हाथ की उँगलियाँ खुली रखें और पैरों की एड़ियाँ ऊपर उठा लें, हाथ सामने से ऊपर उठाकर धीरे-धीरे सिर के ऊपर सीधे ले जाएँ, गरदन ऊपर करें और शरीर का पूरा बोझ पैरों के पंजों पर ले आएँ, फिर धीरे से हाथ से पहले सामने, फिर नीचे लेकर आएँ। इसी तरह धीरे-धीरे अपनी एड़ियाँ भी पूर्वावस्था में ले आएँ।

लाभ—शरीर में हल्कापन और ताजगी आती है। रक्तसंचार अच्छा होता है, आलस नहीं आता।

सुखासन

'सुखासन' सुखपूर्वक बिना किसी कष्ट के लंबे समय तक किया जा सकने वाला आसन है। सरल भाषा में कहें तो सीधे जाँघ डालकर बैठना है, लेकिन टेढ़े-मेढ़े होकर न बैठें। पीठ एकदम सीधी रखें। दोनों पैरों में से जो भी ऊपर रखना सरल लगे, वैसे रखकर बैठें। हाथ का अँगूठा और तर्जनी को जोड़कर दोनों हाथ घुटनों पर रखें, फिर इसी स्थिति में धीरे से आँखें बंद कर लें। हाथ का पिछला भाग घुटनों पर रखें, बची हुई तीन उँगलियाँ सीधी रखें, गरदन, पीठ, सिर सीधे रखें।

मन में ईश्वर का नाम लें, चिंतन करें। इस आसन को सिद्धासन भी कहते हैं। गर्भकाल में 3 महीने तक यह आसन

किया जा सकता है या अन्य किसी भी आसन को करने से पहले यह आसन कर सकते हैं। ॐकार का जप इसी आसन में बैठकर करें।

लाभ—इस आसन से मन और शरीर दोनों को आराम मिलता है। मन का तनाव चला जाता है तथा मन की एकाग्रता बढ़ती है।

सुलभ पद्मासन

यह आसन सबसे महत्त्वपूर्ण है। जब तक पेट का घेर ज्यादा नहीं बढ़ता, तब तक यह आसन कर सकते हैं। छठे-सातवें महीने तक यह आसन किया जा सकता है। सर्वप्रथम दोनों पैर सामने फैलाकर बैठ जाएँ। फिर दाहिना पैर घुटने से मोड़ें और हाथ से उसे पकड़कर बाईं जाँघ के ऊपर जाएँ। बाद में बायाँ पैर इसी तरह दाहिने पैर के ऊपर लाएँ।

इस स्थिति में दोनों पैरों की एड़ियाँ नाभि के पास आ जाती हैं और पैर के तलवे जाँघों पर फैलाकर रखे होते हैं।

दोनों हाथ दोनों घुटनों पर रखकर अँगूठा और तर्जनी को मिलाकर ध्यान मुद्रा करें। बाकी 3 उँगलियाँ सीधी रखें, जितनी देर तक आराम से बैठ सकते हैं, उतनी देर बैठें।

लाभ—पीठ, पेट, कमर के स्नायु शक्तिशाली होते हैं। विशेषत: जाँघ और पैरों का इससे रक्तसंचार अच्छा होता है तथा गर्भकाल में गर्भवती के पाँव दुखना, स्नायु या नसों का फूलना, पैर में गोला आना आदि विकार नहीं होते।

मूल पद्मासन में मूलबंध, उड्डीयान बंध, जालंधर बंध बँधने की आशा है, लेकिन गर्भकाल में यह संभव नहीं है। इसलिए मूल पद्मासन में थोड़ा परिवर्तन करके सुलभ पद्मासन करना लाभदायक है।

वज्रासन

पहले दोनों घुटने आगे और पैर पीछे की ओर करके इस स्थिति में बैठें। बाद में दोनों एड़ियों के बीच थोड़ा अंतर रखकर पूरे शरीर का भार एड़ियों पर रखकर बैठ जाएँ। दोनों हाथ सीधे करके घुटनों पर रखें दृष्टि एकदम सामने रहनी चाहिए और पीठ एकदम सीधी रखें।

लाभ—पीठ, कमर, जाँघ, पिंडली आदि अंगों के स्नायु, लचीले और शक्तिशाली होते हैं और शरीर वज्र जैसा शक्तिशाली होता है।

एकपाद उत्थानासन

जमीन पर सीधे लेटकर हाथ-पैर बिल्कुल सीधी रेखा में रखें हाथ जमीन पर उल्टे रखे हों एक टाँग को बिना घुटने से मोड़े सीधी लाइन में जितना हो सके, उतना ऊपर उठाएँ। दूसरी टाँग जमीन पर ही सीधी रखी रहे। टाँग केवल उतनी देर ही ऊपर रखें, जितनी देर सहन कर सकती हैं, फिर धीरे-धीरे पैर नीचे ले आएँ। यही क्रिया दूसरी टाँग के साथ भी दोहराएँ।

लाभ—इससे पैर, पिंडली, कमर के स्नायु में अकड़न नहीं आती। प्रसव के समय तक इनमें लचीलापन रहता है।

शवासन

शवासन सभी आसन करने के बाद, व्यायाम के अंत में या थकान हो जाने के कारण बीच-बीच में कर सकते हैं।

मुख्यत: शरीर को और मन को आराम देने के लिए शवासन किया जाता है। व्यायाम या योग के बाद ही शवासन करें। इसके अलावा यदि सोने से पहले शवासन किया जाए तो शरीर और मन तनाव रहित होकर नींद अच्छी आती है और सुबह उठकर तरोताजा अनुभूत करते हैं।

शवासन करते समय पीठ के बल सीधे लेटें। दोनों हाथ शरीर से थोड़ी दूरी पर रखें, दोनों पैरों में भी थोड़ी दूरी रखें व उन्हें ढीला छोड़ दें। ऐसा करने पर जिस स्थिति में आराम अनुभूत करें, वैसा छोड़ दें। गरदन भी जहाँ आसान लगे, उस दिशा में ढीली छोड़ दें, आँखे धीरे से बंद कर लें।

अब शरीर को ऐसी स्थिति में ले आएँ कि शरीर के सभी अंग शिथिल हों चेहरे के सभी स्नायु, गरदन, पेट, कमर, जाँघ, पेर, पैर की उँगलियाँ सभी तनाव रहित होनी चाहिए। इसमें केवल शरीर को ही नहीं, मन को भी आराम की आवश्यकता होती है। साँस सहज रूप से लेनी और छोड़नी चाहिए। मन में जो अलग-अलग और ढेर सारे विचार हों,

उन पर नियंत्रण पाकर मन को शांत करने का प्रयास करें।

लाभ—यदि एक-एक करके शरीर के सभी अवयव ढीले छोड़कर, उचित ढंग से शवासन करें तो शरीर को अच्छी तरह आराम मिलता है और शरीर को नई ऊर्जा मिलती है। जैसे-जैसे गर्भ बढ़ता है, वैसे ही गरदन, पीठ, कमर में मोच आने की संभावना रहती है। ऐसी स्थिति में शवासन करने से यह पीड़ा कम होती है। शरीर में रक्तसंचार अच्छा होता है। गर्भ को प्राणशक्ति मिलती है। शरीर की व्यय होने वाली शक्ति पुन: भर जाती है।

इस प्रकार शरीर की क्रमश: अलग-अलग क्रियाएँ पूरक व्यायाम, उसके बाद श्वसन के व्यायाम, योगासन, फिर से दीर्घ श्वसन, शवासन, इस प्रकार यह चक्र पूरा होता है। इससे शरीर को किसी भी तरह की कोई समस्या न पहुँचकर व्यायाम के सभी लाभ मिलते हैं। शरीर की और मन की बढ़ती शक्ति प्रसव के समय काम आती है।

रात को सोते समय हमने स्व-विकसित (Self Relaxation Technique) का प्रयोग कुछ गर्भवती स्त्रियों पर किया तो उसका अत्यधिक लाभ हुआ। शरीर को पूर्णत: शिथिल करने में अत्यधिक सहायता मिली।

बच्चा और माँ दोनों के लिए ये व्यायाम और योग बहुत लाभदायक हैं। इन्हें करने में कोई हानि नहीं, बस कुछ महत्त्वपूर्ण बातें ध्यान में रखनी हैं—

पहली बात—यदि किसी कारण से डॉक्टर द्वारा गर्भवती को विश्राम की सलाह दी गई है तो उसका अनुसरण अवश्य करें। व्यायाम-योग अपने मन से न करें।

दूसरी बात—जिन्होंने पहले कभी भी कोई भी व्यायाम या आसन नहीं किया हो, वे पहले योग्य शिक्षक के मार्गदर्शन में सीखें और बाद में आसन करें। धीरे-धीरे शुरुआत करें। कोई आसन न आता हो, तो उसे बलपूर्वक न करें।

तीसरी बात—व्यायाम, आसन और प्राणायाम शुरू करने के बाद शरीर में कुछ परिवर्तन आए या कहीं पर पीड़ा हुई तो तत्काल वैद्यकीय सलाह लें।

इतनी समझदारी से काम लेते हुए व्यायाम और प्राणायाम किया गया तो उससे बहुत लाभ होकर गर्भवती प्रसव तक तेजस्वी व प्रफुल्लित रह सकती है।

तितली आसन

यह आसान आप गर्भावस्था के पहले महीने से ही कर सकती हैं। इससे जहाँ प्रसव पीड़ा कम होती है, वहीं घुटनों में लचीलापन आता है। यह एक सरल आसन है। यदि गर्भावस्था की पहली तिमाही में ही शुरू कर दिया जाए तो प्रसव की पीड़ा भी कम हो जाएगी। इस आसन से पुट्ठे और जंघाओं के आंतरिक हिस्से का तनाव कम होकर खुल जाता है। इससे घुटनों का लचीलापन बढ़ता है।

कैसे करें?—चटाई पर इस तरह बैठें कि आपके पैर सामने की ओर रहें। अपने टखनों को पकड़कर अपनी ओर जितना निकट खींच सकती हैं, खींचे। दोनों पैरों की एड़ियाँ, जंघा के संधिस्थ को स्पर्श करें तो ज्यादा अच्छा है। अब अपने घुटनों को फर्श से स्पर्श कराने के लिए दबाएँ। दबाने के लिए कोहनियों का प्रयोग कर सकती हैं, क्योंकि हाथों से तो आपने टखने पकड़ रखे हैं। आसन की आदर्श स्थिति तब आती है, जब घुटने फर्श को स्पर्श करने लगें। कुछ सप्ताह के अभ्यास से घुटने जमीन पर टिकने लगेंगे। जितना सरलता से संभव हो उतना ही आसन लगाएँ और धीरे-धीरे करें। इस स्थिति में कुछ देर रुकें, फिर घुटनों को ऊपर ले आएँ। याद रहे, आसन करते समय अतिरिक्त बल लगाने की आवश्यकता नहीं है। एक हाथ से टखना पकड़ें तथा दूसरे से घुटने को जमीन की ओर तब तक दबाएँ, जब तक कि जमीन स्पर्श न होने लगे। ध्यान रहे कि श्रोणी क्षेत्र के जोड़ों पर इतना दबाव न पड़े कि वे फट जाएँ। दोनों पैरों से इसे 15-20 बार दोहराएँ।

मार्जरी आसन

इस आसन से पूरी प्रजनन प्रणाली टोनअप होती है। इससे आपकी गरदन और कंधे सबल रहेंगे। पहले वज्रासन में बैठ जाएँ। अब आगे की ओर झुकते हुए हथेलियों को सामने जमीन पर टिका लें, नितंबों को ऊपर उठाएँ और चौपाए की तरह मुद्रा बना लें, पैरों के बीच थोड़ी दूरी बनाएँ, ताकि वे कंधों की सीध में आ जाएँ। आसन के पहले हिस्से में

सिर को ऊपर उठाते हुए साँस खींचें, इससे आपकी पीठ फर्श की ओर कमान के आकर में तन जाएगी। आसन के दूसरे हिस्से में सिर को पेट की ओर झुकाते हुए पीठ आकाश की ओर उभार लें, नितंबों को भी अंदर की ओर सिकोड़ लें, इस स्थिति में भी कुछ देर तक रुकें। आसन के ऐसे छह राउंड पूरे करना जरूरी है। इससे आपकी गरदन, कंधे और रीढ़ की हड्डी दृढ़ होगी। गर्भावस्था के समय आपकी शारीरिक मुद्रा भी ठीक रहेगी। इससे दूसरा लाभ यह होगा कि पूरी प्रजनन प्रणाली टोनअप होगी। यह आसन प्रसव के बाद भी लाभदायक होता है।

पर्वतासन

इसे करने से आपकी कमर की समस्या दूर रह सकती है।

वक्रासन

यह आसन रीढ़ की हड्डी, पैर और गरदन का इच्छा व्यायाम है, लेकिन इसे करते समय आपको ज्यादा जोर नहीं लगाना चाहिए।

उत्कटासन

इस आसन से पैर के पंजे व उँगलियाँ मजबूत होती हैं। यह आसन गर्भाशय और प्रजनन संबंधित रुग्णताओं को दूर करता है।

बद्ध कोणासन

यह आसन गर्भावस्था के समय होने वाली प्रसव पीड़ा को कम करके शरीर के कई रोगों को भी दूर करता है। बद्ध

कोणासन में कभी आगे की तरफ न मुड़ें। आपको केवल बैठने का अभ्यास ही करना है और रीढ़ को सीधा रखना है।

वाइट लाइट विजुलाइजेशन

होलिस्टिक प्रेग्नेंसी रिलॅक्सेशन प्रोग्राम में गर्भवतियों से White light Visualisation करवाया जाता है। किसी शांत जगह पर पीठ के बल या साइड में मुड़कर लेट जाएँ और कमरे में अँधेरा करें। साँसों पर ध्यान केंद्रित करते हुए शरीर ढीला छोड़ें। लयबद्ध साँसें चलने दें, जिनसे शरीर में तरंगें उठने लगेंगी। एक सफेद प्रकाश ज्योति बाएँ पैर के जरिए शरीर में प्रवेश कर रही है, ऐसी कल्पना करें। पैर, पिंडलियाँ शिथिल हो रही हैं और उस सफेद प्रकाश में आप नहा रही हैं, इस प्रकार का चित्र आँखों के सामने लाएँ, फिर यह प्रकाश

धीरे-धीरे ऊपर चढ़ रहा है। कमर, पेट, पीठ, छाती, कंधे ढ़ीले पड़ रहे हैं। उस प्रकाश में भीग रहे हैं। बाद में हाथों की उँगलियाँ, कोहनियाँ, कंधे, गरदन, गला, चेहरा, होंठ, गाल, नाक, आँखें, कपाल भी क्रमश: शिथिल होकर उस सफेद दिव्य प्रकाश में नहा रहे हैं और अब सिर के अंतिम छोर तक इस ज्योति का प्रकाश फैल चुका है। पूरा शरीर हल्का और शांत हो चुका है। इस अनुभूति के बाद कल्पना करें कि यह धवल प्रकाश गर्भस्थ बच्चे पर भी पड़ रहा है। हृदय से बच्चे के मंगल की कामना करें।''बेटा, तेरा कल्याण हो। तुमने मेरे गर्भ में आकर मुझे महान मातृत्व प्रदान किया है। इसके लिए मैं तुम्हारी कृतज्ञ हूँ। तुम्हारा शारीरिक, मानसिक, आध्यात्मिक विकास उत्कृष्ट हो। इस गर्भावस्था में तुम पर उत्तमोत्तम संस्कार हो।'' ऐसा कहते हुए स्वयं के पसंदीदा मंत्रों से बच्चे को नहलाएँ। फिर धीरे-धीरे 3 साँसें लें और धीरे-धीरे आँखें खोलें। इस समय धीमा संगीत बजाया जा सकता है। सुगंधित तेल का दीपक जलाया जा सकता है। Lavender Fragrance/धूप या अगरबत्ती जलाने से भी चित्त में शांति रहती है।

गर्भ के मन का विकास

गर्भोपपत्तो तु मनः स्त्रिया यं जंतुं व्रजेत्तत्सदृशं प्रसूते।

गर्भ का निर्माण होते समय गर्भवती स्त्री जिस विषय के बारे में सोचती है, उसी तरह बच्चा जन्म लेता है। हमारे यहाँ बुजुर्ग स्त्रियाँ गर्भवती को हमेशा सलाह देती हैं, 'तू पेट से है, अच्छा खा-पी, अच्छे विचार कर, भगवान् का नाम ले और केवल अच्छी बातें सुन, अच्छे ग्रंथ पढ़े।' हालाँकि प्रथा अनुसार, वे ऐसा कहती थीं, इसके पीछे कौन-से कारण हैं तथा इससे क्या लाभ होगा? वे पूरी तरह नहीं जानती थीं, हालाँकि चरक संहिता में इसके शास्त्रीय और वैज्ञानिक कारण बताए गए हैं।

माँ-पिता से बीज रूप में मिलने वाली सभी बातें हैं ही, किंतु उनके साथ-साथ गर्भ तैयार होते समय जो बातें शिशु को प्रभावित करती हैं, उनमें विचार बहुत महत्त्वपूर्ण हैं। Raw Material अर्थात् कच्चा माल, Processing अर्थात् उस पर होने वाली प्रक्रिया और Finishing (इन सभी का विचार) आदि बातें जैसे उत्पादन की गुणवत्ता तय करते हैं।

वैसे ही माँ-पिता की ओर से बीज रूप में मिलने वाली सभी चीजें Raw Material के रूप में काम करती हैं। माँ जो कुछ खाती है, पीती, पढ़ती, देखती और सोचती है, वे सब बातें Processing अर्थात् प्रक्रिया करने का काम करती हैं। दोनों के प्रभाव और परिणाम अलग-अलग होते हैं। बीज अच्छा हो तो भी उस पर प्रक्रिया अच्छी होनी चाहिए। बीज साधारण हो तो भी उत्तम प्रक्रिया करके उसको उत्तम कर सकते हैं। कच्चा माल अच्छा है और प्रक्रिया भी अच्छी की गई है तो तैयार उत्पादन सबसे अच्छा होगा, उसमें कोई संदेह नहीं है। इसीलिए गर्भ संस्कार में इस प्रक्रिया पर विशेष ध्यान दिया गया है। आयुर्वेदानुसार उत्तम बीज निर्माण करने के लिए माँ-पिता के बीजों का दोष कम करना और गुणों का प्रभाव बढ़ाना, ये दोनों बातें अपेक्षित हैं।

हमारा मन केवल शरीर का ही नहीं, बल्कि हमारे पूरे व्यक्तित्व का महत्त्वपूर्ण घटक है। जिस प्रकार संत ज्ञानेश्वर, शिवाजी महाराज आदि महान व्यक्तियों का मन बहुत दृढ़ था और उनको ऐसा बनाने के लिए, जब वह गर्भ में थे, तब से ही प्रयत्न आरंभ कर दिए गए थे। माँ की हड्डी से बच्चे की हड्डी, पेशियों से पेशी, रक्त से रक्त बनता है, वैसे ही माँ के मन से बच्चे का मन बनता है। इसलिए माँ के मन पर जिन-जिन बातों का प्रभाव होता है, उन सभी बातों का प्रभाव बच्चे के मन पर भी होता है।

आयुर्वेदानुसार मन हृदय की जगह होता है। जिस प्रकार बच्चे की इच्छाएँ माँ द्वारा व्यक्त होती हैं, वैसे ही माँ के मन पर प्रभाव करने वाली बातें बच्चे तक पहुँचती हैं। वह एकदम स्पष्ट बात है, क्योंकि यहाँ पर One way traffic नहीं है, Two way traffic है। इसलिए आदान-प्रदान की क्रिया हमेशा जारी रहती है।

क्रिया

अँगूठे से प्रारंभ करके सिर तक क्रमश: शरीर को शिथिल करें और शरीर तथा मन की उस अवस्था का अनुभव करें।

अपना मन बड़ा विचित्र होता है। इधर-उधर भागता रहता है। उसे कहीं-न-कहीं उलझना होता है। सच कहें तो उसे काम पर लगाना होता है, अन्यथा वह व्यर्थ की चिंता करने लगता है। इसलिए अपने मन को स्वयं ही सूचना देनी होती है अथवा दूसरों से सूचनाएँ लेनी होती है और उनकी कल्पना में ही पूर्ति करनी होती है। कैसे ? आइए, देखें—

हल्के से आँखे बंद करें। कहें 'ॐ शांति शांति शांति !' अब आँखें बंद करके बैठी रहें (या पीठ के बल या करवट लेकर लेटें)।

अब मैं जिन अवयवों का नाम लूँ, उन्हें Relax (शिथिल) करते जाना है। इस तरह से अपना पूरा शरीर पूरी तरह से Relax करना है। पहले दोनों पैरों के अँगूठे, पैर की उँगलियाँ, तलवे, टखनियाँ, पिंड़लियाँ, दोनों घुटने, जंघाएँ Relax, अब पूरा शरीर Relax हो गया है। पैरों पर, घुटनों पर अब कोई तनाव नहीं है।

निचला पेट Relax, पेट के अवयव, छाती, हृदय, फेफड़े Relax, दोनों हाथों की उँगलियाँ Relax, हाथ के तलवे, कोहनियाँ Relax, बाजू, कंधे, गला, गरदन, अब पैर के अँगूठे से गरदन तक आप पूरी तरह Relax हैं।

अब चेहरा Relax, करना है। ठुड्ढी Relax, दाँत, जीभ, नाक, कान, गाल Relax, आँखें, भौहें Relax, कपाल Relax, बड़ा मस्तिष्क, सिर के सारे बाल Relax।

अब पैर के अँगूठे से लेकर सिर के बालों तक आपका शरीर पूरा Relax हो चुका है। एक अलग प्रकार की शांति आपको अनुभूत हो रही है। कोई भी विचार आपको कष्ट नहीं दे रहा है। अब बहुत शांत-शांत अनुभूत हो रहा है।

अब मैं एक कल्पना साकार करने वाला हूँ। जो क्रिया मैं कहूँगा, उसे कल्पना में आपको भरना है। आँखें बंद रखें। कल्पना करें कि एक सुंदर सुबह है। सुबह के 6 बजे हैं। आप दैनिक कर्म से निवृत्त होकर घूमने निकलती हैं। वर्षा हाल ही में रुकी है। हवा में शीतलता है। आज आपको पहाड़ी पर स्थित भगवान् के दर्शन के लिए जाना है। आपने पहाड़ी की दिशा में चलना शुरू किया है। अगल-बगल में हरी-भरी कोमल घास बिछी हुई है। उस पर चलने से बहुत आनंद आ रहा है। चलते-चलते आप पहाड़ी के पास पहुँच गई हैं और अब पहाड़ी चढ़ना शुरू किया है। 'ॐ नम: ' तथा 'हरे कृष्ण महामंत्र' कहते हुए आप पहाड़ी पर चढ़ रही हैं। ठंडी हवा बह रही है। हर लहर आपको सुख दे रही है। यह मंत्र

नवजीवन, नव चैतन्य दे रहा है। आपके बगल में हरे वृक्ष हवा के साथ झूम रहे हैं, जैसे आपका साथ दे रहे हैं।

अब आप पहाड़ी के मध्य तक पहुँच गई हैं। अगल-बगल छोटे-बड़े वृक्ष बड़े सुहाने लग रहे हैं। इस पहाड़ी सौंदर्य को आप नयनों में समा ले रही हैं। रास्ते के किनारों पर छोटे से पौधे और उन पर इतरा रहे पुष्प, उन पर खेलने वाली तितलियाँ, कितना सुंदर और सुखदायी दृश्य है। आपको चढ़ने से थकान नहीं हो रही है और न ही कोई कष्ट हो रहा है। भगवान् का दर्शन लेने की अदम्य इच्छा से आप भर गई है और वह पल आ पहुँचा। लताओं से मढ़े हुए मंदिर के अंदर प्रवेश करने पर साक्षात् दर्शन। आपके सामने नयनमनोहर मूर्ति खड़ी है। जो वीतरागी भाव देखने को आप आतुर थीं, वह मनोहारी दर्शन आपको हो रहा है। मन कृतज्ञता से भर गया है। मूर्ति की आँखों से झरने वाला तेज आपके तन-मन पर छा रहा है। उस मंगल पवित्र प्रकाश में आप नहा रही हैं और उस तेज का स्पर्श आपके पूरे शरीर को हो रहा है। शरीर की हर पेशी, कण पुलकित हो चुका है। पूरा शरीर हल्का हो गया है। व्यथा, पीड़ा, चिंता, विवेचना सब समाप्त हो चुकी हैं और आप निरामय अवस्था का अनुभव कर रही हैं। सुख-दुःख की अनुभूति समाप्त हो गई है। अहंकार बुझ गया है। मन से अपवित्र भाव निकल गए हैं। मन स्वच्छ हो चुका है। उस मन में केवल पवित्र मंगल भावना जाग्रत हैं। मन कह रहा है 'ॐ नमः !' आँखें बंद करके उसी स्थिति में रहें। इस अद्‌भुत अवस्था का अनुभव लें, धीरे-धीरे आँखें खोलें।

मन के स्वास्थ के लिए किसी हॉबी (अभिरुचि) में मग्न हो जाना, लगातार काम में रहना, श्लोक, मंत्र, जप-जाप करना यह तरीके हैं ही, लेकिन मेडिटेशन, रिलेक्सेशन मन को अच्छी आदतें डालने के लिए बहुत उपयोगी हैं।

ध्यान

योगशास्त्र में ध्यान विषय अष्टांगयोग में आया है। योग का तात्पर्य केवल योगासन है, कई लोगों का ऐसा मानना है, लेकिन यम, नियम, आसन, प्राणायाम, प्रत्याहार, धारणा, ध्यान और समाधि, इन आठ अंगवाला योगशास्त्र हमारे शारीरिक, मानसिक, आध्यात्मिक, बौद्धिक उन्नति के लिए एकदम उपयुक्त है। आयुर्वेद व योग, यह दोनों शास्त्र एक-दूसरे के पूरक हैं। इन दोनों शास्त्रों ने जगह-जगह ही श्रेष्ठ ढंग से एक-दूसरे का उपयोग किया है।

ध्यान करने का और एक लाभ है, वह यह कि इसके द्वारा हम अपने शरीर और मन से बात कर सकते हैं, क्योंकि होने वाला बच्चा आपके शरीर का ही एक भाग है। इसलिए वह भी धीरे-धीरे आपसे बात करने लगता है। बच्चा जैसे-जैसे पेट में बढ़ता है, वैसे-वैसे बच्चे की हलचल हमें स्पष्ट रूप से समझ में आने लगती है।

मन तैयार होते समय बनने वाले भावसंबंध जन्म-जन्म तक पक्के रहते हैं और ऐसा केवल ध्यान द्वारा ही संभव है। ध्यान करते समय किसी भी नियम या कर्मकांड की आवश्यता नहीं होती। गर्भवती बिस्तर पर बैठकर भी ध्यान कर सकती है। ध्यान करते समय केवल एक बात महत्त्वपूर्ण है और वह है, मन का एकाग्र होना। मन के विचारों को धीरे-धीरे कम करके मन को केवल साँस पर केंद्रित करें।

स्वामी विवेकानंद हमारे जैसे शरीर वाले ही थे, लेकिन मन का विकास अधिक होने के कारण वे प्रसिद्ध और सर्वप्रिय हुए।

ध्यान के प्रति वैज्ञानिक दृष्टिकोण

मेडिटेशन के कारण शरीर का स्ट्रेस रिस्पॉन्स, रिलॅक्सेशन रिस्पॉन्स में परिवर्तित हो जाता है, क्योंकि रिलॅक्सेशन के कारण दिमाग के अगले हिस्से में अल्फा और थीटा वेव्ज (कंपन) का निर्माण होता है, जिनसे ब्लडप्रेशर, हृदय की धड़कन और श्वासोच्छ्‌वास धीमा हो जाता है और पेट, पीठ, निद्रानाश आदि समस्याओं से थोड़ा आराम मिलता है।

ध्यान कैसे करें ?

ध्यान के लिए पहले मन की तैयारी करनी आवश्यक है। बाद में ध्यान के लिए स्थान तय करें। आवश्यक है कि ध्यान की जगह शांत व एकांत हो और जहाँ पर कोई आता-जाता न हो, ऐसे शांत वातावरण में जमीन पर बैठकर ध्यान करना उत्तम है। संभव हो तो सवेरे शीघ्र उठकर ध्यान करें, क्योंकि अभी दिन शुरू नहीं हुआ होता, किसी से बातचीत नहीं होती।

आलथी-पालथी लगाकर स्वस्तिकासन में बैठें। शरीर के किसी भी अंग पर तनाव न लाएँ, पीठ व गरदन सीधी और चुस्त रखें, हाथ सीधे घुटनों पर रखें।

मन को एकाग्र करने के लिए भी कुछ सरल उपाय आप अपना सकती हैं—

आँखें बंद करके बैठें। मन अपनी साँस पर केंद्रित करें और मन में यह अनुभव करें कि बाहर की ठंडी हवा साँस बनकर हमारी नाक द्वारा शरीर के अंदर आ रही है। वही हवा गरम होकर उच्छवास के रूप में शरीर के बाहर निकल रही है। यह हवा बाहर जाते समय हमारे शरीर की और मन की अशुद्धता लेकर जा रही है।

आँखें खुली रखकर कोई एक विशिष्ट बात पर ध्यान केंद्रित करें जैसे कोई ॐ, भगवान् की मूर्ति, चित्र आदि का उपयोग कर सकते हैं। मूर्ति के मुख पर या ॐकार की ओर टकटकी बाँधकर देखें और मन को विचारहीन और विचारशून्य बनाने का प्रयास करें। आँखों से पानी आने लगे तो फिर से टकटकी न लगाएँ और आँखें बंद करके वह मूर्ति या चित्र आँखों के सामने लाकर फिर से अपना मन केंद्रित करने का प्रयास करें।

थॉट ब्लॉक या थॉटलेस मेडिटेशन : विचार शून्य अवस्था में किसी भी विचार की मन में जगह नहीं है, ऐसी निस्स्पंद अवस्था का अनुभव करना।

थॉट गैप : एक विचार मन से निकल गया है और दूसरा आने की तैयारी में है। इन दोनों के बीच की स्तब्ध अवस्था को अनुभूत करना।

यूरोपियन विधि में कल्पना की जाती है कि अपने सिर पर मध्य भाग में दिया जल रहा है और उसका प्रकाश पूरे शरीर पर पड़ रहा है। इस प्रकाश से सारी थकान मिट रही है।

स्वयं सूखे पत्ते की तरह बन जाना और जैसे वह पत्ता हवा के साथ झूलता है, उसे कोई निश्चित दिशा पता नहीं होती, उसी तरह स्वयं को आँखें बंद करके हल्का बनाना और अंतरिक्ष में स्वयं को छोड़ देना।

कल्पना में जूही के कोमल फूलों का पुष्पगुच्छ लेकर श्वास के साथ अंदर जाएँ और उसे बच्चे के शरीर पर हल्के घुमाकर उच्छ्वास के साथ बाहर आएँ (यदि किसी को कोई रोग, हो तो श्वास के साथ उस-उस जगह पर फूलों की पंखुड़ियाँ हल्के से घुमाकर वापस आएँ।

आँखे बंद करके हर मंत्र के साथ एक-एक यात्रा करके आएँ, जहाँ आपकी श्रद्धा, भक्ति हो उस श्रद्धास्थान पर कल्पना में ही जाएँ और इष्ट देवता के दर्शन करके हृदय से उसका वंदन करके वापस आएँ। प्रतिदिन प्रातः काल इस प्रकार की भाववंदना करने से मिलने वाली शक्ति दिनभर ऊर्जा प्रदान करती रहेगी।

योगशास्त्र की 'त्राटक' क्रिया भी इसी प्रकार की है। यह कोई बिंदु या दिए की लौ पर मन एकाग्र करने की पद्धति है। इससे भी अच्छी एकाग्रता पाई जा सकती है।

ध्यान की विकसित अवस्था में एक बार मन की आंतरिक शक्ति जाग्रत हो गई तो मन के संसार की अन्य विकसित आत्मिक शक्तियाँ अपने आप संपर्क में आती हैं। (सच्चा सुख, समाधान हम इधर-उधर ढूँढ़ते रहते हैं। लेकिन वह अपने में ही समाया रहता है, इसका अनुभव ध्यान धारणा से होने लगता है। ''जो जैसा है, वैसा ही उसे स्वीकारें।'' के लिए मन तैयार हो जाता है।)

साधना से आगे की होने वाली घटनाओं के बारे में कल्पना आने लगती है। उस पर मार्गदर्शन मिलता है। इंट्यूशन होने लगता है। ध्यान एक उत्साहवर्धक स्फूर्तिदायी प्रक्रिया है। मन स्वस्थ, आंतरिक शक्तिवर्धन, तनाव का नाश, बच्चे की मानसिक शक्ति का विकास, उसके मन का संपूर्ण पोषण आदि ध्यान करने के प्राथमिक लाभ होते हैं, जिन्हें कोई भी व्यक्ति अत्यंत कम परिश्रम में सहज ही प्राप्त कर सकता है।

सप्तचक्र ध्यान (सप्तचक्र संस्कार)

॥ ॐ लं वं रं यं हं उं ॐ ॥
(सप्त चक्र मंत्र)

चक्र साधना के लिए क्रम तथा चक्र विशेषताएँ (नीचे से ऊपर)						
चक्र के नाम	स्थान	रंग	तत्व	लोक	देवता	बीज मंत्र
1. मूलाधार	गुदा	लाल	भूमि	भुः	गणेश	लं
2. स्वाधिष्ठान	पेडु	केसरी	जल	भुवः	ब्रह्म	वं
3. मणिपूर	नाभि के ऊपर	पीला	अग्नि	स्वः	विष्णु	रं
4. अनाहत्	हृदय का मध्य	हरा	वायु	महः	शिव	यं
5. विशुद्धि	कंठ	आकाशी नीला	आकाश	जनः	जीवात्मा	हं
6. आज्ञा चक्र	कपाल का मध्यभाग	जामुनी नीला	आकाश अवकाश	तपः	आत्मा+ परमात्मा	उ
7. सहस्त्रार चक्र	सिर के मुकुट पर	सफेद			शिव	ॐ

सात चक्र, ध्यान और अपार सिद्धियाँ

समय-समय पर चक्रों वाले स्थान पर ध्यान दिया जाए तो मानसिक स्वास्थ्य और सुदृढ़ता के साथ ही सिद्धियाँ प्राप्त की जा सकती हैं। तो आइए, जानते हैं चक्रों को जाग्रत करने की विधि क्या है और किस चक्र से प्राप्त होती है कौन-सी सिद्धि ?

1. मूलाधार चक्र : यह शरीर का पहला चक्र है। गुदा और लिंग के बीच चार पंखुड़ियों वाला यह 'आधार चक्र' है। 99.9% लोगों की चेतना इसी चक्र पर अटकी रहती है और वे इसी चक्र में रहकर मर जाते हैं। जिनके जीवन में भोग, संभोग और निद्रा की प्रधानता है, उनकी ऊर्जा इसी चक्र के आसपास एकत्र रहती है।

मंत्र : लं

योग से कैसे जाग्रत करें ? : मनुष्य तब तक पशुवत है,

जब तक कि वह इस चक्र में जी रहा है। इसीलिए भोग, निद्रा और संभोग पर संयम रखते हुए इस चक्र पर लगातार ध्यान लगाने से यह चक्र जाग्रत होने लगता है। इसको जाग्रत करने का दूसरा नियम है—यम और नियम का पालन करते हुए साक्षी भाव में रहना। मूलाधार चक्र को जाग्रत करने के लिए मॉर्निंग वॉक, जॉगिंग करना, स्वास्तिकासन, पश्चिमोत्तानासन, कपालभाति प्राणायाम नियमित करना चाहिए। इससे मानसिक और शारीरिक शांति और स्थिरता बनी रहती है।

प्रभाव : इस चक्र के जाग्रत होने पर व्यक्ति के भीतर वीरता, निर्भीकता और आनंद का भाव जाग्रत हो जाता है। सिद्धियाँ प्राप्त करने के लिए वीरता, निर्भीकता और जागरूकता का होना आवश्यक है।

2. स्वाधिष्ठान चक्र : यह वह चक्र है जो लिंग मूल से चार अंगुल ऊपर स्थित है। इसकी छह पंखुड़ियाँ हैं। अगर आपकी ऊर्जा इस चक्र पर ही एकत्र है तो आपके जीवन में आमोद-प्रमोद, मनोरंजन, घूमना-फिरना और मौज-मस्ती करने की प्रधानता रहेगी। यह सब करते हुए ही आपका जीवन कब व्यतीत हो जाएगा, आपको पता भी नहीं चलेगा और हाथ फिर भी खाली रह जाएँगे।

मंत्र : वं

योग से कैसे जाग्रत करें? : जीवन में मनोरंजन आवश्यक है लेकिन मनोरंजन की आदत नहीं होनी चाहिए। मनोरंजन भी व्यक्ति की चेतना को मूर्छा में धकेलता है। फिल्म सच्ची नहीं होती, लेकिन उससे जुड़कर आप जो अनुभव करते हैं, वह आपके बेहोश जीवन जीने का प्रमाण है। नाटक और मनोरंजन सच नहीं होते। इस चक्र को जाग्रत करने के लिए आपको शीर्षासन, मंडूकासन, कपालभाति 10 से 15 मिनट के लिए नियमित करना होगा।

प्रभाव : इसके जाग्रत होने पर क्रूरता, गर्व, आलस्य, प्रमाद, अवज्ञा, अविश्वास आदि दुर्गुणों का नाश होता है। सिद्धियाँ प्राप्त करने के लिए आवश्यक है कि उक्त सारे दुर्गुण समाप्त हों, तभी सिद्धियाँ आपका द्वार खटखटाएँगी।

3. मणिपूर चक्र : नाभि के मूल में स्थित रक्त वर्ण का यह चक्र शरीर के अंतर्गत मणिपूर नामक तीसरा चक्र है, जो दस-दल कमल पंखुड़ियों से युक्त है। जिस व्यक्ति की चेतना या ऊर्जा यहाँ एकत्र है, उसे काम करने की धुन-सी रहती है। ऐसे लोगों को कर्मयोगी कहते हैं। यह लोग संसार का हर कार्य करने के लिए तैयार रहते हैं। जो 'रामनाम' बहि लिखता है, उसका मणिपूर हमेशा शुद्ध रहता है।

मंत्र : रं

योग से कैसे जाग्रत करें? : आपके कार्य को सकारात्मक आयाम देने के लिए इस चक्र पर ध्यान लगाएँगे। पेट से श्वास लें मणिपुर चक्र के लिए आपको नियमित रूप से पवनमुक्तासन, मंडूकासन, मुक्तासन, भस्त्रिका और कपालभाति प्रणायाम करना होगा।

प्रभाव : इसके सक्रिय होने से तृष्णा, ईर्ष्या, चुगली, लज्जा, भय, घृणा, मोह आदि कषाय-कल्मष दूर हो जाते हैं। यह चक्र मूल रूप से आत्मशक्ति प्रदान करता है। सिद्धियाँ प्राप्त करने के लिए आत्मवान होना आवश्यक है। आत्मवान होने के लिए यह अनुभव करना आवश्यक है कि आप शरीर नहीं, आत्मा हैं। आत्मशक्ति, आत्मबल और आत्मसम्मान के साथ जीवन का कोई भी लक्ष्य दुर्लभ नहीं।

4. अनाहत चक्र : हृदय स्थल में स्थित स्वर्णिम वर्ण का द्वादश दल कमल की पंखुड़ियों से युक्त द्वादश स्वर्णाक्षरों से सुशोभित चक्र ही अनाहत चक्र है। यदि आपकी ऊर्जा अनाहत में सक्रिय है, तो आप एक सृजनशील व्यक्ति होंगे। हर क्षण आप कुछ-न-कुछ नया रचने की सोचते हैं। आप चित्रकार, कवि, कहानीकार, इंजीनियर आदि हो सकते हैं।

मंत्र : यं

योग से कैसे जागत करें? : हृदय पर संयम करने और ध्यान लगाने से यह चक्र जाग्रत होने लगता है। विशेषत: रात्रि को सोने से पूर्व इस चक्र पर ध्यान लगाने से यह अभ्यास से जाग्रत होने लगता है और सुषुम्ना इस चक्र को भेदकर ऊपर गमन करने लगती है। अनाहत चक्र को जाग्रत करने के लिए आपको प्रतिदिन उष्ट्रासन, भुजंगासन, अर्द्धचक्रासन,

भस्त्रिका प्राणायाम करना चाहिए।

प्रभाव : इसके सक्रिय होने पर लिप्सा, कपट, हिंसा, कुतर्क, चिंता, मोह, दंभ, अविवेक और अहंकार समाप्त हो जाते हैं। इस चक्र के जाग्रत होने से व्यक्ति के भीतर प्रेम और संवेदना का जागरण होता है। इसके जाग्रत होने पर व्यक्ति के सम्यक् ज्ञान स्वत: ही प्रकट होने लगता है। व्यक्ति अत्यंत आत्मविश्वासी, सुरक्षित, चारित्रिक रूप से उत्तरदायी एवं भावनात्मक रूप से संतुलित व्यक्तित्व बन जाता हैं। ऐसा व्यक्ति अत्यंत हितैषी एवं बिना किसी स्वार्थ के मानवता प्रेमी एवं सर्वप्रिय बन जाता है।

5. विशुद्ध चक्र : कंठ में सरस्वती का स्थान है, जहाँ विशुद्ध चक्र है और जो सोलह पंखुड़ियों वाला है। सामान्यत: यदि आपकी ऊर्जा इस चक्र के आसपास एकत्र है तो आप अति शक्तिशाली होंगे।

मंत्र : हं

योग से कैसे जाग्रत करें? : कंठ में संयम करने और ध्यान लगाने से यह चक्र जाग्रत होने लगता है। विशुद्ध चक्र को जाग्रत करने के लिए आपको प्रतिदिन हलासन, सेतुबंध आसन, सर्वांगासन और उज्जायी प्राणायाम करना चाहिए।

प्रभाव : इसके जाग्रत होने कर सोलह कलाओं और सोलह विभूतियों का ज्ञान हो जाता है। इसके जाग्रत होने से जहाँ भूख और प्यास को रोका जा सकता है, वहीं मौसम के प्रभाव को भी रोका जा सकता है।

6. आज्ञाचक्र : भ्रूमध्य (दोनों आँखों के बीच भृकुटी में) में आज्ञा चक्र है। सामान्यत: जिस व्यक्ति की ऊर्जा यहाँ अधिक सक्रिय है, वह व्यक्ति बौद्धिक रूप से संपन्न, संवेदनशील और तेज मस्तिष्क का बन जाता है, लेकिन वह सबकुछ जानने के उपरांत भी मौन रहता है। इसे 'बौद्धिक सिद्धि' कहते हैं।

मंत्र : उं

योग से कैसे जाग्रत करें? : भृकुटी के मध्य ध्यान लगाते हुए साक्षी भाव में रहने से यह चक्र जाग्रत होने लगता है। आज्ञा चक्र को जाग्रत करने के लिए आपको प्रतिदिन सुखासन, मकरासन, शवासन और अनुलोम-विलोम प्राणायाम करना चाहिए।

प्रभाव : यहाँ अपार शक्तियाँ और सिद्धियाँ निवास करती हैं। इस आज्ञा चक्र का जागरण होने से उपर्युक्त सभी शक्तियाँ जाग जाती हैं और व्यक्ति एक सिद्धपुरुष बन जाता है।

7. सहस्त्रार चक्र : सहस्रार की स्थिति मस्तिष्क के मध्य भाग में है अर्थात् जहाँ चोटी रखते हैं। यदि व्यक्ति यम-नियम का पालन करते हुए यहाँ तक पहुँच गया है तो वह आनंदमय शरीर में स्थित हो गया है। ऐसे व्यक्ति को संसार, संन्यास और सिद्धियों से कोई अर्थ नहीं रहता है।

योग से कैसे जाग्रत करें? मूलाधार से होते हुए ही सहस्रार तक पहुँचा जा सकता है। लगातार ध्यान करते रहने से यह चक्र जाग्रत हो जाता है और व्यक्ति परमहंस के पद को प्राप्त कर लेता है।

प्रभाव : शरीर संरचना में इस स्थान पर अनेक महत्त्वपूर्ण विद्युतीय और जैवीय विद्युत का संग्रह है। यही मोक्ष का द्वार है।

योगशास्त्र में मन को विचलित होने से रोकने के लिए चक्र ध्यान (Chakra Meditation) सबसे उत्तम विकल्प है। चक्र ध्यान से कुंडलिनी शक्ति का जागरण होता है और यह शक्ति सभी चक्रों को जाग्रत अवस्था में लाती है, जिससे आपका विचलित मन स्थिर और अध्यात्म की ओर अग्रसर हो जाता है। हालाँकि शरीर में सैकड़ों अलग-अलग चक्र होते हैं, लेकिन शरीर में विद्यमान सात चक्रों पर ध्यान केंद्रित किया जाता है। सप्तचक्र ध्यान में मन को नियंत्रित कर उसे क़िसी एक केंद्र पर स्थिर किया जाता है। इसके माध्यम से बाहरी विचारों का नाश होता है और आंतरिक व आध्यात्मिक विचार जाग्रत होते हैं। इस ध्यान प्रक्रिया में अपनी साधना को मूलाधार चक्र से शुरू करके सहस्त्र चक्र पर केंद्रित किया जाता है। चक्र ध्यान से भावनात्मक, शारीरिक और आध्यात्मिक जीवन का विकास होता है।

चक्र साधना की उत्पत्ति

भारतीय दर्शनशास्त्र की 6 पद्धतियों में योग भी एक पद्धति है। योगशास्त्र की उत्पत्ति का श्रेय महर्षि पतंजलि को जाता है। पतंजलि ने करीब 2200 साल पहले लिखी थी, 'योग शास्त्र'। इस शास्त्र में वर्णित अष्टांगयोग का एक अंग

ध्यान भी है। ध्यान साधना से मानसिक और शारीरिक शांति प्राप्त होती है। महर्षि पतंजलि ने योगशास्त्र में शरीर के 7 चक्रों का वर्णन किया जिसे सप्तचक्र कहते हैं। इन सप्तचक्रों पर ध्यान केंद्रित करने से आपको आध्यात्मिक ज्ञान की प्राप्ति हो सकती है।

चक्र ध्यान का अभ्यास कैसे करें?

सामान्यत: सप्तचक्रों को जाग्रत करने के लिए आपके आहार और व्यवहार में शुद्धता और पवित्रता होना अत्यंत आवश्यक है। आपको अपनी दिनचर्या में प्रात:काल जल्दी उठना (ब्रह्म मुहूर्त सर्वश्रेष्ठ है), जल्दी सोना, सात्विक आहार, योगासन, प्राणायाम को जोड़ना पड़ेगा। साथ ही चक्रों को जाग्रत करने के लिए मन और मस्तिष्क को नियंत्रण करना भी आवश्यक है। सप्तचक्र जाग्रत करने के लिए आपको कुछ दिशा-निर्देशों का पालन करना चाहिए। यहाँ चक्र ध्यान (Chakra Meditation) करने के लिए कुछ शर्तें दी गई हैं—

किसी भी चक्र का ध्यान करने के लिए सबसे पहले आराम से बैठ जाएँ फिर दोनों हाथों को ज्ञान मुद्रा में रख लें इसके बाद आँखें बंद करें और रीढ़ को सीधा करके बैठें। तत्पश्चात् अपने ध्यान को चक्र पर लेकर जाएँ। सही तरह से श्वास लेते रहें। धीमी, गहरी और लंबी श्वास लेते और छोड़ते रहें। लेकिन एक उचित श्वास आपको चक्रों के कंपन का अनुभव कराने में सक्षम होगा।

अपने शरीर को पूरी तरह से विश्राम करने दें और फिर ध्यान केंद्रित करना शुरू करें। इससे कोई अंतर नहीं पड़ता कि आपका मस्तिष्क शुरुआत में भटकता है। इसे धीरे-धीरे अपने

श्वास पैटर्न पर ध्यान केंद्रित करने की अनुमति दें। अपनी हथेलियों को चक्रों के अनुसार मुद्रा (उपयुक्त हाथ मुद्रा/भाव) में आकार दें, यह सही ऊर्जा प्रवाह सुनिश्चित करेगा।

इसके बाद, आपको संबंधित मंत्रों का जाप करते हुए चक्रों से जुड़े रंगों की कल्पना करनी होगी।

लगभग 30 बार या जब तक आप चक्र के रंग को अनुभव नहीं करते हैं, तब तक मंत्र का जाप करते रहें।

फिर 'कुंडलिनी आरोहणम' (कुंडलिनी जागरण) का जाप करना शुरू करें।

ऐसा तब तक करें, जब तक आपको अद्‌भुत शारीरिक शक्ति का अनुभव न प्राप्त हो जाए।

शवासन (शव मुद्रा या योग की मुद्रा) के साथ चक्र ध्यान को समाप्त करें। यह एक बहुत ही शक्तिशाली ध्यान तकनीक है। इसलिए चक्र ध्यान के बाद विश्राम करना महत्त्वपूर्ण है।

चक्र ध्यान के लाभ

सही प्रकार से चक्र ध्यान करने से आपको मानसिक और शारीरिक संबंधी चमत्कारी लाभ प्राप्त हो सकते हैं, जो इस प्रकार हैं—

- मनुष्य की शारीरिक और मानसिक क्षमता का विकास होता है।
- स्मरण क्षमता, एकाग्रता और ध्यान केंद्रित करने की क्षमता को बढ़ाता है।
- यह मन को शांत और अच्छी नींद की गुणवत्ता को प्राप्त करने में सहयोग करता है।
- यह शरीर में कैलोरी को हटाने और भार कम करने में सहायता करता है।
- यह क्रोध और अवसाद के स्तर को कम करता है।
- रचनात्मकता और उत्पादकता बढ़ाता है।
- यह चिंता और तनाव के स्तर को कम करता है।
- व्यवहार और विचार प्रक्रियाओं की धारणा के संदर्भ में दृष्टिकोण में एक सकारात्मक परिवर्तन लाता है।
- सप्तचक्र ध्यान करने से दिव्य दृष्टि, दिव्य शक्ति और दिव्य ज्ञान की प्राप्ति होती है।
- सांसारिक और आध्यात्मिक शक्ति के बीच संतुलन

बनाए रखने में सहायता करता है।

एक बार जब आपके शरीर में कुंडलिनी जाग्रत् हो जाती है तो यह आपकी शारीरिक, मानसिक, भावनात्मक और आध्यात्मिक आवश्यकताओं का पोषण करती है। तो क्यों न शक्तिशाली चक्र ध्यान (Chakra Meditation) के साथ अपने स्वास्थ्य को बहाल किया जाए!

प्रसवकाल में योग

प्रसव अवस्था को भी तीन भागों में बाँटा जा सकता है। पहली अवस्था में गर्भवती को ज्यादा प्रसवपीड़ा होती है। इस परिस्थिति में तनाव तथा मानसिक उद्वेग बहुत ही महत्त्वपूर्ण भूमिका निभाता है। शायद मन में प्रश्न आ सकता है कि जब गर्भवती असहनीय पीड़ा से परेशान हो रही है, मानसिक उद्वेग चरम सीमा तक पहुँच चुका है, गर्भवती को तत्काल परिचर्या तथा सहायता की आवश्यकता है, क्या उस विपरीत परिस्थिति में योग कुछ सहायता कर सकता है? इसका उत्तर होगा, निस्संदेह, इस आपातकालीन परिस्थिति में योग का उपयोग किया जा सकता है। वह सफल और सरल प्रसव के लिए बहुत ही लाभकारक हो सकता है। योग का अर्थ केवल कुछ आसन ही नहीं है। योग वास्तव में किसी भी परिस्थिति में समता, संतुलन तथा संवादिता बनाए रखने की एक बहुत ही उपयोगी साधना है। इस परिस्थिति में गर्भवती महिला अगर मानसिक रूप में उद्विग्न न होकर शांत रहे तथा जो भी परिस्थिति हो रही है, उसके प्रति एक प्रकार का द्रष्टाभाव निर्माण कर सके तो इसका बहुत ही अनुकूल प्रभाव प्रसव क्रिया पर होता है। लेकिन एक बात ध्यान में रखनी चाहिए कि जो महिलाएँ पूर्व से नियमित रूप में योग का अभ्यास करती आई हैं, वे इस विपरीत परिस्थिति में अच्छी तरह से उसका उपयोग भी कर सकती हैं और चमत्कारिक रूप में लाभान्वित भी हो सकती हैं। इस परिस्थिति में उदरीयश्वसन (Abdominal breathing) बहुत ही उपयोगी होता है। इससे पेट पर से अनावश्यक तनाव दूर हो जाता है। इसके अतिरिक्त प्रसव पीड़ा के बीच-बीच में मानसिक रूप में 'ॐ' का उच्चारण करना तथा शवासन जैसा शिथिलीकरण का अभ्यास करना बहुत ही लाभकारक रहता है। इससे मानसिक उद्वेग कम हो जाता है और मनोकायिक संतुलन प्राप्त होने से ऊर्जा की बचत भी होती है, जिसका आने वाले समय में उपयोग किया जा सकता है। योगशास्त्र के अनुसार, जब आप द्रष्टा भाव से किसी परिस्थिति को ग्रहण करते हैं, तब परिस्थिति आपको प्रभावित नहीं कर सकती है। शारीरिक पीड़ा से ज्यादा ऊर्जा मानसिक उद्वेग के कारण नष्ट हो जाती है, जिससे ठीक प्रसूति के समय में पर्याप्त ऊर्जा न होने से समस्या हो सकती है। इसलिए द्रष्टा भाव से परिस्थिति को स्वीकारें तथा शरीर और मन में एक संतुलन बनाकर रखें हो सके तो जिन आराध्य भगवान् के आशीर्वाद से सुसंतान प्राप्त करने के लिए दीर्घ समय से साधना करते रहे हैं, उस भगवान् का स्मरण करें। उनसे जुड़े हुए किसी मंत्र का जप करें, जिससे अद्भुत मानसिक शक्ति तथा शांति मिलती है।

प्रसव दशा का द्वितीय भाग बहुत ही महत्त्वपूर्ण होता है, क्योंकि इसी समय में जिस संतान के लिए माता-पिता इतने लंबे समय से साधना करते आए हैं, माँ ने दीर्घ नौ मास तक गर्भ में रखकर केवल शारीरिक पोषण ही नहीं, परंतु भावनाओं से, विचारों से, प्रार्थना से, कल्पनाओं से सुशोभित किया है, वह संतान मातृगर्भ से बाहर के संसार में आविर्भूत होती है। कभी-कभी यह दशा लंबे समय तक चलती है। तब तीव्र व्यथा सहन करने से शारीरिक तथा मानसिक तनाव चरम सीमा तक पहुँच जाता है। यह तनाव माता तथा होने वाली संतान के लिए बहुत हानिकारक हो सकता है। इसलिए इस परिस्थिति में मानसिक स्थिरता तथा शारीरिक शिथिलता बहुत महत्त्वपूर्ण होती है। इस स्थिति में यदि प्राणायाम के साथ अंत:कुंभक तथा शिथिलिकरण का सही उपयोग किया जाए तो प्रसव सरल और सहज हो सकता है। जैसे ही पेट के स्नायुओं का संकुचन शुरू हो जाए, तत्काल गहराई से श्वास लेकर अंत:कुंभक करना चाहिए, जिससे नीचे की दिशा में प्रसवकालीन गति को एक बल मिलता है। अंत:कुंभक से अपानवायु सक्रिय हो जाने से गर्भ से शिशु की बाहर आने की प्रक्रिया सहज हो जाती है। फिर जैसे ही पेट के स्नायु का प्रसवकालीन संकुचन थोड़ा शिथिल हो जाए, धीरे-धीरे पूरा श्वास गहराई से छोड़कर पूरा शरीर, विशेष रूप में पेट तथा पेरेनियम स्नायु को शिथिल करने का प्रयास करना चाहिए।

इसी प्रकार पेट के संकुचन के समय अंत:कुंभक तथा दोनों संकुचन के बीच में जो थोड़ा समय मिलता है, उसमें शिथिलिकरण का अभ्यास करना चाहिए। इन परिस्थितियों में अगर गर्भवती माता कुछ समय के बाद अपने हाथ में आने वाली संतान की प्राप्ति की प्रसन्नता में जुड़ सके तो सब पीड़ा भुलाकर प्रसव अत्यंत सरल हो सकता है।

प्रसव दशा का तृतीय भाग भी कम महत्त्वपूर्ण नहीं है, क्योंकि इसमें Placenta (आंव) एवं Umbilical Cord (गर्भनाल) बाहर आता है। इन दोनों का पूरा बाहर आना माँ के स्वास्थ्य के लिए महत्त्वपूर्ण होता है। इस समय भी पेट के स्नायु का संकुचन तथा बीच में हल्का-सा शिथिलिकरण और ऐसे समय बार-बार अंत:कुंभक तथा शिथिलिकरण का प्रयोग तब तक करते रहना चाहिए, जब तक पूरा Placenta (आंव) बाहर आ न जाए।

योग के दृष्टिकोण से मानव केवल शरीर अथवा मन नहीं है। मनुष्य व्यक्तित्व के पाँच अलग-अलग स्तर हैं, जो एक-दूसरे के साथ गहराई से जुड़े रहते हैं। ये अलग-अलग स्तर वास्तव में मानव अस्तित्व की क्रियाशीलता के भिन्न-भिन्न स्तर हैं। इन्हें 'कोष' कहते हैं। इन पाँच कोषों में सबसे सूक्ष्म आनंदमय कोष, है जिसमें केवल आनंद और शांति प्रतिष्ठित रहते हैं। अगर गर्भवती महिला अपने अस्तित्व के इस स्तर पर जीना सीख जाती है तो माता तथा शिशु के लिए सर्वाधिक लाभकारक होता है। इसके बाद विज्ञानमय, मनोमय, प्राणमय और अंत में सबसे स्थूलतम अन्नमय कोष विद्यमान हैं। अगर सुसंतान प्राप्त करनी है तो गर्भकालीन मनोदैहिक तनाव को नियंत्रित करना अति आवश्यक है और योग ही ऐसा एक साधन या पद्धति है, जो केवल स्थूल अन्नमय कोष के ऊपर प्रयोग के द्वारा उसमें संस्कार भरता है। इतना ही नहीं, व्यक्तित्व के प्राणमय, मनोमय, विज्ञानमय और आनंदमय, इन सभी स्तरों के ऊपर अद्भुत शक्तिशाली प्रयोग के द्वारा तनाव को सुव्यवस्थित रूप में नियंत्रित करके माता तथा शिशु के आरोग्य को अटूट रखने में सहायता करता है।

प्रसव के बाद का योग अभ्यास

संतान के जन्म के बाद कुछ समय तक अर्थात् जब तक केवल शिशु माता के दूध का पान करता है, तब तक माता के स्वास्थ्य की रक्षा का शिशु के विकास के लिए बहुत ही महत्त्व रहता है। प्रसव के बाद स्वास्थ्य की पुनः प्राप्ति के लिए योग अभ्यास बहुत लाभकारक होता है। पेट के स्नायु की शिथिलता को दूर करने के लिए उत्तानपादासन, पेरेनियम की शिथिलता को दूर करने के लिए अश्विनी मुद्रा एवं मूलबंध एवं कुछ दिनों के बाद धीरे-धीरे विपरीतकरणी मुद्रा तथा उड्डीयानबंध का अभ्यास लाभकारक रहता है।

शिशु की प्राथमिक शिक्षा और योग

माँ को निश्चित रूप में ही अपनी संतान में अपने आराध्य भगवान् के बालरूप का प्रतिबिंब देखना चाहिए। आराध्य भगवान् के प्रति केवल श्रद्धा ही रखी जा सकती है, उनकी पूजा ही की जा सकती है। लेकिन भगवान् के बालस्वरूप को स्नेह ही किया जा सकता है। ममता की माधुरी से नहलाया जा सकता है, निस्स्वार्थ सेवा और समर्पण से चाहे तो शासन भी किया जा सकता है। माँ को इस विशेष स्थिति में स्वार्थशून्य सेवा और प्रेम का परिपूर्ण रूप में उपयोग करना चाहिए। भक्तियोग की साधना बहुत ही लाभकारक होती है। माँ अगर अपने शिशु में बालकृष्णलाल का अथवा भगवती उमा के प्रतिरूप देख सके तो संतान का विकास दैवी गुणों से ओत-प्रोत हो जाता। माता का एक-एक भाव, एक-एक विचार, वर्तन, वाक्य शिशु के कोमल मन में गहराई से स्थिर हो जाता है। शैशव अवस्था से ही उसके मन में सद्‌गुण, दैवी गुणों का बीज बोना चाहिए। यह कोई एक दिन का काम नहीं है, यह निरंतर चलने वाली प्रक्रिया है। इस विशेष महत्त्वपूर्ण प्रक्रिया में केवल माता-पिता ही नहीं, अपितु पूरे परिवार की भूमिका महत्त्वपूर्ण होती है। गर्भधारण करने के बहुत पहले से माता-पिता ने यम, नियम के पालन के द्वारा स्वयं में दैवी गुणों के विकास के द्वारा आने वाली संतान के लिए उर्वरा भूमि तैयार की थी। गर्भ में जो शक्तिशाली बीज बोया था तथा दीर्घ गर्भावस्था में उस बीज का क्रमिक विकास संयम, अनुशासन, प्रार्थना, ध्यान और भक्ति द्वारा होता रहा था। अब संतान के जन्म के बाद उसमें सभी सद्‌गुणों के अधिक विकास तथा दृढ़िकरण का काम पूरे परिवार को करना चाहिए। यद्यपि इसमें माँ की भूमिका सर्वाधिक

महत्त्वपूर्ण होती है। इसलिए भारत में माँ का स्थान सबसे ऊपर माना गया है। शिशु का कोमल मन स्वाभाविक रूप में ही आसानी से दुर्गुणों में फँस जाता है। परिवार के प्रत्येक सदस्य को तथा विशेष रूप में पिता-माता को ध्यान देना चाहिए कि बालक में कोई दुर्गुण पनप न पाए। एक जाग्रत किसान जैसे अपने खेत में उगने वाले एक-एक पौधे के प्रति अत्यंत जाग्रत् होता है और पौधे के विकास में अवरोध डालने वाले अनावश्यक कचरे को साफ करता रहता है, उसी प्रकार बालक व्यक्तित्व में उठने वाले किसी भी दुर्गुण को शुरुआत में ही कुचल देना चाहिए। बालक को हमेशा सत्कर्म की ओर प्रेरित करना चाहिए तथा रचनात्मक कार्य में जोड़ना चाहिए। संतान के अंदर सुसंस्कार तथा चारित्रिक पवित्रता प्रदान करने के लिए माता-पिता को अपनी सुख-सुविधा, भोग-विलास आदि का त्याग करके अपने सुख का बलिदान देना पड़ता है। वास्तव में जीवन में योग का उपयोग कर यम, नियम के महाव्रत के पालन के द्वारा ही ऐसा करना संभव होता है।

नारी का सर्वोत्तम रूप मातृत्व में हाता है और इससे इसका व्यक्तित्व परिपूर्ण बनता है। शिशु उपदेश से नहीं, अपितु अनुकरण से सीखता है। उसका कोमल मस्तिष्क भारी-भरकम उपदेश नहीं समझ सकता है, किंतु उसके चारों ओर जो भी हो रहा है, उसको समझने में तथा अपनाने में उसका अंत:करण समर्थ होता है। इसलिए जो भी सिखाना है, वह प्रत्यक्ष रूप में उसके सामने उपस्थित करना पड़ता है। केवल मात्र अनुशासन, संयम और यम नियम पालन करने वाले माता-पिता ही बालक को सर्वांगीण विकास के लिए अनुकूल वातावरण दे सकते हैं।

माता-पिता बालक के सामने स्वयं आदर्श बनें

माता-पिता का वाणीवर्तन, व्यवहार, जीवन ऐसा हो जो कि सद्‌गुणों से भरपूर हो। माँ होना भी अपने आप में एक असीम गौरव और अवर्णनीय आनंद का विषय है। माँ जितना अपने बच्चे में तल्लीन रहेगी, जितना ज्यादा प्रेम देगी, शिशु भी उतना ही संवेदनशील बनेगा। शिशु के प्रति माँ का जो समर्पण और नि:स्वार्थ भावना होती है उससे ही शिशु के मन में स्वार्थ त्याग और प्रेम की भावना जाग्रत होती है। 'तव सुख सुखित्तम' अर्थात् 'दूसरे के सुख में सुखी' यह भावना, भक्तियोग तथा समर्पण का मूलमंत्र है। माँ के एक छोटे-से वाक्य अथवा मुख के भाव में सामान्य परिवर्तन से भी बालक बहुत कुछ सीखता है। अगर माता-पिता निर्लोभी, निर्मल, चरित्रवान, त्यागी, संयमी और स्वार्थ त्यागी होंगे तो उनकी वाणी, वर्तन, व्यवहार तथा जीवन में उसका प्रकाश होता रहेगा, जो शिशु के व्यक्तित्व को गहराई से प्रभावित करेगा। इसलिए यम, नियम, प्रार्थना, भक्ति के द्वारा जीवन और परिवार को जितना आदर्श बनाएँगे, संतानों में उतना ही दैवीगुण का महत्तम विकास होगा और वही संतान केवल माता-पिता ही नहीं, समाज, राष्ट्र तथा विश्व के लिए कल्याणकारी बनेगी।

भारत के तपः सिद्ध ऋषियों द्वारा निर्दिष्ट विधि निषेध एवं नीति नियम के द्वारा अनुशासन को अपनाकर चित्त जय करके कामदेव को भस्म करने से घर-घर में तपस्विनी उमा साक्षात् होगी। तब घर-घर में असुर विनाश करने वाले कार्तिकेय का आविर्भाव निश्चित होगा, जिससे समाज का अमंगल दूर होगा। तब घर-घर में नरपशु जन्म न लेकर देवशिशु का आविर्भाव होगा। इनका आविर्भाव ही इस आसुरी भावयुक्त समाज को देव समाज में परिवर्तित करेगा। इस देव समाज की प्रतिष्ठा करना ही आदर्श दांपत्य जीवन का परम लक्ष्य तथा अधिजनन की पराकाष्ठा है।

एक वर्ष का बच्चा भी प्राणायाम करता है...

कुछ दिनों पूर्व की घटना है। बाबा रामदेव के शिविर में एक नन्हा-सा दो वर्षीय बालक प्राणायाम कर रहा था। आश्चर्यचकित स्वामीजी ने बच्चे की माँ से पूछा कि वह बालक प्राणायाम कैसे सीखा ?

बालक की माता ने उत्तर देते हुए कहा कि 'गर्भावस्था के समय वह अनुलोम-विलोम प्राणायाम करती थीं, उसका प्रभाव उसके बालक पर इतना गहरा पड़ा है कि एक वर्ष की आयु होते ही वह प्राणायाम करने लगा है।'

प्राचीन भारतीय ऋषियों-मुनियों द्वारा प्रदत्त ज्ञान तथा योग क्रियाओं का लाभ आज समग्र विश्व उठा रहा है, तो भला हम उससे वंचित क्यों रहें ?

9

अथ नवमोऽध्यायः

गर्भावस्था की सामान्य समस्याएँ एवं समाधान

'शरीरमाद्यं खलु धर्मसाधनम्।।'

—उपनिषद्

अर्थात् शरीर ही सभी धर्मों (कर्त्तव्यों) को पूरा करने का साधन है। शरीर की रक्षा और उसे निरोगी रखना मनुष्य का प्रथम कर्त्तव्य है। कहा भी गया है कि—

पहला सुख निरोगी काया, दूजा सुख घर में हो माया।
तीजा सुख कुलवंती नारी, चौथा सुख पुत्र हो आज्ञाकारी।
पंचम सुख स्वदेश में वासा, छठवाँ सुख राज हो पासा।
सातवाँ सुख संतोषी जीवन, ऐसा हो तो धन्य हो जीवन।

हम इस शरीर रूपी ईश्वर की देन का अनुचित लाभ लेने लगते हैं तथा इसका ध्यान नहीं रखते हैं। इसी कारण से गर्भावस्था की सामान्य शारीरिक परिस्थितियाँ एवं कष्ट भी अधिक गंभीर हो जाते हैं। गर्भावस्था में इसी शरीर के माध्यम से एक नवीन शरीर निर्मित करना होता है। यदि प्राकृतिक नियमों और आयुर्वेद, प्राकृतिक चिकित्सा, योग, आधुनिक चिकित्सा पद्धति एलोपैथी आदि का संतुलित एवं सहजता से उपयोग करें तो सामान्य त्रुटियों को सुधारा जा सकता है। गर्भावस्था में उत्तम स्वास्थ्य हेतु निम्नलिखित पाँच आयुर्वेदिक बातों का अवश्य ध्यान रखें—

- उत्तम पाचन-तंत्र एवं दाँतों का स्वास्थ्य।
- सक्षम श्वसन-तंत्र।
- पर्याप्त परिरक्त संचरण-तंत्र।
- उत्कृष्ट उत्सर्जन-तंत्र अर्थात् शरीर के विषैले पदार्थों को बाहर फेंका जाना।
- विभिन्न आयुर्वेदिक एवं वनौषाधियों से शरीर की सात धातुओं को पुष्ट बनाना और त्रिदोष संतुलन।

आयुर्वेद कहता है कि 80 प्रतिशत रोग पाचन संस्था में विकार उत्पन्न होने के कारण पनपते हैं। खाना सही तरीके से चबाकर न खाना, जल्दी-जल्दी खाना, खाते समय बार-बार पानी पीना, दाँतों में कीटाणुओं का होना, दाँत न होने के कारण चर्वण क्रिया ठीक न होना आदि कुछ कारण मुख्य हैं।

लार के सामान उत्कृष्ट जीवनरस कोई और नहीं हैं। संत ज्ञानेश्वर ने चर्वण और तर्पण क्रिया की जानकारी दी है।

चर्वण का अर्थ है कि एक कौर धीरे-धीरे अनेक बार (32 बार) चबाकर खना और तर्पण का अर्थ है—घूँट पानी में लार मिलाकर पीना। हमारी लार का पी.एच. होता है 8 और पेट के एसिड का पी.एच. 3 होता है। इसलिए खाना यदि लार में ठीक तरह से घुल-मिल जाता है तो एसिडीटी होने का प्रश्न ही पैदा नहीं होता। साथ ही पिष्टमय पदार्थ (स्टार्च) यदि लार द्वारा पच जाते हैं तो उसका ग्लुकोज में परिवर्तन हो जाता है और वह तुरंत प्रयोग में आ जाता है। इसके विपरीत, अगर पेट में पाचन होता है तो उस पिष्टमय पदार्थ का चरबी में रूपांतर होता है, जो शरीर में जमा होते रहते हैं। भोजन का रूपांतर पूर्णत: जीवन रस में होकर यह जीवन रस शरीर को क्षमता देता है तथा रक्त का सत्व गुण बढ़ने लगता है।

तर्पण क्रिया में पानी भी पचाना पड़ता है, उसे ध्यान में रखें। हर घूँट में लार मिलाकर पानी पेट में जाना चाहिए।

कमरे के तापमान का पानी पचाने में शरीर को कुछ घंटे लगते हैं। फिर ठंडा और जल्दी-जल्दी में पिये हुए पानी को पचाने में शरीर की पाचन संस्था पर कितना तनाव रहता होगा?

सामान्य जीवन में काम और कॅरियर को वरीयता देते समय प्राकृतिक क्रियाओं को जैसे खाना, नींद, उत्सर्जन आदि को कम महत्त्व दिया जाता है। लेकिन गर्भावस्था में बच्चे को केंद्रबिंदु में रखने पर अपना स्वास्थ्य सबसे पहले आना चाहिए, शेष सब बातें बाद में आती हैं। यह भावना अंदर से उत्पन्न होने पर ही वैसा आचरण संभव है।

'वायुः पित्तं कफश्चोक्त शारीरो दोषसंग्रहः।
मानसः पुनरुदिष्टो रजश्च तम एव च॥'

अर्थात् योग दर्शन में कहा गया है कि वात, पित्त और कफ संबंधी दोष को शारीरिक स्तर पर तथा रजस और तमस संबंधी दोष को मन के स्तर पर संतुलित रखना चाहिए।

श्रीमद्भगवद्गीता के 17वें अध्याय के 7 से 10 तक श्लोक अवश्य पढ़ें जिनमें आहार के विषय में वर्णन है।

गर्भावस्था में क्या करें - क्या न करें

मातृत्व सुख अपने आप में अनोखा है, क्योंकि एक जीवन, एक नए जीवन को जन्म देता है। पहली बार गर्भधारण करने पर माँ समझ नहीं पाती कि इस समय होने वाली समस्याओं से कैसे निपटा जाए, वह यह भी नहीं जानती हैं कि किस समस्या के कितना बढ़ने पर चिकित्सक की सलाह लें? हर नारी को यह जानना आवश्यक है कि उसे क्या करना चाहिए और क्या नहीं? भारत में प्राचीन काल से ही घरों में अनौपचारिक रूप से तथा वैद्यो के पास औपचारिक रूप से सजगता एवं स्वास्थ्य देखभाल होती थी।

क्या करें?

1. गर्भधारण करने के बाद सबसे अधिक आवश्यक है कि डॉक्टर से परामर्श करें।
2. संतुलित आहार लें हरी सब्जियों और फलों का अधिक सेवन करें। दिन में एक बार पेट भरकर खाना न खाते हुए, दिन में 4-5 बार खाना खाएँ। रात का खाना हल्का रखें, जल्दी खाएँ और खाने में देशी गाय के घी का प्रयोग करें।
3. एक दिन में आधा लीटर गाय का दूध या उतनी मात्रा में दूध से बने पदार्थों का सेवन अवश्य करें।
4. आचार, ज्यादा तीखे, नमकीन पदार्थों वाले तामसी आहार लेने से बचें।
5. जबड़ों का व्यायाम करें तथा जबड़ा पूरी तरह खोलकर फिर बंद करें। यह क्रिया 30-35 बार करें। फिर मुँह में इकठ्ठा हुई लार जीभ से मुँह में फैलाकर उसे 3-4 घूँट में निगलें सुबह उठने पर मुँह में जमा होने वाली लार काफी गुणकारी होती है।
6. रात को सोने से पहले बूँदभर घी या तेल फैलाकर, यह उँगली नाक के अंदर घुमा लें।
7. दिन में दो बार तुलसी पावडर सूँघा करें।
8. रोज सुबह जलनेति करें। यदि जलनेति करना न आता हो तो हाथ के पंजे में पानी लेकर उसमें नाक डुबाएँ।
9. दिन में 8-10 ग्लास पानी पिएँ। परंतु जिन्हें कफ की समस्या है, वे थोड़ा कम पानी पिएँ। ठंडा पानी बिलकुल न पिएँ।
10. वनौषधियों जैसे—ज्येष्ठमध, अनुतमूल (सारिवा) और (शतावरी) का गर्भावस्था में नियमित सेवन करें। हरेक का आधा चम्मच एक कटोरी में लेकर उसमें चम्मच भरकर देशी गाय का और आधा चम्मच हल्दी मिलाकर पाव कटोरी दूध में पेस्ट बनाएँ तथा अल्पाहार के बाद इसे निगल लें ऊपर से गरम दूध पिएँ।
11. केसर का छोटा-सा टुकड़ा चंदन की लकड़ी से घिसकर उसे (1 चम्मच) इस दूध में मिलाकर पिएँ, इससे गरमी की पीड़ा नहीं होती, बच्चे का रंग उजला होता है। यह आयुर्वेद का कहना है।

12. गर्भावस्था में त्रिफला, सोनामुखी, एलोवेरा जैसी वनौषधियों का सेवन न करें। कहते हैं—
    ''जैसा अन्न, वैसा मन और जैसा पानी, वैसी वाणी।''

क्या न करें?

- दुपहिया और तिपहिया वाहन जैसे स्कूटर, ऑटोरिक्शा में यात्रा करने से बचें। लंबी दूरी की यात्रा से दूर ही रहें।
- तीखे और मसालेदार भोजन से दूर रहें, जैसे कि चटनी और अचार।
- ऊँची सीढ़ियाँ न चढ़ें।
- सीधी टाँगों के सहारे नीचे न झुकें।
- बाहर का खाना कम-से-कम खाएँ।
- ऊँची एड़ी के जूते या चप्पल बिलकुल न पहनें।
- एकदम झटके से न उठें।
- अधिक मीठा खाने से भी बचें।
- 3 बार भोजन न करके, 4-5 बार हल्का भोजन करें।
- खाली पेट न बैठें।
- गर्भ की अवधि के अनुसार गर्भस्थ शिशु की हलचल जारी रहनी चाहिए। यदि बहुत कम हो या नहीं हो तो सतर्क हो जाएँ तथा चिकित्सक से संपर्क करें।
- आप एक स्वस्थ शिशु को जन्म दें, इसके लिए आवश्यक है कि गर्भधारण और प्रसव के बीच आपके भार से कम-से-कम 10 कि.ग्रा. की वृद्धि अवश्य हो।
- गर्भावस्था में अत्यंत तंग कपड़े न पहनें और न ही अत्यधिक ढीले।
- इस समय में भारी श्रम वाला कार्य नहीं करने चाहिए, न ही अधिक भार उठाना चाहिए। सामान्य घरेलू कार्य करने में कोई समस्या नहीं है।
- इस अवधि में बस के अतिरिक्त, ट्रेन या कार की यात्रा को प्राथमिकता दें। ड्राइविंग न करें।
- आठवें और नौवें महीने में यात्रा न ही करें तो अच्छा है, किंतु आठवें महीने में तो बिलकुल नहीं करनी है।
- गर्भावस्था में सुबह-शाम थोड़ा पैदल टहलें।
- आठ घंटे की नींद अवश्य लें।
- प्रसव घर पर कराने के अतिरिक्त चिकित्सालय, प्रसूति गृह या नर्सिंग होम में किसी कुशल स्त्री रोग विशेषज्ञ से कराना सुरक्षित रहता है।
- हिंसा प्रधान या डरावनी फिल्में या धारावाहिक न देखें।

डॉक्टर से पहली भेंट सबसे महत्त्वपूर्ण और लंबी होती है। इस समय अपनी चिंताओं और भय के बारे में कोई भी प्रश्न पूछने से हिचके नहीं। कुछ महिलाएँ गर्भावस्था में ही पहली बार चिकित्सालय के दर्शन करती हैं। अतः घबराएँ नहीं, सहायता लें और जानकारी लेने के बाद ही अपना चयन करें।

यह अनिवार्य है कि आप एक अच्छे डॉक्टर/प्रसूति विशेषज्ञ का चयन करें, जो आपकी व्यक्तिगत देखभाल कर सके, आपको कोई भी प्रश्न पूछने के लिए प्रोत्साहित करे, आपका उपचार पूरे आदर के साथ करे और आपके सभी प्रश्नों के उत्तर धैर्यपूर्वक दे। आप अपने डॉक्टर का चुनाव अपने मित्रों और परिवार की सिफारिशों, डॉक्टर के अनुभव अथवा उसकी प्रतिष्ठा और आपके घर से उस डॉक्टर के क्लीनिक की दूरी के आधार पर कर सकती हैं।

पहली बार परामर्श कब करें?

यदि आपने एक बच्चे की योजना बनाई थी, इस माह आपका मासिक धर्म नहीं हुआ और घर में किया गया गर्भावस्था परीक्षण पॉजिटिव निकला है, तो आप तुरंत एक प्रसूति विशेषज्ञ से परामर्श करें। कुछ महिलाओं को तो कुछ महीनों तक पता ही नहीं चलता कि वे गर्भवती हैं, क्योंकि वे माहवारी न आने पर यह समझती हैं कि शायद इसमें कुछ देरी हुई है।

गर्भावस्था के समय समस्याएँ

लगभग 90 प्रतिशत स्त्रियाँ, इन कष्टों से गुजरती हैं। कई बार इन कष्टों के लिए संवेगात्मक तनाव की भी भूमिका होती है। इन कष्टों में निम्नलिखित महत्त्वपूर्ण हैं—

शारीरिक सूजन : गर्भावस्था के साथ शारीरिक समायोजन के कारण पैरों में सूजन आना एक सामान्य घटना है। उच्च रक्तचाप के कारण भी शारीरिक सूजन आ जाती है। इसका मुख्य कारण है संयोजक तंतुओं के महीन पदार्थ में पानी का संग्रह होना। मूत्र द्वारा प्रोटीन के निष्कासन से भी

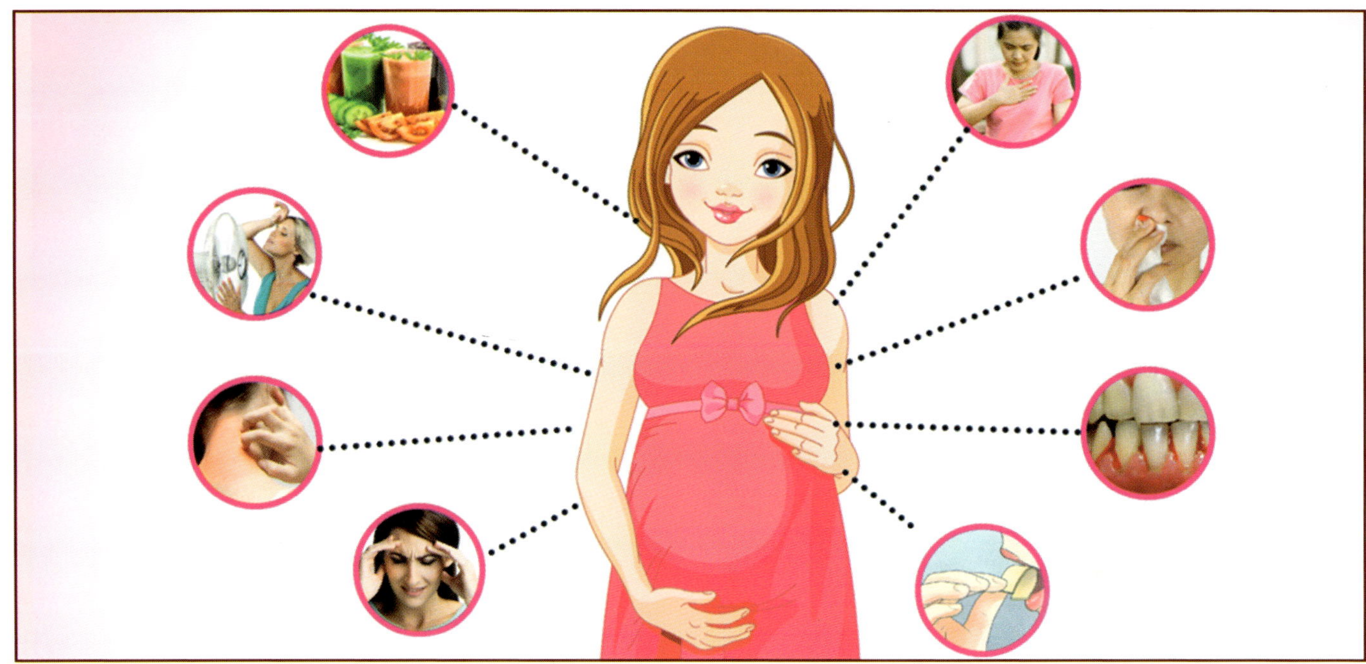

शारीरिक सूजन आ जाती है। साधारणत: पैरों में सूजन से 90 प्रतिशत स्त्रियाँ पीड़ित रहती हैं। मोटी स्त्रियों में, गर्मियों में गर्म प्रदेशों आदि में यह सामान्यत: रहती है। इस हेतु पैरों को ऊपर उठाकर लेटना चाहिए अथवा बैठना चाहिए तथा उच्च रक्त चाप एवं प्रोटीन यूरिया से 90 प्रतिशत स्त्रियों में शारीरिक सूजन हो जाती है। अत: इसका उपचार करना चाहिए। कैल्शियम का भी चिकित्सकीय परामर्श के अनुसार नियमित सेवन करें तथा पैरों को एक इंच ऊँचे तकिए पर रखकर लेटें।

बारंबार मूत्र-त्याग : गर्भावस्था में बढ़ते हुए गर्भाशय के साथ समायोजन करते समय शरीर में अनेक कष्टों का सामना करना पड़ता है। गर्भाशय का भार जब मूत्राशय पर पड़ता है, तब दबाब के कारण मूत्र त्याग करने की संख्या एवं मात्रा बढ़ जाती है। लेटने से यह कष्ट कुछ कम होता है। किंतु खड़े होने पर यह कष्ट बढ़ जाता है। गर्भावस्था के प्रथम तीन मास में गुर्दों द्वारा असाधारण मात्रा में तरल पदार्थों का निष्कासन होता रहता है। गर्भावस्था के अंतिम कुछ सप्ताहों में पुन: यह कष्ट अपना रंग दिखाता है, क्योंकि भ्रूण का सिर श्रोणीय स्थान में प्रवेश करता है।

अनिद्रा : गर्भवती स्त्री में यह समस्या सामान्यत: गर्भावस्था के अंतिम कुछ सप्ताहों में होती है। इसका प्रमुख कारण गर्भाशय का बढ़ जाना, पैरों में पीड़ादायक पेशियों का संकुचन तथा पीठ में पीड़ा रहना है। इसके लिए गर्भावस्था में स्वस्थ मानसिक स्थिति बनाए रखना तथा तनाव एवं चिंता से गर्भवती स्त्री को मुक्त रखने के लिए कुछ विशेष करने की विधि बताई जाती है, उसको नियमित दिनचर्या में शामिल करें। **इस भय एवं चिंता से गर्भवती स्त्री को मुक्त करने के लिए यह आवश्यक है कि प्रजनन क्रियाओं एवं गर्भावस्था के संबंध में उसे पूरी जानकारी दी जाए तथा इस दिव्य गर्भ ग्रंथ रूपी पुस्तक का बार-बार नियमित अध्ययन करें।**

अपच एवं कब्ज : इस अवस्था में पाचन प्रणाली की क्रियाशीलता कम हो जाती है। एंजाइम का स्त्राव भी कम हो जाता है, जिससे भोज्य पदार्थ सरलता से पच नहीं पाते हैं। गर्भावस्था में प्रोजेस्टीरोन हार्मोन से प्रभावित होकर शारीरिक मुलायम पेशियाँ ढीली हो जाती है। इसके अतिरिक्त अधिक लौह तत्व के सेवन से भी पेशियाँ कम लचकदार हो जाती है। इन माँस पेशियों के कम लचीलेपन के परिणामस्वरूप कई बार संपूर्ण गर्भावधि में कब्ज की समस्या बनी रहती है। बढ़े हुए गर्भाशय का भार आँतों पर पड़ता है। इससे आँतों की क्रियाशीलता मंद पड़ जाती है।

- अपच तथा कब्ज से गर्भिणी को मुक्त रखने के लिए

प्रमुख रूप से उसके भोजन में परिवर्तन करना आवश्यक है। इसके लिए संपूर्ण अनाज, दाल, हरी पत्तेदार सब्जियाँ, फल तथा अधिक तरल पदार्थों का सेवन कराना चाहिए।

- जुलाव आदि दस्तावर औषधियों का एकाध बार और वह भी कम मात्रा में प्रयोग किया जा सकता है, लेकिन इन औषधियों के अधिक प्रयोग और अधिक मात्रा में सेवन करने से पेशियों की क्रियाशीलता बढ़ जाती है। ऐसे में गर्भपात होने की प्रबल संभावना होती है।
- गर्भवती स्त्री को अपनी व्यक्तिगत आदतों में सुधार लाकर नियमित मल निष्कासन का भी प्रयास करना चाहिए।

बवासीर : इसमें मलद्वार के आस-पास की शिराएँ फूल जाती हैं तथा शुष्क मल के दबाव से रक्त स्त्राव भी होने लगता है। गर्भावस्था में इसकी शल्य चिकित्सा भी नहीं की जा सकती है। यह ज्यादातर कब्ज के कारण हो जाता है। इसके लिए कभी-कभी रक्त को जमाने वाली तथा थक्के बनाने वाली दवाइयाँ अथवा इंजेक्शन का उपयोग किया जा सकता है। मल निष्कासन से पूर्व तथा निवृत होने पर बेंजोकेन कंपाउंड मरहम का प्रयोग करने से पीड़ा में कुछ राहत मिलती है।

जी मिचलाना : सामान्य रूप से गर्भावस्था के दूसरे या अधिकतर चौथे माह तक ही प्रात:काल के समय गर्भवती स्त्री का जी मिचलाता है। उसके सामान्य स्वास्थ्य पर इसका कोई विशेष प्रभाव नहीं पड़ता है। इस कष्ट के कारण भ्रूण के विकास पर भी कोई दुष्प्रभाव नहीं पड़ता है। कभी-कभी जी मिचलाना और उलटी आना जैसे लक्षण गर्भवती स्त्री में अन्य कारणों से भी प्रकट होते हैं, जैसे—अल्सर, भोजन की विषाक्ता, गर्भपात की औषधियों के सेवन करने से, अपेंडीसाइटिस, संक्रामक यकृत की बीमारी, रक्त में यूरिया लिए जाने से मस्तिष्क की रुग्णता आदि। इस स्थिति में शारीरिक ग्लाइकोजन में कमी आ जाती हैं, रक्त में अम्लीयता उत्पन्न हो जाती है। भार में कमी, नाड़ी की गति में वृद्धि, दस्त, अनिद्रा, वमन में रक्त की उपस्थिति, मूत्र की मात्रा में कमी, तापमान में वृद्धि, नाड़ी संबंधी विकार और अंत में गर्भपात तक होना संभव हो जाता है। प्रात: काल के समय ही विशेष रूप से जी मिचलाता है, क्योंकि रातभर का आमाशयिक स्त्रोत पेट में एकत्र हो जाता है और प्रात: उठने की क्रिया से प्रभावित होकर मस्तिष्क के केंद्र को उत्तेजित करता है। अनेक बार दोपहर में भी गर्भवती स्त्री को उलटी करते देखा जाता है।

निदान—

- इस अवस्था में प्रात: काल रोगी को तरल पदार्थ का सेवन कम-से-कम करने देना चाहिए।
- दिन में छह बार शुष्क भोजन थोड़ा-थोड़ा करके देना चाहिए।
- मसालेदार और वसायुक्त भोजन इस स्थिति में वर्जित है। प्रात: सूखे टोस्ट के टुकड़े और बिसकुट देने से और रात्रि को सोने से पहले गरम दूध और बिसकुट लेने से गर्भवती स्त्री को यह कष्ट कम हो सकता है।
- संवेगात्मक तनावों से दूर रहना भी उपयोगी व लाभकारी होता है।
- उपचार में वमन विरोधी औषधियाँ गर्भिणी स्त्री को दी जाती है।
- **श्रीमद्भगवद्गीता, श्रीमद्भागवत, श्रीरामचरितमानस, सुंदरकांड, भजन आदि के श्रवण से भी बहुत लाभ मिलता है, क्योंकि इससे मस्तिष्क वमन की प्रक्रिया से हटता है।**

छाती में जलन : गर्भावस्था में कार्डियक संवरणी (Cariac sphincter) के ढीला होने से आमाशय के पदार्थ पुन: भोजन नली तक पहुँच कर अम्लीयता उत्पन्न करते हैं तथा अनेक बार पाइलोरिक संवरणी (Pyloric sphincter) के ढीली होने से पितरस भी आमाशय में प्रवेश कर जाता है। इससे आमाशय के ऊपर के भाग में जलन उत्पन्न होती है।

निदान—

- इस कष्ट से मुक्ति पाने के लिए मसालेदार पदार्थ, सिगरेट, तंबाकू, पान आदि का प्रयोग नहीं करना चाहिए।
- एंटासिड (अमलत्वनाशक) का प्रयोग करना चाहिए।
- गर्भावस्था में सीधे लेटने से अधिक जलन का अनुभव होता है। अत: उसको दो अथवा तीन तकियों के सहारे बिस्तर पर लेटना चाहिए।

- रात्रि का भोजन भी उसको सोने से लगभग 2 घंटे पहले ही उदरस्थ करना चाहिए। खाने के तुरंत बाद लेटना अथवा सोना परेशानी को निमंत्रण देना है।
- झुकने अथवा परिश्रम करने की क्रियाओं से यथासंभव बचना चाहिए।
- 15 मि.ली. ओलिव का तेल पीने से भी कष्ट में आराम मिलता है।

आलस्य : अधिक प्रोजेस्टीरोन के प्रवाह से संपूर्ण माँसपेशियों पर प्रभाव पड़ता है तथा वे ढीली पड़ जाती हैं। गर्भवती स्त्री आलस्य का अनुभव करती है। इस हेतु प्रोजेस्टीरोन के प्रवाह को कम करने के लिए आवश्यक उपाय करना।

गर्मी अनुभव करना एवं पसीना आना : अधिक रक्त प्रवाह से तथा शिराओं के विस्फुरण से गर्भवती स्त्री अधिक गरमी का अनुभव करती है, फलस्वरूप पसीना भी अधिक आता है। अधिक परिश्रम न करना, अधिक तरल पदार्थों का सेवन करना तथा गर्मी के दिनों में ठंडे पानी के फव्वारे के नीचे बैठना आदि इस कष्ट में मुक्ति के उपाय हैं।

पीठ में पीड़ा : सामान्य रूप से लगभग 12 सप्ताह पीठ में वेदना होने का अनुभव स्त्रियों को होता है। यह कष्ट ज्यादातर रात्रि के समय ही कष्ट उत्पन्न है, जिससे गर्भवती की निद्रा में बाधा उपस्थित होती है। इसका प्रमुख कारण जोड़ों के आस-पास लिगामेण्टस तथा माँसपेशियों का ढीला हो जाना है। इस कष्ट में राहत प्राप्त करने के लिए सीधे बैठने की आदत डालनी चाहिए तथा ऊँची एड़ी की चप्पलें नहीं पहननी चाहिए।

गुर्दा रोग और गर्भावस्था (Kidney Disease and Pregnancy) : गर्भवती महिला के गुर्दा रोग से पीड़ित होने पर शिशु इससे प्रभावित हो सकता है। पहले से किडनी रोग से पीड़ित महिला में गर्भावस्था के कारण रोग की गंभीरता पर असर पड़ता है। स्वस्थ महिला में भी गर्भावस्था के कारण गुर्दे से जुड़ी समस्या शुरू हो सकती है। गर्भावस्था में किडनी रोग की शुरुआत या किडनी फेल भी हो सकती है। इससे गर्भस्थ शिशु का विकास अवरुद्ध हो सकता व अचानक गर्भपात होने का जोखिम भी रहता है। इसके अतिरिक्त उच्च रक्तचाप और समय पूर्व प्रसव की आशंका भी होती है। किडनी रोग से पीड़ित महिला को गर्भधारण करने से पहले स्त्री रोग विशेषज्ञ और किडनी रोग विशेषज्ञ की काउंसलिंग लेनी चाहिए, ताकि यह पता चल सके कि महिला सुरक्षित गर्भधारण कर सकती है या नहीं।

प्रसूति परक नासूर (Delivery Relates Ulcer) : महिला के जननेंद्रिय मार्ग और एक या एक से अधिक आंतरिक अंगों के बीच के छिद्र को नासूर कहते हैं। कई दिन तक प्रसव के अवरोध के कारण यह छेद हो जाता है, जब बच्चे के सिर का दबाव माँ की जननेंद्रिय क्षेत्र को कोमल अणुओं/ऊतकों को जाने वाले रक्त की आपूर्ति को काट देती है। मृत ऊत्तक गिर जाते हैं। यह महिला की योनि और मूत्राशय के बीच होता है। उस छिद्र से मूत्र अथवा मल का सदा बहाव होता रहता है। प्रसूति नासूर को जननांगों की शल्यक्रिया द्वारा बंद किया जा सकता है। यदि यह शल्यक्रिया किसी अच्छे शल्यचिकित्सक द्वारा की जाए तो नासूर के रोगियों के पुन: सामान्य: जीवन जीने पाने की अच्छी संभावनाएँ रहती हैं।

मानसिक स्वास्थ्य : गर्भावस्था में मानसिक स्वास्थ्य को भी संतुलित बनाए रखना आवश्यक है। चिंता, तनाव, भय आदि के निवारण के लिए उचित व्यायाम तथा प्राणायाम करना श्रेयस्कर है। गर्भावस्था संबंधी साहित्य का अध्ययन करना और प्रसवपूर्व सेवा केंद्रों में जाकर भाषण, प्रदर्शनी आदि के द्वारा ज्ञानार्जन और मनोरंजन करना लाभकारी होता है। जीवन के प्रति तथा अपने पति और भावी बच्चे के प्रति मानसिक दृष्टिकोण सही बनाए रखना उचित होता है। चिंता और तनाव के कारण गर्भाशय में ही भ्रूण की मृत्यु हो सकती है। यदि गर्भस्थ शिशु की मृत्यु न भी हो, उस दशा में भी वह शिशु स्वस्थ और सामान्य शिशु के रूप में विकसित नहीं हो पाता है। भयभीत गर्भावस्था के बाद प्रसव अधिक पीड़ादायक होती है।

गर्भकाल में की जाने वाली जाँच

एक बार विवाहित स्त्री की माहवारी की तारीख चुक गई तो वहीं से शुरू होती है, 'जाँच-पड़ताल'। चिकित्सकीय

परामर्श के अनुसार अलग-अलग प्रकार की जाँच नौ महीने में दो से तीन बार कराना आवश्यक है।

मूत्र की जाँच

अगर बीच में कुछ समस्या नहीं हुई तो आखिर में नौवाँ महीना लगने के बाद और एक बार बीच में यह जाँच करा लेनी चाहिए। कुछ गर्भवती स्त्रियों को छठे या सातवें महीने में पैरों पर सूजन आने लगती है। इस समय मूत्र में एल्ब्यूमिन (albumin) की मात्रा अधिक दिखाई देती है, उस समय मूत्र की जाँच करने की सलाह दी जाती है।

कुछ माताओं-बहनों-बेटियों में पहले से ही मधुमेह है, यह पता होता है या फिर पिछले गर्भकाल में गर्भावस्था का प्रमेह (pregnancy diabetes) रह चुका होता है। इन स्त्रियों को भी मूत्र की जाँच अवश्य ही करानी चाहिए। कुछ स्त्रियों के मायके में माँ-बाप, दादा-दादी, नाना-नानी, बुआ-मौसी जैसे निकट रिश्तों में मधुमेह का इतिहास होता है जिसे strong history कहते हैं। इस प्रकार तुरंत मधुमेह का उपचार किया जा सकता है। कभी-कभी स्त्रियों को गर्भावस्था में पीलिया होने की संभावना रहती है। इस समय मूत्र की जाँच जरूरी होती है, क्योंकि पीलिया होने के समय मूत्र का रंग पीला होता है और जाँच के बाद ही इसका ठीक से उपचार हो पाता है।

गर्भ परीक्षण (Pregnancy Test)

ह्यूमक कोरिओनिक गोनाडोट्रोपिन (एच.सी.जी.) नाम हॉर्मोन को गर्भ हॉर्मोन भी कहते हैं। जब उर्वरित अंडा गर्भाशय से जुड़ जाता है तो आपके शरीर में एच.सी.जी. नामक गर्भ हॉर्मोन बनता है। सामान्यत: गर्भधारण के छह दिन बाद ऐसा होता है।

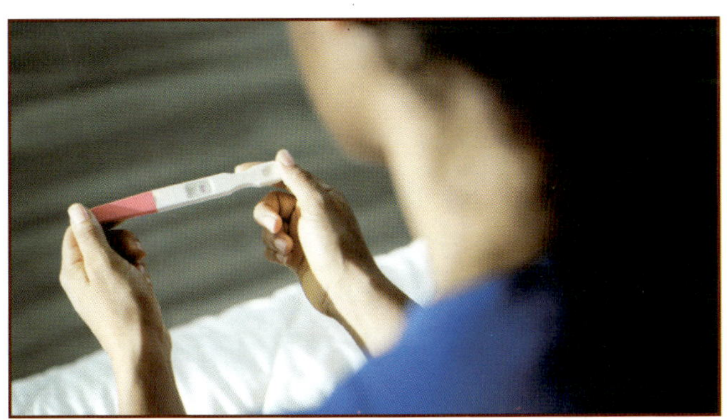

घर में गर्भ परीक्षण (एच.पी.टी.) : माहवारी रुकने के 10 दिनों के अंदर-अंदर एक स्त्री हॉर्मोन एचसीजी (ह्यूमन कोरिओनिक गोनाडोट्रोपिन) मूत्र में आने लगता है। इसलिए मूत्र की जाँच से पता चल जाता है कि महिला गर्भवती है या नहीं।

एक यू.पी.टी. (युरीन, प्रेगनेंसी टेस्ट) के अलग किट मिलते हैं। इसके साथ स्वयं इसे करने के लिए निर्देश भी दिए होते हैं। इसके परिणाम 5 मिनट में ही मिल जाते हैं। यह गृह गर्भ परीक्षण 'अपना परीक्षण स्वयं करो' की शैली का परीक्षण है, जो अपने घर पर सुगमतापूर्वक किया जा सकता है। कई बार एच.पी.टी. से नकारात्मक परिणाम पाकर भी गर्भ धारण की संभावना हो सकती है। इसलिए अधिकतर एच.टी.पी. महिलाओं को कुछ दिन या सप्ताह बाद पुन: परीक्षण का सुझाव देते हैं।

प्रसव की संभावित तिथि की गणना

आपकी अंतिम माहवारी के पहले दिन से लेकर सामान्यत: गर्भ 40 सप्ताह तक रहता है। यदि आपको अंतिम माहवारी की तिथि याद हो और आपका चक्र नियमित हो तो आप घर बैठे प्रसव की संभावित तिथि की गणना कर सकते हैं। यदि आपका चक्र नियमित और 28 दिन लंबा हो तो अंतिम माहवारी के आधार पर (एल.एम.पी. Last Menstrual Period) आप पहले दिन में नौ महीने और 7 दिन जोड़कर प्रसव की संभावित तिथि का निर्धारण कर सकते हैं। उदाहरण के लिए अगर आपकी अंतिम माहवारी 1 जून को शुरू हुई थी तो प्रसव की संभावित तिथि अगले वर्ष 8 मार्च होगी।

रक्त की जाँच

गर्भधारण हुआ है या नहीं, यह रक्त/मूत्र की जाँच द्वारा भी पता लगाया जाता है। रक्त में लौह की मात्रा अर्थात् Hemoglobin की मात्रा की जाँच भी आवश्यक हैं क्योंकि माँ के शरीर के रक्त की मात्रा पर ही बच्चे का पोषण निर्भर होता है। कई महिलाओं में यह मात्रा गर्भ रहने से पहले ही कम होती है। बाद में यह और भी कम हो जाती है, जिसके कारण से थकान होती है। हाथ-पैरों में ऐंठन होती है। बार-बार मुँह में छाले आदि लक्षण दिखाई देते हैं। माँ का रुधिर-

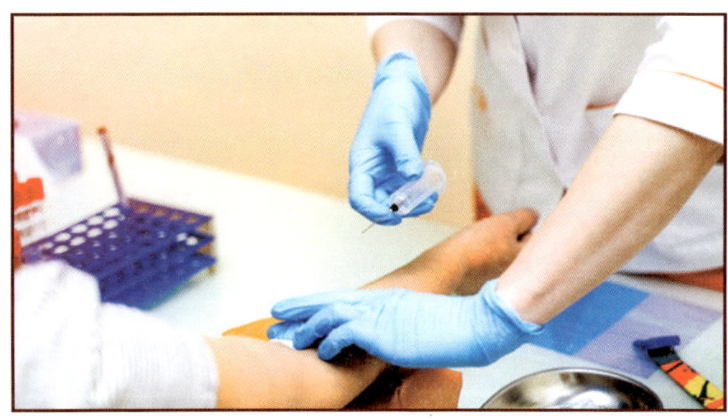

वर्ग (Blood Group) देखना भी जरूरी है, जिसके दो महत्त्वपूर्ण कारण हैं—

पहला कारण—माँ का ब्लड ग्रुप अगर निगेटिव है और पिता का पॉजिटिव है तो बच्चे का इन्हीं में से कोई एक ब्लड ग्रुप होगा। पहले बच्चे में इसके कारण कोई कष्ट नहीं होता, किंतु दूसरे गर्भ के बच्चे का यदि अपॉजिट ब्लड ग्रुप हो तो पीड़ा होती है। अगर पहले से ही इस विषय में पता हो तो समय पर सावधानियाँ रखकर उपचार किया जा सकता है। इससे होने वाले बच्चे को ज्यादा पीड़ा नहीं होती।

दूसरा कारण—प्रसव के समय ब्लड ग्रुप पता होना महत्त्वपूर्ण है क्योंकि कभी-कभी प्रसव के समय अधिक रक्तस्त्राव हो सकता है, जो रुकता नहीं है। कभी-कभी बच्चा बाहर आने के बाद गर्भाशय जिस गति से संकुचित होकर छोटा होना चाहिए, वैसे नहीं होता, तो भी रक्तस्त्राव ज्यादा होता है। इस समय गंभीर परिस्थिति उत्पन्न होकर माँ के जीवन को जोखिम हो सकता है।

थूक की जाँच

जो महिलाएँ ज्यादा दुबली-पतली होती हैं और गर्भ रहने के बाद बार-बार ज्वर आना, शरीर में पीड़ा, खाँसी आदि से परेशान हैं, इन स्त्रियों में तपेदिक की संभावना होती है। तपेदिक की जाँच करने के लिए थूक की जाँच कराना सर्वाधिक आवश्यक है।

मल की जाँच (Stool Examination)

यह जाँच कम ही करानी पड़ती है। कभी कुछ अलग तरह की चीजें खाने से गर्भवती को अचानक दस्त लग जाते हैं, पेट में अचानक पीड़ा शुरू हो जाती है। इससे चिपचिपी शौच होती है, जिसे पेचिश कहते हैं। ऐसे समय में मल की जाँच करके उसमें कौन-सा संसर्ग हुआ है, यह देखते हैं।

E.C.G. (Electrocardiogram)

जिन गर्भवतियों की छाती में कष्ट रहता है, रक्तचाप है या पहले से ही हृदय विकार है तो यह जाँच करानी चाहिए।

U.S.G. (Ultasonogarphy) या सोनोग्राफी जाँच

गर्भावस्था में अल्ट्रासोनोग्राफी या साधारण सोनोग्राफी टेस्ट आजकल ज्यादातर शहरों में किए जाने लगे हैं। सुविधा हो तो गर्भावस्था में 2-3 बार सोनोग्राफी हो जाती है। इससे हमें कई तथ्य पता चलते हैं, जैसे प्रसव की अपेक्षित तिथि, गार्भस्थ भ्रूण के स्वास्थ्य, अंगों के बारे में गर्भ कोश में पर्याप्त पानी का होना आदि। पहली जाँच अकसर 8-12 सप्ताह के बीच की जाती है। गर्भावस्था में इसके कई उपयोग है। माता और बच्चे के स्वास्थ्य की बहुत कुछ जानकारी समय-समय मिलने में इसका बड़ा योगदान है। पहला अल्ट्रासोनोग्राफी टेस्ट 10 वें से 12 वें सप्ताह में किया जाता है। उसके बाद अगर आवश्यक हो तो इसे फिर से भी किया जा सकता है। अल्ट्रासोनोग्राफी सुरक्षित होता है, क्योंकि इसमें गर्भ की

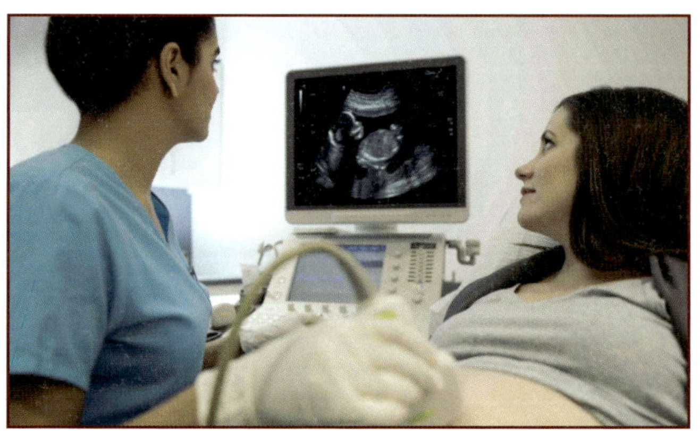

फोटो लेने के लिए ध्वनि की तरंगों का प्रयोग होता है, एक्स-रे का नहीं। अल्ट्रासोनोग्राफी में गर्भावस्था के बारे में निम्नलिखित जानकारी मिल जाती है—

- बच्चे की आयु और वृद्धि।
- बच्चा एक ही है या जुड़वाँ है ?
- बच्चे के हृदय या गुर्दों में कोई कमी तो नहीं है ?
- गर्भ में बच्चे और नाल की स्थिति।

लिंग परीक्षा के लिए सोनोग्राफी न करें।

- बच्चेदानी का मुँह, कसी हुई है या ढीली है।
- सोनोग्राफी द्वारा बच्चे के आस-पास कितना पानी है? उसकी मात्रा क्या है? क्योंकि आजकल गर्भ के आस-पास पानी की मात्रा कम होने सा देखने को मिलती है। पानी कम होने से आठवें-नवें महीने में गर्भ का विकास प्रभावित होता है और प्रसव समय से पहले हो जाता है।
- शिशु गर्भाशय में कैसी स्थिति में है? गर्भ को कोई बड़ी समस्या तो नहीं है? Placenta गर्भाशय में कहाँ है?
- बातें सोनोग्राफी से पता चलती हैं। गर्भ की हलचल, हृदय की धड़कन इसके द्वारा पता चलती है। गर्भ का मस्तिष्क, हाथ-पैर की लंबाई भी नापी जाती है। इसलिए यह जाँच महत्त्वपूर्ण है। कभी-कभी माँ की ऊँचाई ज्यादा कम तथा हड्डियों की चौड़ाई कम और गर्भ का सिर उससे ज्यादा बड़ा हो तो पहले से ही तय ऑपरेशन द्वारा प्रसव करा सकते हैं। इससे माँ और बच्चा दोनों को पीड़ा कम होता है।
- हृदय में छेद होना, होंठ फटा होना, रीढ़ की हड्डी या मस्तिष्क में कुछ गाँठ या दिव्यांग होना, हाथ-पैर की उँगलियाँ कम-ज्यादा होना आदि।

कई बार गर्भवती या उसके निकट संबंधियों को लगता है कि क्यों करें हम ये सब जाँच-पड़ताल? इसका कारण अज्ञानता या अशिक्षा है। इसलिए उन्हें ये सब बहुत सरल शब्दों में समझाने की आवश्यकता है। इस गर्भग्रंथ को लिखने के पीछे एक बहुत बड़ा कारण यह भी है कि गर्भवती और उसके निकटतम लोगों को समझाना होगा कि डॉक्टर कोई भी सलाह बच्चे और माँ के हित को ध्यान में रखकर ही देंगे। इसीलिए मन में कोई शंका लाए बिना डॉक्टर की सलाह के अनुसार सभी चिकित्सीय जाँच आदि कराएँ तथा समय पर आहार व दवाएँ लें। यह शिशु तथा माँ दोनों के लिए आवश्यक है।

प्रसव पूर्व स्वास्थ्य परीक्षण (प्रीनेटल विजिट्स)

आपके प्रसव की संभावित तारीख पिछली माहवारी के प्रथम दिन के 40 सप्ताह बाद संभावित होती है। यह मात्र एक अनुमान है कि सामान्य प्रसव 38 से 42 सप्ताह के बीच कभी भी हो सकता है।

चिकित्सकीय सुविधा के लिए गर्भावस्था को तीन तिमाही में बाँटा जा सकता है। गर्भाधान से तेरहवें सप्ताह तक प्रथम तिमाही, चौदहवें से छब्बीसवें सप्ताह तक द्वितीय तिमाही एवं सत्ताईसवें से गर्भावस्था के अंत के समय को तीसरी तिमाही कहते हैं। गर्भावस्था की प्रथम तिमाही अत्यंत महत्त्वपूर्ण समय होता है, क्योंकि इस समय शिशु के शारीरिक अंगों का विकास होता है एवं वह अत्यंत कोमल होता है।

प्रथम तिमाही (गर्भाधान से तीसरे माह तक) अपने प्रसूति विशेषज्ञ से माहवारी रुकने के 2 से 4 सप्ताह के बीच संपर्क करें।

• **ग्रुप बी स्ट्रेप्टो कॉकस परीक्षण**—यह जीवाणु सामान्यत: हानि रहित रूप से 30-35 प्रतिशत महिलाओं के जननांगों में उपस्थित होता है, परंतु प्रसव के दौरान इस जीवाणु से शिशु को संक्रमण हो सकता है। इसकी जाँच के लिए गर्भवती महिला के योनिद्वार एवं गुदा से स्मियर लेकर उनका परीक्षण किया जाता है। जिन महिलाओं में ये जीवाणु पाए जाते हैं, प्रसव पूर्व उनका एंटिबॉयोटिक्स के द्वारा इलाज किया जाता है।

• **अल्फा फीटो प्रोटीन**—शिशु में संभावित जन्मजात विकृतियों जैसे—डाउन सिंड्रोम (मंदबुद्धिता का एक प्रमुख कारण) न्यूरल ट्यूब डिफेक्ट (स्पाइनबाईफडा, एनसफेलोसील एवं मेनिगोसील इत्यादि) जैसे जन्मजात विकृतियों को शीघ्रातिशीघ्र पता लगाने के लिए गर्भवती महिला का रक्त परीक्षण किया जाता है। यदि इसके साथ ही ह्यूमन कोरियानिक गोनाडोट्राफिन एवं इस्ट्रियाल नाम हार्मोंस का परीक्षण भी किया जाए तो उपर्युक्त रोगों के निदान की संभावना और बढ़ जाती है। जब इन तीनों परीक्षणों को साथ में किया जाता है, तो इन्हें ट्रिपल मार्कर परीक्षण कहा जाता है। यदि ट्रिपल मार्कर परीक्षण पॉजिटिव हो तो इन रोगों की पुष्टि के लिए एमानियोसेंटिसिक एवं कोरियानिक विलस सेंपलिंग नामक परीक्षणों की आवश्यकता होती है।

• **द्वितीय तिमाही (चौथे माह से छठे माह तक)**—गर्भावस्था के 14वें से 26वें सप्ताह के बीच का यह समय अत्यंत महत्त्वपूर्ण होता है। इस समय गर्भस्थ शिशु के

शरीर का विकास होता है एवं उसका भार बढ़ना प्रारंभ होता है। अत: यह आवश्यक है कि गर्भवती महिला की अच्छी तरह देखभाल हो, वे संतुलित आहार लें एवं नियमित रूप से हल्का व्ययाम करें। जो महिलाएँ प्रथम तिमाही में अपने चिकित्सक के पास नहीं जा पाईं, उन्हें अब जाकर चिकित्सक की सलाह के अनुसार आवश्यक परीक्षण करा लेना चाहिए।

• **तृतीय तिमाही (सातवें माह से नवें माह तक)**—पहले की तरह इस समय भी अत्यंत सावधानी की आवश्यकता होती है। अपने प्रसूति विशेषज्ञ की सलाह के अनुसार प्रति सप्ताह या पंद्रह दिन में एक बार अपना परीक्षण कराना उचित होगा। इस समय शिशु का भार बहुत तेजी से बढ़ता है।

अत: गर्भवती महिला को अपने भोजन का विशेष ध्यान रखना चाहिए। कैल्शियम एवं प्रोटीन से युक्त भोज्य पदार्थ, जैसे दूध एवं पनीर तथा लौह तत्व युक्त भोज्य पदार्थ, जैसे गुड़, छुहारे, सेव का उचित मात्रा में प्रयोग करना चाहिए। हल्का व्यायाम एवं समुचित विश्राम दोनों ही आवश्यक है।

धूम्रपान एवं मदिरा का सेवन गर्भस्थ शिशु के लिए हानिकारक है। अपने चिकित्सक की सलाह के अनुसार ही किसी दवा का उपयोग करें। सातवें एवं आठवें माह में टिटेनसटॉक्साइड के दोनों इंजेक्शन अवश्य लें।

इस समय गर्भस्थ शिशु की हलचल अनुभूत होने लगती है। यह शिशु के अच्छे स्वास्थ्य की संकेत माना जाता है। यदि गर्भस्थ शिशु की हलचल अनुभूत न हो या कम अनुभूत हो, तो अपने चिकित्सक को अवश्य सूचित करें।

साथ ही इस समय अपने प्रसूति विशेषज्ञ से प्रसूति के विषय में विचार-विमर्श करें। संभव हो तो प्रसूति के स्थान को भी जाकर देखें, इससे आपका आत्मविश्वास बढ़ेगा। परिवारजन, पति एवं मित्रों का सहयोग भी महत्त्वपूर्ण है। प्रसव से संबंधित एवं आने वाले शिशु की आवश्यक्तानुसार वस्तुओं की सूची बनाकर उन्हें एकत्र कर लें।

• **प्रथम गर्भस्पंदन और हृदय की धड़कन :** पहली बार गर्भवती माँ गर्भ के पाँचवें महीने से गर्भस्थ शिशु का खेलना अनुभूत करती है। दूसरी बार की अनुभवी माँ इससे भी पहले से ही यह अनुभूत कर पाती है। शिशु के हृदय की धड़कन फेटोस्कोप से पाँचवें महीने से सुनी जा सकती है। कभी इसके लिए डॉपलर मशीन भी कई जगह उपलब्ध होती है। हृदय की धड़कन गिन भी सकते हैं। यह सामान्यत: 120 से 160 प्रति मिनट होती है। किस जगह पर शिशु के हृदय की धड़कन सुनाई देगी, यह इस पर निर्भर करता है कि बच्चेदानी में बच्चे की स्थिति क्या है? सामान्यत: यह नाभि के एक ओर तथा बहुत नीचे होता है। ऐसा उन शिशुओं में होता है, जिनका सिर गर्भाशय में नीचे तरफ हो। उन शिशुओं में हृदय की धड़कन नाभि के ऊपर दोनों ओर सुनी जा सकती है, जिनका सिर गर्भाशय में छाती की ओर हो।

गर्भाशय के आकार से हमें गर्भावस्था के काल का पता चलता है। अगर गर्भावस्था के किसी काल के हिसाब से गर्भाशय काफी छोटा है तो यह तो शिशु की वृद्धि या फिर गर्भस्थ शिशु के मर जाने के कारण होता है। कभी-कभी महिला अपनी अंतिम माहवारी की तिथि भूलकर त्रुटिपूर्ण बताती है। (इस परिस्थिति में सोनोग्राफी से ही भ्रूण की सही आयु का पता चलता है।) बच्चे की खेलने से और हृदय की धड़कन से हमें पता चलता है कि बच्चा जीवित है या नहीं?

• **गर्भावस्था में माँ के भार में बढ़ोतरी :** गर्भावस्था में भार सही मात्रा में बढ़ना चाहिए। गर्भावस्था में कुल 9 से 11 किलो भार बढ़ता है। तीसरे से नौंवे महीने में हर सप्ताह 300 ग्राम या महीने में 1.5 किलो भार बढ़ता है। अगर भार में बढ़ोतरी 500 ग्राम प्रति सप्ताह से ज्यादा हो या महीने में 2 किलो से ज्यादा हो तो सावधान हो जाएँ। भार में यह असाधारण बढ़ोतरी गर्भावस्था की विषाक्तता के कारण भी होती है।

• **सुरक्षित गर्भ के लिए टीकाकरण :** सूक्ष्मजीवी को नंगी आँखों से देखना संभव नहीं है। इसलिए, इनसे बचने के कितने ही प्रयास कर लें, सुरक्षा के लिए पूरी आश्वस्त नहीं हो सकते। इनसे बचने के लिए टीकाकरण एक प्रभावी उपाय है।

• **गर्भवती को लगाएँ जाने वाले टीके—**

1. हैपेटाइटिस-बी

2. मेनिंजोकोकल
3. निमोकोक्कल
4. रेबीज

• **गर्भधारण करने से पहले लगाएँ जाने वाले टीके—**

1. मीजल्स
2. मम्स
3. रुबैला
4. वेरिसैला
5. बीसीजी
6. टीडैप (टायफायड, डिप्थीरिया और परट्युसिस)

• **टिटनेस के टीके :** गर्भावस्था में महिला को टिटनेस टॉक्साइड के दो इंजेक्शन चार से छह सप्ताह के अंतराल से लगते हैं, जिनसे माँ और नवजात शिशु दोनों में टिटनेस की रोकथाम होती है।

गर्भवती को कौन-सी दवाइयाँ लेनी चाहिए?

गर्भ रहने से लेकर प्रसव होने तक कौन-कौन सी दवाइयाँ लें? इसे लेकर हमारे यहाँ स्त्रियाँ बहुत ज्यादा भ्रमित रहती हैं, जैसे—क्या करना है दवाइयाँ खाकर? हमारे तो नौ-नौ बच्चे हुए फिर भी हमने एक भी गोली नहीं खाई। इस तरह की बातें घर की बुजुर्ग स्त्रियाँ अक्सर कहती हैं। ऐसी महिलाएँ अब भी बहुत से घरों में हैं। दादी जो कहती थीं, वह झूठ नहीं है। लेकिन उनका समय अलग था। शक्तिवर्धक खाना, प्राकृतिक ढंग से उगाया गया अनाज, सब्जियाँ, फल इनका सत्व अलग ही था। घर का खाना, घर का दूध, पूरी तरह से आराम, मानसिक तनाव न के बराबर और उसके साथ ही खूब परिश्रम, इन सबके कारण अलग से आहार, व्यायाम आदि की आवश्यकता ही नहीं थी। खाने में सभी तरह के जीवनसत्व-पोषणतत्व के पदार्थ मिलने से गर्भवती को अलग विटामिन की गोलियाँ या दवाइयाँ लेने की आवश्यकता ही नहीं पड़ती थी।

आज समय परिवर्तित हो चुका है। आज अनाज में वह पौष्टिकता नहीं है। खाने-पीने की आदतें भी बदल गई हैं। पदार्थ बदल गए हैं। भोजन का समय व ढंग भी बदला है। रासायनिक खाद डालकर अनाज, सब्जी, फल उगाए जाते हैं

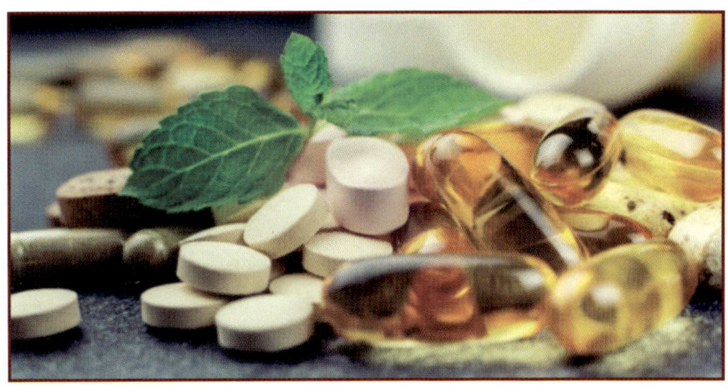

जिससे उनके सभी पोषक तत्व समाप्त से हो गए हैं। इन सबके अतिरिक्त भाग-दौड़ व तनाव कई गुना बढ़ गया है जिसके कारण शरीर में किसी-न-किसी विटामिन की कमी होने लगी है और उन कमियों को दूर करने के लिए दवाइयों की आवश्यकता पड़ने लगी है। ये दवाइयाँ कौन-सी हैं? इनमें से भी ज्यादा जरूरी कौन-सी हैं? इनका क्या लाभ है और इन्हें कैसे प्रयोग में लाएँ? इन सबकी उचित जानकारी आयुर्वेदीय शास्त्र में दी गई है, लेकिन शिशु और गर्भवती के संपूर्ण स्वास्थ्य के लिए ये दवाएँ लेना आवश्यक है—

फोलिक एसिड (Folic Acid) : गर्भ रहने के बाद पहले तीन माह तक यह दवा देनी बहुत महत्त्वपूर्ण है, क्योंकि इन तीन माह में शिशु के शरीर के सभी अंग तैयार होते हैं। मस्तिष्क और रीढ़ की हड्डी किसी में किसी प्रकार का कोई विकार न हो, इसलिए Folic Acid प्रतिदिन अवश्य लें।

लौहयुक्त औषधियाँ (Iron preparation) : सामान्यत: भारतीय माताओं के रक्त में लाल कणों की कमी होती है अर्थात् उनके हीमोग्लोबिन की मात्रा पहले से ही कम होती है। गर्भ रहने के बाद रक्त की पूर्ति बच्चे के पोषण में लग जाती है। इससे माता के शरीर की रक्त की मात्रा और कम हो जाती है। इसके लिए जिन पदार्थों में लौह तत्व अधिक है उनका सेवन करें, जैसे—चुकुंदर, गाजर, काली मुनक्का, अंजीर, खजूर, रामदाना आदि कुछ स्त्रियों में यह खाने के बाद भी शरीर को लौह की पूरी मात्रा नहीं मिलती तो उन्हें लौह की दवाइयाँ लेनी पड़ती हैं। इस समय आयुर्वेद की गोलियाँ लेना सबसे अच्छा है। लौहभस्म, मंडूरभस्म या फिर अवलेह अरिष्ठ, आसव आदि लेने से शरीर की लौह की पूर्ति होती है। आजकल Folic Acid भी नौ महीने तक दिया जाता है।

कैल्शियम (Calcium) : देशी गौमाता के दूध के प्रतिदिन सेवन से इसकी कमी पूरी होती है, लेकिन गर्भकाल में और प्रसव के बाद जब तक बच्चा अपनी माँ का दूध पीता रहता है, तब तक माँ को कैल्शियम की बहुत ज्यादा आवश्यकता होती है। गर्भावस्था में सही मात्रा में अगर कैल्शियम नहीं लिया गया तो आगे चलकर वृद्धावस्था में बहुत समस्या होती है। हड्डियों में दुर्बलता (Osteoporosis) थोड़ा धक्का लगने से ही हड्डियों का टूटना आदि गंभीर समस्याएँ हो सकती हैं। आयुर्वेद में औषधियाँ बनाने के लिए अलग-अलग भस्मों का प्रयोग किया जाता है। **लेकिन कौन-सी भस्म लेनी है? कितना मात्रा में लेनी है? यह वैद्यकीय सलाह से लेनी चाहिए।**

विभिन्न प्रकार के जीवन तत्व : कभी-कभी अचानक शरीर में कुछ जीवनतत्वों की कमी हो जाती है। उनमें भी अधिकतर बी-कॉम्प्लैक्स और विटामिन-सी की कमी पड़ सकती है। तब आहार के साथ-साथ गोलियों के रूप में भी यह जीवनतत्व देने पड़ते हैं। जो दवाइयाँ गर्भ और गर्भवती के लिए हितकर हों और जिन्हें लेने से माँ और शिशु दोनों को किसी भी प्रकार की पीड़ा नहीं होती, वे दवाइयाँ अवश्य लेनी चाहिए, **लेकिन कोई भी दवा केवल डॉक्टर की सलाह से ही लेनी चाहिए।**

कुछ महत्त्वपूर्ण बातें

1. गर्भवती को डॉक्टर की सलाह के बिना कोई भी दवा नाक में नहीं डालनी चाहिए।

2. ज्वर, पीठ या शरीर की पीड़ा में कई लोगों को हमेशा केमिस्ट से खरीदकर एंटिबायोटिक गोलियाँ खाने की आदत होती है और वे ये गोलियाँ बिना किसी डॉक्टर की सलाह के खा लेते हैं। वे दवाइयाँ किसी भी गर्भवती व शिशु दोनों के लिए घातक हो सकता है, क्योंकि दवाइयाँ माँ से होकर बच्चे तक पहुँचती हैं। कुछ औषधियों से शिशु बहरा भी हो सकता है।

3. गर्भ ठहर चुका है या ठहरने वाला है तो ऐसी स्थिति में माहवारी का समय आगे बढ़ाने की गोलियाँ न लें। बहुत बार ऐसा होता है कि आठ-दस दिन तक दवाइयाँ ली जाती हैं, फिर भी माहवारी नहीं आती तो जाँच करवाने पर पता चलता है कि गर्भ ठहर चुका है। ऐसी स्थिति में बच्चे के शारीरिक या मानसिक रूप से दिव्यांग होने की संभावना अधिक होती है।

4. वैद्य की सलाह से आठवें महीने के अंत में या नवें माह के पहले सप्ताह में आयुर्वेदानुसार विशेष प्रकार की बस्ती (पंचकर्म) लेने का सुझाव दिया गया है। कम मात्रा में औषधि तेल का एनिमा गुदाद्वार से शरीर के अंदर पहुँचाया जाता है। वायु की गति उचित और संतुलित रखने के लिए और प्राकृतिक तरीके से प्रसव के लिए यह बहुत लाभदायक होता है।

5. नवें महीनें के अंत में पीठ, कमर, पेट के निचले भाग, पैर तथा जाँघ आदि अंगों को कुनकुने तेल से हल्के हाथ से मालिश की जाए तो प्रसव वेदना कम होती है और स्नायु लचीले बनते हैं।

6. प्रसव की दिनांक समीप आने के बाद तेल में डुबोया हुआ कपास का फाया योनिमार्ग में रखने को भी कहा जाता है, परंतु इसके लिए डॉक्टर की सलाह अवश्य लें।

7. कुछ स्त्रियों में गर्भधारण के पहले से ही थायरॉइड ग्रंथियों का विकार होता है, जिसका उपचार चल रहा होता है। ऐसी स्थिति में गर्भधारण के बाद यह उपचार स्वयं से बंद ही करें।

पुराने समय में संयुक्त परिवार होता था, इसलिए गर्भावस्था में क्या होता है? तथा उन सब समस्याओं को दूर करने के लिए क्या करना चाहिए? यह बताने के लिए घर में बुजुर्ग महिलाएँ होती थीं, हमारी संस्कृति में धर्म के साथ-साथ आयुर्वेदिक विज्ञान जुड़ा था। सभी त्योहार कुल-धर्म हैं, यह मानकर आयुर्वेद के स्वास्थ्य नियमों का पालन अपने आप किया जाता था। गर्भवती के किए जाने वाले संस्कार में दूर्वा, शतावरी, अश्वगंधा आदि औषधियाँ अपने आप दी जाती थीं, इसलिए वैद्य या डॉक्टर के पास अलग से जाने की आवश्यकता ही नहीं पड़ती थी। प्रसव भी घर पर ही होता था। प्रसव करने के लिए अनुभवी दाई रहती थी। वह अनुभवी होने के साथ-साथ आयुर्वेद का अच्छा ज्ञान रखती थी।

आज की स्थिति पूर्णत: अलग है। हमारे जीवन पर

धार्मिकता, त्योहार, कुलाचार, संस्कार आदि का प्रभाव कम हुआ है। इसलिए इनसे जुड़ी हुई बातों का ख्याल नहीं रखा जाता। ज्यादा संस्कार भी नहीं होते तथा उसके द्वारा दी जाने वाली सलाह भी गर्भवती को नहीं मिलतीं। पति-पत्नी और बच्चे, इतना ही परिवार होने से गर्भवती को छोटी-छोटी बातों का मार्गदर्शन करने वाला कोई नहीं होता। चिकित्सा क्षेत्र का विस्तार बहुत तेजी से हो रहा है। इसलिए गर्भवती की स्थिति की ठीक जानकारी डॉक्टर के अलावा किसी को भी पता होना संभव नहीं है।

ऊपर बताई गई सभी बातों पर विचार करने के बाद गर्भवती को दो महत्त्वपूर्ण बातें हमेशा ध्यान में रखनी चाहिए—

- **गर्भावस्था में गर्भवती स्त्री आयुर्वेदिक डॉक्टर से सलाह लेकर आहार, प्रसव से पूर्व ली जाने वाली दवाइयाँ (Antenatal care) आदि के संबंध में सलाह लें।**
- **हर माता को गर्भवती होने के बाद तुरंत स्त्री रोग व प्रसव विशेषज्ञ के पास जाकर प्रसवपूर्व जाँच (Antenatal care up) अवश्य कराएँ और उनके मार्गदर्शन से ही एलोपैथिक या आयुर्वेदिक औषधियाँ लें व जाँच कराएँ।**

ऐसा सोचना कि गर्भवती को डॉक्टर के पास जाने की कोई आवश्यकता नहीं है, मिथ्या है। ऐसा समझ लेना मूर्खता, अज्ञानता और अशिक्षा दर्शाता है। **डॉक्टर को अपना हितैषी मानकर उससे अपनी सारी समस्याओं पर चर्चा करें और उचित सलाह लें, यही गर्भ और गर्भवती के लिए रामबाण उपाय है।**

बच्चे में जन्मजात विकृति के कारण

पिछले 5-10 साल से यह परंपरा शुरू हुई है कि बच्चे के जन्म होने के बाद शिशु रोग विशेषज्ञ द्वारा उसका पूरा चिकित्सीय निरीक्षण किया जाता है। इस निरीक्षण द्वारा विशेषज्ञ ये पता लगाने का प्रयास करते हैं कि क्या शिशु सामान्य है या नहीं? उसमें किसी प्रकार की कोई विकृति तो नहीं है? जैसे—हृदय का कोई विकार, कान, नाक, आँख, जिह्वा (रसना), जननेंद्रिय, गुदाद्वार आदि सभी अंग अच्छे हैं या नहीं और सभी अवयव आनी-अपनी जगह हैं या नहीं?

गर्भकाल में डॉक्टर समय-समय पर सोनोग्राफी द्वारा Anamoly Scan करते हैं। Anamoly का मतलब है विकृति। यह जाँच बच्चे में किसी प्रकार की कोई विकृति तो नहीं है, यह पता लगाने के लिए की जाती है। कभी-कभी सोनोग्राफी में सबकुछ सामान्य आता है, लेकिन फिर भी शिशु जन्मत: विकृत हो सकता हैं। आयुर्वेद में भी इन बातों का विचार किया गया हैं। आयुर्वेदानुसार शिशु में विकृति होने के कई कारण हैं—

- **बीजदोष**—माँ-बाप के बीज में ही दोष है तो बच्चा भी विकृत हो सकता है।
- **आत्मकर्म**—जो जीव जन्म लेने वाला है, उसके पूर्वजन्मों के कर्मों के कारण यह दोष होता है।
- **आशय दोष**—गर्भाशय में यदि पहले से ही कोई कमी हो तो उसमें पलने वाला शिशु भी विकृत हो सकता है।
- **काल दोष**—गर्भवती की आयु ज्यादा कम या अधिक हो तो गर्भ रहने के बाद ऐसे माँ-बाप की संतान जन्मत: विकृत हो सकती है।
- **माँ में होने वाले दोष**—बच्चा माँ और बाप दोनों का ही अंश होता है, फिर भी उसका पोषण और विकास माँ के शरीर में ही हेता है। इसलिए माँ का शरीर निरोगी, आरोग्यवर्धक, स्वास्थ्यपूर्ण होना चाहिए। माँ अगर रुग्ण है और उसी में गर्भधारण हो गया या माँ में अगर कुछ जीवनसत्वों की कमी है और इसी स्थिति में गर्भ रहा तो बच्चे को जन्मत: विकृति हो सकती है।
- **आहार-विहार दोष**—गर्भवती ने अगर आहार-विहार से संबंधित सावधानियाँ नहीं रखीं तो जन्मत: शिशु दिव्यांग हो सकता है।

वेदों और आयुर्वेद में गर्भ संस्कार का उद्देश्य यही है कि हमारा शिशु स्वास्थ्यपूर्ण, बुद्धिमान तथा हर प्रकार के मानसिक व शारीरिक दोष से मुक्त हो। इसीलिए प्रयास करना चाहिए कि जहाँ तक संभव हो नहीं अपितु सभी गर्भ संस्कार अनिवार्यत: किए जाएँ।

गर्भावस्था में सौंदर्य की देखभाल

एक नन्ही-सी प्राणशक्ति को अपने पेट में पालकर अपने रक्त से उसका पोषण करके, उसे इस संसार में ला रही है, यह भावना गर्भवती के लिए बहुत ही सुखदायक होती है। वह इतनी उत्साहित होती है कि उसके लिए किसी तरह और कैसा भी कष्ट उठाने के लिए वह सहर्ष से तैयार होती है। नौ माह तक बच्चे का गर्भ में पालन और फिर प्रसव का प्रभाव गर्भवती की सुंदरता पर भी अत्यधिक होती है। सुंदरता पर होने वाले प्रभाव कम-से-कम हों, इसके लिए क्या करें और इसे बनाए रखने के लिए क्या करना चाहिए? गर्भवती होने के बाद एक स्त्री की सुंदरता पर प्रमुखता से 4-5 दुष्परिणाम सामान्यत: देखे जाते हैं—

त्वचा : गर्भवती के मुख और त्वचा पर काले दाग पड़ जाते हैं। (विशेष रूप से गाल, नाक और माथे पर)। कुछ स्त्रियों को पहले से ही मुहाँसों की शिकायत होती है। यह समस्या गर्भावस्था में और अधिक बढ़ जाती हैं, जिसके कारण उसके शरीर में होने वाले हार्मोनल बदलाव हैं। कभी-कभी पूरा मुख मुहाँसों से भर जाता है। शरीर में रक्त की कमी के कारण भी त्वचा सफेद और शुष्क दिखाई देती है। आँखों के नीचे काले घेरे आ जाते हैं।

स्ट्रेच मार्क्स : गर्भावस्था के सातवें माह के बाद एक और समस्या सामान्यत: पर स्त्रियों में देखने को मिलती है, जो कि उनके सौंदर्य को बहुत हानि पहुँचाती है। वह है स्ट्रेच मार्क्स! इसका विस्तृत वर्णन चिकित्सा आयुर्वेद में किया गया है। शास्त्रों में इसका उल्लेख 'किक्किस' के नाम से मिलता है।

सातवें माह में पेट का आकार ज्यादा बढ़ जाने से पेट के ऊपर की त्वचा खिंच जाती है, जिसके कारण सुनहरी और सफेद रंग की रेखाएँ पेट पर उभर आती हैं। उन्हें 'किक्किस' कहते हैं। जिन स्त्रियों का बच्चा अधिक भार का होता है या जिन्हें जुड़वाँ बच्चे होने वाले हैं या पेट में पानी अधिक है, उन स्त्रियों के पेट पर अधिक रेखाएँ आ जाती हैं और दाग दिखाई देते हैं। इस समय त्वचा पर खुजली भी ज्यादा आती है। खुजाने से इनमें कष्ट होता है।

पेट के साथ स्तनों का आकार भी बढ़ने लगता है। आने वाले समय में बच्चे को दूध पिलाने की तैयारी शरीर अभी से शुरू कर देता है। पेट जैसे दाग स्तनों पर भी पड़ सकते हैं।

इसके लिए चंदन या खस का पाउडर पेट पर लगाने से आराम मिलता है। कुछ विशेष तेलों का इस्तेमाल भी कर सकती हैं। इससे इन दागों से बचा जा सकता है। इसके साथ ही जो दाग आ चुके हैं, उन्हें दूर भी किया जा सकता है। कभी-कभी औषधीय तेल नहीं मिलता। ऐसी स्थिति में साधारण नारियल तेल भी लगा सकते हैं। यह तेल नियमित रूप से लगाने से त्वचा की खिंचने की क्षमता (elasticity) बढ़ती है। त्वचा में लचीलापन आता है।

मसूर दाल का आटा हल्दी में मिलाकर नहाते समय लगाएँ। इससे पीड़ा कम होती है। इस मिश्रण में दूध की मलाई भी मिला सकते हैं। यह मिश्रण पेट पर और स्तनों पर लगाने से बहुत आराम मिलता है।

अन्य उपचार—एलोवेरा के पारदर्शी हिस्से का रस निकालकर (एलोवेरा जेल) उसे दिन में 2-3 बार चेहरे पर लगाएँ तथा सूखने के बाद उसे चेहरे से मलकर निकालें नींबू निचोड़ने के बाद उसके छिलके को आमाहल्दी (कच्ची

हल्दी का एक प्रकार) के पावडर में मिलाकर त्वचा पर मलें, यह उपाय पेट की त्वचा पर, उठने वाली खुजली के मामले में भी गुणकारी है। पपीते का गुदा चेहरे पर मलें, पपीता (पत्तों का पावडर) एलोवेरा, कचूर सुगंदी, आमाहल्दी, गुलाब (पुखुड़ियों पावडर), मुल्तानी मिट्टी का पैक बनाएँ। उसकी पानी या दूध में पेस्ट बनाकर चेहरे पर तथा अन्य जगहों पर लगाएँ, सूख जाने के बाद उसे मलकर निकाल दें। इस क्रिया से त्वचा की ऊपरी परत जल्दी से बदली जा सकती है और रक्ताभिसरण में सहायता मिलती है। केमिकल ब्लीच बिल्कुल न करें। वनौषधियों का यह पैक हल्के से ब्लीच कर देता है।

डिलीवरी के बाद में धब्बे ज्यादा उभरकर दिखते हैं। इस खींची हुई और तनी हुई त्वचा को पोषण मिले, आर्द्रता मिले, शीतलता मिले, इसके लिए बार-बार एलोवेरा जेल लगाते रहें। चंदन, गुलाब पावडर 1-1 चम्मच एलोवेरा और पपीता पावडर 1/2 चम्मच, बादाम तेल की 10 बूँदें और लवेंडर तेल की 2 बूँदे दूध में अथवा मलाई में मिलाकर उसका पेस्ट बनाएँ। स्नान करने से पहले धीरे-धीरे इस मिश्रण को पेट पर तथा जंघाओं पर लगाएँ। 10 मिनट बाद रगड़कर उसे निकाल दें उसके बाद स्नान करें। गर्भावस्था में ज्यादा गरम पानी से स्नान न करें। 50 मि.लि. तिल के तेल में 20 बूँद लवेंडर तेल और 5 बूँद नेरोली तेल तथा 10 मि.लि. अंकुर तेल मिलाकर इस मिश्रित तेल से प्रतिदिन रात को हल्की मालिश करें।

तलवों में दरारें : शरीर में बढ़ती गरमी से और विशेषत: ठंड के मौसम में तलवे रूखे हो जाते हैं। कभी-कभी एड़ियाँ फटकर उनमें दरारें पड़ जाती हैं। उसके लिए ज्येष्ठमध, अर्जुन छिलका, पपीता, गुलाब इन सबका पावडर 1/2 चम्मच और 2 बूँद लवेंडर तेल दूध की मलाई में या कोकम तेल में (गरम करके) मिलाएँ। यह मिश्रण लगाकर जुराबें पहनकर सोएँ।

रूखी त्वचा : गर्भावस्था में त्वचा को अधिक पोषण की आवश्यकता होती है। साबुन की जगह पर उबटन का प्रयोग अच्छा होता है। घर में ही तेल बनाकर उसका मसाज पूरे शरीर को करें। इसके लिए 50 मि.लि. तिल के तेल में चंदन और जेरैनियम तेल की 10-10 बूँदे डालें और रोजवुड तथा यलंग/ईंक (कैनेन्गा ट्री) तेल की 5 बूँद तथा अंकुर तेल 10 मि.लि. में इन्हें मिलाएँ। इसी तेल से स्तनाग्रों का Nipples भी मसाज करें। स्तनाग्र 15-20 बार आगे की ओर खींचे। इससे बच्चे को दूध पिलाने में समस्या नहीं होगी।

सुडौलता : गर्भवती और बच्चे दोनों का भार सामान्यत: नौ महीनों में दस किलो बढ़ना ठीक है। प्रसव के बाद बच्चा, वार, पानी यह सब शरीर को छोड़ देते है, लेकिन यदि गर्भवती का भार अधिक बढ़ गया हो तो वह कम नहीं हो सकता। भार बढ़ने के भी कई कारण हो सकते हैं—जैसे सूजन आना, शरीर में पानी की मात्रा बढ़ना आदि। लेकिन प्रसव के बाद यह सूजन जैसे-जैसे कम होती है, वैसे ही भार भी कम होने लगता है।

शक्तिवर्धक पदार्थों का ज्यादा खाना, तली हुई चीजें, सूखे फल, घी के पदार्थ खाने में अधिक मात्रा में होने से भी भार बढ़ता है। दिन में कई बार खाना, आराम अधिक करना आदि भी भार बढ़ाने के बहुत बड़े कारण हैं। कुछ स्त्रियों को डॉ. ने विश्राम करने की सलाह दी होती है, ऐसी स्थिति में इच्छा के उपरांत भी वह कोई व्यायाम नहीं कर सकतीं। एक ओर तो अधिक खाना और दूसरी ओर व्यायाम का अभाव, इन परिस्थितियों में भार न बढ़े, ऐसा असंभव है।

यदि इस प्रकार से एक बार भार बढ़ जाए तो प्रसव के बाद उसे घटाना बहुत कठिन होता है। शरीर के अनेक भागों में वसा जम जाती है, जैसे कोख, जाँघ, स्तन, कमर, दंड आदि, जिससे शरीर एकदम बेडौल हो जाता है और सुंदर से सुंदर स्त्री भी बाद में ध्यान न देने पर आंटी जैसी दिखाई देने लगती है।

सुडौल वक्षस्थल : गर्भावस्था के सभी उतार-चढ़ावों का प्रभाव स्तनों पर भी बराबर पड़ता है। प्रसव के बाद, दूध आने के कारण उनका भार बढ़ता है, जिससे वह थोड़े नीचे ढलक आते हैं। इसी समय उन्हें सहारा देने की आवश्यक्ता होती है, लेकिन बच्चे को दूध पिलाते समय परेशानी न हो, इसलिए अकसर स्त्रियाँ इस समय ब्रा पहनने में आलस करती हैं, जिसके कारण स्तनों का मूल आकार व सुडौलता कम हो

जाती है तथा स्तन का आकार बिगड़ जाता है और वे ढीले पड़ जाते हैं।

इस प्रकार अगर सावधानी न रखी जाए तो स्त्री का सौंदर्य बहुत अधिक प्रभावित होता है और उसकी मोहकता व सुंदरता कम हो जाती है। कभी-कभी स्त्री पर प्रसव के बाद एकदम निराशा छा जाती है। इन सबसे बचने के लिए क्या करना चाहिए ?

सबसे पहले गर्भवती अपना आहार उचित मात्रा में और सही ढंग से ले। मीठा, तीखा, खट्टा, कड़वा, नमकीन आदि सर्व आहार लेना चाहिए। किसी भी पदार्थ का अति सेवन नहीं करना है। फल, सब्जी खाएँ। काली मुनक्का, अंजीर, अखरोट, रामदाना व सेब का प्रयोग खाने में करें। उपवास न करें। अपने खाने में दूध, मक्खन, घी आदि का प्रयोग नियमित रूप से करें।

आँखों पर अधिक बोझ न डालें एवं इतनी पढ़ाई, लिखाई, सिलाई या कंप्यूटर पर काम न करें। बीच-बीच में आँखों को आराम दें। आँखों पर हल्के हाथों से मसाज करें। इससे आँखों पर काले घेरे नहीं पड़ेंगे।

पेट पर या स्तनों पर स्ट्रेचमार्क्स न आएँ, इसलिए पहले से ही सावधानी रखें। पेट के ऊपर की त्वचा आने वाले समय में और खिंचने वाली है, यह सोचकर पाँचवें महीने से ही निगरानी करें। ऐसा करने से स्ट्रेचमार्क्स टाले जा सकते हैं। आयुर्वेदीय ग्रंथों में कुछ औषधियाँ खाने के लिए कहा गया है। उनका सेवन डॉक्टर की सलाह से ही करें। आयुर्वेद शास्त्र में कुछ विशिष्ट औषधियों का प्रयोग पेट और स्तनों के लिए कहा गया है। इन औषधियों का लेप पेट व स्तनों पर लगाने से पेट पर रेखाएँ (स्ट्रैचमार्क्स) नहीं आतीं। ये औषधियाँ हैं—मुलेठी, चंदन, नीम, शिरीष। इन औषधियों का पाउडर बनाकर दूध या पानी में इसका लेप बनाकर लगाया जा सकता है।

एक बार प्रसव हो जाने के बाद शारीरिक कष्ट, व्यायाम और आहार पर नियंत्रण रखकर भार वश में किया जा सकता है। प्रसव के बाद भार कम करने के लिए दोपहर की नींद न लें। इसके अतिरिक्त स्विमिंग, साइक्लिंग, रस्सी कूदने आदि से भार जल्दी कम होता है। पेट पर पट्टी बाँधने से चरबी बढ़ने के लिए पेट में जगह नहीं मिलती, जिसके कारण लाभ होता है।

स्त्री अपने सौंदर्य के प्रति हमेशा ही जागरूक होती है। प्रसव के बाद अपना पहले वाला सुडौल शरीर प्राप्त करने के लिए प्रयत्नपूर्वक उपचार करने पड़ते हैं। इसलिए उचित उपचार करने से स्त्री अपना पहले वाला आकर्षक व सुडौल। शरीर और सुदंरता वापस प्राप्त कर सकती है, इसमें कोई संदेह नहीं है।

बालों का रख-रखाव

त्वचा के सही पोषण के लिए नियमित रूप से (कम-से-कम सप्ताह में 1-2 बार) बालों को तेल से मालिश करें। रात को मालिश करके सुबह बाल धो डालें 50 मि.लि. तिल के तेल में रोजमेरी, लेवेंडर व जेरॅनियम 20 बूँद तथा अंकुर तेल 10 मि.लि. मिलाकर तेल बनाएँ।

चिपचिपे बाल : कई महिलाओं को विशेष रूप से गरमी में पसीने से बाल चिपचिपे लगते हैं। ऐसी महिलाओं को पाव कटोरी मुल्तानी मिट्टी में आधा नींबू निचोड़कर उसकी पानी में पेस्ट बनाकर बालों में सब जगह लगानी चाहिए तथा 15-20 मिनट बाद उसे धो डालना चाहिए। साथ

ही आँवला पाउडर, संतरा छिलका पाउडर का भी पेस्ट बाल धोने के लिए प्रयोग किया जा सकता है। नागरमोथा पाउडर के पेस्ट से बालों की गरमी कम हो जाती है।

रूखे बाल : बाल धोने के लिए सोप या शैंपू प्रयोग में न लाएँ शिकाकाई, रिठा, कचूर सुगंधी, संतरा छिलका, मुल्तानी मिट्टी, इनके मिश्रण से बाल धोएँ। एक दिन छोड़कर लाल जपाकुसुम के फुलों से बना जास्वंद तेल बालों में लगाएँ

बालों के व्यायाम : इन व्यायाम को करने से त्वचा में रक्त संचरण बढ़ता है। तैलग्रंथियाँ उत्तेजित हो जाती हैं, जिससे बालों की जड़ों में प्राकृतिक रूप से तेल उपलब्ध हो जाता है। तनी हुई और पतली हो चुकी त्वचा भी पहले जैसी हो जाती है।

बाल गिरना : बाल गिरने के कारण ढूँढ़ निकालना बहुत आवश्यक होता है। यदि हार्मोनल कारण न हो तो अपने आप सब ठीक हो जाता है। शरीर में ज्यादा गरमी, आहार में गलतियाँ, दवाइयों के बुरे प्रभाव या बालों में रूसी, जुएँ, किसी शैंपू या तेल की एलर्जी आदि कारणों पर ध्यान देना आवश्यक है। जपाकुसुम फूलों का पाउडर, कचूर सुगंधी, ब्राह्मी, कुलिंजन, जटामासी आदि पाउडर का मिश्रण (न्यू क्रॉप) एलोवेरा के द्रव में मिलाकर बालों की जड़ों में 20 मिनट तक लगाएँ रखें और धो डालें यह क्रिया सप्ताह में दो बार करें।

बालों में रूसी : खुजली करने वाली रूसी फंगस के कारण और छिलके निकलने वाली रूसी रुखी त्वचा के कारण होती है। इसके लिए संतरे का छिलका, कचूर सुगंधी, त्रिफला, मुल्तानी मिट्टी, नागरमोथा इनका मिश्रण ट्रायडॉफ (Tridoff) एलोवेरा के द्रव में मिलाकर बालों की जड़ों में लगाएँ 20 मिनट बाद धो डालें। खुजली वाली रूसी हो तो एक-दो हप्ते Anti Dandruff शैंपू लगाएँ। आधा कप पानी में एक चम्मच शैंपू मिलाकर उससे बाल धोएँ। कभी-कभी धोने से पहले बालों में दही लगाएँ।

आँखों की देखभाल

आँखों की जलन होना, आँखें लाल होना, आँखों के नीचे थोड़ी-सी सूजन रहना, आँखों के बालों में खुजली होना आदि के लिए आँखों पर ठंडे पानी की या ठंडे दूध की पट्टी 10 मिनट तक रखें। खीरे के रस में या एक कप पानी में 2 बूँद लवेंडर डालकर उसकी पट्टी आँखों पर रखें रात को तलवों में असली घी का मसाज करें। आँखों के नीचे कालापन आने से एनिमिया का ट्रीटमेंट करवाएँ। आँखों के नीचे सेब का गूदा, पपीते का गूदा मलें। आलू का कद्दूकस आँखों पर लगाएँ घर के मक्खन में आमाहल्दी मिलाकर आँखों के आस-पास मसाज करें।

दाँतों की देखभाल

दाँतों से खून बहना, उसमें कीटाणु पैदा होना, मुँह से बदबू आना, मुँह में छाले आना आदि शिकायतें गर्भावस्था में दिखाई देती हैं। दाँत, मसूड़े, जीभ इनका स्वास्थ्य सही होने से ही स्वस्थ लार तैयार हो सकती है। इसलिए सुबह शाम मंजन से दाँतों और मसूड़ों की मसाज करना आवश्यक है। ऊपरी मसूड़े अँगूठे और उँगलियों के बीच पकड़कर उन्हें नीचे की ओर खींचे। (milking of the gums)। त्रिफला, बबूल, बकुल, अनार, लोध्र और खैर छिलके गुलबेल, पिलू और ज्येष्ठमध के पाउडर में मिलाकर उस मंजन से दाँत और मसूड़ों को मलकर साफ करें। कुल्ला किया हुआ पानी गरदन उठाकर गले के पिछले हिस्से की ओर ले जाएँ। इनसे गले के पीछे जो पदार्थ चिपका रहता है, वह बाहर आ जाता है और गले के रोग, टॉन्सिल की समस्या से संरक्षण मिलता है। तिल के तेल से भी मसूड़ों का मसाज किया जा सकता है। होंठ काले पड़ रहें हों तो चेहरे के धब्बों पर लगाया जाने वाला मिश्रण होंठों पर भी मला जा सकता है।

संक्षेप में, गर्भावस्था का समय स्त्री जीवन का अतुल्य समय रहता है और इसलिए स्त्रीत्व को सँभालना हेतुपूर्वक किया जाना चाहिए।

गर्भावस्था और यात्रा में सावधानी

''डॉक्टर दीदी, मेरे भाई का अगले महीने जयपुर में विवाह है। अब मेरा पाँचवा महीना चल रहा है। मुझे विवाह में शामिल होने की बहुत इच्छा है। लेकिन पिछले वर्ष मेरी बहन 3 माह की गर्भावस्था में गोवा गई थी और फिर उसका एबॉर्शन हुआ। इसलिए मैं यात्रा से डर रही हूँ। आप ही बताइए डॉक्टर मैं क्या करूँ ?''

यात्रा से कौन बचे?—यदि किसी के बार-बार एबॉर्शंस हो रहे हों, प्लेसेंटा गर्भाशय के निचली ओर हो, गर्भाशय का द्वार थोड़ा ढीला हो, पहले सिजेरियंस हो चुके हों या पहले के कुछ Complications हों, ब्लडप्रेशर हो, सूजन बहुत बढ़ गई हो, मानसिक स्वास्थ्य ठीक न हो, पेट में बीच-बीच पीड़ा उठ रही हो, पाचनसंस्था दुर्बल हो चुकी हो, मधुमेह, फिटस्, हृदय रोग, समय से पहले हुई प्रसूति, किडनी, लिवर के कष्ट आदि समस्याएँ होने पर यात्रा से बचना ही ठीक है। वैसे भी 3 माह पूरे होने से पहले और आठवें महीने के बाद जहाँ तक हो सके, यात्रा न करें।

3 माह पूरे होने तक सफर न करने के कारण—इस दौरान उबकाइयाँ आती हैं, यात्रा में वह बढ़ सकती हैं। विशेषत: जब यात्रा सड़क से की जानी हो।

- इस समय बार-बार मूत्र करने की इच्छा होती है। लंबी दूरी की यात्रा में मूत्र त्याग में असुविधा हो सकती है।
- यदि पहले भी गर्भपात हुए हों तो इस समय गर्भपात होने की संभावना अत्यधिक बढ़ जाती है।
- गर्भ और माता का शरीर परिवर्तन के लिए पूरी तरह तैयार और स्थिर नहीं हुआ होता है। इसलिए यात्रा का अनावश्यक तनाव न हो तो अच्छा होता है।
- इस समय बच्चे की सभी महत्त्वपूर्ण संस्थाएँ निर्माण होती हैं। तब बाहरी प्रदूषण, विषैले द्रव, रोग, कीटाणु, अन्य इन्फेक्शन से बचना अच्छा है। बाहर जाने से रुग्ण पड़ने पर बच्चे में कोई कमी आ सकती है।
- यात्रा में यदि छोटी माता, खसरा, mumps, जर्मन मिजल्स आदि रोगियों के संपर्क में आएँ तो बच्चे को फिर जोखिम हो सकता है।

4 से 7 महीनों में यात्रा—इस समय यात्रा बहुत सुरक्षित रहती है। फिर भी निम्नलिखित सावधानियाँ रखें—

- यात्रा पर निकलने से पहले आप डॉक्टर से संपूर्ण जाँच करवा लें और डॉक्टर की अनुमति के बाद ही यात्रा तय करें। उन स्थानों की यात्रा न करें, जहाँ अच्छी चिकित्सा सुविधा उपलब्ध नहीं है या फिर किसी इन्फेक्शन की संभावना है।
- **कपड़े**—गर्भावस्था में शरीर का तापमान थोड़ा-सा ज्यादा होता है। इसलिए कॉटन के ढीले कपड़े पहनें ठंड के मौसम में ठंडी हवा के झोंकों से अपना बचाव करें। कान में रुई, कानों पर स्कार्फ, स्वेटर, पैर में जुराबें पहनें। कसे हुए गहने न पहनें, कृत्रिम सेंट का उपयोग न करें। धूप में जाना पड़े तो टोपी पहनें।
- **खाने के बारे में**—जहाँ तक संभव हो, घर की चीजें ही साथ ले जाएँ। दूध में बनी रोटियाँ, थेपला या इसी प्रकार के पदार्थ, जो ज्यादा दिन रह पाते हैं, उन्हें अपने साथ रखें। रास्ते में फल क्रय करना अच्छा है कि अपने साथ फल लेकर चलें उबला हुआ पानी साथ लें। गरमी में बार-बार पानी पिएँ। ज्यादा तीखा या तला हुआ न खाएँ, बाहरी तली हुई चीजों में तेल सही न हो तो गला खराब हो सकता है। इसलिए तली हुई चीजें खाने के बाद गरमागरम चाय, कॉफी लें, ताकि गले में रुका हुआ तेल का अंश निकल जाएगा।

- खाने से पहले हाथ डेटॉल साबुन से साफ धो लें। यात्रा में साथ रहने वाले साथी, चाहे कितना ही प्यार से क्यों न खिलाएँ, उसे न खाएँ। ज्यादा न खाएँ। कम खाने से पीड़ा नहीं होती, परंतु ज्यादा और व्यर्थ की चीजें खाने से समस्या होती है। खाना चबा-चबाकर खाएँ पानी के साथ उसे निगलें नहीं, अच्छा तो यही होगा कि खाते समय पानी का घूँट भी न लें। गाड़ी यदि तेज चल रही हो तो पानी पीते समय समस्या हो सकती है। मूत्र या दीर्घशंका (टट्टी) के लिए जाने की इच्छा हो तो झिझकें नहीं और न ही संकोच करें। उबकाई आने की संभावना हो ध्यान में रखकर प्लॉस्टिक की थैली पर्स में रखें।
- **अन्य सूचनाएँ—**लगातार बैठे रहने से पैर के नसों (Veins) में रक्त जम जाता है। ट्रेन की यात्रा में बीच-बीच में थोड़ा-सा चलें। बस या कार की यात्रा होने पर बीच में नीचे उतरें। बैठे-बैठे पैरों को तानें टखनों के इर्द-गिर्द गोल-गोल पैर घुमाएँ। तने हुए पैर ऊपर उठाएँ पैरों के नीचे एक बैग या तकिया रखें।
    - ➲ कार में सीट बेल्ट लगाएँ बेल्ट जंघाओं के पास अपने दें तथा कंधों के लिए बेल्ट लगाएँ। बच्चे को बेल्ट से समस्या होने से ज्यादा पीड़ा उसे तब हो सकती है, जब अचानक कोई झटका लगे। हाथ की उँगलियाँ, कंधे, गरदन, आँखें इनके भी व्यायाम करें।
    - ➲ श्वास पर ध्यान केंद्रित करते हुए दीर्घ साँस लें, विशेषकर जब पेट से साँस ली जाती है, तब बच्चे को ज्यादा रक्त मिल जाता है। आँखें बंद करके पेट फुलाकर दीर्घ साँस लेते हुए वाईट लाइट फेफड़ों में पहुँच जाने की कल्पना करें और साँस छोड़ते वक्त सभी बुरी बातें, नकारात्मक विचार, डर बाहर फेंका जा रहा है, ऐसा सोंचे। अपने इष्ट देवता का स्मरण करें। मंत्रों में मन केंद्रित करें।
    - ➲ सोते समय हमेशा बाईं ओर मुड़कर सोएँ। पेट के नीचे मोटे टॉवल की परत रखें पैर थोड़े से ऊपर उठाकर रखें (नीचे तकिया या बैग साथ रखें)। अपने लिए बेडशीट, एक चद्दर और तकिया साथ रखें। इसके लिए टालमटोल न करें। बोझा न उठाएँ, दूसरों के धक्के न लगने दें, फिसलने वाली जमीन पर धीरे से चलें, ट्रेन यदि बहुत ज्यादा तेज चल रही हो तो टॉयलेट में न जाएँ और जाना हो तो किसी को साथ ले जाएँ। दरवाजे पर खड़ी न रहें। बेसिन दरवाजे के पास हो तो वहाँ खड़ी न रहें। मच्छरों से बचने के लिए क्रीम लगाएँ।
- साथ में रखने वाली दवाइयाँ—अपने साथ कॉटन एंटीसेप्टीक मलहम, आई तथा इअर ड्रॉप्स, बाम आदि रखें। एक कागज पर अपना पता, ब्लड ग्रुप, सोनोग्राफी रिपोर्ट, अपने डॉक्टर का नाम, पता, जहाँ जा रही हैं? वहाँ का पता, फोन लिखकर, यह कागज पर्स में या साथ में रखें आपातकालीन स्थिति में यह काम आता है।
- गरमी में चेहरे पर ठंडे पानी में भिगोया हुआ नैपकिन रखें। उस पानी में एक बूँद लवेंडर/चंदन या खस तेल डालें।

इस प्रकार सावधानी बरतने से गर्भावस्था में भी यात्रा सुरक्षित और सुखदायी हो सकती है।

गर्भपात होने के कारण

जिस गर्भवती स्त्री को बिना अधिक पीड़ा के सुखकारक प्रसव के बाद संतान प्राप्त होती है, वह स्त्री बहुत ही भाग्यवान है। आपने यदि ध्यान दिया हो तो देखा होगा कि आजकल अत्यधिक संख्या में दूसरे या तीसरे माह में गर्भपात हो जाता है। आयुर्वेद में जब तीसरे माह में गर्भपात होता है तो उसे 'गर्भस्त्राव' कहते हैं, क्योंकि तब तक वह गर्भ स्थिर नहीं होता। छठे माह में गर्भ गिरता है तो उसे ही 'गर्भपात' कहते हैं और आठवें महीने तक प्रसूति हुई तो उसे 'अकाल प्रसव' कहते हैं। इसके अलग-अलग कारण होते हैं। इन कारणों से गर्भ को बहुत जोखिम होता है, इसलिए इसे 'गर्भपात भाव' कहते हैं। यदि ये कारण हमारी समझ में आ जाएँ तो 80-90 प्रतिशत गर्भस्त्राव, गर्भपात और अकाल प्रसव हम टाल सकते हैं। गर्भ को किससे खतरा हो सकता है? इसकी जानकारी गर्भवती को होनी चाहिए, जिससे कि गर्भवती स्त्री

समय से पूर्व सावधानी बरतकर अपने गर्भ की सुरक्षा कर सके।

ऊँचे स्थान पर बैठना, कठिन या टेढ़े-मेढ़े आसन पर बैठना, मल-मूत्र की संवेदनाओं को दबाकर रखना, त्रुटिपूर्ण तरीकों से व्यायाम करना, अति कठोर पदार्थ और उष्ण गुण-धर्मों के पदार्थों का सेवन करना, चोट लगना, पेट पर दबाव पड़ना, अचानक दु:खी समाचार सुनने के बाद मानसिक स्वास्थ बिगड़ना, झगड़ा आदि कारण से गर्भपात हो सकता है।

आजकल हम देखते हैं कि रोगी के पलंग को पैरों की तरफ से थोड़ा ऊपर रखते हैं। जिस पर रोगी को लिटाया जाता है, वह सोता या आराम करता है। इसे Head Low Position कहते हैं। यह सलाह 5000 साल पहले लिखे गए ग्रंथों में भी लिखी है। Head Low स्वू का अर्थ संस्कृत भाषा में 'अवनत सिर' का तात्पर्य है, 'सिर नीचे की ओर रखना'।

पेडू पर ठंडे पानी, ठंडे दूध या विशिष्ट औषधि से बनी हुई घी की पट्टियाँ रखें खाने में कमल के केसर, शहद और मिश्री के साथ दें घी और चावल खाने में दें सिंघाड़े की खीर केसर डालकर पिलाएँ।

इसके बाद आयुर्वेद में गर्भ सुरक्षित रखने तथा गर्भस्त्राव न होने के लिए विशेष दवाइयाँ दी गई हैं, उन्हें पहले से ही लें पहले माह से नौ माह तक ये दवाइयाँ हर माह बदली जाती हैं। गर्भ के हर मास की वृद्धि के लिए यह उपयुक्त है। इसलिए यह उपचार अवश्य लें, क्योंकि हर माँ चाहती है कि उसका बच्चा स्वस्थ और निरोग हो। स्वस्थ शिशु के जन्म के लिए आयुर्वेदीय चिकित्सा अत्यंत काम आती है।

भगवान् शिव-पार्वती ने भी पुत्र प्राप्ति हेतु शुक्लपक्ष समरात्रि में संभोग किया। रामचरितमानस प्रमाण है—

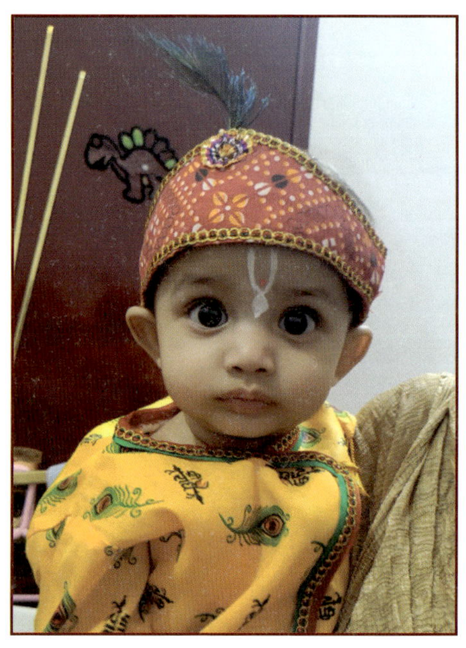

जगत मातु पितु संभु भवानी।
तेहि सिंगारू न कहउँ बवखानी॥
करहिं बिबिध बिधि भोग बिलासा।
गनन्ह समेत बसहि कैलासा॥
हरगिरिजा बिहार नित नयऊ।
एहि बिधि बिपुल काल चलि गयऊ॥
तब जनमेउ षटबदन कुमारा।
तारकु असुरु समर जेहिं मारा॥
आगम निगम प्रसिद्ध पुराना।
षन्मुख जन्मु सकल जग जाना॥

—रामचरितमानस बालकांड (1.103.4)

10

अथ दशमोऽध्यायः

गर्भ का विकासक्रम, गर्भवती का नित्यक्रम एवं देखभाल

गर्भिणी की दौहृदावस्था/दोहद

गर्भ माता के उदर में नौ मास तक रहता है और क्रमशः विकसित होता है। गर्भ के अस्तित्व में आने से लेकर प्रारंभ से नौ मास तक उसमें क्रमशः वृद्धि होती है। शुरुआत में एक कोष में से विभाजित होकर गुच्छे के समान कोश होने के बाद हर-एक कोष में से शिशु के अलग-अलग अंग उपांग उत्पन्न होते हैं। इस वृद्धि के दौरान वैसे तो हृदय बनने की प्रक्रिया पहले से ही प्रारंभ हो जाती है, तथापि चौथे मास में गर्भ के अंदर हृदय पूर्ण रूप से व्यक्त होता है।

आयुर्वेद शास्त्रों में हृदय को आत्मा, चेतना तथा मन का उद्‌गम स्थान माना गया है। इसलिए कहा जा सकता है कि इच्छाएँ हृदय में ही उत्पन्न होती हैं। इसलिए चौथे महीने में गर्भ का हृदय जब पूर्ण रूप से व्यक्त होता है, तब उसके बाद ही गर्भ की आत्मा, चेतना तथा मन की इच्छाएँ व्यक्त होती हैं।

गर्भिणी की इस अवस्था को 'दौहृदावस्था' कहा जाता है। गर्भिणी दौहृदयी कहलाती है, क्योंकि इस अवस्था में माता के शरीर में स्वयं का और गर्भाशय में आकार ले रहे शिशु का, दो हृदय होते हैं।

ज्योतिषशास्त्र के अनुसार भी गर्भावस्था के समय चौथे मास में सूर्य का प्रभुत्व होता है। सूर्य आत्मा का कारक है। इसलिए ज्योतिषशास्त्र के अनुसार भी चौथे मास में गर्भ का हृदय इच्छा व्यक्त करता है।

गर्भावस्था के समय माता और गर्भ के हृदय मन और आत्मा से जुड़े हुए होते हैं। इसलिए जो अनुभव (शब्द-स्पर्शादि) माता को होता है, वही अनुभव बालक को भी होता है तथा जो-जो इच्छाएँ बालक को होती हैं, बिलकुल वही इच्छाएँ माता को भी होती हैं। गर्भावस्था के समय किए हुए सभी कर्मों की छाप शिशु के मानस पर पड़ती है। बालक का हृदय व्यक्त होने के साथ चेतना धातु व्यक्त होती है और बालक चौथे मास के पश्चात् शब्दस्पर्शादि इंद्रियों के विषय में माता के द्वारा अपनी इच्छा या प्रार्थना व्यक्त करता है। गर्भ का मातृजन्य हृदय नाभिनाड़ी (Umbilical cord) के द्वारा माता के हृदय के साथ बँधा हुआ होता है। इसलिए सभी इच्छाएँ नाड़ी के द्वारा आवागमन करती हैं।

दोहद कैसे पहचानें?

दोहद विषय माँ और बच्चे के मन से बँधा होता है। आयुर्वेद के अनुसार, मन का स्थान हृदय में है। गर्भनाभि नाड़ी से माँ का और बच्चे का हृदय आपस में जुड़ा रहता है। आयुर्वेदानुसार अपना मन हृदय में रहता है। इसलिए आयुर्वेदानुसार हृदय को एक रुधिर परिसंचार करने वाला निष्प्राण पंप न मानते हुए उसे एक जीवित संवेदनशील या जाग्रत् अंग मानते हैं।

गर्भनाभि नाड़ी अर्थात् नाल अत्यंत महत्त्वपूर्ण अवयव है। स्टेम सैल अनुसंधान ने इसे सिद्ध किया है। अगर यह नाल उचित और सुरक्षित तरीके से सँभाली जाए तो इससे बच्चे के भविष्य में उसका कोई भी अंग दुर्घटनाग्रस्त होने पर इस नाल द्वारा बनाया जा सकता है। पुराने समय में प्रसव के उपर्युक्त

कचरे के डिब्बे में जाने वाली यह नाल इतनी महत्त्वपूर्ण होती है तो गर्भाशय के अंदर इसका काम कितना अधिक महत्त्वपूर्ण होगा, यह समझ में आता है।

आयुर्वेद ग्रंथों के अनुसार इस गर्भनाभि नाड़ी या नाल से माँ का हृदय और बच्चे के हृदय में इच्छा, विचार, क्रोध, प्रेम, लोभ आदि तरल भावनाओं का आदान-प्रदान होता है। माँ के विचार, उसकी भावनाएँ और संवेदनाएँ उसके बच्चे तक कैसे पहुँचती हैं ? माँ के लिए यह जानना कितना महत्त्वपूर्ण है ! केवल माँ की भावनाएँ बच्चे तक नहीं पहुँचती, बल्कि बच्चे की इच्छाएँ और आकांक्षाएँ भी माँ तक पहुँचती हैं। एक माँ के लिए यह एक अद्‌भुत अनुभूति और प्रसन्नता होती है, जिसे शायद शब्दों में व्यक्त नहीं किया जा सकता। उसकी कोख में पलने वाला बच्चा जन्म से पहले ही माँ के साथ बातचीत कर सकता है और यह बातचीत करने की अवस्था ही दोहद है, जिसे सबसे पहले गर्भवती समझती है। गर्भवती के लिए दोहद अत्यंत महत्त्वपूर्ण घटना है।

किसी भी पदार्थ को देखने के बाद उसे खाने की इच्छा होना प्राकृतिक बात है। सामने गुलाबजामुन रखे गए हैं और वे हमारे पसंदीदा पदार्थों में से एक हैं तो खाने का मन करेगा ही, इसे दोहद नहीं कहेंगे। दोहद की इच्छा वह होती है, जो अचानक बिना किसी कारण अपने आप ही उपस्थित होती है। उसकी तीव्रता इतनी होती है कि चाहे कुछ भी हो, वह पदार्थ मुझे खाना ही है, जब ऐसा लगता है, तब उसे दोहद कहते हैं। दोहद की तीव्रता अगर बहुत है तो वह अवश्य पूरी करें। उसकी ओर से असावधानी न करें। यदि ऐसी तीव्र इच्छाएँ पूरी न की गईं तो गर्भ को और माँ को चोट पहुँच सकती है।

प्राय: गर्भिणी स्त्रियों में कार्य की अस्थिरता दिखाई देती है। कभी उसे कुछ पसंद आता है, तो कभी कुछ और। कभी-कभी गर्भिणी स्त्रियों की स्वादवृत्ति में परिवर्तन आ जाता है। पसंद न आने वाली सब्जियाँ पसंद आने लगती हैं और पसंद आने वाली सब्जी खाने से उलटियाँ होने लगती हैं। नास्तिक स्त्रियाँ कभी-कभी आस्तिक बन जाती हैं, तो आस्तिक स्त्रियाँ कभी-कभी नास्तिक बन जाती हैं। स्वभाव में भी स्पष्ट अंतर दिखाई देने लगता है। इन बातों का कारण शिशु के आत्मा की अभिव्यक्ति तथा इच्छाएँ हैं और इच्छाओं के कारणों को शास्त्र में गर्भ के पूर्वकर्म का नाम दिया गया है। गर्भ के पूर्वजन्म के कर्म के अनुसार जीव का स्वभाव, शील, आहार-विहार की इच्छा इत्यादि गर्भ के आत्मा में संग्रहित होते हैं।

इन इच्छाओं को वह माता के माध्यम से व्यक्त करता है।

(वातदोष कपित होकर गर्भ का स्त्राव या गर्भपात होने की भी संभावना रहती है अथवा प्रसूति के बाद शिशु में किसी अवयव की विकृति होने की भी संभावना रहती है।)

आचार्य सुश्रुत ने स्त्री को होने वाली इच्छा से भावी बालक की कल्पना इस प्रकार की है। यदि कोई उच्च पदाधिकारी व्यक्ति के दर्शन की इच्छा होती है तो द्रव्यवान और महापुण्यवान संतान होगी। यदि अच्छे वस्त्र और अलंकार आभूषण पहनने की इच्छा प्रकट होती है तो अलंकारप्रिय तथा सुंदर संतान होगी। आश्रमवास की इच्छा हो तो जितेंद्रिय तथा धर्मात्मा और धर्मप्रेमी संतान होगी। देव प्रतिमा के दर्शन की इच्छा होती है तो सज्जन संतान होगी। हिंसक प्राणियों के दर्शन की इच्छा से क्रूर तथा हिंसक संतान उत्पन्न होगी ऐसी कल्पना की जा सकती है। शिवाजी महाराज के समय उनकी माँ जीजामाता को घुड़सवारी करना, गढ़ व किले देखने का, युद्ध की कथाएँ सुनने का मन करता था। इस प्रकार इस अवस्था में माता की इच्छाओं का ध्यान रखकर उसे दुर्लक्षित नहीं करना चाहिए। उसकी पूर्ति करने के हरसंभव प्रयास करने चाहिए।

कब लगते हैं दोहद ?

गर्भ रहने के बाद तीसरे माह में बच्चे के सभी अवयव तैयार होते हैं। तभी हृदय भी तैयार होता है। चौथे माह में हृदय अच्छी तरह से व्यक्त होता है। तीसरे महीने के बाद दोहद लगते हैं। ज्यादातर महिलाओं को गर्भ रहने के बाद इमली, कच्चे आम, नीबू आदि भाने लगते हैं, ये चीजें वह बहुत मन से खाती हैं, किंतु इसका दोहद से कोई संबंध नहीं है। गर्भ रहने के बाद शरीर में हार्मोंस की मात्रा परिवर्तित हो जाती है।

इसलिए जी मिचलाता है तथा जी मिचलाना कम करने के लिए खट्टा खाने को मन करता है। जी मिचलाने से रसना के सभी स्वाद खत्म हो जाते हैं। किसी भी खाने का आनंद नहीं आता। इस समय खट्टे पदार्थों से जिह्वा को संवेदना आती है, इसलिए ऐसा खाने का मन करता है।

गर्भ रहने के बाद तीसरे महीने में दोहद शुरू हो जाते हैं, लेकिन चौथे/पाँचवें माह में ये अधिक होते हैं तथा नौ माह पूरे होने तक होते हैं।

दोहद द्वारा गर्भ अपने पूर्वजन्म का अनुभव फिर से पाने की इच्छा रखता है। बच्चे के पोषण के लिए जो तत्व आवश्यक होता हैं, उनकी इच्छा प्राकृतिक रूप से उत्पन्न होती है। दोहद के रूप में पैदा होने वाली इच्छाएँ पूरी करना गर्भ के लिए आवश्यक होता है। दोहद पूरे होने से बच्चा स्वस्थ पैदा होता है। दोहद पूरे नहीं किए गए तो गर्भ में कुछ विकृति हो सकती है। दोहद को बहुत अधिक उपेक्षित किया गया तो गर्भ नष्ट भी हो सकता है। इसलिए दोहद का पूरा ध्यान रखें।

दोहद के नाम पर गर्भवती स्त्री केवल अपनी ही पसंद पूरी न करे। केवल पसंद होने के कारण अनावश्यक या स्वास्थ्य के लिए हानिकारक पदार्थ का सेवन न करें। नहीं तो गर्भवती का स्वास्थ्य बिगड़ सकता है और बच्चे को भी पीड़ा हो सकती है।

गर्भवती की आदर्श दिनचर्या

यह दिनचर्या विशेषत: घर में रहने वाली माताओं-बहनों-बेटियों को ध्यान में रखकर बनाई गई है। नौकरी करने वाली स्त्रियों के अनुसार दिनचर्या में परिवर्तन किए जा सकते हैं, क्योंकि नियमित रूप से दिनचर्या रखने वाली स्त्रियों का स्वास्थ्य अच्छा रहता है।

1. सुबह जल्दी उठना : सामान्यत: सुबह पाँच बजे उठ जाना चाहिए। जिन स्त्रियों को सुबह उठकर टिफिन बनाना पड़ता है या फिर पहले बच्चे का स्कूल है, उनका उठने का समय और जल्दी हो सकता है। फिर भी सामान्यत: पर पाँच बजे उठना चाहिए और उठने के बाद पाँच मिनट ईश्वर का ध्यान करें।

- नींद पूरी हुई है या नहीं, इसका विचार करें।
- चिंतन करें कि अपना शरीर ताजगी भरा है या नहीं

आराम पूरी तरह से हुआ है या नहीं, इसका भी विचार करें। आपको कोई पीड़ा तो नहीं है, कुछ अलग लक्षण तो नहीं दिखाई दे रहे हैं, इसका भी विचार करें। अपने पेट में पलने वाले बच्चे के बारे में सोचें, उसके साथ संवाद करें।

2. शौच-मुखमार्जन : सुबह जल्दी उठने से शौच भी साफ होती है, क्योंकि सुबह का समय वात का रहता है। इसलिए उत्सर्जन जल्दी होता है। फिर दाँत साफ करें।

3. ध्यान योग : सुबह उठने के बाद मन और तन ताजगी भरा और प्रफुल्लित रहता है। इस समय ध्यान करने से मन जल्दी एकाग्र होता है और मन में ज्यादा विचार नहीं उठते। इसलिए सुबह के समय ही ध्यान का समय रखें तो अच्छा है। जितना समय दे सकते हों, उतना समय ध्यान के लिए दें। सामान्यत: आधे से एक घंटा देना काफी है।

सातवें माह के बाद अधिक देर तक बैठने से कमर अकड़ जाती है, तब दस या पंद्रह मिनट ध्यान करें, उसके बाद आराम करें।

4. उषापान : सुबह पीने वाले पेय को आयुर्वेद में उषापान कहते हैं। आजकल सुबह उठकर चाय पीने का चलन है। कई लोगों को चाय पीने से पीड़ा होती है। विशेष रूप से गर्भकाल में सुबह उठते ही जी मिचलाता है या उलटियाँ होती हैं, तब चाय पीने से पित्त अधिक बनता है। मुँह में खट्टा-कड़वा पानी जमा होता है, इसलिए चाय पीना बंद करें।

आयुर्वेद में प्रकृतिनुसार शहद-पानी, दूध-घी, दूध शहद आदि प्रकार के पेय बताए हैं, जो सुबह लेने चाहिए,

लेकिन सभी गर्भवती स्त्रियों को दूध या दूध और घी अवश्य पीना चाहिए। शहद उलटियाँ कम करने वाली हितकर औषधि है। गर्भवती का भार अधिक न बढ़े और कफ की पीड़ा न हो, इसलिए यह उपयोगी है। गरमी के दिनों में और अक्तूबर में शहद न लें तो अच्छा है।

5. व्यायाम : दूध पीने के आधा या एक घंटे बाद व्यायाम करें। इस बीच कोई हल्का-फुल्का काम या पेपर आदि पढ़ लें।

गर्भावस्था में ज्यादा व्यायाम न करें। व्यायाम-योग जो भी करना है, वह विशेषज्ञ की सलाह से करें। ऐसा कोई भी व्यायाम या योग न करें, जिससे मांसपेशियों पर खिंचाव आए।

6. स्नान : स्नान तन-मन को निर्मल व प्रसन्न बनाता है। स्नान का अर्थ केवल शरीर पर पानी डालना नहीं है, बल्कि शरीर पर पानी डालकर पूरे शरीर को अच्छी तरह रगड़कर धोना है। इस क्रिया से शरीर में अनेक क्रियाएँ होती हैं। शरीर का तापमान भी परिवर्तित होता है।

स्नान के लिए सुखोष्ण पानी लें इसका अर्थ है न ज्यादा ठंडा और न ज्यादा उष्ण। अपने शरीर के तापमान के अनुसार पानी लेने से किसी प्रकार की समस्या नहीं होती। साबुन की हमें आदत होती है, लेकिन कभी-कभी उबटन, शिकाकाई, बेसन, हल्दी भी लगाना चाहिए। इनसे त्वचा अधिक साफ, चमकदार और स्वस्थ होती है।

स्नान करते समय अपनी दोनों जाँघ, काँख और योनिमार्ग के आस-पास की सफाई पर खास ध्यान दें गर्भकाल में योनिमार्ग से सफेद रंग का लसीला द्रव पहले से ज्यादा स्रावित होता है। इसलिए इसका प्रतिदिन साफ होना बहुत महत्त्वपूर्ण है, नहीं तो संक्रमण का जोखिम रहता है।

स्तन और विशेष रूप से उसका अगला भाग, जिसे हम स्तनाग्र (निप्पल) कहते हैं, उसकी सफाई पर भी खास ध्यान दें कुछ महिलाओं के स्तनाग्र जैसे होने चाहिए, वैसे आगे की ओर बढ़े नहीं रहते। वे अंदर की ओर दबे हुए होते हैं। पहले से अगर सावधानी नहीं रखी गई तो प्रसव के बाद माँ को दूध तो भरपूर आता है, लेकिन शिशु के लिए दूध पीना कठिन होता है। वह माँ का दूध चूस नहीं सकता। इसलिए शुरू से ही

नारियल तेल से या ब्रेस्ट मसाज ऑयल से स्तनों का मसाज करें। मसाज से स्तनाग्रों को धीरे-धीरे आगे की ओर खींचना चाहिए। ऐसा करने से वे बाहर आ जाते हैं और साफ भी रहते हैं। बच्चा माँ का दूध आराम से पी सकता है।

स्नान करने से सुंदरता बढ़ती है, ताजगी अनुभूत होती है और त्वचा खुली-खुली सी होती है। शरीर का मैल धुल जाता है और रंध्र खुल जाते हैं।

7. प्रातः कालीन प्रार्थना एवं पूजा : इसका विस्तृत विवरण आगे के अध्यायों में दिया गया है।

8. ब्रेकफास्ट/अल्पाहार : सुबह नौ या साढ़े नौ बजे अल्पाहार करें। सभी पदार्थ गरम और ताजा ही खाएँ। उपमा, हलवा, पोहा आदि खाएँ। किसी दिन भूख नहीं है तो सब्जियों का सूप, पतली दाल का सूप आदि लिया जाए तो भी अच्छा है। कभी-कभी अल्पाहार में फल या फलों का रस या लड्डू, लाही, खील आदि लेना भी अच्छा है। अल्पाहार की मात्रा स्त्री की भूख पर निर्भर होगी। भूख भी मिट जाए और भारीपन भी महसूस न हो, इतना ही खाएँ।

9. जाप/(Morning Music)/पोथी : अल्पाहार से लेकर दोपहर खाने तक बीच में 2-3 घंटों का समय मिलता है। यह समय गर्भ पर संस्कार करने के लिए अच्छा है। घर का सभी काम निबटाने के बाद भी कुछ समय मिल जाता है। इस बचे हुए समय को किसी अच्छे काम में बिताएँ इसमें कोई जाप या गुरुमंत्र आदि का जाप कर सकते हैं। गुरु या भगवान् की पोथी पढ़ सकते हैं। यह करने से गर्भ पर आध्यात्मिक प्रभाव पड़ता है। आध्यात्मिक संस्कार होते हैं।

सुबह का समय संगीत सुनने के लिए अच्छा है। शास्त्रीय संगीत, राग या स्तोत्र, मंत्र, जाप आदि की कैसेट, सी.डी. लगाकर शांत मन से संगीत सुनें बाद में खान-पान की तैयारी और खाना, इसका एक नियमित कार्यक्रम रखें तो अच्छा रहेगा।

(इसका विस्तार से वर्णन आगे के अध्यायों में दिया गया है।)

10. दोपहर का भोजन : दोपहर का भोजन भरपूर और पोषक लेना चाहिए। चावल, गेहूँ, दाल, बीच-बीच में दलहन, गाय का घी, छाछ, हर प्रकार की सब्जी आदि का समावेश करें। चावल और रोटी पर घी डालकर खाएँ, सलाद, रायता, कचुंबर के रूप में कच्ची सब्जियाँ बहुत खाएँ, जिन्हें एसिडिटी की समस्या है, वे चटनी, अचार, दही या दही मिश्रित रायता न खाएँ।

नोट : इस विषय पर विस्तार से इसी अध्याय में आगे दिया गया है।

11. दोपहर का विश्राम : दोपहर का भोजन खाने के बाद तुरंत सोना हानिकारक है। इसका परिणाम पाचन क्रिया पर होता है और सीने में जलन होती है। इसलिए भोजन के बाद कम-से-कम डेढ़ घंटे सोना नहीं है।

यह जो डेढ़ घंटा मिलता है, इसे गर्भवती अपनी पसंद का कोई भी काम करके बिता सकती है। जैसे—पढ़ना, लिखना, बूनना, बागबानी या कुछ शो पीसेज बनाना या फिर इनके अलावा आपको जो भी शौक हों, क्योंकि सभी में कोई-न-कोई कला छुपी होती है, उसमें मन लगाएँ। चित्रकला, संगीत, गाना, पहेली आदि ऐसी कितनी ही सारी कलाएँ हैं।

उसके बाद केवल एक घंटा कुछ न करते हुए केवल आराम करें या सो जाएँ ताकि सुबह से लेकर दोपहर तक जितनी शक्ति व्यय हो चुकी है, वह पुनः प्राप्त हो सके। सोते समय ज्यादातर बाईं करवट से सोएँ।

एक अच्छी नींद लेने के बाद हाथ-पैर, मुँह धोकर कपड़े बदलें इससे आप को और अच्छा लगेगा। बाद में चाय या दूध लें थोड़ी देर बाद ऋतुनुसार मिलने वाले फलों में से एकाध फल खाएँ, जैसे—सेब, केला, चीकू, संतरा, नारंगी आदि फल तो सालभर मिलते हैं। गर्मियों के मौसम में आम, अंगूर, तरबूज, खरबूजा खाएँ। वर्षा के दिनों में कटहल, अमरूद, अनार आदि खाएँ। ठंडी के मौसम में संतरा, बेर आदि फल मिलेंगे। कभी-कभी नारियल पानी भी पिएँ।

किसी दिन फल नहीं हों तो उस दिन सूखे फल (Dry fruit) खाएँ। जैसे—छुआरा, अखरोट, काजू, बादाम, जरदालू, किशमिश, सूखे अंजीर आदि में से दो प्रकार के फल अवश्य खाएँ।

जिन्हें सुबह व्यायाम करने का समय नहीं मिलता, वे

शाम को योग-व्यायाम अवश्य करें। शाम को भूख लगे तो हल्के पदार्थ खाएँ—जैसे, बिस्किट, इडली, ढोकला, फल आदि।

12. सायं प्रार्थना : सूर्यास्त होने के बाद भगवान् के सामने दीप प्रज्वलित कर प्रार्थना करें। घर में तुलसी हो तो उसके पास भी दिया जलाएँ। शाम को भगवान् की स्तुति या श्लोक कहें। **'रामरक्षा स्त्रोत' गर्भवती की और गर्भ की रक्षा करता है। व्यंकटेश स्तोत्र, अथर्वशीर्ष, हनुमान स्तोत्र आदि कहें। गीता, रामचरितमानस, रामायण, श्रीमद्भागतम्, भक्त चरित्र (ब्रज के भक्त) आदि के अध्याय पढ़ें।**

शाम को घर के सभी लोग घर पर होते हैं। उनके साथ बैठकर बातें करें। दिनभर का हाल-चाल एक-दूसरे को बताएँ। गर्भस्थ शिशु के बारे में बातें करें। गर्भ के पिता, बड़ा भाई या बहन हों तो वे भी इनमें शामिल हों दादा-दादी या नाना-नानी जैसे बुजुर्ग लोग आदि सभी गर्भ के साथ संवाद करें।

नोट : इसका भी विस्तार से वर्णन आगे के अध्यायों में दिया गया है।

13. सायं का भोजन : गर्भवती को रात का भोजन थोड़ा जल्दी लेना अर्थात् संध्या में ही ले लेना चाहिए। भोजन और सोने के समय में 3 घंटे का अंतर होना चाहिए।

रात का खाना बहुत भारी न हो। मीठे पदार्थ, मिठाई, तली हुई चीजें, चटपटा खाना और कच्ची सब्जियाँ रात के समय न खाएँ।

रात में सूप, दाल का पानी या कढ़ी हो तो ज्यादा अच्छा है। अलग-अलग सब्जियों के सूप, इमली या फिर दलहन को उबालकर इसका पानी निकालकर पिएँ। गरम कढ़ी-खिचड़ी के साथ खाएँ तो वह यह बहुत ही स्वादिष्ट व पोषक है।

दाल बनानी हो तो हरे मूँग की बनाएँ और ज्वार की रोटी बनाकर खाएँ। ज्यादा तेल और मसाला डालकर खाना न बनाएँ।

नोट : इसका विस्तार से वर्णन इसी अध्याय में आगे है।

14. ध्यान और नींद : रात को सोते समय कोई अच्छा मधुर संगीत सुनें थोड़ी देर ध्यान करके अपने अवयव और मन को शांत करें। थोड़ी देर अपने बच्चे के साथ गर्भ संवाद करें। विशेषत: रात के शांत समय में बच्चे के पिता बच्चे के साथ संवाद करें। आप अनुभव करेंगे कि पिता के धीरे-धीरे बोलने पर बच्चा भी धीरे-धीरे प्रतिक्रिया व्यक्त करता है।

थोड़ी देर तक भगवान् का जाप करने के बाद शांति से अपने बिस्तर पर लेट जाएँ पीठ के बल लेटकर अपने हाथ-पैर और पूरा शरीर एकदम ढीला छोड़ दें, आँख धीरे-धीरे बंद करें। धीरे-धीरे एक-एक अंग पर ध्यान केंद्रित करके एक-एक अंग ढीला करें। ये सब करने के बाद अपनी साँस पर पूरा ध्यान केंद्रित करके सो जाएँ।

नोट : इस विषय पर इसी अध्याय में तथा आगामी अध्यायों में विस्तृत वर्णन दिया गया है।

नींद

एक व्यक्ति के पूरे जीवन का सबसे महत्त्वपूर्ण घटक नींद है। दिनभर काम को करने में हमारी बहुत-सी ऊर्जा लगती है। यह ऊर्जा पुन: अर्जित करनी पड़ती है। ऊर्जा अर्जित करने के दो प्रमुख स्त्रोत हैं—पहला स्त्रोत निश्चित ही आहार है।

दूसरा महत्त्वपूर्ण स्त्रोत है, नींद। आयुर्वेद ने हमारे जीवन के तीन महत्त्वपूर्ण स्तंभ माने हैं जिनमें से दो स्तंभ हैं आहार और नींद। दो-तीन दिन यदि नींद ठीक से न ली या किसी कारण से रात में सो न पाएँ तो ऐसी स्थिति में हमारा क्या हाल होता है? हर एक को कभी-न-कभी अनुभव जरूर हुआ होगा। इससे सिर दुखना, कुछ न सूझना, चिड़चिड़ापन आना आदि ऐसी अनेक समस्याएँ हो जाती हैं। रूस में नींद पर प्रयोग हुआ था, जिसमें पाँच कैदियों को एक सीलबंद गैस कक्ष में रखा गया। उन्हें 30 दिनों तक लगातार जागने के लिए कहा गया। 15 दिन से पहले ही कुछ मर गए और कुछ पागल हो गए। निष्कर्ष यह है कि शरीर को पूरा आराम देकर फिर ऊर्जा एकत्र करने के लिए भरपूर नींद लेना बहुत आवश्यक है।

गर्भवती स्त्री को कितना सोना चाहिए?

गर्भकाल में स्त्री को अधिक आराम की आवश्यकता होती है। सामान्यत: पर स्त्री को दोपहर की नींद या आराम न मिले तो उससे कुछ अंतर नहीं पड़ता, लेकिन गर्भावस्था में दोपहर और रात को नींद अच्छी मिले तो बच्चे का स्वास्थ्य अच्छा रहता है और भार भी बढ़ता है।

एक बात और ध्यान में रखने योग्य है कि यदि किसी विशेष कारण से डॉक्टर ने गर्भवती को आराम करने की सलाह दी है तो कोई बात नहीं, लेकिन कुछ महिलाएँ अपने गर्भवती होने का बड़ा ही त्रुटिपूर्ण लाभ उठाती हैं। ये स्त्रियाँ दिनभर काम तो कुछ करती नहीं हैं, दिनभर, रातभर बस लेटी रहती हैं या सोती हैं। ऐसा करने से अलग-अलग समस्याएँ उत्पन्न हो जाती हैं। जैसे अम्ल का बढ़ना, सीने में जलन, बद्धकोष्ठता, बहुत अधिक भार बढ़ना, आलस जैसी अनेक समस्याएँ शुरू हो जाती हैं। अधिक सोने से बुद्धि मंद होती है। मन का उत्साह कम होता है। ताजगी और विचार करने की शक्ति कम होती है।

इसका अर्थ यह है कि ज्यादा नींद और कम नींद दोनों ही शरीर के लिए हानिकारक हैं। उचित समय पर और उचित वातावरण में सोना ज्यादा लाभदायक है।

गर्भवती स्त्री को रात का खाना जल्दी खाना चाहिए। रात के भोजन और नींद के समय के बीच लगभग तीन या चार घंटे का अंतर रखना चाहिए। सामान्यत: रात को दस बजे सो जाना चाहिए और फिर सुबह पाँच-छह बजे उठ जाएँ तो आठ घंटे की नींद पूरी मिलती है।

अल्पाहार प्रात: 9-10 बजे के बीच यदि किया हो तो 12 बजे के समय एक घंटा सो जाना चाहिए। दोपहर की नींद दोपहर के भोजन से पहले ली जाए तो अच्छा है। दोपहर को भोजन के बाद तुरंत सो जाने से पाचन क्रिया पर बुरा प्रभाव होता है। भोजन ठीक तरह से पचता नहीं तथा नींद भी ज्यादा आती है। भोजन से पहले नींद न ले पाएँ तो भोजन के 2-3

घंटे बाद में सोएँ या आराम करें। ज्यादा-से-ज्यादा एक से डेढ़ घंटा सोएँ, अधिक देर तक न सोएँ। दोपहर को हल्का-फुल्का कोई काम करें या अपनी रुचि के अनुसार कुछ अच्छी पुस्तकें पढ़ें।

जिन स्त्रियों को डॉक्टर ने बेडरेस्ट लेने को कहा है, वे भी दिनभर में थोड़े समय तक बैठें या घर में ही थोड़ा चलें, खाना-पीना बिस्तर पर न करें। जिस काम से बच्चे को कुछ पीड़ा हो, ऐसा कोई काम न करें, लेकिन हर समय लेटे रहने से भी स्वास्थ्य खराब होता है और शरीर में आलस आता है।

जिन्हें नींद की समस्या है वे रात को सोने से पहले एक बड़ा गिलास देशी गाय का दूध गरम करके पिएँ। जिससे नींद अच्छी आती है। अपने पैरों के तलवों और माथे पर नारियल का तेल लगाने से नींद अच्छी आती है।

रात को सोते समय शांत-मधुर संगीत सुनें विशेष रूप से रात को सुनी जाने वाली राग-रागनियाँ या शास्त्रीय संगीत सुनें। इससे मन में आने वाले दूषित विचारों का प्रभाव कम होगा।

बिस्तर कैसा हो?

'ऋतुसुखकर' शब्द इसके लिए सबसे अच्छा है। इसका अर्थ है, जो बिस्तर जिस ऋतु में सुखकर हो, ऐसे बिस्तर या जमीन पर सोना चाहिए। नीचे बैठने-उठने पर बंधन हो तो पलंग पर ही सोएँ।

एकदम बंद कमरे में या जहाँ ज्यादा हवा लगती हो, वहाँ न सोएँ, तेज हवा देने वाले पंखे के नीचे न सोएँ खुली हवा में सोएँ, जहाँ अच्छी नींद आए।

बच्चे के अच्छे विकास के लिए माँ को अच्छी ऊर्जा मिलना आवश्यक है। उसके लिए नींद सबसे महत्त्वपूर्ण है। अच्छी नींद लेने के बाद ही आप दिनभर प्रसन्न एवं आनंदित रह सकते हैं।

गर्भिणी स्त्री का पहनावा

गर्भकाल में कपड़े कैसे पहनें? यह भी महत्त्वपूर्ण विषय है। सबसे महत्त्वपूर्ण बात है कि कपड़े ऋतुनुसार पहनें, ठंड में गरम तथा गरमी में हल्के सूती कपड़े पहनें। गर्भवती के शरीर में नौ महीने तक कुछ-न कुछ परिवर्तन होते रहते हैं। शरीर में नियमित रूप से गर्भ बढ़ता है, उसकी हलचल होती है। शरीर का तापमान साधारण तापमान से एक डिग्री अधिक होता है। अधिक पसीना आना, गरमी लगना आदि। इसलिए कपड़े शरीर पर बिल्कुल चुस्त न रहें। दूसरे पेट का आकर भी निरंतर बढ़ता रहता है, इसलिए कपड़े ढीले ही पहनें घर में सूती नाइटी या ज्यादा घेर वाले कपड़े पहनें बाहर या काम पर जाते समय ढीला पंजाबी सूट पहनें, वह भी सूती ही होने चाहिए। एक महत्त्वपूर्ण बात हमेशा ध्यान में रखें कि साड़ी या पंजाबी कुछ भी पहनें, लेकिन ये सब सौ प्रतिशत सूती हों। सूती कपड़े ज्यादा आरामदायक होते हैं। सर्दियों में सूती कपड़े गरम रहते हैं और गर्मियों में पसीना सोख लेते हैं और ठंडे रहते हैं।

सिंथेटिक कपड़े न पहनें, क्योंकि ऐसे कपड़ों में पसीना ज्यादा आता है। त्वचा को इन कपड़ों से एलर्जी भी हो सकती है। इन कपड़ों में विद्युत चुंबकीय क्षेत्र बनता है, तब उसमें से तड़-तड़ आवाज आना और कुछ चिंगारियाँ निकलने का आभास होता है। इसलिए इन सबसे बचने के लिए कृत्रिम धागों से बने कपड़े न पहनें।

प्रसव के बाद बच्चे को अपना दूध पिलाने के लिए बाजार में feeding gowns मिलते हैं, वह अवश्य पहनें। प्रसव के बाद एक महीने तक गरम कपड़े पहनें, क्योंकि प्रसव के बाद शरीर पर वात का प्रभाव ज्यादा होता है। इसलिए कान बंद रखने चाहिए।

कपड़ों के रंग के बारे में अनेक विचार हैं। आयुर्वेदानुसार गाढ़े रंग के कपड़े खास करके काले, लाल, हरे आदि रंग के कपड़े गर्भकाल में न पहनें, क्योंकि आस-पास की दुष्ट शक्तियाँ गाढ़े रंग की ओर ज्यादा आकर्षित होती हैं। इसलिए फीके रंग के कपड़े पहनें जैसे—सफेद, आसमानी, गुलाबी, हल्का हरा, हल्का पीला, भगवा आदि। इससे मन भी प्रसन्न रहता है और दुष्ट व बुरी शक्तियाँ भी प्रभावित नहीं करतीं। आखिर हर रंग का अपना एक प्रभाव होता है। इसलिए हम जितना भी जागरूक रहते हैं, उतना ही अपने लिए और अपने गर्भ के लिए अच्छा होता है।

गर्भिणी स्त्री का आहार

गर्भ के प्रथम तीन माह

इसमें सामान्यत: स्त्री का भार बढ़ता नहीं, उल्टे उबकाई के कारण वह कम हो सकता है। इस समय उसे हमेशा की तुलना में 300 से 350 कैलोरी ज्यादा लेनी होती है।

इस दौरान हर 2-3 घंटे बाद थोड़ा-थोड़ा खाते रहना चाहिए। भोजन के तुरंत बाद द्रव पदार्थ न लें। दूध पीने से अगर जी मिचलता है तो दूध के बदले दो चम्मच स्कीम दूध पॉवडर या चीज, पनीर के 2 टुकड़े भी ले सकती हैं किंतु अधिक समय तक दूध से दूर न रहें।

गर्भावस्था में प्रथम 3 माह का आहार

उठते-उठते — 4 मारी/अरारोट बिस्किट नींद खुलने पर सोते-सोते ही खाएँ।
सुबह 08:00 — 2 टोस्ट (ब्राउन ब्रेड) या सूजी की खीर/उपमा/पोहा।
सुबह 10:00 — देशी गाय का दूध (1 ग्लास)।
सुबह 11:00 — फल/फलों का रस।
दोपहर 12:30 — 2 चपाती/सब्जी/दाल (1 कटोरी), चावल, साबुत दाल की सब्जी।
दोपहर 03:30 — राजगिरा लड्डू/चिक्की/बेसन के लड्डू।
शाम 06:30 — फल।
शाम 07:30 — खाना-चपाती/दाल/सब्जी या जवार/बाजरे की रोटी/चावल।
रात 09:00 — दूध।

गर्भवती के लिए सात्विक आहार

विटामिन ए : गाजर, टमाटर, बीटरुट, कद्दू, आम आदि में से 2 पदार्थ रोज खाने हैं।

विटामिन बी : हरी सब्जियाँ-मेथी, पालक, सरसों, हरा प्याज आदि (सप्ताह में 3 बार)

विटामिन सी : नींबू-रोज आधा (शरबत या सब्जियों में), आँवला, शक्कर की चाशनी में डुबोकर फ्रिज में रखें, रोज 1 चम्मज खाएँ

विटामिन डी : प्रतिदिन घर की गैलरी में बैठकर हाथ, पैर और पीठ पर 20-25 मिनट सूरज की धूप आने दें। कैल्शियम के उचित परिणाम के लिए विटामिन डी की आवश्यकता पड़ती है। कैल्शियम का शरीर में पाचन होने के लिए विटामिन डी आवश्यक है।

विटामिन ई : वीटजर्म ग्रास (गेहूँ बोने पर उपजे हुए अंकुर) सप्ताह में 3 बार।

लैक्टोबैसिलस : दही (1/2 कटोरी) या छाछ।

फरमेंटेड फूड : इडली, डोसा, ढोकला सप्ताह में 2 बार

प्रोटीन : सोयाबीन का आटा (1/4) गेहूँ के आटे में थोड़े मेथी के दाने डालकर रखें

राजगिरा + सिंगदाना + गुड + तिल के लड्डू (बिना शक्कर के)

सभी दालों की तथा साबुत दालों की सब्जी सप्ताह में 3 बार जैसे—तुवर, मूँग, मसूर, मटकी, उड़द, चना, चवली, काबुली चना आदि।

पानी : 10-12 ग्लास उबला हुआ पानी ही पीने का प्रयास करें। दूसरे पानी से वैसे तो समस्या नहीं होती लेकिन पीलिया, टायफॉइड होने का जोखिम रहता है और उससे गर्भावस्था में समस्या हो सकती है। इसलिए केवल अपने लिए ही सही पर पानी उबाल अवश्य लें पानी में सोना, चाँदी या तांबा धातु के एक-एक सिक्के डालकर या अन्य कोई चीज डालकर पानी पीने से धातुक्षार का लाभ मिल सकता है।

- सप्ताह में 4 बार पालक सूप/पालक सब्जी/पालक सलाद लें।
- बादाम, छुआरा, खजूर, जर्दालू (प्रतिदिन कोई एक ही)
- नाचनी सत्व, उसके बिस्किट, मॉल्ट, किशमिश (काले), अधिक मात्रा में हरी सब्जियाँ, फल, गुड़ और सिंगदाना चिक्की।

सफेद चीजों से सँभलकर रहें

- **शक्कर :** जहाँ तक संभव हो, गुड़ का ही प्रयोग करें। जैसे गुड़ डालकर बनाई हुई कद्दू की खीर।
- **मैदा :** मैदे के ब्रेड और बिस्किट में पोषण मात्रा कम होती है और उससे महिला का भार बढ़ता है। उसके बदले में गेहूँ के आटे से बने पदार्थ खाएँ, जैसे—ब्राऊन ब्रेड, गेहूँ से बने बिस्किट या प्रोटीन वाले बिस्किट।
- **नमक :** पापड़, अचार, सलाद में ज्यादा नमक रहता है, जिससे ब्लड प्रेशर बढ़ सकता है। इसलिए पापड़, अचार कम खाएँ। हमेशा सेंधा नमक या फिर काला नमक चलेगा।
- **मैदा-शक्कर-घी :** मैदा+शक्कर+घी इन तीनों के सेवन से भार बढ़ता है। लेकिन दाल, चावल, रोटी पर 2/3 चम्मच देसी घी लेने में कोई समस्या नहीं होती। देसी घी पित्तशामक होता है और गर्भावस्था में बढ़ी हुई शरीर की गरमी को कम करता है।

गर्भावस्था में कुल भार

10-12 किलो भार इस स्थिति में बढ़ता है। उसमें से प्रथम तीन माह में 1 किलो, उसके बाद के 3 माह में 3-4 किलो और अंतिम 3 महा में 5-6 किलो भार बढ़ता है।

संपूर्ण आहार

आहार व्यवस्थित लेने पर भी कुछ स्त्रियों में उसका प्रभाव दिखाई नहीं देता। आहार में यदि तामसी पदार्थ (मांसाहार, अंडे, ज्यादा तीखे पदार्थ) हों तो उनसे शरीर की प्राणशक्ति या जीवशक्ति कम हो जाती है, ऐसा मानना है।

इसलिए भोजन की सप्ताहिक चर्या बनाकर उसका अनुसरण करें। चिकित्सक से सलाह अवश्य लें।

गर्भवती के आहार का चार्ट (केवल सुझाव है।)

समय	सोमवार	मंगलवार	बुधवार	गुरुवार	शुक्रवार	शनिवार	रविवार
8:00	पोहा+दूध	उपमा+दूध	दूध+ कॉर्नफ्लेक्स	इडली+दूध	ब्राऊन ब्रेड टोस्ट+दूध	आलू/गाजर/ मूली पराठा+दूध	अल्पाहार+दूध
10:00	सेब	चीकू	सीताफल	अनार	सेब	संतरा/मोसंबी/ किन्नू	कोई अन्य फल
भोजन	ककड़ी+ टमाटर, गाजर, भिगोयी हुई साबुत दाल, 2.5 चपाती, तुवर दाल 1 कटोरी, चावल 1 कटोरी, छाछ	लेट्युस+ टमाटर, गाजर, भिगोयी हुई साबुत दाल, 2.5 चपाती, पालक+दुधी तुवर दाल 1 कटोरी, चावल (ड्डे-1 कटोरी), छाछ	कच्ची गोभी +टमाटर, गाजर, भिगोई हुई साबुत दाल, 2.5 चपाती, मूँग व फ्लॉवर तुवर दाल 1 कटोरी, चावल (ड्डे-1 कटोरी),	मकई दाना+ टमाटर, गाजर, भिगोई हुई साबुत दाल, 2.5 चपाती, मेथी, गोभी तुवर दाल 1 कटोरी, चावल (ड्डे-1 कटोरी), छाछ	पालक+ टमाटर, गाजर, भिगोई हुई साबुत दाल, 2.5 चपाती+ चवली, तुवर दाल 1 कटोरी, चावल (ड्डे-1 कटोरी), छाछ	बीट+टमाटर, गाजर, भिगोई हुई साबुत दाल, 2.5 चपाती, हरी सब्जी+कद्दू तुवर दाल 1 कटोरी, चावल (ड्डे-1 कटोरी), छाछ	फ्रूट चाट (सेब, अनार, चिकू, बेर, अनन्नास) 2.5 चपाती, चना, तुवर दाल 1 कटोरी, चावल (ड्डे-1 कटोरी), छाछ
4:00	राजगिरा लड्डू	ढोकला, पुदीना चटनी, सैंडविच+ धनिया	थेपला (मेथी, पालक, अजवाइन+ तिल)	नाचनी, सोयाबीन बिस्किट	मूँगदाल, डोसा/इडली	दूध आदि	पनीर टिक्का
6:00	नारियल पानी	नींबू शरबत/ आँवला	फलों का रस	फ्रूट सलाद	सब्जी सूप	फलों का मिल्कशेक	सोया दूध
7:00	सभी सब्जियाँ	दलिया खीर +चपाती	चावल+ मूँगदाल खिचड़ी	ज्वार/बाजरा +नाचनी रोटी +पतली तरकारी	छोला+पूरी	चपाती+दाल +चावल	सभी आटा मिलाकर रोटी
रात को 8:00	दूध	दूध	दूध	दूध	दूध	दूध	दूध

गर्भ का विकास

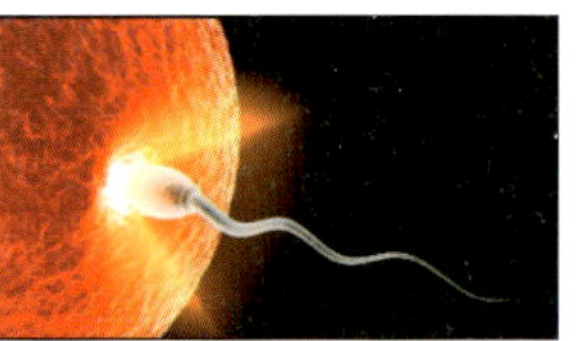

प्रथम माह

- प्रथम माह पूरा होते-होते गर्भ एक इंच के दसांश बनता है।
- शिशु का हृदय धड़कना आरंभ होता है।

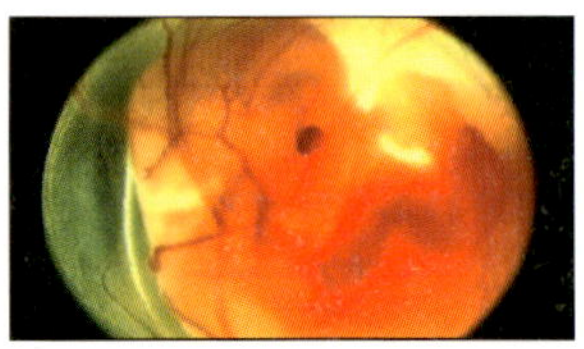

द्वितीय माह

- गर्भ का आकार एक इंच तक हो जाता है।
- बच्चे का नाल द्वारा पोषण आरंभ होता है और हृदय का दाहिना तथा बायाँ भाग बनता है।

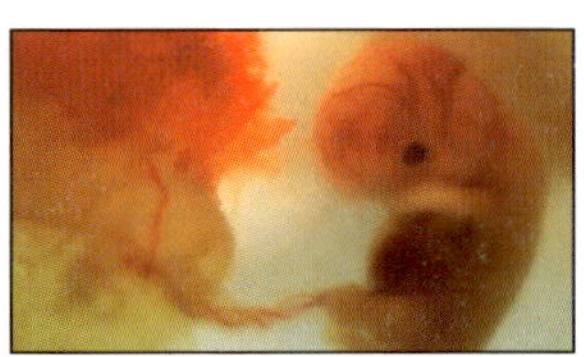

तृतीय माह

- गर्भ का आकार ढ़ाई से तीन इंच का हो जाता है।
- गर्भ अपनी मुट्ठी बंद और खोल सकता है। इस माह के अंत में जनन अंगों का विकास आरंभ होता है।

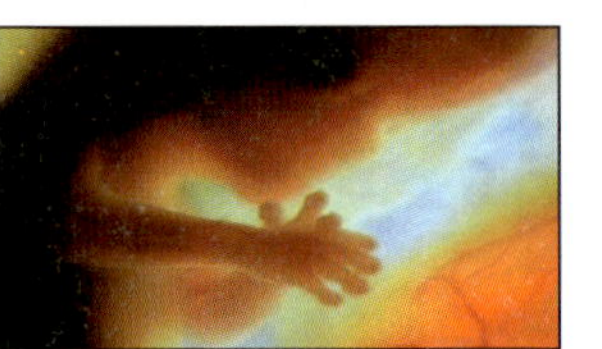

चौथा माह

- बालक 6 इंच का हो जाता है।
- माँ को बालक के अस्तित्व की स्पष्ट अनुभूति होती है।
- स्टेथोस्कोप से बालक के हृदय की धड़कन सुन सकते हैं।

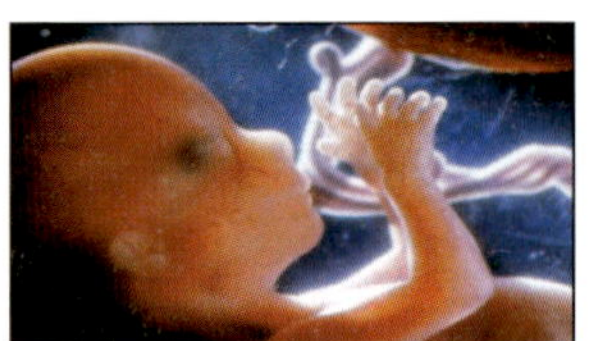

पाँचवाँ माह

- बालक की लंबाई 8 इंच तथा लगभग 500 ग्राम शारीरिक भार का हो जाता है।
- माँ को बालक की प्रत्येक गतिविधि और पैरों का अनुभूति होता है।

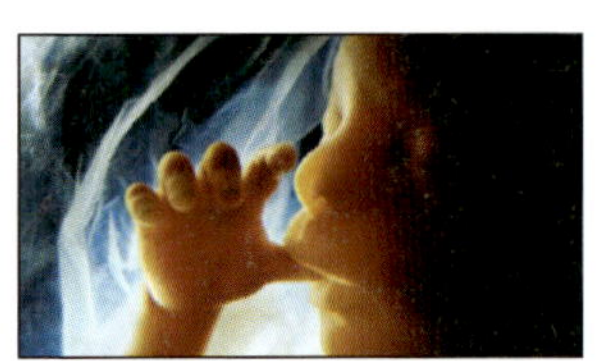

छठवाँ माह

- बालक लगभग 12 इंच लंबा तथा लगभग एक किलोग्राम भार का हो जाता है।
- फेफड़े में प्रवाही भर जाने से वह फूल जाता है।

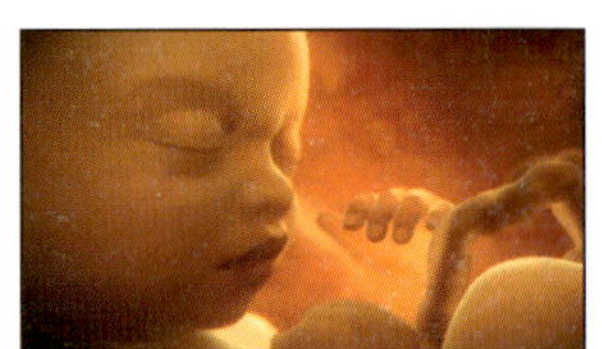

सातवाँ माह

- बच्चा लगभग 14 इंच लंबा और लगभग डेढ़ कि.ग्रा. भार का हो जाता है।
- यह बच्चे के पूर्ण विकास का चरण है।

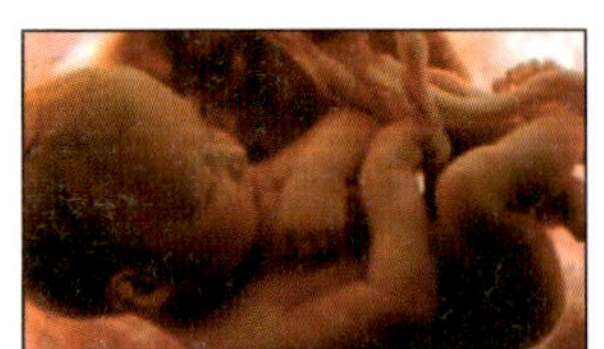

आठवाँ माह

- शिशु लगभग 22 इंच लंबा और लगभग तीन से साढ़े तीन कि.ग्रा. भार का हो जाता है।
- शिशु का कद बढ़ने से उसे हिलने-डुलने के लिए कम स्थान मिलता है।

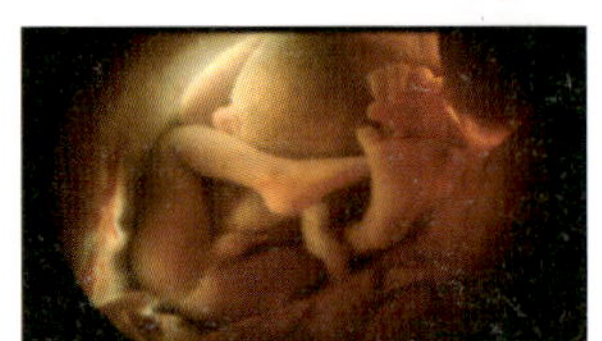

नौवाँ माह

- भार में विशेष वृद्धि नहीं होती।
- लगभग 260 से 280 दिन में होने वाली बालक की डिलीवरी नॉर्मल कही जाती है।

पहला मास

अव्यक्त : प्रथमे मासि सप्ताहात कलली भवेत्।

इसका अर्थ है—पहले माह में गर्भ के अंग हम अलग-अलग नहीं पहचान सकते, वे सब अव्यक्त होते हैं। गर्भ की पहले सप्ताह की स्थिति कललीभूत होती है। इसका अर्थ है, जिस प्रकार पानी में बुलबुले बनते हैं, इस समय गर्भ की स्थिति वैसी ही होती है।

गर्भ के उपस्थिति के कारण शरीर में विशेष संप्रेरक (Hormones) की मात्रा बढ़ती है, उससे कुछ अलग लक्षण दिखाई देते हैं। इसमें पहला लक्षण है सुबह उठते ही जी मिचलाना, उलटी जैसा अनुभव करना। यह स्थिति सुबह ज्यादा रहती है। इसलिए इसे अंग्रेजी में morning sickness (मॉर्निंग सिकनेस) कहते हैं।

नब्बे प्रतिशत स्त्रियों में सुबह जी मिचलाना या एकाध बार उलटी होना इतना ही समस्या सीमित रहती है। सुबह कुछ खाने या पीने के बाद यह समस्या कम हो जाती है, लेकिन कुछ स्त्रियों में इसकी मात्रा ज्यादा हो जाने से वे थक जाती हैं, उन्हें पानी तक पचता नहीं तथा दिन में सात-आठ बार उलटियाँ होती हैं। धीरे-धीरे भार कम हो जाता है और दुर्बलता आती है। ये सब समस्याएँ जल्दी कम करने के लिए नीचे दी गई सावधानियाँ आवश्यक हैं—

- रात को सोने और सुबह उठने का समय एक ही रखें।
- खाने एवं अल्पाहार का समय नियमित रखें दिनभर जागते रहने के समय चार घंटे से ज्यादा पेट खाली न रखें।
- जिन स्त्रियों को सामान्य दिनों में भी पित्त की समस्या रहती हो, उन्हें अपने आहार में मीठा लेना चाहिए। मीठा खाने से पित्त कम होता है। सुबह आँवले का मुरब्बा खाना चाहिए।
- सुबह उठकर चाय/कॉफी का सेवन न करें। दूध भी एक साथ एक कप न पिएँ, दूध का सेवन भी थोड़ी-थोड़ी देर में घूँट-घूँट करके करें।
- खीर खाना उलटी के लिए सबसे अच्छा उपाय है। सुबह उठते ही 4/5 बार खीर खाने से उलटी का मन करना कम हो जाता है। खीर पचने में हल्की होती है। इससे शरीर को ऊर्जा भी मिलती है।
- कई बार कुछ विशेष गंध से भी उलटी करने का मन करने लगता है। जैसे उबलती चाय तथा रोटी सेंकने की गंध, कई बार तड़का लगाते समय जी मिचलाता है या उलटी का मन होता है तो उससे कुछ दिन दूर रहें।
- अपना मनोबल बढ़ाने से बहुत अंतर पड़ता है, 'मुझे बहुत उलटियाँ होती हैं ऐसा होने से मेरे पेट में पल रहे बच्चे पर इसका विपरीत परिणाम हो सकता है तो मुझे उलटी नहीं होना चाहिए', ऐसे विचार मन में रखें। इन्हीं सब सावधानियों से उलटियाँ कम हो सकती हैं। आयुर्वेद ने प्रत्येक महीने में गर्भ की वृद्धि ठीक तरह से होने के लिए जो आहार बताया है, उसे अवश्य लेना चाहिए।
- पहले मास में गरम दूध थोड़ा ठंडा करके पिएँ सादे, ताजे और गरम पदार्थों का सेवन करें। ज्यादा तीखा, मसालों से भरपूर या तली हुई चीजें न खाएँ। अपने आहार में और भी कुछ चीजों को शामिल करें।
- ठंडे पानी में चावल की धोवन, अनार के दाने, काली मुनक्का और मिश्री नमक और कोकम का शरबत पिएँ।

- चावल की धोवन और मिश्री ये दोनों चीजों मिक्सी में डालकर सूखे ही पीसें इसमें कटा हुआ खजूर, मुनक्का, इलायची पाउडर और असली या देसी घी डालकर छोटे-छोटे लड्डू बनाएँ और सुबह खाएँ।
- चावल धोने के बाद जो पानी निकलता है, उसमें मिश्री, नमक और धनिए का पाउडर डालकर पिएँ।
- दोपहर को जब उलटी नहीं होती, तब शरीर में जो पानी की कमी पैदा होती है, उसे पूरा करने का प्रयास करें। दोपहर चार बजे शरबत, नारियल पानी, ताजे फलों का रस पिएँ अगर मौसम ठंडा हो तो दूध पिएँ।
- पहले 3 मास में गर्भ अत्यंत कोमल होने के कारण किसी भी प्रकार की हानि या ठोकर न लगे, इसकी बहुत सावधानी रखनी चाहिए।

देर रात तक जागना, प्रतिदिन स्कूटर से जाना, पेट के बल सोना, पेट पर किसी तरह की चोट लगना, अचानक पैर में मोच आना, उकड़ू बैठना, ऊपर-नीचे होना आदि से गर्भ को समस्या हो सकती है। इसलिए सावधानी रखें, आपके पेट पर ज्यादा बोझ नहीं पड़ना चाहिए। अपनी मांसपेशियों पर ज्यादा शक्ति एवं बल न पड़े, इसका ध्यान रखना चाहिए। व्यायाम न करें। गर्भ अच्छी तरह से स्थिर या विकसित हो जाने के बाद अपनी दिनचर्या में योग-हल्का व्यायाम को शामिल कर सकती हैं।

शिशु की इस गतिमान वृद्धि में मस्तिष्क के स्नायु पेशियों की वृद्धि शीघ्रता से होती है। इसलिए पेट की दवाइयाँ और बुद्धि तथा तेज मस्तिष्क के लिए जो औषधियाँ लेनी हैं, वे पहले से ही लेना चाहिए।

शेष आहार व भोजन इस प्रकार का है—

उषापान (सुबह का पेयपान)	अल्पाहार	भोजन	दोपहर का स्वल्पाहार	रात्रि भोजन	फल
गरम करके ठंडा किया हुआ दूध धीरे-धीरे करके पिएँ।	चावल या सूजी की खीर बनाएँ या दूध और पतला उपमा बनाएँ।	दाल-चावल, सूखी सब्जी, रोटी, सलाद/रायता।	लाही का चिवड़ा, लड्डू या लाही (सत्तू), दूध डालकर और उसमें मुनक्का, अंजीर डालकर पिएँ।	चावल, सूप या साग, रोटी, सब्जी और रसवाली सब्जी, दूध।	चीकू, सेब, अनार, मीठे अंगूर।

दूसरा मास

द्वितीये मासि धनपेश्यऽथवहर्बुदम्।

दूसरे मास में गर्भ की रचना पानी के बुलबुले जैसी नहीं रहती, बल्कि अब उसे थोड़ा आकार प्राप्त हो जाता है। देह के हाथ, पैर, माथा, शरीर आदि स्वरूप बनने की प्रक्रिया शुरू हो जाती है।

ग्रंथों में कहा गया है कि पिंड या बच्चे का आकार अगर गोल या घन होता है तो पुत्र का जन्म होता है और अगर पिंड का आकार लंबाकार या चौड़ा होता है तो लड़की होती है। हारीत नाम के ऋषि ने ऐसा लिखा है कि गर्भ तैयार होने के पचास दिन में अर्थात् दूसरे महीने में ही उसके हाथ, पैर, माथा, धड़ यह अंकुर अलग-अलग दिखाई देते हैं। हृदय का भी निर्माण हो जाता है। वह भी अपना काम करना शुरू कर देता है। आजकल तीसरे महीने में सोनोग्राफी की जाती है, तब उसमें Cardiac Activity Seen ऐसा साफ लिखा होता है। गर्भवती को दूसरे मास में भी उल्टियों की समस्या हो सकती है। पहले मास में जैसा कहा गया है, वैसी सावधानी लेनी चाहिए।

गर्भाशय यह स्त्री के शरीर में बड़ी आंत और मूत्राशय (Bladder) के बीच होता है। इसलिए जैसे-जैसे गर्भ बड़ा होता है या बढ़ता है, वैसे-वैसे गर्भाशय खिंचा जाता है। उसका आकार (size) बढ़ जाता है। आकार बढ़ने के कारण मूत्राशय पर दबाव पड़ता है। इसलिए बार-बार मूत्र के लिए जाने की इच्छा होती है। कुछ गर्भवती स्त्रियों को दिन में 2/3

बार शौच (टॉयलेट) भी जाना पड़ता है। धीरे-धीरे तीसरे माह के बाद जब गर्भ ऊपर की ओर बढ़ता है, तब यह समस्या या संवेदना दूर होती जाती है।

इस माह में भी गर्भ स्थिर नहीं होता, इसलिए गर्भ के प्रति सावधानी रखनी पड़ती है। इस माह में भी नीचे या आगे झुकना, ज्यादा देर तक खड़े रहना या दोनों पैरों पर बैठना, ये क्रियाएँ सावधानी से करनी चाहिए।

दूसरे माह में आस्कंद, शतावरी, कोहला (जिससे पेठा बनता है वो फल), सफेद मूसली आदि औषधियाँ दूध में डालकर पिएँ ये सब औषधियाँ प्रभावशाली हैं। इससे मांसपेशियों की क्षमता बढ़ाने में उपयोगी होती हैं। इसलिए इन सब औषधियों का प्रयोग करें। इसके साथ ही ताजा और पौष्टिक आहार करना चाहिए।

दुर्भाग्य से किसी स्त्री को अचानक रक्तस्राव हो, बूँद-बूँद रक्त योनिमार्ग से निकल रहा हो या कोख में पीड़ा उत्पन्न होना, ऐसे लक्षण दिखाई दें तो गर्भ को जोखिम है, क्योंकि गर्भ बहुत ही कोमल होने के कारण कुछ भी हो सकता है। इस समय घर पर समय नष्ट न करते हुए तुरंत चिकित्सालय जाएँ तथा विशेषज्ञ की सलाह लें थकान व पीड़ा वाला कोई भी कार्य न करें।

नवीनतम खोज के अनुसार, दो माह का गर्भ हिचकी ले सकता है और अपने आप शरीर मोड़ भी सकता है।

सबसे महत्त्वपूर्ण बात यह है कि वह पुकार का प्रत्युत्तर दे सकता है। इसका अर्थ है कि उसमें सुनने की शक्ति आ जाती है। उसके कानों का विकास होता है। अगर उसकी यह शक्ति विकसित हो जाती है तो वह स्वर/ध्वनि भी पहचान सकता है। इसलिए माता और पिता को पहले से ही अपने गर्भस्थ शिशु के साथ बोलना चाहिए।

गर्भ-संस्कार की महत्त्वपूर्ण भूमिका यहीं से शुरू होती है, क्योंकि दूसरा मास शुरू होने के बाद यह पता चलता है, कि गर्भावस्था या गर्भकाल शुरू हो चुका है। **उसी समय से ही शिशु पर संस्कार आरंभ हो जाते हैं। शिशु की रक्षा के लिए स्तोत्र या मंत्र और उसकी तेज बुद्धि के लिए श्रीमद्भगवद्गीता, रामचरितमानस, श्रीमद्भागवतम्, भक्त चरित्र (ब्रज के भक्त), श्रीरामरक्षा स्त्रोत, गणेश स्तोत्र, सरस्वती की प्रार्थना आदि ऐसी विविध रचनाएँ शिशु को नित्य नियमित रूप से सुनाई जाएँ।** नवीनतम खोज के अनुसार, दो माह का गर्भ हिचकी ले सकता है और अपने आप शरीर मोड़ भी सकता है।

दूसरे माह में अपना आहार व भोजन इस प्रकार करें—

उषापान (सुबह का पेयपान)	अल्पाहार	भोजन	दोपहर का स्वल्पाहार	रात्रि भोजन	फल
शतावरी, अश्वगंधा से सिद्ध दूध।	सिवइयों का उपमा, सिवइयों की खीर, दलिया की खीर, दलिया का उपमा।	दाल-चावल, सब्जी, रोटी, रायता, छाछ, नीबू का अचार।	खजूर, अंजीर, मुनक्का।	चावल, मूँग की दाल, रोटी, सूखी सब्जी, रसवाली सब्जी, दूध।	चीकू, सेब, अनार, मीठे अंगूर (ऋतुनुसार)।

तीसरा मास

व्याक्तभवती मासेऽस्य तृतीये गात्रपंचकम्।
सममेवच मूर्धाघैः ज्ञानं च सुखदुःखयोः।

तीसरे माह में गर्भ के हाथ-पाँव, माथा, धड़ आदि अवयव साफ दृष्टिगोचर होते हैं। उसी समय मस्तक में मस्तिष्क की वृद्धि शीघ्र होने लगती है। यह केवल पेशीय नहीं होती, बल्कि उसमें संवेदना भी आने लगती है। गर्भ को सुख-दुःख, अच्छी-बुरी चीजों का ज्ञान धीरे-धीरे प्राप्त होने लगता है। भावनाएँ उत्पन्न होने लगती हैं। इसका अर्थ है माँ जो पढ़ती है, देखती है और सुनती है आदि सब पर शिशु भी विचार करता है। इसका प्रभाव शिशु पर भी होता है। इसलिए माँ को इस बात को ध्यान में रखना चाहिए। जितने सुरक्षित व

प्रसन्न वातावरण में माँ रहे, उतनी ही शांति व प्रसन्नता शिशु को मिलेगी। उसके मन पर अच्छे संस्कार होंगे। शिशु की सुनने की क्षमता अच्छी तरह से विकसित हो, इसलिए शिशु को अच्छे गीत, वीर रसयुक्त कथाएँ तथा गीत सुनवाएँ।

गर्भ की शारीरिक वृद्धि भी शीघ्रता से ही होती है। ढाई माह के गर्भ का अगर निरीक्षण करें तो ऐसा दिखाई देता है; जैसे गर्भ अपना हाथ हिला सकता है। अपने शरीर को वह सीधा करने का प्रयास करता है।

तीसरे माह में रसना के (जिह्वा के) स्वादांकुर विकसित होना शुरू हो जाते हैं। गर्भवती के शरीर में गर्भ तीसरे माह तक अच्छी तरह से घुल-मिल जाता है। उसके अस्तित्व की शरीर को आदत हो जाती है। धीरे-धीरे उलटियाँ, जी मचलना कम होने लगता है। कोख में हल्के से चुटकियों के मारने जैसी कुछ हलचल कुछ स्त्रियों को अनुभूत होती है।

इन पहले तीन माह में शिशु की सुरक्षा को ध्यान में रखते हुए एक महत्त्वपूर्ण बात का ध्यान रखना आवश्यक है और वह है यौन संबंध। गर्भ को कोई क्षति न पहुँचे, वैसे तो संपूर्ण गर्भकाल में ही संगम न करें फिर भी पहले तीन माह में यौन संबंध पूर्णत: निषिद्ध है। इस काल में स्त्री हमेशा अपने शिशु के बारे में ही सोचती है। इसलिए पति-पत्नी हमेशा एक-दूसरे के साथ रहें। अपना प्यार स्पर्श से व्यक्त करें। खूब बातें करें। पति को अपनी गर्भवती पत्नी का बहुत ध्यान रखना चाहिए तथा उसे मानसिक आधार देना चाहिए, किंतु यौन संबंध नहीं रखें।

आयुर्वेदानुसार आहार में सुबह 1 गिलास से कुछ थोड़े कम गरम दूध में एक या डेढ़ चम्मच गाय का घी और आधा चम्मच शहद डालकर पिएँ। शेष आहार के नियमों का पहले की तरह पालन करना है।

तीसरे माह में अपना आहार व भोजन इस प्रकार करें—

उषापान (सुबह का पेयपान)	अल्पाहार	भोजन	दोपहर का स्वल्पाहार	रात्रि भोजन	फल
गुनगुने दूध में एक चम्मच घी+उसमें आधा चम्मच शहद।	सूजी की खीर, लौकी की खीर, उपमा।	दाल-चावल, सब्जी, रोटी, रायत, छाछ, नीम का अचार।	खजूर, अंजीर, मुनक्का, जरदालू।	दाल-चावल, कढ़ी, सब्जी, रोटी, रसवाली सब्जी, दूध।	केला, चीकू, आम।

चौथा मास

चतुर्थेव्यक्तताऽङ्:गानाम्।
चतुर्थे मासि स्थिरत्वमापद्यते गर्भ:।

चौथे माह तक शिशु की संपूर्ण मानव आकृति बन जाती है। इस मास की विशेषता यह है कि जो क्रियाएँ शिशु जन्म के बाद तुरंत करनी शुरू कर देता है, वे सब वह अभी से करना शुरू कर देता है। जैसे चूसना, हाथ-पैर हिलाना, जँभाई लेना आदि। गर्भ के आस-पास होनेवाला गर्भजल वह अपने शरीर में लेता है और बाहर निकालता है।

चौथे माह में स्वादांकुर यानी रसना का विकास हो जाता है। गर्भ के आस-पास जो पानी रहता है, वह केवल पानी नहीं होता, बल्कि माँ जो आहार लेती है, उसका स्वाद उस पानी में उतरता है। विशेषत: तेज स्वाद वाला आहार, जैसे—प्याज, लहसुन, जीरा, काली मिर्च, धनिया आदि का स्वाद शिशु को गर्भ में ही पता चल जाता है।

मस्तिष्क की वृद्धि भी शीघ्र और तेजी से होने लगती है। आयुर्वेद के अनुसार चौथे माह तक हृदय का काम भी अच्छी तरह से चलने लगता है। केवल रक्त परिसंचरण ही नहीं, बल्कि भावनाएँ भी व्यक्त होने लगती हैं। जब गर्भधारण होता है, तब मन के साथ आत्मा का भी शरीर में प्रवेश होता है। यह आत्मा अपने पूर्व जन्म के कुछ संस्कारों के साथ आती है। इसलिए उसकी कुछ रुचि

दूसरे जन्म की भी व्यक्त है या दिखाई देती हैं। गर्भनाभि नाड़ी द्वारा गर्भ का हृदय माँ के हृदय के साथ जुड़ जाता है। इसलिए ये इच्छाएँ माँ के द्वारा व्यक्त होती हैं। उसे ही हम लोग दोहद कहते हैं। जैसे कुछ विशेष व्यंजन (पदार्थ) खाने की इच्छा या जैसे घूमने की इच्छा, पहाड़ चढ़ने की इच्छा ऐसी अनेक इच्छाएँ।

आँखों में तेज आ जाता है, यानी कि नेत्रेंद्रिय विकसित होने का काम शुरू होता है। इसका अर्थ यह है कि नाम, कान, जिह्वा, आँखें, त्वचा यह पाँच ज्ञानेंद्रियाँ धीरे-धीरे अपना काम शुरू कर देती हैं। गर्भ का भार भी अच्छी तरह बढ़ने के कारण स्त्री का पेट धीरे-धीरे बड़ा होने लगता है।

शास्त्रों के अनुसार, चौथे माह में आहार में दूध के साथ दो चम्मच गाय के दूध से बना हुआ ताजा मक्खन खाएँ बासी मक्खन से छाती में (सीने में) जलन होती है।

शेष आहार नीचे दिया गया है—

उषापान (सुबह का पेयपान)	अल्पाहार	भोजन	दोपहर का स्वल्पाहार	रात्रि भोजन	फल
गुनगुने दूध में दो चम्मच मक्खन, शक्कर मिलाएँ।	दलिया/उपमा, मीठा शीरा।	दाल-चावल, रोटी-सब्जी, चटनी, रायता, छाछ।	खजूर, अंजीर, मुनक्का, काजू।	दाल-चावल, रोटी-सब्जी, घी, कभी-कभी पापड़ (भुना), दूध।	चीकू, संतरा, सेब, केला, मौसमी (ऋतु के अनुसार)।

पाँचवाँ मास

चेतनायाश्च पंचमे।

पाँचवें मास में गर्भ की सभी इंद्रियों का विकास, आकलन शक्ति और अनुभूति अच्छी तरह से व्यक्त होने लगती है, विशेषत: स्पर्शज्ञान का। इंद्रित यानी त्वचा अच्छी तरह से कार्यरत होती है। माँ के स्पर्श का गर्भ प्रत्युत्तर देता है। गर्भ स्वयं अपने ही हाथ से अपने मुख, हाथ, पैर या गर्भनाभि नाड़ी को स्पर्श करता है।

माँ के सोने-जागने के समय, उसकी हलचल के साथ गर्भ समझौता कर लेता है अर्थात् जब माँ सोती है तो शिशु भी सोता है। माँ की नींद खुलने के बाद उसकी भी हलचल होती है तो थोड़ी देर में गर्भ भी जाग जाता है। इस विशिष्ट हलचल का माँ को अब धीरे-धीरे अनुभूत होता है। गर्भ की यह आदत जन्म के बाद भी वैसे ही रहती है। जब तक माँ बच्चे को साथ लेकर सोती है, तब तक वह सोता हैं। माँ उठकर चली जाती है तो शिशु तुरंत उठ जाता है और रोने लगता है। पाँचवें माह में शिशु की लंबाई, भार बढ़ता है। इसलिए माँ का पेट बड़ा होने लगता है।

बढ़ते शिशु के लक्षण को समझते हुए पेट पर हाथ रखकर बातें करना, उसे कथा सुनवाना, संगीत सुनवाना या उसके स्वादांकुरों को अच्छे लगें, वैसे या अच्छे पदार्थ खाना, बुद्धि विकसित करने वाली पुस्तकें पढ़ना आदि माँ कर सकती है।

पाँचवें माह में कुछ स्त्रियों में शिशु और उसके आस-

पास के पानी का भार ज्यादा हो जाने के कारण गर्भाशय के मुख पर खिंचाव आ जाता है। उसके कारण गर्भाशय का मुख अचानक खुल सकता है। उसके कारण गर्भपात की संभावना होती है। आजकल सोनोग्राफी के द्वारा यह लंबाई कितना है, उसका अनुमान लग जाता है। चिकित्सीय जाँच नियमित हो और गर्भाशय का मुख थोड़ा भी खुल जाए तो तुरंत पता लग जाता है। उसके परिणाम टालने के लिए गर्भाशय के मुख पर टाँका लगाया जाता है और स्त्री को आराम करने की सलाह दी जाती है। जो भी सलाह डॉक्टर दें, गर्भवती को पूरी सावधानी से उसका पालन करना चाहिए।

शास्त्रों के अनुसार, विशेष प्रकार के घी (श्रीरसर्पी) बताए गए हैं। इसका अर्थ दूध जमने के बाद मक्खन से घी न निकालते हुए, एकदम दूध को बिलोकर उससे मक्खन बनाकर घी निकालें तथा यह घी सुबह दूध के साथ लें।

शेष आहार नीचे दिया गया है—

उषापान (सुबह का पेयपान)	अल्पाहार	भोजन	दोपहर का स्वल्पाहार	रात्रि भोजन	फल
गुनगुना दूध एक चम्मच घी के साथ।	मूँग का शीरा, तीखा उपमा, डोसा।	दाल-चावल, रोटी, सब्जी, रायता, छाछ।	अंजीर, मुनक्का, काजू, बादाम।	दाल-चावल, रोटी-सब्जी, चटनी, दूध।	आम, चीकू, सेब, अनार।

छठा मास

षष्ठे स्नायुसिरारोम बलवर्ण नख त्वचाम्।

छठे मास तक शरीर के सभी इंद्रिय और अंग काम करने लगते हैं। पूरे शरीर को ढकने वाली और कवच की तरह काम करने वाली त्वचा पूरी तरह तैयार हो जाती है। इतना ही नहीं, त्वचा पर रोम आने लगते हैं।

शरीर का रंग कैसा होने वाला है, यह भी इसी समय तय हो जाता है। नाखूनों की वृद्धि होने लगती है। इसलिए शिशु के जन्म के समय शिशु के नाखून बढ़े रहते हैं।

शरीर के सभी स्नायु और पेशियों की वृद्धि होती है। गर्भ का बल बढ़ता है अर्थात् उसकी क्षमता बढ़ती है। इसलिए उसकी हलचल जोर-जोर से होती है। कभी-कभी माँ को अपने पेट में शिशु का पैर जोर का लगने जैसा महसूस होता है।

छठे माह में गर्भ की सुनने की क्षमता पूरी तरह से विकसित हो जाती है। अलग-अलग स्वर पहचानना, ध्यान में रखना आदि क्रियाएँ शुरू होती हैं। गर्भ अपनी माँ की आवाज अच्छी तरह से पहचान सकता है।

सुश्रुताचार्य कहते हैं—षष्ठेबुद्धि।

इसका अर्थ है कि बुद्धि का विकास तेज गति से होता हैं। बुद्धि पर करने वाले संस्कार छठे माह से पहले किए गए तो (तैलबुद्धि) अर्थात् बहुत ही बुद्धिमान शिशु जन्म ले सकता है। प्रज्ञाविवर्धन स्तोत्र हर रोज गर्भस्थ शिशु को सुनवाना चाहिए।

आजकल के नए अनुसंधानों के अनुसार यह भी सिद्ध हो चुका है कि छठे माह तक शिशु के मस्तिष्क का विकास पूरा हो जाता है। इसलिए बुद्धि, आकलन शक्ति (ग्रहण करने की शक्ति), स्मरणशक्ति यह अपने आप ही विकसित होते हैं। इस ज्ञान का लाभ हम गर्भ-संस्कार द्वारा ले सकते हैं। ज्यादा विकसित और विशेष क्षमता रखने वाला मस्तिष्क चाहिए तो विशेष प्रयास भी करना पड़ता है।

गर्भवती को छठे माह से शिशु की वृद्धि तथा विकास अच्छी तरह से महसूस होने लगता है। उसका पेट भी ज्यादा बड़ा दिखाई देता है। छठे माह में स्त्री ज्यदा खुश और आनंदित दिखाई देती है, क्योंकि इस माह में ज्यादा कुछ

समस्या नहीं होती। केवल उसके पेट के पानी की मात्रा उचित मात्रा में है या नहीं, यह देखना पड़ता है।

शास्त्रानुसार शुद्ध आहार में दूध से निकाले गए घी में शतावरी, आस्कंद, भूई कोहला आदि का मिश्रण, विशिष्ट मात्रा में पानी डालकर सिद्ध करके सुबह, शाम एक-एक चम्मच खाए। शिशु की क्षमता, बल आदि अच्छी तरह से बढ़े, इसके लिए ऊपर दी गई औषधि बहुत उपयोगी है। लेकिन बाकी पुष्टिवर्धक आहार लेने में भी कोई समस्या नहीं है। जैसे छुआरा, खजूर, मूँगफली, नारियल आदि का प्रयोग ज्यादा मात्रा में करना चाहिए। सूखे फलों का सेवन करना चाहिए जैसे—बादाम, अखरोट आदि।

बादाम और अखरोट ये दोनों फल, बलवर्धक और बुद्धिवर्धक हैं। काली मुनक्का और किशमिश से शौच की समस्या नहीं होती।

शेष आहार नीचे दिया गया है—

उषापान (सुबह का पेयपान)	अल्पाहार	भोजन	दोपहर का स्वल्पाहार	रात्रि भोजन	फल
गुनगुना दूध एक चम्मच घी के साथ।	मूँग का शीरा, तीखा उपमा, डोसा।	दाल-चावल, रोटी, सब्जी, रायता, छाछ।	अंजीर, मुनक्का, काजू, बादाम।	दाल-चावल, रोटी-सब्जी, चटनी, दूध।	अमृत, चीकू, सेब, अनार।

सातवाँ मास

सर्वैः संपूर्णो भावैः पुष्यति सप्तमे।

साँतवाँ माह गर्भ के सर्वांगीण विकास के कारण बहुत ही महत्त्वपूर्ण है, क्योंकि शरीर के सभी अवयवों और सभी भावनाओं की पुष्टि इसी माह में होती है। गर्भ का पूरा विकास इस माह में हो जाता है।

कई बार हमारे सुनने में आता है कि कोई स्त्री का सातवें माह में ही प्रसव हो गया और शिशु एवं माता दोनों सही हैं, क्योंकि बाहरी संसार में रहने की क्षमता शिशु में सातवें माह में ही प्राकृतिक ढंग से आ जाती है, लेकिन ऐसे शिशु का भार कम रहता है। इस कारण उसमें प्रतिकारक क्षमता कम रहती है। बल कम रहता है, लेकिन फिर भी जीने के लिए जितनी बातें आवश्यक हैं, उतनी सभी क्षमताएँ उसमें रहती हैं।

सातवें मास में गर्भ दिनभर में लगभग एक लीटर गर्भजल पीकर उसमें से पोषक द्रव्य (अंश) निकाल लेता है। गर्भ की रचना विकास पूरा होने के कारण वह इस माह में सभी स्वाद पहचान लेता है। उसके मस्तिष्क का विकास पूरा होता है। मस्तिष्क का पोषण, विकास होनेवाली बातों का ध्यान रखकर उसका प्रयोग करना चाहिए।

सातवें माह में माँ का पेट बहुत बढ़ जाता है। बढ़ते भार के कारण कुछ समस्याएँ आ सकती हैं।

कुछ गर्भवतियों की जाँघों के नीचे पैरों की पेशियाँ दुखने लगती हैं। कड़क होने की वजह से नसों का रंग लाल-हरा हो जाता है। शरीर के रक्त परिसंचरण के कारण रगों पर दबाव आता है और वह दिखाई भी देता है। अगर ऐसा बार-बार होता है तो रगों का खिंचाव कम हो जाता है और उनका आकार बढ़ने लगता है। उनमें रक्त जम जाता है तथा वे दुखने लगती हैं। इसी को (नसों का शैथिल्य) Vericose Veins कहते हैं। किसी को बवासीर की समस्या होती है तो किसी का रक्त चाप धीरे-धीरे बढ़ने लगता है। इस समय डॉक्टर की सलाह लें।

शास्त्रों के अनुसार शिशु का भार अच्छी तरह से बढ़ने के लिए और शिशु के पूरी तरह स्वस्थ और शक्तिशाली होने के लिए शक्तिवर्धक, बलवर्धक दवाइयाँ जैसे शतावरी, आस्कंद, भूई कोहला आदि दूध में मिलाकर या उबालकर पीना चाहिए या फिर आयुर्वेदीय दवाइयों से बनाया गया घी 1-1 चम्मच सुबह-शाम दूध में डालकर पिएँ।

आठवाँ मास

ओजो अष्टमे संचरति मातापुत्रो मुहुःक्रमात्।
तेन तौ म्लानमुदितौ तत्र जातो न जीवति।

गर्भावस्था के नौ मासों में सबसे महत्त्वपूर्ण आठवाँ मास है। आयुर्वेद ने ओज नाम की जो महत्त्वपूर्ण शक्ति मानी है, उसका सबसे महत्त्वपूर्ण काम इसी माह होता है। यह ओज आठवें माह में बार-बार और क्रमशः कभी माँ की दिशा में या कभी-कभी बच्चे की दिशा में गर्भनाभि नाड़ी द्वारा घूमता है। आयुर्वेद ग्रंथ कहते हैं कि यह ओज अर्थात् जीवनशक्ति जिस समय जिसके पास या जिस दिशा में होती है, वह उस समय ज्यादा आनंदित और प्रसन्न रहता है। जब ओज शिशु के पास होता है, तो वह ताजगी भरा रहता है, लेकिन गर्भवती स्त्री म्लान होती है, उसे थकावट महसूस होती है। जब ओज स्त्री के पास होती है तो स्त्री उत्साही होती है।

पुराने समय में ऐसी मान्यता थी कि अगर किसी कारण से इस माह में स्त्री का प्रसव होता है तो उस समय ओज जिसके पास होगा, वह बच जाएगा और दूसरे की मृत्यु होगी अर्थात् माँ या शिशु में से केवल एक जीवित रहेगा तथा एक की मृत्यु होगी। इसलिए आठवें माह में प्रसव न हो, इसकी सावधानी रखी जाती थी। आज भी गर्भवती को आठवें माह में यात्रा करने के लिए मना करते हैं। यात्रा करना ही है तो सातवें या नौवें माह में भेजा जाता है।

आठवें और नौवें माह में मुख्यतः गर्भ का भार बढ़ता है। उसकी मांसपेशियों में क्षमता आती है। उसकी आंतरिक शक्ति बढ़ती है। इसलिए ये दोनों माह महत्त्वपूर्ण माने जाते हैं। पूरे दिन होने के कारण शिशु का भार अच्छी तरह से बढ़ता है और वह कम रुग्ण पड़ता है।

गर्भवती का प्रसव जल्दी न हो इसलिए सभी सावधानियाँ रखनी हैं। पैरों पर सूजन, रक्तचाप बढ़ना ये बातें दिखाई देती हैं। पेट-भर खाना खाने के बाद प्यास लगना, ज्यादा देर तक खड़े न रहें और न ज्यादा काम करें। इसके लिए पूरी सावधानी बरतनी चाहिए।

शास्त्रों के अनुसार शिशु के भार में वृद्धि और उसी समय माँ के शरीर में दूध बनने की प्रक्रिया शुरू होने के लिए खीर खाने को कहा गया है। दूध में चावल डालकर उसकी खीर बनाकर खाएँ खाने के समय खीर में दो चम्मच गाय का असली घी (घर का) मिलाकर पिएँ। इसको यवागू नाम दिया गया है। इसके कारण शिशु स्वस्थ, हृष्ट-पुष्ट और उजला होता है।

पहले माह से लेकर नौवें माह तक शास्त्रों में जो आहार बताया गया है, वह अवश्य लें इसमें प्रतिदिन आसानी से मिलनेवाली चीजें जैसे—दूध, घी, शहद, मक्खन आदि आहारीय पदार्थ बताए गए हैं, जिसके अनेक लाभ हैं। दूध के कारण माँ और शिशु दोनों का पोषण होता है। नियमित दूध पीने से प्रसव के बाद दूध निर्माण होने में कोई विघ्न नहीं आता है। शिशु और माँ की हड्डियों में बल आता है क्योंकि दूध में कैल्शियम होता है।

शेष आहार नीचे दिया गया है—

उषापान (सुबह का पेयपान)	अल्पाहार	भोजन	दोपहर का स्वल्पाहार	रात्रि भोजन	फल
चावल की खीर 2 चम्मच घी के साथ।	हलवा, कभी-कभी सैंडविच।	दाल-चावल, सब्जी, रोटी, चटनी।	अखरोट, बादाम, पिस्ता, काजू, छुआरा।	दाल-चावल, कढ़ी/चावल, सब्जी, रोटी, पापड़, दूध, खोया, पेड़ा।	आम, केला, अनार, चीकू।

नौवाँ मास

गर्भ के सभी अंगों की पूरी तरह से वृद्धि होकर वह इस नए संसार में आगमन के लिए तैयार होता है। उसका भार भी अच्छी तरह से बढ़ गया होता हैं। हड्डियों में बल, लंबाई तथा प्रतिरोधक क्षमता अच्छी रहती है। उसके सभी अंग की प्रगति अच्छी होती है। शिशु को सबकुछ अच्छा और साफ-सुथरा दिखाई देता है। इस कारण जन्म होने के बाद शिशु की नजर जल्द-से-जल्द स्थिर होती है। अँधेरा-ऊर्जा होते ही शिशु आँखों से अच्छी तरह से प्रतिसाद (सकारात्मक प्रतिक्रिया) देता है।

नौवें माह में गर्भवती स्त्री के पेट का पानी और शिशु के भार में वृद्धि के कारण भारीपन आता है। चलना, उठना, बैठना आदि क्रियाएँ धीरे धीरे करनी पड़ती हैं। एक से ज्यादा गर्भ होना, बड़े आकार या ज्यादा भार का गर्भ होना, गर्भजल की मात्रा ज्यादा रहना आदि कारणों से पेट ज्यादा बढ़ जाता है। गर्भवती जल्दी थक जाती है और मुरझाई-मुरझाई रहती है। थोड़ा-सा काम करने से वह हाँफने लगती है।

कई बार मूत्र के लिए जाने की इच्छा होती है, सफेद स्त्राव की मात्रा बढ़ जाती है। नौवें मास में स्त्री की नींद टूट जाती है। वह आराम से सो नहीं पाती। शिशु की हलचल ज्यादा हो जाती है। यह सब प्रसव निकट आने के लक्षण होते हैं।

सफेद स्त्राव पानी जैसा आने लगना, कमर, पीठ, कोख में दर्द होना, कसक होना, मुँह में पानी आना, घबराहट होना, यह लक्षण दिखाई दें तो तुरंत प्रसव के लिए डॉक्टर के पास जाना चाहिए।

गर्भवती का अन्य आहार—

उषापान (सुबह का पेयपान)	अल्पाहार	भोजन	दोपहर का स्वल्पाहार	रात्रि भोजन	फल
दूध, खीर।	मूँग का हलवा, अप्पम।	दाल-चावल, सब्जी, रोटी, अचार, चटनी।	अखरोट, बादाम, खोपरा, काजू, छुआरा, श्रीखंड, रबड़ी, पेड़ा।	कढ़ी/चावल, दाल/चावल, सब्जी, रोटी, पापड़, दूध।	आम, केला, अनार, चीकू, नाशपाती।

सामान्य/प्राकृतिक प्रसव के लिए

इसके अलावा ग्रंथों में और उपाय दिए गए हैं जिसके कारण से प्रसव प्राकृतिक होने में सहायता मिलती है। इसके लिए आयुर्वेद ने 'मात्रबस्ती' सुझाई है। इसमें विशिष्ट औषधियों से सिद्ध किया गया तिल के तेल का एनिमा अर्थात् बस्ति है। बस्ति-गुदाद्वार से कम मात्रा में औषधि तेलों से दिया जाता है। इससे प्रसव के समय अधिक काम करने वाला अपान वायु प्राकृतिक होता है। उसकी गति और दिशा नियंत्रित होती है। यह करना बहुत महत्त्वपूर्ण है।

कमर, गोद (जाँघ) और पैरों पर भी गुनगुने तेल से हल्की-सी मालिश करनी चाहिए। इससे स्नायु थोड़े ढीले होकर उनमें प्रसव वेदना सहन करने की क्षमता बढ़ती है।

तेल में भिगोया हुआ स्वच्छ, साफ (कॉटन का) कपास का फाया योनिमार्ग में रखे। उसके कारण प्रसव मार्ग नरम बनता है, जिससे कम श्रम में गर्भ बाहर आ सकता है तथा प्रसव वेदना सह सकता है।

पूरे नौ माह शास्त्रानुसार बताए गए तरीके से आचरण किया गया तो उसका परिणाम कैसा होगा, उसका वर्णन आचार्य करते हैं, ''जिस प्रकार से पका हुआ फल स्वयं को और पेड़ को पीड़ा न देते हुए पेड़ से अलग हो जाता है, वैसे ही गर्भ पूरा होने तक माँ की कोख में रहता है और उचित समय पर सुखपूर्वक जन्म लेता है।''

नौ माह में माँ के शरीर में और गर्भ में कैसे-कैसे और क्या-क्या बदलाव होता है? उन दोनों का वह काल शांति और सुखकारक होने के लिए क्या कर सकते हैं, इन सभी महत्त्वपूर्ण बातों की विस्तृत जानकारी शास्त्रों में है। अत: इन सबके बारे में जानकर अगर हम उसके अनुसार चलें तो गर्भ और गर्भवती का स्वास्थ्य उत्तम रहता है।

गर्भिणी के लिए सामान्य वर्ज्य आहार विहार

अधिकतर महिलाओं को वैशिष्ट्यपूर्ण व्यंजन या उसका स्वाद पसंद होता है अथवा गर्भवती को कोई विशेष व्यंजन खाने की इच्छा होती है। इसलिए एक ही व्यंजन बार-बार खाया जाता है, लेकिन वह स्वास्थ्य के लिए लाभदायक है या नहीं, इसके बारे में नहीं सोचा जाता। इसलिए कब, क्या और कितना खाना है? इसका विचार करके ही खाएँ।

1. आजकल चायनीज और कॉन्टिनेंटल व्यंजन खाने में युवा ज्यादा रुचि रखते हैं। चायनीज व्यंजनों में प्रयोग किए जानेवाला तेल, अलग-अलग सॉस, उसके साथ लहसुन, मिर्ची, अदरक इनका आवश्यक से अधिक प्रयोग होता है। आयुर्वेदानुसार ये सब पदार्थ 'विदाही' बनते हैं। इनसे शरीर में दाह, जलन उत्पन्न होती है। इसलिए इनका सेवन 9 माह के लिए न करें।

2. बेकरी के बने खाद्य पदार्थ आजकल सबको बड़े भाते हैं। सुबह उठते ही खाली पेट ये सब व्यंजन चाय के साथ अवश्य ही खाए जाते हैं। ब्रेड, टोस्ट, खारी, जीरा बटर, बर्गर, केक, पेस्ट्रीज, पेटीज जैसे कई पदार्थ इनमें शामिल हैं। यह सभी पदार्थ मैदे से और वनस्पति घी में बनते हैं। इन पदार्थों को हल्के करने या उन्हें फुलाने के लिए खमीर प्रयुक्त होता है। इसके बाद इन्हें भूना जाता है या बेक किया जाता है। पाचन के बाद इन पदार्थों का रस भी खट्टा बनता है। इसलिए इनसे पित्त की वृद्धि होती है। पहले ही खाली पेट में अम्ल-पित्त रहता है और उस पर यह पदार्थ खाने से यह समस्या और बढ़ती है। इससे उलटियाँ भी होती हैं। मैदा और वनस्पति घी से शरीर की चर्बी और भार बढ़ता है। रात का भोजन और सुबह का अल्पाहार, अगर दोनों में इसी प्रकार का भोजन निरंतर लिया जाए तो यह पीड़ादायक हो सकता है। इनसे बचना है तो बेहतर है कि बेकरी के पदार्थ न खाएँ।

3. आजकल ज्यादातर पति-पत्नी शहरों में अकेले ही रहते हैं। कार्यालय में देरी होना, ओवरटाइम के कारण रात को देर से घर आना, फिर घर जाकर दोनों के लिए भोजन बनाने के बजाय बाहर का भोजन करना और कम-से-कम सप्ताह में दो बार ऐसा ही होता है। कई बार स्नैक्स में साउथ इंडियन और खाने में पंजाबी व्यंजनों को ज्यादा पसंद किया जाता है। इडली-डोसा आदि इन पदार्थों में डाले जाने वाले दाल-चावल खमीर उठने के बाद बनाए जाते हैं। इसलिए सीने में जलन पैदा होती है। तीखा, खट्टा, मसालों वाला साँभर खाने से पीड़ा और बढ़ती है। इसलिए ये पदार्थ थोड़ी सावधानी के साथ खाएँ और कम खाएँ।

4. पंजाबी व्यंजनों में सब्जियाँ और दालें मसालेदार बनाते हैं। उनमें अप्राकृतिक रंग, पनीर, मक्खन आदि का प्रयोग ज्यादा होता है। इस कारण से सब्जियों के तथा दाल के मूल गुण-धर्म बदल जाते हैं। यह सब्जी-दाल पाचन में भारी हो जाती हैं तथा सब्जी में मक्खन का प्रयोग आहार शास्त्रों के विरुद्ध है। इसलिए हमारे स्वास्थ्य पर इसका बुरा प्रभाव होता है। इसके साथ खाए जाने वाले रोटी, नान, कुलचा जैसे रोटी के प्रकार भी हजम होने में भारी हैं। ऐसे पदार्थ अधिक मात्रा में खाने से हमारी पाचनशक्ति कम हो जाती है। तीखे मसाले वाले पदार्थ खाने से पित्त को पीड़ा होती है। इसलिए ऐसे पदार्थ भी कम मात्रा में और कभी-कभी खाएँ तो अच्छा है।

इन सबका अर्थ यह है कि गर्भावस्था में ये या गर्भकाल में हल्का और पचने में आसान आहार लिया जाए। इसलिए घर का बना हुआ ताजा, सादा और गरम खाना ही सबसे अच्छा है। परिवर्तन के रूप में महीने में एक बार बाहर का भोजन खाएँ तो चलता है, लेकिन इसे दिन-प्रतिदिन की आदत न बनाएँ।

- गर्भिणी के लिए तीक्ष्णौषध का प्रयोग और व्यायाम वर्ज्य है।
- अत्यधिक शीतल, उष्ण और तीक्ष्ण पदार्थों का सेवन करना मना है।
- मद्यपान करना मना है।
- अत्यधिक यात्रा करना मना है।
- मांसाहार करना मना है।
- मैथुन, व्यायाम, दिवास्वप्न, रात में जागना, अति कर्षण, अति तर्पण, शोक, भय आदि का त्याग करना चाहिए।
- मलिन, विकृत और हीन अंगों वाले व्यक्तियों का स्पर्श नहीं करना चाहिए।

- दुर्गंधयुक्त पदार्थों और उद्‌वेग उत्पन्न करने वाली कथाओं का त्याग करना।
- शुष्क, बासी और सड़ा हुआ अन्न नहीं खाना।
- क्रोध, शोक, भय आदि भावों का त्याग करना।

बच्चा किसकी तरह दिखेगा?

शिशु का रंग, रूप, कद, स्वभाव किसके जैसा होगा या दिखने में किसके जैसा होगा इत्यादि किन बातों पर निर्भर रहती हैं? यह सब पता करना बड़ा आनंदमय होने के साथ आवश्यक भी है। शिशु के जन्म के बाद परिवार वालों के मुँह से, 'बिल्कुल अपनी माँ पर गया है या बिल्कुल अपने पिता जैसा दिखता है' जैसी टिप्पणियाँ सुनने को जरूर मिलती हैं। कई बच्चे अपने दादा-दादी, मामा, मौसी, बुआ, चाचा जैसे दिखाई देते हैं। उनके जैसे ही उनमें गुण भी परिलक्षित होते हैं। मेरा बच्चा कैसा दिखेगा? यह उत्सुकता तो गर्भ रहने के दिन से ही माँ के दिल में होती है। गर्भवती स्त्री जब एकांत में होती है, तब अपने ही कल्पना-संसार में खोयी रहती है। पत्नी कहती है, 'मेरे जैसा होगा' और पति कहता है कि 'मेरे जैसा होगा'। इस विषय पर तो पति-पत्नी में प्यार-भरी नोकझोंक तक होती हैं।

ऐसे प्रसंग और संवाद गर्भवती के मन की शक्ति बढ़ाते हैं। इससे गर्भस्थ शिशु के और माँ-पिता के संबंध दृढ़ होते हैं। ऐसे संवाद के बाद शिशु कैसा होगा? यह जिज्ञासा और बढ़ जाती है। सबसे पहले हम इस सबके पीछे का शास्त्रीय कारण जान लेते हैं। आधुनिक शास्त्र के अनुसार हमारा चेहरा, व्यवहार, बोलना, भार, ऊँचाई, स्वभाव इतना ही नहीं, बल्कि भविष्य में कौन-कौन से रोग होने वाले हैं, यह सब हमारी पेशियों में होने वाले Genes अर्थात् जनक ही तय करते हैं।

आधुनिक चिकित्सा विज्ञान के अनुसार माता-पिता के बीज का संयोग होकर अंकुर गर्भाशय में अंकुरित होता है, जिसे हम गर्भ कहते हैं। आयुर्वेद ने इसे ज्यादा अचूक बताया है। आयुर्वेदानुसार माता-पिता के बीज के साथ मन और जीवात्मा का प्रवेश होना अत्यंत महत्त्वपूर्ण है। ऐसे जीवात्मा का प्रवेश होने के बाद ही उसे 'गर्भ' संज्ञा प्राप्त होती है। यह व्याख्या समझ में आने से हमें अनेक बातों का ज्ञान होता है।

उदाहरण के रूप में, अगर माता-पिता के गुणसूत्र ही बच्चे का रंग-रूप आदि तय करते हैं तो माता-पिता से बिल्कुल अलग दिखाई देने वाली संतान होने के भी कई उदाहरण हम अपने आस-पास देख सकते हैं। वह क्यों? माता-पिता काले हैं और संतान गोरी है या फिर माता-पिता गोरे और सुंदर हैं और बच्चे साधारण हैं। माता-पिता दोनों की बुद्धि सामान्य है, जबकि बड़े होकर बच्चे बुद्धिमान असामान्य बुद्धि के निकलते हैं। माता-पिता के बीज के साथ अपने खुद के कर्म से जुड़ा जीवात्मा और मन यह अत्यंत महत्त्वपूर्ण है। ये वे घटक हैं, जो उस बच्चे का स्वतंत्र व्यक्तित्व भविष्य, रंग, रूप तय करता है। इसलिए एक ही माता-पिता के बच्चे अलग-अलग दिखाई देते हैं और उन सभी का भाग्य भी अलग-अलग होता है।

जीवात्मा और मन ये दोनों भी संस्कार सक्षम होते हैं, इसलिए गर्भ संस्कार संभव है। गर्भ संस्कार से बच्चे का रंग, रूप, बुद्धि, व्यक्तित्व इन सबमें सकारात्मक परिवर्तन लाए जा सकते हैं।

गर्भावस्था में स्त्री द्वारा लिये जाने वाले आहार पर भी बच्चे का रंग, रूप, बुद्धि, स्वास्थ्य तथा पूरा व्यक्तित्व निर्भर करता है। हमें आयुर्वेद द्वारा यह अत्यंत महत्त्वपूर्ण जानकारी मिलती है। आयुर्वेद शास्त्र ने जो आहार गर्भवती के लिए बताया है। वही आहार लेने से शिशु के गुणों में अच्छे परिवर्तन हो सकते हैं।

गर्भावस्था के वर्णन में गर्भ के विभिन्न अंगों के विकास के बारे में बताते समय महाभूत शब्द का प्रयोग किया गया है। अब यह महाभूत क्या है? 'महाभूत' आयुर्वेद का एक परिभाषिक शब्द है। इसका अर्थ है बड़ी मात्रा में अस्तित्व रखने वाला घटक। पृथ्वी, जल, तेज, वायु और आकाश इन पाँच महाभूतों से हमारी सृष्टि बनी है। हम भी इन्हीं पंचमहाभूतों से बने हैं। सरल भाषा में कहें तो पाँच महाभूतों से हमारे शरीर का रक्त, मांस, अस्थि, चर्बी आदि घटक तैयार होते हैं। माता-पिता के बीजों में ये पंचमहाभूत सूक्ष्म रूप में उपस्थित होते हैं। हमारे प्रतिदिन के आहार के पाचन से यह तैयार होते हैं, लेकिन पाचन कैसा है?, हम कितना भोजन लेते हैं?, हमारी आदतें कितनी स्वस्थ हैं? आदि पर इस बीज रूप में होने वाले इन महाभूतों का स्तर तय होता है। इसी से बच्चे का रंग, रूप आदि कैसा होगा, कितना अच्छा या बुरा होगा, यह तय करता है।

जुड़वाँ बच्चे कैसे होते हैं?

जुड़वाँ यानी दो या उससे अधिक संतानों का एक ही बार में जन्म कोई सामान्य घटना नहीं है। मनुष्यों में प्राय: एक

दो पुत्र जन्म लेते हैं। रज की अधिकता ज्यादा हो तो दो कन्याएँ जन्म लेती हैं।

बीज का विभाजन होने के समय रज प्रधान और शुक्र प्रधान भाग बराबर विभाजित हुआ तो एक कन्या और एक पुत्र जन्म लेते हैं। अगर गर्भाशय के स्थान में वायु का प्रकोप अधिक होगा तो दो से भी अधिक संतानें एक साथ जन्म ले सकती हैं।

वात की विकृति के कारण कभी-कभी इन बीजों का विभाजन सही ढंग से पूरा नहीं हो तो तब एक-दूसरे से जुड़े जुड़वाँ बच्चे जन्म लेते हैं। जुड़वाँ बच्चों का जन्म होना बुरा नहीं है, क्योंकि उन बच्चों का पूरा विकास हुआ है, उनमें कोई विकृति या विकार नहीं है तथा उनका शारीरिक तथा मानसिक विकास शेष सभी सामान्य बच्चों की तरह ही होता है।

आजकल वंध्यत्व के लिए जो अलग-अलग प्रकार की हार्मोनल दवाइयाँ दी जाती हैं, उनसे एक ही समय पर स्त्री के बीजांड कोष में एक से अधिक कोष (follicles) बढ़ने लगते हैं और अनेक स्त्रीबीज तैयार होते हैं। उस समय प्राकृतिक संबंध से या अप्राकृतिक वीर्य प्रवेश के बाद दो स्त्री बीज फलित होने से जुड़वाँ बच्चे होते हैं।

ये दो गर्भ दो अलग बीजों से तैयार हुए और दो अलग-अलग गर्भाशय में ढूँढ़कर वहाँ पर फलित हुए तो वे पूर्णत: स्वतंत्र होते हैं। उन्हें रस-रक्त की रसद देने वाली वार-नाल, उनके आस-पास होने वाली गर्भजल की झिल्ली, सब अलग-अलग होते हैं और ऐसे जुड़वाँ बच्चे स्वभाव तथा दिखने में एक-दूसरे से बिल्कुल भिन्न होते हैं। इसी को चिकित्सा विज्ञान की भाषा में Dizygotic या Fraternal Twins कहते हैं। दो अलग-अलग वर्षों में जनमे छोटे-बड़े

बार में एक ही संतान जन्म लेती है, लेकिन कई बार जुड़वाँ और अत्यल्प संख्या में तीन या उससे अधिक बच्चों ने जन्म लिया, यह हम देखते हैं या सुनते हैं। सहज रूप से हमें उत्सुकता होती है। सामान्यत: हम एक जैसे दिखाई देने वाले जुड़वाँ लड़के या लड़कियों को देखते हैं और आश्चर्य व्यक्त करते हैं कि यह कैसे संभव होता है? जुड़वाँ बच्चे का आकर्षण एक अलग ही भावना है। सैकड़ों महिलाओं से पूछने पर यह ज्ञात हुआ कि उनमें से 70 प्रतिशत महिलाओं ने जुड़वाँ बच्चे होने की इच्छा व्यक्त की। यह बात अलग है कि उनमें से केवल 5 या 6 प्रतिशत महिलाओं की ही यह इच्छा पूरी हुई।

गर्भाधान के समय अर्थात् स्त्री और पुरुष के बीजों के संयोग के रज का प्रभाव (स्त्रीबीज) अधिक होने से कन्या का जन्म होता है। अगर स्त्री और पुरुष बीजों का संयोग होने के बाद वे एक बीज दो भागों में बँट गया तो जुड़वाँ बच्चे जन्म लेते हैं।

संयुक्त बीज में शुक्र बीज की मात्रा अधिक होने के कारण या वायु के कारण वह दो भागों में विभाजित हो जाए तो

सगे भाई-बहन एक-दूसरे से अलग होते हैं। वैसे ही जुड़वाँ भाई-बहन होते हैं। इनमें दो भाई, दो बहने या एक भाई और एक बहन ऐसा कुछ भी हो सकता है।

दूसरी महत्त्वपूर्ण बात जो देखने में रोमांचक है, लेकिन वास्तव में थोड़ी खतरनाक है, वह है एक जैसे दिखाई देने वाले जुड़वाँ बच्चे। इसे चिकित्सा विज्ञान की भाषा में Monozygotic या Indentical Twins कहते हैं। आज से पाँच हजार साल पहले आयुर्वेद के ऋषि-मुनियों ने दिव्य दृष्टि और अभ्यासपूर्वक कुछ निरीक्षण किए, जिसका उल्लेख आयुर्वेदीय शास्त्र में देखकर आश्चर्य होता है, क्योंकि शरीर में विशेषत: स्त्री के गर्भाशय की जगह वातदोष विकृत होने से अचानक embryo या संयुक्त बीज दो भागों में बँट जाने से दो गर्भ बनते हैं। यह Indentical Twins के बारे में सही प्रमाणित होती है।

Indentical Twins में दो स्त्रीबीज और दो पुरुषबीज ऐसा अलग-अलग मिलाप न होते हुए शुरू में ही एक स्त्रीबीज (Ovum) और एक पुरुषबीज (Sperm) इनसे एक ही गर्भ (Embryo) निर्माण होता हैं, परंतु किसी अज्ञात कारण से यह (Embryo) दो भागों में बँट जाता है और दो स्वतंत्र गर्भ विकसित होने लगते हैं। हालाँकि इसमें दोनों गर्भ का लिंग एक ही होता है। दो लड़के या दो लड़कियाँ। इसमें एक लड़का और एक लड़की ऐसा हो ही नहीं सकता।

सूक्ष्म गर्भ का विभाजन जितना जल्दी होगा, उतनी ही समस्या कम होती है लेकिन यह विभाजन जरा देरी से हुआ तो कुछ गंभीर परिणाम हो सकते हैं। यह परिणाम निम्नांकित हैं—

1. स्त्री और पुरुष बीजों का मिलन होने के बाद पहले चार दिन के अंदर उनका विभाजन हुआ तो जुड़वाँ बच्चे दो स्वतंत्र सामान्य जुड़वाँ बच्चों (Dizygotic twins) की तरह बढ़ते हैं। उनकी वार, गर्भनाभि नाड़ी, उनके आस-पास रहने वाली गर्भजल की थैली सब अलग-अलग बनती है।

2. यह विभाजन चार से आठ दिन के बीच हुआ तो वार और गर्भनाड़ी कई बार एक होती है। गर्भ को ढँकने वाली पतली थैली (Chorion) एक ही होती है, लेकिन जल की थैली (Amnion) अलग-अलग होती है।

3. यह विभाजन आठ दिन के बाद हुआ तो दोनों गर्भ की वार, गर्भनाभि नाड़ी और जल की थैली ये सब एक ही होती हैं। ऐसे जुड़वाँ बच्चे एक समान दिखाई देते हैं, यानी वे Mirror Image जैसे होते हैं।

4. यह विभाजन अगर 12 दिन के बाद हुआ तो फिर विकृति का निर्माण होने लगता है, फिर एक-दूसरे से चिपक हुए जुड़वाँ बच्चे (सयामी) होते हैं। कभी ये जोड़ हाथों की ओर से होता है तो कभी पेट की ओर से। इसमें और भी क्या-क्या विकृतियाँ हो सकती हैं, यह बताना कठिन है।

जुड़वाँ बच्चों की पूरी जानकारी लेने के लिए यह सब समझ लेना आवश्यक है कि अगर जुड़वाँ बच्चे Dizygotic होते हैं तो पूरे नौ माह कुछ भी समस्या न होकर बच्चों का जन्म हुआ तो हर्ष-ही-हर्ष है। उनका एक साथ जन्म, लेना, बढ़ना, बड़े होना, साथ खेलना, कपड़े और खिलौने बाँटना, इतना ही नहीं, आगे चलकर अपने विचार, गुप्त बातें आपस में बाँटना, एक-दूसरे का ख्याल रखना, बहुत प्यार करना, मानसिक जुड़ाव आदि ये सारी बड़ी सुखद प्रक्रियाएँ होती हैं, इसमें कोई संदेह नहीं।

11

अथ एकादशोऽध्यायः

प्रसवता
प्रतीक्षा के पूर्ण होने की घड़ी

जाते हे शिथिले कुक्षौ मुक्ते हृदयबंधने।
सशूले जघने नारी ज्ञेया सा तु प्रजायिनी॥

प्रसव काल निकट आता है तो पेट के नीचे की ओर अचानक भारीपन अनुभव होता है और गर्भवती को लगता है कि वह भार सह नहीं पा रही है, क्योंकि गर्भ का सिर पूरी तरह नीचे की ओर आकर पूरा गर्भ नीचे की ओर आता है। अब वह खुलकर साँस ले सकती है। बाद में धीरे-धीरे कमर और पीठ में पीड़ा शुरू होती है। गर्भवती को बहुत दुर्बलता आती है और वह थक जाती है। उसका मुख सूख जाता है। उसकी आँखें थक जाती हैं। भूख नहीं लगती। नीचे का पेट (कोख) ज्यादा भारी लगता है। वह बेचैन हो जाती है। मुँह में लार आती है। बार-बार शौच और मूत्र के लिए जाए, ऐसा लगता है। बाद में योनि में और आस-पास, पीठ, कोख, कमर, जाँघ, नितंब पर बहुत ज्यादा दुखन होने लगती है। योनिमार्ग से सफेद और चिपचिपा स्राव होने लगता है। यदि इस तरह के लक्षण दिखाई दें तो तुरंत गर्भवती को चिकित्सालय में लेकर जाएँ, क्योंकि थोड़ी ही देर में प्रसव हो सकता है। कुछ देर बाद योनि में चुभने लगता है। फटने जैसा ज्यादा दुखने लगता है, क्योंकि वहाँ की त्वचा, स्नायु खिंच जाते हैं और गर्भ के बाहर आने के लिए जगह बड़ी कर दी जाती है। उसी समय गर्भ भी बाहर आने के लिए प्रयास शुरू करता है। उसका सिर हर दिशा परिवर्तित कर बाहर आने का प्रयास करता है। इसमें माँ और शिशु दोनों को भी बहुत पीड़ा होती है।

प्रसूति का पूर्वाभ्यास

एस.एस.सी परीक्षा से पहले सेंटर देख आना, वहाँ की अपनी कक्षा तथा जगह देख आना छात्रों में रूटीन की तरह होता है। इसलिए परीक्षा के दिन उन्हें तनाव नहीं होता और Fear of Unknown कम हो जाता है।

गर्भावस्था में भी नौ महीने तक गर्भावस्था का पाठ्यक्रम पूरा करने के बाद प्रसूति की एक परीक्षा ही होती है। उस परीक्षा के लिए हम नारियों को शारीरिक तथा मानसिक रूप

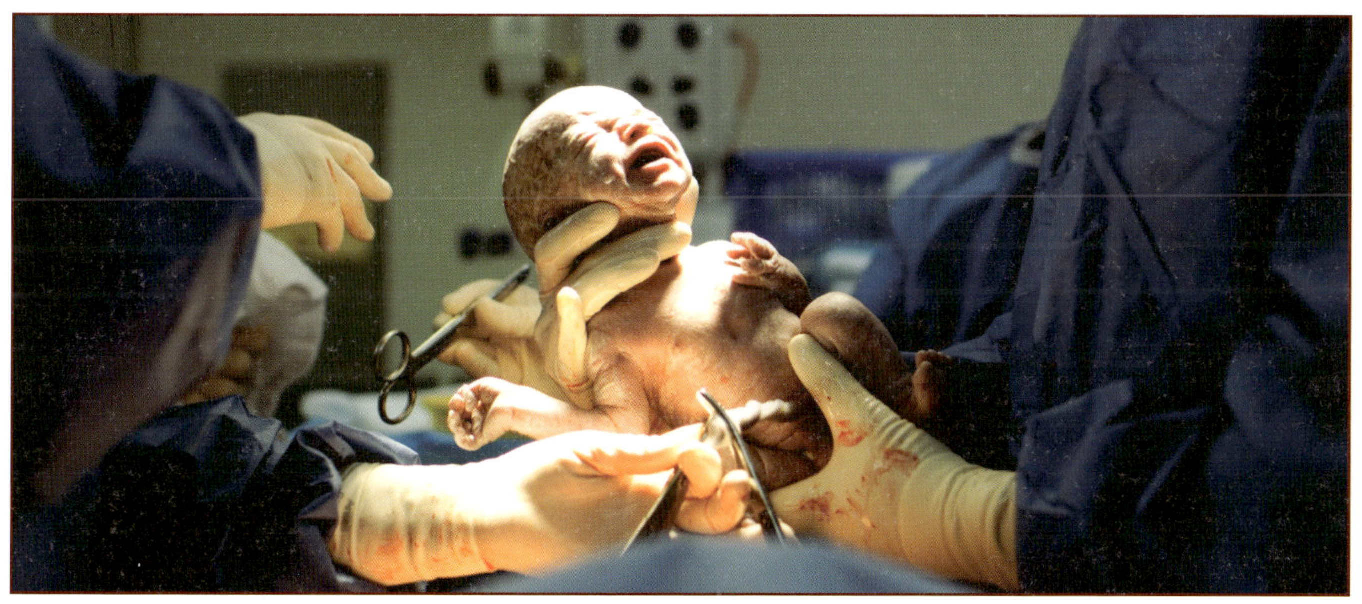

से तैयार करते हैं। दिव्य गर्भ-संस्कार विज्ञान 'गर्भक्रांति ग्रंथ' के माध्यम से प्रसूति की अवस्थाएँ समझाने के बाद हम गर्भवती स्त्रियों को लेबररूम अर्थात् जहाँ प्रत्यक्ष प्रसूति होती है, वहाँ ले जाते हैं। प्रसूति टेबल, गर्भवती के सोने की पद्धति, यहाँ किए जाने वाले उपचारों की तथा जन्म के तुरंत बाद बच्चे पर किए जाने वाले उपायों की जानकारी उन्हें देते हैं। हमारा अनुभव कहता है कि प्रत्यक्ष जगह देखने के बाद, वहाँ का सामान देखने के बाद स्त्रियों का भय बहुत कम हो जाता है। साथ ही इसे देखने से Visualisation के तकनीक का भी यहाँ लाभ होता है।

Holistic Labour नाम का नया तंत्र स्त्रियों को सिखाएँ। इसमें प्रसूति के दौरान विभिन्न अवस्थाओं के समय किए जाने वाले व्यायाम, श्वासोच्छ्वास तकनीक के बारे में मार्गदर्शन करें।

प्रसूति की पूर्व तैयारी

हिंदी सिनेमा में डिलीवरी के समय दिखाई जाने वाली चिल्ला-चिल्ली और कष्ट के सीन का अत्यधिक प्रभाव प्रसूता के मस्तिष्क पर रहता है। इस छाप से बाहर करने के लिए डिलीवरी हो चुकी माताओं से सुसंवाद करें। इससे दूसरों की नकारात्मक बातों से मन में पैदा होने वाली आशंकाएँ दूर हो जाती हैं और चिकित्सक पर विश्वास बढ़ता है। उस दिन का भय निकल जाता है। वह किसी बुद्धिमान छात्रा की तरह इस परीक्षा के लिए पूरी तरह तैयार हो जाती है।

विजुलाइजेशन तंत्र

'विजुलाइजेशन तंत्र' का तात्पर्य है कि प्रत्यक्ष रूप में जो हम घटित होने की इच्छा रखते हैं, उसका चित्र अपने अंतर्चक्षुओं के सामने चित्रित करना और उसका बार-बार अभ्यास करना। नौवाँ महीना शुरू होने पर यह तंत्र किसी से व्यायाम और प्राणायाम के बाद करवाएँ और उन्हें नित्यप्रति घर पर उसे करने की सूचना दें।

इसमें दीवार से सिर लगाकर और पैर फैलाकर बैठने या लेटने के लिए कहा जाता है। धीरे-धीरे शरीर को ढीला छोड़ते हुए मानसिक और शारीरिक शिथिलता प्राप्त करवाई जाती है। उसके बाद श्वसन पर ध्यान केंद्रित करके नीचे लिखी सूचनाएँ दी जाती हैं।

''तीन लंबी साँसें लें साँस लेते समय देखें कि यह संपूर्ण शरीर में फैल रही हैं और छोड़ते समय वह सिर के मध्य भाग में जाकर समाप्त हो रही है तथा अपना अंतर्मन जाग्रत हो गया है। (किसी ज्योति की तरह) ऐसी कल्पना करें व निम्नलिखित शब्द कहें, ''मैं अपने अंतर्मन की सहायता से यह इच्छा करती हूँ कि मेरे दिन पूरे हों, गर्भ में स्थित बच्चे को उत्कृष्ट पोषण मिले, उसका मानसिक, शारीरिक विकास अच्छा हो। दिन पूरे हो जाने पर मुझे पीड़ा शुरू हो रही है। मैं अपनी पहचान वाले चिकित्सालय में जा रही हूँ। वहाँ मैं बताए गए व्यायाम, प्राणायाम, रिलेक्सेशन और अन्य सूचनाओं का सही पालन कर रही हूँ। हर वेदना के साथ बच्चा नीचे की ओर सरक रहा है और गर्भाशय का द्वार खुलता जा रहा है। मैं बहुत शांत हूँ। अब वेदनाएँ बढ़ रही हैं और मुझे लेबर रूम में ले जाया जा रहा है। लेबर रूम में, मैं चिकित्सक द्वारा पहले दी गई सूचनाओं के अनुसार व्यवहार कर रही हूँ। बच्चा पूरी तरह सुरक्षित है। मैं पीड़ा का अनुभव नहीं कर रही हूँ, बल्कि सर्वोच्च आनंद का अनुभव हो रहा है। मेरे जीवन में सबसे अधिक हर्ष का क्षण आ रहा है। मेरा बच्चा जन्म ले रहा है। वह अच्छी तरह से रो रहा है। चिकित्सक बच्चे को देख रहे हैं। बच्चा बिल्कुल नॉर्मल है। चिकित्सक ने तुरंत बच्चे को मेरे स्तन से लगा दिया है और बच्चा दूध पी रहा है। प्लेसेंटा बाहर निकल चुका है। टाँके लगाने के बाद मुझे मेरे छोटे-से, प्यारे-से बच्चे के साथ कक्ष में वापस ले जाया गया है। सभी की आँखों में मेरे लिए और मेरे बच्चे के लिए प्यार छलक रहा है। बाद में, मैं अपने बच्चे को ठीक से स्तनपान करवा रही हूँ।

कुछ समय में, मैं अपने बच्चे को लेकर घर वापस आ रही हूँ। बच्चे के आने से घर भर में चैतन्य और आनंद फैल गया है।''

फिर से 3 लंबी साँसें लेकर अंतर्मन की धारणा से बाहर आएँ। धीरे-धीरे आँखें खोलें। इस काल्पनिक अनुभूति के कई लाभ हैं। ''जो हम सोचते हैं, वही होता है।'' इसलिए हमें अपनी मानसिक ऊर्जा इस तरह मोड़ने की आदत होनी चाहिए। हमारा अनुभव यह कहता है कि सकारात्मक विचारधारा रखने वाली प्रसूता सचमुच बिना किसी समस्या के प्रसन्नता से घर जाती है।

प्रसूति के व्यायाम

बीच-बीच में मोशन (दीर्घशंका) के लिए बैठते हैं वैसे बैठें और उठ जाएँ यह 10 बार करें। बत्तख की तरह चलें। इस तरह 10 कदम चलें। बच्चा जैसे घुटनों के बल रेंगता है, उसी तरह घुटने और हाथ जमीन पर रखकर 2 मिनट उसी स्थिति में रहें। बार-बार यह क्रिया दोहराएँ।

प्रसूति के समय ऍरोमाथेरपी मसाज

इन व्यायामों के अलावा प्रसूति होने वाली नारी की पीठ और जंघाओं को मालिश करने का तंत्र उसके साथ रहने वाली व्यक्ति को सिखाएँ। 50 मि.लि. तिल के तेल में, क्लेरी सेज तेल की 14 बूँदें, प्रतिदिन तेल की 6 बूँदें और यलंग-यलंग तेल की 6 बूँदें मिलाएँ। यह तेल थोड़ा-थोड़ा हाथ पर लेकर उससे मालिश करें। विशेषत: दो वेदनाओं के बीच में हाथों के तलवों से दबाकर मालिश करें। यह मालिश बार-बार देने की आवश्यकता नहीं होती।

प्रसूति के समय आहार

अपने यहाँ कष्ट शुरू होने के बाद प्रसूता की सास या माँ उसे बादाम का दूध या घी में बना शीरा या दलिया खिलाकर चिकित्सालय में भेजती है। यह बहुत भारी आहार है, जिससे प्रसूति को आरंभ में बचना चाहिए। वेदना शुरू होने के बाद चिकित्सक को फोन करके बताएँ तथा प्रसूतिगृह में जाते समय कोई आहार न लें एक बार चिकित्सालय में पहुँचने के बाद चिकित्सकों की जाँच हो जाने पर ही कोई आहार लिया जाना चाहिए। इस समय फलों का रस, छाछ, चाय, बिसकुट, खिचड़ी जैसा हल्का आहार लिया जा सकता है। पाचन में भारी आहार लेने से प्रसूति के समय उबकाई की संख्या में बढ़ोतरी हो सकती है। यदि बच्चे के हृदय की धड़कन कम हो जाए या वह पेट में मोशन (दीर्घशंका) करें तो तत्काल सिजेरियन का निर्णय चिकित्सक को लेना पड़ता है। तब खाली पेट होने से एनेस्थीसिया देना आसान होता है।

चिकित्सालय में जाने से पहले

प्रसूति वेदनाएँ शुरू होने के बाद पीड़ा कितने समय बाद होनी शुरू होती है, इसकी जाँच घड़ी के साथ कर लें डॉक्टर को फोन करने के बाद तीन बातें विचारपूर्वक कहें—

1. पीड़ा कब शुरू हुई और कितने मिनट बाद वह दोबारा हुई।
2. हर वेदना कितनी देर तक रहती है।
3. योनि मार्ग से म्यूकस प्लग/पानी या रक्तास्त्राव (Labour Show) निकला है या नहीं।

आपकी हिस्ट्री सुनने के बाद चिकित्सक तत्काल या कुछ समय बाद आपको चेकअप के लिए चिकित्सालय में बुलाएँगे।

नौवाँ महीना शुरू होने के बाद हमेशा बाथरुम जाते समय योनि मार्ग से रक्तस्त्राव या पानी निकल रहा है या नहीं, इसकी कपड़े पर जाँच करती रहें।

चिकित्सालय में पहुँचने के बाद

आपका ब्लड प्रेशर, नाड़ी (Pulse) और बच्चे की धड़कन डॉपलर पर गिनी जाती है। उसके बाद योनि मार्ग की जाँच करने पर थैली का मुँह खुल गया है या नहीं, इसकी

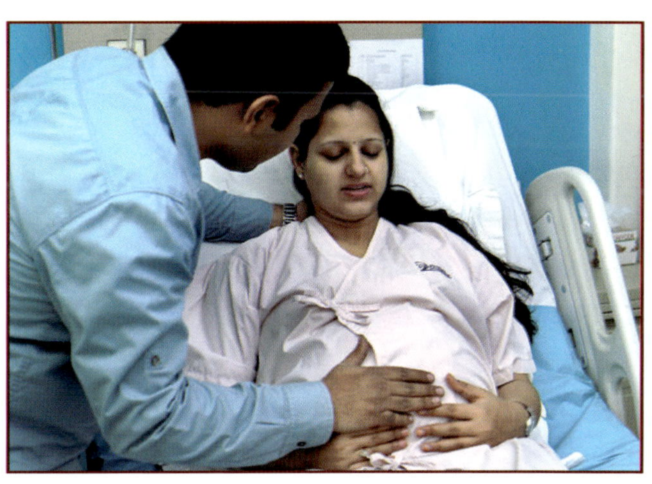

जानकारी मिल सकती है। प्रसूता कभी-कभी योनिमार्ग के अंदर से जाँचते वक्त पीड़ा होने से सहयोग नहीं देतीं उस वक्त मुँह से लंबी साँसें लेकर योनिमार्ग को ढीला छोड़ें। चिकित्सक को सहयोग देने पर जाँच में समय नहीं लगता और समस्या भी नहीं होती।

प्रसूति की विभिन्न अवस्थाओं में श्वासोच्छ्वास तंत्र

प्रसूति के आरंभ में जब पीड़ा 15 से 20 मिनट बाद उठ रही हो, तब दीर्घ श्वासोच्छ्वास करें। नाक से हवा लेकर फेफड़े पूरी तरह भर दे और मुँह से साँस छोड़ें। इससे ऑक्सीजन का सेवन बढ़ता है और बच्चे को भी मिलता है। शारीरिक और मानसिक शिथिलता के लिए शरीर पर ध्यान केंद्रित करते हुए एक-एक अवयव शिथिल करें। पैरों की उँगलियाँ, पैर, जँधाएँ, कमर, पीठ, पेट, छाती, हाथ, गला, गरदन, चेहरा और मस्तक ऐसे क्रमश ढीले छोड़ते जाएँ। शरीर ढीला छोड़ने का तंत्र यदि गर्भावस्था में सीख लिया हो तो प्रसूति अवस्था में उसे करना आसान हो जाता है। प्रसूता के साथ आए हुए व्यक्ति को भी चाहिए कि इस प्रकार की सूचनाएँ, देकर उसके शरीर के अलग-अलग हिस्सों पर हल्के से हाथ घुमाएँ और वही अवयव उसे शिथिल करने के लिए कहें। इस तंत्र से प्रसूता की शारीरिक और मानसिक ऊर्जा को बचाया जा सकता है। बोरियत नहीं होती, थकान नहीं लगती और सचमुच में जब जोर लगाने का समय आता है, तब वह सक्षम रहती है। प्रसूति के समय जब पीड़ा पाँच-पाँच मिनट बाद उठने लगे, तब दो लंबी साँसें और वेदना के समय उथली साँसें लें। ऐसी कई साँसें वेदना खत्म होने तक लें यह उथली साँस नाक से हवा अंदर लेकर मुँह से 'ही' कहकर बाहर निकालें। वेदना समाप्त होने पर 2 लंबी साँसे लें। प्रसूति के अंत में जब वेदनाएँ 2-3 मिनट में हो रही हों और बच्चे को बाहर की ओर धकेलने की आवश्यक्ता हो, तब वेदना शुरू होते ही 2 लंबी साँसें और बाद में 1 उथली साँस (ऊपर बताए गए अनुसार) लें तथा बाद में मुँह से जोर लगाकर फूँक मारें तथा वेदना की समाप्ति पर दो लंबी साँसें लें।

प्रसूति वेदनाएँ शुरू करने के लिए

चिकित्सक आपको अरंडी का तेल (Castor Oil) 50 मि.लि. की एक बोतल पूरी लेने की सलाह देते हैं। इसका स्वाद ठीक न होने से गर्भवती इसे लेने में आना-कानी करती हैं। इसलिए इसे कोरी चाय में नींबू डालकर या थोड़े-से कोकम या छाछ के साथ लें इसके सेवन के बाद दो-तीन जुलाब हो जाते हैं और वेदनाएँ शुरू होती हैं। कुछ प्रसूताओं को पूरी बोतल लेने के बाद भी कोई प्रभाव नहीं होता।

सभी श्वासोच्छ्वास तंत्र का अभ्यास गर्भावस्था की कक्षाओं में करें। प्रसूति के समय इसे करने में समस्या नहीं होती, वेदनाओं पर ध्यान केंद्रित नहीं होता, प्रसव वेदना कम लगती है तथा प्रसूति भी सुलभ हो जाती है। जिस प्रकार साइकिल चलाना, तैराकी आदि पुस्तक पढ़कर नहीं सीखा जा सकता, उसी प्रकार प्रसूति के समय श्वासोच्छ्वास पहले सीख लेने से और उसे नियम से नित्य करने से ही किया जा सकता है। प्रसूति होने वाली माता का सक्रिय सहयोग मिलने से प्रसूति करवाने वाले चिकित्सों की भी सहायता हो जाती है।

प्रसव की अवधि (Duration of Labor)

सामान्य रूप से प्रसव पीड़ा की अवस्थाओं के अनुसार प्रसव की अवधि प्रथम संतान एवं बाद की संतानों में अंतर होती हैं। इसे निम्नलिखित सारणी से स्पष्ट किया जा सकता है—

प्रसव अवधि	प्रथम संतान	दूसरी संतान
पहली अवस्था	10 से 12 घंटे	6 से 8 घंटे
दूसरी अवस्था	1 से 2 घंटे	0.4 घंटे
तीसरी अवस्था	1/4 घण्टा	1/4 घंटे

प्रसव की अवधि को अन्य कारक भी प्रभावित करते हैं, जैसे—अगर गर्भवती स्त्री की आयु 30 वर्ष से अधिक है तो प्रसव की अवधि भी लंबी होगी। इसके अतिरिक्त अगर गर्भस्थ शिशु का आकार बड़ा है, वह गर्भ में सही स्थिति में नहीं है। उसका सिर ऊपर की ओर तथा पैर नीचे की ओर है, तब भी प्रसव की अवधि अधिक हो जाती है। इस पर भी अगर गर्भवती स्त्री को प्रसव के विषय में सही जानकारी हो,

उसका स्वास्थ्य उत्तम हो, अपने चिकित्सक पर विश्वास हो तो प्रसव की अवधि कम हो सकती है।

(क) प्रसव की प्रथम अवस्था (विस्तारण)

यह अवस्था प्रसव पीड़ा के प्रारंभ होने से योनि के विस्तारण तक रहती है। इसलिए इस अवस्था को 'विस्तारण की अवस्था' भी कहते हैं।

प्रसव की प्रथम अवस्था का संकेत निम्नलिखित बातों से मिलता है—

1. योनि मार्ग से श्लेष्मा के साथ रक्त का स्त्राव।
2. कमर दर्द और पीड़ा युक्त गर्भाशयिक संकुचन।
3. एकनिऑटिक द्रव का निष्कासन।

प्रसव की प्रथम अवस्था में गर्भाशय की माँस-पेशियों में तीव्र संकुचन होता है। इससे पेट तथा कमर के निचले हिस्से में पीड़ा आरंभ हो जाती है। हर गर्भाशय पेशीय संकुचन के साथ भ्रूण का सिर नीचे योनि की ओर आने लगता है। पेशीय संकुचन से गर्भाशय का ऊपरी भाग कठोर हो जाता है तथा निचला भाग कोमल होकर फैल जाता है। अत: यह अवस्था योनि मार्ग के प्रसारण (फैलाव) की अवस्था है। इस अवस्था में शिशु बाहर आने के लिए मार्ग तैयार करता है।

प्रसव की प्रथम अवस्था के समय योनि मार्ग जो सामान्य अवस्था में केवल 1.25 सेमी. ही खुलता है। इतना फैल जाता है कि शिशु का सिर आसानी से बाहर निकल आता है।

प्रथम अवस्था की अवधि—जब किसी स्त्री का प्रथम प्रसव होता है तो प्रथम अवस्था में अधिक समय लगता है। प्रथम प्रसव में यह अवधि लगभग 10 से 12 घंटे तथा बहुप्रसव में 6 से 8 घंटे की होती है।

प्रबंध—प्रसव की प्रथम अवस्था में निम्नलिखित प्रयास करने चाहिए—

1. पीड़ानिवारक दवा देकर पीड़ा में आराम पहुँचाना चाहिए।
2. यदि प्रथम अवस्था की अवधि अधिक है तो इंट्रोविनस विधि से ग्लूकोज सेलाइन देना चाहिए।
3. निर्जलीकरण की रोकथाम के लिए माँ को अधिक मात्रा में तरल पदार्थ लेने के लिए प्रोत्साहित करना चाहिए।
4. गर्भवती को मानसिक रूप से ढाँढ़स बँधाकर प्रसव के लिए तैयार करना चाहिए।
5. गर्भस्थ शिशु के ह्रदय की धड़कन नोट करते रहना चाहिए, जिससे गर्भस्थ शिशु को कोई हानि न हो।

(ख) प्रसव की द्वितीय अवस्था (निष्कासन)

द्वितीय अवस्था योनि के पूर्ण विस्तारण से आरंभ होकर शिशु जन्म होने तक रहती है। अत: यह शिशु जन्म की अवस्था है। इस अवस्था में गर्भस्थ शिशु माँ के शरीर से बाहर आता है। अत: इस अवस्था को 'निष्कासन की अवस्था' भी कहते हैं। प्रथम अवस्था में गर्भाशय संकुचन से भ्रूण नीचे आ जाता है और योनि मार्ग फैल जाता है। जैसे-जैसे गर्भाशय की पेशियों पर दबाव बढ़ता जाता है, शिशु योनि मार्ग से बाहर आने का प्रयास करता है। फलस्वरूप कमर के निचले हिस्से में तीव्र पीड़ा होती है और पीड़ा के साथ सर्वप्रथम शिशु का सिर बाहर आता है, फिर कंधे तथा शेष शरीर बाहर आता है। इस अवस्था में गर्भवती की नाड़ी की गति तेज हो जाती है। योनि मार्ग से बाहर आने पर शिशु बलपूर्वक अपनी भुजाओं व टाँगों को घुमाता है और तेजी से रोता है।

द्वितीय अवस्था की अवधि—इस अवस्था की अवधि प्रथम प्रसव 1-2 घंटे तथा बहु प्रसव में आधा घंटे से कम होती है।

प्रबंध

1. गर्भवती को मानसिक सहारा प्रदान करना चाहिए।
2. प्रत्येक 5 मिनट में गर्भस्थ शिशु के ह्रदय की धड़कन सुननी चाहिए। यदि गर्भस्थ शिशु के ह्रदय गति की दर 160 प्रति मिनट से अधिक और 100 प्रति मिनट से कम हो तो तुरंत समुचित उपचार करना चाहिए।
3. शिशु जन्म के साथ-साथ योनि मार्ग फैलता जाता है। गर्भस्थ शिशु का सिर जब योनि से बाहर आ जाए तो प्रत्येक संकुचन के समय शिशु के सिर को स्थिर रखना चाहिए। अन्यथा सिर के हिलने-डुलने से योनि मार्ग अनावश्यक रूप से फैल सकता है।

4. शिशु जन्म के समय यदि नाभिनाल गरदन के आस-पास ढीले रूप में लिपटी हो तो उसे सिर व कंधों पर से फिसलाकर निकाल देना चाहिए।

(ग) प्रसव की तृतीय अवस्था

यह अवस्था शिशु जन्म के बाद से प्लेसेंटा तथा अन्य झिल्लियों के पूर्ण निष्कासन तक रहती है। यह अवस्था गर्भाशय की सफाई की अवस्था है। जब शिशु का जन्म हो जाता है तो प्लसेंटा पृथक् हो जाने के बाद रक्त प्रवाह तेज हो जाता है और नाभिनाल लंबी हो जाती है। गर्भाशयिक संकुचनों से लगभग दस से पंद्रह मिनट में सभी पदार्थ; जैसे—अपरा, नाभिनाल श्लेष्मा, रक्त आदि सभी बाहर आ जाते हैं। प्लेसेंटा का निष्कासन पूर्ण रूप से हुआ है या नहीं, यह ज्ञात करने के लिए प्लेसेंटा व झिल्लियों का परीक्षण किया जाता है। संपूर्ण पदार्थ बाहर आने पर योनि मार्ग को धोकर साफ किया जाता है और यदि योनि मार्ग फट गया है तो टाँके लगाएँ जाते हैं। शिशु जन्म के एक घंटे बाद तक गर्भवती का सूक्ष्म निरीक्षण किया जाता है तथा नाड़ी और रक्तचाप को नोट किया जाता है।

प्रसव के प्रकार (Types of Labor)

प्रसव कई प्रकार से होता है। शिशु जन्म की प्रक्रियाएँ निम्नलिखित हैं—

1. सामान्य व स्वाभाविक प्रसव।
2. उलटा प्रसव।
3. उपकरणों द्वारा प्रसव।
4. ऑपरेशन द्वारा प्रसव।

(क) सामान्य व स्वाभाविक प्रसवः

शिशु जन्म की यह प्राकृतिक और स्वाभाविक प्रक्रिया है। इसमें प्रसव की तीनों अवस्थाएँ बारी-बारी से आती हैं। सर्वप्रथम योनि मार्ग का विस्तार होता है, फिर शिशु योनि से बाहर आता है और अंत में गर्भाशयिक संकुचन द्वारा संपूर्ण व्यर्थ पदार्थों का गर्भाशय से निष्कासन हो जाता है।

लाभ—इस अवस्था के प्रमुख लाभ अग्रलिखित हैं—

1. प्रसूता माँ को अस्पताल या प्रसूति केंद्र में अधिक समय तक नहीं रहना पड़ता है।
2. जन्म के बाद शिशु तथा प्रसूता माँ की बहुत अधिक देखभाल की आवश्यकता नहीं होती है।
3. सामान्य प्रसव से उत्पन्न बालकों की वातावरण के साथ समायोजन की क्षमता अधिक होती है।
4. इस प्रसव प्रक्रिया में शिशु के जन्म में अधिक समय नहीं लगता है।
5. प्रसव के समय माँ तथा शिशु दोनों को अधिक कठिनाई नहीं होती है।
6. माँ तथा शिशु का स्वास्थ्य जन्म के बाद ठीक रहता है।

(ख) ऑपरेशन द्वारा प्रसवः

जब शिशु सामान्य व प्राकृतिक प्रक्रिया द्वारा योनि मार्ग से बाहर आने में असमर्थ होता है तो माँ के उदर में चीरा लगाकर शिशु को बाहर निकाला जाता है तो उसे ऑपरेशन द्वारा प्रसव कहते हैं। ऑपरेशन के द्वारा प्रसव निम्नलिखित परिस्थितियों में किया जाता है—

1. योनि मार्ग का सँकरा होना तथा शिशु का आनुपातिक रूप से बड़ा होना।
2. सामान्य प्रक्रिया द्वारा जन्म लेने पर शिशु के जीवन को जोखिम होना।
3. गर्भ में शिशु की स्थिति सामान्य न होना।
4. गर्भ में शिशु की मृत्यु हो जाना।
5. गर्भाशयिक संकुचनों का कम होना।
6. किन्हीं कारणवश शिशु जन्म निर्धारित समय से पूर्व आवश्यक होना।

हानि : इससे निम्नलिखित हानि हैं—

1. ऑपरेशन के कारण प्रसूता को अधिक आराम की आवश्यकता होती है।
2. ऑपरेशन द्वारा प्रसव में अधिक समय व धन लगता है।
3. यह प्रसव घर पर नहीं कराया जा सकता है।
4. प्रसूता को अधिक समय तक प्रसूति केंद्र में रहना पड़ता है।
5. शिशु जन्म के बाद प्रसूता और नवजात दोनों को अधिक देखभाल की आवश्यकता होती है।

6. ऑपरेशन द्वारा प्रसव के बाद गर्भाशय को अपने सामान्य आकार में आने में अधिक समय लगेगा।
7. बच्चे में संघर्ष की प्रवृत्ति तुलनात्मक रूप से कम होती है।

(ग) उलटा प्रसव:

जब गर्भाशय में शिशु की स्थिति उलटी होती है अर्थात् पैर नीचे और सिर ऊपर होता है तथा गर्भवती को प्रसव वेदना प्रारंभ होने के कारण निचला भाग और पैर पहले बाहर आते हैं तथा धड़ और सिर बाद में बाहर आते हैं तो ऐसी प्रसव प्रक्रिया को 'उलटा प्रसव' कहते हैं। इस प्रसव प्रक्रिया में उपकरणों की सहायता ली जाती है।

इस प्रसव प्रक्रिया में प्रसव की तीनों अवस्थाएँ—योनि मार्ग विस्तारण, शिशु निष्कासन तथा गर्भाशयिक व्यर्थ पदार्थों का निष्कासन सामान्य प्रसव के समान ही होता है।

हानि : इस प्रक्रिया से निम्नलिखित हानि हैं—

1. शिशु के प्रसव के लिए उपकरणों की सहायता ली जाती है तो यह कभी-कभी माँ के जननांगों तथा शिशु के कोमल अंगों को हानि पहुँचा सकते हैं।
2. सामान्य प्रसव प्रक्रिया से अधिक समय लगता है।
3. प्रसव के समय गर्भवती माँ तथा शिशु दोनों को अधिक कठिनाई का सामना करना पड़ता है।

(घ) मेडिकल उपकरणों द्वारा प्रसव:

जब गर्भस्थ शिशु किन्हीं कारणों से सामान्य प्रक्रिया द्वारा योनि मार्ग से स्वत: बाहर नहीं आ पाता है और गर्भवती माँ प्रसव वेदना से पीड़ित होती है तो औजारों व उपकरणों की सहायता से योनि मार्ग को चौड़ाकर शिशु को औजारों की सहायता से बाहर निकाला जाता है। निम्नलिखित परिस्थितियों में ऑपरेशन द्वारा प्रसव किया जाता है—

1. गर्भस्थ शिशु के दुर्बल होने पर।
2. योनि मार्ग छोटा होने पर।
3. शिशु का अपने सही स्थिति में न होने पर।
4. शिशु का सिर बड़ा होने पर।
5. गर्भाशयिक संकुचन के कम हो जाने पर।
6. गर्भाशयिक पानी की थैली के फट जाने पर।

इन सभी अवस्थाओं में शिशु स्वाभाविक रूप से बाहर नहीं आ पाता है। अत: उपकरणों की सहायता से उसे बाहर निकाला जाता है।

हानि :

1. इस प्रसव प्रक्रिया में माँ के जननांगों तथा शिशु के कोमल अंगों को उपकरणों से हानि हो सकती है।
2. इस प्रसव प्रक्रिया में अधिक समय लगता है।
3. गर्भवती माँ तथा शिशु दोनों को अधिक कठिनाई का सामना करना पड़ता है।
4. प्रसव के लिए अनुभवी व योग्य चिकित्सक की आवश्यकता होती है।
5. यह प्रसव घर पर नहीं कराया जा सकता है।

शल्यक्रिया द्वारा प्रसव (Delivery by Cesarean)

जब माँ के पेट के निचले भाग तथा गर्माशय की शल्यक्रिया द्वारा शिशु का प्रसव कराया जाता है तो उसे 'सीजेरियन सेक्शन' कहते हैं। प्राकृतिक रूप से हुए शिशु प्रकृति के संरक्षण में संसार में आ जाते हैं। किंतु कुछ कारणों से सिजेरियन का विकल्प रखना पड़ता है। सिजेरियन से हुए शिशु की यात्रा अलग होती है। नौ महीने माँ की कोख में पलने के बाद जब एक शल्यक्रिया का निर्णय लिया जाता है तब प्रकृति की बागडोर कुछ मनुष्यों के हाथ में चली जाती है। कई बार आवश्यक और कई बार बिना किसी विशेष तर्क के यह विकल्प चुना जाता है।

जब शिशु योनिमार्ग से नहीं जाता तो उसके फेफड़े का पानी ठीक से नहीं निचुड़ पाता। कुछ शिशु यह सामान्य तरीके से सहन कर लेते हैं। कुछ की साँस ज्यादा चलने लगती है। शिशु को इससे समस्या हो सकती है। इस स्थिति को 'ट्रांसियंट टैकिप्निया ऑफ न्यूबॉर्न' कहते हैं।

योनिमार्ग से नहीं निकलने के कारण से सर पर कोन (केपुट) भी नहीं बनता है। सिजेरियन एक अहम् शल्यक्रिया है। अन्य किसी भी शल्यक्रिया की ही तरह इसमें उतना ही जोखिम है। यह जोखिम कोई सर्जीकल या अनेस्थेटिक कौंप्लीकेशन, करने वाले डॉक्टर के कौशल की कमी, बच्चे

में किसी त्रुटि या फिर स्त्री के शरीर के किसी प्रतिकूल अनुक्रिया के कारण से हो सकती है। किंतु जब यह आवश्यक हो, तब माँ और शिशु दोनों के लिए जीवनदायिनी भी है।

किन परिस्थितियों में आपातकालीन सिजेरियन सेक्शन किया जाता है ?

1. भ्रूण पर विपत्ति हो सकता है कि आप का शिशु प्रसव के दबाव को सहन न कर पा रहा हो और हृदय की धड़कन अनियमित या कम होती जा रही हो या रक्त में एसिड बन रहा हो।
2. कभी-कभी एमनियौटिक तरल पदार्थ का रंग परिवर्तित होकर हरा-सा हो जाता है (गर्भाशय में भ्रूण के मल या मैकोनियम का मार्ग) तो वह विपत्ति का चिन्ह हो सकता है। यदि योनि मार्ग से प्रसव तुरंत न हो सकता है तो सिजेरियन ही बच्चे को बचाने का सर्वश्रेष्ठ साधन है।
3. प्रसव क्रिया में प्रगति का अभाव।
4. प्लेसेंट (बीजांड में रक्त स्त्राव)।

प्रकार :

सिजेरियन सेक्शन के कई प्रकार हैं। एक महत्त्वपूर्ण अंतर त्वचा पर लगाए जाने वाले चीरे के अतिरिक्त गर्भाशय पर लगे चीरे का है।

प्राचीन सिजेरियन सेक्शन में मध्यरेखीय लंबवत् चीरा लगाया जाता है, जिसमें शिशु के जन्म के लिए बड़े स्थान की आवश्यकता होती है। हालाँकि इसका प्रयोग अब बहुत कम होता है, क्योंकि इससे कई तरह की समस्याएँ उत्पन्न होने की संभावना रहती है।

निम्न गर्भाशयी खंड परिच्छेद : ऐसी विधि आजकल सर्वाधिक प्रयोग में आने वाली विधि है। इसमें ब्लैडर के किनारे के ऊपर एक अनुप्रस्थ काट लगाई जाती है, जिससे कम रक्तस्त्राव होता है तथा उसकी सुधार आसान होता है।

आपातकालीन सिजेरियन सेक्शन : यह एक ऐसी सिजेरियन विधि है जो प्रसव पीड़ा आरंभ होने के बाद संपन्न की जाती है। क्रॉस सिजेरियन सेक्शन सिजेरियन की ऐसी विधि है, जो प्रासविक चिकित्सालय में संपन्न की जाती है, जहाँ गर्भावस्था की समस्याएँ प्रसव पीड़ा के समय अचानक उत्पन्न होती हैं तथा माँ, शिशु/शिशुओं अथवा दोनों को मृत्यु से बचाने के लिए एक त्वरित कार्रवाई की आवश्यकता होती है।

सिजेरियन हिस्टेरेक्टोमी में गर्भाशय को हटाने के बाद सिजेरियन परिच्छेद किया जाता है। दु:साध्य रक्तस्त्राव की स्थिति में या जब गर्भाशय से गर्भनाल अलग किया जा सकता है, तब इसे प्रदर्शित किया जाता है। पारंपरिक रूप से सिजेरियन के अन्य रूपों का प्रयोग किया गया है, जैसे—अति-उदरावरणीय सिजेरियन परिच्छेद या पोरो सिजेरियन सेक्शन।

रोगी ने यदि पहले सिजेरियन सेक्शन करवाया हो, तो उस स्थिति में दुहराव सिजेरियन परिच्छेद किया जाता है। विशेष रूप से इसे पुराने चिह्न पर किया जाता है। कई चिकित्सालयों में, विशेषकर अर्जेंटाइना, अमेरिका, युनाइटेड किंगडम, कनाडा, नॉर्वे, स्वीडन, ऑस्ट्रेलिया तथा न्यूजीलैंड में माँ के जन्म सहयोगी को शल्यक्रिया के समय वहाँ उपस्थित रहने के लिए प्रेरित किया जाता है, ताकि यह उस अनुभव को बाँट सकें। निश्चेतक विशेषज्ञ प्राय: परदे को नीचे खिसका देते हैं, ताकि माता-पिता अपने शिशु जन्म को देख सकें।

प्रसवोपरांत (Post-Delivery)

बच्चे के जन्म लेने के बाद सर्वप्रथम बच्चे के मुँह और नाक को साफ किया जाता है। कभी-कभी बच्चे के मुँह और साँस की नलिका से चिकने पदार्थ व अन्य द्रवों को साफ करने के लिए मशीन का उपयोग किया जाता है। इसके बाद बच्चे को अच्छी तरह से साफ कपड़े में लपेट लेते हैं, जिससे बच्चे के शरीर का तापमान बना रहे। जन्म के बाद बच्चे की आँखों की सफाई आवश्यक होती है। बच्चे के जन्म लेने के बाद बच्चे के साँस लेने की कार्यक्षमता, हृदय की धड़कन, त्वचा का रंग, हाथ-पैरों का हिलना व छूने पर बच्चे का स्वभाव देखा जाता है। इसको एपगर कहते हैं। यदि बच्चे की कार्यक्षमता सामान्य होती है तो बच्चे के हाथ-पैर, कान,

मल-मूत्रद्वार तथा बच्चे की पीठ को देखने के बाद बच्चे के पेट की सफाई आदि की जाती है तथा भोजन की नलिका के अवरोध को देखा जाता है।

बच्चे के पैदा होते ही बच्चे को उलटा लटकाया जा सकता है, जिससे फेफड़े आदि में गया हुआ चिकना द्रव मुँह में लौटकर आ जाए और मुँह का द्रव फेफड़ों में न जा पाए। इस कारण इसको सेक्शन द्वारा सावधानी से निकाला जा सकता है।

थोड़ी-सी मात्रा में चिकनाईयुक्त द्रव फेफड़ों में जा सकता है। परंतु अधिक मात्रा में द्रव फेफड़ों में जाने से बच्चे का रोना ठीक से नहीं होता है। ऐसी स्थिति में फेफड़े में नली डालकर इसे निकालना पड़ता है तथा बच्चे को दवाइयाँ भी शुरू करनी पड़ती हैं। पहले बच्चे के फेफड़े गुब्बारे की भाँति बिना हवा के होते हैं। परंतु पहली बार साँस लेते ही फेफड़े हवा से भर जाते हैं। उसमें से रक्त आने लगता है तथा ऑक्सीजनयुक्त रक्त फेफड़े से बच्चे के हृदय की ओर पहुँच जाता है। इस अवस्था में बच्चे का हृदय शीघ्र ही कार्य करने लगता है। इसी बीच बच्चे का संबंध औवल से अलग हो जाता है।

बच्चेदानी में कुछ पीड़ा के साथ औवल भी धीरे-धारे बच्चेदानी की दीवारों की पकड़ को छोड़ने लगती है तथा धीरे-धीरे करके पूरा औवल अलग होकर इसी द्वार से बाहर आ जाती है। कभी-कभी औवल को आने में 10 मिनट से लेकर आधे घंटे का समय लग सकता है। ऐसी स्थिति में माँ के पेट की हल्की मालिश भी करनी पड़ सकती है। यदि इसके बाद भी औवल बाहर नहीं आता है तो उसे रिटैनड् औवल कहते हैं। औवल के बाहर आते ही औवल को अच्छी प्रकार से देखना चाहिए। यदि औवल का एक भी टुकड़ा नहीं आ पाया तो फिर बच्चेदानी पूरी तरफ से सिकुड़ नहीं पाती तथा रक्तस्त्राव होता रहता है।

बच्चे के जन्म लेते ही बच्चा कुछ नीले रंग का हो जाता है। परंतु बच्चे के रोने से ऑक्सीजन और रक्त बच्चे के शरीर में संचरित होने लगता है। इसके कारण बच्चे का रंग गुलाबी हो जाता है। बच्चे के शरीर पर सफेद चिकनाईयुक्त पदार्थ लगा रहता है। इस चिकनाईयुक्त पदार्थ को 'वरनिक्स' कहते हैं। बच्चे को साफ कपड़े से पोंछने या बच्चे को स्नान कराने से यह चिकनाईयुक्त द्रव्य शरीर से बाहर आ जाता है।

बच्चे के चेहरे पर कुछ सूजन, आँखों का धँसा रहना और बच्चे का सिर का कुछ भाग उठा-सा दिखाई पड़ता है, जिसको 'कैपुट' कहा जाता है। यह सब समय के साथ ठीक हो जाता है। बच्चे के पैदा होते समय सिर पर जो माँसपेशियों का जोर लगता है, उससे कैपुट बन जाता है। परंतु वह कुछ ही दिनों में ठीक हो जाता है। बच्चे के जन्म के समय बच्चे की छाती कुछ बढ़ी हुई होती है। प्रसव में यदि लड़की होती है तो उसके मूत्रद्वार के दोनों ओर की त्वचा लेबिया कुछ अधिक भूरी और सूजी हुई होती है और कुछ भाग बाहर निकलता दिखाई देता है। कभी-कभी थोड़ा-सा रक्त भी आ जाता है। इसी प्रकार लड़के में अंडकाषों का बड़ा होना या कुछ हल्के नीले व भूरे रंग का दिखाई पड़ना आदि सामान्य बातें होती हैं, जो समय के अनुसार परिवर्तित हो जाती हैं। गर्भावस्था के समय नारी को यह निर्णय ले लेना चाहिए कि उन्हें प्रसव घर में या चिकित्सालय में करवाना है।

प्रसव से हुई जननांगों की पीड़ा कब तक रहती है? संभोग का प्रारंभ कब तक किया जा सकता है?

सामान्यत: चलने और बैठने से होने वाली असुविधा के एक महीने तक समाप्त होने की आशा जा सकती है, पर दो महीने आराम से लग सकते हैं। योनिपरक संभोग में होने वाली असुविधा को तीन महीने लगते हैं, पर कभी-कभी छह महीने या अधिक भी लग सकते हैं।

प्रसव के बाद मूत्र त्याग में पीड़ा या मूत्र का बार-बार आना और बल्वा में जलन के क्या कारण होते हैं?

प्रसव के बाद गर्भकाल के उच्च एस्ट्रोजन और प्रोजेस्ट्रोन जैसे हॉर्मोस तेजी से कम हो जाते हैं जिससे योनि में और वल्वा के आंतरिक म्युकोसल अस्तर में रूखापन आ जाता है। परिणामस्वरूप, साबुन से, रगड़ से, कैमिकल्स से, निरोध आदि के कारण ऐसा हो सकता है।

प्रसव के बाद क्या प्राय: नारियों को अनियंत्रित गैस निष्कासन अथवा मल त्याग की समस्या होती है?

योनिपरक प्रसव के बाद कुछ को स्त्रियों अपने मल अथवा गैस को रोकना होता है। अधिकतर मलद्वार की स्फिंस्टर माँसपेशियों में घाव के कारण होता है, घाव के उपचार के बाद भी कई बार ऐसा हो जाता है।

प्रसव के बाद योनि के खुल जाने या श्रोणि भ्रंश के संदर्भ में क्या किया जाना चाहिए ?

इसके लिए चिकित्सक-फिजियोथैरेपिस्ट से संपर्क करें, जो कि माँसपेशियों के खिंचाव को कम करने के लिए अलग से व्यायाम का सुझाव देंगे।

घर पहुँचने के बाद

सिजेरियन हुआ है, इसलिए हमेशा सोए रहने की आवश्यक्ता नहीं होती। हमेशा के व्यवहार जारी रखे जा सकते हैं। चिकित्सकों की सलाह से हल्का व्यायाम भी किया जा सकता है। लेकिन देखा गया है कि कई बार ज्यादा दूध आए इसके लिए भारी आहार दिया जाता है। बच्चे को बार-बार अपने पास लेने से, स्पर्श करने से ही दूध ज्यादा निकलता है। उसके लिए ज्यादा दवाइयों की आवश्यक्ता नहीं होती। चिकित्सकों के दिए हुए टॉनिक जारी रखें। शक्कर, मीठे पदार्थ, मैदे से बनी चीजें, आलू, साबुदाना आदि पर नियंत्रण रखें।

सिजेरियन प्रसूता की मालिश की जाए या न की जाए, यह प्रश्न मन में रहता है। पेट की मालिश प्रथम 3-4 सप्ताह तक न करें। हाथ, पैर, गरदन, सिर, पीठ इन पर धीरे-धीरे मालिश की जा सकती है। शरीर पर सेक लें या नहीं, इस पर अभी तक एक मत नहीं है। अपने-अपने चिकित्सक की सलाहनुसार जो ठीक हो, वह करें।

सिजेरियन के बाद व्यायाम

चिकित्सक की सलाहनुसार व्यायाम शुरू करें। हाथ, पैर, पीठ के व्यायाम, प्राणायाम, चलना इन पर कोई बंधन नहीं होता। पेट के व्यायाम महीने के बाद ही शुरू करें। पेट की पेशियाँ पूर्वस्थिति में आना जरूरी होता है। इसलिए पेट के व्यायाम करने से न बचें।

अपना शरीर और भार अगले 9 माह की अवधि में प्रसूतिपूर्व की स्थिति में ले आना हर नारी का हठ होना चाहिए। बाल, त्वचा, फिगर वापस ले आने की ओर ध्यान होना ही चाहिए। प्रसूता नारी का अपनी ओर ध्यान न दिया जाना अब इतिहास बन चुका है। दायित्व बढ़ने के उपरांत भी आज की नारी समय नियोजन में कुशल है। इसीलिए स्मार्ट माताएँ आजकल हर जगह दिखती हैं। जब तक स्त्री बच्चे को दूध पिलाती रहती हैं, तब तक स्तनों का भार ज्यादा रहता है। इसलिए स्तनों को योग्य ब्रेसियर द्वारा सही आधार देना आवश्यक होता है, अन्यथा स्तन लटकने लगते हैं। ब्रेसियर का कंधे से नीचे की ओर आनेवाला पट्टा इलॅस्टीक का न हो, वह कपड़े का बना हो। बेल्ट इस तरह लगा हो, जिससे ब्रेस्ट ऊपर उठाई जा सके, निपल्स की लेवल और बाजुओं के मध्यभाग एक कतार में होने चाहिए। ब्रेसियर को दिन में अवश्य पहनें। रात में सोते समय न पहनें तो चल सकता है, लेकिन दिन में उनको आधार दिया जाना आवश्यक होता है।

होलिस्टीक पद्धति से प्रसूति

बच्चा जब जन्म लेता है, वह प्रक्रिया प्रकृति की अत्यंत अनमोल शारीरिक और भावनिक अनुभूति है। हर भावी माता इस पल की और बच्चे की आतुरता से प्रतीक्षा करते हैं। परंतु प्रसूति वेदनाओं के बारे में भी उसके मन में कहीं-न-कहीं भय और कौतूहल छाया रहता है। यह बात यदि पहली बार होनी हो, तब तो पूछिए ही मत। उसे विविध सलाहें दी जाती

हैं और गर्भवती की अवस्था बड़ी विचित्र-सी हो जाती है। कई बुरे विचार उसे घेर लेते हैं। सच पूछा जाए तो इसमें भयवाली या चिंता करने वाली कोई बात ही नहीं होती। ऐसे समय में अपने अगल-बगल में देखें आपके जैसी कई स्त्रियाँ इस प्रक्रिया से सरलता से पूरा कर अपने बच्चों को सफलतापूर्वक पाल रही हैं। प्रसूति वेदनाओं के लिए पर्याप्त तैयारी करें एवं इसके विषय में विस्तार से जानें।

ध्यान धारणा के कुछ प्रकार

ध्यान धारणा के सहारे आप प्रसूति के समय शांत रह सकती है। साथ ही ध्यान धारणा के माध्यम से प्रसूतिपूर्व कुछ घंटे आप अपने बच्चे से सुसंवाद कर सकती हैं।

1. प्रतिमा के सहारे ध्यान धारणा (Image Meditation)

अपना मन किसी एक भगवान् की मूर्ति, ॐ, दीये के प्रकाश या अपने प्रिय व्यक्ति पर केंद्रित करें।

अपना मन किसी दूसरे विचार में उलझाएँ धीरे-धीरे किसी एक बात पर उसे केंद्रित करें। आदतन आप अपना मन 10 से 15 मिनट तक किसी एक बात पर एकाग्र कर सकती हैं।

2. ध्वनि के माध्यम से धारणा (Sound Meditation)

कल्पना करें कि आप अपनी पसंदीदा ध्वनि सुन रही हैं और उस पर ध्यान केंद्रित करें। यह ध्वनि कोई भी हो सकती है, जिससे आपका मन शांत रहे। जैसे ॐ, राम, हरे कृष्ण इत्यादि।

ऐसी किसी ध्वनि की याद मन में दोहराती रहें, जिससे आपके मन में कोई दूसरा विचार नहीं आएगा।

ध्यान धारणा के कारण उस ध्वनि का एक आवरण आप पर छा जाता है।

3. कल्पना से विधानात्मक ध्यान धारणा (Sound Meditation)

ॐ नम: जैसे किसी वाक्य को मन में दोहराती रहें या सत्यम् शिवम् सुंदरम् की कल्पना करें।

इस प्रकार के वाक्य से मन में छाए बुरे विचार भाग जाएँगे और आप सकारात्मक सोचने लगेंगी।

सहज सुलभ बिन वेदना प्रसूति कितनी सुंदर कल्पना है। कई बार मानसिक तनाव के कारण प्रसूति में विलंब हो सकता है। इसलिए मन को कम-से-कम तनाव में रखना, बिन वेदना प्रसूति की पहली सीढ़ी है। इस तनाव को कम करने के लिए नौंवे महीने से प्रसूति के संदर्भ में कुछ आसान व्यायाम करें।

जब आप शांत बैठी हों, तब कल्पना करें कि आपकी प्रसूति का समय आ गया है। उसके लिए आप शारीरिक और मानसिक रूप से तैयार है। आप चिकित्सालय में तनावमुक्त मन से बैठी हैं। श्वासोच्छ्वास के कुछ व्यायाम कर रही हैं, चल रही हैं, भजन सुन रही हैं। अपने पर पूरा नियंत्रण रखते हुए बच्चा जनने की प्रतीक्षा कर रही हैं। प्रसूति वेदनाएँ शुरू हो चुकी हैं और बार-बार आनंददायक पीड़ा उठ रही है।

निम्नलिखित बातों को आँखों के सामने लाएँ—

हर पीड़ा के साथ गर्भाशय का प्रसरण हो रहा है और बच्चा बाहर आने के प्रयास में है।

मेरा श्वासोच्छ्वास शांति से चल रहा है।

मेरे हाथ, पैर, चेहरा, कंधे, पेट, निचला पेट ढीला पड़ चुका है।

हर कष्ट के साथ बच्चा बाहर आ रहा है।

मैं और मेरा बच्चा यह सब सहजता और सुलभता से कर रहे हैं।

मेरे योनि मार्ग से बच्चे का सिर बाहर आ गया है और अब पूरा बच्चा बाहर आ गया है। कितना प्यारा-सुंदर बच्चा है मेरा!

होलिस्टीक प्रेग्नेंसी : अलग-अलग चिकित्सा पद्धतियाँ

होलिस्टीक मेडिकल रिसर्च फाउंडेशन की ओर से किए गए संशोधनों में प्राकृतिक चिकित्सा पद्धतियों पर चर्चा की गई है। विदेशों में भी यह संकल्पना अत्यधिक लोकप्रिय हो रही है। गर्भावस्था में, प्रसूति में और उसके बाद होने वाली छोटी-छोटी शिकायतों के लिए एलोपैथी की दवाइयाँ न लेकर, इन अन्य चिकित्साओं का उपयोग करके उनके प्रभावी परिणामों और सुरक्षाओं का अध्ययन किया जाता है।

इन अन्य चिकित्साओं के कारण शरीर और मन की एकरूपता होती है और खुद की रोग प्रतिकारक शक्ति बढ़ जाती है, जो बात सिद्ध हो चुकी है। चिकित्साओं के बारे में संबंधित विशेषज्ञों से मिली जानकारी निम्नलिखित प्रकार से संकलित की गई है—

एक्यूपंक्चर और एक्यूप्रेशर

5000 साल पहले चीन में इनकी शुरुआत हुई। शरीर की जीवनशक्ति 13 मेरिडियन में से शरीर में बहती है जिसे इस चिकित्सा पद्धति में उत्तेजित किया जाता है। अत्यंत पतली और कोमल सुइयों को त्वचा के ऊपरी स्तर में चुभोकर इस मेरिडियन को उत्तेजित किए जाने से Endorphins Release होते हैं और वेदनाओं का शमन होता है।

एक्यूप्रेशर (जिसे Shiastu भी कहते हैं) में अँगूठे और उँगलियों का प्रयोग करके त्वचा विशिष्ट स्थानों पर दबाई

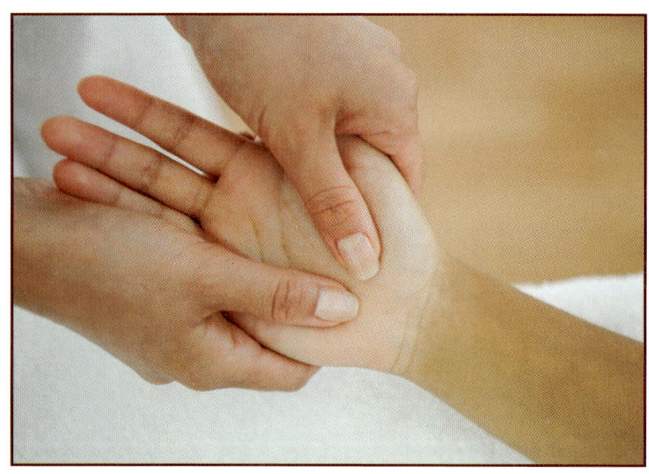

जाती है। लेकिन इन दोनों चिकित्साओं का उपयोग विशेषज्ञों द्वारा नही करवाएँ, क्योंकि गर्भावस्था में कुछ पॉइंटस को उत्तेजित नहीं किया जा सकता।

एरोमाथेरेपी

सुगंधों की इस चिकित्सा प्रक्रिया में Essential Oils प्रयोग किए जाते हैं। पुष्पों से, फलों से, छिलकों और मुख्य पेड़ से, पत्तों से विशिष्ट पद्धति द्वारा तेल निकाले जाते हैं। इन तेलों की मालिश से मन का तनाव हल्का हो जाता है। मन, शरीर और आत्मा का संतुलन होता है। एनर्जी बढ़ती है। रक्तसंचरण सुधर जाता है। अशुद्ध रक्त Lymph द्वारा उत्सर्षित होता है, विष बाहर फेंका जाता है और शरीर के विद्युत चुंबकीय क्षेत्रों में संतुलन होता है, मज्जातंतु और हार्मोंस पर योग्य प्रभाव डाला जा सकता है, जैसे अनेक लाभ इस थेरेपी से हमें मिलते हैं। यह तेल मालिश द्वारा या नाक से सूँघकर या नहाने के पानी में मिलाकर या पानी की भाप बनाकर (Vapouriser) प्रयुक्त किए जा सकते हैं।

विशेषत: मानसिक समस्याओं के लिए एरोमाथेरेपी बहुत उपयोगी है। फिर भी किसी भी थेरेपी के उपयोग से पहले चिकित्सक की सलाह अवश्य लें।

दो वेदनाओं के बीच में अंतराल रखते हुए मालिश करें। लगातार मालिश आवश्यक नहीं होती। उसी तरह क्लेरीसेज तेल की दो-तीन बूँदें खुले बरतन में गरम पानी में मिलाकर उसमें नैपकीन भिगोकर, निचोड़कर, खोलकर पेट पर हल्के से दबाएँ और लगातार उसे परिवर्तित करते रहें या ऊपर बताए गए तेल से पेट पर हल्की-सी मालिश करें।

प्रसूति के समय स्वसम्मोहन तंत्र

स्वसम्मोहन तंत्र के प्रयोग से प्रसूति हो सकती है। टोरंटो विश्वविद्यालय के डॉ. पामेला ने स्वसम्मोहन तंत्र का प्रयोग करके 56 नारियों की प्रसूति करवाई। इसमें गर्भवती स्त्री तनावग्रस्त न होकर शांति से बच्चे को जन्म देती है।

1. चक्राकृति रिलेक्सेशन:

हाथ के दोनों तलवों को मुख पर रखकर गद्दी पर सो जाएँ।

आँखें बंद करके एक प्रकाश बिंदु आँखों के सामने लाएँ और आपका सिर, मुख, गरदन, छाती, कंधे, निचला पेट, जंघाएँ, घुटने, कोहनियाँ, तलवे चक्राकृति में घूम रहे हैं, ऐसी कल्पना करें। शरीर का हर अवयव ढीला छोड़ दें

2. क्वीगांग तथा ताईची:

चीन में गर्भवती स्त्रियों के व्यायाम की यह पद्धति है। इसमें आप शांति से एक जगह बैठें। अपने शरीर के किसी एक भाग पर विशेषत: गर्भाशय पर ध्यान केंद्रित करें। इससे आप बच्चे के साथ सुसंवाद कर सकती हैं और उसका धीरज बँधाती हैं कि 'भय न करो, सब ठीक हो जाएगा। मैं तुम्हारे साथ हूँ।'

3. संगीत:

जिस संगीत में हृदय की धड़कन की तरह हर मिनट में 60 धड़कनें हैं, ऐसा संगीत प्रसूति के लिए बहुत लाभदायक होता है। उसी तरह धीमा शास्त्रीय संगीत या सितार, सरोद भी लाभदायी है। संगीत के आलाप आपके शरीर को ढीला करते हैं। किसी पसंदीदा राग को चुनें और उसके आलाप शरीर में समा लें उससे आपका हर अवयव ढीला हो जाएगा।

इन सब व्यायामों से गर्भवती अपनी प्रसूति को सही ढंग से ले पाएगी। सहर्ष उसका सामना करेंगी। सृजनशीलता का आनंद उठा पाएगी और बच्चा स्वस्थ तथा सुदृढ़ होगा।

पानी में प्रसूति : अंडरवॉटर बर्थ

पंचमहाभूतों में जल से हम भली-भाँति परिचित हैं। माता के गर्भ का अधिकतर हिस्सा पानी से ही बना हुआ होता है। तीन महीने के गर्भ में पानी की मात्रा 97 प्रतिशत होती है जबकि 9 महीने के गर्भ में यह मात्रा 81 प्रतिशत होती है। मनुष्य के शरीर में भी 50 से 70 प्रतिशत हिस्सा पानी में व्याप्त है। भारत में प्रसूति का कुशल कार्य परंपरा से दाइयों के पास था। अब इनका स्थान चिकित्सकों ने ले लिया है। शिशु के जन्म की प्रक्रिया अपने ही घर में निकट के व्यक्तियों के सहयोग से होती थी। अब माता चिकित्सालय में शिशु को जन्म देती हैं, जहाँ का वातावरण तथा व्यक्ति भी उसके लिए अपरिचित होते हैं। प्राकृतिक पद्धति से ही शिशु का जन्म होना, उसके जीवन के लिए तथा माता के स्वास्थ्य के लिए उपयोगी है। यह बात अब आधुनिक विज्ञान ने भी मान ली है। अंडरवॉटर बर्थ या पानी में शिशु का जन्म, यह भी प्राकृतिक शिशु जन्म का ही एक रूप है।

पानी में शिशु का जन्म

इस क्रिया में माता की प्रसूति के समय गरम पानी के टब में बिठाया जाता है। प्रसूति वेदना शुरू होने के पश्चात् कुछ समय बाद तथा प्रसूति क्रिया के दूसरे तथा तीसरे चरण में माता को गरम पानी में बैठे रहने को कहा जाता है। इस स्थिति में माता का शरीर गरम पानी में डूबा रहता है। इससे शरीर को आराम का अनुभव होता है। साथ ही पानी में रहने के कारण उस पर पृथ्वी के गुरुत्व का असर भी काफी कम मात्रा में होता है। गरम पानी से माता के स्नायु भी शिथिल अवस्था में रहते हैं। पानी में रहने के कारण माता के गर्भ का द्वार खुलने में भी आसानी होती है। लेटकर प्रसूति में माता के पेट पर दबाव बढ़ता है। पानी में प्रसूति के समय इस प्रकार से दबाव बढ़ने की संभावना नहीं होती। इससे शिशु जन्म के लिए आवश्यक बल माता अधिक परिणामकारी रूप से तथा सहजता से दे सकती है। पेल्विक मसल्स अर्थात् कमर के स्नायु भी अधिक परिणामकारी कार्य इस अवस्था में कर सकते हैं। शिशु जन्म के समय माता को अगर चिंता या मानसिक तनाव है, तब उसके शरीर में नॉन एंड्रेनालाइन तथा कॅटेकोलामाइंस का स्त्राव अधिक मात्रा में होता है। इससे वेदना का शमन करने में उपयोगी स्त्रावों की निर्मिती पर भी असर होता है। पानी प्रसूति के समय माता तनावमुक्त होने से वेदना का शमन करने वाले स्त्राव की मात्रा बढ़ती है, जिसका लाभ माता को अवश्य होता है।

शिशु के लिए पानी में जन्म यह एक आनंददायी अनुभव होता है। गर्भ में पानी की मात्रा अधिक होती है। नौ महीने के इस समय में शिशु इस पानी में ही रहता है। जन्म के बाद तुरंत उसे हवा, प्रकाश का सामना करना पड़े, यह उचित नहीं है। पानी में प्रसूति के समय माता का योनिमार्ग तथा शिशु का शरीर, इनमें घर्षण की मात्रा पानी के रहते कम हो जाती है। पानी गुनगुना होने के कारण शिशु को अचानक तापमान में परिवर्तन का सामना नहीं करना पड़ता। सहज तथा सुलभ पद्धति से इस नए संसार में शिशु का प्रवेश होता है। माता तनावमुक्त होने के कारण शिशु को भी किसी तनाव का सामना नहीं करना पड़ता। सामान्य प्रसूति में माता जब शारिरिक पीड़ा से चिल्लाती, चीखती है, तब चिकित्सक या आया माता को दबोचकर रखते है। इसमें शोर, चिल्लाहट, तनाव इन सभी अनिष्ट स्थितियों का परिणाम माता तथा शिशु पर होता है। पानी में प्रसूति के समय ऐसी किसी कठिनाई का सामना न तो शिशु को करना पड़ता है, न ही माता को। गरम पानी के कारण माता को सहज प्रसूति का तथा शिशु को सहज जन्म का अनुभव होता है।

माता सकारात्मक मानसिकता से शिशुजन्म की क्रिया को स्वीकारती है। जननक्रिया स्वयंस्फूर्ति से होती है, इसे लादे जाने की अनुभूति माता को नहीं रहती। उसके लिए यह एक कष्ट का अनुभव नहीं होता।

पानी में प्रसूति सभी के लिए संभव नहीं होती। स्थूल माताएँ, किसी शारिरिक व्याधि का सामना करने वाली माता या जब जुड़वाँ बच्चा पैदा होने की संभावना हो, तब पानी में प्रसूति संभव नहीं होती। सामान्य स्थिति में ही पानी में प्रसूति की सलाह दी जाती है।

पानी में प्रसूति की क्रिया में शिशु के हृदय की गति को जाँचने के लिए डॉप्लर मशीन (Waterproof Doppler) का प्रयोग किया जाता है। जब माता के गर्भ का द्वार 4 सेंमी तक खुल गया हो, तब ही उसे वॉटरबाथ में बैठाया जाता है। इस प्रकार से बच्चे को जन्म देने के लिए माता को किसी विशेष आसन में बैठे रहना आवश्यक नहीं होता। अपनी सुविधा के अनुसार वह आसन कर सकती है। इस क्रिया में पानी का तापमान तथा गहराई को संतुलित किया जाता है। शिशु जिस एम्निओटिक सक में रहता है, उसे हटाने की आवश्यकता नहीं पड़ती या फिर योनिमार्ग को छेदने की (Episiotomy) (एपिसायटोमी) आवश्यकता नहीं होती।

विदेश में शिशु जन्म के लिए पानी में प्रसूति का प्रयोग बड़ी मात्रा में किया जाता है। भारत में अभी इस विषय में जागरूकता की आवश्यकता है। किसी भी आपत्ति या आकस्मिकता से निपटने का प्रबंध जिन प्रसूतिग्रहों में है, वहाँ इस क्रिया का प्रयोग अवश्य किया जाता है। इस विषय में जागरूकता तथा अधिक मात्रा में माताओं से पानी में प्रसूति की इच्छा प्रकट करने से इस प्रक्रिया के प्रसार को बढ़ावा मिलेगा। अनेक संस्थाएँ गर्भ संस्कार के साथ-साथ होलिस्टिक प्रेग्नेंसी तथा डिलीवरी का भी प्रसार करती हैं। इसी के अंतर्गत पानी में प्रसूति का भी प्रसार हो, यह अच्छा तथा आवश्यक है।

प्रसूति के बाद टाँके भरने के लिए

योनिमार्ग पर लगाएँ गए टाँकों के लिए सिटज् (ATIZ) बाथ में एक बड़े टब में (जिसमें बैठकर पैर बाहर रखें) पानी लेकर उसमें सायप्रस तेल की 2 बूँदें और लवेंडर तेल की 3 बूँदें डालकर उसमें थोड़ी देर तक बैठें। हर बार मूत्र और दीर्घशंका होने के बाद इस तरह बैठने से इंफेक्शन से बचा जा सकता है और घाव जल्दी भर जाते हैं तथा पीड़ा भी कम होती है।

स्तनाग्रों में दरारें और वेदना (Cracked Nipples)

20 मि.लि. तिल के तेल में 1 बूँद रोज तेल डालकर उससे स्तनाग्रों की मालिश करें।

स्तनों में दूध इकट्ठा हो जाना

पौना लिटर ठंडे पानी में जेरॅनियम तेल 1 बूँद, लवेंडर तेल 1 बूँद और रोज तेल 2 बूँद डालकर उसमें नैपकीन भिगोकर, निचोड़कर उसे स्तनों पर दबाए रखें, जिससे वहाँ की गरमी और वेदना कम हो जाएँगी। बार-बार इस कॉम्प्रेस को बदलें।

बच्चे के पेट में पीड़ा

एक खुले बरतन में गरम पानी लेकर उसमें 1 बूँद कॅमोमाईल तेल डालकर, उसमें छोटा नैपकीन भिगोकर, निचोड़कर उसे पेट पर फैलाकर दबाएँ तथा उस पर सूखे नैपकीन को हल्के से दबाकर रखें। इसे आधे घंटे तक रखें, बच्चा चुप होकर सो जाता है।

त्वचा पर छोटी फुंसियाँ

बच्चे की त्वचा पर गरमी से छोटी-छोटी फुंसियाँ निकल आती हैं। स्नान के पानी में 1-2 बूँद लेवेंडर तेल मिलाएँ।

बच्चे के लिए मसाज

50 मि.लि. तिल के तेल में वीटजर्म तेल 10 मि.लि., जेरनियम तेल 5 बूँद, ऑरेंज तेल 1 बूँद, लवेंडर तेल 10 बूँद मिलाकर इस तेल से शाम को मसाज करें। शरीर पर यह तेल 12 घंटे रहने दें।

माता की मालिश

प्रसूति के बाद 50 मि.लि. तिल के तेल में वीटजर्म तेल 10 मि.लि., रोजवुड तेल 20 बूँद, ऑरेंज तेल 5 बूँद तथा जेरॅनियम तेल 5 बूँद मिलाकर इस तेल से पूरे शरीर की मालिश करें। लेकिन निचले पेट पर दबाव न डालें।

12

अथ द्वादशोऽध्यायः

परिवार एवं कुटुंब भी करें तैयारी : प्रसूति गृह

स्वस्थ गर्भ के लिए परिवार का सहयोग

आजकल संयुक्त परिवार की जगह एकल परिवारों ने ले ली है या फिर कई घरों में सास-ससुर, बहू-बेटा, एक छोटी ननद या देवर हो तो इसे ही भरा-पूरा संयुक्त परिवार कहा जाता है।

इसमें सबसे महत्त्वपूर्ण भूमिका जिसकी होती है, वह है सास। कई घरों में पैसे की कमी या कई और कारणों से वाद-विवाद होते रहते हैं। उस कारण से मन में तनाव रहता है। सभी रिश्ते तनावपूर्ण हो जाते हैं। ऐसे समय में अगर बहू गर्भवती हो तो दोनों ओर से रिश्ते सामान्य करने के लिए प्रयास होना चाहिए। ध्यान रखें कि झगड़े न हों। ऐसा होने से गर्भवती के मन का बोझ हल्का होता है और गर्भ का विकास अच्छा होता है।

सास-बहू की तुलना अपनी बेटी या स्वयं से न करें, क्योंकि उससे संबंधों में कड़वाहट आती है। 'ऐसी कौन-सी समस्या हो गई है? हमेशा क्या सोती या लेटी रहोगी, खाने-पीने के इतने लाड़ क्यों? प्रतिदिन कुछ-न-कुछ होता ही रहता है? जब देखो, हमेशा डॉक्टर के पास जाना और गोलियाँ खाते रहना यही काम है? गर्भवती को दिनभर काम करते रहना चाहिए?' इस तरह की अनेक टिप्पणियाँ करने से बचें। अपनी बहू की तुलना बेटी से न करें। जैसे 'हमारी माधवी के समय देखो तो वह कुछ खाती भी नहीं थी। उल्टियों से परेशान रहती थी!' या 'दिनभर ऑफिस जाकर, फिर घर का सब काम एकदम अच्छी तरह से सँभालती थी!' या 'माधवी का मुख देखो, कैसा हँसता हुआ रहता था हमेशा!' इस प्रकार के वाक्य हमेशा कान पर पड़ने से अनावश्यक तनाव होता है। ऐसा न हो, इसलिए सावधानी रखें।

हर एक स्त्री की शारीरिक-मानसिक अवस्था अलग-अलग होती है, रुचि अलग होती है। ससुराल और मायके का वातावरण अलग-अलग होता है। विभिन्न प्रकार के संस्कार होते हैं। ऐसे में थोड़ा अंतर तो सामान्य बात है, फिर भी किसी के खाने-पीने पर किसी तरह की टिप्पणी करना अच्छी बात नहीं है। डॉक्टर ने आराम की सलाह दी है तो उसके पीछे कुछ तो कारण होगा, यह समझ लेना चाहिए। सच तो यह है कि आराम करना अच्छा लगता भी हो तो भी कोई दिनभर आराम नहीं कर सकता; लेकिन जब डॉक्टर द्वारा आराम की सलाह दिए जाने के बाद भी हठ करके काम करें तो स्वास्थ्य बिगड़ सकता है।

कई बार ससुर-बहू संबंध बड़ा मधुर होता है। घर में तनाव होते हुए भी ससुरजी बहू के साथ होते हैं। उसका हाल-चाल पूछना, फल, दवाइयाँ लाकर देना आदि व्यवहार से वह अपनी बहू तथा अपने पोता-पोती के साथ होने वाला प्यार व्यक्त करते हैं। ऐसी छोटी-छोटी बातों से उनमें भी बाप-बेटी का रिश्ता बनता है।

फिल्मों में ननद-भाभी का रिश्ता बड़ा ही प्यारा दिखाते हैं। ननद बड़े प्यार से अपनी भाभी से पूछती है, 'तुझे क्या खाना है ? मैं तेरे लिए कच्चे आम, इमली लाऊँ क्या ?' ऐसा वास्तव में करना भी कठिन नहीं है, क्योंकि समवय होने से यह रिश्ता अपना अलग महत्त्व रखता है। भाभी के साथ बात करना, उसे क्या चाहिए, क्या नहीं ? यह पूछना, उसकी समस्या समझ लेना, यह ननद के लिए आसान होता है। विवाहित बड़ी ननद हो तो उसे इन सबका अनुभव होता है, लेकिन छोटी और अविवाहित ननद भी बहुत कुछ कर सकती है। भाई डॉक्टर के पास नहीं जा सकता है तो वह भाभी के साथ जाकर अपना प्यार व्यक्त कर सकती है। इससे ननद-भाभी का रिश्ता और भी दृढ़ होता है। आगे चलकर जब ननद गर्भवती होती है तो यह सब ध्यान में रखकर भाभी भी ननद की सेवा बड़े प्यार से करती है, इसमें कोई संदेह नहीं।

परिवार के सभी लोगों को मिल-बैठकर चाय, अल्पाहार, खाना या फिर शाम की चाय और रात का खाना साथ में लेना अत्यंत आवश्यक है। उस समय गप-शप करते हुए सभी लोगों का हाल-चाल भी पता लगता है। एक साथ मिल-जुलकर बातें करना, भजन-संगीत सुनना, सद्साहित्य पढ़ना, मनपसंद खेल खेलना आदि का बहू के मन पर तो अच्छा असर होता ही है, लेकिन परिवार के बाकी लोगों को भी आनंद मिलता है। घर में आने वाले नए शिशु के बारे में अवश्य बातें करें। इन सबका गर्भ के मन पर अच्छा प्रभाव पड़ता है। हमेशा ये बातें सुनकर गर्भ धीरे-धीरे घर के सभी सदस्यों का स्वर पहचानने लगता है और जन्म होने के बाद इन सभी सदस्यों के साथ उसकी अच्छी तरह से मित्रता होती है।

यह सब लिखने का अभिप्राय यह है कि पूरा घर हँसता-खेलता हो तो घर में आने वाला नया अतिथि भी वैसा ही होगा और ऐसे हँसते हुए तारे के स्वागत के लिए परिवार के सभी सदस्य तैयार होंगे, हैं न ?

प्रसूतिगृह

मनुष्य के जीवन का सबसे पहला घर प्रसूतिगृह है। इसी में सबसे पहले नवजात शिशु का पदार्पण और स्वागत होता है। अत: जीवन में इसका बहुत महत्त्व है। किसी साधारण से अतिथि को जब हम कहीं ठहराते हैं तो उस स्थान को स्वच्छ, सुसज्जित एवं सुंदर कर लेते हैं, परंतु जिस गृह में हमारी भावी पीढ़ी का आधारस्तंभ जन्म लेता है, उस घर की सुव्यवस्था की ओर हमारा तनिक भी ध्यान नहीं जाता। यह कितने दु:ख की बात है ? अंधविश्वास, रुढ़ि, अशिक्षा आदि के कारण हमारे देश में प्रसूतिगृह के लिए प्राय: घर का वही स्थान चुना जाता है, जो सबसे उपेक्षित और निकम्मा होता है। जिसमें न प्रकाश के लिए खिड़की है, न स्वच्छता है और न आराम है। स्वच्छ वायु का प्रवेश तो उस घर में होता ही नहीं प्रसूता और बालक को शीत-उष्ण से बचाने के लिए वस्त्र आदि का भी ठीक प्रबंध नहीं, किया जाता। गर्भ से निकलते ही शुद्ध हवा न पाने से अकसर बच्चे दुर्बल फेफड़ों वाले हो जाते हैं। माताओं एवं बालकों के स्वास्थ्य और जीवन का इस प्रकार ह्रास होना कितने दु:ख का विषय है ! बहुत से लोगों का कहना है कि प्रसूतिगृह को बंद रखने की प्रथा प्राचीन काल से

ही चली आ रही है। अतएव, उसको अपनाए रखना आवश्यक है। उस समय ऐसे घर होते थे, जिनमें कई सुराख रहते थे। उन सुराखों में से इतनी हवा कमरे में स्वत: आ जाती थी कि काम चल जाता था। अतएव, उस समय खिड़कियों आदि को यथासाध्य बंद रखना आवश्यक था, क्योंकि अधिक हवा से सर्दी हो जाने का भय रहता है। पर आजकल तो सीमेंट आदि के पक्के मकान बनते हैं, जिनकी दीवारों से हवा के प्रवेश के लिए रास्ता रखना नितांत आवश्यक है।

प्रसूतिगृह बहुत ही सुंदर, साफ, साधारण प्रकाश और हवावाला होना चाहिए। यदि दक्षिण की ओर द्वार न हो तो उस ओर एकाध खिड़की अवश्य हो, क्योंकि दक्षिण की हवा अत्यंत उपयोगी होती है। कमरा सामान से लदा नहीं रहना चाहिए। सिवाय एक या दो आवश्यक चारपाई या पलंग के उसमें और कुछ नहीं रहना चाहिए। जाड़े का मौसम हो तो प्रसूतिगृह को दिन में दो-तीन बार आवश्यकतानुसार गरम कर लेना चाहिए। प्राय: देखा जाता है कि स्त्रियाँ इन बातों से अनभिज्ञ होने के कारण प्रसूतिगृह में चौबीसों घंटे अंगीठी रखती हैं।

प्रसूतिगृह के विषय में वैद्यकशास्त्र का मत

पूजागृह की ही भाँति उसे धूप, दीप, चंदन तथा सुगंध से संपन्न किए रखना उचित है। प्रसव के पहले ही उस घर में

शांतिपाठ एवं हवन करावें। गौ, विद्वान् ब्राह्मण, अग्नि और जल का प्रवेश करावें। गौ का वहाँ मधु, अक्षत, घास और जल खिलावें, ब्राह्मण को मांगलिक द्रव्य देकर स्वस्तिवाचन करावें। जब गर्भिणी उसमें प्रवेश करे, तब उसके स्वच्छ एवं कोमल बिस्तर और ओढ़ने का प्रबंध किया जाए। उस समय वहाँ बुद्धिमती साध्वी स्त्रियाँ जाकर शांतिदायक और हर्षवर्धक वचन कहें, जिससे गर्भिणी को सांत्वना एवं प्रसन्नता प्राप्त हो। विदुषी स्त्रियाँ आशीर्वादात्मक मंत्र पढ़ें। वे कहें, 'कल्याणी ! पृथ्वी, जल, अग्नि, वायु आकाश, विष्णु और प्रजापति तेरी और तेरे गर्भ की रक्षा करें। बिना कष्ट के तुझे कार्तिकेय के समान तेजस्वी पुत्र प्राप्त हो, स्वामी कार्तिकेय तेरे पुत्र की रक्षा करें' आदि।

चिकित्सकों की राय में घर की सुव्यवस्था से गर्भिणी शांत, प्रसन्न और सुखपूर्वक रह सके तो उसका बहुत सुंदर प्रभाव बालक पर भी पड़ता है। प्रसूतिगृह में अन्य सामान न रहने दें। उसमें धूप और वायु के प्रवेश की सुविधा रहे। प्रसव के समय धाय या अन्य स्त्रियाँ स्नान करके स्वच्छ वस्त्र पहन लें, अपने हाथों के नाखून काट लें और साबुन तथा गरम जल से हाथ धोकर सौरगृह में प्रवेश करें। प्रसव चाहे जिस जिस ऋतु में हो, बच्चे के लिए सदा स्वच्छ और हलका वस्त्र आवश्यक है। वस्त्र बहुत ढीला-ढाला होना चाहिए। प्रसूता के लिए भी साफ और ढीले वस्त्र रहने चाहिए।

आयुर्वेदीय प्रसवगृह

सूतिका का तात्पर्य है ऐसी स्त्री जिसका प्रसव होने वाला है, या हो चुका है ऐसी स्त्री। प्रसव के लिए जिस जगह वो स्त्री रहने वाली है, उस जगह को प्रसव गृह कहते हैं, जिसे हम अब मैटर्निटी होम या हॉस्पिटल के नाम से जानते हैं।

जब प्रसव के लक्षण दिखाई देंगे अर्थात् थकान, पेट पर बोझ आना, पीठ, कमर, जाँघ में दर्द होने लगना, खाने की इच्छा न होना, योनि से चिपचिपा द्रव निकला आदि होने लगे तो प्रसव का समय निकट आ रहा है, यह जान लें। गर्भवती के पीठ, कमर, जाँघों पर कुनकुना तेल लगाएँ इससे बच्चा नीचे सरकता है और उसे जन्म देना आसान होता है। प्रसव पीड़ा आने के बाद सही तरीके से जोर देने से गर्भ को बाहर धकेलना आसान होता है। शिशु के जन्म के कुछ समय बाद वार (अपराह) गर्भाशय के बाहर पड़ती है। यह सब होने के बाद प्रसव क्रिया पूरी होती है।

यह सब करने का दूसरा उद्‌देश्य ध्यान में रखना चाहिए। यह कमरा घर से थोड़ा दूर और अलग बनाते थे। जहाँ पर आना-जाना कम होता था। गर्भवती स्त्री प्रसव के बाद शिशु के साथ रहने वाली जगह अगर घर में ही हो तो घर के बाकी सदस्य, आने-जाने वाले, घर में काम करने वाले वहाँ पर बार-बार जाते हैं। नवजात शिशु को बार-बार हाथ लगाने से संक्रमण होने की संभावना होती है। यह सबकुछ न हो, इसलिए सावधानी के रूप में अलग कमरा बनवाते थे।

गर्भवती को नौवाँ माह लगने के बाद वहाँ पर जाकर रहने को कहा जाता था। इससे गर्भवती को एक से सवा माह तक वहाँ पर आराम मिलता था। इससे उसका और गर्भ का स्वास्थ्य अच्छा रहता था और प्रसव भी समय से पहले नहीं होता था। गर्भवती के वहाँ पर रहने से प्रसव के लिए लगने वाली सभी चीजें वहाँ पर पहले ही लाकर रखी जाती थीं, उसी समय पर भागा-दौड़ी नहीं होती थी।

आजकल यह सब करना आसान नहीं है। इसलिए सभी सुविधाओं से तैयार ऐसे चिकित्सालय बनवाए गए हैं। ज्यादातर महिलाओं का प्रसव अस्पताल में ही होता है।

पुराने जमाने में आचार्य ने कितनी शास्त्रशुद्ध विधि बताई है, यह सब जानना आवश्यक है। इसलिए यहाँ पर इसके बारे में जानकारी दी गई है।

'काश्यप संहिता' में उल्लेख है कि ऋतुकाल में नारी के निकट के परिचारक वर्ग को चाहिए कि नारी के मनोभावों को सुंदर कथाओं द्वारा प्रफुल्लित रखें।

'चरक संहिता' में उल्लिखित है कि नारी को जैसी संतान चाहिए, वैसा स्त्री और पुरुष का चित्र, चरित्र, चर्चा, चर्या और चिंतन होना चाहिए और निरंतर श्रवण-मनन करना चाहिए।

13

अथ षोडशोऽध्यायः

प्रसव के उपरांत क्या करें?

माँ और बच्चे के लिए आवश्यक वस्तुओं की सूची

शारीरिक और मानसिक तैयारी के साथ-साथ केवल अस्पताल में ही नहीं, बल्कि घर में सामान की सूची भी देखें। साथ ही ये वस्तुएँ उत्तम स्तर की हैं या नहीं, यह भी ध्यान रखें।

माँ के लिए सूची

- दो नाइटी-बच्चे को दूध पिलाने के लिए विशेष रूप से सिलाई गई नाइटी (दोनों ओर जिप होनी चाहिए)।
- घर में आवश्यक नाइट लेंप-रात को स्तनपान कराते समय।
- प्रसूति के समय लिया जाने वाला हल्का आहार, जूस, बिस्किट, कॉर्नफ्लेक्स आदि।
- स्लीपर्स, जुराबें, टॉवल, नेपकिन, रुमाल आदि।
- टॉयलेट सामान-पावडर, टूथ पेस्ट, ब्रश, कंघी, छोटा दर्पण, क्रीम, बिंदी, टिश्यू पेपर्स, चश्मा, मसाज तेल (प्रसूति के समय मसाज के लिए)।
- गरम पानी के लिए थर्मस, डेटॉल, सैनेटरी पैड आदि।
- प्लास्टिक की नरम लंबी शीट, घर वापस आते समय लगने वाले कपड़े आदि।

बच्चे के लिए सूची

- चड्डी 2 दर्जन (वर्षा का मौसम हो तो आधा दर्जन और)।
- बच्चे के कपड़े-शरीर के लिए और सिर के लिए।
- जुराबें 2 जोड़ी, नीचे बिछाने वाली छोटी-छोटी चद्दरें।
- बड़ी चद्दरें 6 (जिसमें बच्चे को लपेटा जा सकता है), बच्चे का टॉवल।
- लार के लिए गले में लगाने के 4 कपड़े।
- बच्चे के लिए छोटी गद्दी, तकिया, सिर के लिए विशेष तकिया।
- मच्छरदानी, पालना या झोली, बेबीसोप, तेल, रुई का बंडल आदि।
- ड्रॉपर, 2 नरम प्लास्टिक शीट, 1 छोटा ब्लेंकेट, थर्मामीटर, टॉर्च।
- प्रयोग की गई चड्डियाँ रखने के लिए 2 प्लास्टिक के डस्टबिन, जिनमें ढक्कन हो।
- बाथ टब, नाखून काटने के लिए छोटी कैंची और नेलकटर।

किसी-किसी परिवार में पहले बच्चे के लिए नए कपड़े प्रयोग नहीं किए जाते, बल्कि दूसरे द्वारा प्रयोग किए गए कपड़े प्रयुक्त होते हैं। इस प्रकार की अंधश्रद्धा में विश्वास न करते हुए पुरानी सूती साड़ी से बनाए गए कपड़े साफ धोकर, सुखाकर, प्रेस करके तैयार रखें।

नवजात शिशु का कमरा सजाते समय-सामान्यत: हम अलग-अलग चित्र और रंगों से कमरे को सजाते हैं, परंतु बच्चे के मस्तिष्क के विकास के लिए कमरा कैसे सजाएँ? और उसके चक्षुंद्रिय तथा कर्णेंद्रिय किस प्रकार उत्तेजित करें? इस विषय पर नवजात शिशु मस्तिष्क उत्तेजन से संबंधित भी कुछ खोज सकते हैं।

इस तरह सारी तैयारी हो जाने पर प्रसूति एक आनंदोत्सव ही होगा। है ना?

जन्मघुट्टी क्या है? शिशु को घुट्टी क्यों दें?

जन्मघुट्टी कुछ निश्चित प्रकार की औषधियों को घिसकर तैयार किया हुआ मिश्रण है। छोटे बच्चों की शारीरिक, बौद्धिक वृद्धि अच्छी हो, उनकी प्रतिकारक शक्ति अच्छी तरह से बढ़े, उन्हें छोटी-छोटी बीमारियाँ या कुछ समस्याएँ न हों और हर समय कुछ अलग दवाई देने की आवश्यकता न पड़े, इसलिए एक तरह का मिश्रण कम-से-कम पहले 6-8 माह तक शिशु को दिया जाना चाहिए। इसमें

प्रयुक्त की जाने वाली औषधियाँ चूरन के रूप में प्रयोग न करके पूर्ण रूप में प्रयुक्त की जाती हैं। इसलिए उन्हें चकले पर घिस सकते हैं, ताकि उनकी उचित मात्रा ही पेट में जाए। सुबह और शाम दोनों समय घुट्टी देनी चाहिए। पत्थर के चकले को साफ धोकर उस पर माँ का दूध 4-5 चम्मच डालकर, उसमें ये औषधियाँ घिसकर घुट्टी बनाएँ।

पहले के समय में शिशु को घुट्टी पिलाने के लिए विशेष आकार का चाँदी का उपकरण प्रयुक्त किया जाता था, जिसे 'बोंडले' भी कहते हैं। उसका आकार ऐसा होता था, जिससे घुट्टी ठीक तरीके से शिशु के मुँह में छोड़ सकते हैं।

घुट्टी में प्रयोग की जाने वाली प्रमुख औषधियाँ और उनका उपयोग:

- **हरड़ :** यह आयुर्वेद की एक उत्तम रसायन औषधि है, जो शिशु की प्रतिकारक शक्ति बढ़ाने के लिए भी उत्तम है। यदि संभव हो तो छोटे आकार का बालहरड़ न लेकर, सुरवारी अर्थात् बड़े आकार की लेनी चाहिए। इसका दूसरा लाभ यह है कि इससे पेट साफ होता है और कठोर शौच होना, शिशु के पेट पर जोर आना आदि समस्याएँ नहीं होतीं। शिशु को दस्त होते हों तो इसे न लें।
- **बहेड़ा :** यह खास खाँसी के लिए उत्तम औषधि है। कफ कम करने के लिए और सूखी खाँसी के लिए इसका अच्छा प्रयोग होता है।
- **आँवला :** आँवला भी उत्तम रसायन है अर्थात् शरीर की सारी पेशियाँ और धातु उत्तम तरीके से निर्मित हों और उनकी जीवनशक्ति अच्छी रहे, इसके लिए उपयोगी है। इससे बाल भी अच्छे बढ़ते हैं और काले रहते हैं।
- **छुआरा और बादाम :** आहार के ये दोनों पदार्थ औषधि के तौर पर भी प्रयोग कर सकते हैं। शिशु का भार अच्छा बढ़ता है। स्नायु का बल बढ़ाने के लिए उपयोगी हैं।
- **मुरुड़फली :** यह एक तरह की फली होती है। शिशु के पेट में मरोड़ या दुखना इससे बंद होता है। इसके रोज चार फेरे लेने से पेट में वायु नहीं रहती।
- **करंजुवा :** करंजुवा उत्तम औषधि है। मूत्र कम आना या जलन होना आदि परेशानी न हो और प्रचुर मात्रा में साफ मूत्र आता हो, इसलिए इसका प्रयोग किया जाता है।
- **शतावरी :** यह एक सर्वोत्तम बल बढ़ाने वाली औषधि है। स्नायु की क्षमता और शरीर की प्रतिकारक शक्ति बढ़ाता है।
- **मुलेठी :** मीठी मुलेठी रक्त की गरमी कम करती है। शिशु का रंग व सौंदर्य बढ़ाती है। यह जीवनदायी औषधि है अर्थात् शरीर के लिए हितकारी, आयुष्यवर्धक है। मांस धातु का पोषण करने वाली है तथा आँखों के लिए हितकारी है।
- **जायफल :** घुट्टी में जायफल के प्रयोग करने का कारण उसका ग्राही गुण है। जब दस्त होते हैं, तब आंतों की गति कम करके और शरीर के भार में सुधार लाकर दस्त रुकवाने में जायफल सहायता करता है। इससे पेट की पीड़ा रुक जाती है। जिस समय शिशु बहुत कठोर शौच करता है, तब जायफल के फेरे रुकवाएँ और दस्त हो रहे हों, तब बढ़ाएँ। मात्रा बहुत ज्यादा हो जाए तो नींद आती है। इसलिए इसे सावधानी से प्रयुक्त करें।
- **लेडीपिपल :** यह उत्तम कफनाशक औषधि है। छोटे शिशु पूरी तरह से दूध पर निर्भर होने के कारण कई बार शरीर में कफ दोष आवश्यकता से अधिक बढ़ता है और जुकाम-खाँसी जैसी समस्याएँ हो सकती हैं। ऐसा न हो, इसलिए लेडीपिपल का प्रयोग किया जाता है। उसी तरह थोड़ा-सा ज्वर हो तो वह भी कम होता है। पिपल से भूख बढ़ती है।

- **वायविडंग :** छोटे बच्चों में केंचुआ जल्दी होने की प्रवृत्ति होती है। जब विशेषत: शिशु जमीन पर रेंगने लगते हैं, तब मिट्टी हाथ-मुँह में डालकर सोखते हैं, जमीन पर गिरी हुई चीजें, खिलौने उठाकर मुँह में डालते हैं, इससे केंचुए होते हैं। वायविडंग केंचुओं का नाश करता है, इसलिए इसे घुट्टी में घिसकर दें। उसी तरह शिशु को ऊपर का दूध शुरू करने के बाद दूध में उबालकर वायविडंग का प्रयोग किया जाता है। वायविडंग से पाचन सुधरता है। पेट में कष्ट नहीं होता।
- **वेखंड :** थोड़ी-सी तीक्ष्ण गंधवाली वेखंड शिशु के लिए अत्यंत उपयोगी औषधि है। वेखंड को आयुर्वेद में 'मेध्य रसायन' कहा गया है। इसका अर्थ बुद्धिवर्धक है। यह मस्तिष्क के लिए पोषक दवाई है। वेखंड से बुद्धि में वृद्धि होती है तथा स्मृति तीक्ष्ण होती है। उसी तरह शिशु की भूख बढ़ती है। वेखंड गरम होने के कारण ठंड से शिशु का रक्षण होता है। इसलिए नहलाने के बाद शिशु के माथे पर वेखंड मलते हैं यानी जुकाम नहीं होता। गैस से शिशु का पेट फूल गया हो, पीड़ा होती हो तो पेट पर भी वेखंड का अवलेह लगा सकते हैं।

वेखंड की गंध उग्र होने के कारण किट, चींटियाँ आदि उससे दूर भागते हैं। इसलिए शिशु के सिरहाने हमेशा पतले कपड़े में बाँधकर वेखंड की पोटली रखें यानी शिशु को कीट-चीटियों से कोई डर नहीं रहता। आयुर्वेद में इसका 'रक्षोघ्न' गुण भी बताया गया है अर्थात् ग्रहपीड़ानाशक है। शिशु को कोई भी बाधा न हो, इसलिए उसके हाथ में वेखंड की काड़ी बाँधकर रखें, शिशु बुद्धिमान हो, ऐसी इच्छा हो तो उस शिशु को वेखंड जरूर देना चाहिए।

इस तरह से घुट्टी और रसायन दोनों का प्रयोग करने से शिशु के स्वास्थ्य में सहायता मिलती है। शिशु बार-बार रुग्ण नहीं होता और उसकी शारीरिक, बौद्धिक सब तरह की वृद्धि होती है, इसमें कोई संदेह नहीं।

सुवर्णवचा रसायन

पहले से ही नवजात शिशु को साफ कर बाहर लाने के बाद रिश्तेदारों को सौंपने के बाद, उस शिशु को सोने की अँगूठी से शहद चटवाने की अपने यहाँ रस्म है। माँ और शिशु की भेंट से पहले या माँ को दूध का स्राव ठीक-ठीक शुरू होने तक शिशु को शहद चटवाना महत्त्वपूर्ण माना जाता था। कुछ जगह शहद में थोड़ा सैंधा नमक मिलाकर पहले चटवाते थे, जिससे नमकीन स्वाद से शिशु को अपने आप ही उलटी होगी और उसके पेट की गंदगी बाहर निकल जाएगी। यह बिलकुल शुरुआत की बात है, लेकिन इसके बाद शिशु को नियमित रूप से जिस तरह औषधियों को एकत्र कर तैयार की हुई घुट्टी दी जाती है, उसी तरह शहद, घी और सोने को एकत्र करके दें, ऐसा वर्णन 'कश्यप संहिता' तथा आयुर्वेद के विशेषत: छोटे बच्चों के लिए लिखे गए ग्रंथों में मिलता है।

शिशु का मस्तिष्क अत्यंत तेज और संवेदनशील रहता है, लेकिन उसकी बुद्धिमत्ता ज्यादा तीक्ष्ण हो, स्मरणशक्ति-समझने की शक्ति बढ़े, बोलना मीठा किंतु उच्चारण स्पष्ट हो, इसलिए कुछ विशेष तरह की औषधियाँ आयुर्वेद ने वर्णन की है, इन्हें 'मेध रसायन' भी कहा जाता है।

छोटे बच्चों के सर्वांगीण विकास के लिए इसमें से जो औषधियाँ महत्त्वपूर्ण हैं, उसमें से वेखंड या वचा अत्यंत महत्त्वपूर्ण औषधि है। इसलिए घी, शहद, सोना और वचा यह मिश्रण अगर दिया गया तो बहुत लाभकारी होता है। इन चारों द्रव्यों का या औषधियों का गुण-धर्म हम अब देखेंगे—

- **घी :** घी अर्थात् देशी गाय का घी होना चाहिए, क्योंकि गाय के दूध और घी में होने वाले स्निग्धांश हानिकारक नहीं होते। घी ठंडे गुणों का, वात, पित्त और कफ तीनों दोषों को उचित मात्रा में रखने वाला, बुद्धि, सुंदरता, शरीर की कांति, तेज बढ़ाने वाला, स्वर अच्छा रखने वाला, उसके साथ स्मृतिवर्धक अर्थात् स्मरणशक्ति बढ़ाने वाला है। घी के कारण शरीर की पेशियों की आयु और उनके काम करने की क्षमता भी बढ़ती है, उसके साथ ही भूख भी अच्छी लगती है। इसलिए घी छोटे बच्चों को अवश्य देना चाहिए।
- **शहद :** शहद स्वाद में मीठा और गुण से ठंडा है और भूख बढ़ानेवाला है। शहद खाने से शरीर कोमल बनता है। छोटे बच्चों को मीठा स्वाद होने के कारण शहद पसंद

सामान्य दोष और विकार सोने के प्रयोग से तुरंत ठीक होते हैं। हृदय के लिए हितकारी है।

इन सब गुणों का लाभ मिले, इसलिए छोटे बच्चों को सोना भी देना चाहिए। जब सोना, वेखंड, घी और शहद इन्हें संयुक्त रूप से शिशुओं को दिया जाता है, उसे 'सुवर्णवचा रसायन' कहते हैं।

यह सब आसान और उचित मात्रा में दे सकें, इसलिए एक विशेष तरीका अपनाया जा सकता है।

वेखंड को उँगली जितनी चौड़ी मूली लाकर उसमें शुद्ध सोने की तार बीच में ठोंककर लाएँ। सामान्यत: 1 ग्राम सोने की तार कई दिन चलती है।

चकले पर चौथाई चम्मच घी और आधा चम्मच शहद लेकर उसमें वेखंड को शुरुआत में घिसकर दो ही फेरे लें। घी और शहद की मात्रा शिशु छोटा हो, तब और भी कम कर सकते हैं, लेकिन वह सम मात्रा में न हो, ये पक्का; क्योंकि सम मात्रा में घी और शहद खाने से वह दोषयुक्त होता है।

शिशु चार माह का होने के बाद, सोना और वंखंड के फेरों की संख्या चार, आगे चलकर छह-आठ तक कर सकते हैं। इसलिए शिशु एक वर्ष का होने तक ये संख्या दस फेरों तक बढ़ाने में कोई समस्या नहीं, लेकिन उससे अधिक न बढ़ाएँ बच्चा कम-से-कम दो साल का होने तक दिया तो 'अधिकस्य अधिक फलम्' इस न्याय से अच्छे गुण दिखते हैं।

हर बार वेखंड का प्रयोग करने के बाद गरम पानी से धोकर पोंछकर सुखाकर बंद डिब्बे में रखें।

यह फेरे घिसकर हमेशा देने से बच्चा बलवान होता है, उसकी प्रतिकारक शक्ति बढ़ती है, बार-बार रोगी नहीं बनता और उसकी त्वचा का रंग तेजस्वी होता है। महत्त्वपूर्ण यह है कि आकलन शक्ति (Grasping), स्मरणशक्ति, धारणा शक्ति ये सब बुद्धि के पहलू अत्यंत धारदार और उत्तम होते हैं, ऐसा आज तक का अनुभव होता है।

आता है। आनंददायक लगता है। शहद से शरीर का रंग निखरता है। बुद्धि और स्मृति बढ़ती है। कफनाशक होने कारण छोटे बच्चों को शहद दिया जाए तो होने वाली थोड़ी उलटी, हिचकी लगना, जुकाम, खाँसी आदि की समस्या नहीं होती, लेकिन शहद कभी भी गरम करके न दें। छोटे बच्चों के लिए शहद गुणकारी औषधि है।

- **वेखंड (वच) :** यह औषधि वनस्पति है और थोड़ी उग्र गंध की है। स्वाद में कड़वी और तीखी है। इसे ज्यादा मात्रा में दिया जाए तो उलटी होती है, लेकिन कम मात्रा में अत्यंत गुणकारी है। वेखंड थोड़ी मात्रा में ली जाए तो भूख अच्छी लगती है। वेखंड बुद्धिवर्धक उत्तम रसायन है और शिशुओं में सपष्ट बोलने के लिए उपयोगी है। इसलिए छोटे बच्चों को घी और शहद के साथ वेखंड अवश्य दें।
- **सुवर्ण/सोना :** सुवर्ण या सोना सब धातुओं में श्रेष्ठ व अत्यंत गुणकारी है। शरीर का बल और शरीर की सब धातु बढ़ाने वाला है। यह मांसपेशियों की क्षमता बढ़ानेवाला और आँखों के लिए हितकारी है। सोना छोटे बच्चो के लिए अत्यंत महत्त्वपूर्ण गुणकारी अर्थात् स्मरणशक्ति और बुद्धि की धारणा शक्ति अच्छी तरह से बढ़ाता है। सोने से वाणी साफ-शुद्ध होती है। आयु और शरीर की कांति बढ़ाने वाला है। विषनाशक है। शरीर के

छोटे शिशु पर दवाइयों की भरमार करने की बजाय उसकी प्रतिकारक शक्ति प्राकृतिक रूप से उत्तम रखने का इतना अच्छा उपाय हमारे हाथ में हो तो हर माता को उसका प्रयोग अपने शिशु के लिए करना ही चाहिए।

मातुरेव पिबेत् स्तन्यम्

'माँ का दूध शिशु के लिए धरती पर सर्वोत्तम आहार है। यह विचार माँ के मन पर बार-बार अंकित करना है, क्योंकि नवजात शिशु के लिए सच में माँ का दूध ही अमृत समान है।'

'मातुरेव पिबेत्स्तन्यं तत्परं देहवृद्धये।' ऐसा ग्रंथों में कहा गया है। इसका अर्थ है कि शिशु का हर प्रकार का शारीरिक, मानसिक और बौद्धिक विकास अच्छा हो, इसलिए शिशु को माँ का ही दूध पिलाएँ। माँ के दूध जैसा सर्वोत्तम आहार और कोई नहीं है। कम से कम पहले छह माह तक माँ का दूध मिलना ही चाहिए। उसे पानी की भी आवश्यकता अनुभूत न हो।

आजकल हम देखते हैं कि कई बच्चे डिब्बे के दूध पर या ऊपर के दूध पर बढ़ते हैं। बहुत जल्दी उन्हें ऊपर का आहार भी दिया जाता है; जैसे—दाल का पानी, फलों का रस, सूप आदि। यह उचित है या नहीं? ऐसा होने के पीछे क्या कारण होता है?

शिशु को माँ का दूध उचित समय पर सही मात्रा में न मिलने के कई कारण होते हैं।

उसमें पहला और महत्त्वपूर्ण कारण है—आजकल शहरों में 75 प्रतिशत माताएँ नौकरी पर जाती हैं। कई बार ऐसा दिखाई देता है कि माँ को दूध बहुत आता है, शिशु को दूध पिलाने की मन से इच्छा भी होती है, लेकिन नौकरी का समय और दूर तक आना-जाना, इसमें माँ बँध जाती है। दिन में आठ-दस घंटे वह घर से बाहर होती है। रात के समय में जब शिशु उठता है, तब माँ दूध पिलाती है, लेकिन दिन में विवशता में शिशु को डिब्बे का या ऊपर का दूध (गाय का दूध) पिलाना पड़ता है। ऐसा होने से आगे चलकर कुछ दिनों के बाद दूध बनानेवाली ग्रंथियाँ कम काम करने लगती हैं और अपने आप दूध कम आने लगता है। उससे कभी-कभी माँ इतनी थक जाती है कि रात को बैठकर शिशु को दूध पिलाना

भी उससे नहीं होता। फिर बोतल की आदत डाली जाती है। यह तरीका आसान होता है, क्योंकि यह काम कोई भी कर सकता है। हर समय माँ की आवश्यकता नहीं होती।

कई बार महिलाओं को सुंदरता की अवास्तविक कल्पनाएँ और लज्जा भी आती है। इस कारण से भी शिशु माँ के दूध से वंचित होता है। पंद्रह-बीस वर्ष पहले इस बारे में एक फैशन आया था—शिशु को दूध पिलाने के बाद स्तन नीचे आते हैं, ढीले होते हैं या उनका आकार बिगड़ जाता है। वह अपने पूर्व आकार में नहीं आते हैं। इससे स्त्री का शरीर बेडौल होता है। इससे तो अच्छा है कि शिशु को ऊपर का आहार ही दें, ऐसे विचारों से महिला अपना दूध शिशु को नहीं पिलाती। कुछ महिलाओं को शिशु को लेकर बाहर जाना, समारोह में जाना एक कैद लगती है, फिर बोतल की आदत लगाई जाती है। शिशु को भी बोतल से कम समस्या और सरलता से दूध मिलता है। वह भी बोतल की आदत डाल लेता है और इससे धीरे-धीरे स्तनपान छूट जाता है।

आजकल और भी कुछ बातों का विचार करना आवश्यक हुआ है। जैसे कि विवाह की बढ़ती आयु। यह आयु बढ़ने से बच्चे भी देरी से होते हैं। स्त्री का शरीर तीस वर्ष तक कार्य करने में सक्षम रहता है। आयु अधिक होने से ज्यादा दूध न आना, ज्यादा थकान अनुभूत होना आदि

समस्याएँ भी होती हैं। इसलिए सही आयु में शिशु होना माँ और बच्चे दोनों के लिए अच्छा है।

दूसरा कारण—आजकल के जीवन में संघर्ष और तनाव यह सब होता ही है। विशेष रूप से नौकरी, व्यवसाय करने वाली महिलाओं को घर का और बाहर का दायित्व सँभलते हुए बहुत परिश्रम करना पड़ता है। ज्यादा देर तक शिशु से दूर रहने से उसके मन में अपराध की भावना होती हैं, अलग-अलग दायित्व सँभालते हुए उसे बहुत तनाव से जीना पड़ता है। इसका प्रभाव उसके दूध तैयार होने पर होता है। दूध तैयार करने की क्षमता कम होती है। बेचारा शिशु माँ के दूध के लिए तड़पता रहता है और उसे जल्दी ऊपर का दूध और आहार देना शुरू किया जाता है, किंतु यह सही नहीं है।

नवजात शिशु को छह माह तक कोई भी आहार पचाने की क्षमता नहीं होती। अपनी पाचनशक्ति धीरे-धीरे अन्न पचाने की शक्ति बढ़ाती है। माँ का दूध उचित तापमान का और पचने में हल्का होता है। इसलिए वह तुरंत पचता है और समस्या भी नहीं होती। माँ के दूध पर ज्यादा दिन तक रहने वाला बच्चा हमेशा आनंदित दिखता है।

छठे माह से धीरे-धीरे पतला आहार जैसे—सूप, रस आदि शुरू करने में कोई समस्या नहीं है, लेकिन छठे माह से पूर्व यह आहार शिशु को न दें। ऐसा करने से हम अपने ही हाथों से उसके स्वास्थ्य की नींव बिगाड़ते हैं।

इसलिए आजकल कई जगहों पर माताओं को इस बारे में उपदेश दिया जाता है और उसके अच्छे परिणाम दिखाई देते हैं।

समाधान

दूध प्रचुर एवं शिशु के लिए पर्याप्त न आता हो तो उसके लिए उत्तम आयुर्वेदिक दवाइयाँ मिलती हैं, जो अत्यधिक उपयोगी होती हैं, लेकिन ये केवल विज्ञापन देखकर न लेते हुए किस कारण से दूध कम आ रहा है, यह देखकर शास्त्र शुद्ध सलाह ली जाए तो अधिक अच्छे परिणाम होते हैं।

जिनके लिए संभव हो, वे माताएँ ज्यादा-से-ज्यादा छुट्टी निकालकर शिशु के साथ रह सकें, ऐसा देखें। यह संभव न हो तो पहले कुछ माह पार्टटाइम नौकरी, व्यवसाय करें अर्थात् बचा हुआ समय व शक्ति शिशु के लिए निवेश कर सकती हैं। घर निकट हो तो दोपहर को घर आकर शिशु को स्तनपान करवाएँ। अगर यह भी संभव न होता हो तो Breast pump से अपना दूध एक साफ कटोरे में निकालकर फ्रिज में रखें। जब बच्चे को दूध पिलाना हो, तब उसे कुनकुना करके पिलाएँ लेकिन छह घंटे से ज्यादा समय न रखें (फ्रिज में दूध रखना अच्छा नहीं है, लेकिन ऊपर का दूध देने की बजाय अच्छा है।)

दिनभर दूध न पिला सके तो कम-से-कम रात को और सुबह घर से बाहर निकलने तक अपना दूध पिलाएँ। बोतल की आदत न डालें।

यदि इतना किया तो भी शिशु और माँ दोनों प्रसन्न रहेंगे।

ब्रेस्ट ऍन्गॉर्जमेंट का इलाज

यदि बच्चे को दूध पिलाने के बाद भी स्तन दूध से भरे हों तो दोनों उँगलियों पर थोड़ा तेल लेकर स्तनों को हल्का मसाज करें और दूध निचोड़कर फेंक दें। यदि यह दूध स्तन में ही रह जाए तो लेक्टेशन ग्लेंड बन जाती है और उसमें पस बनकर वह नासूर बन जाता है। इन स्तनों की गाँठ को फिर केवल ऑपरेशन से ही निकाला जा सकता है। स्तन निचोड़ने की, क्रिया बहुत पीड़ाजनक होती है। इसलिए महिलाएँ इसमें आना-कानी करती हैं, लेकिन बाद में उसका बहुत बड़ा मूल्य चुकाना पड़ता है। इससे पहले यदि गरम पानी की थैली से पीठ सेंकी जाए तो भी दूध जल्दी निकल आता है। स्तन में बनी गाँठ से यदि वेदना सहन से बाहर हो जाए तो फ्रिजर की बर्फ निकालकर बर्फ और गॉज पीस (ड्रेसिंग पट्टी) की पट्टियाँ स्तनों पर रखें, साथ ही नागरमोथा और मुल्तानी मिट्टी का लेप आधे घंटे तक स्तनों पर लगाएँ।

तीन से दस दिनों तक स्त्री दो या तीन बच्चों को पिलाई जा सकनेवाली मात्रा में दूध रखती है। यह प्राकृतिक प्रक्रिया रहती है। दसवें दिन के बाद केवल बच्चे के लिए पर्याप्त दूध ही आता है और ब्रेस्ट एन्गॉर्जमेंट या स्तन कठोर होने की समस्या कम हो जाती है।

प्रसव के बाद का आहार

प्रसव का तात्पर्य बहुत सारा आराम और पौष्टिक

आहार ऐसा ही सामान्यत: निकाला जाता है। गोंद पाक या गोंद के लड्डू, अहालिव की खीर या लड्डू, ज्यादा घी, ज्यादा आराम इसका परिमाप बहुत ज्यादा होता है तो सूतिका का भार बढ़ता है और हम लोग कहते हैं कि प्रसव में स्त्री का स्वास्थ्य अच्छा हुआ है। ऐसा कहने से सूतिका की माँ को भी अच्छा लगता है, लेकिन इस बीच में वह स्त्री जो पतली होती है, वह अब कद्दू जैसे दिखाई देती है।

ऊपर लिखा हुआ आहार पुश्तों से चला आ रहा है। यह केवल परंपरा नहीं है तो उसके पीछे भी शास्त्र है; लेकिन कहाँ पर रुकना है, यह न समझने के कारण ये सबकुछ होता है और अंत में हानि ही होती है। ऐसा न हो, इसलिए यह शास्त्र समझ लेना चाहिए।

पहला प्रश्न यह है कि इस प्रकार के आहार का महत्त्व क्या है ? पूरी गर्भावस्था में बच्चे का पोषण माँ के आहार पर निर्भर होता है तो उसके शरीर में से पोषक तत्व कम होते रहते हैं। रक्त में लौह की मात्रा, कैल्शियम की मात्रा कम होती है। वह कमी आहार में से पूरी हो सकती है, ऐसा नहीं है।

प्रसव के बाद शिशु को दूध पिलाना शुरू होता है। इससे फिर से पोषक द्रव्य कम होते हैं। इसलिए जो आहार लिया जाता है, उसमें पौष्टिक आहार हो तो प्रसव के बाद भी शरीर अपनी क्षमता रख सकता है।

दूसरी महत्त्वपूर्ण बात यह है कि प्रसव की क्रिया अत्यंत वेदनाकारी और शरीर का वात बढ़ाने वाली होती है। उससे स्त्री दुर्बल होती है। उसकी पीठ, कमर, पैर आदि दुखते हैं। गर्भाशय को अपनी पूर्व स्थिति में आने के लिए भी समय लगता है। बढ़ा हुआ वात कम करना भी आवश्यक होता है। शिशु के लिए भी संसार नया होता है, उसकी दिनचर्या भी निश्चित नहीं रहती। सोने का, उठने का समय अनिश्चित होता है। इससे रात की नींद पूरी नहीं होती। इससे शरीर दुर्बल होता है और वात बढ़ता है।

प्रसव के बाद रक्तस्त्राव भी बहुत होता है। कुछ महिलाओं को तो पंद्रह दिन तक रक्तस्त्राव होता है। इससे स्त्री को दुर्बलता आती है। वह सफेद दिखाई देती है। उसके स्नायु दुर्बल होते हैं। पौष्टिक पदार्थ, सूखे फल, विभिन्न प्रकार के लड्डू, खीर आदि देने के पीछे यही हेतु होता है। स्त्री की शक्ति और रक्त की मात्रा बढ़ाने के लिए इन्हीं पदार्थों की आवश्यकता होती है।

इन पदार्थों के क्या गुण-धर्म हैं ? हम यहाँ देखेंगे। अलग-अलग लड्डू या खीर में जो घटक होते हैं, उन घटकों के बारे में अब हम जानकारी लेंगे। इसमें छुहारा, खोपरा, पोस्ते का दाना, बादाम, काजू, हासिम, गोंद, मेथी, शक्कर, गुड़, आटा, गाय का घी आदि पदार्थों का समावेश होता है।

- **खोपरा :** इसमें 60-70 प्रतिशत तेल का अंश रहता है। नारियल स्निग्ध गुणों से ठंडा स्वाद में मीठा और शक्तिवर्धक होता है। यह पदार्थ खाने की रुचि बढ़ाता है। प्रसव के बाद बल बढ़ाने के लिए यह अधिक उपयोगी है। नारियल और उससे बनाए हुए तेल में केशवर्धक गुण होते हैं। प्रसव के बाद जो बाल झड़ने की समस्या आती है तो वह भी कम होती है।

- **छुआरा :** खजूर को सुखाकर छुआरा बनाते हैं। छुआरे पीले और काले रंग में मिलते हैं। सूखकर छुआरे ज्यादा मीठे होते हैं। अच्छी तरह से सूखे हुए छुआरों का पाउडर बनाकर लड्डू में मिलाते हैं। छुआरे से शरीर का वात कम होता है। स्वाद में यह स्निग्ध और मीठा होता है। इससे शरीर को बल मिलता है। दुर्बलता कम होती है। विशेषत: कमर एवं पीठ की वेदना कम होता है। इसलिए प्रसव के बाद इसका विशेष उपयोग होता है।
- **खसखस (पास्ता) :** अफू का बीज गुणकारी हैं। सफेद और काला इन दो रंगों में यह बीज मिलता हैं, लेकिन हमारे यहाँ ज्यादातर पीले-सफेद रंग का बीज मिलता है। पास्ते का दाना स्वाद में स्निग्ध और मीठा होता है। प्रसव के बाद वेदना कम करने में इसका उपयोग होता है। इससे बल बढ़ता है। सूतिका की शक्ति जल्दी पूरी करने में यह सहायता करता है। पास्ते के दाने से माँ को ज्यादा दूध आता है। इसलिए शिशु की माँ को बीच-बीच में खोपरे के साथ पास्ते का दाना मिलाकर इसकी खीर बनाकर देते हैं। इसमें गुड़ डालते हैं और यह सही है।
- **बादाम :** इसमें तेल का अंश 56 प्रतिशत होता है। इससे बल बढ़ता है। यह शक्तिवर्धक है। इसका नियमित सेवन करने से भार बढ़ता है। ये प्रसव के बाद महिलाओं के लिए शक्तिवर्धक और दूधवर्धक हैं। बादाम का हलवा या खीर बनाकर खा सकते हैं। कभी-कभी बादाम का पाउडर या दो टुकड़े डालकर दूध पिया तो भी अच्छा है। पाचन के लिए यह भारी होता है। अत: इसे ज्यादा मात्रा में न लें, गुणों से यह गरम होता है। जिन्हें पित्त की समस्या हो, वह स्त्री इसे कम खाए।
- **काजू :** यह पाचन के लिए भारी होता है। काजू बलवर्धक है। इसलिए प्रसव के बाद महिलाओं के लिए जो लड्डू बनाते हैं, उसमें काजू हमेशा डाले जाते हैं।
- **अहालिव :** इसका गुण उष्ण, स्निग्ध होता है। इससे शरीर का वात कम होता है। कमर की वेदना कम होती है। रक्त की शुद्धि होती है। गर्भाशय का आकार पूर्व स्थिति में आने में सहायता होती है। सूतिका के लिए अहालिव नियमित खाने से माँ को दूध अच्छा और ज्यादा आता है। इससे शक्ति बढ़ती है। इसलिए प्रसव के बाद स्त्री को अहालिव के लड्डू या खीर खिलाने की रीत है।
- **मेथी :** कुछ लोगों को मेथी खाने से पित्त की समस्या होती है। कुछ लोगों को सरदर्द होता है, लेकिन यह एक गुणकारी सब्जी है। सूतिका के लिए यह ज्यादा उपयुक्त है, क्योंकि इससे शरीर का वातदोष कम होता है। रक्तस्त्राव कम होता है। गर्भाशय पूर्व स्थिति में आने में सहायता मिलती है। मेथी बीज गरम गुणों के होते हैं। प्रसव के बाद का कमर की वेदना कम होती है। शरीर का बल बढ़ता है। इससे भूख बढ़ती है और पाचन अच्छा होता है। इसलिए प्रसव के बाद स्त्री को मेथी के लड्डू खिलाते हैं। मेथी के दानों की दूध और गुड़ डालकर खीर बनाते हैं। इससे माँ को दूध ज्यादा आता है। मेथी कड़वी होने के कारण कई स्त्रियों को पसंद नहीं है, लेकिन यह सबसे पौष्टिक है। इसे अवश्य खाएँ।
- **गोंद (डिंक) :** बबूल के पेड़ का गोंद ज्यादा इस्तेमाल किया जाता है क्योंकि वह अधिक गुणकारी होता है। उसे देशी गाय के घी में तलते हैं, जिससे वह हल्का हो जाता है। बाद में उसका पाउडर बनाकर लड्डू में डालते हैं। गोंद स्वाद में कसैला होता है। हड्डियों के लिए यह सबसे अच्छा है। इसलिए सूतिका के लड्डुओं में गोंद डालते हैं। यह सूतिका के शरीर का वात और वेदना कम करता है। हड्डियों में बल आता है। बालों के लिए भी गोंद उपयुक्त है। प्रसव के बाद बाल गिरने लगते हैं। यह रोग कम करने के लिए गोंद एक उत्तम दवा है।
- **गुड़ :** गुड़ मीठा, स्निग्ध और उष्ण प्रकृति का है। गुड़ से भूख लगती है। वात कम होता है। प्रसव के बाद तुरंत सूतिका को गुड़ और सौंठ का मिश्रण असली घी में मिलाकर खाने को दें, ऐसा कहा गया है। इससे स्त्री का वात कम होता है। पीड़ा भी कम होती है। गुड़ से रक्त बढ़ता है और दुर्बलता कम होती है।
- **शक्कर :** शक्कर स्वाद में मीठी, पौष्टिक और ठंडी होती है। यह बलदायक और स्निग्ध होती है, लेकिन औषधि

के तौर पर प्रयोग करना हो तो इसकी बजाय मिश्री का प्रयोग करें, वह ज्यादा गुणकारी है।

संक्षेप में कहें तो ये सभी घटक या पदार्थ सूतिका के लिए अधिक लाभदायी हैं, लेकिन ये सब कितना खाएँ? कब खाएँ? यह सब समझकर खाएँ तो ये शरीर के लिए अत्यंत लाभदायक होंगे।

अपने यहाँ प्रसूति पश्चात आहार के बारे में कई भ्रम रहते हैं। कुछ खाने से बच्चे को जुकाम होगा और कुछ खाने से जुलाब होंगे आदि। सामान्य महिला की तूलना में स्तनपान कराने वाली माता को कुल 2800 कैलोरी तथा 680 ग्राम प्रोटिंस की आवश्यक्ता होती है। यह सब उसे आहार में शामिल विभिन्न पदार्थों से मिलता रहता है।

यदि पौष्टिक और सम मात्रा में आहार लिया जाए तो प्रसूति के बाद 6-9 महीनों में स्तनपान कराने वाली माता का भार गर्भधारणा से पहले जितना होता है, उतना कम हो जाता है।

प्रसूति बाद आहार की सूची

द्रव पदार्थ	दिनभर में कुल 13-18 ग्लास। इसमें कुल 8-10 ग्लास पानी, नारियल का पानी, फलों का जूस, सूप, छाछ, दाल का पानी शामिल है। हर बार बच्चे को स्तनपान कराने से पहले 1 ग्लास कोई-न-कोई द्रव लेना ही चाहिए।
सुबह 6.30 बजे	दूध।
सुबह 8.30 बजे	अल्पाहार-गेहूँ के आटे का और गुड़ का बना शीरा या लापसी/दलिया बढ़िया होता है अथवा अल्पाहार के दूसरे पदार्थ एक दिन छोड़कर खाएँ। दलिए के अतिरिक्त हलीम के बीजों की खीर, जिसमें नारियल और ड्राय फ्रूट्स डाले जा सकते हैं।
सुबह 9.30 बजे	नारियल का पानी या दूध 1 ग्लास।
सुबह 10.30 बजे	फल अथवा रागगीरा + सिंगदाना + गुड़ + तिल के लड्डू।
12.30 बजे	खाना- 3 रोटी + हरी सब्जी + ग्रीन सलाद + दाल चावल + सूप। खाना खाने के बाद कद्दूकस किया हुआ सूखा नारियल, सौंफ + सादी सौंफ + अजवायन।
2.30 बजे	पेय पदार्थ।
4.30 बजे	हल्का अल्पाहार अथवा मेथी, हलीम, शतावरी डालकर बनाया गया लड्डू। (घी शक्कर अधिक न हो)।
6.00 बजे	फलों का रस।
8.00 बजे	भोजन। जवार या बाजरा या चावल के आटे की मोटी रोटी + मेथी की सब्जी तथा अन्य पदार्थ।
9.30 बजे	दूध।

स्त्री को चाहिए कि भोजन के 15 मिनट बाद धीरे-धीरे घूम ले।

यदि पाचन की समस्या हो तो (गैस की समस्या) अजवायन, सौंफ, हींग, काला नमक, ज्येष्ठ मध+सोंठ आदि प्रत्येक थोड़ा-थोड़ा लेकर उसे पानी में मिलाकर एक उबाल आने दें 1/2 कटोरी पानी 2 बार पिएँ।

प्रसूति के बाद व्यायाम

यदि प्रसूति पश्चात नियमित व्यायाम करें तो पेशियाँ शिथिल नहीं होतीं, पेट और कूल्हों पर वसा नहीं जमती। शरीर में आलस नहीं आता, पाचनक्रिया, श्वसनक्रिया अच्छी होती है। रक्ताभिसरण बढ़ता है, अशुद्ध रक्त का सही उत्सर्जन होता है। गर्भाशय और योनीमार्ग आकुंचित होने में सहायता मिलती है। गुदा द्वार की पेशियाँ सशक्त होने से मूत्र और मल उत्सर्जन से संबंधित समस्या नहीं होती। शरीर की अनेक पेशियाँ गर्भावस्था में तन जाती हैं। उन्हें सुस्थिति में लाया जाता है। शरीर योग्य आकार में आ जाता है। भविष्य में गर्भाशय नीचे सरकने पर रोक लगाई जा सकती है।

सामान्य प्रसूति के 2-3 दिन बाद आराम पूर्ण होने पर आसान, सुलभ व्यायाम किए जा सकते हैं। धीरे-धीरे उन्हें बढ़ाते जाएँ। 8-9 वाँ दिन आने तक 15-20 मिनट का व्यायाम किया जा सकता है। सिजेरियन होने पर महिला को 1 माह तक व्यायाम नहीं करना चाहिए। उनके लिए अलग व्यायाम 30 दिन के बाद डॉक्टर बता देंगे।

शरीर पर ज्यादा तनाव न आने दें, दिन में थोड़ी देर आराम अवश्य करें। रीढ़ की हड्डी को आड़ा-तिरछा तनाव न दें। इसके लिए काम करते समय सुविधाजनक ऊँचाई वाला स्टूल लें और उस पर सीधी बैठें। पलंग पर बैठते समय पैर सीधे रखकर सीधी बैठें। सीधी खड़ी रहें। झुककर भारी सामान न उठाएँ बच्चे को कमर पर बैठाकर टेढ़ी न चलें। सीधी खड़ी रहकर उसे शरीर के अगले हिस्से में उठाकर रखें और चलें। शरीर के अगले हिस्से को पकड़कर चलें।

नोट : ऊपर दिए हुए व्यायाम के प्रकार और बर्ताव, प्रसूत महिला का स्वास्थ्य और चिकित्सकीय सलाह ध्यान में रखकर शुरू करें।

एक सप्ताह के अंत में, सामान्य प्रसूति होने पर, स्त्री की थकान मिटने लगती है, गर्भाशय बहुत छोटा हो जाता है। टाँके भर जाते हैं। योनि मार्ग ठीक हो जाता है। रक्तस्त्राव बंद हो जाता है और सफेद स्राव शुरू हो जाता है। तब वह ज्यादातर पेट के और रीढ़ की हड्डी के व्यायाम कर सकती हैं।

गर्भावस्था में स्त्री के शरीर में अत्यधिक परिवर्तन होता है। उसकी सभी पेशियाँ (लिगामेंटस) तने हुए रहते हैं। उन्हें अपनी जगह वापस आकर अपनी क्षमतानुसार कार्यरत होने में थोड़ा समय और थोड़े व्यायाम की आवश्यक्ता होती है। रीढ़ की हड्डी के नीचे खाली जगह में कई पेशियाँ होती हैं, जो गर्भाशय को पकड़कर रखती हैं। प्रसूति के बाद वे ढीली पड़ जाती हैं, इसलिए बाद में गर्भाशय बाहर आ जाता है।

गर्भावस्था में खड़े रहने और चलने में काफी अंतर पड़ता है, क्योंकि गुरुत्वाकर्षण के नियम से स्त्री को पेट आगे करके कमर की कमान ज्यादा रखनी पड़ती है। इसे स्वतकवेपे (लार्डोसिस) कहते हैं। इन बातों से बचने के लिए आसान से लंबी साँसों के और पैरों के व्यायाम करें। इससे रक्ताभिसरण बढ़ता है।

नवजात शिशु परिचर्या

शिशु का जन्म होने के बाद तुरंत नाल काटकर उसे माँ से अलग किया जाता है। वहाँ से उसका स्वतंत्र जीवन शुरू होता है। तब तक वह माँ के रक्त से मिलने वाले पोषण मूल्यों पर बढ़ता है, लेकिन जन्म होने के पल से वह माँ से अलग होता है। अच्छी तरह से साँस लेना, यह शिशु के जीवन की सबसे महत्त्वपूर्ण घटना है, क्योंकि उसी से शिशु के शेष अवयव अच्छी तरह से काम करना शुरू करते हैं। गर्भाशय में गर्भ श्वसन नहीं करता। उसके फेफड़े और उसमें होने वाली रचना यह सब दबी हुई होती हैं। गर्भाशय में शिशु के फेफड़े प्लास्टिक की थैली जैसे हवा न भरने से चपटे और बंद दबे-दबे से होते हैं। शिशु का जन्म होते ही वह जोर-जोर से रोने लगता है। तब पहले साँस के साथ पैराशूट जैसे उड़ता है, वैसे ही उसके फेफड़े उड़ते हैं, फूलते हैं और साँस लेने और छोड़ने की क्रिया शुरू होती है। अगर शिशु तुरंत नहीं रोया तो उसके बाकी अंगों और मस्तिष्क के विकास पर प्रभाव होता है। वह तुरंत काला-नीला हो सकता है। शिशु का जोर से रोना अच्छा होता है। रोना अच्छा होने के लिए पहले से आज तक नवजात शिशु के पैर पकड़ उलटा करते हैं या उस पर ठंडे या कुनकुने पानी का छिड़काव करने से भी वह रोने लगता है।

एक बार शिशु रोने लगा तो बाद में उसे कुनकुने पानी से नहलाया जाता है। उसके मुँह में कपास का फाया डालकर उसका मुँह और जिह्वा साफ की जाती है। नाक, कान, आँखें साफ करते हैं। पहले तो नवजात शिशु को एक बूँद घी में सैंधा नमक चटवाते थे। उससे शिशु को उलटी होती थी और उसके पेट की गंदगी बाहर निकल जाती थी।

बाद में शिशु को शहद और घी का अवलेह चटाते हैं। उससे उसकी प्रतिकारक क्षमता बढ़ती थी। उसके बाद शिशु को तुरंत स्तनपान कराने को आयुर्वेद में कहा गया है, क्योंकि माँ के स्तनों से आनेवाला शुरू-शुरू का चिपचिपाता दूध शिशु के लिए बड़ा ही महत्त्वपूर्ण होता है। इसके बारे में आचार्यों को निश्चित रूप से जानकारी थी। आज के वैज्ञानिकों ने भी इस पर बड़ा शोध किया है।

सूतिका गृह में माँ और शिशु के हित के लिए शांति मंत्र का पाठ उस कमरे में सुबह-शाम करें। अग्निहोत्र करें। शिशु की सुरक्षा के लिए 10-12 दिनों तक दिन-रात कोई भी व्यक्ति जो जाग सकता है, उसे उनके साथ रहने को कहें। इस पूरे नए वातावरण की, नए संसार की आदत होने तक कोई भी पीड़ा शिशु को न हो या फिर उसकी ओर हमेशा ध्यान देने के लिए कोई रहे, यही भावना इसके पीछे है।

बच, राई, लहसुन आदि सीधी-सादी रोज प्रयोग की जानेवाली ये दवाइयाँ Anti Biotic हैं, इन्हें अवश्य कमरे में रखें। शिशु के माथे के पास वेखंड पाउडर पतले कपड़े में रखें वह गरम होती है। इससे शिशु को सर्दी नहीं लगती। इसके साथ वेखंड की गंध तीव्र होने के कारण मच्छर, मुंगी, कीड़े-मकोड़े दूर जाते हैं। शिशु का स्नान होने के बाद उसके माथे पर यह वेखंड पाउडर सावधानी से हल्के हाथ से लगाएँ।

माँ का दूध शुद्ध और निर्दोष आने के लिए माँ कुछ पदार्थ रोज के आहार में लेना शुरू करे। गेहूँ, अच्छे चावल, मूँग, लहसुन आदि। माँ को पानी उबालकर ही पिलाएँ। उस पानी में सौंठ, नागरमोथा, गिलोय आदि औषधि डालें, बाद में पानी छानकर पिएँ।

ज्यादा दूध आने के लिए दी जाने वाली शतावरी तो अब तक सबको मालूम हो चुकी है। शतावरी कल्प दूध में डालकर दिन में कम-से-कम दो बार पिएँ। इसके अतिरिक्त हलीम की खीर, खोपरा के लड्डू, पास्ते की खीर, चावल की खीर बनाकर पिएँ।

प्रसव हुई स्त्री ज्यादा भाग-दौड़ न करे। पूरी तरह से आराम करे और शिशु का ध्यान रखे। क्रोध, भय, दु:ख इनसे दूर रहे। यह करने से प्रसव के बाद स्वास्थ्य अच्छा रहता है और ज्यादा तनाव नहीं होता।

त्वचा : नवजात बच्चे बदन पर सफेद तैलीय आवरण होता है। प्रथम स्नान के समय इसे तेल लगाकर साफ

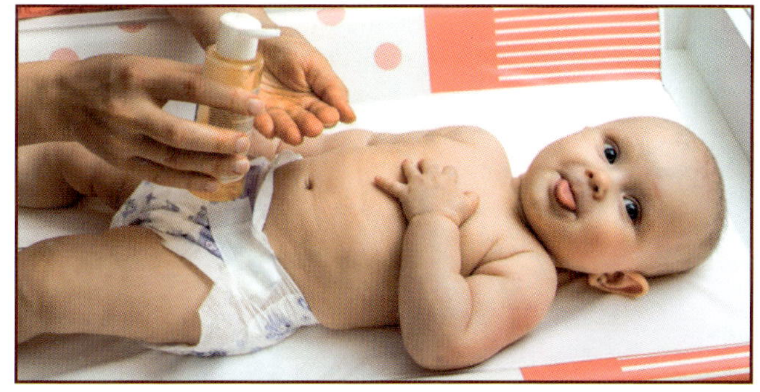

किया जाता है। बच्चा भार में कम हो या कोई समस्या हो तो बच्चे को केवल तेल से पोंछ लिया जाता है। कुछ बच्चों की त्वचा ढीली, झुर्रियों वाली होती है, हथेलियाँ, तलवों के छिलके निकलते रहते हैं। लेकिन उसमें चिंता करने की बात नहीं होती।

भार : जन्मत: बच्चे का भार ढाई से साढ़े तीन किलो रहता है। कभी-कभी कम पोषण के कारण भार कम होता है तो कभी माता में मधुमेह हो या फिर किसी और कारण से भार ज्यादा होता है। आजकल तो बारह सौ ग्राम भार का बच्चा भी विशिष्ट सेवा उपलब्ध होने से जी लेता है और बढ़ जाता है। बच्चे की लंबाई 50 से.मी. के आस-पास और सिर का घेरा 32-36 से.मी. होता है।

सिर : शरीर की तुलना में सिर थोड़ा बड़ा लगता है। बीचों-बीच एक नरम चौकोर रहता है। खोपड़ी के अंदर दिमाग को बढ़ाने के लिए जगह होनी चाहिए। बच्चे को बहुत ज्यादा बाल या फिर गंजा सिर, दोनों बहुत सामान्य है। बच्चे की गरदन बहुत छोटी रहती है।

देखभाल—पहले कुछ महीनों तक बच्चे का सिर ढँककर रखें सिर के नीचे गोल तकिया रखें, जिसमें दोनों ओर से सहारा मिलता है। एक ओर मोड़कर रखने से उस ओर की बच्चे की त्वचा लाल हो जाती है। चार-पाँच महीनों तक बच्चे को उठाते समय गरदन के नीचे हाथ रखकर ही उसे उठाएँ। बच्चे के तलवा पर तेल लगाना चाहिए। बच्चे का सिर गोल रहे, इसके लिए राई/सरसों का तकिया लगाना चाहिए।

आँखें : बच्चे की आँखें बंद रहती हैं। नवजात शिशु की आँखों में पानी नहीं होता, क्योंकि अश्रुग्रंथि विकसित नहीं होती हैं। कुछ बच्चे देर से आँखे खोलते हैं। सोकर जागने के बाद कभी-कभी आँखों में सूजन लगती है और पहले छह माह तक आँखों में भेंगापन लगता है। यह भी नॉर्मल है।

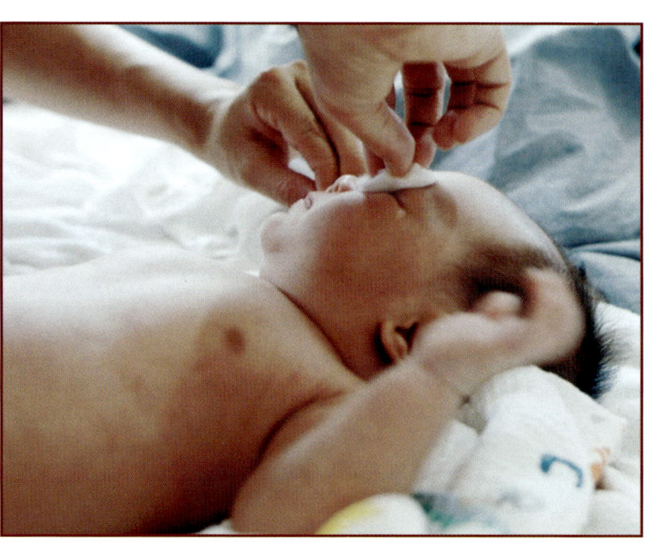

देखभाल—पानी में रूई के 4 टुकड़े उबाल लें साफ धोए हुए हाथों से रुई के टुकड़ों से ऊपर की पलकें पोंछ लें फिर नीचें की पलकें पोंछ लें बच्चे की आँखें चिपकती जा रही हों तो स्तन का दूध आँखों में डालें या डॉक्टरी सलाह से बूँदें डालें। गंदे हाथों से या गंदे काजल से कभी-कभी आँखों को जोखिम हो सकता है। इसलिए आजकल डॉक्टर काजल लगाने से मना करते हैं। कभी-कभी दूसरे या तीसरे महीने में बच्चे की एक या दोनों आँखों में सफेद द्रव या पानी बहता दिखता है। छह माह तक यह अपने आप ठीक हो जाता है, अन्यथा उस नली को खोलना पड़ता है।

छाती : जन्म के बाद कुछ दिन तक बच्चे के स्तन बड़े और अगल-बगल सूजन दिखती है। मालिश करने वाली बाई से कहें कि इसे निचोड़ें नहीं, इससे उसमें पस होने का जोखिम है। अपने आप यह सूजन निकल जाती है।

नाभि : नाभी में लगी नाल पाँच-दस दिन में गिर जाती है और घाव भर जाता है, लेकिन अगर यह घाव गीला रहे या

उसमें से रक्त बहने लगे तो डॉक्टर को दिखाएँ। उसमें तेल, कुंकुम इत्यादि डालकर घरेलू चिकित्सा न करें।

देखभाल—नली के बचे हुए छोर को और नाभि को स्पिरीट से पोंछकर स्नान के बाद एटीसेप्टीक पावडर लगाएँ। पहले बच्चों की नाभि पर पट्टा बाँधा जाता था, आजकल यह परंपरा बंद हो गई है। नाभि पर घी में हल्दी डालकर लगाने से घाव भर जाता है।

जननेंद्रिय : नवजात लड़की के योनि मार्ग से सफेद चिकना पदार्थ या कभी-कभी रक्तस्त्राव भी होता है। उसमें डरने की बात नहीं है। माँ के रक्त से आए हुए हार्मोंस के कारण यह होता है। लड़कों के बारे में कभी-कभी बीजांड हाथ में नहीं आता, क्योंकि वह ऊपर की ओर सरक जाता है और स्नान करते समय गरम पानी में नीचे आता है, तभी हाथ से छुआ जा सकता है। यदि वह हाथ न लगे तो डॉक्टरी सलाह लें। जननेंद्रिय के आगे की त्वचा टाइट रहती है। स्नान कराते समय थोड़ा-सा देशी गाय का घी लगाकर उस त्वचा को आगे-पीछे करें। वहाँ सफेद चिकना पदार्थ रहता है। उसे निकालकर साफ करें।

मलमूत्र : जागते हुए या सोते हुए बच्चे का लिंग कठोर हो जाना स्वाभाविक है। नवजात बच्चा 24 घंटे के अंदर टट्टी और ज्यादा-से-ज्यादा 48 घंटों में पहला मूत्र करता है। उसके बाद स्तनपान लेने वाले बच्चे का दिन में आठ से दस बार टट्टी और 10-12 बार मूत्र करना सामान्य होता है। बच्चे की पहली टट्टी का रंग हरा-काला रहता है। स्तनपान लेनेवाले बच्चे का शौच हल्दी के समान पीला या फिर थोड़ा-सा हरा होता है। कुछ बच्चे प्रत्येक स्तनपान के समय शौच करते हैं। यह शौच नरम और पीला होता है। इसकी चिंता न करें।

देखभाल : स्नान कराते समय इस निचले हिस्से को साफ करें। कभी-कभी वहाँ पर बेसन रह जाता है। बच्चे की चद्दर, चड्डी, लँगोट गीली न रहने दें, उसे तुरंत बदलें। इस जगह पर हर बार ज्यादा पॉवडर छिड़कने की आवश्यकता नहीं होती। इससे टाल्क डरमॅटायटिस त्वचा का रोग हो सकता है। रोज सुबह 15 मिनट उस जगह पर धूप लगना चाहिए। लँगोट, चड्डी में साबुन जरा भी न रहने दें। वह जगह लाल दिखने पर असली घी वहाँ लगा दें।

अन्य सूचनाएँ : बच्चा जब सो जाता है, तब बच्चे के नाखून बार-बार कैंची से या नेलकटर से काटते रहें। बच्चे के नाक और कान में तेल न डालें। नारियल तेल से नाक-कान में फंगस होने का जोखिम रहता है। बच्चे के लिए तिल का तेल उबालकर कीटाणु रहित बना लें और उससे बच्चे की मसाज करें।

बच्चे की नींद : बच्चा पहले डेढ़ महीने तक 21 से 22 घंटे सो जाता है। यदि वह नहीं सोता है तो शायद उसे दूध कम पड़ रहा है, पेट में वेदना हो रही है, उसे ज्यादा लपेटा गया है, गरमी या ठंड की अनुभूति हो रही है, पास-पड़ोस का वातावरण सुखद नहीं है। इन जैसे कारणों का पता लगाया जाए। बच्चे का कमरा साफ, धीमे प्रकाश वाला और खुली हवा का होना चाहिए। ज्यादा ध्वनि नहीं होनी चाहिए। बच्चे को माँ के पास रखें, उसके स्पर्श से दोनों में मानसिक संवाद होता है। बच्चे को सुरक्षित अनुभव होता है और माँ को दूध आता है।

नवजात बच्चों को अपना तापमान सँभालना नहीं आता। इसलिए ठंड में ए.सी. और पंखा बंद रखें। लेकिन गरमी में धीमा पंखा चलाने में कोई समस्या नहीं है। कई रोगी प्रसूत स्त्री के कमरे में हवा नहीं चाहिए। इसलिए बच्चे को भी पसीने में लथपथ होने तक लपेटे रखते हैं। ऐसे बच्चों को पसीने के कारण त्वचा का फंगस होता है, सिर पर, कान के पीछे, गरदन पर, गले पर, बगल में छोटी फुंसियाँ हो जाती हैं। बच्चे को माँ के हृदय की धड़कन सुनना अच्छा लगता है, क्योंकि पेट में रहते समय उन धड़कनों को सुनने का वह आदी रहता है। समय से पहले पैदा हुए बच्चे को भी माँ की छाती की गरमी अच्छी लगती है और बच्चे का तापमान संतुलित करने में सहायता करती है।

कंगारू विधि : जहाँ समय से पहले पैदा हुए या कम भार के बच्चों को इंक्यिुबेटर में रखने की सुविधा नहीं होती, वहाँ बच्चे को माँ की छाती पर उसकी त्वचा का स्पर्श होते रहने की स्थिति में सुलाएँ और दोनों पर मोटी चद्दर डालें।

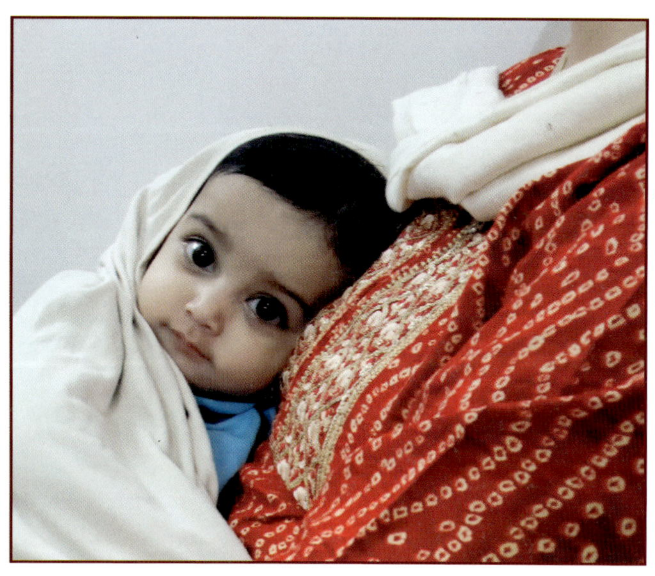

प्रसूत माँ के शरीर की गरमी बच्चे का तापमान संतुलित कर सकती है।

पीलिया : नवजात शिशु की त्वचा तीसरे-चौथे दिन पीली दिखती है। बच्चे का यकृत सक्षम न होने के कारण से ऐसा होता है। चार-पाँच दिन में यह रंग निकल जाता है, लेकिन अगर आर.एच. निगेटिव रक्त की माता हो और आर.एच. पॉजिटीव का बच्चा हो और माता के रक्त की आर.एच. एंटिबॉडीज गर्भाशय में बच्चे के शरीर में पहुँच गई हो तो नवजात शिशु को प्रथम 24 घंटों में ही पीलिया हो सकता है। इस माता को प्रसूति के बाद एंटीडी का इंजेक्शन प्रथम 24 घंटे में दिया जाना बेहतर होता है। इससे उसके दूसरे बच्चे को उसके शरीर की आर.एच. एंटिबॉडीज की समस्या नहीं होती। दूसरी बार भी उसे ऐसे अस्पताल को चुनना चाहिए जहाँ फोटोथेरेपि की (लाइट देनेवाली) सुविधा हो। जब हम नाल काटते हैं, उस समय जो रक्त निकलता है, उसे जाँच के लिए हम भेजते हैं, ताकि उसमें हीमोग्लोबीन, बिलीरुबीन, रक्त समूह (Blood Group) व अन्य जाँच की जा सके। इससे कुछ ही घंटों में बच्चे की गर्भस्थ स्थिति आँखों के सामने आ जाती है और उसके अनुसार चिकित्सा की जा सकती है।

बच्चे की योग्य देखभाल करने के लिए इतनी-सी जानकारी पर्याप्त है। स्वयं में आत्मविश्वास होना जरूरी है।

शिशु और गर्भवती की मालिश

छोटे बच्चों के लिए वात कम करने के साथ ही हड्डियाँ शक्तिशाली करने वाले, स्नायु की क्षमता बढ़ाने वाले और पूरे शरीर को बलवान करने वाले कई तरह के तेलों का वर्णन आयुर्वेद में बताया गया है। साफ-सुथरी कटोरी में जितना चाहिए, उतना ही तेल निकालकर उसे कुनकुना करके बच्चे को सुबह-शाम लगाएँ। सुबह नहाने से पहले उसकी तेल से मालिश करें। हाथ, पैर, पेट इसके साथ उसे औंधा करके (उलटा करके) गरदन, पीठ, पिंडली पर भी मालिश करें।

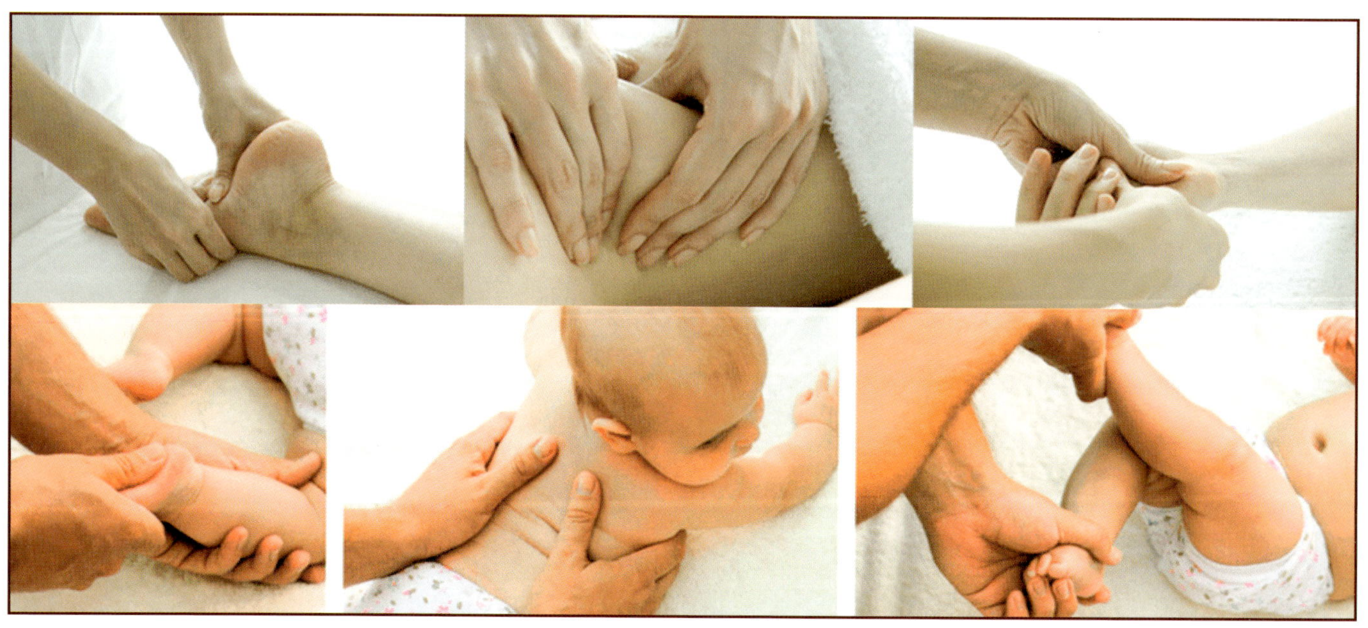

छोटे बच्चे हर्षित होकर अपनी मालिश करवा लेते हैं, उन्हें अच्छा लगता है और धीरे-धीरे शिशु स्वस्थ होता है। गरम पानी से नहलाने से उत्तम तरीके से वात का नाश होकर शिशु आराम से सो जाता है।

छोटे शिशु का केवल वातशमन अभ्यंग स्नान से होता है, ऐसा नहीं है तो सबसे महत्त्वपूर्ण लाभ उन्हें यह मिलता है कि जिस आयु में उनकी जल्दी-जल्दी वृद्धि होती है, उस आयु में उनके स्नायु और हड्डियाँ सशक्त होने के लिए तेल लगाने का लाभ मिलता है। शारीरिक क्षमता बढ़ती है। परिश्रम करने की क्षमता स्नायु में निर्मित होती है। त्वचा भी सख्त, स्निग्ध करती है। मसलटोन का अच्छी तरह से निर्माण होता है। यह क्षमता आगे चलकर काम करती है। बचपन में तेल की मालिश न करने से स्नायु दुर्बल, ढीले रहते हैं और उनकी क्षमता पर्याप्त मात्रा में नहीं बढ़ती। इसलिए शरीर को तेल की मालिश करना यह आवश्यक बात समझकर छोटे बच्चों को तेल की मालिश नियमित रूप सें हो, यह हमें देखना है।

बच्चे का शास्त्र शुद्ध मसाज

शोध से यह पता चला है कि मसाज से बच्चे के शरीर में एन.के. पेशियाँ (जिनसे बच्चे की रोग प्रतिकारक शक्ति बढ़ती है) बढ़ती हैं। साथ ही यह भी सिद्ध हुआ है कि शरीर के स्ट्रेस हॉर्मोंस (कॉर्टीझॉल और एड्रीनलीन) का स्तर कम हो जाता है।

बच्चे को अच्छी नींद आती है, भार बढ़ता है, तेल से त्वचा का अच्छा पोषण होता है, पेशियाँ दृढ़ होती हैं और बच्चे के लिए यह एक आनंददायी अनुभव होता है।

पैरों की मसाज : पैर-पेशियों को हल्का मालिश करके पैर की उँगलियाँ धीरे से खींचें तलवों को दबाकर सर्कल में मसाज दें। फुट रिफ्लेक्सॉलॉजी का शास्त्र कहता है कि शरीर के सभी अवयवों का केंद्रबिंदु तलवों में होता है। दोनों हाथों में पैर पकड़कर रोलिंग करें (हथेलियों में गोल घुमाएँ)।

पेट : पेट पर, नाभि पर गुनगुने तेल से घड़ी की दिशा में (Clockwise) चक्र करें। मूत्र की जगह से बाहर की ओर अँगूठे से मालिश करें।

सन मून स्ट्रोक : हथेली नाभि के नीचे रखकर उँगलियों से पेट पर बाईं से दाहिनी ओर और फिर से हाथ उठाकर बाईं से दाहिनी ओर हाथ घुमाएँ। यह छह से सात बार करें।

आई लव यू स्ट्रोक : बच्चे की बड़ी आँतों में से गैस या वात बाहर निकालने के लिए इस स्ट्रोक की सहायता ली जा सकती है। पेट पर से दाहिनी ओर से नीचे की ओर से ऊपर तक दोनों अँगूठों से हल्का मसाज करें। फिर बच्चे की दाहिनी ओर बड़ी आँतों की ओर (Transverse Colon) मसाज करें। फिर ऊपर से नीचे तक मूत्र करने की जगह पर यह मसाज रोकें।

छाती : छाती पर हथेलियों से मध्य भाग से साइड में एक के बाद एक घुमाते रहें।

हाथ : पैरों की ही तरह मसाज करें।

सिर : सिर के ऊपर के नरम भाग पर तेल डालें उसके अलावा सिर की त्वचा को हल्का मसाज करें। कान के पीछे त्वचा पर गोल आकार में घुमाएँ।

नाक : नाक को बीचों-बीच (आँखों के बीच) उँगलियों में पकड़कर मसाज करें। वहाँ पर स्थित नेजेलॅक्रिमल एक्ट (आँखों से शुरू होकर नाक तक जाने वाले आँसुओं को वहन करने वाली नलिका) साफ हो जाती है, जिससे आँखों से पानी आने की मात्रा कम हो जाती है।

पीठ : बच्चे को पेट के बल सुलाएँ ऊपर से नीचे तक हाथ से मसाज करें। फिर मध्य भाग से साइड की ओर हथेलियों से दबाकर मसाज करें। (पुस्तक खोलने जैसी क्रिया) कूल्हों पर गोल सर्कल करें। फिर से पैरों के पिछले हिस्से से ऊपर हृदय की ओर मालिश करें।

बच्चे के व्यायाम : बच्चे को सीधा लेटाएँ और हाथ-पैर के व्यायाम करवाएँ। दोनों हाथों को खींचकर शरीर के मध्य में क्रॉस बनाएँ, उसी प्रकार दूसरी ओर से भी करें। इससे पेट का गैस निकल जाता है।

इन सभी मालिशों में शुरू में हल्कापन होना चाहिए। धीरे-धीरे थोड़ा-थोड़ा दबाएँ और जोर लगाएँ, थोड़े दिन बाद सही तकनीक आ जाती है।

यह तंत्र सीखाते समय गर्भवती महिलाओं के मन में आशंका रहती है कि तेल लगाया हुआ बच्चा हम उठा पाएँगी या नहीं? लेकिन प्रत्यक्ष सबकुछ देखने पर उनका आत्मविश्वास बढ़ता है। इसलिए किसी विशेषज्ञ से इसे सीखें 3 महीनों के बाद अधिकांश स्त्रियाँ स्वयं मसाज करने लगती हैं। प्रतिदिन बच्चे के पिता द्वारा भी रात को हल्की-सी मालिश की जा सकती है। इससे पिता और बच्चे में बंधन दृढ़ होता है। प्रत्येक माता के जीवन के यह अमूल्य क्षण सुखदायी हो।

फुट रिफ्लेक्सॉलॉजी : शरीर के सभी अवयवों और ग्रंथियों का केंद्रबिंदु दोनों पैरों के तलवों में केंद्रित रहता है। उन्हें दबाकर उत्तेजित किया जा सकता है। यदि इन बिंदुओं को सीख लिया जाए तो रोज मालिश करते समय शास्त्रशुद्ध पद्धति से इन बिंदुओं को दबाकर हम बच्चे की श्वसनक्रिया, पाचन संस्था आदि में सुधार ला सकते हैं। किसी भी बीमारी में घरेलू उपचार के रूप में इसका प्रयोग किया जा सकता है। यह तकनीक भी बच्चों के मसाज सेशन में सीखें।

शुरुआत के कुछ दिनों में शिशु बहुत समय सोता रहता है, लेकिन बाद में फिर नींद कम होती है, फिर जब वह जागता है तो उस समय अपने हाथ-पैर हिलाकर, गरदन इधर-उधर घुमाकर शिशु खेलता रहता है। यह सब करना उसका एक तरह का व्यायाम ही होता है। दिनभर बार-बार यही क्रिया करने से थक जाता है। शाम को गरम तेल से मालिश करने के बाद गरम पानी से उसका शरीर पोंछकर, कपड़े बदलें तो शिशु तरोताजा हो जाता है। रात को भी अच्छे से सोता है, विशेषत: जो शिशु रात को बहुत रोते हैं या बार-बार उठते हैं, उनके लिए तो यह उपाय बहुत ही अच्छा है। जितने ज्यादा दिन, माह, शिशु को तेल का अभ्यंग स्नान करवा सकते हैं, उतना ही अच्छा। उसका शिशु को हमेशा लाभ ही होता है, केवल तेल की मालिश करते समय शिशु के हाथ-पैर न खींचे जाएँ, टेढ़े-मेढ़े न खींचे जाएँ, इसका ध्यान अवश्य रखें ज्यादा जोर न लगाएँ, शिशु के सिर को भी अवश्य तेल लगाएँ, उससे बालों की वृद्धि अच्छी होती है और बाल मुलायम व चमकदार होते हैं।

शिशु के कान-नाक में तेल डालने के बारे में आजकल बहुत चर्चाएँ होती हैं, लेकिन आयुर्वेद के अनुसार शरीर में जिस जगह छिद्र हैं, वहाँ पर तेल अवश्य लगाना चाहिए। इसके अलावा ज्ञानेंद्रिय भी कार्यक्षम रहे, इसलिए कान और नाक में तेल डालना चाहिए। अच्छा सीलबंद किया हुआ नारियल तेल का ही प्रयोग करें। हाथ साफ धोए हुए हों तेल की कटोरी साफ हो और उबले हुए गरम पानी से धो लें तेल लगाने के प्रारंभ में कान ओर नाक में तेल डालकर बाद में सिर और शरीर के बाकी अंगों को तेल लगाएँ गंदे हाथों से तेल लगाने से संक्रमण होने की संभावना होती है। इसलिए बताया जाता है कि सामान्य तेल का उपयोग न करें, लेकिन तेल के लाभ अधिक हैं। इसलिए सावधानी से तेल अवश्य डालें। स्नान के समय गरम पानी से वह आप ही आप धुल जाता है, जितना आवश्यक अंश है, उतना ही शरीर सोखता है।

माँ का अभ्यंग कैसा, कब और किससे करें?

अगर साधारण प्रसव हुआ है तो दूसरे दिन से ही तेल लगाने में कोई समस्या नहीं है, लेकिन आजकल पहले 4-5 दिन अस्पताल में ही लग जाते हैं। इसलिए उसके बाद घर जाने पर अभ्यंग स्नान शुरू कर सकते हैं। इससे पहले प्रसव हुई स्त्री की अग्नि बढ़े, ज्यादा भूख लगने और पाचन भी अच्छा हो, इसलिए अजवायन और सौंठ डालकर प्रचुर मात्रा में घी पिलाएँ पहले के समय में लोग यही करते थे और उससे स्त्री की क्षमता जल्दी वापस आती थी। सौंठ, गुड़, घी ऐसा मिश्रण खाने को दें, इससे वात कम होता है।

उसके बाद सूतिका के पूरे शरीर पर तेल से मालिश करें। विशेषत: पेट और कोख, कमर, पैर, पीठ, जाँघ इस जगह अवश्य मालिश करनी चाहिए। तेल कभी भी ठंडा न लगाएँ, कुनकुना करके ही लगाएँ। कोख पर बहुत जोर लगाकर न मलें। अभ्यंग से गर्भाशय के अपनी पूर्व स्थिति पर आने में सहायता मिलती है।

गर्भधारण होने से आगे चलकर नौ माह तक गर्भाशय और उसके साथ पेट के स्नायु खिंच जाते हैं और प्रसव होने के बाद वहाँ पर खाली जगह का निर्माण होता है और पेट

के स्नायु ढीले, शिथिल होते हैं। ऐसे समय में उन्हें सहारा देकर बाँधने की आवश्यकता होती है, अन्यथा पेट बढ़ने की, बढ़ा रहने की संभावना होती है। उसी तरह वहाँ के पोल में वसा जमने की संभावना होती है। इसीलिए पहले से ही अपने यहाँ पेट पर पट्टा बाँधने का शास्त्रीय विधि होती थी। सूती साड़ी या कपड़े की लंबी चौड़ी पट्टी बनाकर पेट पर बाँधी जाती थी।

तेल का अभ्यंग पूरे शरीर पर करने के बाद गरम पानी से नहाएँ। स्तनों की स्वच्छता पर विशेष ध्यान देना चाहिए। स्तनों के अग्र भाग नरम रहेंगे, उनमें कोई छेद न हो और वह साफ रहें, इसकी ओर ध्यान दें। इससे शिशु अच्छी तरह से दूध पी सकता है और माँ को भी समस्या नहीं होती। स्तनों के अग्र भाग सूखे पड़ते हों तो मक्खन या घर का घी लगाएँ।

यदि नॉर्मल डिलीवरी हुई हो तो नहाने के बाद सेंक लेते हैं। सेकना अर्थात् अँगीठी में कोयला डालकर उसे जलाकर कुछ खास औषधियाँ डालकर उसका सेक या धुआँ दिया जाता है। पहले के जमाने में खटिया पर सूतिका सोती थी। उस खटिया के नीचे यह अँगीठी रखकर सूतिका के शरीर पर केवल कंबल ओढ़ाकर बिठाते थे। पहले उकड़ूँ बैठकर योनि प्रदेश को सेंक दिया जाता था, जिससे जंतु संसर्ग न हो। उसके बाद शरीर पर रजाई लेकर वह स्त्री खटिया पर लेटी रहती थी। नीचे से अँगीठी के अच्छे सेक से शरीर हल्का होता और खुला होता था। जिनके लिए संभव है, जिनके पास सुविधा है, जगह है, उन्हें यह अवश्य करना चाहिए।

सेंकने के लिए आगे दी गई औषधियों का प्रयोग कर सकते हैं। राल, उद, गुग्गुल, अजवायन, बच, कुष्ठ, लहसुन के छिलके आदि कोयला अच्छे से जलने के बाद उस पर पहले राल, गुग्गुल जैसी औषधियाँ डालें, उससे धुआँ अच्छा होता है, फिर अजवायन, बच जैसी औषधियाँ उस पर डालने से जलती हैं और औषधि धुआँ प्रचुर मात्रा में तैयार होता है। पहला सवा माह तो यह सब करना चाहिए, इससे अच्छा लाभ होता है।

शिशु के स्नान के समय क्या प्रयोग करें ?

आजकल शिशु को नहलाते समय सामान्यत: साबुन का प्रयोग करते हैं। बेबी सोप जो कम तीव्र होते हैं, लेकिन अंतत: वे रासायनिक द्रव्य का प्रयोग करके बनाए जाते हैं। इसलिए बहुत छोटे शिशुओं के लिए उनका प्रयोग न करें।

अपने यहाँ सामान्यत: बेसन, हल्दी और दूध की मलाई का मिश्रण करके लगाने की रीत है और वह सही है। चने की दाल गुणों में सूखी होती है। तेल लगाने के बाद बच्चे की त्वचा तैलीय होती है। तेल का अंश निकालने का काम बेसन उत्तम प्रकार से करता है। मसूर की दाल का भी प्रयोग कर सकते हैं, उसके साथ हल्दी इसलिए डाली जाती है क्योंकि वह जंतुनाशक है। उसी तरह त्वचा के लिए हितकर, रंग निखारने वाली और त्वचा पर जो अतिरिक्त मात्रा में रोम होते हैं, उनको निकालने के लिए उपयुक्त होती है। मलाई मिलाने से हल्दी और बेसन त्वचा पर घिसता नहीं तथा त्वचा नरम-कोमल होती है। शुरुआत के 6-7 माह साबुन का प्रयोग न करें।

शिशु का पिनपिन करना

'दो दिन से शिशु ज्यादा ही पिनपिन करता है' या 'आजकल शिशु ज्यादा पिनपिन करता है,' ऐसे शब्दों का प्रयोग विशेष रूप से छोटे बच्चों के लिए हमेशा किया जाता है। शिशु बहुत रुग्ण होता है, ऐसा नहीं, लेकिन वह हमेशा की तरह हँसता-खेलता नहीं, ऐसा इसका तात्पर्य है। अब उसका ये पिनपिन करना वास्तव में किस कारण से है? यह जानना बहुत कुशलता का काम है, जब शिशु बोल सकता है, तब वह अधिक बार कहता भी है, लेकिन जब बोल नहीं सकता या कच्ची आयु के कारण निश्चित रूप से क्या हो रहा है? यह वह कह नहीं सकता, तब माँ का निरीक्षण अत्यधिक महत्त्वपूर्ण ठहरता है। कई अलग-अलग कारणों के लिए शिशु पिनपिन कर सकता है—

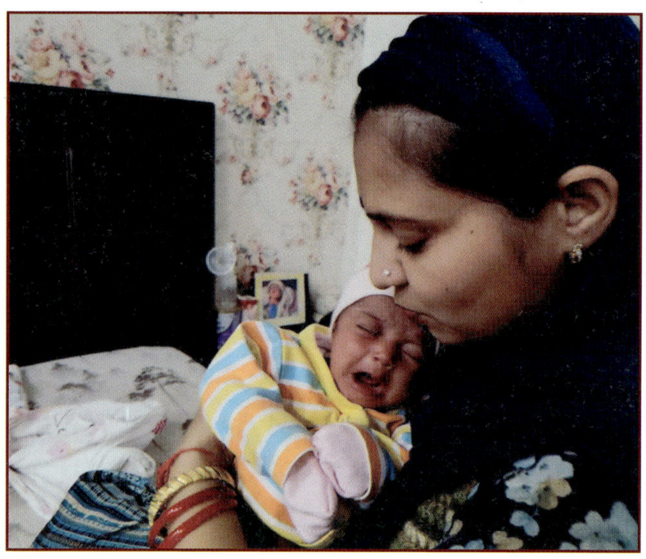

- शौच या मूत्र किया है और अधिक समय हो गया है, फिर भी कोई कपड़े नहीं बदले गए।
- अभी दूध पिया है, लेकिन डकार नहीं निकली है। पेट में हवा जमने से बेचैन है या जी मचल रहा है। पेट में गैस है।
- अधिक समय हुआ है, मूत्र नहीं हुआ है और मूत्र की जगह पीड़ा हो रही है।
- 3-4 दिन से दस्त हो रहे थे। शौच की जगह संवेदनशील हो गई है।
- दाँत निकल रहे हैं, मसूड़ों में सूजन, वेदना हो रही है।
- माँ को लग रहा है शिशु का पेट भरा है, लेकिन पेट भरा नहीं है, अभी भी भूख है।
- जुकाम अभी तक नहीं हुआ है, लेकिन होने के लक्षण दिखाई दे रहे हैं, नाक बंद हुआ है, ठसा हुआ है।
- बहुत गरम हो रहा है, शरीर पर घमोरियाँ आई हुई हैं, शरीर खुजला रहा है, कपड़े नहीं चाहिए।
- बहुत ठंडी लग रही है और कपड़े चाहिए।
- कान पर टोपी नहीं चाहिए।
- शौच करना है, लेकिन नहीं हो रहा।
- खेल-कूदकर उसके पैर बहुत दुःख रहे हैं।
- चड्डी बहुत चुस्त है या टोपी की गाँठ बहुत चुस्त है।
- कान दुःख रहा है।
- वही खिलौने देखकर ऊब गया है, लोगों को देखकर ऊब गया है, बाहर लेकर जाएँ, कुछ नया चाहिए।
- बहुत नींद आ रही है।
- किसी चीज से भय लग रहा है।
- हमेशा जिसकी आदत है, वह व्यक्ति निकट नहीं है और कोई दूसरा ही बार-बार गोद ले रहा है।

ये और ऐसे कारण होंगे, लेकिन वास्तव में कौन-से समय, किस कारण से पिनपिन कर रहा है? यह समझना चाहिए।

यह अगर जान गए और उसी तरह उपाय किया गया तो यह पिनपिन तुरंत रुकती है। ऐसा करके भी पिनपिन कम नहीं हुई तो अन्य कोई गंभीर पीड़ा तो नहीं है न, इसका समाधान डॉक्टर के पास जाकर कर लेना चाहिए, यही अच्छा है।

सच कहा जाए तो शिशु का यह पिनपिन करना हमको भले ही कष्टदायक लग रहा हो, लेकिन उसकी ओर समय पर ध्यान देना आवश्यक है, क्योंकि कई बार शिशु होने वाली समस्या हमारी दृष्टि में लाने का प्रयास करता है और तभी ध्यान दिया गया तो आगे होने वाली हमारी भाग-दौड़ और कष्ट टल सकता है। नहीं तो छोटा बच्चा घर में रुग्ण हुआ तो पूरा घर जैसे रुग्ण हो गया है, ऐसा लगता है।

अभी हमने पिनपिन करने के जो अलग-अलग कारण

परिवर्तित करना बच्चे और हमारे लिए कष्टदायक नहीं होगा। बचपन से ही उन्हें कान की टोपी, जुराब आदि की आदत लगाएँगे तो ये कपड़े प्रयुक्त करते समय बच्चे समस्या नहीं देते।

संक्षिप्त महत्त्वपूर्ण बातें

- गर्भावस्था के पूरे नौ महीने डॉक्टर के पास जाँच कराने के लिए जाते समय हर समय अपनी फाइल अवश्य साथ लेकर जाएँ।
- माहवारी की अंतिम दिनांक ध्यान में रखें या लिखकर रखें।
- मूत्र, रक्त, सोनोग्राफी आदि जाँच की रिपोर्ट अपनी फाइल में लगाएँ।
- बाहर से जो दवाइयाँ लाने को कहा है, उसकी परची भी फाइल में लगाएँ।
- बीच-बीच में होने वाली छोटी-बड़ी समस्या दिनांक के साथ लिखकर रखें।
- डॉक्टर के पास जाते समय उन्हें क्या कहना है और क्या पूछना है, यह मन में ध्यान करके रखें या लिख लें तो आपका और डॉक्टर का समय बचेगा।
- गर्भावस्था में डायबिटीज, रक्तचाप और थायरॉइड जैसे रोगों की दवाइयाँ आरंभ हैं, तो वे कागज भी फाइल में लगाएँ।
- डॉक्टर से पूछे बिना कोई भी दवा न लें। नई दवाइयाँ अपने मन से शुरू न करें।
- कुछ भी समस्या हो तो उसकी ओर ध्यान दें।
- अकस्मात पैर, कमर और पीठ में पीड़ा होने लगे, सफेद स्राव या रक्तस्राव हो रहा तो तुरंत अस्पताल जाएँ, क्योंकि इससे जोखिम हो सकता है। प्रसव होने में समय है, फिर भी कुछ समस्या होने लगे तो तुरंत अस्पताल जाएँ।
- बच्चे की हलचल पर ध्यान रखें बहुत कम या ज्यादा हलचल होती हो तो तुरंत डॉक्टर के पास जाएँ।
- शरीर पर सूजन, सीने में धड़-धड़, साँस फूलना, बेचैनी

देखे हैं, उनमें से 80 प्रतिशत कारण हम ध्यानपूर्वक टाल सकते हैं।

उदाहरण के रूप में, ठंडे या गरम मौसम के अनुसार कपड़े रहेंगे, ऐसा देखना चाहिए। शिशु के कपड़े हमेशा सूती होने चाहिए। सिंथेटिक कपड़ों से शिशु चिड़चिड़ा होता है, क्योंकि अधिक बार ये कपड़े उसकी कोमल त्वचा को चुभते हैं या गरमी के मौसम में वह पसीना नहीं सोखते। इसके विपरीत, सूती कपड़े गरमी में ठंडे रहते हैं और ठंडी में गरम रहते हैं और कोमल होते हैं। इसीलिए सूती कपड़े ही प्रयोग करें। अपनी रुचि के लिए फैशनेबल, चुभने वाले अस्तर और लेस वाले, सिंथेटिक कपड़ों का प्रयोग न करें। उसी के साथ कपड़े शरीर के बराबर बैठने वाले या चुस्त न हों कपड़े ढीले, आसानी से निकलने वाले, पहन सकने वाले हों बहुत छोटे बच्चों के लिए सिर से पहनाए जाने वाले कपड़ों के स्थान पर आगे के बटन वाले कपड़े प्रयुक्त करें तो कपड़े

अनुभव होना आदि लक्षण दिखाई दें, तो डॉक्टर की परामर्श जल्दी लें।

- हर माह भार बढ़ने पर ध्यान दें।
- रक्त में हीमोग्लोबिन की समय पर जाँच करें।
- टिटनेस का इंजेक्शन लें।
- डॉक्टर की बताई हुई जाँच समय पर अवश्य कराएँ, उसे किसी भी स्थिति में न टालें।
- खाने-सोने के समय का पालन करें।
- दवाइयाँ समय पर और नियमित लें।
- दवाइयाँ लेने में आलस न करें।
- दूध, फल, सब्जियाँ व दाल आदि का आहार में समावेश करें।
- गर्भावस्था के पहले तीन माह दूध, घी और मक्खन ज्यादा खाएँ।
- पेट-भर आहार, व्यायाम और विश्राम इन बातों से बच्चे का पोषण अच्छा होता है, यह ध्यान में रखें।
- मानसिक तनाव से दूर रहें।
- डॉक्टर के पास हर महीने जाने पर हर बार अपना रक्तचाप जाँच करके उसे दिनांक के साथ लिख लें।
- गर्भावस्था में यात्रा न करें। पाँव लटकाकर ज्यादा देर तक न बैठें।
- किसी दवाई से एलर्जी हो तो अपनी फाइल में लिखकर रखें।
- अपने स्त्रीरोग विशेषज्ञ डॉक्टर का फोन नंबर और अपने फैमिली डॉक्टर का भी फोन नंबर बड़े अक्षरों में अपने फोन के पास लिखकर रखें। कभी अचानक कुछ समस्या हो तो घर का कोई भी व्यक्ति डॉक्टर को फोन कर सकता है।
- प्रसव की दिनांक निकट आने के बाद अगर घर में गाड़ी न हो तो पड़ोसी, सगे-संबंधी, रिश्तेदार या पहचान के रिक्शावाले/ड्राइवर आदि को बताकर रखें, रात को आवश्यकता पड़ने पर वे तुरंत आ सकते हैं।

अस्पताल में ले जाने वाली चीजों की सूची

माँ के लिए

1. गाउन	2. कपड़े	3. सिनेटरी नैपकिन
4. टॉवेल	5. हाथ पोंछने के लिए नैपकिन	6. माथे का स्कार्फ, स्वेटर
7. दवाइयाँ	8. थर्मस	9. साबुन
10. डिस्पोजेबल ग्लास	11. टूथब्रश-पेस्ट	12. स्लिपर्स
13. पानी की बोटल-ग्लास	14. सभी रिपोर्ट-फाइल	15. दो-तीन धोई हुई सूती साड़ियाँ।

शिशु के लिए

1. झबला-टोपी	2. मुँह पोंछने के लिए रुमाल	3. लँगोटी
4. गरम कपड़े-स्वेटर	5. कटोरी-चम्मच	6. छोटा बरतन-पतीला
7. पतीले का ढक्कन	8. बेबी सोप	9. बेबी पाउडर
10. बड़ा पतीला, ढक्कन, बड़ा चम्मच।		

टिप्पणी : गर्भक्रांति रूपी यह गर्भग्रंथ कम-से-कम दो-तीन बार पत्नी-पति ध्यान से पढ़ें और विशेषज्ञ चिकित्सक या वैद्य की सलाह के उपरांत ही समस्त आयुर्वेदिक उपाय अपनाएँ।

14

अथ त्रयोदशोऽध्यायः

भावी पिताओं के लिए मार्गदर्शन

गर्भिणी वांच्छितं द्रवं तस्यै दद्याद्यथेचितम्।
सूते चिरायुषं पुत्रं अन्यथा दोषमर्हति॥

''गर्भिणी की इच्छा जिस-जिस वस्तु पर जाएगी, वह हर वस्तु 'योग्य हो तो' पति उसे अवश्य लाकर दे, ताकि वह उत्तम व चिरायु शिशु को जन्म दे। पर गर्भवती की इच्छा पूरी न की जाए तो वह दु:खी होगी, जिससे गर्भ भी सदोष उत्पन्न होगा।'' इसलिए 'सदा कार्येप्रियं स्त्रिय:।' गर्भिणी जिस कारण प्रसन्न रहेगी, ऐसा ही उत्तम व्यवहार उसके साथ घर में सभी छोटे-बड़े लोग रखें, यही शास्त्राज्ञा बताई गई है।

गर्भवती की इच्छा को संस्कृत में 'दौहद' कहा गया है। सारांश, गर्भावस्था में दोनों एक रूप होते हैं। 'उत्तोत्तम झाँकियाँ देखने की, उत्तमोत्तम वस्त्रालंकार धारण करने की, सात्विक अन्न ग्रहण करने की, देवदर्शन व राजदर्शन लेने की इच्छा जिस गर्भवती को होती है, उसे महाभाग्यशाली व ऐश्वर्यवान संतान प्राप्त होती है। 'माँ की सदिच्छाएँ ही गर्भ को सत्पुरुष-स्त्री व भाग्यवान बनाती है और नकारात्मक इच्छाएँ गर्भ को बुरा और दुराचारी बनाती हैं। प्रयास करके अधिक सदिच्छाओं का अभ्यास करना चाहिए। पति भी इसमें यथासंभव अपना सक्रिय सहयोग दे। पति भी गर्भकाल में सात्विक व सदाचारी जीवन जीए।'

'राजसं दर्शने यस्या दौर्हृदं जायते स्त्रिया।
अर्थवन्तं महाभागं कुमारं सा प्रसूयते॥
दुकूलपट्टठकोशाय भूषणादिषु दौर्हृदात्।
अलंकारैषिणं पुत्रं ललितं सा प्रसूयते॥'

—श्रीसुश्रुत

स्त्री भी ऐसी बुरी इच्छाओं का स्वयं ही पूर्ण त्याग करें, जिससे जन्मत: मनोनिग्रही श्रेष्ठ कन्या-पुत्र उत्पन्न होगी। पति व अन्य रिश्तेदार भी गर्भवती की नकारात्मक इच्छाओं का त्याग करने के लिए, बड़े प्रेम से व युक्ति-प्रयुक्ति से उपदेश दें। गर्भवती को इन नौ महीनों में जहाँ तक संभव हो, अपने अनुसार शारीरिक, मानसिक, भावनात्मक और आध्यात्मिक स्तर पर बच्चे पर संस्कार देना चाहिए। पति को पत्नी की सहायता करनी चाहिए। सामान्य नहीं, बल्कि विशिष्टता से परिपूर्ण बच्चा चाहिए हो तो शेष लोगों से अलग व्यवहार आवश्यक तो है ही। सभी सामाजिक बंधनों को ठुकराकर खुले वातावरण में तनावमुक्त होकर आपको अपनी पत्नी का साथ देना चाहिए।

पश्चिमी देशों में गर्भावस्था में ही भावी पिताओं को प्रशिक्षण दिया जाता है। प्रसूति के समय पति का पत्नी के पास उपस्थित रहना आवश्यक होता है, जिससे पत्नी को मानसिक सहारा मिल सके। उसी से यह बच्चा दोनों का है, होने की भावना पनपने लगती है। बच्चा घर आने पर भी तुरंत ही पति को बच्चे के पालन में सहयोग देना होता है। हमारे यहाँ 'बच्चा रातभर रोता रहता है, मेरी नींद पूरी नहीं होती।' या फिर 'इतनी-सी जान मैं नहीं उठा सकता, बच्चा मेरे कपड़े गंदे कर देगा।' अथवा 'मुझसे यह नहीं होगा।' 'तुम और तुम्हारी या मेरी माँ मिलकर यह सब सँभाल लेना। चाहो तो 24 घंटे के लिए नौकर रखो, पर मुझे परेशान मत करो। वैसे भी मुझे ऑफिस में बहुत काम रहता है।' इस तरह की टिप्पणियाँ सुनाई देती हैं। यदि बच्चे के लिए केवल आर्थिक सामान जुटाना, जैसे—महँगा सामान, कपड़े, अच्छे से रूम तैयार करवाना आदि तक ही पिता का सहभाग होगा, तो बच्चे के साथ पिता का भावनात्मक रिश्ता कैसे जुड़ेगा ?

पत्नी को मानसिक सहारा

गर्भावस्था में मन कोमल हो जाता है। भावनाएँ ज्यादा उथली हो जाती हैं। क्रोध, रोना, रूठना, प्रसन्न होना बहुत जल्दी हो जाता है। इसलिए इनकी ओर देखने की दृष्टि सहिष्णु होनी चाहिए। 'It's Ok, I understand, Don't worry' जैसी प्रतिक्रिया होनी चाहिए। पत्नी के रिश्तेदारों के साथ संबंध तनावपूर्ण हों तो सभी को साथ बैठकर, एक-

दूसरे के साथ बात करके, समझा-बुझाकर भावनाओं को समझ लेना चाहिए। सास अगर यह मानकर चले कि 'मेरी बहू अब मुझे नया जीवन देने वाली है' और वह क्षमाशील रहे तो प्रसन्न समस्याएँ अपने आप ठीक हो जाएँगी। उसी प्रकार यदि बहू सास के प्रति कृतज्ञ रहे कि 'इसी नारी ने इतना-सा गर्भ बड़ा करके मुझे पति के रूप में दिया है' तो यह समस्या सुलझ जाती है। उससे बहुत ऊर्जा बचती है, जो गर्भस्थ बच्चे को दी जा सकती है। आनंदपूर्ण वातावरण के स्पंदन बच्चे के लिए लाभदायी होते हैं।

गर्भ के प्रथम तीन माह और पति का सहभाग

पत्नी के शरीर में कई परिवर्तन होते रहते हैं। गर्भ के कारण शरीर में हार्मोंस बढ़ जाते हैं। मानसिक स्तर पर गर्भ ठहरने की प्रसन्नता और चिंता दोनों लगी रहती है। उस पर स्त्री नौकरी-पेशा हो तो छुट्टी के बारे में चिंता भी रहती है।

इस समय बार-बार जी मिचलने, उबकाई आने से शरीर का ठीक तरह से पोषण नहीं होता, जिससे दुर्बलता आती है। दिनभर थोड़ा-थोड़ा खाना, अपनी पत्नी को प्यार से खिलाएँ, बातों-बातों में यह कार्य किया जा सकता है। एक बार में 2-3 घूँट से ज्यादा द्रव पदार्थ (पानी, शरबत, दूध, चाय आदि) न दें, अन्यथा वे बाहर आ जाएँगे। अगर हर 10 मिनट बाद 2-2 चम्मच इन द्रवों का सेवन करें तो शरीर में डिहाइड्रेशन और गरमी नहीं होती।

गर्भ को 12 से 14 सप्ताह होने तक लैंगिक संबंधों से बचें, लेकिन निकटताएँ जारी रखें, इससे पत्नी को शारीरिक स्पर्श के द्वारा अपनापन और प्रियता का भाव दिया जा सकता है। स्वयं का स्वास्थ्य ठीक रखें, स्वयं का कार्य स्वयं ही करें। पत्नी को तनावग्रस्त करने वाली बातें, घटनाएँ और अनुभव अपने ही पास रखें। शाम को या सुबह खुली हवा में टहलने जाएँ, नशा न करें। प्रथम 3 महीनों में उसका काम बढ़ाने वाली बातों का आयोजन न करें। जैसे पार्टी, अतिथि, यात्रा, सफाई, मिलना-जुलना आदि। दोनों अच्छी पुस्तकें पढ़ें। सुबह या शाम स्नान करके साफ-सुफरे कपड़े पहनकर पूर्व या उत्तर में मुँह करके सुखासन में बैठें और दोनों मिलकर श्रीमद्‌भगवद्‌गीता, श्रीमद्‌भागवत, श्रीरामचरितमानस, स्तोत्र, श्लोक, मंत्र का पठन करें, भजन गाएँ तथा साज छेड़ें। गर्भ प्रार्थना या इस प्रकार का कुछ संवाद बच्चे के साथ करें या फिर पेट पर हाथ रखकर ऊर्जा भेजें। दोनों मिलकर आर्थिक दृष्टि से योजना बनाएँ, जीवन को फिर से एक बार नए सिरे से जीना है। सबकुछ बच्चे को केंद्र में रखकर बनाया जाना है। घर से सभी की भावनिक एकात्मता होने पर ही सकारात्मक कंपनों से वातावरण भर जाएगा।

गर्भ के 3 से 6 माह और पति का सहभाग

प्रथम 3 महीनों में आने वाली उबकाइयाँ, अब कम हो जाएँगी। धीरे-धीरे भूख लगने लगेगी, बढ़ती जाएगी। भावनिक स्तर संतुलित होने लगेगा। शरीर गोल होने लगेगा। गर्भाशय बढ़ने से पेट बढ़ने लगेगा। उस प्रसन्नता में शामिल हो जाएँ। छठे माह के बाद आपको भी बच्चे का हिलना-डुलना अनुभूत होगा। पत्नी को प्रतिदिन योगासन, प्रणायाम, ध्यान करने का स्मरण दिलाएँ। उस समय फोन या अन्य दायित्व अपने सिर लें। उसके आहार की ओर विशेष ध्यान दें, दवाइयों के नियमित सेवन पर भी ध्यान रखें, घर में सफाई रखें, सुगंधित फूल रखें (कृत्रिम सेंट से बचें कभी-कभी हल्के स्तर की अगरबत्ती के धुएँ से भी समस्या हो सकती है।)। समय पर भागमभाग न हो, इसलिए सामान समय रहते ही मँगाकर रख लें नौकर और नौकरानियाँ बीच-बीच में छुट्टियाँ लेती रहती हैं, तब उसका तनाव पत्नी पर न आने दें। किसी भी समस्या को हँसते-हँसते निपटा दें। उस पर ज्यादा चर्चा करते हुए उसे बड़ा मामला न बनने दें। पहले बच्चे के समय बहुत कुछ किया जाता है, परंतु दूसरे बच्चे के समय तो पहले बच्चे का दायित्व भी पिता के पास रहता है। विशेषत: जब पहला बच्चा यह स्वीकार कर लेता है कि माँ अब दोनों बच्चों की है, तब पिताजी केवल मेरे ही हैं, यह विश्वास उसके मन में पनपना चाहिए। दूसरे बच्चे के जन्म से पहले ही किसी गुड़िया को बच्चा मानकर बच्चे की तैयारी करें।

3 से 6 माह के दौरान ॲरोमाथेरपी के Relaxation के, पैर दर्द होने पर मसाज के कुछ एक्युप्रेशर प्वॉइंट सीख लें और उनका उपचार करें।

6 से 9 महीने और पति का सहभाग

इस समय पेट बड़ा हो जाता है। शरीर भारी हो जाता है, हिलना-डुलना तक कठिन होने लगता है। बच्चे का हिलना-डुलना बढ़ जाता है। कमर में पीड़ा, पैरों में सूजन, पैरों में कष्ट आदि से मुक्ति पाने के लिए मसाज की सहायता ली जा सकती है। अब पति-पत्नी दोनों मानसिक रूप से तैयार रहते हैं। 9वाँ माह शुरू होते ही चिकित्सालय में जाने वाले बैग भरकर तैयार रखें, क्योंकि कभी-कभी समय से पहले भी पीड़ा शुरू हो सकती है। बच्चा और पत्नी घर वापस आने पर जो चीजें लगेंगी, वे भी तैयार रखें। घर में यदि सास या माँ आने वाली हों तो उनके लिए भी चीजें तैयार रखें। प्रसव पीड़ा शुरू होने पर डरे नहीं। अत्यंत धीरज से पत्नी को रिलेक्सेशन, प्राणायाम की याद दिलाएँ और चिकित्सालय ले जाएँ। वहाँ पर भी उसके निकट रहकर, उसे रिलेक्स करें, श्वसन के व्यायाम, पीठ को मसाज देते हुए वातावरण आनंददायक रखें।

प्रसूति के समय डॉक्टर अनुमति दे तो लेबर रूम में उसके साथ रहें और उसे रिलेक्स करते रहें। यदि किसी की इस बात के लिए मानसिक तैयारी न हो तो वहाँ खड़े न रहें, क्योंकि चिकित्सकों के लिए आपकी उपस्थिति समस्या उत्पन्न कर सकती है। प्रसूति के बाद तुरंत बच्चे को स्तनपान करवाने में सहायता करें।

सभी बच्चे को देखने के लिए आतुर रहते हैं। अत: पति का यह दायित्व है कि सभी को समझाएँ, विनती करें कि अभी आप बच्चे को दूर से ही देखें, 3-4 दिन बाद उसे उठाएँ। बच्चे के हाथ में पैसे (जो कई लोगों द्वारा प्रयोग होने के कारण गंदे हो जाते हैं) या कोई भेंट देने से अच्छा है कि उन्हें बच्चे के पास रखा जाए। बच्चे की पप्पी लेने से लोगों को मना करें, क्योंकि बच्चे को इन्फेक्शन बहुत जल्दी हो सकता है। पुष्पगुच्छ ज्यादा देर तक कक्ष में न रखें, उनमें कीटाणु आकर्षित हो जाते हैं। ॲरोमाथेरपी से कमरे को आनंददायक रखें, उसे साफ रखें, बच्चे को उठाने का तरीका होता है। उसकी गरदन के नीचे हाथ डालकर उसे उठाना चाहिए। इस तरीके को सीख लें।

मिलने आने वाले अतिथि ज्यादा देर तक कमरे में रहने से पत्नी बच्चे को स्तनपान करवाने में झिझक सकती है। उसके टाँके भी दर्द करते रहते हैं। इसलिए अतिथियों को जल्दी कमरे से बाहर ले जाएँ।

बच्चा घर आने पर स्थिति में बहुत परिवर्तन हो जाता है। यह सोच होनी चाहिए कि स्वयं के लिए पत्नी से सेवा नहीं मिलेगी, उल्टे मुझी को उसकी और बच्चे की सेवा करनी है। जीवन के हर मोड़ पर अब बच्चा साझेदार होगा। इसलिए

उससे उत्पन्न होने वाली असुविधाओं का सामना करने के लिए तैयार रहें। वास्तव में छोटी-सी जान की बाल लीलाओं से सभी समस्याएँ, खिन्नता दूर हो जाती हैं, उसके हँसने से, थकान मिट जाती है। बच्चे की दृष्टि से, उसके जैसा बनने के लिए, जिसमें क्रोध, मिथ्याभिमान, माया, मोह न रहें, इस हेतु बच्चे को ही गुरु मानना चाहिए। बच्चे के कारण हम दोबारा शिशु बन जाते हैं और सारा संसार सुंदर-सुरम्य दृष्टिगोचर होने लगता है।

इस तरह यदि पिता सहयोग दें तो भावनात्मक बंधन सबल होने में समय नहीं लगेगा।

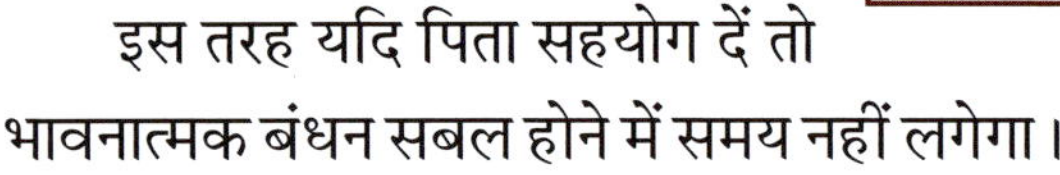

गर्भ चिंतन

गर्भवती स्त्री के लिए आवश्यक है कि जहाँ तक संभव हो वह रोज रात को सोने से पहले पति के साथ गर्भ के बारे में सकारात्मक चिंतन करे। बिस्तर पर लेटकर या आराम से पैर लंबे करके बैठ जाएँ, पेट पर हाथ रखें और तीन लंबी साँस लेकर बच्चे से सुसंवाद करें।

''मेरे बच्चे, हम तुम्हारा स्वागत करते हैं। तुमने मेरे पेट में आकर मुझ पर बड़ा उपकार किया है। तुम्हारे आगमन से मेरा जीवन धन्य हो गया है। इस गर्भस्थ काल में तुम पर उत्तमोत्तम शारीरिक, मानसिक और आध्यात्मिक सुसंस्कार करने के लिए हम दोनों प्रयत्नशील हैं। इस संसार में जो-जो मंगल और पवित्र है, वह सब तुममें समा जाए। तुम अपना भाग्य लेकर ही आए हो, लेकिन तुम्हारे मार्ग में आने वाली समस्याओं को दूर करने का हम हर संभव यत्न करेंगे। तुम्हारा जीवन मानव-जाति के कल्याण हेतु काम में आए।'' इस प्रकार की प्रार्थना करें।

गर्भ चिंतन में आगे बच्चे के भविष्य का सुदंर चित्र मन में कल्पित करें। इसमें भी दो भाग हैं—एक उसमें जन्म के संबंध में और दूसरा 25 वर्ष बाद वह कैसा होगा ? इस बारे में कल्पना करना।

बच्चा जैसे-जैसे बड़ा होगा, वैसे-वैसे उसमें कौन-कौन से गुण होने चाहिए, वह कौन-सी कलाओं में कुशल होगा, कौन से कौशल उसे सीखने चाहिए इत्यादि कल्पनाओं के बीज भी अपने अंतर्मन में बोएँ। मिट्टी के गोले से जिस तरह शिल्पकार मूर्ति बनाता है, वैसे ही अपने हाथों से बच्चे पर उत्कृष्ट संस्कार करवाकर हमें एक परिपूर्ण व्यक्ति समाज को सुपुर्द करना है, यही भावना मन में होनी चाहिए। आर्किटेक्ट बंजर खुली जमीन पर अपने मन की वास्तु की कल्पना करता है। उस घर में फर्नीचर, बगीचा अन्य छोटी-छोटी चीजें भी अपने कल्पना चक्षुओं के सामने लाता है। उसी प्रकार 25 वर्ष बाद बच्चे का भविष्य क्या होगा, उसका ब्लू प्रिंट हमें अपनी आँखों में बसाना है। बीज अपनी शक्ति के बल पर ही जमीन से बाहर फूट निकलता है, लेकिन माली उसे पानी देता है, सूर्य का प्रकाश उस तक पहुँचाता है, उसके मार्ग में आने वाले पत्थर दूर करता है, उसी तरह माता-पिता को भी कार्य करना चाहिए। 'जैसा जो बोए, वैसा वो पाए' इस नियम को याद रखकर हमेशा बढ़िया बीज बोएँ।

शिशु के जन्म से पहले उसके पालन की हर एक सीढ़ी पर पिता की भूमिका महत्त्वपूर्ण है। जो पिता कुशलता से पूरा करते हैं, उन्हें ज्यादा समाधान, आनंद मिलेगा और अन्य परिजनों को भी आनंद होगा।

पितृब्रह्मचर्य एवं मातृपति दैवत्व

श्रेष्ठ-समर्थ संतान की प्राप्ति के लिए जितनी भी बातें हैं, उन सबमें यह सबसे महत्त्वपूर्ण बात है। शुक्र के तेज बिना एवं स्त्री के चित्त में उत्पन्न संकल्पशक्ति के अधीन राज की धारणशक्ति के बिना समर्थ संतान की प्राप्ति संभव ही नहीं है। शुक्र में तेज की वृद्धि के लिए ब्रह्मचर्य पालन अर्थात् वीर्यरक्षा अनिवार्य आवश्यक मानी गई है और स्त्रीरज की धारणशक्ति जिसके अधीन है, वह स्त्री के चित्त में उत्पन्न संकल्पशक्ति मातृपतिदैवत्व के बिना असंभव है।

संतान को पितृवंश और मातृवंश से जो संस्कार वंशगत स्वरूप में प्राप्त होते हैं, उन्हें अन्वयागत संस्कार कहा जाता है। पूर्वजों के सहज संस्कार और तीव्र कृत्रिम संस्कार ही अन्वायगत होते हैं, पूर्वजों के जन्मांतर संस्कार अन्वयागत नहीं होते।

जीव को बिंदु अवस्था में (पिता के शुक्र से) और गर्भावस्था में (माता के रज और रक्त से) प्राप्त होते हैं, वे सहज संस्कार हैं। सहज संस्कार कई स्वरूप में प्रकट होते रहते हैं, जिसके मुख्य तीन रूप माने गए हैं—

(क) योनि संस्कारः

मनुष्य योनि प्राप्त होने से जीवन मनुष्य बनता है और वनस्पति की योनि प्राप्त होने से जीव वृक्षादि बनता है। समान दिखाई देने वाले पत्तागोभी और लौकी के बीज विकसित होते हैं, तब योनि विशेष को लेकर गोभी के बीज का गोभी के पौधे में और लौकी के बीज का लौकी के पौधे में ही रूपांतर होता है। योनि की विशेषता को लेकर प्राप्त यह सहज संस्कार 'योनि-संस्कार' कहा जाता है।

(ख) जाति संस्कारः

जाति विशेषता को लेकर प्राप्त सहज संस्कार 'जाति संस्कार' कहा जाता है। चीनी जाति का बच्चा चीनी ही बनेगा, जापानी का जापानी और यूरोपीय का यूरोपीय बनेगा। जाति की विशेषता से प्राप्त सहज संस्कार से ऐसा होता है।

(ग) वर्ण संस्कारः

जाति की तरह ब्राह्मण, क्षत्रिय आदि वर्णों की विशेषताओं को लेकर प्राप्त सहज संस्कार को 'वर्ण संस्कार' कहा जाता है।

कृत्रिम संस्कार अर्थात् बाह्य और आंतरिक सन्निकर्षों के कारण अथवा दीर्घ अभ्यास के कारण उत्पन्न होने वाले संस्कार।

सन्निकर्षों द्वारा उत्पन्न कृत्रिम संस्कारों को सन्निकर्ष संस्कार और अभ्यास से उत्पन्न कृत्रिम संस्कारों को 'अभ्यास संस्कार' कहा जाता है।

कृत्रिम संस्कार तीव्र होने से ही अन्वयागत (वंशगत) होते हैं। पूर्वजों के जन्मांतर संस्कार अन्वयागत होते नहीं हैं, परंतु उन्हें तीव्र कृत्रिम संस्कार में परिवर्तित किया जा सके तो वे अन्वयागत हो सकते हैं। अन्वयागत संस्कार वंशगत होने में कुछ नियम काम करते हैं—

- चौदह पीढ़ियों तक के पितृवंश के पूर्वजों के नि:शेष सहज संस्कार वंशगत बनते हैं।
- पाँच पीढ़ियों तक के मातृवंश के पूर्वजों के नि:शेष सहज संस्कार वंशगत बनते हैं।
- सामान्य कृत्रिम संस्कार वंशगत बनते नहीं हैं। केवल तीव्र कृत्रिम संस्कार ही वंशगत बनते हैं।
- दूरस्थ पूर्वजों की अपेक्षा समीपस्थ और विशेष रूप से अंत:वासी पूर्वजों के संस्कारों की मुख्यता रहती है।
- पितृवंश पूर्वजों के शारीरिक संस्कारों की मुख्यता रहती है।
- मातृवंश पूर्वजों के मानसिक संस्कारों की मुख्यता रहती है।
- समाज में श्रद्धा और लज्जा की जितनी अधिकता, समाज उतना ही अधिक श्रेष्ठ और दोनों की जितनी न्यूनता, समाज उतना ही कनिष्ठ बनता है।

कुकर्म एवं अपकर्म करने में शर्म लगने से नीच या अधम कर्म करने में संकोच होता है। सज्जनों में लज्जा गुण होने से मदिरापान, वेश्यागमन, जुआ आदि समाज में घृणित माने गए कर्मों से वे शर्म अनुभव करते हैं और ऐसे कृत्यों का त्याग करते हैं, ऐसे कृत्य करने में भारी संकोच का अनुभव करते हैं।

समाज में लज्जागुण का जितना आधिक्य, उतना ही समाज की अधम या निम्न गुणों से अधिकतम रक्षा होगी। समाज में श्रद्धा और लज्जा के आधिक्य की मात्रा समाज के व्यक्तियों पर निर्भर है। जितने अधिक व्यक्तियों में इन गुणों की उपस्थिति होगी, उतना ही उन गुणों का समाज में आधिक्य होता है।

ब्रह्मचर्य से पुरुष (पति) में तीव्र श्रद्धा अर्थात् तीव्र आस्तिकता उत्पन्न होती है। इसी से पुरुष में श्रेष्ठ गुणों के प्रति तीव्र स्वरसवाहिनी प्रवृत्ति उत्पन्न होती है। अपना रस श्रेष्ठ गुणों के प्रति बहने लगे, बहता रहे, ऐसी प्रवृत्ति पुरुष में तीव्ररूप से उत्पन्न होती है। ब्रह्मचर्य का व्यक्ति और समाज को यह सीधा लाभ है।

पतिदैवत्व से स्त्री में तीव्र लज्जा अथवा शर्म उत्पन्न होती है। इसी से स्त्री में कनिष्ठ कर्मों के प्रति तीव्र स्वरसवाही संकोच उत्पन्न होता है। स्त्री में नीच या अधम कर्मों के प्रति तीव्र अरुचि पैदा होती है। इसी कारण से स्त्री की अन्य पुरुषों से स्वाभाविक रूप से रक्षा होती है और स्त्रियाँ अधम प्रवृत्तियों से दूर रहने से समाज में संकरता नहीं होती है, बीज का शुद्धत्व और श्रेष्ठत्व बना रहता है।

ब्रह्मचर्य के कारण से पिता में तीव्र श्रद्धा और पतिदैवत्व के कारण से माता में तीव्र लज्जा स्वाभाविक बनते हैं। तीव्र संस्कार ही वंशगत होते हैं। इसलिए यह श्रद्धा और लज्जा भी संतान को प्राप्त होती है। इस प्रकार समाज को श्रेष्ठ और सुखी बनानेवाले श्रद्धा एवं लज्जागुण से युक्त लोगों का निर्माण पितृब्रह्मचर्य और मातृपतिदैवत्व पर सीधा निर्भर रहता है।

तेजोमय बिंदु और धारणक्षम संकल्पशक्ति

किसी भी समाज एवं जाति की श्रेष्ठता के लिए, इसके सुख के लिए, इसके रक्षण के लिए साधुओं का परित्राण अर्थात् श्रेष्ठ, सज्जन, उच्च गुणों वाले लोगों का सर्व प्रकार से रक्षण होना चाहिए, समाज को पीड़ा पहुँचाने वाले और व्यवस्थाओं को छिन्न-भिन्न करने वाले दुष्टों का नाश होना चाहिए और धर्म की संस्थापना समय-समय पर होनी चाहिए। यह कार्य सामान्य व्यक्ति का नहीं है। इसके लिए वीर, पराक्रमी, तेजस्वी पुरुष रत्न चाहिए, वही ऐसे कार्य कर सकता है। ऐसे पुरुषरत्नों की प्राप्ति किस प्रकार होगी ?

योगशास्त्र और भारतीय वैद्यकशास्त्रों के अनुसार ब्रह्मचर्य से शुक्र में तेज उत्पन्न हो जाता है। जैसे-जैसे ब्रह्मचर्य में निष्ठा होती जाती है, वैसे-वैसे शुक्र में तेज की वृद्धि होती जाती है। वास्तव में शरीर की धातु बनने की प्रक्रिया में आहार पचकर प्रथम रस धातु में परिणत होता है। रस पचकर रक्त में, रक्त पचकर मांस में, क्रमशः मांस, मेद, अस्थि और मज्जा पचते हुए मेद, अस्थि मज्जा और शुक्र धातु में परिणत होते जाते हैं। मानव के शरीर में विविध अंतःस्त्रावी ग्रंथियों (ग्लेंड्स) द्वारा उत्पन्न किए जाने वाले सभी अंतःस्त्राव (होर्मोंस) शुक्रधातु के ही विविध स्वरूप हैं। शुक्रधातु की अधिकता होने पर उसका रूपांतर क्रमशः ओज और तेज में होता है। यह तेज स्वतंत्र रहने के स्वभाव वाला नहीं होने के कारण से शुक्र में ही स्थित रहता है और व्यक्ति की बाह्य चेष्टाओं में और व्यक्ति के समग्र स्वरूप में अभिव्यक्त होता रहता है। शुक्राणु शुक्र धातु का एक विशेष रूप है, परंतु शुक्र धातु समग्र देह में व्याप्त होती है।

शुक्र में तेज की वृद्धि होते-होते, अंत में उसमें दाहक शक्ति उत्पन्न हो जाती है। ऐसे तेजोमय सन्निकर्षों में विकसित बिंदु में भी वैसा ही तेजोमय संस्कार उत्पन्न हो जाता है। इसी कारण से तेजस्वी-वीर-पराक्रमी संतान उत्पन्न करने के लिए पिता का ब्रह्मचर्य अत्यावश्यक माना जाता है, यहाँ ब्रह्मचर्य का अर्थ स्पष्टतः वीर्यरक्षा ही है। इसलिए ब्रह्मचर्य का पालन करनेवाले पिता को अस्खलित वीर्य पिता कहा जाता है। अस्खलित अर्थात् जिसका स्खलन नहीं हुआ है अर्थात् जो स्थिर है।

वीर तेजस्वी नारी-पुरुषरत्न की प्राप्ति के लिए केवल तेजोमय बिंदु या तेजोमय शुक्र पर्याप्त नहीं है। इसके लिए तेजोमय बिंदु को धारण करने के लिए रज की भी ऐसी ही श्रेष्ठता होनी चाहिए। साधारण रज से तेजोमय बिंदु धारण नहीं हो सकता। प्रथम तो, विषम बिंदु से रज का संयोग होता ही नहीं है और कदाचित् ऐसा संयोग हुआ भी तो बिंदु के तेज के कारण रज पिघल जाता है। कदाचित् ऐसा न भी

हो, तो कुछ दिनों में ही गर्भ का पतन होता है। साधारण स्त्री तेजोमय गर्भ को धारण नहीं कर सकती है और गर्भ रहे भी तो संतान में गुणों की विषमता होती है। ऐसे संतानों में उत्तम बिंदु संस्कार के कारण तेज एवं वीरता रहती तो हैं, परंतु रजोसंस्कार उत्तम न होने के कारण से (साधारण होने के कारण से) संतान में व्यवसायात्मक बुद्धि (अपने गुणों का उपयोग करने की बुद्धि) न होने से उसके उपर्युक्त गुणों का विकास नहीं हो सकता।

तेजोमय बिंदु केवल स्त्री की संकल्पशक्ति से ही धारण किया जा सकता है। बिंदु में जिस स्तर का तेज होता है, उसी स्तर की संकल्पशक्ति स्त्री में होनी चाहिए। केवल पतिदैवत्व से ही स्त्री में यह संकल्पशक्ति आती है।

पतिदैवत्व अर्थात् पति को भगवान् के रूप में, देवरूप में देखना, अपना समग्र जीवन पति को एवं पति के कर्तव्यों को समर्पित करना, पति के लिए ही एवं पति की आज्ञानुसार ही जीवन के सारे व्यवहार करना, पति के स्मरण-दर्शन मात्र से आनंद का अनुभव करना, पति की छोटी-बड़ी सभी आवश्यकताओं की एवं अनुकूलताओं की पूर्ति, पति के प्रति पूर्ण भक्तिभाव से करना आदि। पतिमय बनी हुई, चित्त में परपुरुष को प्रवेश नहीं देने वाली और पति के सुख-दु:ख में सुखी या दु:खी नारी के चित्त में उत्पन्न महासंकल्प शक्ति के बल से तेजोमय बिंदु को सहजता से अनायास धारण कर लेती है।

अस्खलित वीर्य पिता और पतिदैवता माता से उत्पन्न हुए बिना कोई मनुष्य महान् कार्य नहीं कर सकता।

पुरुषों के ब्रह्मचर्य के साथ स्त्रियों के पतिदैवत्व का संयोग हुए बिना साधुओं का परित्राण करने वाले, दुष्टों का नाश करने वाले और धर्म की संस्थापना करने वाले वीर पुरुषरत्न उत्पन्न नहीं होते।

दुष्कर बनाया गया ब्रह्मचर्य पालन

पुरुषों के ब्रह्मचर्यपालन हेतु परिवार में और समाज में अनुकूल वातावरण चाहिए। प्रतिकूल वातावरण धीरे-धीरे समाप्त होना चाहिए। परंतु वर्तमान में परिस्थिति विपरीत है। ब्रह्मचर्य पालन अधिकाधिक दुष्कर बन जाए, इस प्रकार की स्थिति कई प्रकार से निर्मित हुई है—

1. परिवारों में मर्यादापालन कम हुआ है।
2. घर-टी.वी. आदि के माध्यम से विश्वभर की संस्कारहीन स्त्रियों के अंगोपांग, हावभाव और रूप के निरंतर दर्शन की स्थिति विकट है।
3. पति-पत्नी, माता-पुत्री, पिता-पुत्री, सास-बहू, ससुर-बहू, देवर-भाभी आदि समस्त परिवार साथ बैठकर टी.वी. दर्शन करते रहते हैं और क्रमश: ऐसे संस्कार दृढ़ होते जाते हैं कि 'यह सब देखने में कुछ त्रुटि नहीं है।'
4. फिल्में, टी.वी., धारावाहिक, विज्ञान आदि सभी द्वारा काम को उत्तेजित करने वाले, कामुकता पैदा करने वाले, कामुकता में वृद्धि करने वाले दृश्यों, विचारों, संकेतों की प्रहार परंपरा चलती है।
5. समाचार-पत्र, सामयिक और कनिष्ठ साहित्य, उपन्यास आदि भी इस प्रकार के निमित्तों का सागर हैं।
6. सामाजिक क्षेत्र, चिकित्सा क्षेत्र, फिल्म क्षेत्र, शिक्षा क्षेत्र, गृह क्षेत्र आदि विषयों को लेकर समाज का मार्गदर्शन करने वाले कई आधुनिक तथाकथित बुद्धिजीवियों द्वारा भयानक रूप से प्रचार हो रहा है कि ब्रह्मचर्य पालन की आवश्यकता नहीं है, ब्रह्मचर्य पालन संभव नहीं है, ब्रह्मचर्य पालन स्वाभाविक नहीं है, गर्भावस्था में भी कामसेवन किया जा सकता है, शरीर सुख का उपभोग करना, रस लूटना।
7. प्राकृतिक बात है, शास्त्रों में भी कामसेवन की अद्‌भुत बातें लिखी हुई हैं, इसलिए ब्रह्मचर्य की चिंता छोड़नी चाहिए। इन विषयों को लेकर चर्चा लेखों, कहानियाँ, विचारों को समाचार एवं संचार माध्यमों द्वारा विशेष रूप से प्रसिद्धि दी जाती है। इस प्रकार के वैचारिक प्रहारों से लोकमानस प्रथम क्षुभित होता है और फिर धीरे-धीरे ग्रसित हो जाता है।
8. स्त्रियों का विशेष सहवास और विशेष रूप में एकांतवास ब्रह्मचर्य पालन के लिए बड़ा अवरोध है। विवाह या वाग्दान के बिना कोई एक स्त्री या पुरुष में चित्त को जोड़े बिना युवाओं की सहशिक्षा, व्यवसाय

क्षेत्र में साथ में काम करना आदि वर्तमान में भले ही सामान्य और सहज माना गया हो, तो भी समाज आज इसके भयानक परिणाम भुगत रहा है।

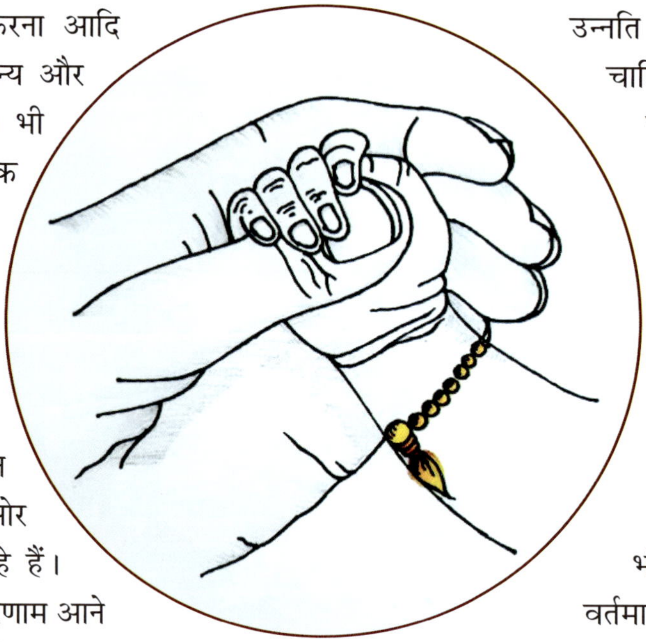

इन सभी कारणों से उत्पन्न सामाजिक, मानसिक, शारीरिक समस्याओं से समाज बुरी तरह से पीड़ित है। परंतु प्रसार माध्यम और बुद्धिजीवी वर्ग इन समस्याओं के मूल कारणों की ओर भारी दुर्लक्ष और उपेक्षा कर रहे हैं। आनुवंशिक समस्याओं के दुष्परिणाम आने वाली अनेक पीढ़ियों में पैदा होंगे। इस विषय की आज हमें समझ भी नहीं है। हमें निरंतर स्मरण में रखने की आवश्यकता है कि हम नासमझी, अज्ञान और तुच्छ स्वार्थ के लिए हमारी निर्दोष भावी पीढ़ियों को दुर्बल बनाने का और उन्हें कई प्रकार से अत्यधिक हानि पहुँचाने का महापाप कर रहे हैं।

विवाहित स्त्रीपुरुष भी सार्वजनिक क्षेत्र में परस्त्री या पुरुष के साथ दीर्घकाल तक कार्य करते हैं। यह भी उतना ही संकटपूर्ण है। इससे भी स्त्री या पुरुष चित्त दूषित हो सकते हैं।

दोनों के चित्त दूषित हों और स्थिति पतन के अनुकूल हो, तब बचना संभव नहीं होता है। 'परस्त्री या परपुरुष का विचार भी महापाप है', ऐसे दृढ़ संस्कार जिन्हें परंपरा से प्राप्त हैं, उनके लिए यह बात नहीं है।

समस्याएँ

- वर्तमान शिक्षापद्धति में युवावस्था में सहशिक्षा से होने वाली हानि का विचार क्यों नहीं किया जाता? शिक्षा के नाम पर उसे अनेक पुरुषों के संग में धकेल देना, यह स्त्री के मानस पर बड़ा भारी अत्याचार नहीं है क्या?
- शिक्षा के नाम पर विवाह करने से रोका जाएगा और चरित्र पतन होने पर धिक्कार दिया जाएगा, यह विरोधाभास कैसे समझ में आ सकता है? शिक्षा तो उन्नति की ओर ले जाने वाली होनी चाहिए, उसी से अवनति ही क्यों हो रही है? आधुनिकता, प्रगति विकास और सुसभ्यता के महादंभ में हम हमारी नई पीढ़ी को दुष्परिणामों के चक्कर में क्यों धकेलते रहते हैं?
- व्यवहार क्षेत्र में पुरुष और स्त्री सहकर्मी के रूप में कार्य करें तो परिणित स्त्री-पुरुषों का भी चित्त दूषित होगा ही। हमारे वर्तमान साहित्य के उपन्यास, टी.वी. धारावाहिक आदि का सृजन भी प्रमुख रूप से इसी बात को आधार बनाकर किया जा रहा है। वास्तव में वर्तमान वास्तविक स्थिति का यह प्रतिबिंब है। समाज में यह होने का मूल कारण पतिदैवत्व और ब्रह्मचर्य के आचार पालन के अभाव में एवं आचार पालन को दुष्कर बनाने वाली अव्यवस्था में है। इस बात को हमें स्पष्ट रूप में स्वीकार करना होगा।
- वास्तव में, पितृब्रह्मचर्य और मातृपतिदैवत्व के परिपालन के लिए वर्तमान में अधिकांश व्यवहार, व्यवस्था और वातावरण प्रतिकूल एवं अवरोधक है। हमारे मनीषियों ने किए हुए सिंचन के कारण संस्कृति के मूल सबल न होते तो व्यभिचार, अनाचार और कदाचार समाज में सामान्य और सर्वमान्य-सर्वस्वीकृत बन गया होता। हमारी संतानों में से कदाचित: ही कोई पवित्र रह पाया होता। कुल और परंपरा के गहरे संस्कारों के कारण हमारे युवा अधिकांश सुरक्षित रह पाए हैं। आने वाली पीढ़ी को बचाने की चिंता इस युवा पीढ़ी को करनी है एवं भावी पीढ़ी की सुरक्षा और समर्थता के लिए वर्तमान सभी प्रतिकूल बातों को उठा फेंकने का साहस जुटाकर श्रेष्ठ समाज की और समाज की श्रेष्ठता की रक्षा का दायित्व निभाना है।

15

अथ सप्तदशोऽध्यायः

बच्चों को शिक्षा एवं संस्कारों के द्वारा बचाएँ

गर्भ संस्कार जन्म के बाद भी जारी रखें

गर्भावस्था में मस्तिष्क और पंचेंद्रियों के उत्तेजन के लिए क्या-क्या प्रयास किए जाने चाहिए ? इसकी जानकारी हमने पहले ले ली है। लेकिन यही संस्कार आगे भी जारी रखे जा सकते हैं और उनके माध्यम से बच्चे की बौद्धिक क्षमता बड़े स्तर पर विकसित हो सकती है। इस बारे में सामान्य मनुष्य को अज्ञान रहता है। इसके भी 3 चरण हैं—

(क) नवजात शिशु से 3 महीने।

(ख) 3 महीनों से 1 वर्ष।

(ग) 1 वर्ष से 3 वर्ष।

इसमें निम्नांकित कार्य किए जाते हैं—

- चक्षुंद्रिय विकसित करके मस्तिष्क को उत्तेजित करना।
- कर्णेंद्रिय विकसित करके मस्तिष्क को उत्तेजित करना।
- पढ़ने के लिए रुचि उत्पन्न कराना।
- गणित के Concept की पहचान कराना।
- सामान्य ज्ञान बढ़ाना।
- संगीत से परिचय करवाना।

चक्षुंद्रियों के माध्यम से मस्तिष्क को उत्तेजनः

नवजात शिशु को पास-पड़ोस के वातावरण के माध्यम से यह उत्तेजन दिया जा सकता है। सामान्यतः बच्चे का कमरा सजाते समय भिन्न-भिन्न रंग और प्राणियों के चित्रों पर जोर दिया जाता है। जन्म के बाद बच्चे की दृष्टि माँ के स्तन से लेकर उसके चेहरे तक पहुँचती है। इस समय बच्चा रंगों में अंतर समझ नहीं पाता है लेकिन सफेद और काले के बीच का विरोध तथा अँधेरे और प्रकाश में अंतर उसे समझ में आता है। जन्म के 15 दिन के बाद उसे मानवी चेहरे के आकार का आकलन होता है। इसलिए पालने के पास विभिन्न खिलौनों की जगह अलग-अलग छवियाँ लगाएँ। तीसरे सप्ताह से चेहरे की आँखों की ओर बच्चे का ध्यान जाता है।

1 महीने के बच्चे को माँ के होठों का हिलना और उनसे

निकलने वाले शब्दों का मेल समझ में आने लगता है। 2 महीनों के बाद बच्चा चीजों Sharp Lines पहचानने लगता है। तीसरे महीने से उसे शब्द और प्रतिमाओं का आपस में रिश्ता समझ में आने लगता है।

बच्चे की इस क्षमता को ध्यान में रखकर उसके चक्षुंद्रियों को उत्तेजित करने की तकनीकें यूट्यूब पर माता-पिता बच्चे के जन्म से पहले या बाद में सीख सकते हैं। कभी-कभी यह भावना भी पनपते दिखती है कि अब अपना बच्चा बड़ा हो गया है, अब हमें सीखने की क्या आवश्यकता है ? लेकिन शुरुआत तो कभी भी की जा सकती है। शास्त्र शुद्ध पद्धति से थोड़ी देर से उत्तेजन देना भी लाभदायी होता है।

कर्णेंद्रियों को उत्तेजन:

बच्चे को अलग-अलग ध्वनि सुनाना और दिनभर हम जो कुछ करते हैं, उन क्रियाओं की जानकारी बच्चे को देते रहना, अलग-अलग भाषाओं में बतियाना, शास्त्रीय और आधुनिक दोनों संगीत सुनाना आदि से बच्चे के कर्णेंद्रियों की शक्ति का विकास होता है। उसे उन स्पंदनों को अनुभव करना आ जाता है। शांति और स्वर इन दोनों के बीच का अंतर उनके मस्तिष्क को उत्तेजित करता है। यदि जन्म से ही कर्णेंद्रियों को उत्तेजित किया जाए तो दूसरे महीने से ही बच्चा प्रत्येक ध्वनि का अलग-अलग उत्तर देता है और इसी को बच्चे के बौद्धिक विकास का पहला चरण माना जाता है।

घ्राणेंद्रियों के बारे में:

माँ के स्तनों के दूध की विशिष्ट गंध बच्चा पहचानता है। बच्चे से मिलने आने वाले लोगों को चाहिए कि तेज सेंट न लगाएँ, कमरे में भी तेज गंध नहीं होनी चाहिए।

रसनेंद्रिय:

बच्चा अलग-अलग स्वाद को पहचान सकता है। 6 महीनों के बाद अलग-अलग स्वाद से उसका परिचय करवाना चाहिए।

स्पर्शेंद्रियों के बारे में:

बच्चे की मालिश एक उत्कृष्ट साधन है। इसको शास्त्रशुद्ध पद्धति से प्रशिक्षित होकर, आप बच्चे को दें, उसी तरह पिता-बच्चे का खेलना, बच्चे को ऊपर उठाकर फिर पकड़ना, घुमाना, उसे हँसाना आदि के माध्यम से भी मस्तिष्क के वेस्टीब्यूलर सेंटर को उत्तेजन मिलता है और यह बच्चे के लिए लाभदायी होता है।

10% बुद्धि का विकास

आपकी रसोई में यदि भूल से नमक अधिक पड़ गया हो, तो सब्जी के गरम रहते ही उसमें दूसरी सब्जी मिलाकर मिक्स कर सकते हैं। लेकिन एक बार व्यंजन ठंडा हो जाने पर उसमें इतनी आसानी से दूसरी सब्जी नहीं मिलाई जा सकती।

अत: जन्म बाद के प्रथम ढाई वर्ष में यदि सही ढंग से प्रयास किया जाए, तो कदाचित बिगड़ चुकी बाजी को कुछ सीमा तक सुधारा जा सकता है, क्योंकि मानव मस्तिष्क का

दूसरा 10 प्रतिशत विकास जन्म के बाद के ढाई वर्ष में होता है। (80 प्रतिशत विकास गर्भ में, 10 प्रतिशत विकास जन्म के बाद के ढाई वर्ष में, अन्य 10 प्रतिशत विकास समग्र जीवन में होता है।)

माता-पिता की 3 भूमिकाएँ:

संतान के विकास हेतु माता-पिता को शिक्षक, बाल-मनोविशेषज्ञ तथा संत होना पड़ता है। सर्वप्रथम बालक में निहित अनंत शक्तियों को पहचानिए—

- बच्चे का शरीर न देखकर, उसके मस्तिष्क तथा अनंत शक्तियों की ओर देखें।
- एक शिशु बिना किसी व्याकरण के अपनी मातृभाषा सीखता है, कितने आश्चर्य की बात है!
- एक वर्ष तक बालक चलना सीख जाता है। रोबोट को चलाने तथा सीढ़ियाँ चढ़ाने के लिए करोड़ों रुपए व्यय हो चुके हैं।

इन सभी तर्कों से सिद्ध हो जाता है कि 'कोई भी बच्चा सामान्य नहीं है।' आवश्यकता है, उसकी शक्तियों को पहचानकर उसका विकास करने की। माता-पिता का यही कर्तव्य है।

2.5 वर्ष में जैसा चाहो, वैसा हो सकता है:

शिनिची सुजुकी नामक एक जापानी वैज्ञानिक है, जो 2-4 सप्ताह की आयु के शिशुओं को अपनाते हैं और

उन्हें कर्णप्रिय संगीत सुनाते हैं। एक ही सुर बार-बार बजाने के पश्चात, 30 दिनों बाद सुजुकी संगीत का दूसरा स्वर पूर्व की भाँति बजाते हैं। बालक जब तक 2 वर्ष का नहीं हो जाता, तब तक वह यही क्रम चालू रखते हैं। इसके पश्चात वह बच्चे की माँ के लिए 3 महीने का संगीत का प्रशिक्षण आरंभ करते हैं, जिसमें बालक श्रोता बनकर रह जाता है।

इसके बाद वे वैज्ञानिक बालक के हाथ में एक छोटा-सा वायलिन रख देते हैं, जिसका स्पर्श पाकर बालक उसका उपयोग करना सीखता है। प्रथम पाठ 2 या 3 मिनट का ही होता है। बाद में वह पाठ एक घंटे तक का हो जाता है।

जिस आयु में बच्चे के लिए वायलिन बजाना अत्यंत ही कठिन हो, उस आयु तक पहुँचने पर वह वायलिन बजाने में निपुण हो जाता है। सन् 1955 में टोकियो में उनके द्वारा ऐसे 1,500 जापानी बच्चों का वायलिन कंसर्ट आयोजित किया गया था। उन बच्चों की औसत आयु लगभग 7 वर्ष की थी और उन बच्चों ने बिथोवन, मोजार्ट तथा विवाल्डी की धुनों को बहुत ही सुंदर ढंग से बजाया।

सुजुकी का कहना है कि प्रत्येक बच्चे में कोई-न-कोई कला कौशल्य अवश्य होता है, जिसे विकसित किया जा सकता है। जिस प्रकार से बच्चे को बोलना सिखलाया जाता है, वही तरीका यहाँ भी अपनाया जा सकता है। बड़ी आयु के लोगों से घिरा हुआ बालक, उनकी बातचीत सुनता रहता है और बाद में उसका अनुकरण करके बोलने का प्रयास करता है। घर के सभी सदस्य बालक को बार-बार बोलने के लिए प्रोत्साहित करते रहते हैं।

इसके पश्चात बालक अपना शब्दकोश बढ़ाता जाता है। प्रो. सुजुकी का कहना है कि इसी पद्धति द्वारा बच्चे को आप जो चाहो, वो विषय अथवा कला सिखलाई जा सकती है।

बालक अनंत शक्तियों का स्त्रोत है। उसे साधारण मत समझिए। प्रथम ढाई वर्ष के समय में उसके 10 प्रतिशत मस्तिष्क का विकास होता है अर्थात् 8.6 अरब न्यूरोन्स बनते हैं। इसे कम नहीं कहा जा सकता है, क्योंकि चिंपांजी बंदर मात्र 6.2 अरब न्यूरोंस के मस्तिष्क के साथ समग्र जीवन व्यतीत कर लेता है।

जैसा देखेंगे-वैसा करेंगे

बचपन में बालक अनुसरण का सिद्धांत अपनाता है। जैसा माता-पिता करेंगे, वैसा ही बालक अपनाएगा अर्थात् माता-पिता का ढंग, रहन-सहन, बातचीत करने की पद्धति, उनके मनोभाव आदि का असर संतान के ऊपर जाने-अनजाने पड़ता ही है। किसी बाल मनोविश्लेषक ने कहा है कि बालक अपनी ढाई वर्ष या तीन वर्ष की आयु तक जो कुछ भी सीखता है, वह उसके पूरे जीवन का 50 प्रतिशत तक होता है। शोधकर्ताओं का कहना है कि—

बच्चे की सभी इंद्रियाँ विकसित हों, ऐसा आयोजन करना चाहिए। PQ, IQ, EQ तथा SQ, चारों का विकास हो, ऐसी सावधानी रखनी चाहिए।

जैसा देखेंगे-वैसा करेंगे के लिए टिप्स

- बचपन में बालक जो कुछ देखता है, वह उसके मस्तिष्क की हार्डडिस्क में परमानेंट रूप से स्टोर हो जाता है। उसे कभी भी डिलीट नहीं किया जा सकता है।
- इसके लिए माता-पिता बालक में जैसे सद्‌गुण देखना चाहते हों, वैसे सद्‌गुण सबसे पहले स्वयं में उत्पन्न करें।
- बच्चा कोरी स्लेट के समान है, आप जो लिखेंगे, वही लिखित हो जाएगा। बच्चा एक कोमल पौधा है, जिधर मोड़ेंगे, उधर ही मुड़ेगा। बाद में आप चाहें तो भी कोई परिवर्तन नहीं हो सकेगा।
- महाराष्ट्र के प्रसिद्ध सुधारक साने गुरुजी कहते हैं कि बालक में सफलता अथवा असफलता का बीज जाने-अनजाने में माता-पिता ही रोपते हैं।
- कहते भी हैं कि बालक की निष्फलता माता-पिता की निष्फलता है।

4. जातकर्म संस्कार

पूर्व में 1. गर्भाधान, 2. पुंसवन एवं 3. सीमंतोन्नयन संस्कार के विषय में उल्लेख किया जा चुका है। (अध्याय 6)

सोलह संस्कार में से जन्म होने के बाद किया जाने वाला यह पहला संस्कार है। इससे पहले के संस्कार गर्भ रहने से पहले या माँ के पेट में होने के समय किए जाते हैं।

हिंदू धर्म/जीवन पद्धति (सनातन वैदिक हिंदू राष्ट्र भारत की धुरी धर्म) की परिभाषा

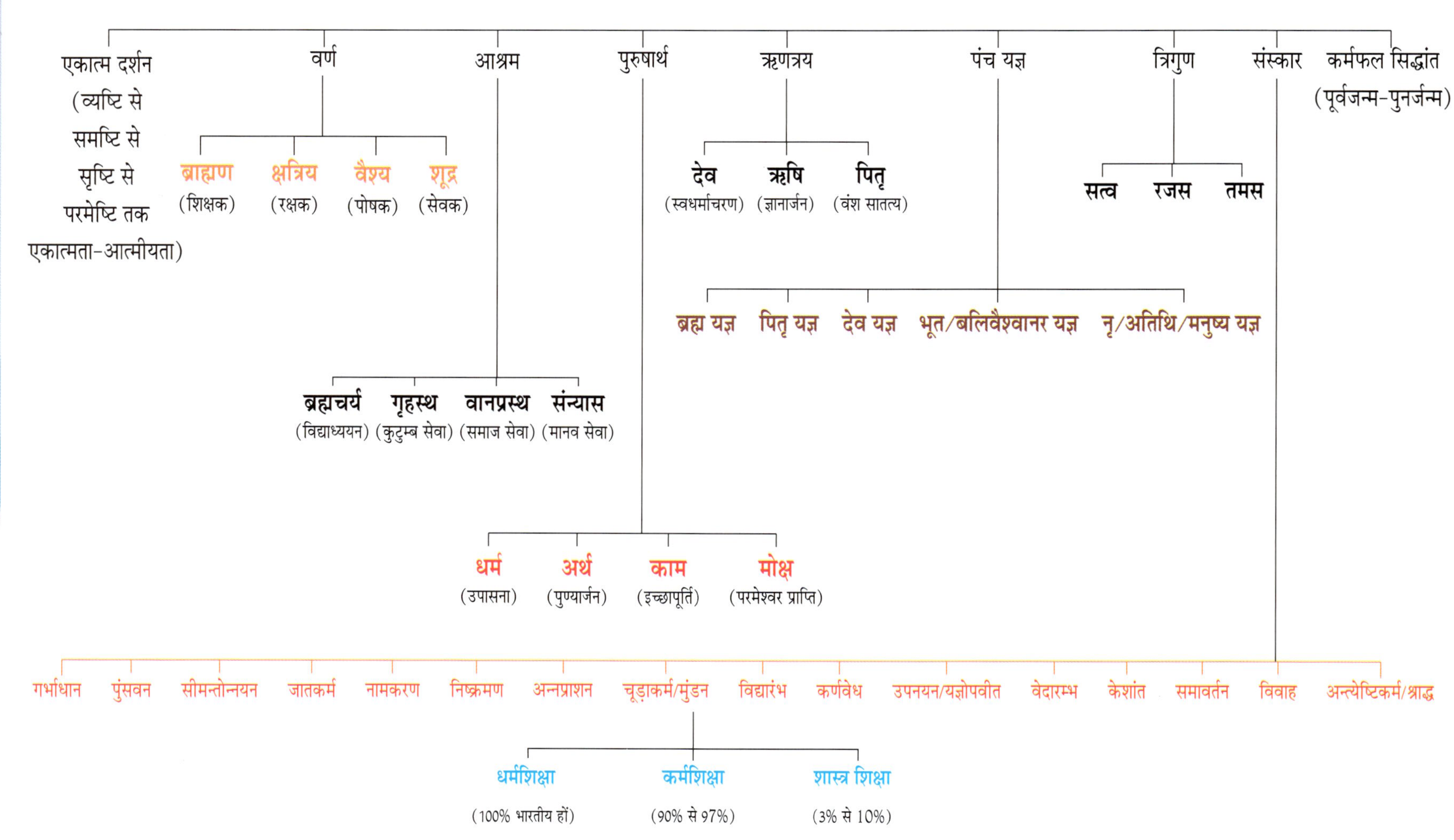

- तीर्थ : अर्थतीर्थ (व्यापार केंद्र), कामतीर्थ (कलाशास्त्र केंद्र और सात्विक मनोरंजन-राम लीला, उत्सव आदि), धर्मतीर्थ (सांस्कृतिक केंद्र-कुटुंब/घर), मोक्षतीर्थ (अध्यात्म केंद्र-मंदिर)।
- देवता (कृतज्ञता और सेवा भाव) : मातृदेवो भव (माता), पितृदेवो भव (पिता), आचार्यदेवो भव (गुरु), अतिथिदेवो भव (अतिथि), राष्ट्र देवो भव (राष्ट्र सेवा)।

'जात' यानी जन्म लिया हुआ। इसके ऊपर से ही नया जन्म लिया हुआ। इस अर्थ से हम 'नवजात' शब्द का प्रयोग करते हैं। जन्म होने के बाद तुरंत किए जाने वाले संस्कार को 'जातकर्म संस्कार' कहा जाता है।

'जातकर्म संस्कार' की आवश्यकता क्या है ? गर्भ माँ की कोख में एक विशेष प्रकार के जल में तैरता है। प्रसव क्रिया शुरू होने के बाद माँ के पेट का पानी शिशु के मुख से उसके पेट में जाता है। 'मनुस्मृति' ग्रंथ में लिखा है कि यह एक दोष है। उस दोष का निराकरण करके और शिशु के शारीरिक और मानसिक रूप से सुदृढ़ होने के लिए और उसके दीर्घायु होने के लिए यह संस्कार करें।

शहद और घी असमान मात्रा में लेकर उसमें सोना घिसकर उसे चाँदी की चम्मच से बालक को चटाएँ। उस समय विशेष मंत्रों का उच्चारण करें। यह मिश्रण विषनाशक, जीवन के लिए अच्छा और आयुवर्धक होता है। कुछ विशेष मंत्रों का उच्चारण शिशु के दोनों कानों में करें।

शिशु का जन्म होने के बाद पिता उसका मुख देखकर तुरंत नदी पर जाकर उत्तर दिशा की ओर मुँह करके स्नान करें। नदी नहीं है तो घर के पानी में सोना डालकर स्नान करें। बाद में आचमन करके चंदन लगाकर सफेद वस्त्र पहनकर अलंकार पहनें और बाद में बालक को माँ की गोद में देकर पूर्व दिशा की ओर मुँह करके ऐसा कहें, 'गर्भोदक पीने से निर्माण हुए सभी दोषों का निराकरण हो।' उसके बाद घी, सोना और शहद का मिश्रण बालक को चटाएँ। घिसा हुआ सोना धोकर बालक का दायाँ कान पकड़कर मंत्र कहें—

ॐ मेधां मे देवः सविता आदधातु।
ॐ मेधां मे देवी सरस्वती आदधातु॥
ॐ मेधां मे अश्विनौ देवावाधत्तां पुष्करस्त्रजौ॥

बाद में उसी सोने (बायाँ कान पकड़कर) से पुनः मंत्र का उच्चारण करें। इसका अर्थ है कि ईश्वर तुझे वेदों का अभ्यास करने के लिए तीव्र बुद्धि दें।

बाद में कुछ विशेष मंत्र कहकर शिशु के दोनों कंधों को एक साथ पिता स्पर्श करें और कहें, 'ईश्वर तुझे पाषाण की तरह अचल और स्थिर करें। तू वज्र के समान कठोर और सोने जैसा तेजस्वी बने। तू वेदज्ञ बने और तुझे लंबी आयु मिले।'

'हे इंद्रदेव हमें उत्तम धन, बल, सौभाग्य, ज्ञान, शरीर, आरोग्य, मधुर वाणी प्राप्त हो।' शिशु का जो नाम रखना है, उस नाम का स्मरण करें।

माँ का दाहिना स्तन धोकर माँ ऐसा कहे, 'हे भगवान्! मेरे शिशु की लंबी आयु के लिए मैं स्तनपान करा रही हूँ। उसे तेज, यश, बल तथा दीर्घायु प्राप्त हो।' बाद में शिशु को स्तन के पास लगाकर दूध पिलाएँ।

नवजात शिशु को माँ के दूध से पहले घी, शहद और सोना—ये रसायन औषधियाँ दें। इस जातकर्म संस्कार का हेतु यह है कि इससे शिशु की प्रतिकारक शक्ति बढ़ती है।

शिशु का मुँह देखने के बाद वस्त्र सहित स्नान कर, वयोवृद्धों को आमंत्रित कर, नांदीश्राद्ध और जातकर्म संस्कार संपन्न किए जाते हैं। समान्यतया श्राद्ध अशुभ कृत्य है, किंतु इस अवसर पर किया जानेवाला श्राद्ध शुभ और मंगलदायक माना जाता है। उसका प्रयोजन पितरों का सम्मान करने का होता है।

हारित लिखते हैं कि शिशु के जन्म के अवसर पर पितरों की प्रसन्नता से पुण्य प्राप्त होता है, इसलिए ब्राह्मणों को आमंत्रित कर तिल और सुवर्ण के पात्रों से श्राद्ध करना चाहिए। ब्रह्मपुराण भी पुत्रजन्म के अवसर पर नांदीश्राद्ध का विधान करता है।

सूतिकाग्नि (होम)

सूतिकागृह के द्वार के समीप जब पत्नी सूतिकागृह में प्रवेश करती है, तब से विधिवत अग्नि की स्थापना की गई होती है, उसको पत्नी के सूतिकागृह में प्रवेश के बाद निरंतर प्रदीप्त रखा जाता है। पति उसमें प्रतिदिन प्रातः और सायं, दुष्टात्माओं के निवारण के लिए, अनाज के छिलाके से मिश्रित शुभ्र रंग के सरसों के बीज तब तक मंत्रोच्चार करते हुए तीन बार आहुति देता है, जब तक माता प्रसवशैय्या शिशु का त्याग नहीं करती। शिशु को उसका धुआँ दिया जाता है। शिशु के कान में मित्र सविता और वरुण देवता की प्रार्थना के मंत्रों का उच्चारण किया जाता है, जिससे उसकी बौद्धिक

क्षमता का विकास होता है। चरक संहिता में सूतिकागृह के चारों ओर पीले सरसों और चावल के दाने बिखेरने और नामकरण संस्कार के पहले अर्थात् दस दिन पहले से निरंतर दोनों समय 'तंडूल बलि' नामक होम करने का विधान है।

कुछ गृह्यसूत्रों के अनुसार बालक के जन्म के समय सूतिकाग्नि सूतिकागृह के दरवाजे की दक्षिण दिशा में प्रज्वलित किया जाता है। सूतिकाग्नि को जातकाग्नि भी कहा जाता है।

मेधाजनन

शहद और घी देना जातकर्म संस्कार का मुख्य अंग माना जाता है। आश्वलायन में शिशु के बाएँ कान में मंत्रोच्चारण करने की क्रिया को 'मेधाजनन' कहा जाता है। किंतु हिरण्यकेशी और गोभिल में मेधाजनन को बाएँ कान में कुछ कहने की बजाय शिशु को शहद और घी चटाने को कहा गया है। चरक संहिता के अनुसार वेदमंत्रों से अभिमंत्रित कर मंत्र का उच्चारण करते हुए नवजात शिशु को अनामिका और सुवर्ण की शलाका के अग्र भाग से शहद और घी चटाने का उल्लेख है। (केवल इसी कर्म में घी और शहद समान मात्रा में लेना है, अन्यथा और सभी अवसरों पर विषम भाग में लेना होता है।)

आयुष्य

मेधाजनन संस्कार करने के बाद शिशु के शरीर पर हल्के हाथ से मालीश कर चाँदीयुक्त (चाँदी को बार-बार गरम करने के बाद पानी में डालकर ठंडी की जाती है।) पानी से शिशु को स्नान करवाया जाता है।

कुछ सूत्रों ने जातकर्म के संबंध में आयुष्य नामक कृत्य का भी उल्लेख किया है। बालक की नाभि के ऊपर मंत्रोच्चारण करना अथवा शिशु के लंबे आयुष्य के लिए बाएँ कान और नाभि पर कुछ कहना।

शिशु की नाभि या बाएँ कान के पास पिता के मंत्र गुनगुनाते हुए कहते हैं, 'अग्निरायुष्मानित्याद्यष्टा' अग्नि दीर्घजीवी है, दीर्घ आयुष्य वाला है, वह वृक्षों में दीर्घजीवी है, ब्रह्मा दीर्घजीवी है, वे अमृतत्व द्वारा दीर्घजीवी हैं। ऋषि अपने ज्ञान से दीर्घजीवी हैं, यज्ञ दीर्घजीवी है, वह यज्ञीय अग्नि के द्वारा दीर्घजीवी है, समुद्र दीर्घजीवी है, वह नदियों के द्वारा दीर्घजीवी है, इत्यादि।

इस प्रकार शिशु के समक्ष दीर्घायुष्य के सभी संभवित उदाहरण प्रस्तुत किए जाते हैं। विचारों के संयोग से इन सब उदाहरणों के कहने से शिशु भी दीर्घायुष्य प्राप्त कर लेगा। यह थी अपनी परंपरा।

आवश्यक सूचना : मधु और घी समप्रमारण कभी भी नहीं लिया जा सकता।

जातकर्म सहित विविध संस्कारों में मधु और घी का मिश्रण संस्कारकर्म के प्रमुख द्रव्य के रूप में उपयोग में लेना है। संस्कारकर्म के रूप में नवजात शिशु को चटाने के लिए और गर्भावस्था में माता के लिए आहार द्रव्य के रूप में उपयोग में लिया जाता है।

मधु और घी अगर सम प्रमारण में मिश्रित किया जाता है तो वह विष में परिणत हो जाता है। ऐसा मिश्रण खाने से शरीर में विष का प्रकोप होता है। कभी-कभी वह प्राणहारक भी बन सकता है।

ऐसा न हो, इसलिए मधु और घी विषम मात्रा में ही मिश्रित कर उसका उपयोग करना चाहिए। मधु से दुगुना घी या घी से आधा मधु ऐसी मात्रा में लेकर ही उसे मिश्रित करना चाहिए।

ऐसा करने से उसका कोई विपरीत प्रभाव न होकर गुणों में वृद्धि होती है। विविध संस्कारकर्म के समय घी दो भाग और मधु एक भाग अर्थात् घी से आधा मधु लेकर मिश्रित करने की सामान्य प्रणाली देखी जाती है।

अगर त्रुटिपूर्वक से दोनों समान मात्रा में लिया गया और शरीर पर उसका विषैला असर दिखा तो ऐसे व्यक्ति को तुरंत अधिक मात्रा में घी ही पिलाना चाहिए। यह उपाय वयस्कों के लिए ही है, नवजात शिशु के लिए नहीं है।

मात्र जातकर्म संस्कार के समय शिशु को मधु और घी का जो मिश्रण चटाना है, वह सममात्रा में लेना है, विषम मात्रा में नहीं ही लेना है। ऐसा शास्त्रों का विधान है।

- **दोलारोहण संस्कार :** शिशु को पहली बार पालने में सुलाने का यह संस्कार है। इसकी विशेष विधि का

उल्लेख नहीं मिलता, लोकाचार से इसे संस्कार के रूप में मनाया जाता है।

षष्ठी महोत्सव संस्कार

शिशु के जन्म से छठे दिन प्रसूतिगृह में गोधूलि समय पर शाम को, शिशु का पालन-पोषण करने वाली और उसे दीर्घायु बनाने वाली षष्ठीदेवी का पूजन किया जाता है। षष्ठीदेवी की पुराणों में शिशुओं की अधिष्ठात्री देवी के रूप में प्रतिष्ठा है। मूल प्रकृति के छठे अंश से वह प्रकट हुई थी, इसलिए उसका नाम षष्ठीदेवी हुआ। षष्ठीदेवी की प्राणप्रतिष्ठा कर निम्नलिखित मंत्र द्वारा देवी का ध्यान कर पूजन किया जाता है—

देवीमञ्जनसङ्काशां चंद्रार्धकृतशेखराम्।
सिंहारूढां जगद्धात्रीं कौमारीं भक्त वत्सलाम्।
खड्गं खेटं च बिभ्राणामभयां वरदां तथा।
तारकाहारभूषाढ्यां चिंतयामि नवांशुकाम्॥

अर्थ : काजल के समान कृष्णवर्णी आभा वाली, मस्तक पर चंद्र धारण की हुई, सिंह पर सवार, हाथों में खड्ग, खेट, अभयमुद्रा और वरदमुद्रा धारण की हुई, तारकावली के हारों से विभूषित और नवीन वस्त्र धारण की हुई, वात्सल्यभाव रखने वाली कुमारी देवी षष्ठी का मैं ध्यान करता हूँ।

5. नामकरण संस्कार

शिशु का नामकरण करने का यह संस्कार जन्म से दस रात्रि बीतने के बाद (ग्यारहवें दिन) या जन्म से 100वें दिन या शिशु के जन्म से लेकर एक वर्ष के बाद कभी भी किसी शुभ दिन को करने का विधान है। मतांतर में दसवें या बारहवें दिन करने का भी विधान है।

आयुष और तेज की वृद्धि तथा सांसारिक व्यवहार की सिद्धि का इसमें उद्देश्य है। बहुत सोच-समझकर, सुंदर, सार्थक, मांगलिक और प्रभावशाली नाम रखना चाहिए। नाम जीवन के सर्व व्यापारों का केंद्र है, ऐसा धर्मशास्त्रों में कहा है।

कुछ ऋषियों के मतानुसार प्रचलन में व्यावहारिक नाम ही होना चाहिए, उपनयन संस्कार के पश्चात् नक्षत्रनाम का उपयोग माता-पिता के अतिरिक्त और कोई न करे। वह नाम गुप्त रहना चाहिए, जिससे शत्रुओं द्वारा किए जानेवाले अभिचारादि कर्मों से शिशु की रक्षा हो सके।

शेक्सपियर ने भले ही कहा हो 'व्हाट इज देयर इन अ नेम?' (नाम में क्या रखा है?), किंतु अपनी संस्कार परंपराओं के अध्ययन के बाद कहना पड़ेगा कि नाम में क्या नहीं है?

6. निष्क्रमण संस्कार और सूर्यचंद्र दर्शन

नामकरण के बाद किया जाने वाला यह संस्कार है। सूर्य-चंद्र के दर्शन इस संस्कार के अंतर्गत कराए जाते हैं।

शिशु को पहली बार घर से बाहर ले जाया जाता है। जन्म के बाद के दिनों में कोमल आँख पर ज्यादा प्रकाश हानि न करे, इस हेतु से शिशु की आँख और शरीर की परिपक्वता होने के बाद यह संस्कार किया जाता है। सूर्यदर्शन से शिशु को अखंड तेज और बल मिलता है। सामान्य रूप से जन्म से चौथे मास में यह संस्कार करने का विधान है, जैसे कि—

चतुर्थे मासि निष्क्रमणिका सूर्यमुदीक्षयति तच्चक्षुरति।

तथा मनुस्मृति के अनुसार

चतुर्थे मासि कर्तव्यं शिशोः निष्क्रमणं गृहात्

त्वं जीव शरदः शतम्।

ऐसे आशीर्वाद इस संस्कार के साथ बुजुर्ग लोग शिशु को देते हैं।

'निष्क्रमणादायुषो वृद्धिरप्युद्दिष्टा मनीषिभिः' कथन द्वारा इस संस्कार का मूल शिशु के आयुष्य की वृद्धि का बताया गया है। मतांतर से छठे मास में भी यह संस्कार करने का विधान है।

शिशु के पिता यह संस्कार करते समय पंचमहाभूतों के अधिष्ठाता देवताओं को प्रार्थना करते हुए कहते हैं—

शिवे ते स्तां द्यावापृथिवी, असंतापे अभिश्रियौ।
शं ते सूर्य आ तपतु शं वातो वातु ते हृदे।
शिवा अभिक्षरन्तु त्वापो दिव्याः पयस्वतीः॥

—अथर्ववेद

पृथ्वीलोक कल्याणकारी, सुखद और शोभायमान बनता है। सूर्य तुम्हारे लिए कल्याणकारी प्रकाश करे। तुम्हारे हृदय में स्वच्छ कल्याणकारी वायु का संचरण हो। दिव्य जल वाली नदियाँ तुम्हारे लिए निर्मल स्वादिष्ट जल का वहन करें।

7. अन्नप्राशन संस्कार

जन्म से लेकर छह महीने के बाद शिशु को प्रथम बार अन्न दिया जाता है। सामान्यतः दूध में चावल की खीर बनाई जाती है।

षष्ठे मासि अन्नप्राशनम्।

दधिमधुघृतमिश्रितमन्नं प्राशयेत्॥

अन्नप्राशन संस्कार बेटे को छठे या आठवें (सम) मास में और बेटी को सातवें या नौवें (विषम) मास में करने के भी विधान हैं।

पूजन-हवनादि मांगलिक विधियाँ कर कुलवृद्ध, पितामह या पिता शिशु को गोद में लेकर सोने या चाँदी के चम्मच या शलाका से क्षीर इत्यादि मिष्टान्न शिशु को चटाते हैं।

शिवौ ते स्तां व्रीहियवाववलासावदो मधौ।
एतौ यक्ष्मं विवाधेते एतौ मुञ्चतो अंहसः॥

—अथर्ववेद

अर्थात् हे बालक, जौ और चावल तुम्हारे लिए बलदायक और पुष्टिकारक बने, क्योंकि ये दोनों वस्तुएँ यक्ष्मानाशक हैं तथा देवान्न होने से पापनाशक हैं।

माता के गर्भ के मलिन भक्षजन्य जो भी दोष शिशु में आए हों, उसका इस संस्कार के द्वारा नाश होता है।

अन्नाशनान्मातृगर्भे मलाशाद्यपि शुद्ध्यति।

इस विधि में हमें 'शक्ति मिले, भोजन का स्वाद मिले, सुगंध का आनंद मिले' ये तीन मंत्र पढ़े जाते हैं। अन्न पवित्र वस्तु है और शिशु को उसका प्रथम आस्वाद करते समय उसके माधुर्य का, उसके रस (स्वाद) का, उसकी गंध का, उसके तेज का, उसके उष्णस्पर्श का तथा मंत्रशक्ति के ध्वनि का परिचय कराकर ऐंद्रिय अनुभवों से भरे हुए विश्व में बालक को दीक्षित करने का हेतु है।

शिशु को अब दाँत आने शुरू होने वाले हैं। इसलिए प्राकृतिक रूप से वह स्तनपान छोड़कर अन्नहार के प्रति झुके, इसका यह प्रथम चरण है।

8. चौलकर्म अथवा चूड़ाकरण संस्कार

जन्म के प्रथम या जन्म से तीसरे या पाँचवें वर्ष में जन्म से आए हुए केश का मुंडन करने का यह संस्कार है।

तृतीये वर्षे चौलम्।

सांवत्सरिकस्य चूडाकरणम्।

शिशु के मुंडन समय शिखा या चोटी रखी जाती है। बालिका के मुंडन में नहीं रखी जाती।

जन्म से आए हुए बाल पूर्वकालिक अशुद्धि का अवशेष

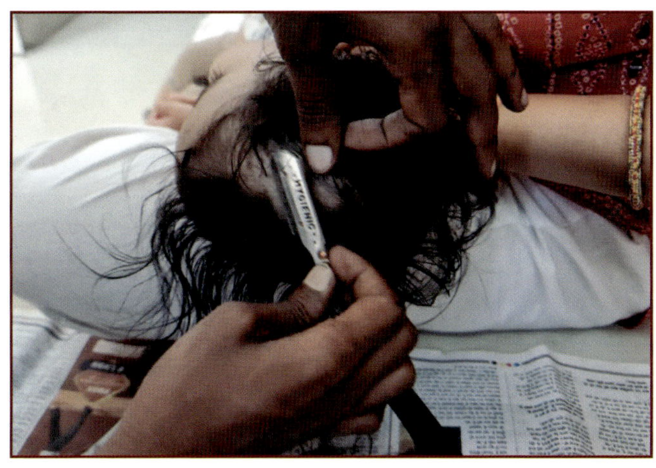

माना जाता है। शिखा का हेतु ज्ञानवृद्धि का है। ताल में बालों के चक्रवाली जगह शरीर की सर्वनाड़ियों का संगम स्थान है। उसके गर्भस्थान का 'अधिपति' नाम है, शिखा का हेतु इस मर्मस्थान की सुरक्षा का भी है।

चौलकर्म संस्कार से केश, दाढ़ी के बाल, नाखून आदि के कर्तन से आयुष्य, दृष्टि, पवित्रता और सौंदर्य में अभिवृद्धि होती है।

पौष्टिकं वृष्यमायुष्यं शुचिरूपविराजनम्।
केशश्मश्रुनखादीनां कल्पनं संप्रसाधनम्॥

इससे स्वच्छता और पवित्रता बढ़ती है तथा यह स्वास्थ्य का हेतु है।

9. विद्यारंभ संस्कार

जब बालक/बालिका की आयु शिक्षा ग्रहण करने योग्य हो जाए, तब उसका विद्यारंभ संस्कार कराया जाता है। इसमें समारोह के माध्यम से जहाँ एक ओर बालक में अध्ययन का उत्साह पैदा किया जाता है, वही अभिभावकों, शिक्षकों को भी उनके इस पवित्र और महान् दायित्व के प्रति जागरुक कराया जाता है कि बालक को अक्षर ज्ञान, विषयों के ज्ञान के साथ श्रेष्ठ जीवन के सूत्रों का भी बोध और अभ्यास कराते रहें। (इसका विस्तार से वर्णन आगे पढ़ें।)

10. कर्णवेध संस्कार

हमारे मनीषियों ने सभी संस्कारों को वैज्ञानिक कसौटी पर कसने के बाद ही प्रारंभ किया है। कर्णवेध संस्कार का आधार बिल्कुल वैज्ञानिक है। बालक की शारीरिक व्याधि से रक्षा ही इस संस्कार का मूल उद्देश्य है। प्रकृति प्रदत्त इस शरीर के सारे अंग महत्त्वपूर्ण हैं। कान हमारे श्रवण द्वार हैं, कर्ण वेधन से व्याधियाँ दूर होती हैं।

यज्ञोपवीत के पूर्व इस संस्कार को करने का विधान है। ज्योतिषशास्त्र के अनुसार, शुक्ल पक्ष के शुभ मुहूर्त में इस संस्कार का संपादन श्रेयस्कर है।

भद्रं कर्णेभिः श्रुणुयाम देवाः भद्रं पश्येमाक्षभिर्यजत्राः।
स्थिरैरङ्गैःस्तुष्टुवांसस्तनूभिर्व्यशेम देवहितं यदायुः॥

—यजुर्वेद

मंत्र (बोलकर) अभिमंत्रित किया जाता है। उसके बाद कर्णवेधन किया जाता है। सूर्य की किरणें कान के छिद्रों में प्रवेश कर बालक-बालिका को पवित्र बनातीं हैं। कर्णवेध संस्कार के हेतु और लाभ इस प्रकार हैं—

- बालक को पूर्ण पुरुषत्व और बालिका को पूर्ण स्त्रीत्व की प्राप्ति होती है।
- स्वास्थ्य का रक्षण होता है।
- श्रवण शक्ति की वृद्धि होती है।
- आभूषण धारण कर सकते हैं।
- मन की एकाग्रता में वृद्धि होती है।
- चित्त की स्थिरता प्राप्त हो सकती है।
- कान की निश्चित नली का छेदन होने से हर्निया अर्थात् आंत्रवृद्धि और अंडवृद्धि का रोग नहीं होता।
- पुरुषत्व या स्त्रीत्व को नष्ट करने वाले रोगों से रक्षा होती है।

11. यज्ञोपवीत/उपनयन संस्कार

यज्ञोपवीत (संस्कृत संधि विच्छेद=यज्ञ+उपवीत) शब्द के दो अर्थ हैं—उपनयन संस्कार जिसमें जनेऊ पहना जाता है। मुंडन और पवित्र जल में स्नान भी इस संस्कार के अंग होते हैं। सूत से बना वह पवित्र धागा, जिसे यज्ञोपवीतधारी व्यक्ति बाएँ कंधे के ऊपर तथा दाईं भुजा के नीचे पहनता है। यज्ञ द्वारा संस्कार किया गया उपवीत/यज्ञसूत्र/यज्ञोपवीत एक विशिष्ट सूत्र को विशेष विधि से ग्रंथि करके बनाया जाता है। इसमें सात ग्रंथियाँ लगाई जाती हैं। ब्राह्मणों के यज्ञोपवीत में ब्रह्मग्रंथि होती है। तीन सूत्रों वाले इस यज्ञोपवीत को गुरु

दीक्षा के बाद हमेशा धारण किया जाता है। तीन सूत्र हिंदू त्रिमूर्ति ब्रह्मा, विष्णु और महेश के प्रतीक होते हैं। अपवित्र होने पर यज्ञोपवीत बदल लिया जाता है। बिना यज्ञोपवीत धारण किए अन्न-जल ग्रहण नहीं किया जाता। यज्ञोपवीत धारण करने का मंत्र है—

यज्ञोपवीतं परमं पवित्रं प्रजापतेर्यत्सहजं पुरस्तात्।
आयुष्यमग्रं प्रतिमुञ्च शुभ्रं यज्ञोपवीतं बलमस्तु तेजः॥

12. वेदारंभ संस्कार

ज्ञानार्जन से संबंधित है यह संस्कार। वेद का अर्थ होता है ज्ञान और वेदारंभ के माध्यम से बालक अब ज्ञान को अपने अंदर समाविष्ट करना शुरू करे, यही अभिप्राय है इस संस्कार का। शास्त्रों में ज्ञान से बढ़कर दूसरा कोई प्रकाश नहीं समझा गया है। स्पष्ट है कि प्राचीन काल में यह संस्कार मनुष्य के जीवन में विशेष महत्त्व रखता था। यज्ञोपवीत के बाद बालकों को वेदों का अध्ययन एवं विशिष्ट ज्ञान से परिचित होने के लिए योग्य आचार्यों के पास गुरुकुलों में भेजा जाता था। वेदारंभ से पहले आचार्य अपने शिष्यों को ब्रह्मचर्य व्रत का पालन करने एवं संयमित जीवन जीने की प्रतिज्ञा कराते थे तथा उसकी परीक्षा लेने के बाद ही वेदाध्ययन कराते थे। असंयमित जीवन जीनेवाले वेदाध्ययन के अधिकारी नहीं माने जाते थे। हमारे चारों वेद ज्ञान के अक्षुण्ण भंडार हैं।

13. केशांत संस्कार

गुरुकुल में वेदाध्ययन पूर्ण कर लेने पर आचार्य के समक्ष यह संस्कार संपन्न किया जाता था। वस्तुतः यह संस्कार गुरुकुल से विदाई लेने तथा गृहस्थाश्रम में प्रवेश करने का उपक्रम है। वेद-पुराणों एवं विभिन्न विषयों में पारंगत होने के बाद ब्रह्मचारी के समावर्तन संस्कार के पूर्व बालों की सफाई की जाती थी तथा उसे स्नान कराकर स्नातक की उपाधि दी जाती थी। केशांत संस्कार शुभ मुहूर्त में किया जाता था।

14. समावर्तन संस्कार

गुरुकुल से विदाई लेने से पूर्व शिष्य का समावर्तन संस्कार होता था। इस संस्कार से पूर्व ब्रह्मचारी का केशांत संस्कार होता था और फिर उसे स्नान कराया जाता था। यह स्नान समावर्तन संस्कार के तहत होता था। इसमें सुगंधित पदार्थों एवं औषधादि युक्त जल से भरे हुए वेदी के उत्तर भाग में आठ घड़ों के जल से स्नान करने का विधान है। यह स्नान विशेष मंत्रोच्चारण के साथ होता था। इसके बाद ब्रह्मचारी मेखला व दंड को छोड़ देता था, जिसे यज्ञोपवीत के समय धारण कराया जाता था। इस संस्कार के बाद उसे विद्या स्नातक की उपाधि आचार्य देते थे। इस उपाधि से वह गृहस्थाश्रम में प्रवेश करने का अधिकारी समझा जाता था। सुंदर वस्त्र व आभूषण धारण करता था तथा आचार्यों एवं गुरुजनों से आशीर्वाद ग्रहण कर अपने घर के लिए विदा होता था।

15. विवाह संस्कार

हिंदू धर्म में सद्गृहस्थ की, परिवार निर्माण का दायित्व उठाने के योग्य शारीरिक, मानसिक परिपक्वता आ जाने पर युवक-युवतियों का विवाह संस्कार कराया जाता है। भारतीय संस्कृति के अनुसार विवाह कोई शारीरिक या सामाजिक अनुबंध मात्र नहीं हैं, यहाँ दांपत्य को एक श्रेष्ठ आध्यात्मिक साधना का भी रूप दिया गया है। इसलिए कहा गया है, **'धन्यो गृहस्थाश्रमः'**।

सद्गृहस्थ ही समाज को अनुकूल व्यवस्था एवं विकास में सहायक होने के साथ श्रेष्ठ नई पीढ़ी बनाने का भी कार्य करते हैं। वहीं अपने संसाधनों से ब्रह्मचर्य, वानप्रस्थ एवं सन्यास आश्रमों के साधकों को वांछित सहयोग देते रहते हैं। ऐसे सद्गृहस्थ बनाने के लिए विवाह को रूढ़ियों-कुरीतियों से मुक्त कराकर श्रेष्ठ संस्कार के रूप में पुनः प्रतिष्ठित करना आवश्यक है। युग निर्माण के अंतर्गत विवाह संस्कार के पारिवारिक एवं सामूहिक प्रयोग सफल और उपयोगी सिद्ध हुए हैं।

16. अंत्येष्टि संस्कार/श्राद्ध संस्कार

हिंदुओं में किसी की मृत्यु हो जाने पर उसके मृत शरीर को वेदोक्त रीति से चिता में जलाने की प्रक्रिया को अंत्येष्टि क्रिया अथवा अंत्येष्टि संस्कार कहा जाता है। यह हिंदू मान्यता के अनुसार सोलह संस्कारों में से एक संस्कार है।

श्राद्ध हिंदूधर्म के अनुसार, प्रत्येक शुभ कार्य के प्रारंभ में माता-पिता, पूर्वजों को नमस्कार-प्रणाम करना हमारा कर्तव्य

है। हमारे पूर्वजों की वंश परंपरा के कारण ही हम आज यह जीवन देख रहे हैं, इस जीवन का आनंद प्राप्त कर रहे हैं। इस धर्म में, ऋषियों ने वर्ष में एक पक्ष को पितृपक्ष का नाम दिया, जिस पक्ष में हम अपने पितरेश्वरों का श्राद्ध, तर्पण, मुक्ति हेतु विशेष क्रिया संपन्न कर उन्हें अर्घ्य समर्पित करते हैं। यदि किसी कारण से उनकी आत्मा को मुक्ति प्रदान नहीं हुई है तो हम उनकी शांति के लिए विशिष्ट कर्म करते हैं।

विद्यारंभ संस्कार

(यहाँ विस्तारपूर्वक अध्ययन करेंगे)

विद्या यह एक पवित्र कर्म है। महाभारत में कहा गया है, 'नास्ति विद्या समं चक्षुः' अर्थात् विद्या ही हमें जीवन को सही दृष्टि से देखना एवं जीना सिखाती है। विद्या पवित्र है और विद्या प्राप्त करने का कार्य भी पवित्र है। पवित्र कार्य करने के लिए पवित्र वातावरण और पवित्र भावों की आवश्यकता होती है। विद्या प्राप्ति के कार्य के प्रारंभ के लिए निश्चित किए गए संस्कार को ही 'विद्यारंभ संस्कार' कहा जाता है।

विद्यारंभ संस्कार कहाँ करना?

वैसे तो विद्यारंभ संस्कार घर में या अन्य किसी भी स्थान पर कर सकते हैं। फिर भी इसका सबसे उत्तम स्थान विद्यालय माना जाता है। विद्यालय में इस संस्कार का सामूहिक रूप से आयोजन होना चाहिए और विद्यार्थियों के माता-पिता इसमें उपस्थित रहने चाहिए। इस प्रकार घर और विद्यालय दोनों में पहले से ही समान सहभागिता का संबंध स्थापित हो जाता है, जो विद्यार्थी के लिए अधिक सार्थक सिद्ध होता है।

विद्यारंभ संस्कार कब करना चाहिए?

वैसे तो विद्या प्राप्ति इतना पवित्र कर्म है कि कोई भी समय उसके लिए योग्य ही माना जाता है। परंतु ग्रह-नक्षत्रों की स्थितियों को देखते हुए अपनी परंपरा में कुछ विशेष दिनों का विद्या के साथ विशेष संबंध जुड़ा हुआ है। जैसे कि—

हर मास की शुक्ल पंचमी, 'ज्ञान पंचमी' कहलाती है। अतः शुक्ल पंचमी के दिन विद्यारंभ संस्कार किया जा सकता है।

कार्तिक मास की शुक्ल पंचमी, जिसे हम 'लाभ पंचमी' भी कहते हैं, उसका दूसरा नाम 'ज्ञान लाभ पंचमी' भी है। अतः इस दिन का भी विद्यारंभ संस्कार की दृष्टि से विशेष महत्त्व है।

'आश्विन शुक्ल दशमी अर्थात् विजया दशमी' के दिन पाटी पूजन एवं विद्वानों को दान-दक्षिणा देने का प्रचलन है। इसलिए विजया दशमी के दिन भी विद्यारंभ संस्कार किया जाना इष्ट ही है।

लेकिन विद्यारंभ संस्कार का सबसे शुभ दिन माना जाता है, 'वसंत पंचमी अर्थात् माघ शुक्ल पंचमी'। विद्या एवं संगीत की देवी के प्राकट्य का दिन अर्थात् वसंत पंचमी। लगभग पूरे भारतवर्ष में इसी दिन सरस्वती पूजन होता है और अनेक राज्यों में विद्यारंभ संस्कार भी होता है।

विद्यारंभ संस्कार के लिए योग्य आयु

आयुर्वेद शास्त्र के मतानुसार शिशु जब 4 वर्ष 4 मास और 4 दिन का हो जाए, तब उसका विद्यारंभ संस्कार किया जाना चाहिए। सामान्यतः विद्यारंभ संस्कार होने के बाद ही पढ़ना-लिखना प्रारंभ होना चाहिए।

वास्तव में तो शिशु की योग्य आयु होने तक प्रतीक्षा करनी चाहिए। वैसे भी शिशु के पाँच वर्ष का होने से पूर्व पढ़ना-लिखना सिखाने को सभी शिक्षाशास्त्री मना ही करते हैं। योग्य आयु हो उसके पूर्व पढ़ना-लिखना सिखाने से शिशु को ज्यादा या जल्दी ज्ञान आ जाता है, ऐसा नहीं है। उल्टे मानसिक और बौद्धिक विकास में अवरोध उत्पन्न होता है। संसार का कोई भी देश इस आयु में बालक को पढ़ना-लिखना नहीं सिखाता। हमारे देश में भी पढ़ाने-लिखाने की आयु सहस्त्रों वर्षों से छह-सात वर्षों की ही रही है। यही वैज्ञानिक भी है। अतएव पढ़ना-लिखना सिखाने में जल्दी न करते हुए विद्यारंभ संस्कार होने की प्रतीक्षा करना ही उत्तम होगा।

ऐसा तो नहीं हो सकता कि जिस दिन बालक को 4 वर्ष 4 मास और 4 दिन हो, उसी दिन विद्यारंभ संस्कार करें। हमें उसके बाद की वसंत पंचमी तक प्रतीक्षा करनी चाहिए। यदि यह संभव न हो तो उसके बाद की विजया दशमी, लाभ पंचमी या किसी भी मास की शुक्ल पंचमी का दिन पसंद करना चाहिए। साथ ही विद्यारंभ संस्कार एक ही शिशु का न करते हुए समूह में और वह भी विद्यालय में करना चाहिए। परंतु घर में व्यक्तिगत रूप से करने पर भी कोई प्रतिबंध नहीं है।

विद्यारंभ संस्कार कैसे करना?

(क) ग्रंथों की शोभा यात्राः

विद्या प्राप्ति ज्ञानार्जन के लिए ही होती है। विद्या प्राप्ति, ज्ञान जिसमें भरा हो, ऐसे ग्रंथों से ही होती है। अतएव, ऐसे ग्रंथों के सम्मान से ही विद्यारंभ संस्कार प्रारंभ हो, यही उत्तम है।

वेद, उपनिषद्, रामायण, श्रीमद्भगवद्गीता, श्रीमद्भागवत, श्रीरामचरितमानस आदि पवित्र ग्रंथों को सुंदर रेशमी, सूती (पोलिएस्टर न हो) या ऊनी वस्त्रों में लपेटकर

विद्यालय के किसी मंदिर में देवमूर्ति के पास रख देना चाहिए। विद्यालय के आचार्य, जिनका विद्यारंभ संस्कार होने वाला है, ऐसे विद्यार्थी और उनके माता-पिता मंदिर में जाएँ, भगवान् से प्रार्थना करें एवं वहाँ से वहीं के पुजारी द्वारा प्रसाद रूप में ग्रंथ ग्रहण करें। 1-2 ग्रंथ सुशोभित पालकी में एवं शेष सारे ग्रंथ बच्चे एवं माता-पिता अपने मस्तक पर आदर के साथ लें। इसके बाद मांगलिक वादन एवं गीत गाते हुए ये ग्रंथ शोभायात्रा पूर्वक विद्यालय में ले आएँ। बालक नूतन वस्त्र परिधान पहनें। शोभायात्रा में ग्रंथ मस्तक पर लेने वाले जूते-चप्पल न पहनें।

विद्यालय के द्वार पर विद्यालय के प्रधानाचार्य तथा वरिष्ठ विद्यालय संचालक ग्रंथों का तथा उनके वाहकों का पुष्प, अक्षत तथा कुमकुम से स्वागत करें।

इसके बाद ग्रंथों को विशाल कक्ष में रखा जाए।

सभी के द्वारा यथा स्थान बैठकर ग्रंथों का, माँ सरस्वती का, ॐकार का तथा भारत माता का पूजन हो तथा सरस्वती वंदना हो।

(ख) यज्ञ तथा आहुतिः

कोई भी शुभ कार्य जिस प्रकार प्रार्थना से शुरू होता है, वैसे ही प्रारंभ में यज्ञ करने और यज्ञ में आहुति देने की परंपरा भी है। प्रार्थना एक शुभ भाव है, जबकि यज्ञ एक शुभ कर्म है। भावना एवं कर्म के संयोग से ही कोई भी कार्य फलदायी हो सकता है। अतएव, प्रारंभ में यज्ञ करना चाहिए।

विद्यालय के कोई भी आचार्य यज्ञकुंड में मंत्रोच्चारपूर्वक अग्नि प्रकट करें। तत्पश्चात प्रत्येक बालक एवं उसकी माता निम्नांकित मंत्र बोलकर आहुति दें—

"ॐ राष्ट्रशिक्षासिन्द्ध्यर्थं राष्ट्राय स्वाहा। इदं राष्ट्राय इदं न मम।"

अर्थात् राष्ट्रीय शिक्षा की प्रतिष्ठा के लिए यह राष्ट्र को अर्पण है। यह राष्ट्र के लिए है, यह मेरा नहीं है।

हमें विद्याभ्यास हमारे स्वयं के लिए तो करना है ही, परंतु उससे भी अधिक अपने समाज के कल्याण के लिए और राष्ट्र की प्रतिष्ठा के लिए करना है।

विद्या प्राप्ति की शुरुआत में ही ऐसा संकल्प और उसके

साथ आहुति बाल मानस को तथा उसके बाद के व्यवहार को सुयोग्य दिशा देने में बहुत आवश्यक है।

(ग) मंत्र पाठः

विद्यारंभ संस्कार के लिए शिशु एवं माताएँ विद्यालय में एकत्र होने के बाद माता एवं बालक अपने-अपने आसन पर बैठ जाएँ। बालक माता की बाँईं ओर थोड़ा आगे बैठे। सामने मेज हो। उस पर सुंदर वस्त्र में लपेटी हुई पुस्तक हो। उसी के साथ एक पाटी एवं पैन भी हो। पाटी पर ॐ लिखा हुआ हो।

अपने शास्त्रों में कहा है कि बालक की पहली गुरु माता है। 'माता प्रथमो गुरुः'। इसलिए विद्यारंभ संस्कार में माता का महत्त्व है। शिशु अपना प्रथम अक्षर माँ के पास सीखे एवं माता को भी अच्छा गुरु बनना है तो पहले स्वयं तपस्या और स्वाध्याय करे। इस दृष्टि से माता हाथ में माला ले और 108 बार इस बीजमंत्र का उच्च स्वर में पाठ करे—

॥ ॐ ऐं ह्रीं सरस्वत्यै नमः ॥

या

॥ ॐ ऐं ह्रीं महासरस्वती देव्यै नमः ॥

विद्यालय के आचार्य पहले मंत्र का उच्चारण करें और फिर सभी माताएँ उसका अनुसरण करें, इस प्रकार 11 बार करने के बाद सभी सामूहिक पाठ करें।

उच्च स्वर में पाठ करने से वातावरण भी शुद्ध होता है तथा शिशु के चित्त पर गहरी छाप पड़ती है।

कभी ऐसा होता है कि एकत्र सभी माताओं के लिए मंत्रपाठ सरल न हो। फिर भी धैर्य न छोड़ें। यदि बिल्कुल संभव न हो तो माताएँ केवल सुनें।

यू ट्यूब से भी 'ॐ सरस्वती नमो नम:' भजन चलाएँ।

(घ) वाचन (पठन):

माता का मंत्रपाठ पूर्ण होने के बाद शिशु खड़ा होकर माँ का चरण स्पर्श करे। माता उसे विद्या प्राप्ति के लिए आशीर्वाद दे।

तत्पश्चात बालक वस्त्र खोलकर अपनी पुस्तक बाहर निकालें एवं सामने रखें। कुंकुम, अक्षत एवं पुष्पों से उसका पूजन करें, फिर पुस्तक खोलकर सामने रखें।

यह पुस्तक होगी 'प्रथम शिशु वाचन पुस्तिका'। उसके प्रथम पृष्ठ पर लिखा होगा ॐ, दूसरे पृष्ठ पर होगा 'श्री' तीसरे पृष्ठ पर होगा 'श्री गणेशाय नम:' तथा चौथे पृष्ठ पर होगा 'श्री सरस्वत्यै नम:'।

बालक प्रथम पृष्ठ खोले। माता उसका हाथ पकड़कर उसकी उँगली ॐ पर घुमाए। आचार्य पहले ॐ का उच्चारण करें। बालक ॐ पर उँगली धुमाते हुए ॐ का उच्चारण करे। इस प्रकार 7 बार ॐ का उच्चारण होगा।

इसी प्रकार बाकी के 3 पृष्ठों का भी पठन होगा। यह धीरे-धीरे स्पष्ट तथा शुद्ध उच्चारण में हो, इसका विशेष ध्यान आचार्य रखें।

(ङ) लेखन:

पढ़ने के बाद लिखने की बारी आती है। शिशु पहले पाटी की पूजा करे। पाटी पर पहले से ही ॐ लिखा हुआ होना चाहिए। माता शिशु के हाथ में पैन दे, पाटी पकड़ना सिखाए और शिशु का हाथ पकड़कर ॐ के ऊपर हाथ घुमाए। लिखते-लिखते ॐ का उच्चारण भी करवाएँ। इस प्रकार धीरे-धीरे ॐ याद करवाएँ।

सात बार लिखने के बाद पाटी रख दें। पुस्तक भी वस्त्र में लपेटकर रख दें।

(च) समर्पण:

वाचन और लेखन के पूर्ण होते ही शिशु अब विद्यार्थी हो गया है। अब विद्यारंभ के प्रतीक स्वरूप उसे समर्पण भी करना है। इस दृष्टि से माँ सरस्वती की प्रतिमा के पास स्थित कुंभ (जो पहले से ही रखा गया हो) में यथाशक्ति समर्पण करे। माता उसे समर्पण करना सिखाए।

(छ) प्रसाद ग्रहण:

समर्पण के समय प्रधानाचार्य शिशु को प्रसाद दें। इसके साथ ही विद्यारंभ संस्कार पूर्ण होता है। प्रसाद ग्रहण करने के बाद बालक बाहर खेलने जाए।

(ज) चर्चा और चिंतन:

बच्चों के बाहर जाने के बाद विद्यालय के प्रधानाचार्य माता-पिता के साथ विद्यारंभ संस्कार का महत्त्व समझाएँ माता-पिता भी खुले मन से प्रश्न पूछें। इस प्रकार यह कार्यक्रम पूर्ण होता है।

(झ) कुछ ध्यान में रखने योग्य तथ्य:

क्योंकि विद्यारंभ संस्कार विद्या की पवित्रता और श्रेष्ठता स्थापित करने वाला संस्कार है, इसलिए—

- मंदिर से विद्यालय का रास्ता इतना साफ हो कि जूते पहनने की आवश्यकता न पड़े।
- साज-सज्जा, पाटी या ग्रंथों को लपेटने के वस्त्र आदि प्लास्टिक, पोलिथीन या पोलिस्टर के न हों।
- फूल सुगंधित और वास्तविक हों।
- स्थान स्वच्छ और सुशोभित हो।
- मंत्रपाठ, वाचन, वंदना आदि में स्वर-ताल-लय तथा उच्चारण शुद्धि का ध्यान रखा जाए क्योंकि इन सबका शैक्षणिक दृष्टि से बड़ा महत्त्व है। फिर यह भी ध्यान देना है, कि सरस्वती विद्या एवं संगीत की देवी है। उनकी पूजा तो शुद्ध वाणी एवं शुद्ध स्वर में ही करनी चाहिए।
- शोभायात्रा के समय गाए जाने वाले भजनों, गीतों एवं बजाए जाने वाले वाद्यों में भी सुरुचि और स्वर शुद्धि होनी चाहिए।
- यज्ञ कुंड व्यवस्थित हो तथा आहुति योग्य पद्धति से दी जाए।

भावनाओं, संवेदनाओं तथा विचारों को अभिव्यक्त करने के लिए, गहन विचारों को समझने के लिए चिंतन,

मनन करने के लिए भाषा के उत्तम ज्ञान की आवश्यकता होती है। 'भाषा प्रभुत्व' यह शिक्षित तथा सुसंस्कृत मनुष्य का मुख्य लक्षण है। भाषा के उत्तम ज्ञान के लिए शुद्ध उच्चारण, सुंदर पठन एवं उत्तम लेखन यह प्राथमिक आवश्यकताएँ हैं। भाषा के यह कौशल अच्छी तरह प्राप्त करने के लिए उचित प्रारंभ तथा पद्धति अपनानी चाहिए।

बालक कैसे सीखता है

प्रत्येक माता-पिता अपने बालक के विकास के लिए, शिक्षा के लिए उत्सुक होते हैं। वर्तमान में शिक्षा के लिए धन व्यय करना, तरह-तरह की शैक्षिक सामग्री का अंबार लगा देना, जल्दी-से-जल्दी बच्चे को विद्यालय में भेज देना, यह एक सामान्य बात हो गई है। माता-पिता इतने चिंतातुर हो गए हैं कि बालक की शिक्षा, उसके बारे में मनोवैज्ञानिक या वैज्ञानिक पद्धति से विचार करने, विषय को समझने या उस तरह व्यवहार करने की उनको आवश्यकता ही नहीं लगती। इन परिस्थितियों में बालक की शिक्षा के विषय में सही दिशा में विचार और चिंतन करने की आवश्यकता है।

ग्रहणशील मन

शिशु संगोपन या बालक का पालन-पोषण, बालमानस को जाने बिना संभव नहीं है। बालमानस में विद्यमान विलक्षणताओं का मूल उसके पूर्वजन्म के संस्कारों में, उसके कुल-परिवार के, उसके समाज के और उसके समग्र परिसर के संस्कारों में होता है। इस बात को भारतीय मनीषी तो सहस्त्रों वर्षों से निरंतर कहते आ रहे हैं, किंतु जिसे भारतीय परिवारों के संस्कार जीवन में प्राप्त नहीं हुए हैं, फिर भी अपने पूर्वजन्म के संस्कारों से विभूषित विदुषी डॉ. मारिआ मोंटेसरी अपने व्यापक अनुभवों के आधार पर बालमानस के रूझानों की चर्चा विश्लेषणपूर्वक करती हैं। मानसशास्त्रीय आधार पर डॉ. मोंटेसरी द्वारा किया गया विश्लेषण अधिजनन के संदर्भ में अत्यंत सूचक और उपयोगी है।

सीप से मोती निकालने, सोना प्राप्त करने और धरती के गर्भ में से खनिज प्राप्त करने के क्षेत्र में हमारे पास विशद ज्ञान है, किंतु इस संसार में जन्म लेने वाले बालक में छिपी हुई आध्यात्मिक और सृजनात्मक शक्तियों के बारे में हम बिलकुल अनजान हैं।

मानसशास्त्री कहते हैं कि तीन वर्ष का बालक जो कर सकता है, उतना करने के लिए वयस्क व्यक्ति को 60 वर्ष तक अनथक परिश्रम करना पड़ेगा। मात्र तीन वर्ष की आयु में भी बालक एक वयस्क व्यक्ति के समान होता है।

कल्पनाशक्ति

बालक की सीखने की यह एक पद्धति है। सीखने के लिए वह कल्पनाशक्ति का ही अनुसरण करता है।

तीन वर्ष के बालक का निरीक्षण करने पर पता चलता है कि वह किसी-न-किसी कार्य में लीन रहता है। उसके अचेतन मन में जो भी चित्र होता है, उसे जाग्रत मन द्वारा आकार देने का प्रयास करता है। बाह्य जगत् के अनुभवों के द्वारा, खेलते-खेलते उसने जो कुछ ग्रहण किया होता है, वह उसकी जाँच करना चाहता है।

बालक अंत:स्फूर्ति से प्रेरित होता है। वह सब अपने हाथों से करता है, पहले खेल-खेल में और फिर प्रत्यक्ष में व्यावहारिक कार्य करते हुए। 'क्रिया', मनुष्य की बुद्धिमत्ता को प्रकट करने का एक माध्यम है। प्रयोग करते-करते बालक अपने व्यक्तित्व को पहचानता है, किंतु वह भी सीमित ही होगा, क्योंकि अचेतन और सुषुप्त मन के विश्व की अपेक्षा जानकारियों का विश्व बहुत सीमित होता है।

नूतन मार्ग

प्रकृति बालक को सदैव सुरक्षा देने के लिए प्रयत्नशील होती है। बालक, प्रेम का ही परिणाम है। जन्म के बाद माता-पिता के प्रेम में वह बड़ा होता है। प्रकृति माता-पिता के अंदर बालक के प्रति प्रेम का झरना प्रवाहित करती है।

अपनी आज की वैज्ञानिक सिद्धियों के फलस्वरूप सिद्धांत या शोध जीवन के रहस्यों को उजागर करने में सहायक नहीं होते। वे अपनी जीवन संबंधी समझ में मात्र थोड़ी-सी वृद्धि करते हैं।

अपने लिए ग्रहणशील मन ही महत्त्वपूर्ण बात है। प्रौढ़ अवस्था में उसके द्वारा ही मनुष्य किसी भी सामाजिक परिस्थिति, व्यवस्था, वातावरण या देश के साथ अनुकूलन स्थापित कर सकता है। इस प्रकार देखें तो भारत में जीवन के

प्रति दृष्टिकोण इतना विशाल है कि पशु-पक्षियों के प्रति भी लोगों के हृदय में समभाव है। उदाहरणार्थ, एक गाय के प्रति भारतीय व्यक्ति में जो पूज्यभाव है, वह यूरोपवासियों में नहीं है। यह भाव एक संस्कारपूर्ण विरासत का परिणाम है। हम भले कुछ भी मानें, किंतु बालक ने आस-पास के वातावरण से जो ग्रहण किया है, उसी का परिणाम है।

एक मोंटेसरी विद्यालय के पास के बाग की देखी हुई एक घटना याद आती है। लगभग दो वर्ष का एक हिंदू बालक जमीन की ओर देख रहा था और उँगली से जमीन पर रेखा बना रहा था। एक चींटी उसके दो टूटे पैरों के कारण कठिनाई से जमीन पर खिसक रही थी। बालक को उसकी पीड़ा का ध्यान आया होगा और रेखा खींचकर चींटी का मार्ग सरल बनाने का, उसकी पीड़ा कम करने का प्रयास कर रहा होगा। स्पष्ट रूप से कोई भी कह सकता है कि इस बालक को जीव-जंतुओं के प्रति प्रेम विरासत में मिला होगा।

बचपन का समय अत्यधिक महत्त्वपूर्ण होता है। नए विचारों के प्रवर्तन के लिए, लोगों में नूतन चेतना जगाने के लिए, बालक ही उत्तम माध्यम है। इसके लिए वयस्क बहुत उपयोगी नहीं होंगे। समाज को प्रभावित करने के लिए हमें शिशु अवस्था पर ही ध्यान केंद्रित करना चाहिए। मनुष्य जाति का निर्माण ये शिशु ही कर सकते हैं। इस हेतु हमें उनके लिए आवश्यक कारक जुटाने चाहिए। शिशु स्रष्टा की तरह ही, उसमें विद्यमान अनंत संभावनाओं के द्वारा मानवजाति में परिवर्तन ला सकता है। बालक हमारे अंदर नई आशा को जन्म देता है। नवीन दृष्टि देता है। इसी से मानव जाति को समझदार बनाने और उसके कल्याण और आध्यात्मिक विकास में शिक्षक का विशाल योगदान है।

यदि बालक को किसी भी प्रकार की रोक-टोक के बिना सहज विकास करने का अवसर प्रदान किया जाए तो वह जीवन को सहज रूप से आनंदमय बना सकता है। बालक सदैव उत्साही रहता है। आनंद से सराबोर होता है। उसके उत्साह और अंत:स्फुरण को मृत्यु ही रोक सकती है।

ऊपर से बालक को स्वावलंबी होना भी अच्छा लगता है। वस्तुओं को स्वयं उठाना, स्वयं कपड़े पहनना, उतारना आदि। इसमें भी उसे यदि कोई कुछ सहयोग दे तो उसे अच्छा नहीं लगता। उसकी सक्रियता इस स्तर पर होती है कि हमारी सामान्य प्रतिक्रिया भी उसकी अवरोधक बन सकती है। बालक के विकास में अवरोधक बनकर हम प्रकृति की व्यवस्था में विक्षेप डालते हैं। प्रकृति स्वयं बालक में उसके नियमानुसार इच्छाशक्ति जगाती है।

बुद्धि और हाथ

मनुष्य से निम्न कक्षा के प्राणियों में दो हाथ और दो पैर, यानी कि चार अंगों का विकास एक साथ ही होता है, किंतु मनुष्य में ऐसा नहीं होता। इस विषय का अध्ययन बताता है कि हाथ और पैर दोनों अंगों के कार्य भिन्न हैं।

बालक की बुद्धि का विकास उसके हाथ की सहायता के बिना एक निश्चित क्षमता तक हो सकता है, किंतु इस विकास में यदि हाथ का उपयोग किया जाए तो विकास तेजी से होता है। बालक का चरित्र भी उच्च बनता है।

विकास और अनुकरण

बालक को संतों और वीर पुरुषों की कथाएँ सुनाई जाएँ या उनके समक्ष पढ़ी जाएँ। ऐसी मान्यता है कि इससे बालक भी ऐसा ही वीर और सद्‌गुणयुक्त बनेगा किंतु चेतना के विकास के बिना यह असंभव है। मात्र अनुकरण से महान नहीं बनाया जा सकता। इन बातों से आकांक्षा या रुचि जाग्रत की जा सकती है। उच्च स्तर से व्यक्तित्व निर्माण के प्रयत्नों को बल मिल सकता है, किंतु उच्च सिद्धियाँ प्राप्त करने के लिए व्यापक प्रशिक्षण आवश्यक है।

प्रकृति दर्शाती है कि शिक्षा क्षेत्र में अनुकरण के लिए कुछ पूर्व तैयारी आवश्यक है। बालक का पहला प्रयास अनुकरण नहीं होता, किंतु अनुकरण के लिए योग्यता प्राप्त करना होता है। वह अपनी इच्छानुसार स्वयं को ढालने का प्रयास करता है। प्रकृति भी मात्र अनुसरण की नहीं, स्वपरिवर्तन की शक्ति भी देती है। एक शिक्षक के रूप में यह जानना आवश्यक है कि किस बिंदु पर सहायता देना आवश्यक है ?

छोटे बालक का सूक्ष्मता से निरीक्षण करने पर पता चलता है कि वह कुछ-न-कुछ करता रहता है।

विभिन्न क्रियाकलापों के माध्यम से बालक की 3 से 6 वर्ष की आयु का समय रचनात्मक सिद्धि का होता है। हम बड़ों के संसार में हमारी आवश्यकताओं की पूर्ति होती है। किंतु बालक के लिए भी कुछ है क्या ? बालक अपने स्वयं के शून्य जगत् में मानो उद्देश्यहीन बना रहता है। अपने खिलौनों की तोड़-फोड़ में व्यस्त रहता है। आत्मसंतोष प्राप्त करने के लिए वह उथल-पुथल होती है। किंतु बड़े लोग बालक की वास्तविक आवश्यकताओं को समझने में पूर्णतः असफल रहते हैं।

बालक की विशिष्टताएँ हैं खेलना, कल्पना में भ्रमण करना और लगातार प्रश्न करते रहना। छह वर्ष से नीचे का समय अत्यधिक निर्णायक होता है। इस काल में बालक की जिन शक्तियों का विकास होता है, वह जीवन में स्थायी रूप से प्रभावी बन जाता है। कितनी भी उच्च और सघन शिक्षा हो, परंतु बचपन में बन गई आधारशिला को बदला नहीं जा सकता और इसी से इस आयु से ही समाजोन्मुख शिक्षा की आवश्यकता है।

बालक को कोई वस्तु दिखाई जाए, कोई विचार दिया जाए या किसी वस्तु का निरीक्षण करने को कहा जाए तो बालक उत्साह से उसमें जुड़ता है। वह इन सूक्ष्म बातों के प्रति बहुत संवदेनशील होता है। उसे विभिन्न पत्तों, फूलों के रंगों या वस्तुओं के आकार की विविधता परखने में बहुत आनंद आता है। ये सारी बातें समझ और रुचि से विकसित हो सकती हैं। अच्छे शिक्षक की अपेक्षा प्रशिक्षित बुद्धि अधिक आवश्यक है।

मोंटेसरी प्रणाली के बारे में ऐसा कहा जाता है कि उसके द्वारा बालक अध्यात्म का अध्ययन करते हैं और पूर्णता व आत्मिक उन्नति के मार्ग पर अग्रसर हो रहे हैं। हिंदू दर्शन के पवित्रतम ग्रंथ गीता में उद्‌बोधित सिद्धांतों का इस कार्य द्वारा स्मरण होता है।

चरित्र विकास बालक की अपनी सिद्धि है

हमारी इच्छानुसार बालक गुणों का विकास कर अपने चरित्र का विकास करता है। हमारे द्वारा दिए गए उदाहरणों या उपदेशों से नहीं, किंतु दीर्घकाल तक धीमी गति से चलते रहने वाली गतिविधियाँ बालक के व्यक्तित्व का निर्माण करती हैं। 6 से 12 वर्ष की आयु में ही बालक में विवेक-बुद्धि का विकास होता है और उसके कारण बालक अच्छे-बुरे का भेदपरख सकता है, किंतु राष्ट्रभक्ति, सामाजिक या धार्मिक आदर्श जब बालक ग्रहण करता है, तब अनेक संभावनाएँ रहती हैं। 6 वर्ष के बाद बालक चरित्र और गुणों का विकास स्वाभाविक रूप से नहीं कर पाता।

वर्तमान शिक्षा एक प्रकार से शोषण ही करती है। वह लघुता को जन्म देती है और कृत्रिम रूप से मनुष्य की शक्ति को क्षीण करती है। आज की शिक्षा मनुष्य के उच्च गुणों पर नहीं, अपितु निम्नता पर आधारित है।

मोंटेसरी प्रणाली में बालक स्वैच्छिक रूप से कार्य को चुनता है और सुचारू रूप से उसे पूरा करता है। वर्षों तक नियमित रूप से वह इसी प्रकार कार्य करता है। बड़ों की बात करें तो स्वयं क्या करना चाहते हैं ? वह यह भी नहीं जानते।

व्यक्ति को उसके विकास के साथ जोड़ने का प्रयास विद्यालयों में होना चाहिए। अधिकांश शिक्षक यह मानते ही

नहीं कि बालक एक क्रियाशील विद्यार्थी है। वे मार्गदर्शन देते हैं, प्रोत्साहित करते हैं या अच्छे कार्यों की प्रशंसा और भूलों के लिए दंड देते हैं। पुरुषार्थ जगाने के लिए स्पर्धाओं का सहारा लिया जाता है।

ऊपर से बालक से हमेशा कहा जाता है, 'यहाँ मत खेलो', 'ध्वनि मत करो', 'दूसरों के काम में बाधा मत डालो', 'कहा न जाए तब तक बोलो मत' आदि नकारात्मक वाक्यों के बाण ही छोड़े जाते हैं। शिक्षक यह निर्देश देना आवश्यक समझते हैं, 'यह मत करो', 'वह करो'। किंतु बालक का आकर्षण तो अच्छा करने में ही होता है। अयोग्य को दूर करने की उनमें वृत्ति ही नहीं होती।

प्रतिदिन के तय समय में किए गए काम करना, यह अवरोध खड़ा करने वाली बात है। यह व्यवस्था बालक की रचनात्मक शक्ति में सहायक नहीं होती। हमें बालक को समझना पड़ेगा। बालक सक्रियता में ही प्रसन्न रहता है। उसके मन में परिश्रम का महत्त्व होता है। पीड़ित को शांति देने और अशक्त को सहायक बनने में उसे सार्थकता का अनुभव होता है।

पुनः यह समझना आवश्यक है कि तीन से छह वर्ष के शिशुओं की कार्यशीलता द्वारा उसके भावी जीवन का भवन खड़ा किया जा सकता है।

गर्भावस्था से पाँच वर्ष तक की विकास प्रक्रिया

बालक के जीवन के प्रथम पाँच वर्ष उसके जीवन की नींव के समान होते हैं। नींव कच्ची तो भवन निर्बल। अक्षम भवन टिकाऊ नहीं बन सकता। मनुष्य जीवनपर्यंत जो कुछ भला-बुरा, सही-त्रुटिपूर्ण, कम-ज्यादा, प्रिय-अप्रिय कार्य करता है, उसके बीज तो इन पाँच वर्षों में ही बोए जाते हैं। मानव की प्रकृति, वृत्ति, प्रवृत्ति, उसके शरीर का गठन, शारीरिक शक्ति, उसकी सभी मानसिक एवं बौद्धिक शक्तियाँ, उसकी चेतना के विकास का स्तर, उसके मन में आनंद-दुःख की अनुभूति एवं उसको पाने की इच्छा आदि सभी का बीजारोपण प्रथम पाँच वर्ष की आयु में ही होता है। बाद में तो जैसा बीज, वैसी निष्पत्ति जीवनभर होती है।

भारतीय जीवन दर्शन अनुसार, हमारे शास्त्रों ने मनुष्य जीवन को तीन भागों में विभाजित किया है—

- गर्भावस्था से पाँच वर्ष तक।
- छह वर्ष से पंद्रह वर्ष तक।
- सोलह वर्ष से जीवन के अंत तक।

मानव की संपूर्ण विकास प्रक्रिया मनोवैज्ञानिक पद्धति पर आधारित है। गर्भावस्था में 5 वर्ष तक बालक की संस्कार ग्रहण की क्षमता सबसे ज्यादा होती है। यह संस्कार प्रक्रिया माता-पिता एवं परिवार के सदस्यों के माध्यम से होती है। अतः इस समय में इन परिवारजन को क्रियाशील रहना चाहिए। बालक क्रियाशील होता नहीं है। वह तो अनुकरणशील होता है। इस अवस्था में बालक के चित्त पर संस्कारों का आरोपण होता है। बालक की विकास प्रक्रिया में गीत, खेल, कहानी, बुजुर्गों का साथ एवं अनुकरण आदि प्रेरणा के साधन या केंद्र होते हैं। अतः माता-पिता की मुख्य भूमिका रहती है कि बच्चे को कैसे वातावरण में रखा जाए?

6 से 16 वर्ष की आयु में विकास का माध्यम शिक्षा है। प्रथम काल में प्राप्त संस्कार, दूसरे काल में शिक्षा का आधार बनता है। शिक्षा के इस समय में बालक को स्वयं क्रियाशील रहना है। इस समय में आचार्य (शिक्षक) का महत्त्व होता है। प्रथम समय का संस्कार केंद्र घर है, जबकि दूसरे समय का केंद्र विद्यालय।

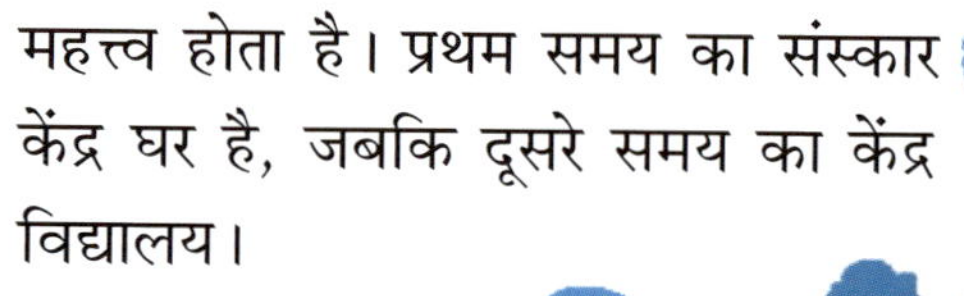

तृतीय भाग में 16 वर्ष से जीवनपर्यंत, व्यक्ति ने प्रथम एवं द्वितीय भाग में जो संस्कार, ज्ञान, शिक्षा प्राप्त की हैं, उनको कार्य रूप में परिणत करता है, प्रयोग करता है। ज्ञान को परिपक्व करता है। प्रथम भाग को (गर्भावस्था से पाँच वर्ष) छह विभागों में विभाजित किया गया है—

(क) गर्भाधान (गर्भावस्था)

(ख) जन्म समय

(ग) जन्म के बाद के दो मास

(घ) दो मास से छह मास

(ङ) सात मास से तीन वर्ष

(च) तीन से पाँच वर्ष

(क) गर्भाधान का वर्णन पूर्व में हो चुका है। गर्भावस्था का भी विस्तृत उल्लेख हो चुका है।

(ख) जन्म समयः

जन्म समय के वातावरण का बहुत महत्त्व है। जिस स्थान में जन्म होता है, उस स्थान की शुद्धता, पवित्रता और सात्विकता का बहुत बड़ा प्रभाव बालक के चित्त पर अंकित होता है। जन्म के समय का प्रथम स्पर्श, प्रथम ध्वनि, प्रथम गंध, प्रथम दृश्य का अनुभव बहुत गहरा होता है और आजीवन साथ रहता है। इसलिए सर्वप्रथम सत्वशील व्यक्ति का ही प्रथम स्पर्श हो, इसका ध्यान रखना चाहिए। जन्म के तुरंत बाद जातकर्म संस्कार होते हैं। बालक के दाहिने कान में 'ॐ वेदोऽसि' यह प्रथम शब्द बोलना चाहिए। जन्म के तुरंत बाद किसी अपरिचित व्यक्ति के हाथ में बालक को नहीं देना चाहिए। जन्म स्वाभाविक प्रक्रिया से होना चाहिए। शल्यक्रिया नहीं करनी चाहिए। शिक्षित लोगों के अज्ञान के कारण आज घरों के स्थान पर चिकित्सालयों में जन्म होने लगे हैं, परंतु इस विषय का ज्ञान बढ़ाकर व्यवस्थाओं में परिवर्तन करने की आवश्यकता है।

(ग) जन्म से 60 दिनः

जन्म के बाद दो दिन बालक लेटा ही रहता है। दो दिन के बाद हाथ और पैरों की हलचल शुरू होती है। वह बिना कारण से ही हलचल करता है। 8–10 दिन में नाभिनाल सूखकर झड़ जाती है। एक मास में शरीर की विशेष हलचल शुरू होती है। अभी वह सर और गरदन स्थिर नहीं रख सकता है। दिन में अधिकांश समय सोया रहता है। अपने-आप बिना कारण हँसता है। हाथ की मुठ्ठी बंद रखता है। सर और गरदन गोल होते हैं। शरीर आरामदायक स्थिति में रहता है। अधिक प्रकाश और तेज ध्वनि देख या सुन नहीं सकता है। इस समय उसे झुलाना चाहिए। श्रवणेंद्रिय और स्वादेंद्रिय सक्रिय होने लगती है।

जन्म के बाद प्रथम दस दिन बालक को 'नवजात' बालक कहते हैं। इस अवस्था में उसकी ज्ञानेंद्रियाँ बहुत कोमल होती है। वे थोड़ा भी आघात सह नहीं सकती हैं। इसलिए बालक को प्रसूतिगृह के बाहर नहीं ले जाना चाहिए। दस दिन के बाद छह मास का होने तक बालक को 'क्षीराद शिशु' कहते हैं। 'क्षीराद' का अर्थ है 'क्षीर अर्थात् दूध पीने वाला'। इस समय में केवल माता का दूध ही बालक का आहार होता है। बारहवें दिन उसका नामकरण संस्कार होता है, बालक का नाम प्राकृतिक, गुणदर्शक एवं देवी-देवताओं के नाम पर होने से लाभ होता है।

चालीस दिन के बाद बालक को घर से बाहर ले जाया जाता है। प्रथम देवदर्शन, बाद में सूर्यदर्शन और बाद में लोकदर्शन करवाया जाता है। इसे 'निष्क्रमण संस्कार' कहते हैं।

60 दिन तक बालक अपने आप कुछ नहीं कर सकता है। केवल पीठ के बल लेटा रहता है। दूध पीता है, मल-मूत्र त्याग करता है। आहार और निद्रा, ये दो वृत्तियाँ ही सक्रिय होती हैं।

इस समय यह माता के स्पर्श, माता के हृदय की धड़कन, माता के मनोभावों को अनुभव कर सकता है। इस समय उसकी संस्कार ग्रहण प्रक्रिया अतिशय तीव्र गति से चलती है।

(घ) दो मास से छह मास तकः

दो मास के बाद बालक उलटा होने का प्रयास करने लगता है। मुँह से ध्वनि निकालना शुरू करता है। उसकी दृष्टि स्थिर होने लगती है। वह ध्वनि सुनने लगता है। इस समय उसके पालने पर चित्र बाँधने चाहिए। अब

यह व्यक्तियों को पहचानने लगता है। तीसरे मास में उसके साथ बातचीत करनी चाहिए। अब वह वस्तु को हाथ से पकड़ने लगता है, परंतु स्थिरता न होने से हाथ से वस्तु गिर जाती है। उसका नाम देकर बुलाने से वह प्रतिभाव देता है। मुँह से अ, आ, ॐ जैसी आवाजें करता है। चौथे मास में वह पेट के बल उलटा हो सकता है। हँसता है। स्वादेंद्रिय का और भी विकास होता है। साइकिल चलाने जैसा पैर हिलाता है। कभी-कभी माताएँ पैरों को बाँध देती हैं, परंतु ऐसा नहीं करना चाहिए। ऐसा करने से व्यायाम नहीं हो पाता, जो अभी बहुत आवश्यक होता है। पाँचवें मास में वह उलटा होकर सिर उठा सकता है। बैठने के समय भी मेरुदंड सीधा रख सकता है। पैर का अँगूठा पकड़कर मुँह में डालता है। ध्वनि सुनकर उसकी दिशा में देखता है। इच्छित वस्तु न मिलने पर रोता है। दर्पण में देखकर हँसता है। अपनी चीजों को हाथ से थपकियाँ लगाता है।

छठे मास में कुछ-न-कुछ सहारा लेकर बैठने लगता है। घुटनों के बल चलता है। वस्तु को एक हाथ से दूसरे हाथ में लेता है। प्याले से दूध पीता है। जीभ बाहर निकालता है। हास्य, खाँसी, पुकार आदि का अनुकरण करता है। दाँत निकलना शुरू होता है। उदर की माँसपेशियाँ सुदृढ़ होती हैं। इस समय उसका 'अन्नप्राशन संस्कार' होता है। अब उसे 'श्रीरान्नाद शिशु' कहते हैं, क्योंकि उसका पोषण दूध और अन्न दोनों से होता है। इस समय माता के दूध के साथ-साथ गाय का दूध भी देना चाहिए।

(ङ) सात मास से तीन वर्ष:

बालक हाथ के बल छाती और पेट को ऊपर उठाता है। अपने आप ही सीधा और उलटा होता है। वस्तु हाथ में पकड़कर खा सकता है। बड़ी चीज हाथ में पकड़ने का प्रयास करता है। खाने की इच्छा नहीं होने से मुँह बंद कर लेता है। बा, मा, का जैसे एकाक्षरी शब्द बोलता है। पैरों पर शरीर का भार उठाकर खड़ा रह सकता है। आठ मास का बालक बिना आधार लिये बैठ सकता है। पकड़कर चलने का प्रयास करता है। कुछ दूरी पर से खिलौना ला सकता है। स्मरणशक्ति विकसित होने लगती है। माँ, दादा, मामा जैसे द्विअक्षरी शब्द बोलता है।

नौ महीने का बालक किसी सहारे को पकड़कर खड़ा हो जाता है, पकड़कर चलता है, हथेली और उँगली से चीज पकड़ता है। वस्तु उठाता है और फैंकता है। अच्छे-बुरे का अंतर समझने लगता है। भविष्य में उसका जो स्वभाव विकसित होना है, उसके लक्षण प्रकट होने लगते हैं। सब सुन सकता है। अपरिचित लोगों को पहचानने लगता है। इच्छित वस्तु प्राप्त करने के लिए जिद करता है। उसके चित्ततंत्र पर संगीत का प्रभाव सर्वाधिक होता है। अच्छा संगीत सुनते ही रोना बंद कर देता है। हाथ में घंटी पकड़कर बजा सकता है। उसके समक्ष जो भी क्रियाएँ होती हैं, उन्हें ध्यान से देखता है, सुनता है और अनुभव करता है। कपड़े पहनते समय अनुकूल बनता है अर्थात् कुर्ता पहनते समय हाथ उठाता है, नेकर पहनते समय पैर उठाता है। बारहवें मास में स्वस्थ बालक चलने लगता है, वाक्य बोलने का मिथ्या प्रयास करता है। चीख, पुकार, वार्तालाप, अभिनय आदि का अनुकरण करता है। खिलखिलाकर हँसता है। हर समय क्रियाशील रहता है।

डेढ़ वर्ष का होते-होते दो पैरों पर चलता है। चीजें फेंकता है। लज्जा करता है। चीजों को पहचानता है और बताता है।

तेरहवें से पंद्रहवें महीने में बालक बिना आधार के भी चलने लगता है। पंद्रहवें मास के बाद सीढ़ी चढ़ने का प्रयास करता है, जूते पहनना पसंद करता है। बड़े जूते पहनने में विशेष आनंद का अनुभव करता है। हाथ में प्याला पकड़कर पानी पी सकता है। प्याला रख सकता है। अपने हाथ से खाना चाहता है। चम्मच से खाने का प्रयास करता है, परंतु खा नहीं सकता। रंगीन पेंसिल से रेखाएँ खींचता है। डिब्बे में वस्तु भरता है और निकालता है। मल-मूत्र विसर्जन के लिए संकेत करता है।

डेढ़ वर्ष का होने पर छलाँगे लगाता है। चैन खोलता है। पैरों से मोजे निकालता है। शरीर के अंग पहचानता है। सूचना का पालन करता है। ताली बजाता है। वस्तु को खींचता है, धकेलता है, हँसता है।

दो वर्ष का होते-होते दौड़ता है। गेंद को पैर से ठोकर मार सकता है। सोफे पर चढ़ता है। दरवाजे की स्टॉपर बंद कर देता है, खोलता है। गुड़िया को कपड़े पहनाता है। उसे झुलाता है। माता के हर काम में सहभागी होना चाहता है। अलमारी खोलता है, बंद करता है। चित्र देखता है। जानना चाहता है। तीन पहियों की साइकिल चलाता है। अनुकरण करके शब्द बोलता है। जूते-मोजे निकालता है। अपना नाम बता सकता है। ज्ञानेंद्रियाँ अधिक सक्रिय होती है। स्वाद की रुचि-अरुचि निर्मित होती है।

इस अवस्था में विशेष ध्यान देने लायक बातें इस प्रकार हैं—

- ज्ञानेंद्रियों की क्रियाशीलता बढ़ती है, इसलिए बालक को अनुभव करने के अवसर उपलब्ध कराने चाहिए और उसे अनुभव समृद्ध बनाना चाहिए। अनुभवों के माध्यम से संस्कार होते हैं। इसलिए जो भी संस्कार देना चाहते हैं, उसके अनुभव देने चाहिए।
- कर्मेंद्रियाँ भी क्रियाशील बन रही होती हैं, इसलिए काम करने में उसकी सहायता करनी चाहिए।
- उसके आहार और निद्रा का विशेष ध्यान रखना चाहिए। आहार से शरीर का पोषण होता है, साथ में संस्कार भी होते हैं। इसलिए माता को संस्कार पक्ष पर अधिक ध्यान देना चाहिए। इसी समय रुचि का भी निर्माण होता है। इसलिए हानिकारक खाद्य पदार्थों की रुचि का निर्माण न हो, इसकी ओर भी विशेष ध्यान देने की आवश्यकता है।
- इस अवस्था में भय की वृत्ति जाग्रत होती है। इसलिए हर प्रकार से उसकी सुरक्षा करनी चाहिए।
- बालक की हर इच्छा की पूर्ति करनी चाहिए। क्रोध नहीं करना चाहिए। हर प्रकार से उसका सम्मान करना चाहिए।
- बालक के कपड़े, खिलौने और अन्य वस्तुएँ संस्कारक्षम होना जरूरी है।
- उसे टी.वी. से दूर रखना चाहिए।
- असत्य, लालसा, द्वेष, क्रोध, लोभ आदि की अभिव्यक्ति उसके सामने नहीं होने देना चाहिए।
- उसे शुद्ध, शालीन, शिष्ट और सुसंस्कृत भाषा सुनाई देनी चाहिए।
- बालक प्रातः जल्दी जाग जाता है। यह आदत अच्छी है। उसे दबाव से सुलाकर उसकी आदत नहीं बिगाड़नी चाहिए।

(च) तीन से पाँच वर्षः

अब विकास की गति बढ़ती है। वह सीढ़ी चढ़ना-उतरना सीखता है। एक पैर से छलांग लगाता है। पशु-पक्षी, फूल-फल आदि के चित्र देखकर याद रख सकता है। एक-दो मिनट के लिए स्थिर बैठ सकता है। आँखें बंद करके भी बैठ सकता है। कहानी सुनना अच्छा लगता है। चित्र बनाता है। रंग पहचानता है। रस्सी पकड़ कर चढ़ता है। ऊँचाई से कूदता है। सुबह-शाम पहचानता है। संक्षेप में, अपने आसपास की दुनिया में रुचि लेने लगता है और उसे पहचानने लगता है। सूचनाएँ समझता है और पालन कर सकता है। अनुकरणशीलता और ग्रहणशीलता अद्‌भुत होती है। निर्माण कार्य में बहुत रुचि लेता है।

इस अवस्था में ध्यान देने योग्य बातें—

(अ) आहारः

- बालक को फल, सब्जी, दूध, विविध प्रकार के व्यंजन खाने की आदत डालनी चाहिए।
- चाय, कॉफी, शीत पेय, ब्रेड, बिस्किट, चॉकलेट, कुरकुरे आदि से सुरक्षा करना भी बहुत आवश्यक है।
- बाजार के पदार्थ भूल से भी नहीं देने चाहिए।
- नीचे बैठकर, पालथी लगाकर उचित पद्धति से भोजन करने के संस्कार देने चाहिए।
- एक हाथ से, दाहिने हाथ से खाना सिखाना चाहिए।
- आहार का समय भी निर्धारित करना चाहिए और उसका भी अभ्यास कराना चाहिए। बार-बार जब चाहे खाने की आदत ठीक नहीं होती है।
- हमेशा ताजा और गरम आहार देना चाहिए।

- माता को अपने हाथ से बनाया हुआ भोजन पास बैठकर करवाना चाहिए। घर के सब लोगों को साथ में भोजन करने के लिए बैठना चाहिए।
- भोजन शुद्ध सामग्री से बना हुआ होना चाहिए।
- भोजन के साथ पवित्रता और प्रसन्नता के भाव जुड़े हुए होने चाहिए और उसके संस्कार होने चाहिए।

(ब) निद्राः

- तीन से पाँच वर्ष के बालक को दस से ग्यारह घंटे की निद्रा की आवश्यकता होती है।
- बालक को रात्रि में आठ से नौ बजे सुलाना चाहिए। प्रातः पाँच बजे के आस-पास उसको जागना चाहिए।
- सोते समय अनिवार्य रूप से कहानी बतानी चाहिए या लोरी गानी चाहिए।
- फोम की गद्दी पर नहीं सुलाना चाहिए।
- शयनकक्ष में ए.सी., कूलर आदि नहीं होने चाहिए। खिड़की खुली रहनी चाहिए।
- उसे मुँह ढँककर सोने की आदत नहीं डालनी चाहिए।
- सोते समय नाक आदि साफ करना चाहिए, ताकि वह मुँह खुला रखकर मुँह से श्वास न ले।
- प्रातःकाल बालक अपने आप जागे, ऐसा वातावरण बनाना चाहिए। उठते समय उसे शांत वातावरण और मधुर संगीत का अनुभव होना चाहिए।
- माता को बालक के पास सोना चाहिए।

(स) भय एवं विहारः

- इस आयु में बड़े गंभीर रोग लगने की संभावना नहीं होती है। परंतु सामान्य स्वास्थ्यकारक आदत डालने की बहुत आवश्यकता होती है।
- इस आयु में कफ, जुकाम, खाँसी, कब्ज, शौच, उलटी, फोड़े-फुंसी आदि का उपद्रव रहता है। इस समय डॉक्टर के पास भागने की आवश्यकता नहीं होती। पथ्य और घरेलू उपचार पर्याप्त होते हैं। बालक के शरीर को दवाइयों की आदत नहीं डालनी चाहिए।
- छोटी-मोटी बीमारियों में भारी औषधि देना स्वास्थ्य के लिए हानिकारक होता है। औषधि हल्का रखकर शरीर की प्रतिकार शक्ति बढ़ाने का प्रयास करना चाहिए।
- ऋतु परिवर्तन के काल में स्वास्थ्य विषयक अनियमितता होना स्वाभाविक है। उस समय के लिए सावधानी और उपचार दोनों का ज्ञान माता को होना आवश्यक है।

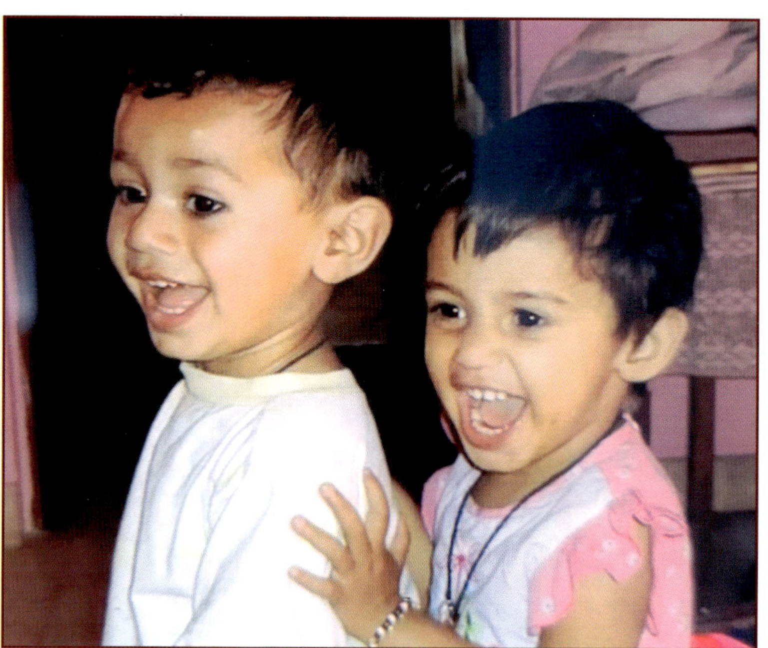

- शरीर स्वास्थ्य हेतु तेल मालिश, सूर्यस्नान, जलस्नान भी अच्छी तरह से होना चाहिए।
- दाँत, नाखून, बाल, हाथपैर आदि की स्वच्छता की ओर विशेष ध्यान देना चाहिए।
- श्वासोच्छवास की प्रक्रिया की ओर ध्यान देना चाहिए।
- बालक को कुत्ता, बिल्ली, भूत, डॉक्टर आदि का भय नहीं दिखाना चाहिए।
- बालक का आत्मविश्वास बढ़ाना चाहिए। छोटी-मोटी क्रियाएँ उसे स्वयं करने देना चाहिए।

- बालक की जिज्ञासा एवं कौतूहल वृत्ति को संतुष्ट करना चाहिए।

समापन : जन्म से पाँच वर्ष तक बालक स्वयं के विकास के लिए बहुत प्रयत्नशील होता है। यह प्रयत्न वह अंत:प्रेरणा से करता है। अपनी जिज्ञासा को संतुष्ट करने के लिए वह अथक परिश्रम करता है। परिश्रम के फलस्वरूप जब वह कोई कार्य करने में यशस्वी होता है, तब उसे बहुत आनंद का अनुभव होता है। यह उसकी जीवन साधना है। इस साधना के लिए सर्वप्रकार से अनुकूलताएँ निर्माण करना माता-पिता और परिवार के अन्य सदस्यों का दायित्व है।

क्या करने से ?	क्या होगा ?
बालक को नियमित मंदिर ले जाया तो	धार्मिक भावनाओं का विकास होगा।
घर के सभी सदस्य व्यवस्थाप्रिय हों तो	बालक भी व्यवस्थाप्रिय बनेगा।
बालक को यदा-कदा पर्वत, नदी, वृक्षों के प्राकृति वातावरण में ले जाया जाए तो	बालक की दृष्टि व्यापक होगी।
प्रतिदिन गाय या कुत्ते को रोटी डालने की प्रथा घर में हो तो	बालक में दयाभाव का विकास होगा।
यदि घर में आतिथ्य का वातावरण हो तो	बालक विनम्र बनेगा।

बालक के संगोपन में माता-पिता की भूमिका

माता-पिता के सद्विचार, सद्वर्तन, संयमित एवं भक्तिपूर्ण आस्तिक जीवन शिशु के विकास का मुख्य आधार है। उपदेश बालक के लिए निरुपयोगी बात है। केवल अपने आश्रय रूप, अत्यंत प्रिय एवं अत्यंत विश्वासपात्र बुजुर्गों का बच्चे सीधा अनुकरण एवं अनुसरण करते हैं। आप कैसा बालक चाहते हैं ?

आप पहले वैसे माता-पिता बनो, वैसा बोलो, वैसा आहार लो, वैसा व्यवहार करो एवं सीधा परिणाम प्राप्त करो।

माता-पिता की चिंता एवं उसके कारण

किन माता-पिता को उनकी संतान अच्छी, सद्गुणी, विवेकी, बने यह अच्छा नहीं लगता ? लेकिन उनका अपनी संतान को लेकर असंतोष बना रहता है। उनकी शिकायत होती है—हमारा कहा नहीं मानते, पढ़ने में ध्यान नहीं देते, मित्रों के साथ दिनभर खेलते रहते हैं, भटकते रहते हैं, बस दिनभर टी.वी. देखते रहते हैं, बहुत जिद्दी हो गया है आदि। कई बार तो बच्चों के व्यवहार से ऊबकर चीखने-चिल्लाने भी लगते हैं। इसकी जगह तो पेट में पत्थर जन्मा होता तो अच्छा था।

माता-पिता प्राय: भूल जाते हैं कि घर में जो नया शिशु अवतरित हुआ है, वह अनेक जन्म-जनमांतर के संस्कार, वासनाएँ, अपेक्षा, प्रकृति, इच्छा-अनिच्छाएँ आदि लेकर आया है। माता-पिता, संतान कैसी है ? यह नहीं जानते हैं, यह स्वाभाविक भी है। परंतु वह भविष्य में बहुत बड़ा व्यक्ति बने, यह तो सभी माँ-बाप चाहते हैं।

विकासलक्षी मानस का अभाव

सामान्यत: संस्कारी माने जाने वाले समाज में माता-पिता का जीवन व्यवहार दो प्रकार की मनोवृत्ति प्रकट करता है। उनकी एक मनोवृत्ति अर्थात् वर्तमान भोगवाद के प्रचलित प्रवाहों में, जाने-अनजाने खींचते जाने वाले माता-पिता चाहते हैं कि उनकी संतान पद, पैसे, प्रतिष्ठा इत्यादि प्राप्त कर सुखी हो जाएँ। दूसरी मनोवृत्ति यह कि उनकी अनुकूलता के अनुसार स्वीकृत, धार्मिक, पूजा-पाठ, देवदर्शन आदि के संस्कारों का उन पर पड़ा हुआ प्रभाव और उसके कारण वे स्वयं धार्मिक एवं संस्कारी होने का आत्मसंतोष धारण करते हैं।

वास्तव में इन दोनों में से एक भी वृत्ति विकासलक्षी नहीं है। माता-पिता के इस प्रकार के जीवन व्यवहार को देखकर, उनका अनुकरण करने वाले बच्चों में एवं उनके माता-पिता

में न ही सद्गुण या सदाचार की सुगंध होती है, न ही मन की प्रसन्नता, शांति एवं तृप्ति का परितोष।

भोगप्रधान अर्थात् पद, पैसा एवं प्रतिष्ठा की वृत्ति, व्यक्ति को सुखी बनाने के स्थान पर स्वार्थी, स्वकेंद्रित एवं भावशून्य बनाती है। परंपरागत, बिना सोचे-समझे, तथाकथित धार्मिक संस्कार व्यक्ति को अंधश्रद्धायुक्त एवं शंकालु बनाते हैं। अधिकांशतः लोगों के पाठ-पूजा, देवदर्शन आदि ईश्वर को साध्य न मानकर, भगवान को सुखोपभोग देने का साधन मानकर होते हैं। परिणामतः ऐसे लोगों का मानस संकुचित, भीरु, दंभी एवं दिखावे में जीने वाला होता है। इतना ही नहीं, माता-पिता भी उनके गत जन्मों के संस्कार, अपेक्षाओं, स्वभाव आदि लेकर ही आए होते हैं एवं इस जन्म में इस प्रकार की मनोवृत्ति से युक्त होने वाला व्यवहार बालमानस पर विकासलक्षी प्रभाव करने के स्थान पर बालक के अनेक जन्मों के भोगवादी या अन्य अधिष्ट संस्कारों को मिटा नहीं सकते। ठीक उसी प्रकार माता-पिता भी वर्तमान जीवन के इस प्रकार के जीवन व्यवहार के कारण पूर्वजन्म के जो कुछ अशिष्ट संस्कारों को लेकर स्वयं आए हैं, उनसे छुटकारा नहीं पा सकते हैं।

संस्कार सिंचन में सद्विचारों का महत्त्व

वास्तव में माता-पिता अपनी संतान को सद्गुणी, सदाचारी, विवेक, प्रतिभासंपन्न बनाने की इच्छा रखते हैं। यह इच्छा हमेशा अच्छी एवं सत्य है, किंतु केवल इच्छा बाँझ माता-सी है। उसे कृतिरूप बनाने के लिए जाग्रत पुरुषार्थ की आवश्यकता रहती है। माँ-बाप सुबह उठने से लेकर शाम को सोने तक के अपने जीवन व्यवहार को ईश्वराभिमुख बनाना चाहिए।

सदाचरण ही जीवन की आधारशिला

सद्वर्तन मानवजीवन की आधारशिला है। प्रातःकाल उठने से रात्रि के विश्राम तक सभी क्रियाकलापों के केंद्र में ईश्वर की धारणा की जाए, तभी वह संभव है। यहाँ व्यक्ति के मन में एक प्रश्न खड़ा हो सकता है कि यदि सारे कार्य व्यापार में ईश्वर का ध्यान रखा जाए तो सारे व्यवहार कैसे संभव हो सकते हैं?

व्यक्ति नौकरी करता है, व्यापार करता है, अन्य व्यवसाय करता है, तब उसके समग्र व्यवहार के केंद्र में पैसा ही होता है, तब उसके समग्र व्यवहार के केंद्र में पैसा ही होता है। तब ऐसी भावना से कार्य का प्रारंभ हो सकता है, 'हे ईश्वर

पैसा कमाने की शक्ति तूने प्रदान की है, उसी शक्ति से मैं पैसा अर्जित करूँगा।' कार्य पूरा हो तब भी कहें, 'हे! ईश्वर तूने यह कार्य सफलतापूर्वक पूरा किया' ऐसे भाव मन में विकसित हों। ऐसा करने से मानव को ईश्वराभिमुख बनने की आदत-सी हो जाएगी। किंतु मनुष्य की भोगवृत्ति के फलस्वरूप ये उदात्त भावनाएँ नहीं पनप पाती हैं। केवल स्वार्थ के अनुरूप ही उसमें ईश्वर स्मरण का स्फुरण होता है।

नित्य प्रात: स्मरणीय श्लोक, नित्य ध्यान नित्य ज्ञान, नित्य यज्ञ-हवन, नित्य पूजा आदि जो पूर्व के अध्याय में दी हुई है। वह इसमें सर्वाधिक आवश्यक कार्य है।

कृतज्ञता का भावसृजन

प्रात: उठकर माता-पिता, बुजुर्गों को अभिवादन करना चाहिए। मातृदेवो भव, पितृदेवो भव इत्यादि उपनिषद् का आदेश साकार हो तो जीवन की शैली ही बदल जाएगी। कई बार तर्क-वितर्क किए जाते हैं, 'माता-पिता प्रणाम के योग्य हों, तब तो उन्हें प्रणाम करें!' इसे कुतर्क कहा जाता है, क्योंकि जिन माता-पिता ने कष्ट उठाकर जन्म दिया है, बड़ा किया है, हर समस्या में अपने बच्चे का ही हित देखा है, उनके प्रति हमेशा कृतज्ञता का भाव होना चाहिए। इसके लिए नमस्कार है। माता-पिता को संतान के प्रति प्रेम है। इसलिए आशीर्वाद तो वे देते ही हैं। कैसी भी परिस्थिति में वे अपने बच्चों का कल्याण ही चाहते हैं। हाँ, यहाँ थोड़ी बात ध्यान देने योग्य यह है कि यदि अभिभावक ही उनके बूढ़े माँ-बाप को नमस्कार, चरणस्पर्श आदि नहीं करते हैं तो बच्चों में वे संस्कार कहाँ से आएँगे?

कुछ ऐसे ही कारणों से हमारा वर्तमान भावशून्य हो गया है। सच कहा जाए तो, यह 'एड्स' की बीमारी से भी भयंकर बीमारी है। एड्स तो कुछ व्यक्तियों के प्राण हरती है, किंतु भाव शून्यता तो मन का रोग है। जो पूरे समाज को दीमक की भाँति खोखला कर रहा है। इससे हमें अपनी संतान को, आने वाली पीढ़ी को बचाना है तो ऊपर बताए गए मार्गों के अतिरिक्त और कोई उपाय नहीं।

इस प्रकार माता-पिता का जीवन व्यवहार सद्वर्तन की सुगंध से महक उठेगा एवं परिवार में सद्भाव खिल उठेगा। एक-दूसरे के साथ भावात्मक मिलन, बंधन, संबंध आदि बन जाएँगे। उनकी वाणी सद्वचनों का उच्चारण करेगी। ईश्वर को हमेशा सत्य प्रिय है। अत: हमेश 'सत्यं ब्रूयात्, प्रियं ब्रूयात् अर्थात् सत्य बोलो, किंतु अप्रिय न बोलो।' यह सारी भावनाएँ जीवन में साकार होने पर पति-पत्नी का तू-तू मैं-मैं अपने आप समाप्त हो जाएगा। एक-दूसरे के प्रति आदरभाव उत्पन्न होगा। यह सब देखकर बच्चे भी विवेकशील बनेंगे।

संयमित व्यवहार का महत्त्व

इन सारी बातों को साकार बनाने के लिए माता-पिता को अपने व्यवहार को संयमित करना आवश्यक है। संयम का अर्थ है, स्वेच्छा से स्वीकार किया गया स्वयं के मन पर नियमन। यह होगा तो सबकुछ होगा यथा-प्रात: जल्दी उठेंगे। सुबह प्रतिदिन योग व्यायाम करेंगे। खाने-पीने, टी.वी. इत्यादि देखने में स्वत: नियमन आ जाएगा। बच्चों में इस व्यवहार का गहरा प्रभाव पड़ता है।

परंतु एक-दूसरे को देखकर, अनुकरण करने से व्यक्ति नैतिक रूप से पतित होकर उसमें बह जाता है। 'सभी ऐसा करते हैं', यह मानसिक समाधान लेकर, स्वयं करने लगता है। उदाहरणार्थ—जन्म दिवस मनाने के लिए, हम तुरंत पश्चिमी अनुकरण करते हैं, मोमबत्ती जलाते हैं, केक काटते हैं, मोमबत्ती बुझा देते हैं, सभी लोग-वेज-नॉनवेज केक काटकर खाते हैं। भला सोचिए, मोमबत्ती जलाकर हम प्रकाश लाने के बजाय हम उन्हें बुझाकर, जीवन में अंधकार क्यों लाएँ? कोई उत्तर नहीं। इसके स्थान पर भगवान के समक्ष घी का दीपक जलाकर, कुछ मंत्रोच्चार (दीर्घायु के मंत्र) करके, घर में बनाए गए मिष्टान्न अपनों के साथ बाँटकर खाएँ जाए तो कितना आनंद आएगा? पिज्जा, बर्गर, हॉटडोग आदि उसके आगे फीके पड़ जाएँगे और बच्चों पर भारतीय संस्कार भी आएँगे।

संतान की माता-पिता के सानिध्य की भूख

महत्त्वपूर्ण बात यह है कि माता-पिता अपने संतान के प्रति यह सब देखकर अपने कर्तव्य की इतिश्री मानते हैं कि वह नियमित स्कूल जाता है, अच्छे अंकों से उत्तीर्ण होता है, ठीक से भोजन लेता है आदि। ऐसी मान्यता अधूरी है। संतान

को ऊष्मा, भाव, वात्सल्य की भूख होती है और वह पूरी हो यह देखने का दायित्व माता-पिता का है। इसके लिए माता-पिता को अपने व्यस्त जीवन में से समय निकालना पड़ता है।

दो वर्ष की आयु के बालक के लिए दादा, पिता समय निकालकर घोड़ा बनते थे। अब बारह वर्ष की संतान के लिए, उसे जिस कार्य में रुचि है, उसके लिए समय निकालना आवश्यक है। संतान वयस्क बनने के बाद उसके साथ संवाद हेतु समय देना आवश्यक है। माता-पिता का सान्निध्य उसे हमेशा मिलता रहेगा, ऐसा उसे विश्वास होना चाहिए। संतान को अपने माँ-बाप की भूख हमेशा रहती है।

संभव है कि माता-पिता को अपने माँ-बाप की ओर से वह प्यार, या छत्र-छाया न मिली हो, किंतु क्या एक संस्कारी दंपति का यह कर्तव्य नहीं कि वे अपनी संतान को योग्य संस्कारों से पल्लवित करें? जिससे उनकी भावी पीढ़ी तेजस्वी, सद्‌गुणी, साहसी बने? इस भावना से भी उन्हें अपना जीवन व्यवहार परिवर्तित करना आवश्यक है।

माँ-बाप का कर्तव्य-संस्कार सिंचन का, न कि आकार देने का

मान लिया जाए कि अथक प्रयत्नों एवं जीवन व्यवहार के उचित होने के उपरांत भी बालक में इच्छित परिवर्तन नहीं आया, तब?

इस प्रश्न का उत्तर बहुत स्पष्ट है कि बालक का संवर्धन पूर्वजन्म के संस्कारों के आधार पर भी होता है। उदाहरण के लिए आम की गुठली बोने, उगाने के बाद योग्य पानी, खाद, वातावरण, योग्य रख-रखाव से संभव है। आम का पेड़ बड़े सुंदर ढंग से विकसित, पल्लवित होगा। परंतु उस पर आनेवाले फल, फूलों का स्वाद, गुण तो वह गुठली जिस वृक्ष की है, वैसे ही होंगे। रख-रखाव से उसके गुण, स्वाद आदि नहीं बदला जा सकता है। यह निश्चित है कि ध्यान न दिया गया तो गुठली सड़ जाएगी।

माता-पिता के प्रारब्ध में मीठे फल हैं तो संतान योग्य एवं सुसंस्कारित होगी। यदि काँटे हैं तो योग्य रख-रखाव के बाद भी बबूल का पेड़ मिलेगा। यहाँ ध्यान देने की बात यह है कि बबूल के काँटे मिलने के बाद भी संस्कार नहीं होंगे तो बबूल विस्तारित होकर राहगीरों को परेशान करेगा।

इस प्रकार हमारा, माता-पिता का कर्तव्य है बच्चों में संस्कार सिंचन करना। उसका ध्यानपूर्वक संवर्धन करना।

अवश्यकता है उसमें साँचे के मुताबिक योग्य संस्कार देकर स्वकर्त्तव्य निभाने की समझ विकसित हो। इन संस्कारों का आधार माता-पिता के समग्र जीवन व्यवहार, सद्वर्तन को अपने जीवन में उतारने का है।

बाल मनोविज्ञान आधारित प्रश्नोत्तरी

क्रमांक	क्या करने से ?	क्या होगा ?
1.	बालक को मारें तो	निर्लज्ज बनेगा।
2.	बालक को लालच दें तो	लालची होगा।
3.	बालक को डराएँ तो	डरपोक बनेगा।
4.	बालक को अत्यधिक प्यार करें तो	जिद्दी बनेगा।
5.	बालक को अनावश्यक स्वतंत्रता दें तो	स्वच्छंद बनेगा।
6.	बालक की बुरी आदत दूर करने के लिए धमकाएँ तो	बुरी आदत बढ़ेगी।
7.	बालक को बार-बार टोकें तो	जड़ बन जाएगा।
8.	बालक की अच्छी बातों की भी यदि प्रशंसा न की जाए तो	आत्मविश्वास पैदा नहीं होगा।
9.	बालक को प्रोत्साहन दें तो	उसकी शक्तियाँ जग जाएँगी।
10.	घर के वातावरण को शांत रखें तो	बालक का मन प्रसन्न रहेगा।
11.	बालक के सामने सेवा कार्य करें तो	उसमें सेवा भावना जाग्रत होगी।
12.	बालक को सम्मान दें तो	बालक में स्वमान की भावना जाग्रत होगी।
13.	बालक को प्रेम करें तो	बालक दूसरों से प्रेम करेगा।
14.	दूसरों की उपस्थिति में बालक का उपहास करेंगे तो	बालक हमेशा के लिए लघुता ग्रंथि का
		शिकार बन जाएगा।
15.	बालक की उपस्थिति में झूठ बोलें तो	बालक झूठ बोलने लगेगा। माता-पिता के
		प्रति श्रद्धा कम होगी।
16.	बालक का सारा काम हम कर दें तो	बालक परावलंबी हो जाएगा।
17.	बालक का आवश्यक कार्य भी हम न करें तो	बालक चिड़चिड़ा बन जाएगा।
18.	बालक को आवश्यक वस्तु भी न दें तो	चोरी करने की आदत पड़ जाएगी।
19.	बालक की उपस्थिति में बड़ों को मान दें तो	बालक भी हमें मान देगा।
20.	बालक के साथ तुच्छता का व्यवहार करें तो	बालक उद्धत बन जाएगा।
21.	बालक के साथ स्वयं बालक बन जाएँ तो	आत्मीयता निर्माण होगी।
22.	बालक को कहानियाँ सुनाएँ तो	बालक की सृजनशीलता बढ़ेगी।
23.	झगड़े-झंझट के वातावरण में बालक का पालन-पोषण होता हो तो	बालक झगड़ालू बन जाएगा।
24.	अपमानजनक वातावरण में बालक का पालन-पोषण होता हो तो	बालक का विकास अवरुद्ध हो जाएगा।
25.	बालक को खुलकर व्यय के लिए पैसे दें तो	बालक अपव्ययी बनेगा।
26.	समभावपूर्ण वातावरण में बालक का पालन-पोषण होता हो तो	बालक शांत स्वभाव का बनेगा।
27.	ममतामय वातावरण में बालक का पालन-पोषण होता हो तो	बालक स्नेहिल बनेगा।
28.	बालक के प्रति अन्याय हो तो	बालक क्रोधी बनेगा।
29.	घर के लोगों का व्यवहार संयमपूर्ण हो तो	बालक में अनुशासन आएगा।
30.	घर के सभी लोग एक-दूसरे की मर्यादा रखें तो	बालक भी मर्यादा रखना सीखेगा।

16

अथ पञ्चदशोऽध्यायः

गर्भ संस्कार की वर्तमान स्थिति तथा अन्य दर्शनों में विचार

अष्टांगहृदय शरीरस्थान में गर्भ संस्कार के संदर्भ

चरकसंहिता पूर्ण रूप से कायचिकित्सा (Medicine) का विस्तृत ग्रंथ है। सुश्रुतसंहिता (Surgery) पूर्णरूप से शल्यचिकित्सा का ग्रंथ है। महर्षि चरक और सुश्रुत के यह दोनों ग्रंथ विशाल और अध्ययन के लिए कठिन हैं। काल के प्रवाह में प्रजा की मानसिक शक्तियों का ह्रास होता है और कठिन बातों का अध्ययन करना लोक के लिए संभव नहीं होता। इस तथ्य का विचार कर महर्षि वाग्भट्ट ने इन दोनों ग्रंथों का संकलन, संयोजन, सरलीकरण एवं संक्षिप्तीकरण किया और 'अष्टांगहृदय' नामक ग्रंथ की रचना की। इन तीन ग्रंथों को आयुर्वेद की 'बृहत्त्रयी' के नाम से जाना जाता है।

रोग का निदान कर उसके मूल कारणों को जानना और उन्हें दूर करने का प्रयास करना चिकित्सा का प्रथम चरण है। शरीर एवं मन के सर्व रोगों का बीज मिथ्या आहार-विहार के साथ-साथ पूर्वजन्म, गर्भाधान क्रिया, गर्भावस्था और शिशु अवस्था के आहार-विहार एवं संगोपन (देखभाल/Care) में स्थित है। इस तथ्य का इन महर्षियों को ज्ञान था। अतः उन्होंने आयुर्वेद के निरूपण का प्रारंभ मनुष्य की उत्पत्ति के शास्त्र से ही किया है। स्थिति अथवा प्रक्रिया के मूल से प्रारंभ कर, वहीं से उसे निर्दोष बनाकर उसके सम्यक् विकास की प्रक्रिया अपनाते हुए, 'अष्टांगहृदय' के शारीरस्थान में गर्भ, उसकी उत्पत्ति एवं वृद्धि, गर्भावस्था की मासानुमास स्थिति, प्रसवकाल परिचर्या आदि का विस्तृत निरूपण किया गया है, जो यहाँ संक्षिप्त संकलन के रूप में प्रस्तुत है—

शुद्धे शुक्रार्तवे सत्त्वः स्वकर्मक्लेशनोदितः।
गर्भः सम्पद्यते युक्तिवशादग्निरिवारणौ ॥ 1 ॥

गर्भोत्पत्ति का वर्णन—शुद्ध शुक्र तथा शुद्ध आर्तव के संयोग होने पर अपने पूर्वजन्म कृत शुभ अथवा अशुभ कर्मों से प्रेरित सत्व अर्थात् जीव या जीवात्मा गर्भ का रूप धारण कर लेता है। यह गर्भ की युक्ति शुक्र तथा आर्तव में जीव का संयोग होने से उस प्रकार होती है जैसे उत्तरारणि और अधरारणि में मंथन के संयोग से अग्नि की उत्पत्ति हो जाती है ॥ 1 ॥

बीजात्मकैर्महाभूतैः सूक्ष्मैः सत्त्वानुगैश्च सः।
मातुश्चाहाररसजैः क्रमात्कुक्षौ विवर्द्धते ॥ 2 ॥

गर्भवृद्धि का वर्णन—गर्भ को उत्पन्न करने वाला बीज अर्थात् शुद्ध शुक्र एवं आर्तव का संयोग रूपी वह बीज जीव के साथ सदा रहनेवाले सूक्ष्म पृथ्वी आदि पंचमहाभूतों द्वारा तथा माता के आहार रस से उत्पन्न सूक्ष्म महाभूतों द्वारा (वह बीज रूप गर्भ) गर्भाशय में प्रतिक्षण क्रमशः विशेष रूप से बढ़ता रहता है ॥ 2 ॥

कारणानुविधायित्वात्कार्याणां तत्स्वभावता।
नानायोन्याकृतिः सत्वो धत्तेऽतो द्रुतलोहवत्॥ 4॥

गर्भ की आकृति का कारण—प्रायः कारण के अनुरूप कार्य होते हैं और कार्यों का स्वभाव भी कारण के सदृश देखा जाता है। यही कारण है कि वह सत्व (जीव) विविध प्रकार की योनियों की आकृति को धारण कर लेता है, जैसे पिघला हुआ लोहा (सोना आदि धातु) अलग-अलग साँचों या ढाँचों में पड़कर उनके अनुसार रूप धारण कर लेता है॥4॥

वायुना बहुशो भिन्ने यथास्वं बह्वपत्यता॥ 5॥

यमल आदि गर्भ—जब शुक्रार्तव या रजवीर्य का संयोग अर्थात् बीज गर्भाशयस्थ वातदोष के कारण एकाधिक रूप में विभक्त हो जाता है तो उतने प्रकार की संतानों का जन्म हो जाता है॥5॥

मासि मासि रजः स्त्रीणां रसजं स्त्रवति त्र्यहम्।
वत्सराद्द्वादशादूर्ध्वं याति पञ्चाशतः क्षयम्॥ 7॥

रजःप्रवृत्ति का सिद्धांत—रसधातु से उत्पन्न होने वाला वह स्त्रियों का रजस् प्रत्येक मास में प्रायः तीन दिनों तक स्त्रावरूप में निकलता रहता है। इसका प्रारंभ 12 वर्ष की अवस्था से होकर 50 वर्ष तक होता रहता है, उसके बाद यह रजोधर्म नष्ट हो जाता है॥7॥

पूर्णषोडशवर्षा स्त्री पूर्णविंशेन सङ्गता।
शुद्धे गर्भाशये मार्गे रक्ते शुक्रेऽनिले हृदि॥ 8॥

वीर्यवन्तं सुतं सूते—उत्तम गर्भ का वर्णन-पूरे सोलह वर्ष की स्त्री पूरे बीस वर्ष के पुरुष के साथ सहवास करके गर्भाशय, मार्ग (अपत्यपथ), रक्त (आर्तव), शुक्र (वीर्य), वायु तथा हृदय (पति-पत्नी का) शुद्ध होने पर वह स्वस्थ स्त्री वीर्यवान् (शक्तिशाली) पुत्र को जन्म देती है॥8॥

शुक्रशुक्रार्तवं स्वस्थं संरक्तं मिथुनं मिथः।
स्नेहैः पुंसवनैः स्निग्ध शुद्धं शीलितबस्तिकम्॥ 18॥

गर्भाधान का पूर्वकर्म—गर्भाधान करने की इच्छा से प्रवृत्त पुरुष को शुद्ध शुक्र वाला तथा गर्भाधान की इच्छा वाली स्त्री को शुद्ध आर्तव वाली होना चाहिए। दोनों मिथुन (जोड़ा) परस्पर संतानोत्पादन की इच्छा वाले हों। तदनंतर वह जोड़ा पुंसवन (पुत्रोत्पादक) स्नेहों से स्निग्ध हो और बस्तिप्रयोग कराकर शुद्ध हों।18॥

क्षामप्रसन्नवदनां स्फुरच्छ्रोणिपयोधराम्।
स्त्रस्ताक्षिकुक्षिं पुंस्कामां विद्यादृतुमतीं स्त्रियम्॥ 20॥

ऋतुमती स्त्री के लक्षण—जिसका मुख कुछ सुस्त जैसा किंतु प्रसन्न हो, श्रोणि (कूल्हों) तथा स्तनों में फड़कने की प्रतीति हो रही हो, नेत्रों तथा गर्भाशय में कुछ ढीलापन लग रहा हो और जो पुरुष का सहवास करना चाह रही हो, उसे ऋतुमती समझना चाहिए॥20॥

ऋतुस्तु द्वादशनिशाः पूर्वास्तिसोऽत्र निन्दिताः।
एकादशी च युग्मासु स्तायत्पुत्रोऽन्यासु कन्यका॥ 26॥

गर्भाधान का उचित समय—ऋतुकाल (गर्भाधान का मौसम) बारह दिनों का होता है। इनमें आरंभ के तीन दिन सहवास करने के लिए निंदित कहे गए हैं। ग्यारहवीं रात्रि भी निंदित होती है। शेष युग्म (सम) रात्रियों (4, 6, 8, 10, 12) में सहवास करने से पुत्र की प्राप्ति और अयुग्म (विषम) रात्रियों में कन्या की प्राप्ति होती है॥26॥

ॐ अहिरसि आयुरसि सर्वतः प्रतिष्ठासि धाता त्वां
दधातु विधाता त्वां दधातु ब्रह्मवर्चसा भवेति।
ब्रह्मा बृहस्पतिर्विष्णुः सोमः सूर्यस्तथाऽश्विनौ
भगोऽथ मित्रावरुणौ वीरं ददतु मे सुतम्॥ 33॥

गर्भाधान मंत्र—हे प्रिये! तुम गतिशील हो, दीर्घायु हो, तुम्हारा सर्वत्र सम्मान है, विधाता तुम्हारी सदा रक्षा करें तथा धाता रक्षा करे, तुम ब्रह्मतेज से युक्त होवो। ब्रह्मा, बृहस्पति, विष्णु, चंद्रमा, सूर्य, अश्विनी कुमार, भग (या कामदेव) तथा मित्रावरुण मुझे वीर पुत्र दें॥33॥

सान्त्वयित्वा ततोऽन्योन्यं संविशेतां मुदान्वितौ।
उत्ताना तन्मना योषित्तिष्ठेदङ्गैः सुसंस्थितैः॥ 34॥

गर्भग्रहणोचित आसन—उक्त मंत्र का उच्चारण करके दोनों पति-पत्नी आपस में प्रिय भाषण, स्नेह युक्त व्यवहारों से पुत्र प्राप्ति के प्रति आश्वस्त (आशावान्) एवं आनंदित होकर रहें। तदनंतर पत्नी उत्ताना (चित) होकर लेट जाए, उसे उस समय अपने अंगों को हिलाना नहीं चाहिए॥34॥

अव्यक्तः प्रथमे मासि सप्ताहात्कललीभवेत्।
गर्भः पुंसवनान्यत्र पूर्वं व्यक्तेः प्रयोजयेत्॥ 37॥

गर्भ का क्रमिक विकास—गर्भाधान के बाद से लेकर एक सप्ताह तक उस रजवीर्य के मिश्रण का स्वरूप अव्यक्त (अस्पष्ट) रहता है, फिर वह एक मास में कलल रूप धारण कर लेता है। अब भी उसमें स्त्री या पुरुष के लक्षण व्यक्त नहीं हो पाते। अत: स्त्री-पुरुष के लक्षण व्यक्त होने के पूर्व ही पुंसवन संस्कार की विधियों को कर डालें॥37॥

द्वितीये मासि कललाद्घनः पेश्यथवाऽर्बुदम्॥ 49॥

पुंस्त्रीक्लीबाः क्रमात्तेभ्यः— दूसरे मास में गर्भ का स्वरूप-दूसरे महीने में गर्भ कलल से गाढ़ा हो जाता है, वह पेशी तथा अर्बुद का रूप धारण कर लेता है। इनमें घन आकार वाला (इसे सुश्रुत ने 'पिंड' कहा है) पुरुष, पेशी के आकार वाला स्त्री और अर्बुद के आकार वाला क्लीब (नपुंसक) होता है॥49॥

तत्र व्यक्तस्य लक्षणम्।
क्षामता गरिमा कुक्षेर्मूर्च्छाच्छर्दिररोचकः॥ 50॥
जृम्भा प्रसेकः सदनं रोमराज्याः प्रकाशनम्।
अम्लेष्टता स्तनौ पीनौ सस्तन्यौ कृष्णचूचुकौ॥ 51॥
पादशोफो विदाहोऽन्ये श्रद्धाश्च विविधात्मिकाः।

गर्भ के व्यक्त लक्षण—दूसरे मास में गर्भिणी में गर्भाधान के ये लक्षण स्पष्ट दिखलाई देने लग जाते हैं—क्षामता (कृशता), गर्भाशय में भारीपन, गर्भ के कारण कभी किसी को मूर्च्छा हो जाती है, वमन, भोजन के प्रति अरुचि; बार-बार जँमाई का आना, लार का गिरना, शरीर में शिथिलता, बार-बार रोमांच होना, अम्ल पदार्थों को खाने की इच्छा होना, स्तनों का स्वस्थ (मोटे) हो जाना, स्तनों में दूध की उत्पत्ति हो जाना, (वास्तव में यह दूध जैसा एक द्रव पदार्थ होता है, न कि दूध), स्तन के अग्रभाग का काला पड़ जाना, किसी-किसी के पैरों में सूजन दिखाई देना, विदाह (जलन), अन्य अनेक प्रकार की खाना, पीना, पहनना, देखना, सुनना, घूमना आदि की इच्छाओं का उत्पन्न होना॥ 50-51॥

व्यक्तीभवति मासेऽस्य तृतीये गात्रपञ्चकम्॥ 54॥
मूर्द्धा द्वे सक्थिनी बाहू सर्वसूक्ष्माङ्गजन्म च।
सममेव हि मूर्द्धाद्यैर्ज्ञानं च सुखदुःखयोः॥ 55॥

तीसरे मास में गर्भ का स्वरूप—तीसरे महीने में इस गर्भ के पाँच शरीरावयव जो पहले अव्यक्त थे, अब वे व्यक्त हो जाते हैं। एक मूर्धा (शिर:प्रदेश), दो टाँगे और दो बाँहे, इसके बाद सभी छोटे-छोटे अंगों का जन्म भी हो जाता है। उक्त मूर्धा आदि अंगों के साथ-ही-साथ इसे सुख-दुःख आदि का भी ज्ञान हो जाता है॥54-55॥

चतुर्थे व्यक्तताऽङ्गानां, चेतनायाश्च पञ्चमे।

चौथे-पाँचवें मास में गर्भ— चौथे महीने में समस्त शरीरावयव स्पष्ट दिखलाई देने लगते हैं और पाँचवें महीने में चेतना पूर्ण रूप से प्रकट हो जाती है।

षष्ठे स्नायुसिरारोमबलवर्णनखत्वचाम्॥ 57॥

छठे मास में गर्भ का स्वरूप—छठे मास में स्नायु, सिरा, रोम (लोम), बल, वर्ण, नख तथा त्वचा की अभिव्यक्ति हो जाती है॥57॥

सर्वैः सर्वाङ्गसम्पूर्णो भावैः पुष्यति सप्तमे॥ 58॥

सातवें मास में गर्भ का स्वरूप—सातवें महीने में वह गर्भ शरीर संबंधी सभी भावों से परिपूर्ण एवं परिपुष्ट हो जाता है।

ओजोऽष्टमे सञ्चरति मातापुत्रौ मुहुः क्रमात्॥ 62॥
तेन तौ म्लानमुदितौ तत्र जातो न जीवति।
शिशुरोजोनवस्थानान्नारी संशयिता भवेत्॥ 63॥

आठवें मास का वर्णन—आठवें महीने में ओज धातु बार-बार क्रमशः कभी गर्भवती में और कभी गर्भ में आता-जाता रहता है। यही कारण है जब जिस क्षण में ओज धातु जिसमें रहता है, वह प्रसन्न और जिसमें नहीं रहता, वह मलिन दिखलाई देता है। अतएव, आठवें मास में पैदा हुआ शिशु प्राय: जीवित नहीं रहता। यदि जन्मकाल में ओज धातु शिशु में रहता है, तो बालक जीवित रह जाता है, किंतु उसकी माता की मृत्यु हो जाती है॥62-63॥

प्राग्दक्षिणस्तनस्तन्या पूर्वं तत्पार्श्वचेष्टिनी॥ 69॥
पुन्नामदौर्हृदप्रश्नरता पुंस्वप्नदर्शिनी।
उन्नते दक्षिणे कुक्षौ गर्भे च परिमण्डले॥ 70॥

पुत्रं सूतेऽन्यथा कन्यां या चेच्छति नृसङ्गतिम्।
नृत्यवादित्रगान्धर्वगंधमाल्यप्रिया च या॥ 71॥

पुत्र-कन्या गर्भ का अनुमान—जिस गर्भिणी के दाहिने स्तन से पहले दूध जैसा द्रव निकले (प्रायः बहुप्रसूता स्त्रियाँ नई गर्भवती की इस प्रकार परीक्षा किया करती हैं) और चलने-फिरने, उठने-बैठने आदि में जो दाहिने अंगों का प्रयोग उस काल में करने लगती है, जो पुल्लिंग नामक वस्तुओं को प्राप्त करने की इच्छा करती हो अथवा जो पुरुषवाचक बातें पूछा करती हो, जो पुरुषों या बालकों को स्वप्न में देखती हो, जिसके गर्भाशय का दाहिना भाग कुछ ऊँचा उठा हो और जिसका गर्भाशय बाहर से गोल दिखलाई देता हो, वह गर्भवती पुत्र को जन्म देती है। इसके विपरीत लक्षणों के होने पर वह कन्या को जन्म देती है और जो गर्भावस्था में भी पुरुष सहवास की इच्छा करती है, जो नाचना, बजाना, गीत गाना, सुगंधित इत्र आदि पदार्थों का प्रयोग करना तथा माला आदि को धारण करना चाहती है, वह भी कन्या को जन्म देती है॥69-70-71॥

प्राक् चैव नवमान्मासात् सा सूतिगृहमाश्रयेत्।
देशे प्रशस्ते संभारैः संपन्नं साधकेऽहनि॥ 73

सूतिकागृह निर्माण—नौवाँ महीना लगने से पहले ही सूतिकागृह का निर्माण कराकर उस गर्भवती के निवास की उसमें व्यवस्था कर दें वह घर शुभ स्थान पर शुभ दिन में बना हो। उसमें प्रसवकालोचित सभी उपकरण जुटाकर रखवा दें, तब शुभ मुहूर्त में गर्भवती को उसमें ले जाएँ॥73॥

अद्य श्वःप्रसवे ग्लानिः कुक्ष्यक्षिश्लथता क्लमः॥ 74॥
अधोगुरुत्वमरुचिः प्रसेको बहुमूत्रता।
वेदनोरूदरकटीपृष्ठहृद्बस्तिवङ्क्षणे॥ 75॥
योनिभेदरुजातोदस्फुरणस्त्रवणानि च।

प्रसवकाल के लक्षण—जब आजकल में प्रसव होने को होता है तब ये लक्षण दिखलाई देते हैं—ग्लानि (हर्षक्षय), गर्भाशय में तथा नेत्रों में ढीलापन, क्लम (बिना परिश्रम के थकावट), नीचे की ओर दबाव का अनुभव, भोजन के प्रति अरुचि, योनि से स्त्राव का होना, बार-बार मूत्र का होना, ऊरु, उदर, कमर, पीठ, हृदय, बस्ति तथा वंक्षणों (ऊरु संधियों) में वेदना, योनि (गर्भाशय) में फटने की सी पीड़ा, सुइयाँ चुभने की सी वेदना, योनि में फड़कने का जैसा अनुभव तथा स्राव होने लगता है॥74-75॥

अथोपस्थितगर्भा तां कृतकौतुकमङ्गलाम्।
हस्तस्थपुन्नामफलां स्वभ्यक्तोष्णाम्युसेचिताम्॥
पाययेत्सघृतां पेयां—

प्राप्त प्रसवा का वर्णन—जब गर्भस्थ शिशु के बाहर आने का समय आ जाए अर्थात् आवियों की उत्पत्ति तथा उदकस्त्राव होते देखकर इसे घी मिलाकर पिलाएँ और इसे मंगलकारक यौतुक (रक्षासूत्र) बाँधे। हाथ में पुल्लिंगवाचक नारिकेल (नारियल), आम, अनार (दाड़िम) आदि फलों को धारण करें, वातनाशक तेल से उसकी मालिश करके उसे स्नान करा दें॥77॥

जैन दर्शन और गर्भ संस्कार

जैन दर्शन मुख्य रूप से मोक्ष पुरुषार्थ के लिए है। फिर भी इसके विशाल साहित्य में अधिजनन के बहुत संदर्भ देखने को मिलते हैं। मोक्ष पुरुषार्थ की प्राप्ति में सहायक अंगों में से एक अंग प्रत्यक्ष या परोक्ष रूप से अधिजनन है। इतना तो इन संदर्भों के आधार पर निश्चित रूप से कह सकते हैं।

तीर्थंकर भगवान् मनुष्यों के समक्ष प्रथम उच्चतम आदर्श प्रस्तुत करते हैं। पिछले जन्मों की साधना के कारण त्याग वैराग्य में परिपक्व कई मनुष्य मोक्ष प्राप्ति के आदर्श का स्वीकार करके संपूर्ण निवृत्तिमय संयम जीवन स्वीकार करते हैं। पूर्ण रूप से सांसारिक कार्यों से मिलने वाले आनंद से विमुख होना, विरक्त होना तथा संयमित जीवन सर्वविरति धर्म के रूप में पहचाना जाता है।

जो मनुष्य सर्वविरति को स्वीकार नहीं कर सकते, उनके लिए देशविरति का धर्म बताया जाता है। देश अर्थात् संपूर्ण

नहीं, सब प्रकार से नहीं, परंतु अपूर्ण रूप से कम या अधिक मात्रा में सांसारिक प्रवृत्ति से विरत होने की बात है। जिस मनुष्य की रुचि और शारीरिक मानसिक या पिछले जन्म की साधना की आध्यात्मिक क्षमता जितनी होती है, उतनी ही मात्रा में वह सांसारिक प्रवृत्ति से विरत होता है, सांसारिक प्रवृत्ति में आनंद लेने की और सांसारिक आनंद देने वाली प्रवृत्ति से दूर होता है।

जो लोग उपर्युक्त पंच महाव्रत का पूर्णरूप से पालन करने में सक्षम नहीं है, वह भी पाँचों महाव्रतों का थोड़ी-बहुत मात्रा में पालन करते हैं तो वह व्रत उनके लिए 'अणुव्रत' कहा जाता है।

अधिजनन के हेतु से नहीं, परंतु वैसी बातों का उल्लेख जैन ग्रंथों में मिलता है। ये उल्लेख अधिजनन के इन तथ्यों के साथ सीधा संबंध रखते हैं—

- जन्म-जनमांतर के संस्कारों का महत्त्व।
- उत्तम संतान के अवतरण में प्रकृति द्वारा व्यक्त संकेत।
- गर्भ की उत्पत्ति और स्थिति का ज्ञान।
- गर्भावस्था परिचर्या विषयक ज्ञान।
- माता के गर्भ में स्थित संतति की जागृति एवं क्रियाशीलता।
- श्रेष्ठ संतान की प्राप्ति के लिए दिव्यात्माओं का अनुग्रह एवं दिव्य तत्त्वों द्वारा विशिष्ट उपायों का प्रदान।

- **जन्म-जन्मांतर के संस्कार का महत्त्व**

कथानुयोग के अंतर्गत पढ़मानुयोग तथा ज्ञाताधर्म कथा जैसे आगमों में और विविध जैन आचार्यों ने पंद्रह सौ से दो हजार वर्ष पूर्व रचे हुए भरतेश्वर बाहुबलि वृत्ति, त्रिषष्ठि शलाका पुरुष, वसुदेव हिंडी जैसे उत्तरवर्ती ग्रंथों में अनेक कथाएँ दी हुई हैं। इसमें जीवनचरित्र विषयक कथाएँ विपुल मात्रा में हैं और अपवाद से ही कोई ऐसी कथा है, जिसमें पूर्व जन्म के और पूर्व पूर्व के जन्मों के संबंधों और संस्कारों की बात नहीं की गई हो। कई घटनाएँ अनेक जन्मों के साथ संबंध दरशाती हैं। पूर्व के कई जन्मों के संस्कारों और अनुबंधों की मालिका गुंथी हुई होती है। ऐसी कुछ घटनाएँ—

(क) 24वें तीर्थंकर महावीर स्वामी ने जिस जन्म में धर्मबीज की प्राप्ति की, उसको उनका पहला जन्म मानकर वह 27वें जन्म में तीर्थंकर बने। वहाँ तक के 27 जन्मों में अनेक घटनाएँ और संस्कारों की परंपरा का वर्णन बताया गया है। 25वें नंदन राजर्षि के जन्म में जगत् के सर्वजीवों का कल्याण करने की तीव्र भावना और उसके साथ कल्याण का मार्ग खोजने के पुरुषार्थस्वरूप उन्होंने की हुई कठोर साधना के परिणामस्वरूप वे 27वें जन्म में 24वें तीर्थंकर महावीर स्वामी बने थे। अन्य 23 तीर्थंकरों के जीवन में ऐसी ही घटनाएँ हैं।

(ख) पेढ़ालपुर के राजा विजय और रानी श्रीमती के कुँवर अतिमुक्त ने आठ वर्ष की आयु में महावीर स्वामी के प्रथम शिष्य गौतम गणधर से दीक्षा लेकर जैन श्रमण जीवन स्वीकार किया। एक दिन सुबह बहुत भूख लगने पर सुबह-सुबह भिक्षा के लिए निकले। एक सेठ के घर भिक्षा माँग रहे थे, तब सेठ की पुत्रवधू ने व्यंग्य में पूछा, 'क्यों अभी ? बहुत देर हो गई क्या ?' उनका पूछने का तात्पर्य था कि इतनी छोटी आयु में साधु बने ? उससे थोड़ी आयु बढ़ने दी होती तो ?

'मर्म समझकर बालमुनि ने कहा, मैं जानता हूँ, वही नहीं जानता।' उनके कहने का आशय समझ में नहीं आने से अर्थ समझाने की पुत्रवधू ने बालमुनि से प्रार्थना की।

मुनि ने स्पष्टता की। मृत्यु आएगी यह मैं जानता हूँ। पर कब आएगी वह पता नहीं है। अतिमुक्त मुनि के बालवय में वैराग्य और ऐसी विद्वता, इनके पूर्व जन्म के संस्करों का फल था।

(ग) **वज्र स्वामी का वृत्तांत :** अवंती (मालवा) देश के तुगवन नाम के कस्बे जैसे गाँव में धनगिरि की पत्नी सुनंदा की कोख से वज्रस्वामी अवतरित हुए। वज्रस्वामी पूर्व जन्म में देवलोक में जृंभक देव थे और उन्होंने अष्टापद पर्वत पर गौतम गणधर के पास पुंडरीक अध्ययन का पाठ श्रवण किया था।

वज्र के जन्म के बाद 'तेरे पिता ने दीक्षा ग्रहण न की होती तो ऐसा होता और न ली होती तो वैसा' ऐसे उलाहने

बार-बार माता से सुनने से वज्र को दीक्षा शब्द जाना-पहचाना लगा और याद करने से पूर्व का जन्म याद आया। उनको दीक्षा लेने की इच्छा हुई, जिससे माता इनका त्याग कर दे। इसलिए उन्होंने लगातार रोना शुरू किया। माता बालक के रुदन को समझ नहीं सकी। उसने छह महीने तक के बालक के रुदन से थक-हारकर अपने पति साधु से मिलने पर बालक उसे सौंप दिया।

धनगिरि ने गुरु के पास बालक को लाकर गुरु की गोद में रखते ही उसने रोना बंद कर दिया। दूध पीते बालक के पालन के लिए साध्वियों के स्थान में जैन गृहस्थ स्त्रियों के द्वारा और धात्री द्वारा पालन की व्यवस्था की गई। साध्वियों के द्वारा नित्य होने वाले धर्मपाठ को सुनकर वज्र ने पालने में ही जैन शास्त्रों के अत्यंत विशाल और कठिन गाने जाने वाले ग्यारह अंग कंठस्थ कर लिये।

आगे चलकर माँ तीन-चार वर्ष की आयु के बालक को वापस लेने के लिए राजा के पास गई। राजा के द्वारा बालक की रुचि की सार्वजनिक परीक्षा ली गई, तब माता के द्वारा सांसारिक चीजें दिखाई जाने पर बालक ने उस ओर ध्यान ही नहीं दिया और पिता के द्वारा धार्मिक उपकरण दिखाए जाने पर उसे लेकर नाचने लगा।

बालक ने माँ के पास जाने से मना कर दिया। गुरु महाराज ने उनको जन्म से ही वैरागी जानकर छह वर्ष की आयु में दीक्षा दी। जैन परंपरा में इतनी छोटी आयु में मुनि बनने का यह एक ही उदाहरण है। जनमांतर के संस्कारों की प्रबलता अत्यंत अधिक होने का यह श्रेष्ठ उदाहरण है। जैन संघ और जैन शासन के महान् आचार्यों में उनका (वज्रस्वामी का) स्थान प्रथम पंक्ति में माना जाता है।

- **उत्तम संतान के अवतरण के प्रकृति द्वारा व्यक्त होते संकेतः**

देवलोक में आयु पूर्ण कर महावीर स्वामी की आत्मा त्रिशला माता के गर्भ में आती है। उस मध्यरात्रि में तंद्रावस्था में त्रिशला माता 14 स्वप्न देखती हैं। सर्व तीर्थंकरों के जीव जब माता की कोख में प्रवेश करते हैं, तब माता को यही चौदह स्वप्न आते हैं। इसलिए उनको 'महास्वप्न' कहते हैं।

हाथी, वृषभ, सिंह, लक्ष्मी, माला, चंद्र, सूर्य, ध्वज, कुंभ, पद्म-कमलों से भरा हुआ सरोवर, समुद्र, वायुयान अथवा देवलोक का भवन, रत्नों का ढेर, बिना धुएँ की अग्नि, ऐसे 14 स्वप्न क्रमशः माता देखती है। प्रकृति इस प्रकार तीर्थंकर के अवरतरित होने का संकेत देती है।

आगम के ही अंश महान् ग्रंथ 'कल्पसूत्र' में इन सर्व स्वप्नों का विस्तृत और रसप्रद वर्णन किया गया है। यहाँ पर एक स्वप्न का वर्णन निम्नलिखित है—

तेरहवाँ स्वप्न-रत्नों का ढेर : स्वप्न में तेरहवें क्रम पर त्रिशला माता सभी प्रकार के रत्नों के ढेर देखती है। वह जमीन पर गिरा हुआ, फिर भी गगन मंडल के छोर को स्वयं के तेज से चमकाता है। इसमें पुलक, वज्र, इंद्रनील, सासग कर्केतन, लोहिताक्ष, मरकत, मसारगल्ल, प्रवाल, स्फटिक, सौगंधिक, हंसगर्भि, अंजन, चंदनप्रभ आदि उत्तम रत्न अच्छी तरह सजे हुए हैं। यह ढेर मेरु पर्वत जितना उँचा दिखाई देता है।

- **गर्भ की उत्पत्ति और स्थिति का ज्ञानः**

विविध आगम और उत्तरवर्ती ग्रंथों में इस विषय में बहुत ज्ञान है। आगम और विशेष ग्रंथों के अध्ययन, पठन का अधिकार विशेष विधिपूर्वक की विशेष योगसाधना और विशेष प्रकार का तप करने के बाद ही प्राप्त होता है। इसलिए इसके सार रूप कुछ जानकारी देखेंगे। यह जानकारी किस ग्रंथ से ली गई है, इसका यहाँ—आगमों के पठन अधिकार की मर्यादा को ध्यान में रखकर उल्लेख नहीं करेंगे।

➢ जीव दो सौ सतहत्तर पूर्ण और एक आधा दिन गर्भ में रहता है। वातपित्त दोष के उपघात के कारण यह सीमा कम अधिक हो सकती है।

➢ गर्भ में जीव दाहिनी ओर हो तब लड़का, बाँई ओर हो तो लड़की और मध्य में होता है, तब नपुंसक होता है।

➢ गर्भोत्पत्ति के लिए योग्य योनि में बारह मुहूर्त तक लाखों से भी ज्यादा जीव रहते हैं, परंतु इसके बाद वे नष्ट हो जाते हैं। (1 मूहूत 48 मिनट)

बाद में प्रथम महीने में फूले हुए मांस जैसा, दूसरे महीने

में पेशी के सिंड जैसा होता है। तीसरे महीने में माता दोहद उत्पन्न करती है। चौथे महीने में माता के स्तन और कमर पुष्ट होते हैं। पाँचवें महीने में हाथ-पैर-सिर स्पष्ट बनते हैं। छठे महीने में पित्त और रक्त का निर्माण होता है तथा अन्य अंग बनते हैं। सातवें महीने में सौ शिरा, पाँच सौ मांसपेशियाँ, नौ धमनियाँ तथा सिर और दाढ़ी को छोड़कर निन्यानवे लाख रोम (छिद्र) बनते हैं तथा सिर और दाढ़ी सहित साढ़े तीन करोड़ रोमकूप उत्पन्न होते हैं। आठवें महीने में लगभग पूर्णता प्राप्त होती है।

- **गर्भावस्था परिचर्या विषयक ज्ञानः**

'कल्पसूत्र' में इसका वर्णन मिलता है। यह इस प्रकार है—

त्रिशला देवी गर्भ का सुंदर रूप से पोषण करती है। अतिशीत, अतिउष्ण, अति कड़वे, अति तीखे, अति खट्टे, अति मधुर, अति स्निग्ध, अति सूखे, अति गीले, अति सूखे पदार्थों का उपयोग नहीं करती, क्योंकि वह गर्भ के लिए हितकारी नहीं है। गर्भ के लिए हितकारी पदार्थों का सेवन करती है।

वर्षासु लवणममृतं, शरदि जलं गोपयश्च हेमन्ते।
शिशिरे चाऽऽमलकरसो, घृतं वसंते गुडश्चान्ते॥ 1॥

वर्षाऋतु में लवण (नमक) अमृत तुल्य है। शरद ऋतु में पानी, हेमंत ऋतु में गाय का दूध, शिशिर ऋतु में खट्टा रस, वसंत ऋतु में घी और ग्रीष्म ऋतु में गुड़ अमृत समान है।

त्रिशला देवी को शुभ दोहद उत्पन्न होते हैं, उन्हें राजा सिद्धार्थ पूर्ण करते हैं। इस प्रकार इन इच्छाओं का सम्मान होने से यह सभी दोहद चले जाते हैं।

- **गर्भ में रहने वाली संतान की संभावना एवं प्रवृत्ति—**

कल्पसूत्र के वर्णन के अनुसार महावीर स्वामी माता की कोख थे, तब एक आश्चर्यजनक घटना घटती है। वह इस प्रकार है—

भगवान् महावीर माता के प्रति स्वयं की भक्ति के कारण, गर्भ के भीतर मेरी हलचल से माता को कष्ट होगा, ऐसा सोचकर माता को स्वयं की हलचल से पीड़ा न हो, इस हेतु से निश्चल (स्थिर) हो गए। एकदम स्थिर, अकंप जैसी स्थिति बन गई। उन्होंने अपने अंगों-उपांगों को समेट लिया और इस प्रकार माता की कोख में अत्यंत गुप्त होकर रहने लगे।

इससे माता त्रिशला को संदेह हुआ कि मेरा गर्भ गल गया है, नष्ट हो गया है, क्योंकि पहले तो उसमें हलचल थी, अब हलचल नहीं है। ऐसा विचार करके वह अत्यंत शोकग्रस्त हो गई। इसके पश्चात् भगवान् ने स्वयं के अवधि ज्ञान के उपयोग से माता के मन में चलने वाले शोक, विचार, चिंतन, संकल्प को जानकर स्वयं के शरीर के एक भाग में कंपन किया। इससे माता का शोक दूर हुआ।

- **श्रेष्ठ संतान की प्राप्ति के लिए दिव्य आत्माओं का अनुग्रह एवं दिव्य तत्त्वों द्वारा विशिष्ट उपायों का प्रदान—**

भगवान् महावीर के प्रति परम श्रद्धामय भक्ति श्राविका सुलसा के मन में दृढ़ रूप से विद्यमान थी। स्वर्ग में इंद्र भगवान् के मुख से सुलसा श्राविका की भक्ति की प्रशंसा सुनकर स्वर्ग के हरिणीगमेषी देव ने साधु के वेश में उसकी परीक्षा ली और सुलसा की सच्ची भक्ति देखकर वरदान माँगने को कहा। सुलसा ने प्रत्यक्ष वरदान माँगने के स्थान पर कहा, 'आप इंद्र के सेनापति हैं, मेरे मनोरथ अपने-आप समझ सकते हैं।'

देव ने उसे बत्तीस गुटिकाएँ दीं और उन्हें निश्चित क्रम में खाने को कहा, 'इससे 32 पुत्र होंगे', ऐसा कहा। बत्तीस पुत्रों की सार-सँभाल में कैसे करूँगी? धार्मिक कार्यों में भी व्यवधान उत्पन्न होगा। 32 लक्षणों वाला एक ही उत्तम पुत्र हो तो ठीक, ऐसा विचार करके सुलसा ने ऋतुकाल में एक साथ बत्तीसों गुटिकाएँ खा लीं।

सुलसा ने बत्तीस पुत्रों को जन्म दिया। कालांतर में अंगरक्षक के रूप में कर्तव्य पालन करते समय एक की हत्या होने से शेष सबकी भी एक साथ ही मृत्यु हुई।

ब्रह्मचर्य का पालन : मैथुनरत मनुष्य नौ लाख सूक्ष्म जीवों की हत्या करता है, ऐसा तीर्थंकर भगवान् ने कहा है। अतः इस कार्य को प्रयत्नपूर्वक छोड़ना चाहिए। मैथुन में आसक्त जीवात्मा को भूलकर जड़ शरीर में आसक्त होने से अत्यंत दुःखी होता है। परंतु जो लोग पूरी तरह से इतना त्याग

नहीं कर सकते हैं, उन्हें भी कम-से-कम ब्रह्मचर्य विषयक निम्नलिखित नियम तो पालने ही चाहिए, ऐसा जैन ग्रंथों में लिखा है—

- परस्त्रीगमन नहीं करना।
- वेश्यागमन नहीं करना।
- **स्वादारा संतोष** : पति-पत्नी को भी परस्पर अमार्यादित भोग नहीं भोगने चाहिए तथा न्यूनतम भोग से संतुष्ट रहना चाहिए।
- पूर्णिमा, अमावास्या, दोनों पक्षों की अष्टमी, चतुर्दशी, शुक्लपक्ष की पंचमी इत्यादि तिथियाँ ऋतुस्नान के पश्चात आती हों तो भी ब्रह्मचर्य का पालन करना चाहिए।
- दोनों संध्या, संक्रातिकाल, गोधूली वेला, आधी रात, दिन के समय एवं पर्वों में रात्रि के समय भी मैथुन सेवन नहीं करना।
- रजस्वला स्त्री, गर्भाधान की इच्छा नहीं हो ऐसी स्त्री, गर्भवती स्त्री, रुग्ण स्त्री, सगोत्री, गुरुपत्नी, संन्यासिनी, आयु में स्वयं से बड़ी, चित्त को अप्रिय, अस्वस्थ, गंदी-मलिन स्त्री इत्यादि के साथ मैथुन सेवन नहीं करना चाहिए।
- लोक व्यवहार में मैथुन संबंध में जो मर्यादाएँ हैं, उनका पालन करना, त्यागने योग्य व्यवहार नहीं करना।

इससे हिंसा दोष से बचने के साथ ही उत्तम संतति की प्राप्ति में अवरोध न हो, ऐसे उपाय भी स्वतः हो जाते हैं।

(मेरी अल्प बुद्धि के कारण शास्त्रीय तथ्यों की प्रस्तुति एवं व्याख्या में रही त्रुटि, क्षति, यह मेरा ही दोष है। इसके लिए क्षमायाचना के साथ ऐसे दोष को दूर करने का उत्तर दायित्व का मैं स्वीकार करता हूँ।)

पंचकल्याणक

प्राणीमात्र के कल्याण की भावना एवं सोलह कारण भावना आने से संसार में सर्वोच्च पद तीर्थंकर को प्राप्त होता है। उनके पाँच कल्याणक होते हैं, जिसमें हमारे लिए गर्भ कल्याणक ही महत्त्वपूर्ण हैं।

- **कल्याणक किसे कहते हैं? :** तीर्थंकरों के गर्भ, जन्म, तप (दीक्षा), ज्ञान एवं निर्वाण के समय इंद्रों, देवों एवं मनुष्यों के द्वारा विशेष रूप से जो उत्सव मनाया जाता है, उसे 'कल्याणक' कहते हैं।
- **पाँच कल्याणक कौन-कौन से होते हैं? :** गर्भकल्याणक, जन्मकल्याणक, तपकल्याणक (दीक्षाकल्याणक), ज्ञानकल्याणक एवं मोक्षकल्याणक।
- **गर्भ कल्याणक किसे कहते हैं? :** सौधर्म इंद्र अपने दिव्य अवधिज्ञान से तीर्थंकर के गर्भावतरण को निकट जानकर कुबेर को तीर्थंकर के माता-पिता के लिए नगरी का निर्माण करने एवं घर के आँगन में प्रतिदिन तीन बार साढ़े तीन करोड़ की संख्या का परिमाण लिये हुए धन की धारा (रत्नों की वर्षा करने) की आज्ञा प्रदान करता है। इस प्रकार रत्नों की वर्षा गर्भ में आने से 6 माह पूर्व से जन्म होने तक अर्थात् लगभग 15 माह तक निरंतर होती है। तीर्थंकर की माता गर्भधारण के पूर्व रात्रि के अंतिम पहर में अत्यंत सुहावने, मनभावन और आह्लादकारी क्रमशः 16 स्वप्नों को देखती है। ये स्वप्न तीर्थंकर के गर्भावतरण के

सूचक होते हैं। जैसे ही तीर्थंकर का गर्भावतरण होता है, स्वर्ग से सौधर्म इंद्र सहित अनेक देव उस नगर की तीन परिक्रमा कर माता-पिता को नमस्कार करते हैं। गर्भ स्थित तीर्थंकर की स्तुति कर महान् उत्सव मनाते हैं। गर्भकल्याणक का उत्सव पूर्ण कर सौधर्म इंद्र श्री आदि देवकुमारियों को जिन माता के गर्भ शोधन के लिए नियुक्त करता है। ये देवकुमारियाँ जिन माता की सेवा करती हैं एवं माता का मन धर्मचर्चा में लगाए रखती हैं और सौधर्म इंद्रदेवों सहित अपने स्थान को वापस चला जाता है।

- **जन्मकल्याणक किसे कहते हैं ? :** गर्भावधिपूर्ण होते ही जिन माता जिस तीर्थंकर बालक को जन्म देती है, उसके जन्म होते ही तीनों लोक में आनंद और सुख का प्रसार होता है।

'आदि पुराण' के सप्तम अध्याय में जीव के नौ मास माता के उदर में रहने का विवरण (श्लोक : 36 से 58 तथा 64 से 66)

स्वीयवृत्तेश्च संयोगं निमित्तीकृत्य भोगभाक्।
स जीवो वर्तते गर्भे यथा तत्कथयाम्यहम्॥ 36॥

यदैव जायते सङ्‌ग: शुक्रशोणितयोरिह।
गर्भभ्रूणस्त्वनुदिनं तदारभ्य प्रवर्द्धते॥ 37॥

द्रवरूपं तदेकाह्ना कललं जायते त्र्यहात्।
वृद्धिस्तु सप्तरात्रेण पक्षेण कठिनं भवेत्॥ 38॥

शिरो मासद्वये स्यात्पाणि पादं त्रिमासकै:।
कट्युदरांगुलीरूपं तुर्य्ये मास्यभिजायते॥ 39॥

जायन्ते मासि रक्तादिधातव: सप्त पञ्चमे।
षष्ठे तु पृष्ठवंशा दिकीकसं कर्णनासिके॥ 40॥

मुखं नेत्रं च भवति नखरोमादि सप्तमे।
सूक्ष्मभावोऽस्थनि यच्च युगपज्जायतेऽखिलम्॥ 41॥

ओजोऽष्टमे सञ्चरति गर्भे मातरि चासकृत्।
तेन मातुर्भवेद्ग्लानिर्जातश्चैव न जीवति॥ 42॥

स देही नवमे मासि सर्वलक्षणसंयुत:।
जानञ्छुभाशुभं कर्म संस्मरेत्पूर्वजन्मजम्॥ 43॥

मातरो विविधा दृष्टा: पितरो भ्रातरस्तथा।
नानायोनिमहं प्राप्तो मनुष्यपशुपक्षिणाम्॥ 44॥

तत्रोषितोऽतिदु:खेन गर्भे मूत्रमलावृत:।
उल्बेन वेष्टितो भुग्नपृष्ठग्रीवास्थिसंहति:॥ 45॥

गर्भाशये स्थितो देही ज्ञानवांश्चिन्तयेदिदम्।
किं कृतं दुष्कृतं कर्म यतो गर्भे निवेशित:॥ 46॥

पतितो निरये घोरे दु:सहे गर्भसंज्ञिते।
यदितो निर्गमिष्यामि भजिष्यामि हरिं प्रभुम्॥ 47॥

येन भूयो गर्भवासदु:खं द्रक्ष्यामि न क्वचित्।
तत: स दशमे मासि नवमे चानिलैर्बलात्॥ 48॥

नि:सारितोऽतिदु:खार्तो योनिमार्गेण संकटात्।
निर्गतो योनितो देही मायया श्लिष्यते पुन:॥ 49॥

पितृभ्यां जडवब्दाल: पोष्यमाणोऽतिमूढधी:।
अहो पोषणचातुर्य्यं हरेरद्‌भुतकर्मण:॥ 50॥

गर्भे नाना ह्यान्त्रनाडीप्राप्तेर्नैव रसेन भृत्।
मातुर्जग्धान्नपानोत्थैर्बाल्ये स्तन्यैश्च पोषणम्॥ 51॥

शक्तिर्न चालनेऽङ्‌गानां पार्श्वस्य परिवर्त्तने।
दष्ट: शय्यास्थितै: कीटैर्मलाक्त: शयित: सुखम्॥ 52।

मूकस्तु कर्मणाशक्त: पंगुर्याने गृहे कुणि:।
काले कतिपयातीते भाषते परिगच्छति॥ 53॥

दिवानिशं समीपेऽस्य वर्त्तते हितकृद्धरि:।
इंद्रियाणां परावृत्त्या नैव जानाति मूढधी:॥ 54॥

तं विना पोषक: कोऽन्यो धाता पालयिता प्रभु:।
आदौ मध्ये तथान्ते च हरि: सर्वत्र संस्थित:॥ 55॥

न तं विना क्वचित्सनेहो देहगेहसुतादिषु ।
न तिष्ठति क्षणमपि दग्धतन्तुर्यथा पटः ॥ 56 ॥

तस्मिन्विनिःसृते देहात्तत्र सर्वेन्द्रियाणि च ।
स्ववृत्तिषु निवर्त्तन्ते मृत इत्युच्यते नृभिः ॥ 57 ।।

यदि तेन भवेत्स्नेहो हरिणा न गृहादिषु ।
कथं मोहः पुनः कार्यो मोहाब्धिं नरकं व्रजेत् ॥ 58 ॥

तृणीकरोत्यसौ मेरुं तृणमेकं करोति यः ।
अच्छेद्यं छेदयत्याशु अभेद्यं भेदयत्यपि ॥ 64 ॥

ब्रह्मांडकोटिसृष्टा स कटाक्षक्षणमात्रतः ।
संहर्त्ता पालकश्चैकस्ततः कोऽन्यो भवेद्विभुः ॥ 65 ॥

ये संस्थिता आत्मनि योगवन्तस्तद्भक्तिभावेन
सुखं निविष्टाः ।
स्वर्गादिसौख्यं परिहृत्य दूरादानंदसन्दोहमवाप्नुवन्ति ॥ 66 ॥

इति श्रीसकलपुराणसारभूते आदिपुराणे वैयासिके सूतशौनकसंवादो नाम सप्तमोऽध्यायः ॥ 7 ॥

हिंदी अनुवाद

अपने कर्मों से यह जीव उसकी आज्ञानुसार ही फल भोगता है, वही भोगने वाला जीव जन्म पाने के लिए किस प्रकार से गर्भ के भीतर वास करता है, वही मैं इस स्थान पर कहता हूँ ॥36॥

जब पुरुष और स्त्री के संसर्ग से वीर्य और रक्त आपस में मिल जाते हैं, उसी समय से गर्भ बढ़ने लगता है ॥37॥

एक दिन में तो वह वीर्य रक्त से मिला हुआ कुछ पतला ही रहता है, तीसरे दिन कुछ गाढ़ा और सात रात्रियों में वह गाढ़ा होकर कुछ-कुछ बढ़ने लगता है तथा एक पक्ष में वह कुछ कठिन गुणवाला हो जाता है ॥38॥

इस प्रकार से दूसरे महीने में मस्तक; तीसरे में हाथ और पैर, चौथे में कमर, उदर, उँगली और रूप होते हैं ॥39॥

पाँचवें में रक्त, रस, मांस, मेद, अस्थि, मज्जा और शुक्र ये सात धातुएँ बनती हैं और छठे महीने में पीठ का भाग और प्रधान 2 हड्डियाँ कर्ण और नासिका बनती हैं ॥40॥

और सातवें महीने में मुख नेत्र, नख और रोम इत्यादि उत्पन्न होते हैं। बड़ी हड्डी और सूक्ष्मभाव शरीर के बनने के विषय में और जो कुछ शेष रहा है, वह उस समय पूर्ण हो जाता है ॥41॥

आठवें महीने में माता के गर्भ में एक प्रकार का तेज अर्थात् बल बढ़ता रहता है, परंतु उससे यदि माता को कुछ भी ग्लानि हो तो वह कोख में निवास करने वाला जीव जीवित नहीं रह सकता ॥42॥

वह देहवान जीव नौवें महीने में सब लक्षणों से युक्त होकर अपने पूर्वजन्म के किए हुए शुभाशुभ कर्मों का स्मरण करता है ॥43॥

मैंने बहुत से माता-पिता और भ्राताओं को देखा है, मनुष्य और पशु, पक्षी आदि की बहुत-सी योनियाँ मिली हैं ॥44॥

उन सब योनियों में गर्भ के बीच में मलमूत्र से ढँका हुआ मैं अत्यंत ही कष्ट के साथ वास कर रहा हूँ पीठ, ग्रीवा और समस्त हड्डियों को सिकोड़कर जरायु (Geriatric) के चर्म के भीतर ॥45॥

गर्भ में बैठा हुआ यह प्राणी अपने दिव्य ज्ञान को प्राप्त होकर इस प्रकार की चिंता करता है। मैंने पूर्वजन्म में ऐसा कौन-सा पाप किया था, जिससे मुझे इस गर्भ में वास मिला ॥46॥

यह मेरा गर्भ में वास करना नहीं है, इससे और अधिक दुःख क्या होता है, मैं गर्भ नामक घोर कठिन नरक में पड़ा हुआ हूँ, इस नरक से मैं यदि बाहर आ जाऊँ तो **अवश्य ही श्रीकृष्ण का भजन करूँगा ॥**47॥

ऐसा करने से फिर मैं कभी भी गर्भवास की पीड़ा को नहीं देखूँगा। परंतु इसके पीछे वह नौ या दशवें महीने में वायु की प्रबलता से ॥48।

दुःखी होकर योनिमार्ग के घोर संकट से बाहर आता है, तब यह प्रथम का ज्ञान भूलकर माया के वशीभूत हो जाता है ॥49॥

यह निर्बुद्धि बालक नाम धरकर पिता-माता से जड़ के समान पालित होता है। परंतु हाय! अद्भुत कर्म करने वाले श्रीभगवान का प्रजा पालन का कैसा चातुर्य है ॥ 50 ॥

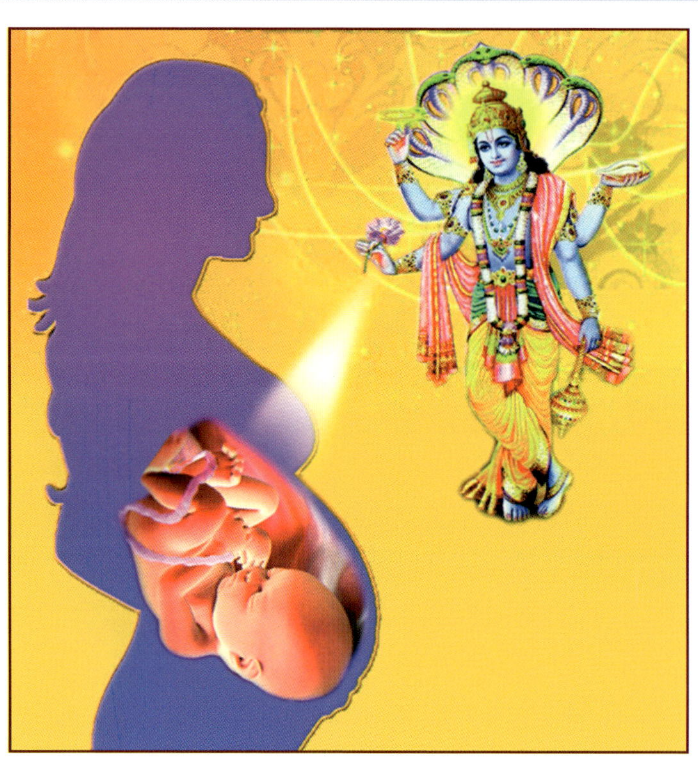

पहले तो गर्भ के बीच में गर्भ पद्म से मृणालस्वरूप नाल की डंडी के भीतर रस जाने से इसका पालन होता है। इसके पीछे माता के खाए हुए अन्न से जो स्तनों में दूध उत्पन्न होता है, बाल्यकाल में उससे पाला जाता है ॥ 51 ॥

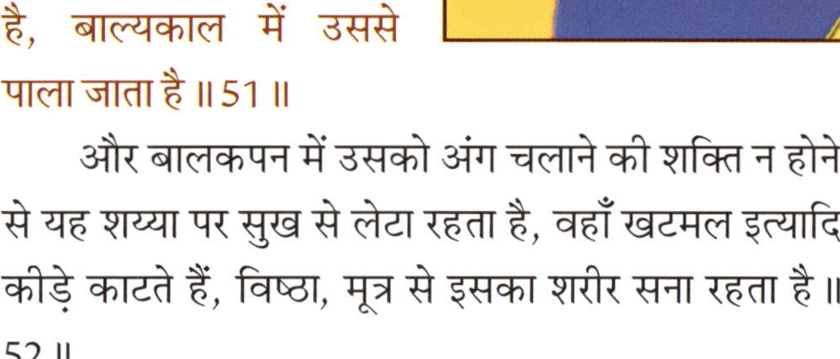

और बालकपन में उसको अंग चलाने की शक्ति न होने से यह शय्या पर सुख से लेटा रहता है, वहाँ खटमल इत्यादि कीड़े काटते हैं, विष्ठा, मूत्र से इसका शरीर सना रहता है ॥ 52 ॥

और बोलने की इसमें शक्ति नहीं होती, सुनने की भी शक्ति कम है, अधिक दूर की बात तो जाने दो, अपने वासस्थान में जाने के समय में लँगड़े और खोटे अर्थात् बुरे पाँव जिस प्रकार अपने कार्य में असमर्थ हैं, इसी प्रकार कुछ काल बीत जाने से बालक की वाक्य शक्ति बढ़ती है और कुछ-कुछ चल भी सकता है ॥ 53 ॥

इस समय रात-दिन उस अज्ञानी बालक की रक्षा के लिए भी हरि भगवान् उनके समीप वर्तमान रहते हैं, परंतु इंद्रियों में प्रयोजनीय शक्ति के अभाव होने से वह निर्बुद्धि उनको नहीं जान सकता ॥ 54 ॥

उनके अतिरिक्त और कौन मनुष्य पालन करनेवाला है, वह सर्वशक्तिमान, धाता और पालने वाले प्रभु हैं। वे ही केवल बालक की सहायता करते हैं। आदि, मध्य और अन्य इन तीनों कालों में श्रीहरि सहायता करते हैं ॥ 55 ॥

जिस प्रकार से वस्त्र के दग्ध हो जाने पर उसको कोई परिधान नहीं कहता, उसी प्रकार भगवान् के अतिरिक्त शरीर में, पुत्र में, घर में कुछ भी ममता नहीं होती ॥ 56 ॥

वह अर्थात् संसार के आत्मारूपी हरि की देह से विनि:सृत हो इंद्रियों को अपने-अपने विषयों से निवृत्त कर अर्थात् दर्शन और श्रवणादि यह कुछ भी कार्य नहीं होता, तब मनुष्य उस देह को मृतक कहते हैं ॥ 57 ॥

विष्णु भगवान् सुमेरु पर्वत को तिनके के समान और तिनके को सुमेरु पर्वत के समान करन को समर्थ हैं तथा अभेद्य को भेद्य और भेद्य को अभेद्य कर सकते हैं ॥ 64 ॥

एक दृष्टि में ही वह करोड़ों ब्रह्मांडों की सृष्टि करने को समर्थ हैं, वही एक पालन करने वाले और संहार करने वाले हैं। उनके अतिरिक्त और कोई विभु अर्थात् शक्तिमान नहीं है ॥ 65 ॥

जो अपनी आत्मा में योग के आश्रय से उन विष्णु भगवान् की भक्ति में रत होकर वास करते हैं, ये स्वर्गादि के सुख को भोगते हैं और पीछे परम आनंद को प्राप्त होते हैं ॥ 66 ॥

इति श्रीसकलपुराणसारभूते आदिपुराणे वैयासिके
सूतशौनकसंवादे भाषा टीकायाँ सप्तमोऽध्याय: ॥ 7 ॥

इस तरह आज का विज्ञान जिसे प्रयोगशाला में शोध करके बता रहा है, उस ज्ञान को सहस्त्रों वर्षों से हमारे ऋषियों ने विभिन्न ग्रंथों में संकलित किया है। यह न केवल उपयोगी है, अपितु आज भी पूर्णत: प्रासंगिक है।

17

अथ चतुर्दशोऽध्यायः

दिव्य गर्भ-संस्कार विज्ञान के सामने समस्याएँ एवं निराकरण

प्राचीन संदर्भ शाश्वत सत्य हैं, इसलिए गर्भ-संस्कार शास्त्र सभी क्षेत्रों में पूरी तरह से उपयुक्त है। वर्तमान समय में अधिजनन शास्त्र का आचरण करने की दृष्टि से परिस्थिति कैसी है? अनुकूल या प्रतिकूल? तीनों चोरों के बकरी को कुत्ता कहने से ब्राह्मण चाहे उसे त्याग भी दे, पर बकरी कुत्ता नहीं बनती है। यह सनातन सत्य कभी भी नहीं भूलना चाहिए।

शाश्वत सनातन सत्यों को अस्वीकार करना और दुष्प्रचार के अतिरेक से असत्य को सत्य मनवाने के लिए दबाव खड़ा करना, यह वर्तमान का बहुत बड़ा रोग है। ऐसा करने से स्वयं को या सभी को होने वाली हानि से बचा तो नहीं जा सकता है।

वर्तमान में अधिजनन शास्त्र के अनुसरण के बारे में ऐसी ही स्थिति है। इस शास्त्र के सिद्धांतों को कल्पित मानना तथा गर्भ-संस्कार के अनुसार आचरणों का त्याग कर देना। ऐसा करने के बाद रोगी, मंदबुद्धि, पागल, निर्बल, कायर या मृत संतति का जन्म होता है तो उसमें कोई आश्चर्य की बात नहीं है। श्रेष्ठ संतति की तो हम कल्पना भी कैसे कर सकते हैं?

वर्तमान परिप्रेक्ष्य में अधिजन के साथ संबंधित बातों के विस्तृत तथा चिंतापूर्ण विमर्श की आवश्यकता है। अधिजनन के आचारों की वर्तमान चिंताप्रेरक स्थिति और उससे समग्र राष्ट्र, समाज और विश्व को बचाने की दिशा में गंभीरतापूर्वक विचार इस विभाग में रखे गए हैं। शास्त्रों की कितनी भी चर्चा कि जाए, पर अगर हम उन्हें वर्तमान के साथ जोड़ने में असमर्थ रहे और उसे वर्तमान संदर्भ में सार्थक न बना सकें तो कुछ पोंगापंथियों और अपने में क्या भेद रहा? सुज्ञ एवं विवेकशील लोग सदैव प्राचीन, अर्वाचीन और भावी श्रेष्ठताओं को वर्तमान से जोड़ने का बुद्धिपूर्ण कार्य कर अपनी आने वाली कई पीढ़ियों को भी श्रेष्ठ बनाते हैं।

वैद्य बताते हैं कि शिरपीड़ा/सिरपीड़ा स्वयं कोई रोग नहीं है, वरन् अनेक रोगों का लक्षण और परिणाम है। अतः मूल रोग की चिकित्सा की जानी चाहिए। आज अपनी उद्विग्नता हमें साफ दिखाई देती है, वह इसी कारण है। किंतु वर्तमान असंस्कारिता, बचकानापन, असावधानी और अन्य समस्याओं की जड़ें कहीं और है। वे इतनी सूक्ष्म हैं कि हम देख नहीं पाते अथवा इतनी व्यापक हैं कि हमारी पहुँच से परे हैं। हमें मूल तक पहुँचना होगा। मूल में परिवर्तन होगा, तो शाखाएँ, पत्ते, फूल और फल अपने आप परिवर्तित हो जाएँगे।

वैश्विकता, पाश्चात्यता और भारतीयता

बहुत सामान्य बात है कि हम जैसा सोचते हैं, वही हमें दिखाई देता है। हम जैसे हैं, वैसा ही हमें दिखता है। **जैसी दृष्टि, वैसी सृष्टि। हमें पीलिया हुआ हो तो सबकुछ पीला दिखाई देता है। लाल रंग का उपनेत्र (उपचक्षु/Specs) पहना हो तो सब लाल दिखता है। हमारी दृष्टि दुर्बल हो तो सब धुँधला दिखता है। रतौंधी के रोगी को रात में नहीं दिखता। दृष्टि में रंगदोष हो तो हम रंगों की पहचान ठीक से नहीं कर सकते।**

यह शारीरिक दृष्टि की बात है। दृष्टि मानसिक भी होती है। शरीर की आँखों की तरह मन की आँखें भी होती हैं। चर्मचक्षु की तरह मनःचक्षु भी होते हैं। कल्पना चक्षु भी होते हैं। कवि की आँख भी होती है। मनःचक्षु को भी सब अलग अलग प्रकार का दिखता है। हम स्वार्थी हैं तो हम संसार को अपने स्वार्थ साधन के माध्यम की तरह देखते हैं। लोभी को वही प्रिय लगता है जिससे उसे कुछ मिलने की आशा होती है। प्रेम में प्रेमिका की सारी बातें सुंदर और अच्छी लगती हैं, फिर चर्मचक्षु को वे भले ही सुंदर न लगें। हम चोर

हैं तो हमें सबसे छिपकर रहना अच्छा लगता है। अहंकारी सभी को तुच्छ मानता है। हीन भावना से पीड़ित व्यक्ति अपने आप को तुच्छ मानता है और सबसे दबकर रहता है। हम सेवाभावी हैं तो सबके साथ विनम्रता का व्यवहार करते हैं। सज्जन को सारा संसार आत्मीय लगता है।

अब यदि दृष्टि, सृष्टि और व्यवहार के इस समीकरण को आज के युग पर लागू करें तो हमारी वर्तमान समस्या हमारी समझ में आ सकती है। समस्या का सत्य स्वरूप जान लेने के बाद उसका उपाय भी योग्य दिशा में किया जा सकता है। निदान और उपाय योग्य न हों तो हमारा सारा श्रम व्यर्थ जाता है। इस व्यर्थ श्रम से बचने के लिए इन सारी बातों का विचार आवश्यक है। आज सब कह रहे हैं कि विश्व छोटा हो गया है। वह एक विश्वग्राम (ह्रद्यश्ढ्डुद्य ड्डद्बद्यद्यद्धद्गद्ग) बन गया है। विश्व के किसी भी स्थान पर बसे व्यक्ति से संपर्क किया जा सकता है। इसका सीधा परिणाम यह हुआ है कि हमारी प्रथाएँ, परंपराएँ, विचारधारा, मान्यता, व्यवस्था आदि पर भी वैश्विकता का प्रभाव पड़ा है। हमारे खान-पान, वेश-भूषा, भाषा, दिनचर्या, शिक्षा, संबंध आदि पर उसका प्रभाव पड़ रहा है। बहुत तीव्र गति से सबकुछ परिवर्तित हो रहा है। हम इसका अनुभव करते हैं।

पहली बात यह ध्यान में आती है कि वैश्विकता के कारण हमारी जीवन-शैली पाश्चात्य होती जा रही है। हम उसे पाश्चात्य न मानकर, आधुनिक मानते हैं। आधुनिकता अच्छी बात है और उसे अपनाना भी चाहिए, किंतु पाश्चात्य की नकल हमेशा उचित नहीं है। हाँ, यदि अच्छी बात है तो उसे अपनाएँ, बुरी बात है तो छोड़ दें। किंतु पाश्चात्य को

आधुनिक कहने पर सारा पाश्चात्य ही अपनाने योग्य बन जाता है। पाश्चात्य जीवन-शैली अपनाते ही समस्याएँ खड़ी हो जाती हैं। व्यावहारिक रूप से तो वह भारतीय जीवन-शैली से विपरीत है। इतना ही नहीं, विपरीत के साथ-साथ वह विरोधी भी है। इससे कैसी कठिनाई खड़ी होती है ? वर्षों से हम अपनी भारतीय शैली के अनुसार जी रहे हैं। सहस्त्रों वर्ष की परंपरा हमारे रक्त में संस्कार के रूप में बह रही है। वह हमारे व्यक्तित्व का एक अविभाज्य अंग बन गई है। पाश्चात्य जीवन-शैली का प्रभाव तो गत 150-200 वर्षों से ही होना शुरू हुआ है। अत: उसका सीधा प्रभाव भी शिक्षित लोगों पर ही पड़ा है। हमारे देश का बहुत बड़ा वर्ग इस आधुनिक कही जाने वाली शिक्षा व्यवस्था से अनभिज्ञ है, किंतु पाश्चात्य शिक्षा प्राप्त कुछ गिने-चुने लोग अपने आपको आधुनिक, सुधरे हुए और शिक्षित मानते हैं। उनके हाथों में शासन है, विश्वविद्यालय हैं, सभी व्यवस्थाएँ हैं। वे अधिकांश लोगों को पिछड़ा हुआ, असंस्कारी, मूर्ख और अंधश्रद्धा वाला मानते हैं। शिक्षा, शासन और संचार माध्यमों का उपयोग कर इस आधुनिक (पाश्चात्य) विचारधारा और जीवन-शैली को अधिकांश 'गँवार' लोगों तक पहुँचाकर वे उन्हें सुधारना चाहते हैं। आजकल तथाकथित अशिक्षित लोग भी उनके इस मोहजाल में फँसकर सुधरना चाह रहे हैं, आधुनिक बनना चाहते हैं।

समस्या यह है कि परंपरा छूटती नहीं है, संस्कार मिटते नहीं हैं। पाश्चात्य विचारों के प्रहारों के कारण परंपरा और संस्कारों का संरक्षण भी नहीं हो पाता। इस प्रकार दो परस्पर विरोधी विचार धाराओं के बीच तीव्र संघर्ष चल रहा है। वर्तमान की प्राय: सभी समस्याओं की जड़ें इसी खींचतान में हैं।

अत: सर्वप्रथम तो यह खींचतान बंद होनी चाहिए। हमें तय करना होगा कि हम भारतीय जीवन-शैली अपनाना चाहते हैं या पाश्चात्य ? हम मात्र पाश्चात्य को ही आधुनिक मानें या भारतीय को भी ? क्या हम पाश्चात्य और भारतीय का समन्वय करना चाहते हैं ?

यह तय करने से पूर्व हमें दोनों जीवनशैलियों का अंतर भलीभाँति समझना होगा।

पाश्चात्य और भारतीय विचारधारा और जीवन-शैली का अंतर

पाश्चात्य विचारधारा के अनुसार यह सारी दृष्टि जड़ से उत्पन्न हुई है। जड़ता से यांत्रिकता उत्पन्न होती है, क्योंकि यंत्र जड़ होता है। यंत्र स्वयं कुछ नहीं करता, उसे चलाने वाला कोई होना चाहिए, उसके चलने के लिए ऊर्जा चाहिए। उसमें विवेक नहीं होता, उसमें भावनाएँ नहीं होतीं। उसके मापदंड भी यांत्रिक होते हैं, वे भावात्मक, विवेकपूर्ण या आनंदमय नहीं होते।

जबकि भारतीय विचारधारा के अनुसार संपूर्ण सृष्टि चेतन से पैदा हुई है। चेतन प्राणवान होता है, भावनापूर्ण होता है, विवेकशील होता है और आनंदमय होता है। अत: उसके मापदंडों में भी ये सभी तत्व विद्यमान होते हैं।

इसका सीधा परिणाम यह होता है कि पाश्चात्य विचारधारा मनुष्य के शरीर को ही अधिक महत्त्व देती है, क्योंकि शरीर जड़ होता हैं। भारतीय विचारधारा आत्मा को अधिक महत्त्व देती है, क्योंकि आत्मा चेतन स्वरूप होती है। पाश्चात्य विचारधारा बाह्य रंग-रूप को अधिक महत्त्व देती है, जबकि भारतीय विचारधारा आंतरिक गुणों को महत्त्व देती है। पाश्चात्य विचारधारा मूल्यांकन भी बाहरी रंगरूप के आधार पर करती है, जबकि भारतीय विचारधारा आंतरिक गुणों के आधार पर। उसी तरह पाश्चात्य जीवन-शैली बाहरी स्वच्छता और टीमटाम पर अधिक ध्यान देती है, जबकि भारतीय विचारधारा आंतरिक शुद्धता पर अधिक बल देती है।

पाश्चात्य विचारधारा पुनर्जन्म नहीं मानती, जबकि भारतीय विचारधारा मानती है। अत: पूर्व जन्म के संस्कार या किए गए कार्यों का फल अगले जन्म में भोगना पड़ेगा, ऐसा वह नहीं मानती। भारतीय विचारधारा पूर्वजन्म के संस्कार और 'जैसी करनी वैसी भरनी' में विश्वास रखती है।

भारतीय विचारधारा के अनुसार इस सृष्टि के सचराचर में परमात्मा का वास है। अत: पशु-पक्षी, वृक्ष-वनस्पति, पंचमहाभूत, मनुष्य सभी परस्पर एकात्मता के सूत्र से बँधे हैं। यह सब परमेश्वर का ही स्वरूप है। इससे सबके प्रति

प्रेमभाव रखना सबका भला चाहना, किसी को पीड़ा न पहुँचे, ऐसा व्यवहार करना, ये सब भारतीय जीवन-शैली के अभिन्न अंग हैं।

पाश्चात्य विचारधारा मनुष्यकेंद्री व स्वकेंद्री है। वह मानती है कि मनुष्य सृष्टि का सर्वश्रेष्ठ प्राणी है और समग्र सृष्टि का उपयोग और उपभोग करने का अधिकार उसे ईश्वर ने ही दिया है। स्वकेंद्री होने के कारण स्वयं का विचार ही पहले करने का उसे अधिकार है। दूसरों का विचार बाद में करना या करना ही नहीं, यह स्वाभाविक है। भारतीय विचारधारा परमात्मा केंद्रित है। वह भी मानती है कि मनुष्य सृष्टि का सर्वश्रेष्ठ प्राणी है, किंतु सारी सृष्टि का रक्षण और पोषण करना उसका कर्त्तव्य है। परमात्मा केंद्रित होने से शेष सबका विचार करना उसका दायित्व है। स्वयं सबसे जुड़ा होने के कारण सबका विचार किए बिना वह अपना विचार कर ही नहीं सकता।

पाश्चात्य जीवन-शैली अर्थप्रधान है। मनुष्य अपनी कामनाओं की तुष्टि को ही जीवन का लक्ष्य मानता है। जिसकी कामनाएँ, वासनाएँ और इच्छाएँ अधिक और उन्हें तुष्ट करने के साधन अधिक हों, वह उतना अधिक विकसित माना जाता है। इन साधनों को प्राप्त करने के लिए अधिक संपत्ति चाहिए। अधिक संपत्ति अर्जित करने में जो बल और बुद्धि का उपयोग कर सके, वही ज्यादा चतुर माना जाता है। जबकि भारतीय जीवन-शैली धर्म प्रधान है। धर्मानुसार भोग और उसके लिए आवश्यक धन अर्जित करने की बात वह स्वाभाविक रूप से मानती है। व्यक्ति स्वयं दूसरों के कारण अपनी आवश्यकताएँ संतुष्ट कर सकता है। अत: वह उन सबके प्रति कृतज्ञता का भाव रखने को कहता है। अपनी इच्छाएँ सीमित रखकर, धन संपत्ति का अधिकतम उपयोग अन्य के लिए करे, अन्य सभी की सेवा करे, वही व्यक्ति अधिक विकसित माना जाता है।

इस प्रकार जड़ता, स्वकेंद्रीपन और अर्थ काम प्रधानता, पाश्चात्य जीवन-शैली के मुख्य सूत्र माने जाते हैं और आत्मीयता, परमात्मा-केंद्रिपन और धर्मप्रधानता भारतीय जीवन-शैली के मुख्य सूत्र माने जाते हैं।

अब पहले तो हमें यह तय करना होगा कि हम पाश्चात्य जीवन-शैली अपनाकर उसे ही आधुनिक मानें यह अधिक उपयुक्त होगा या पाश्चात्य जीवन-शैली के प्रभाव से मुक्त होकर पुन: भारतीय जीवन-शैली अपनाएँ और उसे सही अर्थों में आधुनिक बनाएँ, यह अधिक उपयुक्त होगा।

आज के विश्व पर मँडरा रहे संकटों पर विचार करें तो हमें उसके मूल में पाश्चात्य जीवन-शैली और विचारधारा स्पष्ट दिखाई देगी। आज के संकटों को भी हम निम्नलिखित प्रकार से चार वर्गों में बाँट सकते हैं—

1. शरीर स्वास्थ्य की हानि और पर्यावरण प्रदूषण—दोनों से जुड़ी सभी बातें इसमें आ जाती हैं।

2. मानसिक स्वास्थ्य की क्षति और असंस्कारिता—शोषण, हिंसा, लूट, आतंकवाद, रक्तपात, बलात्कार, आत्महत्या, पागलपन आदि सबका इसमें समावेश हो जाता है।

3. स्वार्थ और वासनापूर्ति—निर्धनता, बेकारी, लूट, अधिक लाभ लेने की प्रवृत्ति, लोभ, शील-धर्म-देश-संस्कार सभी को बेच देने की वृत्ति, भ्रष्टाचार आदि सब इस वर्ग में शामिल हैं।

4. स्वतंत्रता का क्षय—शोषण, सत्ता, केंद्रियता, मनुष्य गौरव का अभाव, लाचारी, ऋणग्रस्तता, नौकरी, श्रम आदि सब बातें इस वर्ग में आती हैं।

यह सभी विश्वव्यापी संकट हैं। यह सरलता से समझा जा सकता है कि इन सबके मूल में पाश्चात्य विचारधारा और जीवन-शैली है। भारतीय विचारधारा और जीवन-शैली को अपनाकर इन संकटों से मुक्ति पाई जा सकती है। यह बात भी उतनी ही स्पष्ट है।

फिर भी सुज्ञ वाचकों को अपने विवेक से योग्य निर्णय लेना चाहिए।

पाश्चात्यता, भारतीयता और अधिजनन

अब हम देखेंगे कि इस पाश्चात्य जीवन-शैली के आक्रमण का प्रभाव अपने परिवार जीवन, विवाह संस्कार, जन्म देने की प्रणाली, अपने दृष्टिकोण, शिशु संगोपन और बाल संस्कारों पर कैसे होता है ? बाद में हम यह तय करें कि

स्वाभाविक मानी जाती हैं। परिवार से अलग एकाकी रहने की कल्पना भी कोई नहीं करता। जबकि पाश्चात्य शैली व्यक्ति को केंद्र मानती है। परिवार में रहने वाला भी अपने स्वार्थ की दृष्टि से ही अन्य का विचार करता है। वह परस्पर आदान-प्रदान का लेखा-जोखा रखता है और ध्यान रखता है कि उसके हिस्से में अधिकतम आए।

इसका तत्काल दिखने वाला परिणाम होता है, 'आत्मीयता का अभाव'। सच्चा प्रेम कोई नहीं करता। किसी पर विश्वास नहीं किया जा सकता। अपनी चिंता स्वयं करनी होती है। आत्मीयता और प्रेम के बिना मनुष्य का भावात्मक विकास नहीं हो पाता। उसके हृदय की प्रेम की भूख संतुष्ट नहीं होती। अतः वह हमेशा अधूरेपन और असुरक्षा का अनुभव करता है। वह तनावग्रस्त व भयभीत रहता है। इसी से हिंसा, उन्माद व पालनपन उत्पन्न होते हैं। इसी से उन्मुक्तता, अनुत्तरदायित्व, आतंकवाद आदि जन्म लेते हैं।

यह सब अपनाने योग्य है या नहीं ? यदि अपनाने योग्य हैं तो उसे पूरा-पूरा अपनाएँ और यदि योग्य न लगे तो उसे छोड़ने और उससे बचने का उपाय करें।

(क) भारतीय जीवन-शैली परिवार जीवन में आस्था रखती है। वह मानती है कि समाज व्यवस्था की मूल इकाई परिवार है। इससे मिल-जुलकर रहना, परिजनों के साथ आत्मीय व्यवहार करना, सभी की आवश्यकताओं का ध्यान रखना, सेवा करना, परिजनों के लिए त्याग करना आदि बातें

(ख) परिवार जीवन का महत्त्व कम होने से वंशपरंपरा, कुलपरंपरा आदि का महत्त्व भी कम हो जाता है। आज ऐसी स्थिति हो गई है कि व्यक्ति को अपनी पाँच पीढ़ी, पूर्वजों के नाम, अपना कुल, गोत्र किसी की जानकारी नहीं है। उसे यह भी पता नहीं है कि पितृ, पितृलोक, पितृतर्पण आदि क्या है ?

इन सबके कारण बालक को जन्म देते समय मूलभूत अंतर आ जाता है। माता-पिता के प्रति हमें जन्म देने के लिए कृतज्ञता का भाव भारतीय संस्कृति में स्वाभाविक हो जाता

है। किंतु आज माता-पिता के इस ऋण का स्वीकार नहीं किया जाता। माता-पिता के ऋण को चुकाने के लिए हम इन्हें फिर से जन्म तो नहीं दे सकते। किंतु संतान को जन्म देकर (वंश परंपरा जारी रखकर) हम पितृऋण से मुक्त हो सकते हैं। अपने सभी शास्त्रों के उपदेश के सार के रूप में तैत्तिरीय उपनिषद् का यह वाक्य—प्रजातन्तुं मा व्यवच्छेसी:' (संतान की परंपरा/कड़ी को न तोड़ें) लिया जा सकता है।

(ग) वंश परंपरा अक्षुण्ण रखने, गृहस्थ धर्म का पालन करने और अपनी संस्कृति को बचाए रखने के लिए विवाह अनिवार्य है। इन तीनों कार्यों को उत्तम रीति से पूरा करने हेतु स्वयं को गढ़ना होता है। यह भारतीय जीवन-शैली का मुख्य अंग है। परिवार में, विद्यालय में या समाज में समग्र शिक्षा की संरचना इसी प्रकार की जाती है। यह मूलभूत समझ आज परिवर्तित हो गई है। परिणामत: कामवासना संतुष्ट करने के लिए स्त्री-पुरुष संबंध, इस संबंध को कानूनी मान्यता और सुरक्षा देने के लिए विवाह, विवाह के बाद संभोग के अनिवार्य परिणामस्वरूप संतानोत्पत्ति आदि पाश्चात्य शैली के ये सूत्र आज सर्वत्र व्याप्त हैं। जहाँ कामोपभोग मुख्य माना जाता हो और संतानोत्पत्ति उसका गौण उत्पाद, वहाँ ऋण चुकाने, वंश परंपरा सुरक्षित रखने, धर्माचरण करने की कल्पना कहाँ से आ सकती है ? और बालक के संस्कार की भी कल्पना कैसे आएगी ? उलटा बालकों को बोझ माना जाता है।

(घ) हमारी संतान कुल को तारने वाली, समाज की सेवा करने वाली, देश के काम आने वाली, धर्म की रक्षा करने वाली, मानवता की सेवा व सज्जनों की रक्षा करने वाली होनी चाहिए। भारतीय माता-पिता की ऐसी इच्छा स्वाभाविक होती है। किंतु पाश्चातय विचारधारा से प्रभावित आज के माता-पिता ऐसा व्यापक विचार करते नहीं दिखते। अपने अतिरिक्त अन्य किसी का विचार करने की आवश्यकता उन्हें नहीं लगती। अधिकार के अतिरिक्त वे किसी अन्य कर्त्तव्य की चिंता नहीं करते। इसलिए बालकों के संदर्भ में भी परिवार, समाज, देश, धर्म, संस्कृति आदि के बारे में वे विचार नहीं कर सकते।

(ङ) पाश्चात्य विचारधारा के प्रभाव से उन्हें बाहरी चमक-दमक और उपभोग सामग्री शीघ्र, विपुल मात्रा में और आसानी से मिले, इसी की चिंता उन्हें रहती है। फिर उनके मापदंड यांत्रिक या जड़ होने के कारण कृत्रिम वस्तुओं के उपयोग की भी उन्हें समस्या नहीं होती। इसी से दिखने में आकर्षक, किंतु परिणाम में सबके लिए हानिकारक प्लास्टिक या सिंथेटिक पदार्थों का उपयोग भरपूर करते हैं। इसका सर्वप्रथम विपरीत प्रभाव बालक के स्वास्थ्य पर होता है और सबसे विपरीत प्रभाव पर्यावरण पर होता है। संस्कारों का कोई आग्रह न होने के कारण बालक की मनोवृत्ति विकृत करनेवाला वातावरण, ऐसी ही बातें, दृश्य, ध्वनि चारों ओर दिखाई देती हैं।

(च) सेवा, श्रमनिष्ठा, धार्मिकता, त्याग, प्रेम, कर्तव्य, पवित्रता, नम्रता, स्वाश्रय, संयम, तप, सतय, धैर्य, प्रामाणिकता, निश्छलता आदि सद्गुणों का यदि आर्थिक लाभ न हो तो वे उसके लिए महत्त्वहीन हैं। इसीलिए पाश्चात्य विचारधारा को यह नहीं दिखता कि बालक को यह सब सिखाया जाए, इसके संस्कार दिए जाएँ। जबकि भारतीय विचारधारा के ये मूलतत्व हैं। इनसे ठीक विपरीत मनोभाव ही आज सर्वत्र छाए हुए हैं।

(छ) पाश्चात्य विचारधारा के प्रभाव में आज की माता बालक के हित में अपना आहार-विहार, रुचि-अरुचि, आदि बातों का आयोजन नहीं करती। उसके अपने निर्णयों के कारण जन्म लेने वाले बालक को कितनी हानि होगी, इसका ध्यान उसे नहीं होता। बालक को जन्म देने की अपेक्षा अपना कार्य अधिक महत्त्वपूर्ण मानने के कारण विवाह और आज बालक को जन्म देने में अतिशय विलंब, गर्भनिरोधक साधनों का अत्यधिक उपयोग और बड़ी संख्या में गर्भपात के मामले दिखाई देते हैं।

पाश्चात्य विचारधारा के साथ-साथ हमारा अज्ञान भी उतना ही कारणभूत है। भारतीय विचारधारा, जीवन-शैली, हमारी परंपरा, हमारे शास्त्रों के बारे में हम सचमुच कुछ नहीं जानते। आधुनिक मानकर आज हम जिन बातों को अपना रहे हैं, वे वास्तव में भारतीय हैं या पाश्चात्य, यह हम नहीं

जानते। वास्तव में भारतीय और पाश्चात्य जैसा कुछ भेद है यह भी हमें नहीं पता। आधुनिक यानी क्या ? पाश्चात्य को ही आधुनिक माना जाए या नहीं ? यह भी हम नहीं जानते। इसमें हम ही पूरी तरह से दोषी हैं, ऐसा नहीं कहा जा सकता, क्योंकि हमें हमारे शास्त्रों, अपनी परंपरा, हमारी विचारधारा, हमारी जीवन-शैली आदि की शिक्षा दी ही नहीं जाती। इसी से हमारा विचार बन गया है कि जो कुछ भी पाश्चात्य है, वही आधुनिक है, वही ठीक है।

थोड़ा विचार करें तो हमारी समझ में आएगा कि ऐसी अराजकता के कारण, हमारी संतानों की और समग्र विश्व की कितनी बड़ी हानि हो रही है। विकास की बड़ी-बड़ी बातें होती हैं, लेकिन विश्व विनाश की ओर बढ़ता जा रहा है।

विश्व को भी यदि वर्तमान भीषण संकटों से उबरना है तो उसे भारतीय जीवन-शैली और विचारधारा अपनानी ही होगी। लेकिन विश्व ऐसा करे, उसके पूर्व भारतीयों को ही इन्हें अपनाना होगा, तभी विश्व हमसे सीख सकेगा।

इसी प्रक्रिया का प्रथम महत्त्वपूर्ण चरण है भारतीय अधिजनन शास्त्र को अपनाना। अच्छे (उत्तम) बालकों का जन्म होगा तो विश्व स्वत: अच्छा बनने लगेगा। आइए हम श्रेष्ठ संतान को जन्म देनेवाले माता-पिता बनें।

व्यापक विपरीत स्थितियाँ

हमें सुख चाहिए, परंतु दु:ख की ओर जा रहे हैं, चाहिए शांति, पर गति अशांति की ओर है, चाहिए आरोग्य, पर जीवनचर्या रोगों की ओर ले जाने वाली है। इसी को हम अंतर्विरोध कहते हैं। संतान के मामले में भी वही होता है। हम चाहते तो हैं सर्वगुण संपन्न बालक, किंतु हमें मिलते हैं दु:ख देनेवाले बालक। ऐसा क्यों ? यह भी विपरीतता का ही परिणाम है। इन विपरीतताओं का क्षेत्र बहुत व्यापक है। हमें उन्हीं के बीच जीना है। हम इन विपरीतताओं के सृजन में सहयोगी भी बन रहे हैं। अधिकांशत: अनभिज्ञता में, कुछ सीमा तक जान-बूझकर और कुछ मात्रा में, हम क्या कर सकते हैं ?

संतान को जन्म देने का अवसर तो युवक-युवती के विवाह के बाद आता है, किंतु उसके लिए शारीरिक और मानसिक पूर्व तैयारी वर्षों से चल रही होती है। सहज रूप में होती रहती है। किसी पर उसका दबाव न पड़े, इस रूप में होती रहती है। किंतु वर्तमान समय में इस क्षेत्र में भी अव्यवस्था निर्मित हो गई है। यह बात नहीं मानी जाती कि यदि हमने उचित पूर्व तैयारी की हो तो योग्य संतान पाई जा सकती है। दूसरी बात कि संतान के लिए कुछ पूर्व तैयारी करनी होती है, यह बात भी लोग नहीं मानते। तीसरे, यह भी नहीं माना जाता कि हम जिस प्रकार का जीवन वर्षों से जी रहे हैं, उसका प्रभाव हमारी संतान पर भी होता है। यह अज्ञान की स्थिति ही कही जा सकती है। इसे दूर करने का सामूहिक प्रयास आज आवश्यक है।

तनिक इस पर दृष्टि डालें कि बालक को जन्म देने से पूर्व उसके माता-पिता ने किस प्रकार का जीवन जीया है ?

घर में बालक दो-तीन वर्ष का होता है, उसी समय से उसके भावी जीवन की चर्चा होने लगती है। उससे पूछो कि बड़े होकर क्या बनोगे ? तो उसका तुरंत उत्तर होगा, डॉक्टर, पायलट या बड़ा अधिकारी। वह इसलिए ऐसा उत्तर देता है कि उसके आस-पास इसी प्रकार की बातें होती हैं। ऐसा मात्र पुत्र के संदर्भ में ही नहीं है, पुत्री के बारे में भी ऐसी ही कल्पनाएँ की जाती हैं। घर के बारे में, गृहजीवन के बारे में, समाज के बारे में बातें नहीं होती। जो भी होता है, वह कुछ सीमा तक नकारात्मक ही होता है अर्थात् घर का काम बोझ माना जाता है। घर का कार्य नौकरों का होता है। जो पढ़े-लिखे नहीं, उसे घर का काम करना होता है। पढ़-लिखकर भी घर का काम क्यों करें ? आदि भाव व्यक्त करने वाली चर्चा होती रहती है। छोटी बहन की देखभाल करना, छोटों के लिए त्याग करना, माँ-बाप के अधूरे कार्य पूरे करने की बालकों से अपेक्षा रखना, पूर्वजों के अच्छे कार्यों का स्मरण करना, ऐसे संस्कार बालकों को सहज बातचीत में नहीं दिए जाते। जीवनलक्ष्य के बारे में, घर परिवार के प्रेम, सुख, निष्ठा, कर्तव्य आदि के संबंध में कोई बात बालकों के कानों तक नहीं पहुँचती। इसके परिणामस्वरूप भावी जीवन के बारे में कोई सकारात्मक संस्कार उसे प्राप्त नहीं होते। पढ़ना, धन कमाना और बड़े व्यक्ति बनकर सुख-चैन से रहना, यही

जीवन है, ऐसी ग्रंथि उसमें अनायास बनती जाती है।

बालसहज वृत्ति से बड़ों जैसे काम करने की उनकी भी इच्छा होती है। पर उन्हें वैसा कोई करने नहीं देता। समयांतर में वे स्वयं घर के कार्यों से दूर चले जाते हैं। वे घर में रहते अवश्य हैं, पर घर उनके मन में नहीं होता। व्यक्ति के रूप में तो उनका विकास होता है, परंतु पारिवारिक व्यक्ति का पहलू उनमें विकसित नहीं होता।

कुछ बड़े होने पर बालक विद्यालय जाते हैं। विद्यालय जाने की आवश्यकता आते ही उनका संसार परिवर्तित हो जाता है। घर से उनका रागात्मक संबंध नहीं रहता। घर के प्रति दायित्व का बोध या घर के साथ समरसता पनपे, उससे पूर्व ही विद्यालय के दायित्व बढ़ जाते हैं। एक तो पढ़ाई-लिखाई का बोझ, दूसरे, ट्यूशन या गृहकार्य, तीसरे, अन्य गतिविधियाँ, चौथे, घर में टी.वी. आदि से बालकों को मुक्तरूप से खेलने का भी समय नहीं मिलता है। तब घर से परिचित होने का समय कहाँ से मिलेगा? इसलिए गृहिणी, गृहस्थ, सगे संबंधी, मातृत्व, पितृत्व आदि भावों का बीजारोपण उनमें नहीं हो पाता।

आज से दो पीढ़ी पहले शाम को बालक बाहर मैदान में खेलने जाते थे। उस समय 'घर-घर' का खेल बहुत प्रचलित था। अधिकांश लड़कियाँ 'घर-घर' खेलती थीं, जिसमें खाना बनाना, परोसना, बच्चों को खिलाना, अतिथियों का सत्कार करना, गुड्डे-गुड्डी का विवाह करना आदि क्रियाकलाप होते थे। कभी-कभी लड़के भी उसमें शामिल होते थे। उस समय बालकों को भोजन कराकर दुकान पर भी भेजा जाता था।

इस प्रकार के खेलों में पारिवारिक मानसिकता कितनी सहजता से आ जाती थी, यह ध्यान देने की बात है।

किंतु आज ये सारे खेल पिछड़ेपन का चिह्न बन गए हैं, किंतु वास्तव में बालकों ने बहुत कुछ खो दिया है।

आठ से दस वर्ष की आयु के बच्चों में 'मातृ देवो भव, पितृ देवो भव, आचार्य देवो भव, अतिथि देवो भव, राष्ट्र देवो भव' की भावना के विकसित होने की कोई व्यवस्था घर में नहीं होती। दूसरे, अपने से छोटे या बड़े बच्चे घर में नहीं होते। हों भी तो छोटों की देखभाल करने और बड़ों का आदर करने के स्थान पर परस्पर विवाद का वातावरण ज्यादा होता है। इतना ही नहीं, बड़ों को भी छोटों की इच्छा का ध्यान रखना होता है। ऊपर से माता-पिता की सेवा करने, उनको प्रणाम करने, दादा-दादी की परिचर्या करने, अतिथियों की सेवा सत्कार करने, उनसे विचार-विमर्श करने आदि कार्यों में बच्चों को सहयोगी नहीं बनाया जाता। बड़ों के साथ बाजार में क्रय करने जाना, बाहर के कामों का बारीकी से निरीक्षण करना, घर की समस्याओं व कठिनाइयों को अनुभूत करना, दो व्यक्ति अंदर से (मन से) कितने एक हैं, इसे देखकर आश्चर्यचकित होना आदि सब आज के बालक के भाग्य में होता ही नहीं।

बारह वर्ष की आयु में बच्चे का व्यायाम प्रारंभ होना चाहिए। उसे श्रमसाध्य कार्य करना चाहिए। उसे शारीरिक व मानसिक सक्रियता तथा व्यावहारिक जीवन से जुड़े काम करने चाहिए। ऐसा करने से उनके शरीर की वासनाएँ व विकृतियाँ पसीना बनकर बह जाएँगी। साथ ही इस आयु में ब्रह्मचर्य और इंद्रियसंयम उनके लिए आसान होंगे। उत्साह के साथ पौरुष का भी विकास होगा।

आज यह कुछ नहीं होता। संयम तो नाममात्र को भी नहीं है। मात्र टी.वी. नहीं, वस्त्र, शृंगार, खानपान भी वासनाएँ उत्तेजित करने वाले होते हैं। इसके कारण शरीर दुर्बल और रोगग्रस्त बन जाता है और मन निर्बल हो जाता है।

बालिकाओं की स्थिति भी दयनीय ही है। वास्तव में तो इस आयु में घर गृहस्थी के कार्य दायित्व के साथ करने चाहिए। स्त्रियों के विशेष कार्य भोजन बनाना और गृहसज्जा में उनकी सक्रिय हिस्सेदारी होनी चाहिए। इनके परिणाम स्वरूप स्त्रीत्व जगता है। स्त्रीत्व का भाव ही मातृत्व की ओर ले जाता है। किंतु आज की बालिकाओं को कॅरियर (आजीविका) की ओर मोड़ा जाता है, घर से विमुख बनाया जाता है। भविष्य जीवन की दृष्टि से यह अपूरणीय क्षति है।

किशोरवय तक आते-आते तो बालकों के संसार में विनाशक तत्वों की झलक स्पष्ट दिखाई देने लगती है।

टी.वी. कार्यक्रमों में वे अपने आदर्श पात्रों को देखते हैं। उन्हीं के जैसा पहनावा, बालों की सजावट, गतिविधियाँ और वृत्तियाँ उन्हें भटका देती हैं। अब उनके लिए अध्ययन भी गौण बन जाता है। वे ऐसा ही मानते हैं कि जीवन का उद्‌देश्य मौज-मजा, मस्ती और स्वच्छंदता मात्र होता है।

लड़कियाँ लड़कों के परिधान पहनें, वाहन चलाएँ, भीड़ में लड़कों के साथ शारीरिक स्पर्श और घर्षण हो, लड़कों के साथ खेलें, नाचें और चाय-अल्पाहार करें, फिल्म देखें, आदि से उनका स्त्रीत्व बिखर जाता है, उसका विघटन हो जाता है। मानसिक आधारभूमि शिथिल हो जाती है। जीवन के स्थिर तत्त्वों में से किसी से उनका संबंध नहीं रहता। लड़कों के कपड़े पहनें, सारे काम भी करें, किंतु उनमें नारीत्व रहना चाहिए।

माता-पिता बनने का स्वर्णकाल बरबाद हो जाता है।

इसी समय माता-पिता का नियंत्रित मार्गदर्शन जो उन्हें मिलना चाहिए, वह नहीं मिलता। इसके लिए दोनों पक्ष दोषी हैं। माता-पिता अपने संसार में मस्त रहते हैं और बच्चों को कुछ मार्गदर्शन देना चाहिए, वह वे जानते ही नहीं। दूसरी ओर बालक को माँ-बाप का नियंत्रण नहीं रुचता और उनमें आज्ञापालन की वृत्ति होती ही नहीं है।

किशोरावस्था में बालिकाएँ रजस्वला होने लगती हैं। रजस्वला होना किस बात का संकेत है, वह नहीं जानती। उसे कहीं से भी इसकी समझ नहीं दी जाती। उस समय की शारीरिक और मानसिक अवस्था की उचित देखभाल नहीं की जाती। वास्तव में ऐसे समय आराम और एकांत की आवश्यकता होती है। आज इनमें से एक का भी ध्यान नहीं रखा जाता। इसके विपरीत, मासिक धर्म अनियमित हो तो उसका समय बढ़ाने के लिए दवाएँ ली जाती हैं। इन दवाओं का प्रतिकूल प्रभाव जननांगों और अंत: स्त्रावों पर होता है। रजस्वला स्थिति का संबंध मातृत्व से जोड़ने की बात रह ही जाती है।

इस प्रकार किशोर वय का भी अपव्यय हो जाता है। वास्तव में तो इस आयु में विवाह संबंधी चर्चा होनी चाहिए। योग्य पात्र की समझदारी बालक बालिकाओं को मिलनी चाहिए। अच्छी पत्नी बनने हेतु बालिकाओं का और अच्छा पति बनने हेतु बालकों का प्रशिक्षण होना चाहिए। शारीरिक सज्जता, मानसिक अधिगम, बौद्धिक समझ, व्यावहारिक कुशलता, धैर्य, तपश्चर्या, दायित्वबोध आदि अनेक ऐसे महत्त्वपूर्ण विषय हैं, जिनका व्यावहारिक ज्ञान बालक-बालिकाओं को मिलना चाहिए। यह सब विद्यालय महाविद्यालयों द्वारा प्रचलित शिक्षा प्रणाली से नहीं, अपितु प्रेमपूर्ण आत्मीय अधिगम से व्यक्तिगत रूप से सिखाना चाहिए। अपने कुल, गोत्र, वंशपरंपरा, वर्ण आदि के साथ तादात्म्य होना चाहिए। आने जीवन को पारिवारिक, सामाजिक, राष्ट्रीय, वैश्विक परिप्रेक्ष्य में देखने की दृष्टि का विकास होना चाहिए। यह विचार होना चाहिए कि परंपराएँ कैसे बनती हैं ? कैसे संरक्षित होती हैं ? वे कैसे परिवर्तित होती हैं ? और किस प्रकार उनका विकास होता है ? शरीर और मन के योग्य प्रशिक्षण का अभाव बहुत ही महँगा पड़ता है, किंतु हमें इस तथ्य की जानकारी नहीं होती।

इसी समय बालक-बालिकाओं में मैत्री प्रारंभ होती है। दोनों के बीच मित्रता में आज कुछ अनुपयुक्त नहीं लगता। ऊपर से उसे आधुनिकता ही माना जाता है। सभ्य होना माना जाता है। किंतु वास्तव में क्या होता है ? अनेक प्रकार से स्त्री-पुरुष के शरीरों का स्पर्श होता है। स्त्री-पुरुष संबंधों की बातें मुक्त रूप से होती हैं। परस्पर आकर्षण और उसके फलस्वरूप क्रिया-प्रतिक्रिया और हावभाव की अभिव्यक्ति की जाती है। ऐसा एक नहीं, अनेक पात्रों के साथ होता है। निर्दोष मैत्री के नाम पर यह सब खुलकर होता है और उसे स्वीकृति भी प्राप्त होती है। कुछ वर्षों पूर्व थोड़ा संकोच रहता भी था, पर आज ऐसी कोई बात नहीं है। माता-पिता भी इसे स्वीकारते हैं, पुरस्कृत करते हैं और बढ़ावा देते हैं।

परिणाम यह होता है कि स्त्रीत्व और पुरुषत्व केंद्रभूत होकर सत्वशील और समर्थ, शक्तिवान और पवित्र होने के स्थान पर मलिन, विच्छिन्न और जीर्णशीर्ण बनकर रह जाता है। परिणामस्वरूप पति-पत्नी भी शरीर सुख का उत्कट आनंद नहीं ले पाते, मानसिक या भावात्मक तादात्म्य नहीं बना पाते और उनमें श्रेष्ठ प्रजननशक्ति (क्षमता) नहीं कर

पाती। केंद्रीकृत अनुभव की क्षमता ही बिखर चुकी होती है। इस संकट से कोई उनका हाथ पकड़कर नहीं निकाल सकता।

बालक-बालिकाओं की निकटता के कारण प्रेम में पड़ने की संभावना भी अधिक होती है। अनुभव की उत्कटता के अभाव में प्रेम भी छिछला (सतही) ही रहता है। आज प्रेम का अर्थ है किसी लड़के की मोटरसाइकल पर चिपककर बैठना, चित्रपटगृह के अँधेरे में शारीरिक छेड़छाड़ करना, होटलों के फैमिली रूम में अल्पाहार करना, मोबाइल से एस.एम.एस. भेजना और अंत में गर्भपात कराने की स्थिति तक पहुँचना। विवाह होगा ही, ऐसे आश्वासन की कोई आवश्यकता नहीं है। प्रेम टिकेगा ही, इसकी भी कोई चिंता नहीं। घर में पता चलेगा तो पीड़ा होगी और समाज में अपमान होगा, यह भय भी नहीं कभी प्रेम में अन्य पात्र धोखा दे तो उसकी हत्या करवा देने में भी संकोच नहीं। प्रेमी परिवर्तन भी एक पैशन और फैशन माना जाता है। फिल्मों के अभिनेता और अभिनेत्रियों को आदर्श मानने से यह सब स्वाभाविक लगता है।

इस स्थिति को आधुनिक मान लेने से जो हानि होती है, उससे बचा नहीं जा सकता। चित्त अत्यंत व्याकुल हो जाता है। भावनाएँ विकृत हो जाती हैं। गृहजीवन की मधुरता कोसों दूर चली जाती है। व्याकुलता जीवन को रसहीन बना देती है। स्त्री-पुरुष संबंध मात्र भोग के लिए है, ऐसी पशुवत् धारणा बलवती होती जाती है।

व्यक्तिगत जीवन में किशोर वय के बालक बालिकाएँ इन भयंकर समस्याओं से ग्रस्त होते हैं। उसी समय बोर्ड की परीक्षा, कॅरियर, अच्छे पाठ्यक्रम में प्रवेश आदि की दौड़-धूप भी लगी होती है। उनके साथ उनके माता-पिता की दौड़-धूप भी जुड़ी रहती है। विद्यालयों में भी इस दिशा में कोई मार्गदर्शन नहीं मिलता। परिणामस्वरूप मात्र संघर्ष ही सामने होता है।

एक ओर तो लगता है कि लड़कियाँ (संभवत: लड़के भी) कम आयु में परिपक्व हो गई हैं अर्थात् छोटी आयु में वांछित निर्दोषता न रहकर कामुकता अधिक हो जाती है। इसी से मानसिक विकृति के रूप में परिपक्वता आती है। दूसरी ओर उनके विवाह की आयु बढ़ती जाती है। अध्ययन के बहाने, कॅरियर के बहाने, स्वतंत्रता के नाम पर देर से विवाह करने का प्रचलन बढ़ता जा रहा है। साथ-ही-साथ

आहार-विहार और जीवनचर्या के कारण मन किसी विषय पर केंद्रित नहीं हो पाता। जीवनसाथी की कल्पनाएँ बुद्धिगम्य रूप से स्पष्ट नहीं होतीं। योग्य साथी कैसा हो, इसका ज्ञान नहीं होता। समाज, वंश, पूर्वज और परंपराओं से नाता एकदम टूट जाता है। रूप, धन और प्रतिष्ठा का प्रदर्शन मात्र ही विवाह उत्सव का मूल बन जाता है। विवाह संस्कार भी एक कर्मकांड ही होता है।

जिस प्रकार विवाह देर से करने का प्रचलन बढ़ रहा है, उसी प्रकार विवाह के तुरंत बाद संतान न हो, इसका भी नियोजन किया जा रहा है। इस हेतु ब्रह्मचर्य का विचार या नियोजन के प्राकृतिक मार्ग नहीं अपनाए जाते। गर्भनिरोध के अनेक कृत्रिम उपाय किए जाते हैं। इसका विपरीत प्रभाव प्रजनन क्षमता पर हुए बिना नहीं रहता। ये मात्र शारीरिक प्रभाव नहीं होते। शारीरिक के साथ मानसिक प्रभाव भी होते हैं। ये प्रभाव समग्र व्यक्तित्व पर होते हैं। इनका कम-से-कम एवं उपयुक्त प्रयोग हो (अतिसर्वत्र वर्ज्यते।)

यह सब हो चुकने के बाद गर्भाधान किया जाता है तो कोई आयोजन नहीं किया जाता। शास्त्र कहते हैं कि गर्भाधान के समय, तिथि, ऋतु, वार, ग्रह, नक्षत्र, पति-पत्नी की शारीरिक स्थिति, रजस्वला होने के बाद के दिन आदि का सम्यक् विचार होना चाहिए। इन सबका निश्चित सकारात्मक या नकारात्मक प्रभाव होता है।

गर्भाधान के समय की मानसिक स्थिति भी आने वाले बालक को प्रभावित करती है। शेष समयों में मन:स्थिति कैसी भी रहे, परंतु गर्भाधान के समय यदि तादात्म्य और एकत्व, पवित्रता और आध्यात्मिकता उत्तम होगी तो निश्चित तौर पर संतान भी उत्तम ही होगी। इसके विपरीत भी उतना ही सत्य है। यदि पति-पत्नी के मन में एक-दूसरे के स्थान पर अन्य किसी का या अन्य विषय का विचार हो तो, समाधि अवस्था (पूर्ण एकाग्रता) न हो तो बालक का व्यक्तित्व कुछ अलग ही होता है। गर्भाधान से लेकर सीमंतोन्नयन के संस्कार भी यथायोग्य नहीं हो पाते। इसका प्रभाव गर्भ संरचना पर होता है।

एक अन्य असंस्कारी प्रथा दिनोदिन बढ़ती जा रही है और वह है हनीमून पर जाना और होटलों में ठहरना। होटल जैसे अपवित्र स्थान पर हनीमून जैसी प्रथा संपन्न करने से विकृत और क्या होगा? लेकिन पवित्रता, गंभीरता, संस्कारिता जैसे शब्द ही शब्दकोश में न हों तो ऐसा ही तो होगा। कटु है, किंतु सत्य है।

परिणामस्वरूप एकात्मता और तादात्म्य के अनुभव का अभाव रहता है। दांपत्य जीवन का आधार ही कच्चा रह जाता है। इसका प्रभाव भावी संतान पर होता है।

वास्तव में विवाह संतानोत्पत्ति द्वारा पितृऋण से मुक्ति और वंश परंपरा अक्षुण्ण बनाए रखने के उद्देश्य से किया जाता है। विवाह गृहस्थाश्रम धर्म के पालन के लिए किया जाता है। किंतु यह समझ न होने के कारण आज के युवक-युवती कामना (वासना) पूर्ति के लिए विवाह करते हैं। इसलिए संतान का जन्म वंशज या माता-पिता की लघु आवृत्ति के रूप में न होकर कामनापूर्ति के अनिवार्य गौण उत्पाद के रूप में होता है और इतने बड़े अनर्थ का किसी को संज्ञान तक नहीं होता।

प्रसव पीड़ा का विचार कर भय लगता है, चिकित्सकों का ऑपरेशन सुविधाजनक लगता है। इसलिए शल्य क्रिया द्वारा बालक का जन्म करवाया जाता है। वास्तव में सारे प्रयास सहज प्रसव के लिए किए जाने चाहिए। इस विषय का मार्गदर्शन अनुभवी लोगों और शास्त्रों से मिल सकता है। किंतु स्वाभाविक प्रसव के लाभ और शल्य क्रिया द्वारा प्रसव में हानियाँ समझाई ही नहीं जातीं। अत: किसी प्रकार की तैयारी नहीं की जाती। स्वाभाविक प्रसव हेतु घर में ही प्रसव हो, यह आग्रह भी रखा जाना चाहिए। लेकिन इसके विपरीत अस्पताल में ही प्रसूति का आग्रह रखा जाता है। अस्पताल का वातावरण इतना अधिक सार्वजनिक होता है कि उससे बालक के चित्त पर गंभीर विपरीत प्रभाव होता है। यह प्रभाव संपूर्ण जीवनभर स्थायी बनकर रहता है।

स्तनपान न कराना या स्तनपान कराने वाली माता के आहार-विहार का ध्यान न रखना आज सामान्य बात है।

हम देख सकते हैं कि बालक को जन्म देना कोई आकस्मिक घटना नहीं है। यह एक आजीवन प्रक्रिया है।

बालक के माँ-बाप जब स्वयं बालक होते हैं, उसी समय से उनके माता-पिता बनने की तैयारी प्रारंभ हो जाती है। यह तैयारी समझदारीपूर्वक की जाती है या अनायास जैसे-तैसे होता है, उसी पर भावी बालक कैसा होगा, यह निर्भर रहता है। हमारी चिंता यह होनी चाहिए कि इतनी महत्त्वपूर्ण बातों की भी हम कितनी उपेक्षा कर रहे हैं! सारे समाज को यह क्षति सहन करनी पड़ती है।

इसका निराकरण भी किसी एक ही प्रकार से, किसी एक ही स्तर पर नहीं किया जा सकता। उसका विचार भी बहुआयामी ही होगा।

बालकों का पालन-पोषण, उनके क्रियाकलाप, उनकी मानसिकता, गृहस्थाश्रम, सामाजिकता, मातृत्व, स्त्रीत्व, परिवार, कामधंधा, अर्थार्जन, आहार-विहार, घर का वातावरण, विद्यालय का पाठ्यक्रम आदि अनेक ऐसी बातें हैं, जिनमें आमूलचूल परिवर्तन की आवश्यकता है। यह समस्या किसी एक व्यक्ति या परिवार की नहीं है। समग्र समाज की है। सारी समस्याओं का मूल अज्ञान है। लोग जो करने योग्य है, वह नहीं करते, उसका कारण उनकी दुष्टता अथवा उपेक्षावृत्ति नहीं है, उसका मूल कारण उनका अज्ञान है।

इस अज्ञान को दूर करने के प्रयास ही सभी शिक्षाविदों और समाज के शुभेच्छकों को करने की आवश्यकता है।

उत्तम संतान प्राप्ति में बाधक तत्व

वर्तमान समय में माता-पिता बालक के भविष्य के बारे में अत्यधिक चिंतित रहते हैं। बालकों की आवश्यकता की पूर्ति हेतु माँ भी अर्थोपार्जन करने लगी हैं। बालक की इतना चिंता करने वाले माँ-बाप का बालक रुग्ण हो जाए तो वे चिंतित होते हैं। 'हमारा बालक बार-बार क्यों बीमार होता है? उसमें रोग प्रतिकारक क्षमता कम क्यों है? उसकी सहनशक्ति कम क्यों है? आज छोटे-छोटे बच्चों को भी चश्मा क्यों आ जाता है? इन सभी समस्याओं से निपटने के उपाय क्या हैं?' ऐसे अनेक प्रश्न जाग्रत माता-पिता के मन में आते हैं। आधुनिक जीवन-शैली के तथाकथित लाभ के यह गौण उत्पाद हैं। उसके कारण बालक गर्भ में आता है, उससे पूर्व से ही अस्तित्व में होते हैं। जिस प्रकार उपजाऊ जमीन में बीज बोने से पौधे का विकास श्रेष्ठ होता है, उसी प्रकार उत्तम स्वास्थ्य वाले माता-पिता का बालक भी स्वस्थ होता है।

कुछ वर्ष पूर्व तक आहार पौष्टिक हुआ करता था। ऋतु, प्रकृति, प्रदेश आदि को ध्यान में रखकर आहार बनाया जाता था। आज तो स्वाद को ध्यान में रखकर ही भोजन बनाया जाता है, जो शरीर की कार्यप्रणाली के लिए आवश्यक तत्वों की पूर्ति नहीं कर पाता। विदेशों के वातावरण के अनुकूल आहार अपने देश के वातावरण के अनुकूल नहीं होता। भविष्य में वह शरीर पर प्रतिकूल प्रभाव छोड़ता है जो हमारी रोग प्रतिकारक क्षमता को कम करता है। पेस्टीसाइड्स और रासायनिक खाद के कारण अनाज और फल विषयुक्त हो जाते हैं। अपने शरीर में खुराक के साथ जाकर वे किडनी, लीवर आदि अवयवों को नष्ट करते हैं। इन रसायनों के कारण शुक्राणुओं की संख्या भी कम हो जाती है। हमारी संभोगशक्ति क्षीण हो जाती है। बाहर से सुंदर और स्वच्छ दिखने वाले युवक-युवतियों के शरीर आंतरिक रूप से शुद्ध नहीं होते। ऐसे लोगों में विवाह होता है, तब उनकी संतान भी उत्तम स्वास्थ्य वाली नहीं होती। विश्व में बुद्धिमान लोग अब ऑर्गेनिक फूड (Organic Food) की ओर मुड़े हैं और अधिक व्यय करके भी रासायनिक खादों और जंतुनाशक खादों के उपयोग के बिना उत्पन्न किए जाने वाले अनाज, फल, शाकभाजी आदि क्रय करने लगे हैं।

हमारा देश गरम प्रदेश होने के बाद भी युवक-युवतियाँ पाश्चात्य विकृतियों का अनुकरण करते हुए गर्मी में भी तंग वस्त्र पहनते हैं, जिसके कारण शरीर की गरमी अंदर-की-अंदर ही रह जाती है। आवश्यकता से अधिक ताप शरीर में रहने से संभोगशक्ति कम होती है। स्कूटर, बाइक, कार, रिक्शा आदि वाहनों पर अधिक समय तक बैठकर चलाने से नसें व माँसपेशियाँ प्रभावित होती हैं। परिणामस्वरूप आजकल युवकों को भी बवासीर, भगंदर जैसी व्याधियाँ होने लगी हैं। आयुर्वेद के अनुसार बवासीर आनुवंशिक व्याधि है। यदि पिता को विवाह पूर्व से ही बवासीर है तो उसकी

संतान के भी बवासीर से पीड़ित होने की संभावना अधिक रहती है। माता-पिता अपनी आने वाली संतान को अपनी असावधानी के कारण रोग भेंट में देते हैं। इसी प्रकार अयोग्य आहार-विहार के कारण प्रमेह, उच्च रक्तचाप जैसे रोग होने से उनके बच्चों को ये रोग आनुवांशिक रूप से मिलने की संभावना रहती है। बालक की शिक्षा की चिंता करने वाले माता-पिता को यह चिंता भी करनी चाहिए कि वह स्वयं स्वस्थ रहें। जब भी गर्भधारण करना हो तो पति-पत्नी दोनों को पंचकर्म द्वारा अपने शरीरों की आंतरबाह्य शुद्धि करनी चाहिए, जिससे भावी संतान के आनुवांशिक रोगों से ग्रस्त होने की संभावना न रहे।

गर्भ निरोधक गोलियों के अनियंत्रित उपयोग से स्त्री के अंत:स्त्रावों की प्राकृतिकता प्रभावित होती है। आगे चलकर वह बंध्यत्व का कारण बन जाती है। आज बंध्यत्व के प्रकरणों में अत्यधिक वृद्धि हो रही है। गर्भपात के कारण स्त्री के प्रजनन अवयवों पर बुरा प्रभाव होता है। अत: जाग्रत दंपति को उत्तम संतान प्राप्ति हेतु पहले से ही चिकित्सक की सलाह के अनुसार आयोजन करना चाहिए।

तकनीक के विकास के कारण आज श्रम कम हो गया है। इससे युवकों का शरीर योग्य रूप से सुगठित नहीं होता। किसी कारण से अधिक श्रम करना पड़े तो शरीर उसे सहन नहीं कर पाता और वह रुग्ण हो जाता है। शरीर का श्रम कम हुआ पर इंद्रियों का श्रम बढ़ गया है। अधिक सुनना, अधिक बोलना, अधिक देखना, ध्यानपूर्वक देखना आदि क्रियाओं में इंद्रियों से अधिक काम लिया जाता है। माता टी.वी. अधिक देखती है तो दृष्टि और श्रवण इंद्रियों से अधिक काम लिया जाता है और अधिक श्रम होने से इन इंद्रियों में क्षति होती है। आयुर्वेद के अनुसार गर्भावस्था में माता की जो-जो इंद्रियाँ

क्षतियुक्त होंगी, बालक की भी वही इंद्रियाँ दुर्बल होंगी।

संगणक के अधिक प्रयोग के कारण पुरुषों में टेस्टोरोन की मात्रा कम हो जाती है। स्त्रियों के भी अंत:स्त्राव अनियमित हो सकते हैं। उनकी नसों और माँसपेशियों में समस्या होने लगती है। संभोग शक्ति कम हो जाती है। स्वभाव में तनाव, चिंता ओर क्रोध बढ़ जाते हैं। इसके अलावा आज युवक-युवतियों में सिर में तेल न डालने की फैशन हो गया है। सिर में तेल न डालने से बालों के मूल में स्निग्धता के अभाव में मस्तिष्क को मिलने वाली शांति की कमी रह जाती है। इससे क्रोध या चिंता कम करने में सहायता नहीं पाती। ऊपर से बाल झड़ना गंजापन आदि समस्याएँ उपहार में मिलती है। क्रोध और चिंता के कारण दांपत्य जीवन भी प्रभावित होता है।

मोबाइल के रेडियेशन के कारण शरीर का तापमान 1 डिग्री तक बढ़ जाता है। चूहों पर किए गए रेडियेशन के परीक्षण से सिद्ध हुआ है कि मोबाइल के रेडियेशन के घंटो तक निंरतर प्रभाव में रहने वाले चूहों में ब्रेनट्यूमर होने की संभावना अधिक होती है। यदि चूहों में यह होता है तो मनुष्य के भी इसके अतिशय प्रयोग से क्या नहीं हो सकता? जो नवयुवक मोबइल का अतिशय प्रयोग करते हैं, उन्हें सावधान हो जाना चाहिए। छोटे बच्चों पर मोबाइल के रेडियेशन का जल्दी प्रभाव हो सकता है। उसमें यदि गर्भावस्था में माता मोबाइल का अत्यधिक प्रयोग करती है तो गर्भ स्थित बालक प्रभावित हो सकता है। अत: आने वाले बालक के स्वास्थ्य को ध्यान में रखकर गर्भवती महिलाओं को मोबाइल का प्रयोग कम-से-कम करना चाहिए।

स्त्रियाँ भी पुरुषों के वस्त्र पहनने लगी हैं और कुछ पुरुष स्त्रियों की भाँति आभूषण आदि धारण करने लगे हैं। इससे उनमें विजातीय हावभाव, विचार, वृत्ति आने लगती है। स्त्री संपूर्ण स्त्री नहीं रहती और पुरुष परिपूर्ण पुरुष नहीं रहता। संभवत: गे और लेस्बियन लोगों के लिए यही व्यवहार उत्तरदायी है। विदेशियों में ऐसे वस्त्रों और परिधान की मात्रा अधिक होने से वहाँ गे और लेस्बियन लोगों (सजातीय संबंध रखने वालों) की संख्या भी ज्यादा है। भारत में भी ऐसे युवकों की संख्या बढ़ रही है। इस क्षेत्र में मनोचिकित्सक और शोध करेंगे तो बहुत से तथ्य प्रकट हो सकते हैं। भारत की कुटुंब व्यवस्था के संरक्षण हेतु भी वस्त्र परिधान आदि पर मनोवैज्ञानिक तौर पर ध्यान दिया जाना चाहिए।

समाज में बढ़ते जा रहे स्वार्थ और स्वकेंद्रितता के कारण सामाजिक झगड़े. बढ़ते जा रहे हैं। लोगों की सहनशीलता कम होती जा रही है। विभक्त कुटुंब बढ़ रहे हैं। इससे परिवार में कठिन प्रसंग आने पर व्यक्ति अकेलापन महसूस करता है। आगे चलकर वे तनाव, चिंता, हताशा आदि मनोविकारों का भोग बनते हैं और उसका प्रभाव बालकों पर भी होता है।

व्यक्ति, परिवार, समाज और राष्ट्र को उपयोगी हो, वे सुखी और स्वस्थ हों ऐसी उत्तम संतान को जन्म देने में आनेवाली बाधाओं को दूर कर श्रेष्ठ संतानोत्पत्ति हेतु समाज को संपूर्ण आयोजन करना चाहिए।

टिप्पणी : उपर्युक्त विचार व्यक्तिगत विचार हैं।
साभार : अधिजननशास्त्र

संतति का श्रीगणेश संयम से

क्या आप जानते हैं कि संतान प्राप्ति का आरंभ कहाँ से किया जाए? इसका उत्तर केवल एक शब्द है—संयम। विशेषज्ञों का कहना है कि पुरुष-स्त्री में जो शुक्रकोष-अंडकोष होते हैं, उन पर कम-से-कम एक महीने तक पुरुष-स्त्री द्वारा किए गए आहार तथा विचार का स्पष्ट प्रभाव होता है।

इसका तात्पर्य यह हुआ कि गर्भाधान के पूर्व कम-से-कम एक माह तक स्त्री-पुरुष दोनों को संयम (ब्रह्मचर्य) का पालन करना चाहिए। दिव्यातिदिव्य देवदुर्लभ संतान की प्राप्ति के लिए मन से अत्यंत ही तन्मय होकर निरंतर उच्च विचार करते रहना चाहिए। ऐसे सुसंस्कृत बीज से जो संतान जन्म लेगी, वह दिव्यातिदिव्य देवदुर्लभ व्यक्तित्व की स्वामी होगी।

प्राचीनकाल में संतान प्राप्ति के लिए विशेष प्रकार के यज्ञ-तप किए जाते थे। हमारे शास्त्रों में ऐसे अनेकानेक उदाहरण उपलब्ध हैं।

18

अथ अष्टादशोऽध्यायः

प्रश्नोत्तरी एवं जिज्ञासाएँ

प्रश्न : गर्भावस्था में जॉब स्ट्रेस (नौकरी का तनाव) को कैसे व्यवस्थित/प्रबंधित (Manage) करें ?

उत्तर : यह प्रश्न आजकल स्वाभाविक है, क्योंकि घरेलू परिस्थितियों के कारण परिवार में पति-पत्नी दोनों को नौकरी करनी पड़ती है। जहाँ प्रतिदिन तनाव, दबाव, फोन, कॉल्स आदि के कारण क्रोध, झुंझलाहट, तनाव आदि उत्पन्न होना सामान्य समस्याएँ हैं। इसमें सर्वश्रेष्ठ तो यह है कि यह नौ महीनों का निवेश है, जो कभी भी लौटकर नहीं आएगा। हम बीज को जैसा खाद-पानी देंगे, वैसा ही वृक्ष एवं फल होगा। मातृत्व सुख से बड़ा नारी के जीवन में कोई सुख नहीं होता, क्योंकि यह 'मैं से माँ एवं हम' तक की यात्रा है। इस निवेश के संकल्प में कोई भी विकल्प न हो तो अच्छा है, क्योंकि नौकरी से मुक्त रहने पर गर्भवती की आहारचर्या, दिनचर्या, रात्रिचर्या, तपश्चर्या, अध्यात्मचर्या, जीवनचर्या, गर्भचर्या आदि बहुत संतुलित हो जाते हैं। आपका बच्चा आपके जीवन की सबसे बड़ी पूंजी, सबसे मूल्यवान संपत्ति और अमूल्य धरोहर है तथा संसार और गर्भस्थ शिशु के मध्य आप ही एकमात्र संचार के माध्यम (Communication Channel) हैं।

फिर भी यदि आप अपनी नौकरी छोड़ नहीं सकतीं तो तीन कार्य करें—

- ड्यूटी उतनी ही करें, जिससे आपका मन प्रभावित न हो।
- कार्यालय में सकारात्मक एवं प्रसन्नता का वातावरण बना रहे।
- घर का वातावरण ऐसा हो कि ड्यूटी का सारा तनाव परिवार व पति को देखकर छूमंतर हो जाए।

अधिक कार्य करने से शरीर कॉर्टिसॉल हार्मोन (तनाव हार्मोन) छोड़ता है जिससे बच्चे में भी इस हार्मोन का स्तर बढ़ने लगता है। इसलिए यह ध्यान रखें कि उपर्युक्त तीनों परिस्थितियाँ 9 महीने के लिए आपको सृजित करनी है, क्योंकि माँ जितनी प्रसन्न होगी, उतना ही प्रसन्न गर्भस्थ शिशु रहेगा और हमें श्रेष्ठ संतान की प्राप्ति होगी, चाहे कैसी भी स्थिति हो, हमारे मन के भाव प्रभावित न हों, जैसे—माँ बच्चे को कुछ खिलाने के लिए डाँटती है तो मुख पर क्रोध तो होता है, लेकिन मन में बुरे भाव नहीं होते। संसार में ठंड न पड़े और हम स्वेटर न पहनें, धरती पर कालीन बिछ जाए और हम जूते न पहनें, ऐसी स्थिति कभी भी आती नहीं है अर्थात् गर्भावस्था में मन के भाव पक्ष को 'ऑल इस वेल' के मोड में रखना पड़ता है। स्मरण रखें कि जब हम यात्रा करते है तो बस, ट्रेन, फ्लाइट आदि को यात्रा पूरी होने पर छोड़ देते हैं। इसलिए नौकरी तो छोड़ सकते हैं, किंतु बच्चा तो जीवन यात्रा है। इसलिए नौकरी से कुछ समय अवकाश श्रेष्ठत्तम है।

घर से सुंदर स्वर्ग तो शायद देवताओं ने भी नहीं देखा। इसलिए अंतिम की-नोट के रूप में यहीं कहेंगे कि चिंता न करें, आपकी संतान संसार की श्रेष्ठत्तम संतानों में से एक होगी। भगवान् श्री कृष्ण का जन्म तो जेल जैसी तनावपूर्ण परिस्थिति में हुआ था, किंतु वह तो सुदर्शन चक्रधारी योगेश्वर कृष्ण कन्हैया लाल बन गए। शास्त्रीय वांग्मय में आज तक लाखों सेनाओं के मध्य रणक्षेत्र में खड़े होकर ज्ञान का उपदेश देने का कोई दूसरा उदाहरण नहीं दिखता है, जबकि भगवान् श्री कृष्ण ने श्रीमद्भगवद्गीता रूप कर्म का

पाठ भक्ति का संदेश एवं ज्ञान का प्रवाह संसार को दिया इसलिए चिंता न करें और देवकी बनने का प्रयत्न करें, फिर बच्चा जेल में जनमे या घर में या अस्पताल में वह तो 64 कलाओं से परिपूर्ण श्रीकृष्ण ही होगा।

प्रश्न : क्या गर्भ-संस्कार के लिए कोई पुस्तक क्रय करनी चाहिए तथा ऑनलाइन सब्सक्रिप्शन लेना चाहिए? यदि आस-पास कोई ऑफलाइन गर्भ संस्कार केंद्र उपलब्ध नहीं है। क्या गर्भ-संस्कार में समय व धन निवेश करना उचित है?

उत्तर : भारत में यह विडंबना है कि हम उन वस्तुओं के लिए प्रयास करते हैं, जिनके न होने से भी जीवन में काम चल सकता है जैसे-हॉटल में डिनर, महँगे कपड़े, मोबाईल, लॉन्ग ड्राइव पर जाना आदि। किंतु जो जीवन भर की पूँजी है, उस बच्चे की बुद्धि, गुण, संस्कार आदि के लिए हम न तो कोई अध्ययन करते हैं और न ही कोई ऑफलाइन या ऑनलाइन गर्भ संस्कार शिक्षण-प्रशिक्षण को सीखते हैं। आज यदि एक संस्कारित और धर्मनिष्ठ बच्चा जन्म लेता है तो वह माता-पिता के साथ-साथ इस राष्ट्र व समाज की भी सेवा करता है। वर्तमान समय में यदि बेटा राम व कृष्ण जैसा निकले तो उससे बड़ा कोई पुण्य व सुख नहीं, लेकिन यदि बेटा रावण व कंस जैसा निकले तो उससे बड़ा कोई दु:ख नहीं है। यदि इस प्राचीन विज्ञान में हम कुछ समय एवं धन का निवेश करके इसे अपने जीवन में एवं गर्भ में पुनर्जीवित करना चाहते हैं तो यह इस संसार को सबसे बड़ा उपहार होगा। जब आप एक बीज बोते है तो उसकी वृद्धि एवं सुरक्षा के लिए सबकुछ करते हैं, किंतु गर्भ के बीज के लिए क्या केवल कैल्सियम और आयरन की गोलियाँ ही होगी? अब उसके संस्कार को उन्नत करने का कोई मूल्य नहीं है, यह अमूल्य है। इसलिए दृष्टि परिवर्तन से सृष्टि परिवर्तन और गर्भावस्था में परिवर्तन होगा। आज भारतवर्ष के सैकड़ों-सहस्रों लोग दिव्य गर्भ-संस्कार विज्ञान जैसा गर्भक्रांति गर्भग्रंथ और ज्ञान उपहार में दे रहे हैं तथा इस विषय को अच्छे से समझ रहे हैं। क्या आप भी इसमें शामिल हैं?

प्रश्न : क्या गर्भावस्था के समय संभोग उचित है?

उत्तर : हालाँकि कुछ लोग यह राय देते हैं कि गर्भावस्था के प्रथम तीन महीनों व अंतिम महीने को छोड़कर शेष तीन महीने संभोग का अधिक प्रभाव नहीं होता, इसलिए संभोग कर सकते हैं। किंतु यदि हम गर्भ-संस्कार विज्ञान और आज के गाइनोकॉलिजिस्ट दोनों को देखें तो यह निष्कर्ष निकलता है कि गर्भावस्था में संभोग पूर्णतः निषिद्ध है। हमारी वैदिक सनातनी संस्कृति आत्म संयम अर्थात् धर्म पर आधारित काम को सही मानती है। यदि संभोग के समय बच्चे को कोई हानि हो या संक्रमण फैल जाए या बच्चे के अंगों को हानि पहुँचे (कटा होंठ, आधा कान, अपूर्ण अंग आदि) तो क्या हम स्वयं अपने को कभी क्षमा कर पाएँगे। वैसे भी यदि आप संयमी हो तो बच्चा भी संयमी होगा और यदि आप असंतुष्ट व असंयमी है तो बच्चा भी वैसा ही होगा। वैसे तो महर्षि कणाद ने तो यहाँ तक कहा है कि अपने जीवन में जितने बच्चे चाहें, उतनी बार ही संसर्ग उचित है। हालाँकि इसमें चिकित्सक की सलाह अधिक उचित होगी, किंतु फिर भी आपकी धैर्य धारण शक्ति एवं आत्म संयम वृत्ति बच्चे का भविष्य निर्धारित करेगी। इस विषय पर अध्यात्म व विज्ञान दोनों समानांतर चलते हैं।

प्रश्न : गर्भधारण के बाद में संभोग के प्रति उदासीन हूँ। क्या यह सामान्य है?

उत्तर : जी हाँ, आपके शरीर में होने वाले इतने भारी परिवर्तनों से आपकी संभोग के प्रति संवेदना में परिवर्तन आ सकता है। कुछ महिलाओं में यह संवेदना पहले से अधिक हो जाती है, जबकि कुछ अत्यधिक थकान या मितली आने-सा अनुभूत करती हैं, विशेषकर पहली तिमाही में दूसरी तिमाही में प्रायः काम प्रवृत्ति की इच्छा अधिक जाग्रत होती है। परंतु तीसरी तिमाही में यह इच्छा शिशु के जन्म, पीड़ा और आपके बढ़ते हुए पेट के कारण फिर से कम हो जाती है और यह भी हो सकता है कि आप स्वयं को अनाकर्षक समझ रही हों।

प्रश्न : क्या इस समय मेरे पति की संभोग संवेदनशीलता परिवर्तित होगी?

उत्तर : अधिकांश पुरुषों को अपनी गर्भवती पत्नियाँ बहुत आकर्षक लगती हैं, परंतु उनकी संभोग के प्रति इच्छा पत्नी और शिशु के स्वास्थ्य, पिता बनने की यह भावना है कि

इससे शिशु को हानि हो सकती है अथवा अपने अजन्मे बच्चे की उपस्थिति में ऐसा करने के बारे में स्वचेतना से कम हो सकती है।

प्रश्न : हमें गर्भ संस्कार किनसे करवाना चाहिए?

उत्तर :

''जन्मना जायते शूद्रः, संस्काराद् द्विजः उच्यते।
वेद पाठाद् भवेद् विप्रः ब्रह्म जानाति ब्राह्मणः॥''

अर्थात् जन्म से मनुष्य शूद्र, संस्कार से द्विज (ब्राह्मण), वेद के पठन-पाठन से विप्र और जो ब्रह्म को जानता है, वह ब्राह्मण है। वर्तमान युग में कठिन दिनचर्या और नियमों का पालन करने वाले ब्राह्मण बहुत कम मिलते हैं, किंतु नंबूदरी ब्राह्मण नियमों का पालन करते हैं, त्रिकाल संध्या करते हैं तथा कुल परंपराओं का भी पालन करते हैं। फिर भी वे ब्राह्मण जो वेदमंत्रों का सही उच्चारण करते हैं, उनसे गर्भ-संस्कार करवाया जा सकता है। इसके लिए गायत्री परिवार भी श्रेष्ठ विकल्प है। आजकल यू-ट्यूब पर भी सस्वर उच्चारण के अनेक मंत्र मिलते हैं।

प्रश्न : अच्छे साहित्य पढ़ने के उपरांत भी कई बार मन पर कोई अंतर क्यों नहीं पड़ता?

उत्तर : यदि मन, मस्तिष्क और हृदय तीनों का समन्वय न हो तथा रुचि से न पढ़ें तो सकारात्मक प्रभाव बहुत धीरे-धीरे आता है। इसलिए प्रत्येक साहित्य का अध्ययन पूरी रुचि से करना चाहिए।

प्रश्न : क्या एक बार गर्भ धारण होने के बाद माता अपनी इच्छानुसार संतान उत्पन्न कर सकती है?

उत्तर : एक मान्यता कहती है कि ऐसा संभव है, क्योंकि माता अपने विचारों, भावनाओं और प्रबल इच्छाशक्ति के आधार पर जीन में भी परिवर्तन कर सकती है, इसे चिकित्सा की भाषा में जीन-री-राइटिंग कहते हैं अर्थात् अंतर्मन की कैमिस्ट्री में परिवर्तन से सबकुछ परिवर्तित कर सकते हैं।

प्रश्न : यदि हमें मंत्र उच्चारण न आता हो तो हम क्या करें?

उत्तर : हमें दवाइयों का केमिकल कंपोजीशन नहीं पता होता, फिर भी हम चिकित्सक के विश्वास पर दवाइयाँ खाते हैं और ठीक भी होते हैं। इसी तरह कई बार कुछ वैदिक मंत्र आपको समझ नहीं आएँ तो भी सुनना चाहिए, क्योंकि इनका सकारात्मक प्रभाव हमारे मन और शरीर पर पड़ता है और एक बात तो निश्चित है कि इन वैदिक मंत्रों का गर्भस्थ शिशु पर प्रभाव अद्भुत होता है। यह सहस्त्रों वर्षों से सिद्ध है।

प्रश्न : हमें कैसे पता चलेगा कि हमारे गर्भ में उत्कृष्ट आत्मा ने प्रवेश किया है?

उत्तर : यदि अपने गर्भाधान संस्कार तथा गर्भधारण के विभिन्न नियमों का पालन किया है तो आपने उत्कृष्ट माता-पिता बनने की प्रथम सीढ़ी पार कर ली है। अब उत्कृष्ट आत्मा ही उत्कृष्ट गर्भ में होगी। सामान्यतः शरीर की मृत्यु होने पर आत्मा सात से तेरह दिन में गर्भ का चुनाव कर लेती है।

प्रश्न : कई बार गायनोकॉलॉजिस्ट ही गर्भ-संस्कार करती है और कई अस्पतालों में भी गर्भ-संस्कार किए जा रहें हैं तो क्या हमें गर्भ-संस्कार अलग से करने चाहिए?

उत्तर : गर्भ-संस्कार हमारी वेद, उपनिषद्, गीता, ऋषि-मुनियों की महान् परंपरा है। इसलिए अच्छे ब्राह्मणों या गर्भ-संस्कार विशेषज्ञों से ही गर्भ-संस्कार करवाना चाहिए। चिकित्सक और आध्यात्मिक शिरोमणि किसी एक ही व्यक्ति का होना देव दुर्लभ संयोग ही होता है। इसलिए आगामी सौ वर्षों के निवेश के लिए शॉर्ट-कट न अपनाएँ, क्योंकि गर्भ-संस्कार 360 डिग्री विज्ञान है।

प्रश्न : बार-बार दूध पिलाने पर भी बच्चा लगातार रोता है, लेकिन दूध शायद उसे कम पड़ता है, क्या ऊपर का दूध शुरू करना चाहिए?

उत्तर : बच्चे को माँ का दूध सही मात्रा में मिलता है, यह कैसे जानें?

जो बच्चा केवल माँ का दूध ही पी रहा है (उसे अलग से पानी भी नहीं पिलाया जाता) तथा उसे दिन में छह या ज्यादा बार मूत्र हो रहा हो और मूत्र का रंग हल्का हो तो उसके लिए दूध पर्याप्त है, यह समझ लें; लोगों को लगता है कि बच्चे की टट्टी हरे रंग की होगी तो मान लेना चाहिए कि बच्चे का पेटभर नहीं रहा है। लेकिन बच्चा यदि ठीक से (6 से ज्यादा बार) मूत्र कर रहा हो, प्रसन्न लग रहा हो,

उसका हिलना-डुलना ठीक हो तो चिंता की कोई बात नहीं है।

बच्चे का भार बढ़ रहा हो और प्रथम माह में आधा से एक किलो बढ़ा हो तो और छह महीनों में बच्चे का भार जन्म के समय भार से दोगुना और एक वर्ष में तिगुना होना चाहिए।

बच्चा सामान्यत: पर दूध पीने के बाद थोड़ी देर तक सो जाता है, लेकिन आजकल नवजात शिशु भी पहले की तुलना में बहुत कम सोते हैं। इसलिए उसमें चिंता की बात नहीं है। बच्चा रोता है, तब हमेशा वह भूख से ही नहीं रोता। रोना बच्चे की भाषा है। कोई पास उठा ले या फिर स्तन चूसने में आनंद आता है या फिर यों ही (शायद बोर होने के कारण) बच्चा रोता है। बच्चा जब उँगलियाँ या मुट्ठी चूसने लगता है, तब वह भूखा ही हो यह आवश्यक नहीं है। ज्यादा देर तक दूध पिलाया गया या कम समय पिलाया गया या फिर स्तन नरम लगने लगे, तब बच्चे का पेट खाली है, यह न समझें, सामान्यत: बच्चे का भार महीने में एक किलो से बढ़ता है, पर यदि वह केवल आधा किलो से बढ़े और फिर भी बच्चा स्वस्थ लगे तो चिंता करने की आवश्यकता नहीं है।

दुग्धवर्धक के रूप में शतावरी, अश्वगंधा, ज्येष्ठमध, नागरमोथा, हलीव, गोंद, सौंठ, मेथी इत्यादि का घरेलू उपचार लिया जा सकता है। लेकिन बच्चे के चूसने से ही माँ का दूध निकलना शुरू हो जाता है। बच्चे को निरंतर स्पर्श और मन में उमड़ने वाला प्यार चाहिए।

प्रश्न : गर्भ-संस्कार के पीछे का तर्क या विज्ञान क्या है?

उत्तर : आप किसी भी डेढ़-दो वर्ष के बच्चे की कल्पना करिए। आपने अपने आस-पास देखा होगा या अपने घर में किसी डेढ़-दो साल या ढ़ाई साल के बच्चे को देखा होगा तो वह हर दिन नई चीज सीखता है, वह हर दिन नया शब्द पकड़ता है। आप से किसी को अनुकरण करना सीखता है तो यह छोटे बच्चे की एक सहज प्रवृत्ति होती है। आयु जितनी छोटी होती है, उतना ही ज्यादा उसमें सीखने की ललक होती है। वरिष्ठ नागरिकों के विचारों को जल्द-ही पकड़ने के लिए तैयार होते हैं। आप पाएँगे कि आयु बढ़ने के साथ शायद आपकी सीखने की योग्यता कम होने लगती है। इस तरह सीखने की सबसे ज्यादा इच्छा और सीखने की सबसे ज्यादा योग्यता माँ के गर्भ में होती है।

भारतीय प्राचीन विज्ञान का अर्थ यह है कि सीखने की इच्छा और सीखने की योग्यता सबसे अधिक तब होगी जब आप माँ के गर्भ में हों और आपके शिशु को आपके जैसा चाहे वह स्वभाव में हो, मन में हो या किसी अन्य चीज में, तो सबसे श्रेष्ठ समय तब है, जब वह आप के गर्भ में था। जैसे कि आपको ऑफिस का कोई काम करना हो या बच्चे को पढ़ाई करानी हो या किसी को भी कुछ ऐसा काम करना हो, जिसके लिए एकाग्रता की आवश्यकता हो तो उसके लिए क्या आप बाजार में बैठकर वह कार्य कर सकते हैं? या किसी भीड़ भरे चौराहे पर बैठकर वह कार्य कर सकते हैं? नहीं, उस समय एक शांत स्थान ढूँढ़ते हैं। क्या संसार में माँ के गर्भ से अधिक शांत स्थान कोई है?

माँ के गर्भ में जो शिशु है, उसकी जिंदगी से सबसे अच्छी जिंदगी क्या है? वह शिशु एक प्लेन-स्लेट जैसा है, उसके ऊपर एक कैनवास है। उस पर जो रंग भरना चाहेंगे, वह भर सकेंगे। वह एक मिट्टी जैसा है, जिसको आप जिस मूर्ति में गढ़ना चाहेंगे, वह उसी रूप में बदल जाएगा।

प्रश्न : रात्रिचर्या में क्या-क्या आता है? मैथुनचर्या के विषय में बताएँ?

उत्तर :

- आहार
- संध्यायचर्या (Post-Dinner Routine)
- निद्रा
- मैथुन
- चाँदनी (Moon Light)

मैथुनचर्या : ब्रह्मचर्य प्रतिष्ठायां वीर्यलाभ:।

- शीत ऋतु के समय = रात्रि में
- ग्रीष्म ऋतु के समय = दिन में
- बसंत ऋतु के समय = कभी भी।
- वर्षा ऋतु के समय = केवल आग्रह के समय।
- कब न करें = संध्या में, आधी रात में, दोपहर में, पूर्णिमा तथा अमावस्या के दिन।

॥ इति ॥

संदर्भग्रंथ

- मनुस्मृति
- सुश्रुत संहिता
- मार्कंडेय पुराण
- स्वामी विवेकानंद साहित्य
- गर्भसंहिता
- ईशावास्योपनिषद् भाष्य
- रघुवंशम्
- अधिजनन शास्त्र
- श्रील प्रभुपादजी (इस्कॉन) साहित्य
- महाभारत
- चरक संहिता
- बृहदारण्यक उपनिषद
- ऋग्वेद-संहिता
- Discovering the Brain, लेखिका Sandra Ackerman
- गीताप्रेस की विभिन्न पुस्तकें
- श्रीकल्पसूत्र
- अष्टांगहृदय स्त्रोत
- काश्यपसंहिता
- अष्टावक्र
- **बच्चों का नामकरण करने के लिए देखें—** विष्णुसहस्रनाम, श्रीराधासहस्रनाम, गंगा सहस्रनाम, शिव सहस्रनाम आदि, इस तरह के छोटे-छोटे नाम विषयक ग्रंथों को। अपने बच्चों के नाम हमारे देवी-देवताओं के नाम पर ही रखें।
- कल्याण वार्षिकांक (गीताप्रेस)।

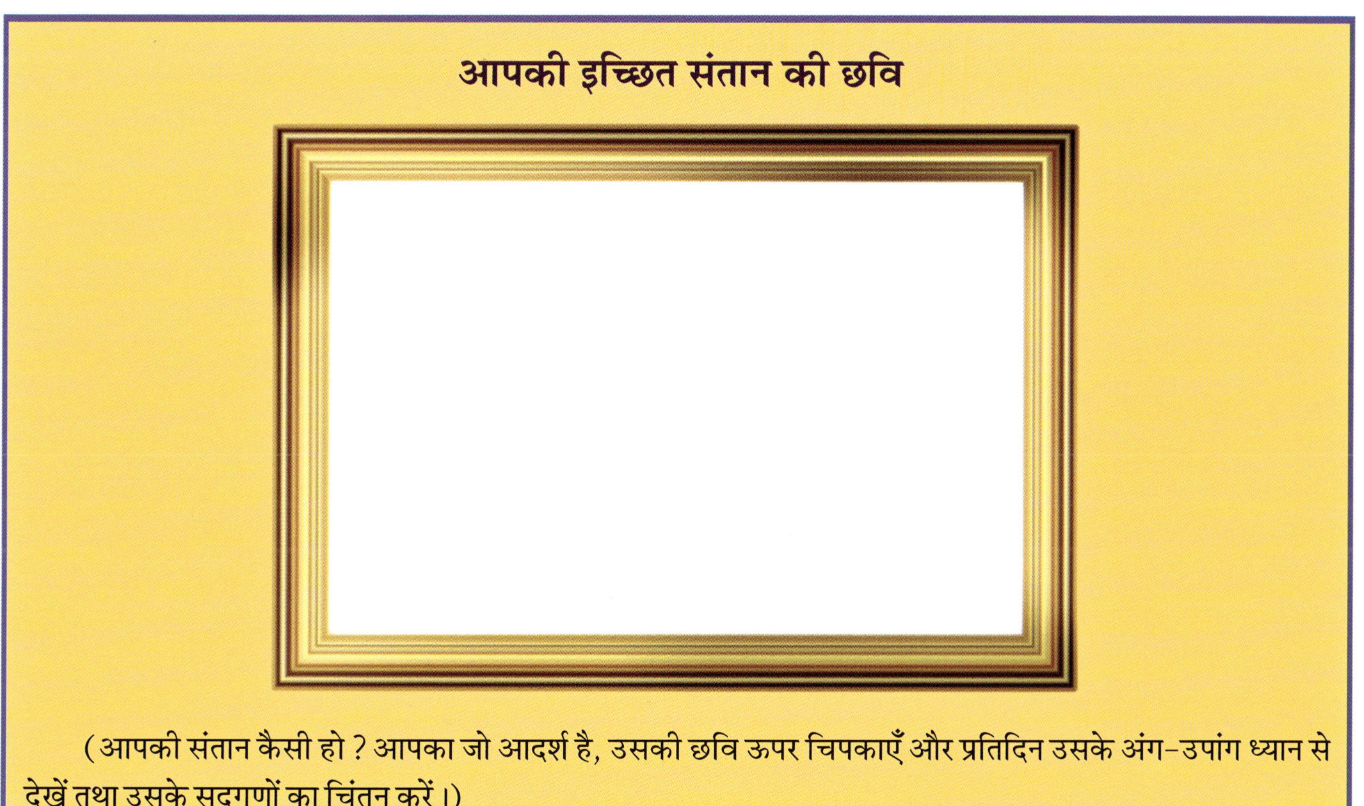

सद्‌गुण

आप अपनी दिव्यातिदिव्य देवदुर्लभ संतान में किन सद्‌गुणों को चाहते हैं, यहाँ लिखिए—

1. .... 2. .... 3. ....

4. .... 5. .... 6. ....

7. .... 8. .... 9. ....

10. .... 11. .... 12. ....

एक सचित्र चार्ट में उपर्युक्त सद्‌गुणों की प्रतिदिन कल्पना करें तथा स्वप्न लें—

संभवित सद्‌गुणों की सूची

- दूरदृष्टि
- महासंकल्पशक्ति
- दृढ़ आत्मविश्वास
- अर्जुन-सी एकाग्रता
- निंरतरता
- पुरुषार्थ-जीवटता
- सृजनात्मकता (Creativity)
- कल्पनाशक्ति
- निर्णयन क्षमता
- नवाचार-पहल करने का साहस
- स्वजागृति (Intution)
- दायित्व-समर्पण
- निर्भय
- परिवर्तनशीलता-लचीलापन
- ज्ञानपिपासु-जिज्ञासु
- नामे रुचि, जीवै दया, वैष्णव सेवा
- सरलता, नम्रता, उदारता
- सत्यनिष्ठा, प्रामाणिकता, प्रखर वक्ता, धीर श्रोता
- श्रद्धा, भक्ति और सेवा

(बालकृष्ण का बड़ा-सा मनमोहक चित्र शयनकक्ष में रखें तथा उसका बारंबार दर्शन तथा शोध करें कि यह विकल्प अधिक इच्छित है।)

हमारे अस्पताल श्रेष्ठ प्रसूति के लिए इतना अवश्य करें...

- अस्पताल में भी घर जैसा अलग और शांत वातावरण होना चाहिए, जिससे गर्भवती महिला को रोगियों जैसी विचित्रता का अनुभव न हो और वह सदैव प्रसन्न रहे, क्लीनिक का स्टाफ भावनापूर्ण होना चाहिए । वे हाई-टेक तथा हाई-टच होने चाहिए।
- गर्भवती महिला के साथ रोगियों जैसा व्यवहार नहीं होना चाहिए। ऐसी व्यवस्था होनी चाहिए कि वह सही ढंग से चल-फिर सके और अपनी अनुकूलता के अनुसार बच्चे को जन्म दे सके।
- प्रसूति के समय महिला के साथ एक ऐसी संवेदनशील सहेली या संबंधी का सहयोग चाहिए, जिस पर प्रसूता को विश्वास हो।
- सगर्भा महिला को जो पॉजीशन अनुकूल लगे, उसी में प्रसूति होनी चाहिए।
- इमर्जेन्सी दवाओं के बिना प्राकृतिक प्रसूति का प्रयत्न करना चाहिए।
- नौ माह तक गर्भवती महिला ने जिस संगीत को सुना हो, वही संगीत प्रसूति के समय बजाना चाहिए।
- तीव्र प्रकाश में बच्चे का जन्म नहीं होना चाहिए।
- बिना किसी शीघ्रता के धैर्यपूर्वक जन्म होना चाहिए। बच्चे की बाहर निकलने की गति, माता की दबाव करने की गति तथा डॉक्टर की बाहर खींचने की गति समान होनी चाहिए।

(उपर्युक्त विषय में डॉक्टर के साथ पहले से ही बात कर लीजिए।)

अधीरता व शीघ्रता में की जाने वाली प्रसूति शिशु के भावी जीवन पर गहरा प्रभाव डालती है। शोधकों का कहना है कि नॉर्मल डिलिवरी प्राप्त बच्चे की क्षमता, अनुचित ढंग से डिलिवरी प्राप्त बच्चे से 15% अधिक होती है। नॉर्मल डिलिवरी प्राप्त बच्चा संघर्ष एवं प्रयास करके जन्म लेता है। इसलिए वह जीवन में यह गुण जन्म के समय ही सीख लेता है। अतः ऐसे बच्चों में मनोविकार, आत्महत्या जैसी प्रवृत्ति, संघर्ष में अवसाद में चले जाना, असफलता से निराश हो जाना आदि नहीं होती है। अतः सावधान रहें।

वर्जीनिया (अमेरिका) की रिचमंड यूनिवर्सिटी के एक शोध का निष्कर्ष है कि प्रसूति के समय होने वाले हार्मोंस के परिवर्तन के कारण माता की बौद्धिक शक्ति अत्यंत बढ़ जाती है।

शिशु के सर्वांगीण विकास के लिए सगर्भा टाइम टेबल

1. संतति का शारीरिक विकास (PhQ) (निरोगी और सशक्त शरीर)
2. संतति का बौद्धिक विकास (IQ) (संकल्पशक्ति, स्मरणशक्ति, कल्पनाशक्ति आदि)
3. संतति का संवेगात्मक विकास (EQ) (भावनात्मक संवेदनाएँ, मनोबल, आत्मबल आदि)
4. संतति का आध्यात्मिक विकास (SQ) (सदाचार, भक्ति, धार्मिकता, मुक्ति आदि)
5. संतति में दृढ़ता का विकास (PQ) (Persistent Quotient)—विपरीत परिस्थितियों में भी शांत-धैर्यवान बने रहना।

अधोलिखित टाइम टेबल ऐसी जगह पर रखें, ताकि वह सदैव आपकी दृष्टि में रहे। पति एवं परिवार इसमें सहयोगी बने तथा इसका दृढ़ता से पालन करें। प्रतिदिन रात्रि में देखें कि टाइम टेबल के अनुसार आपकी क्रियाएँ हो रही हैं अथवा नहीं ?

अपवाद : जीवन का रथ एक समान नहीं चलता। प्रत्येक व्यक्ति को एक समान अनुकूलता भी नहीं प्राप्त होती, क्योंकि प्रत्येक व्यक्ति की परिस्थितियाँ भिन्न-भिन्न होती हैं। फिर भी टाइम टेबल का दृढ़ता से अनुसरण कीजिए। यदि कोई क्रिया अधूरी रही, तो दु:खी न हों, जितना कुछ भी हो सका, उतना अच्छा ही है। अंतत: भगवान की इच्छा बलवान है।

विकास के विषय	क्रियाएँ	सोम	मंगल	बुध	गुरु	शुक्र	शनि	रवि
1. शारीरिक (PhQ)	उचित आहार							
	योगासान एवं व्यायाम							
	पर्याप्त निद्रा							
2. बौद्धिक (IQ)	एकाग्रता संबंधी कार्य							
	गणित, पहेली, खेल							
	ऑटोसजेशन, वार्तालाप							
3. संवेगात्मक (EQ)	शूरवीरता की कहानियाँ							
	संवेदनशील कहानियाँ							
	विजुअलाईजेशन							
4. आध्यात्मिक (SQ)	धर्मग्रंथ एवं भक्त चरित का पठन							
	मंत्रजाप, माला, सत्संग, कीर्तन							
	नित्य पूजा -प्रार्थना, मंदिर दर्शन							
5. दृढ़ता (PQ)	सम्राट् अशोक, चाणक्य, उपनिषद्							
	गंगा, शिवाजी, महाराणा प्रताप							
	आदि धारावाहिक देखना।							

अगर गर्भधारण न हो रहा हो तो भी प्रार्थना है वरदान

गर्भावस्था साक्षात् ईश्वरीय कार्य है। ब्रह्मांड का सर्वोच्च चमत्कार है। यह आधुनिक, वैज्ञानिक, शोधों से परे, विश्व का भविष्य, भारत की धरोहर, अनन्त पुण्यों के योग से प्राप्त सौभाग्य तथा जगन्माता को ईश्वर का दिया सर्वोत्तम वरदान है। परिवार, समाज और पिता को श्रेष्ठ उपहार है। इन सबका सार केवल यह है कि—

'आप माँ बनने वाली हैं'

ईश्वर स्वयं अखिल ब्रह्मांड की ओर से आपका अभिनंदन, वंदन कर रहे हैं क्योंकि गर्भस्थ शिशु साक्षात् कृष्णवृत्ति, रामरूप, सीता समान तथा राधा रस है। अब गर्भस्थ शिशु एवं माँ के माध्यम से ईश्वर स्वयं बात करने वाले हैं।

आज इस विषय पर जो बात कर रहे हैं, वह विज्ञान की समझ से परे और मेडिकल रिपोर्ट से भी ऊपर है। कुछ बातें आपके भाग्य व कुंडलियों से भी बड़ी होती हैं, क्योंकि वो आस्तिकता, सात्विकता, आस्था, श्रद्धा और विश्वास पर आधारित होती हैं। चाहे कितने ही वर्षों से बच्चा न हो रहा हो, किंतु एक नियम बना लें कि ईश्वर से नियमित, सकारात्मक प्रार्थना करनी है, जिसमें सद्गुणी संतान के लिए इस तरह ईश्वर से याचना करें, जैसे एक छोटा बच्चा अपने माता-पिता से एक छोटा खिलौना माँगता है। ईश्वर से श्रद्धा व विश्वास के साथ एकाकार होते हुए प्रेम-वात्सल्यपूर्वक हठ भी करें। प्रार्थना अपनी भाषा में सहज, सरल, शब्दों में करें और आँखें बंद करके अपनी मनोकामना को इस तरह से देखें—

आप बच्चे को लाड़-दुलार रही हैं। बच्चा आपके आँगन में आपकी गोद में खेल रहा है। आप प्रसन्न हैं। आप अपने बच्चे को कुछ खिला रही हैं। आप ईश्वर को धन्यवाद ज्ञापित कर रही हैं। अनेक साधक-साधिकाओं का अनुभव वास्तविकता में परिणित हुआ है। प्रार्थना में अद्भुत शक्ति होती है तथा प्रार्थनाएँ चमत्कारिक होती हैं।

बालकृष्ण की मूर्ति के साथ संतान गोपाल यंत्र की स्थापना करके संतान गोपाल स्तोत्र का लगातार 21 दिन तक संस्कृत श्लोकों के भावार्थ के साथ पठन करें। 21वें दिन तांबे के हवन पात्र में गाय के गोबर को रख कर, गाय के घी के साथ प्रति श्लोक एक आहूति दें। प्रसाद के रूप में मिष्टान्न बनाएँ एवं पति-पत्नी उसका सेवन करें। घर में उपस्थित सभी सदस्यों को भी प्रसाद दें, गाय को रोटी एवं मिष्टान्न खिलाएँ संतान गोपाल मंत्र संतान प्राप्त होने तक प्रतिदिन सुबह 1 बार करें तथा सोते समय 11 बार दिव्य गर्भ-संस्कार विज्ञान मंत्र का भी पठन करें।

गर्भवती अंतर्मन की प्रार्थना लगातार 21 दिनों तक एकांत में शांत चित्त में बैठकर या ध्यान में बैठकर सुनें।

एक उपाय और कर सकते है कि षष्ठी देवी स्तोत्र का पठन लगातार 21 दिनों तक करें। 21वें दिन उपर्युक्त विधि के अनुसार अन्य क्रियाकलाप करें। स्तोत्र पठन के समय अपने कुलदेवता या माँ दुर्गा की प्रतिमा सम्मुख रखकर यह अनुष्ठान करें। उपर्युक्त दोनों उपाय पति-पत्नी में से कोई भी एक कर सकता है। दोनों कर सकें तो सोने पे सुहागा वाली बात होगी।

इन उपायों के साथ ध्यान, प्राणायाम व योग का लाभ भी लेते रहें। वैद्यकीय उपाय भी संयुक्त रूप से जारी रहने दें। इसके लिए ऐलोपैथी के अतिरिक्त आयुर्वेद शास्त्र के उपाय ज्यादा प्रचलित एवं लाभकारी हैं। केवल पुस्तक पढ़कर उपाय करने की बजाय प्रत्यक्ष वैद्यों से परामर्श करने को प्राथमिकता दें।

श्रेष्ठ संतान प्राप्ति के लिए आप द्वारा की गई पूर्व तैयारी निम्नलिखित के अनुसार नोट कीजिए—

	प्रश्न	हाँ	नहीं
1.	आहार-विहार विचार से संबंधित उचित कदम उठाए हैं ?		
2.	सोशल मीडिया, टी.वी. सिनेमा आदि का त्याग किया ?		
3.	12 महीने तक संयम रखा ?		
4.	आयुर्वेदानुसार समय को ध्यान में रखा ?		
5.	समागम के लिए वातावरण अनुकूल बनाने पर ध्यान दिया ?		
6.	चर्चा-चर्या-चिंतन-चरित्र अनुकूल बनाया ?		
7.	ईश्वर से भावपूर्वक प्रार्थना की ?		
8.	दिव्यातिदिव्य देवदुर्लभ संतान का स्वप्न, गीत बनाया ?		
9.	संतान के गुणों की सूची तैयार की ?		
10.	मादक पदार्थ सेवन, क्रोध, ईर्ष्या इत्यादि दुर्व्यसनों का व्याग दिया ?		

सावधान हो जाएँ!

उपर्युक्त में से यदि किसी का भी उत्तर 'नहीं' हो, तो आपने माता-पिता बनने की तैयारी नहीं की है। पहले धैर्य, परिश्रम और अध्ययन द्वारा योग्यता अर्जित कीजिए।

गर्भ क्रांति कल्याण योजना

आपको आपके परिजन, रिश्तेदार या मित्रों में से किसी को भी यह पुस्तक भेंट देनी है तो उनका नाम और पता (दूरभाष के साथ) हमें लिखें हम उन्हें यह पुस्तक Gift Pack करके तुरंत उनके पते पर भेजेंगे। इसमें यह पुस्तक भेजने के लिए अलग से व्यय लगेगा। पुस्तक के साथ हम आपकी ओर से एक प्यार भरा-पत्र भी भेजेंगे।

इसके लिए आपको केवल इतना काम करना है। आपका नाम, पूरा पता, पिन संख्या, दूरभाष संख्या, जिन्हें भेजना है उनका नाम, पूरा पता, फोन नं. साथ में पुस्तक का मूल्य को आपणो ट्रस्ट को इस नाम से निकाला हुआ और श्रीकरणपुर में देय होने वाला डिमांड ड्राफ्ट या ऑनलाईन माध्यम से हमें भेज दें।

आप एक सुसंस्कारी व्यक्ति को जन्म देने के लिए सहायक हो रहे हैं। आप अपने जीवन में कल्याण का नियोजन घर बैठे-बैठे कर रहे हैं। आप भावी सनातनी संतान और राष्ट्र निर्माण में नींव की ईंट का कार्य कर रहे हैं। इस सहयोग हेतु एक छोटा-सा उपहार हम आपको भी भेजना चाहते हैं। इसलिए आपका एक बार फिर आभार मानते हैं।

नोट : पुस्तक से प्राप्त संपूर्ण धनराशि ट्रस्ट में जाती है जो धार्मिक, गर्भ-संस्कार, भारतीय शिक्षा पद्धति से संबंधित शैक्षिक कार्यों तथा सामाजिक कार्यों में प्रयुक्त होती है।

इ-मेल : aanandghan25@gmail.com • संपर्क : 7830266668

दिव्य गर्भ संस्कार विज्ञान
(Feedback Form)

1. आपको यह पुस्तक कैसी लगी ?

   ....

   ....

2. पुस्तक का कौन-सा भाग आपको अधिक पसंद आया ?

   ....

   ....

3. पुस्तक का कौन-सा भाग आपको पसंद नहीं आया ? क्यों नहीं पसंद आया ?

   ....

   ....

4. आपने इस पुस्तक का कैसा और कितना प्रयोग किया ?

   ....

   ....

5. पुस्तक के अगले संस्करण के लिए कुछ सुझाव बताना चाहते हैं क्या ? हैं तो कौन-से ?

   ....

   ....

6. पुस्तक के अगले संस्करण में आपके लिए और कौन-सी चीजों की जानकारी होनी चाहिए ?

   ....

   ....

7. क्या पुस्तक का मूल्य आपको उचित लगता है ?

   ....

   ....

8. क्या आप अन्य किसी को यह पुस्तक पढ़ने का सुझाव देंगे ?

   ....

   ....

9. पुस्तक के बारे में आपकी राय

	उत्तम	मध्यम	निम्न
• पुस्तक की रचना	....	....	....
• पुस्तक में दिए गए चित्र	....	....	....
• पुस्तक की व्याकरण	....	....	....
• पुस्तक का शुद्धलेखन	....	....	....
• पुस्तक में दी गई जानकारी	....	....	....
• पुस्तक की भाषा और शैली	....	....	....

10. आपने नियमित रूप से पुस्तक पढ़ी है क्या तथा सद् साहित्य में क्या-क्या अध्ययन किया ?

....

....

11. शिशु के साथ संभाषण प्रस्थापित करने की कल्पना आपको कैसी लगी ?

....

....

12. आप शिशु के साथ संभाषण प्रस्थापित कर सके क्या ? इस बारे में आपका अनुभव जानने में हम उत्सुक हैं। अत: अपना शिशु संवाद एवं अनुभव दोनों बताएँ। श्रेष्ठ शिशु संवाद भेजने एवं श्रेष्ठ अनुभव भेजने वाले प्रत्येक बंधु-भगिनी को ₹1100/- की राशि एवं एक पुस्तक पुरस्कार स्वरूप दी जाएगी।

....

....

आप समय निकालकर अपनी राय हम तक पहुँचा रहे हैं। इसलिए आपका हृदय से धन्यवाद, भारतीय समाज अधिक स्वस्थ, सशक्त और सुसंस्कारी करने के हमारे इस कार्य में इस कारण बड़ी सहायता होने वाली है। आपके द्वारा उठाए गए कष्टों के लिए आभार व्यक्त करने हेतु हम आपको एक छोटी-सी भेंट भेजना चाहते हैं। इसलिए यह **Feedback Form** भेजते समय आप अपना पूरा पता, दूरध्वनि क्रमांक (पिन नं.) तथा फोन नं. के साथ ठीक से हमको भेजें।

आपणो एज्यूकेशनल एंड सोशल वेलफेयर ट्रस्ट

महत्त्वपूर्ण सूचना

(इस गर्भ ग्रंथ में दी गई जानकारी और अनुभव अलग-अलग पुस्तकों से और साहित्य से संकलित किए गए हैं। गर्भवती और बच्चे को उसका लाभ मिले इसी उद्देश्य से यह जानकारी प्रस्तुत की गई है। इसमें दिए गए प्रयोगों की सुरक्षितता और प्रभावकारिता उस क्षेत्र के अनुभवी पुस्तकों/व्यक्तियों द्वारा प्रमाणित की गई है। फिर भी उनका प्रयोग और जानकारी का उपयोग विशेषज्ञ व्यक्तियों के मार्गदर्शन के बाद ही करना आवश्यक है जिसे कृपया ध्यान में रखा जाए। इस गर्भग्रंथ में हमेशा 'बच्चा' कहा गया है क्योंकि हर बार बच्चा या बच्ची कहना सुविधाजनक नहीं होता, इसलिए पुल्लिंगी शब्द का प्रयोग किया गया है।)

श्री आपणो परिवार

भारत राष्ट्र को भारत की संस्कृति, संस्कार, शिक्षा और भारतीयता के आधार पर विकसित करना ही श्री आपणो परिवार का लक्ष्य है। इसके अंतर्गत भविष्य में संस्कार आधारित आधुनिक विद्यालय, गुरुकुल, मंदिर, गौशाला, गौ आधारित प्राकृतिक जैविक कृषि, योग-ध्यान केंद्र, ज्योतिष-वास्तु केंद्र, गर्भ संस्कार केंद्र, बाल संस्कार केंद्र, वृद्धों-वानप्रस्थों के मनोविनोद एवं आध्यात्मिक जागरण हेतु केंद्र, राष्ट्र की मुख्य धारा से पिछड़ रहे भाई-बहनों की सेवा-शिक्षा-रोजगार के लिए मिशन मोड में कार्य करना आदि अनेक कार्य किए जाएँगे। इसी के एक प्रकल्प के रूप में 'दिव्य गर्भ संस्कार विज्ञान', 'नित्य पूजा एवं चर्या' आदि ग्रंथ पुस्तिकाओं का प्रकाशन किया गया है। साथ ही 'माँ गीता दैनंदिनी (गीता डायरी) तथा ज्ञान ज्योति गीता' द्वैमासिक पत्रिका का भी प्रकाशन किया जा रहा है।

सभी सनातनी भाई-बहनों से अनुरोध है कि श्री आपणो परिवार के साहित्य का अध्ययन-अनुसरण करें तथा अपने जीवन को सफल बनाएँ। विशेष रूप से नवयुगल और युवा वर्ग के लिए यह साहित्य वरदान से कम नहीं है। किसी उत्सव, विवाह वर्षगाँठ, विवाहोत्सव, जन्मदिन, त्योहार, विभिन्न सामाजिक कार्यक्रमों, नववर्ष, गृह प्रवेश आदि पर यह पुस्तकें उपहार में दें ताकि न केवल सामने वाले व्यक्ति के मानस पटल पर आप सदैव के लिए अंकित हो जाएँ अपितु उनके जीवन में संस्कार-सनातन और संस्कृति से जुड़ने में आपका सक्रिय योगदान-सहयोग हो सके।

हमारे YouTube चैनल देखने के लिए QR Code स्कैन करें—

Vivid Bharat

Paathshala

आनंदघन पुनरुत्थान विद्यापीठ

'दिव्य देव ऋषि' गीत

'मैं माँ हूँ' गीत

इ-मेल : aanandghan25@gmail.com • संपर्क : 7830266668

नित्य पूजा
एवं चर्या
डॉ. उषा राजेन्द्र पैंसिया

मैं आगरा हूँ...
ताजमहल की छाया से इतर
(Beyond The Taj)
लेखक :
डॉ. उषा राजेन्द्र पैंसिया
आदर्श नंदन गुप्ता

पा
उत्तिष्ठ शिक्षक
प्रतिष्ठ भारत
Dr USP
फर्रुखाबाद
मिशन प्रेरणा
उत्तर प्रदेश, प्रेरक प्रदेश
संपादक
डॉ. उषा राजेन्द्र पैंसिया

कर्मक्षेत्रे
(संकल्प से लक्ष्य तक)
मुख्य विकास अधिकारी
डॉ. राजेन्द्र पैंसिया (आई० ए० एस०)
पांचाल क्षेत्र (फर्रुखाबाद)
भारती मिश्रा

पुनरुत्थान विद्यापीठ

आवाहन

आत्मीय पाठक,

सप्रेम नमस्कार।

आज चैत्र कृष्ण दशमी, युगाब्द ५१२५, १५ अप्रैल, २०२३; आज सभी सुज्ञ पाठकों के समक्ष ज्ञानसागर महाप्रकल्प के १०५१ ग्रंथों को अर्पण करते हुए हम संतोष और आनंद का अनुभव कर रहे हैं, जो बिन हेतु स्नेही हैं, जिनके राज्य में प्रजा दैहिक, दैविक और भौतिक तापों से मुक्त है और सब जन परस्पर प्रीतिपूर्वक रहते हैं, युगों तक जिन्होंने आदर्श स्नेह का प्रतिमान स्थापित किया है, ऐसे अयोध्या के राजा भगवान् राम के श्री चरणों में यह ग्रंथमाला पहले समर्पित हुई और उनके प्रसाद के रूप में अब आज सबके माध्यम से लोक को समर्पित हो रही है। भारतीय ज्ञानसंपदा विद्वज्जनों एवं सामान्यजनों की कृति, वाणी, मन, बुद्धि एवं हृदय में प्रतिष्ठित हो यही इसका उद्देश्य है।

पुनरुत्थान विद्यापीठ के लिए पुनरुत्थान प्रकाशन सेवा ट्रस्ट ने इन ग्रंथों का प्रकाशन किया है। पुनरुत्थान विद्यापीठ भारतीय शिक्षा की पुन: प्रतिष्ठा हो इस उद्देश्य से विगत अठारह वर्षों से कार्यरत है। इस उद्देश्य की पूर्ति के लिए अध्ययन, अनुसंधान, संदर्भ ग्रंथों तथा पठनसामग्री का निर्माण, शिक्षा के नए क्षेत्रों का सृजन एवं प्रयोग आदि कर रहा है। भारतीय शिक्षा के क्षेत्र में देश भर में कार्यरत लोगों को एक सूत्र में पिरोने का कार्य भी कर रहा है। इस दृष्टि से अभ्यास वर्ग, कार्यशाला, अध्ययन यात्रा, अध्ययन योजना, विद्वत् गोष्ठी आदि कार्य भी चलते हैं। इन सभी कार्यों में ग्रंथनिर्माण एवं प्रकाशन का जो कार्य है, उसका परिपाक यह ज्ञानसागर महाप्रकल्प है।

मनीषी जानते हैं कि शिक्षा का संबंध जीवन के साथ है। परीक्षा, प्रमाण-पत्र, अर्थार्जन और इनसे प्राप्त होने वाली प्रतिष्ठा के लिए नहीं। शिक्षा जीवन विकास के लिए होती है। जीवन विकास हेतु विद्यालय संस्था एक माध्यम है, एकमात्र नहीं। जीवन जन्मजन्मांतर में निरंतर चलता रहता है। विकसित होता रहता है, हमारे प्रयास इस जन्म के साथ जुड़े रहते हैं। इस जन्म का जीवन गर्भाधान से मृत्यु तक का होता है। यह जीवन विद्यालय के साथ-साथ घर में कार्यालय में, समाज में विकसित होता रहता है। इस तथ्य को समझते हुए पुनरुत्थान विद्यापीठ आजीवन शिक्षा और सार्वत्रिक शिक्षा का विचार करता है। विद्यापीठ की समस्त शिक्षायोजना का केंद्रवर्ती विषय यही है। ऐसी आजीवन और सार्वत्रिक शिक्षा के कारक जो भी हैं, उन सबके लिए ज्ञानसागर के ये ग्रंथ हैं। तात्पर्य यह है कि ये ग्रंथ माता-पिता के लिए, शिक्षकों के लिए, शोधकर्ताओं के लिए धर्माचार्यों के लिए, शिक्षासंस्थाओं के संचालकों के लिए, सरकार के शिक्षा विभाग के लिए, शिक्षा की अर्थव्यवस्था करने वाले धनवानों के लिए, सर्व आयुवर्गों के छात्रों के लिए और शिक्षा के प्रति रुचि और जिज्ञासा रखने वालों के लिए, सर्वसामान्य प्रबुद्ध और आस्थावान लोगों के लिए हैं।

(२)

शिक्षा का संबंध जीवन विकास के साथ है। जीवन प्रवाह के साथ-साथ शिक्षा का भी प्रवाह बहता रहता है और जीवन के जो चढ़ाव-उतार होते हैं, जो प्रश्न होते हैं, समस्याएँ होती हैं, वैसी शिक्षा की भी समस्यायें होती हैं। इन समस्याओं को समझना और उनका निराकरण करना शिक्षा से जुड़े सभी लोगों का स्वाभाविक काम होता है, जीवनदत्त दायित्व होता है। समस्याओं का कितना भी हल करो, हर काल में, हर परिवर्तित परिस्थिति में कालसापेक्ष, स्थितिसापेक्ष समस्याएँ उत्पन्न होती ही हैं और उनका निराकरण करने का पुरुषार्थ भी चलता ही रहता है।

वर्तमान भारत की शिक्षा की सबसे गंभीर समस्या मानसिक और बौद्धिक स्वरूप की है। मानसिक दैन्य और बुद्धि विभ्रम ही उसका कारण है। औपनिवेशिकता से भारतीय मानस की मुक्ति और स्थिर स्वतंत्र बुद्धि से अध्ययन इस समस्या के निराकरण का उपाय है।

औपनिवेशिक मानस और बुद्धि विभ्रम हमारी सर्व स्तर की शिक्षा में दिखाई देते हैं। चाहे प्राथमिक शिक्षा हो, चाहे उच्च शिक्षा, चाहे व्यवस्थापन की शिक्षा हो, चाहे व्यवहार की, चाहे शास्त्र शिक्षा हो, चाहे मानस प्रबोधन की, सर्वत्र अभारतीय दृष्टि अनुस्यूत है। अध्ययन-अध्यापन पद्धति, पाठ्यविषय वस्तु, साधन सामग्री, शिक्षा की भौतिक एवं आर्थिक व्यवस्थाएँ सर्वथा अभारतीय, सेमेटिक विचारों से ओत-प्रोत है और ग्रंथालयों में संदर्भ ग्रंथ इसी दृष्टि से लिखे गए दिखाई देते हैं। जीवन के पंद्रह-बीस वर्ष इन्हीं को सीखने में व्यतीत होते हैं। ऐसी शिक्षा हमारे व्यक्तिगत और समष्टिगत जीवन का नियमन करती है। हमारा घर और हमारा देश इसी शिक्षा के द्वारा दी गई व्यवस्था में चलता है। यही दृष्टि और विचार शिक्षा के माध्यम से एक पीढ़ी से दूसरी पीढ़ी को हस्तांतरित होता है।

यह संकट गंभीर है, भारत को अभारत बनाने वाला है। यह राष्ट्रीय संकट है। इसे पहचानने की और उस पर नियंत्रण करने की आवश्यकता है। हमारा सर्व प्रकार का सामर्थ्य उसे दूर करने में लगाने की आवश्यकता है। शिक्षा को भारतीय बनाने से ही यह संकट दूर होगा। शिक्षा को भारतीय बनाने का प्रारंभ कक्षा कक्षों में पढ़ाए जाने वाले विषय वस्तु को भारतीय बनाने से होगा, अध्ययन-अध्यापन की पद्धतियों को, व्यवस्थाओं को भारतीय बनाने से होगा। विद्यालय से प्रारंभ होकर शिक्षा कुटुंब में भी दी जाने लगेगी तब शिक्षा प्रभावी होगी। सरकार या शिक्षा संस्था संचालक नहीं, अपितु शिक्षक इसे अपने दायित्व में लेंगे तब शिक्षा अपना स्वाभाविक आश्रय प्राप्त करेगी। धर्माचार्य शिक्षा को अपना दायित्व मानेंगे तब शिक्षा धर्मानुसारिणी होगी। यह सब होगा तब शिक्षा भारतीय जीवन दृष्टि पर आधारित और भारतीय जीवन को पुष्ट करने वाली होगी। तब वह केवल भारत ही नहीं तो विश्व के अभ्युदय और निस्श्रेयस का मार्ग प्रशस्त करने वाली होगी।

ज्ञानसागर महाप्रकल्प के इन ग्रंथों में इन्हीं बातों को प्रस्तुत किया गया है। ये सारे विषय स्पष्ट हों, सुलभ हों, सुकर हों इसका प्रयास इन ग्रंथों में किया गया है।

(३)

वर्तमान समय की यह आवश्यकता है कि शिक्षा में परिवर्तन का कोई भी प्रयास व्यापक और दीर्घावधि का होना चाहिए। ज्ञानसागर के ग्रंथों के निर्माण एवं प्रकाशन में इस विषय का विचार किया गया है। अरुणाचल प्रदेश से गुजरात और कश्मीर से केरल तक के भारत के सभी प्रदेशों के लेखकों की सहभागिता ज्ञानसागर में हुई है। विगत सवा सौ वर्षों में लिखे गए, परंतु वर्तमान में उपलब्ध नहीं हैं, ऐसे ग्रंथों का इसमें समावेश है। वर्तमान में अध्ययन के विभिन्न क्षेत्रों में कार्यरत और भारतीयता के पक्षधर तथा भारतीयता की समझ रखने वाले विद्वान् लेखकों के रचे हुए ग्रंथों का इसमें समावेश है। भारत की विविध भाषाओं में रचे गए उत्तम ग्रंथों का अनुवाद इसमें समाविष्ट है। राष्ट्र-निर्माण के क्षेत्र में कार्यरत महानुभावों के विचारों को इसमें संकलित किया गया है। शोधकार्य, शास्त्र निरूपण, व्यवहार तथा मानसिकता को आधार और दिशा देने वाली सामग्री इन ग्रंथों में है। भारत के शाश्वत ज्ञानात्मक आधार को समझकर उसकी युगानुकूल प्रस्तुति करना, विश्व के विविध वर्तमान विचार प्रवाहों के परिप्रेक्ष्य में भारतीय विचार को उचित स्थान पर प्रतिष्ठित करना और विश्व का वैचारिक मार्गदर्शन करना, इन ग्रंथों में प्रस्तुत सामग्री का काम है। इन ग्रंथों के अध्ययन से विद्या केंद्रों की शिक्षा में परिवर्तन होगा तभी यह कार्य सिद्ध होगा।

हमारी अपेक्षा है कि इन ग्रंथों के आधार पर नए पाठ्यक्रम बने, जीवनोपयोगी नये विषय अध्ययन के क्रम में आयें, विद्या केंद्रों के बाहर भी शिक्षा के नए केंद्र विकसित है, वर्तमान सरकारी मान्यता प्राप्त परीक्षा प्रमाण-पत्र और पदवी की व्यवस्था के

बाहर भी शिक्षा के नए प्रयोग हों, अर्थनिरपेक्ष शिक्षा के प्रयोग हों, शिक्षाक्षेत्र में ज्ञाननिष्ठा आए, **शिक्षक देश की शिक्षा के प्रश्न को अपना दायित्व मानें और शिक्षा क्षेत्र के योगक्षेम को समाज अपना दायित्व माने। भारत हमेशा ज्ञाननिष्ठ राष्ट्र रहा है, अपने सभी प्रश्नों के उत्तर भारत ज्ञान में खोजता है, ज्ञान को पवित्रतम तत्त्व मानता है। भारत अपने आपको पुनः वैसा ही बनाए। भारत के लिए यह आत्मबोध होगा। शिक्षा भारत के लिए आत्मबोध संभव बनाए। ज्ञानसागर के इन ग्रंथों का यही प्रयोजन है।**

चैत्र कृष्ण दशमी, युगाब्द ५१२५
१५ अप्रैल, २०२३

—इंदुमति काटदरे
कुलपति
पुरुत्थान विद्यापीठ

कुलपति परिचय

डॉ. इंदुमति काटदरे स्वभाव और कर्म से शिक्षक हैं। उन्होंने अंग्रेजी और संस्कृत में एम.ए. तक अध्ययन करने के बाद महाविद्यालय में पंद्रह वर्ष तक अध्यापन किया, पच्चीस वर्ष तक विद्याभारती अखिल भारतीय शिक्षा संस्थान में पूर्णकालीन प्रचारक के रूप में कार्य किया और संगठनात्मक तथा शैक्षिक दायित्वों का निर्वहण किया। गत इक्कीस वर्षों से पुनरुत्थान विद्यापीठ में कार्यरत हैं तथा वर्तमान में पुनरुत्थान विद्यापीठ के कुलपति के दायित्व का निर्वहण कर रही हैं।

अध्ययन, अध्यापन, अनुसंधान, संपादन, अनुवाद, लेखन, भाषण आदि कार्यों में व्यस्त रहती हैं।

विविध प्रकार के पुरस्कार तथा चार विश्वविद्यालयों से उन्हें डी-लिट की पदवी प्राप्त हुई है।

राम विद्यापीठ/पुनरुत्थान विद्यापीठ/आनंदघन विद्यापीठ/गुरुकुलों का गुरुकुल/समग्र विज्ञान

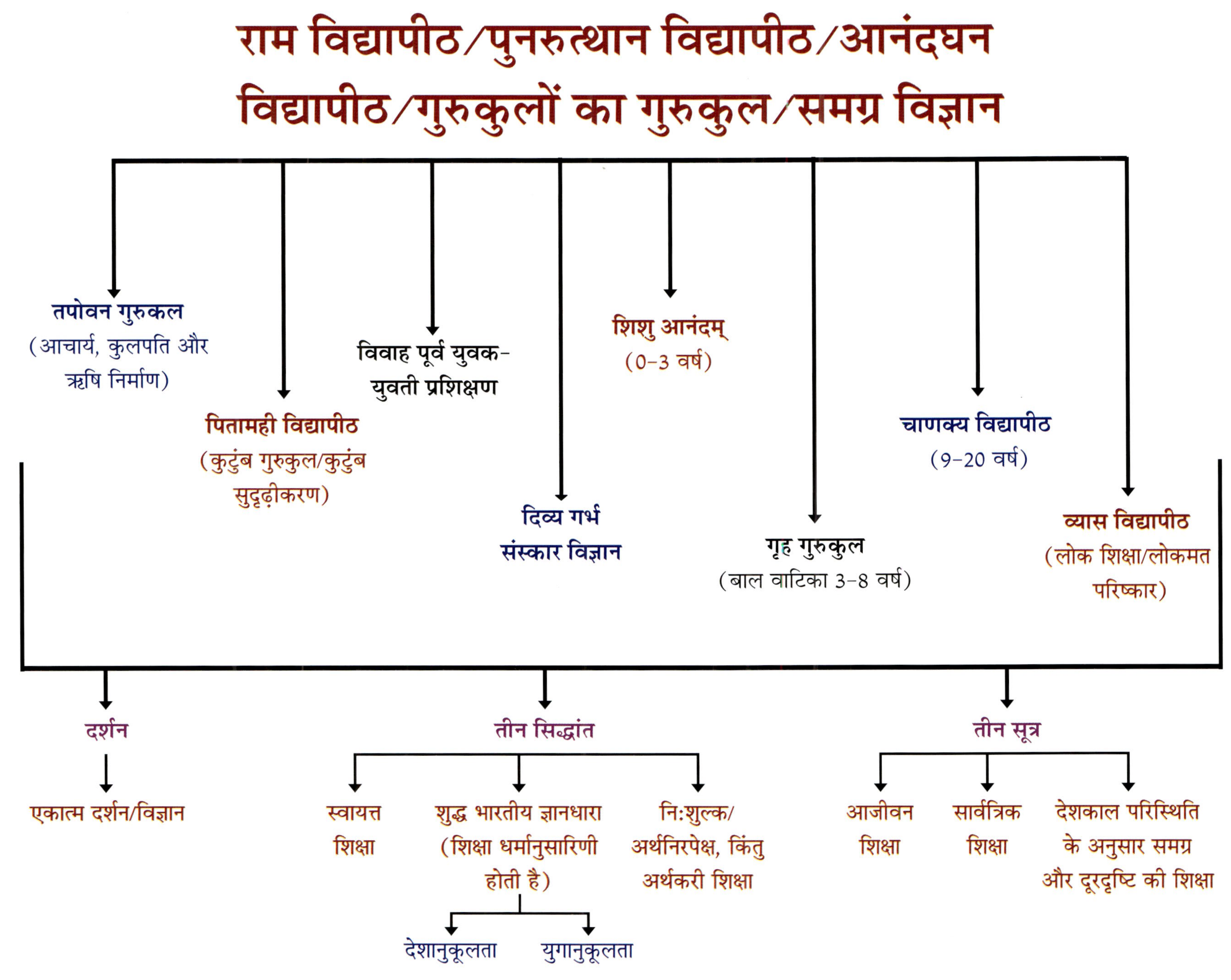

१८६६ से भारत में राष्ट्रीय शिक्षा की पुनःप्रतिष्ठा के प्रयास शुरू हुए। अनेक समर्थ महापुरुषों ने राष्ट्रीय शिक्षा को लेकर आंदोलन किए, प्रयोग भी किए। अनेक संगठनों के देशव्यापी प्रयास आज भी चल रहे हैं, परंतु शिक्षा राष्ट्रीय नहीं हो रही है। आवश्यकता है मूल में पहुँचकर आमूल परिवर्तन की कल्पना कर एक शतप्रतिशत भारतीय प्रतिमान विकसित कर उसे क्रियान्वित करने की।

पुनरुत्थान प्रकाशन सेवा ट्रस्ट

ज्ञानम् ९ बी, आनंद पार्क, डॉ. हेडगेवार भवन के सामने, बलिया काका मार्ग, जूना ढोर बाजार, कांकरिया, अहमदाबाद ३८००२८
दूरभाष : ०७९-२५३२२६५५

अभिज्ञा

डॉ. राजेंद्र पैंसिया
आई.ए.एस.

'शीलं परं भूषणम्'।
'योगः कर्मसु कौशलम्'।

उद्देश्य : राष्ट्र सेवा के लिए सदैव पूर्ण समर्पण, ऊर्जा और उत्साह की भावना के साथ काम करना।

कार्य अनुभव : 2015 बैच आई.ए.एस. (उत्तर प्रदेश कैडर)। वर्तमान में जिलाधिकारी, संभल के पद पर पदस्थापित।

पूर्व पदस्थापन : ज्वॉइंट मजिस्ट्रेट (परिवीक्षाधीन)- मिर्जापुर; ज्वॉइंट मजिस्ट्रेट(एस.डी.एम. छाता एवं मांट)-मथुरा; सी.डी.ओ.-फर्रूखाबाद; उपाध्यक्ष-आगरा विकास प्राधिकरण, आगरा; विशेष सचिव, नगर विकास विभाग, उत्तर प्रदेश और निदेशक, नगरीय परिवहन, उत्तर प्रदेश। राजस्थान सरकार में अध्यापक (2005), आर.आर.डी.एस. (2008) और आर.ए.एस./एस.डी.एम. (2010 बैच)।

शिक्षा : पी.एच.डी.(इकोलॉजी); मास्टर ऑफ सोशल वर्क (एम.एस.डब्ल्यू); पी.जी.डी.यू.पी.डी.एल. (शहरी नियोजन और विकास में स्नातकोत्तर डिप्लोमा); नेट-जे.आर.एफ.; एस.एल.ई.टी.; एम.ए. (अंग्रेजी साहित्य); एम.ए.(भूगोल); एम.ए. (लोक प्रबंधन); बी.कॉम; बी.एड.; बी.ए. (अतिरिक्त, अंग्रेजी साहित्य); एन.सी.सी.; एन.एस.एस.।

शोधपत्र : श्रीगंगानगर जिले में पारिस्थितिकी परिवर्तन (पी.एच.डी.), नशा मुक्ति में सामुदायिक भागीदारी।

पुरस्कार एवं प्रमाण-पत्र :

- वाइल्ड लाइफ फोटोग्राफी पुरस्कार, 2014 (टी-19 एंड फॉर कब्स, रणथंभौर)।
- रॉबर्ट एजेवेडो द्वारा प्रशंसा-पत्र, 2014 (डब्ल्यू.टी.ओ. के महानिदेशक द्वारा)।
- LBSNAA (लबासना) में कहानी लेखन में द्वितीय पुरस्कार।
- जिलाधिकारी मिर्जापुर के नेतृत्व में विश्व का सबसे बड़ा रंगोली पैटर्न (39,125 वर्ग मीटर) बनाकर 25.01.2017 को गिनीज बुक ऑफ वर्ल्ड रिकॉर्ड।
- मा. मुख्यमंत्री, उ.प्र. द्वारा तहसील छाता, मथुरा हेतु आईएसओ 9001:2015 का प्रमाण-पत्र।
- स्वच्छ और दक्ष तहसील के लिए उत्तर प्रदेश के राजस्व बोर्ड द्वारा प्रशंसा-पत्र।
- तहसील छाता, मथुरा में पहली बार 2018 में स्ट्रीट फूड वेंडिंग एक्ट लागू।
- महामहिम राज्यपाल, उ.प्र. द्वारा बेस्ट इलेक्टोरल प्रैक्टिसेज अवार्ड, 2018 (25.01.2019)।
- तहसील मांट, मथुरा को आईएसओ 9001:2015 प्रमाणन (जनवरी, 2019)।
- कस्तूरबा गांधी आवासीय विद्यालयों का इनोवेटिव फाइव स्टार प्रोजेक्ट और कायाकल्प के अंतर्गत उन्नयन के लिए नोडल अधिकारी द्वारा प्रशंसा-पत्र (2020)।
- पांचाल जल संचयन के लिए स्कॉच ऑर्डर ऑफ मेरिट अवार्ड, 2020।
- माननीय राज्यपाल, उ.प्र. द्वारा स्वीप (25 जनवरी, 2020) के लिए राष्ट्रीय मतदाता दिवस पर बेस्ट इलेक्टोरल प्रैक्टिसेज अवार्ड।
- अंतरराष्ट्रीय प्राकृतिक चिकित्सा संगठन (INO) द्वारा प्रशंसा-पत्र (19 जनवरी, 2021)।
- श्री रमेश पोखरियाल निशंक, माननीय मानव संसाधन विकास मंत्री, भारत सरकार द्वारा प्रशंसा-पत्र (2021)।
- इनोवेटिव फाइव स्टार स्कूल प्रोजेक्ट, फर्रूखाबाद के लिए स्कॉच ऑर्डर ऑफ मेरिट अवार्ड, 2021।
- इनोवेटिव फाइव स्टार स्कूल प्रोजेक्ट के लिए फर्रूखाबाद, उत्तर प्रदेश में मा. मुख्यमंत्री द्वारा सम्मान-पत्र (10.01.2021)।
- आगरा विकास प्राधिकरण, आगरा को आईएसओ 9001:2015 प्रमाणन (31 मार्च, 2022)।
- कविता, कहानी लेखन, निबंध, ओपेन डिबेट, फोटोग्राफी आदि में कई पुरस्कार।

सेमिनार/प्रमाण-पत्र/सर्टिफिकेट : नारियों एवं बच्चों के विरुद्ध हिंसा से निपटने में मल्टी एजेंसी समन्वय पर क्षमता निर्माण कार्यक्रम, LBSNAA, मसूरी (19 दिसंबर, 2019)।

रुचि : श्रीमद्भगवद्गीता, श्रीमद्भागवत, श्रीरामचरितमानस इत्यादि आध्यात्मिक ग्रंथों-उपन्यासों का अध्ययन-अध्यापन, योग, ध्यान, जप, पुस्तक लेखन, लेख लेखन, अध्यापन, भारतीय शिक्षा प्रणाली का अध्ययन, शिक्षा के क्षेत्र में आर एंड डी, मोटिवेशनल स्पीकर, दिव्य गर्भ संस्कार विज्ञान शिक्षण, दौड़ना, बैडमिंटन खेलना, साइक्लिंग, हारमोनियम वादन, गायन आदि।

पुस्तकें : विभिन्न विषयों पर पुस्तक लेखन : हिंदी व्याकरण और रचना; इंग्लिश ग्रामर एवं कॉम्प्रिहेंसन; भारतीय और पाश्चात्य दर्शन; नैतिकता और सार्वजनिक प्रबंधन; राजस्थान का इतिहास, संस्कृति, भूगोल और अर्थव्यवस्था; उत्तिष्ठ शिक्षक-प्रतिष्ठ भारत (फर्रूखाबाद); दिव्य गर्भ संस्कार विज्ञान; माँ गीता दैनंदिनी (गीता डायरी); नित्य पूजा एवं चर्चा; मैं आगरा हूँ; कर्मक्षेत्रे (फर्रूखाबाद): भारती मिश्रा।

संपर्क : श्रीकरणपुर, जिला श्रीगंगानगर (राजस्थान)-335073
E-mail : rajavsar@gmail.com • Website : www.vividhbharat.in

YouTube Vividh Bharat - Dr Rajender Pensiya IAS

‘दिव्य गर्भ संस्कार विज्ञान’
पुस्तक के प्रथम संस्करण के
लेखन और संपादन हेतु
उत्तर प्रदेश शासन के
राज्य कर्मचारी साहित्य संस्थान द्वारा

‘भगवती चरण वर्मा पुरस्कार’